2025년 개정판

도로·공원등 도시계획시설 경매 및
골목길·맹지 해결법

법무법인강산 (김은유·임승택·김태원 변호사)

1. 학교용지등 모든 도시계획시설 부지 소유자 대응방법
2. 도로·공원 등(도시계획시설) 경매 권리분석 방법
3. 골목길, 맹지 분쟁 해결법
4. 전원주택부지 낙찰 후 진입도로 분쟁 해결법
5. 상수도, 가스관 설치 분쟁

마지막 특수물건! 도시계획시설 토지 경매!

- 도시계획시설 토지(도로, 공원 등) 경매는 쪽박과 대박의 갈림길
- 부족한 연봉! 도시계획시설 경매로 채워라!

골목길, 진입도로 소유자가 돈을 요구할 때, 이에 대한 해결법

상수도, 가스관 설치 분쟁

- ▶ E-mail : 114gs@naver.com
- ▶ 주　　소 : 서울시 서초구 서초중앙로 119, 3층(서초동 1574-14 세연타워)
- ▶ 전화번호 : 02-592-6390 팩스 : 02-592-6309

파워에셋

2025년 개정판
머리글

이 책은 도로·공원등 도시계획시설로 묶인 토지에 대한 경매노하우와 골목길과 맹지에 대한 분쟁 해결방안을 해설한 책이다.

내 토지가 도로, 주차장, 광장, 공원, 녹지, 학교, 공공청사. 문화시설 등 도시계획시설로 묶여 있다면 정말 답답하다.

역으로 위와 같은 도시계획시설로 묶인 토지가 경매나 공매에 나온다면 입찰에 참여하기가 꺼려진다.

또한 집 앞 골목길에 대해 수십년간 아무 이상 없이 사용하여 왔는데 어느날 갑자기 소유자라면서 길을 막거나 사용료를 내라고 한다면 참으로 당황스럽다.

이 책은 위와 같은 문제에 대해 답을 제시하기 위해 집필한 것이다. 길은 있다. 단지 우리가 배우지 못해 모를 뿐이다.

정부는 2015. 8. 11. 획기적인 법 개정을 단행하였다. 즉, 「국토의 계획 및 이용에 관한 법률」 제48조의2는 도시계획시설의 해제입안신청, 해제신청, 해제심사청구 제도를 신설하였고, 이 규정은 2017. 1. 1.부터 시행되고 있다. 따라서 모든 장기미집행도시계획시설 토지 소유자는 보상을 받지 못하면 해제를 요구할 수 있는 권리가 생겼다.

또한 2019. 8. 20. 실시계획 효력상실 제도가 도입되었고(법 제88조), 이 규정은 2020년 1월 1일부터 시행되고 있다.

따라서 모든 장기미집행 도시계획시설로 묶인 토지 소유자는 국토법상 ①매수청구제도, ②실효 제도(지방의회 해제권고제도 포함), ③국토법 제26조에 의한 폐지입안

2025년 개정판
머리글

신청, 국토법 제48조의2에 의한 해제입안신청, 해제신청, 해제심사신청으로 대응이 가능하게 되었다.

앞으로 도시계획시설로 묶인 토지에 대한 관심은 더 커질 것으로 보인다. 하지만 결국 관심을 가지고 공부를 하여 실제 행동을 하는 자에게 큰 수익이 오는 것은 자명하다. 자신의 토지가 도시계획시설로 묶인 토지인 경우 이제는 애물단지가 아니라 황금알을 낳는 거위라는 사실을 모른 채 지내는 사람도 많다.

2025년 개정판은 2025년 3월까지 바뀐 법 내용과 판례를 모두 반영하였고, 그동안 미흡했던 투자 방법을 보완하였다. 특히 재개발·재건축사업구역에서 도로에 대한 투자방법을 보완하였다.

한편, 그동안 도로와 관련하여 저자에게 많은 문의가 들어 온 사항이 있다. 골목길 분쟁과 진입도로 분쟁이다. 즉, 골목길 또는 진입도로가 사유지일 경우 개인이 이를 막을 수 있는지 여부, 임료상당의 부당이득금을 청구할 수 있는지(있다면 누구에게 하여야 하는지) 여부, 주택을 신축하고 상·하수도 인입을 위해 도로로 사용되는 사유지를 굴착할 수 있는지 여부, 진입도로 부분을 강제로 수용할 수 있는지 여부 등이다.

기존 도로소유자에게는 불편한 내용이지만 어차피 기존 도로소유자도 정확히 알아야 할 사항이라고 본다. 예를 들어 도로에 대한 지식을 오해하여 도로를 낙찰받거나, 도로를 잘못 막아 형사고소를 당하는 것보다는 낫다고 본다.

이 책은 ①도시계획시설 토지가 무엇인지, ②기존 도시계획시설부지 소유자 공통 대응방안, ③도로 대응법 및 투자법, ④골목길, 맹지(진입도로) 미확보 문제 해결법, ⑤공원 대응법 및 투자법을 알려준다.

도로·공원등 도시계획시설 경매 및
골목길·맹지 해결법

　일반 아파트의 경매가 포화상태에 이른 현재에 특수물건으로서 도시계획시설로 묶인 토지에 대한 투자를 하고 싶은 분들에게 이 책은 아주 유익한 길잡이가 될 것이라 확신한다. 또한 기존 도시계획시설 토지 소유자들은 이 책에 서술된 방법으로 대응을 하여 권리를 찾기를 바란다. 또한 이 책으로 인하여 서로 간에 상처만 주는 골목길·진입도로 분쟁이 사라지기를 기대한다.

　부동산 재테크는 결코 운이 아니다. 실력이다. 그중 최고는 아마 도시계획시설로 묶인 토지에 대한 경·공매일 것이다. 이 책이 독자 여러분들을 부자로 만들기를 기원한다.

　이 책의 개정판이 나오기까지 많은 분들의 도움을 받았지만, 집합건물 등 특수물건 경매의 실전 전문가인 서울자산관리주식회사 김미영 사장의 실무적인 조언에 감사를 표한다. 또한 법무법인 강산 임직원에게 감사를 표한다.

2025. 5. 10.

공동저자 대표 김은유 변호사 드림

법무법인 강산

- E-mail : 114gs@naver.com
- 주소 : 서울시 서초구 서초중앙로 119, 3층(서초동 1574-14 세연타워)
- TEL : 02) 592-6390 / FAX : 02) 592-6309 [㊤06644]

부동산 지식 또는 재테크에 대해 더 상세하게 알고 싶다면 필자가 저술한 날개 부분에 있는 다른 책을 참고하면 좋습니다.

2013년 출판본
머리글

변호사님!

A씨 : "울화통 터집니다. 벌써 40년째 공원으로 묶여 있어, 이제나 저제나 실효될 날만 기다리고 있는데, 이제는 구역으로 지정하여 아예 영원히 공원으로 만든다고 하네요."

B씨 : "저는 도로(주차장, 광장, 공원, 녹지, 학교, 공공청사, 문화시설 등)로 묶인 지가 20년이 넘었는데 보상도 못 받고, 사용료도 못 받고 있네요."

C씨 : "도로나 공원이 경매로 싸게 나왔는데 이를 낙찰받을 경우 위험성은 없나요? 어떤 토지를 낙찰받아야 돈을 벌 수 있나요?"

D씨 : "관악산이나 우면산 대모산 등산로가 사유지라는데 맞는가요?"

위와 같은 질문을 참 많이 받았습니다. 이 책은 위 질문에 답을 드리기 위해 쓴 것입니다. 지금까지 **10년 장기미집행 도시계획시설**에 대해 현행법 테두리에서 소유자가 어떻게 대응을 하여야 하는지에 대해서 그리고 **도로·공원 경매**에 대해서 종합적으로 정리한 책은 없었습니다. 이 책은 필자가 그동안 직접 재판을 수행하면서, 또한 컨설팅을 해 주면서, 어렵게 자료를 수집하고 정보를 모은 것을 정리하여 공개하는 것입니다. 특히 승소판결을 받은 도시계획시설폐지소송은 장기미집행 토지소유자들에게 등대가 되어 줄 것입니다.

도로나 공원을 싼 맛에 경매로 낙찰을 받고자 하는 분들이 많은데, 이는 매우 위험합니다. 즉, 도로는 기본적으로 법에 의해 사권행사가 제한되고, 경우에 따라서는 지료청구도 불가한 경우가 많습니다. 공원도 용도구역인 도시자연공원구역으로 지정되면 개발제한구역보다도 더한 행위제한이 수반되고, 실효가 되더라도 보전녹지로 지정됩니다. 이러한 위험을 전혀 모르고 그저 싼 맛에 낙찰을 받아서, 고스란히 투자금이 묶이는 결과가 비일비재합니다.

도로·공원등 도시계획시설 경매 및
골목길·맹지 해결법

 그러나 한편으로는 **도로, 주차장, 광장, 공원, 녹지, 학교, 공공청사, 문화시설 등** 경매는 마지막 남은 경매의 블루오션입니다. 유치권이나 법정지상권 등의 제한이 있는 특수물건보다도 더 매력 있는 특수물건으로서 경우에 따라서는 300%의 수익을 낼 수도 있습니다.

 이 책은 국내 최초로 도로·공원 경매의 위험성을 지적하고, 나아가 고수익의 비밀을 공개하였으며, 도로·공원에 대한 권리분석방법도 국내 최초로 다루고 있습니다. 도로·공원 경매의 위험을 감수하고 고수익을 추구하고자 하는 분들에게 이 책은 해답을 드릴 것입니다. 다만, 여기서 경매에 관한 일반지식은 과감히 생략하였습니다. 경매에 대한 절차나 그밖에 필요한 지식은 이미 시중에 많이 알려져 있기 때문입니다. 따라서 이 책은 도로·공원 경매 시 어떠한 위험성이 있고, 어떠한 유리한 점이 있는지를 제시하여 낙찰여부를 판단할 수 있도록 하고자 하는 데 주안점을 두고 있습니다.

 또한 이 책은 비록 제목 자체에서 보듯이 장기미집행도시계획시설 중 도로·공원을 위주로 서술하고 있으나, 여기서 다루고 있는 자료와 정보는 다른 장기미집행도시계획시설에도 그대로 적용될 수 있는 것입니다. 예를 들어 매수청구는 「국토의 계획 및 이용에 관한 법률」에 의한 것이므로 도로·공원이나 기타 도시계획시설이나 같은 절차를 따르면 됩니다. 따라서 도로·공원이외에 공공청사부지, 녹지 등 다른 장기미집행 토지소유자는 제2편을 참고하시되, 특히 도시계획시설폐지소송을 놓치지 마시기 바랍니다.

 장기미집행에 대한 최선의 대응책은 권리위에 잠자고 있는 자는 보호를 받지 못한다는 평범한 진리를 확인하고, 반드시 무엇인가 하여야 한다는 것입니다. 그저 기다리다가는 답이 없습니다. 그러나 도시자연공원의 경우 '도시자연공원구역'으로 지정

2013년 출판본
머리글

되면 영원히 실효가 되지 않고, 보상도 받지 못합니다. 따라서 나의 권리를 명확히 알고 이에 맞게 대처하여야 합니다. 가사 실효가 되더라도 행정청은 보전녹지로 지정 등 또 다른 대안을 준비 중이므로 소유권 행사에 지장이 오는 것은 마찬가지입니다. 결국 나의 권리를 명확히 알고 이에 맞게 대처하여야 합니다.

 이 책은 도로·공원 경매로 고수익을 노리는 전문가들과, 10년 장기미집행 도시계획시설 부지를 가지고 고통 받으시는 분들이 보아야 할 책입니다. 초보자들이 보기에는 어려울 것입니다. 그래서 법무법인 강산은 매달 정기적으로 강의를 실시하고 있습니다. 강의는 법무법인 강산 홈페이지(www.114gs.kr)나 인터넷 카페(네이버에서 보상박사로 검색)를 참고하시기를 바랍니다.

 장차 도로·공원을 취득하고자 하시는 분은 경매에 나서기 전에, 이미 소유하고 계신 분은 울화통 터지지 전에 이 책을 읽어보시고 행동하여 주시기를 권합니다. 길이 보일 것입니다.

 이 책의 구성은 제1편에서 장기미집행토지에 대해 전반적으로 살펴보고, 제2편에서 도로, 제3편에서 공원, 제4편에서는 보상금을 제대로 받는 방법을 기술하였습니다.

2013. 10.
마지막 경매 블루오션 도로·공원 경매로 부자 되시길 기대하며
방배동 연구실에서 김은유, 윤덕수 씀

일러두기

1. 법령 약어

법령은 아래와 같이 표시한다.

- 「공익사업을 위한 토지 등 취득에 관한 특례법」 ⇒ 토지보상법
- 「국토의 계획 및 이용에 관한 법률」 ⇒ 법 또는 국토법
- 「도시공원 및 녹지 등에 관한 법률」 ⇒ 공원녹지법
- 「도시·군계획시설」 ⇒ 도시계획시설
- 「도시·군계획관리」 ⇒ 도시관리계획

2. 원문 표시

법이나 판례, 보도자료 등 원문은 네모 박스 안에 그대로 표시하였다.

3. 책 구입 또는 강의 요청 방법

▶ 02-592-6390 (담당변호사 김태원)
▶ 114gs@naver.com

차 례

PART 1   도시·군계획시설로 묶인 토지

1. 서설 ·· 2
2. 용도구역, 용도지역, 용도지구, 건폐율, 용적율 ···································· 4
3. 도시·군계획시설 ··· 13
4. 지구단위계획 ·· 27
5. 도시관리계획의 입안·결정권자 ··· 32
6. 장기미집행 토지 ·· 40
7. 장기미집행 후속 입법 연혁 ··· 41

PART 2   도시계획시설 토지 소유자 공통 대응방안

제1장 개요 ·· 52
1. 문제의 제기 ··· 52
2. 법 개정 연혁 ··· 54
3. 단계별집행계획 ·· 56

제2장 기존 소유자 구체적 대응방안 ··· 59
1. 매수청구 ·· 59
2. 실효 ··· 63
3. 지방의회 해제권고 활용 ·· 66
4. 손실보상청구권 행사 가능 여부(소극) ··· 70
5. 국토법 제26조에 의한 도시계획시설 폐지(해제) ······························ 73
6. 국토법 제48조의2에 의한 해제입안·해제·해제심사 신청권 행사 ······ 80
7. 공통 대응방안 요약 ··· 99

제3장 신규 투자자 투자 여부 결정방법 ··· 100
   1. 돈 버는 투자법 ··· 100
   2. 위험한 투자법 ··· 101
   3. 도시계획시설 부지 물건 찾는 방법 ································· 104
   4. 공동투자 시 유의 사항 ··· 105
   5. 상위 1% 투자자를 위한 '특수 토지' 투자법 ··················· 108

PART 3   도로 대응법 및 투자법

제1장 개요 ··· 114
   1. 서설 ·· 114
   2. 기존 도로 소유자 대응 방안 ·· 115
   3. 신규 투자자 주의사항 ··· 116
   4. 도로개설청구권 여부(소극) ·· 118

제2장 도로의 구분 ··· 119
   1. 법률상 도로 ··· 119
   2. 도로법상 도로 ··· 121
   3. 준용도로 ··· 123
   4. 사실상의 사도 ··· 124

제3장 도로 해제(폐지) ··· 129
   1. 도로 해제(폐지) 소송 ·· 129
   2. 실효 제도 ··· 134

차 례

제4장 매수청구 ··· 137
1. 매수청구 제도의 의의 ··· 137
2. 국토법상 장기미집행 매수청구 ··· 138
3. 도로법상 접도구역 토지 매수청구 ··· 152
4. 토지거래불허가 처분을 받은 자의 매수청구 ··· 155
5. 매수청구 거부처분 취소의 소 ··· 156

제5장 손실보상 ··· 157
1. 손실보상청구권 유무 ··· 157
2. 행정청 스스로 보상을 하는 경우 보상가격 ··· 160
3. 인근 토지 가격으로 정상 보상하는 경우 ··· 161
4. 사도법에 의한 사도 ··· 163
5. 사실상의 사도 ··· 164

제6장 부당이득금 청구 ··· 184
1. 부당이득금 반환청구의 개요 ··· 184
2. 소송상대방(피고) ··· 187
3. 배타적 사용수익권 포기 이론 ··· 192
4. 부당이득금 결정 ··· 224
5. 청구 후 사정변경(올바른 부당이득금 청구방법) ··· 229
6. 토지인도 청구 문제 ··· 232
7. 경매취득자 승계 여부 ··· 234
8. 부당이득금 과세대상 여부 ··· 235

제7장 재개발·재건축정비사업 도로 투자법 ··· 237
1. 재개발사업과 도로 ··· 237
2. 재건축사업과 도로 ··· 238

제8장 도로 투자 방법 ····· 240

1. 물건 찾는 방법 ····· 240
2. 돈 되는 도로 ····· 240
3. 위험한 도로 ····· 241
4. 표로 보는 도로 공·경매 시 고려사항 ····· 242

PART 4 골목길, 진입도로 미확보 해결 방법

제1장 개요 ····· 244

제2장 도로 통행 제한 가능 여부 ····· 246

1. 사권의 제한 ····· 246
2. 일반교통방해죄 ····· 247
3. 업무방해죄 ····· 252
4. 민사 책임 ····· 254

제3장 골목길 지료(부당이득금) 분쟁 ····· 260

1. 도로의 사권 행사 제한 ····· 260
2. 배타적 사용수익권 포기 법리 ····· 262

제4장 상수도, 가스관 설치 분쟁 ····· 266

1. 문제의 제기 ····· 266
2. 수도 조례 및 도시가스 공급규정 ····· 267
3. 수도등시설권으로 해결 ····· 272
4. 배타적 사용수익권 포기 법리로 해결 ····· 279
5. 소재확인 곤란 시 도시가스사업법으로 해결 ····· 283
6. 행정청이나 도시가스 회사 상대로 소송으로 해결 ····· 284
7. 건축법상도로 ····· 285
8. 건축허가 신청전 법무법인강산과 상담하기 ····· 286

차 례

제5장 전원주택 진입도로 미확보 문제 해결법 ··· 288
1. 진입도로 제외 전원주택 부지 낙찰 ··· 288
2. 배타적 사용수익권 포기 법리 ··· 289
3. 전원주택 부지 매수자가 꼭 알아야 할 사항 ··· 291

제6장 주위토지통행권, 통행지역권 ··· 292
1. 문제의 제기 ··· 292
2. 통행지역권 ··· 293
3. 주위토지통행권 ··· 294

제7장 아파트 진입도로 수용권 존재 여부 ··· 299
1. 문제의 제기 ··· 299
2. 관련 법규 ··· 300
3. 민간인 진입도로 수용권 존재 여부 ··· 301
4. 결론 ··· 302

PART 5 　공원 대응법 및 투자법

제1장 공원의 연혁 ··· 304
1. 1961. 1. 20. 도시계획법 제정으로 시작 ··· 304
2. 공원법 제정 ··· 304
3. 1980. 1. 4. 도시공원법과 자연공원법으로 분리 제정 ··· 306
4. 도시공원법 개정 연혁 ··· 306
5. 2005. 3. 31. 「국토의 계획 및 이용에 관한 법률」 ··· 308
6. 2005. 3. 31. 도시공원법 전부개정 「도시공원 및 녹지 등에 관한 법률」 탄생 ··· 309
7. 현재 우리나라 공원체계 ··· 318
8. 도시관리계획과 공원조성계획의 관계 ··· 320
9. 서울시 공원 현황 ··· 321

제2장 공원 소유자 대응방안 및 신규 투자 방법 요약 ········· 322
   1. 기존 공원 소유자 대응 방안 요약 ········· 322
   2. 신규 공원 투자자 주의사항 ········· 323
   3. 공원(도시계획시설)부지 물건 찾는 방법 ········· 325
   4. 소송 대응방안 요약 ········· 326

제3장 비오톱(biotop) ········· 327
   1. 정의 ········· 327
   2. 비오톱 연혁 ········· 328
   3. 개발행위 불가 ········· 331
   4. 비오톱 지정에 대한 불복 재판 ········· 335

제4장 도시자연공원구역 ········· 339
   1. 정의 ········· 339
   2. 구역 도입 배경 ········· 341
   3. 구역 지정 ········· 342
   4. 구역 지정으로 인한 차이점 ········· 351
   5. 구역 지정 토지소유자 주의사항(구역지정 해제 소송방법) ········· 355
   6. 도시공원 및 도시자연공원구역의 행위 제한 ········· 359

제5장 공원 및 구역 소유자 "제도적" 대응방안 ········· 366
   1. 대응방안 요약 ········· 366
   2. 매수청구 제도 요약 ········· 369
   3. 도시공원, 녹지에 대한 매수청구 ········· 370
   4. 도시자연공원구역에 대한 매수청구 제도 ········· 378
   5. 자연공원 매수청구 제도 ········· 383
   6. 손실보상 ········· 387
   7. 도시공원 지방의회 해제권고 제도 ········· 390
   8. 자연공원 타당성 검토 ········· 395

차 례

   9. 도시계획으로 결정된 공원에 대한 해제입안신청 등 ·················· 397
  10. 협의에 의한 매수 ··· 399
  11. 도시·군관리계획으로 결정된 공원 실효 제도 ······················· 405
  12. 자연공원 공원시설계획의 실효 제도 ····································· 414
  13. 도시공원 개발행위특례 제도(민간공원 추진) ······················· 415
  14. 도시공원 부지사용계약 ·· 433
  15. 녹지활용계약 및 녹화계약 ··· 439
  16. 서울특별시 장기미집행 도시공원 보상규정 ·························· 445

제6장 공원 및 구역 소유자 "소송" 대응방안 ······························· 447
  1. 도시자연공원구역소유자 : 위헌소송 ······································ 447
  2. 도시자연공원구역지정 취소의 소 ·· 459
  3. 공원 폐지 소송 ··· 464
  4. 매수청구 거부처분 취소소송 ··· 468
  5. 부당이득금 청구 소송 ··· 470
  6. 손실보상금 증액 소송 ··· 481
  7. 재산세부과처분 취소 소송 ·· 482

제7장 공원 및 구역 소유자 "기타" 대응방안 ······························· 485
  1. 소유권 행사 ·· 485
  2. 행위 제한 예외 사유 ··· 488
  3. 권리 위에 잠자는 자는 보호받지 못한다. ····························· 489
  4. 대안 ··· 490
  5. 국가에 매수청구 ··· 491

제8장 공원 공·경매 투자법 ··· 492
  1. 돈 되는 공원, 위험한 공원 ··· 492
  2. 보상 경매 ··· 494
  3. 표로 보는 공원 공·경매 시 고려사항 ··································· 495

**도로·공원등 도시계획시설 경매 및
골목길·맹지 해결법**

PART
1

도시·군계획시설로 묶인 토지

PART 1 도시·군계획시설로 묶인 토지

1. 서설

 내 토지가 도로·공원·학교·공공청사 등 공공을 위한 도시·군계획시설부지(이하 '도시계획시설'이라고만 함)로 수십 년간 묶여 있어, 팔리지도 않고, 값도 오르지 않고, 이용도 제대로 못한다면, 정말 답답하다.

 그래서 도시계획시설부지가 경매나 공매로 나오면 일반인들은 입찰을 꺼리게 되고, 그 결과 3~4회씩 유찰되는 경우가 많다. 입찰가격이 상당히 하락했음에도 불구하고 입찰을 하지 못하는 것은 취득 후에 자신도 역시 아무것도 못하는 답답한 처지에 놓일 것을 우려하기 때문일 것이다. 특히 도시계획시설로 제한을 받는 토지를 사거나 낙찰을 받는다는 것은 보통 용기가 아니면 나서기 어려운 것이 현실이다.

 그런데 이제 이러한 도시계획시설부지에 대해서도 정부 정책이 상당히 바뀌었고, 법도 많이 개정되어, 제대로 권리분석을 하여 이러한 토지를 취득한다면 큰 수익을 낼 수 있다.

 많은 토지를 도시계획시설부지로 묶은 것은 1960년대에서 1970년대이다. 1999년 헌법재판소에서 위헌 판결이 나기 전까지는 도시계획시설부지는 절대로 투자를 해서는 안 되는 토지였음이 분명했다.

 그러다가 1999년 장기미집행 도시계획시설부지에 대해 위헌판결이 선고되었고 (1999. 10. 21. 97헌바26 결정 참조), 위헌판결 후속조치로 인하여 실효 제도와 매수청구 제도가 도입되어 어느 정도는 토지소유자의 권익 보호조치가 이루어지는 듯

했으나, 경과조치로 2020. 7. 1.에 실효하도록 하여 다시 일반인에게 도시계획시설 부지는 그림의 떡이 되었다.

그런데 세월이 흘러 2025년이 되어 실효제도는 현재 작동 중이고, 기타 여러 가지 토지소유자를 위한 보완제도도 마련되었다.

또한 공공청사 부지를 수의계약으로 취득한 후에 공공시설폐지소송을 하여 승소를 한 사례도 생겼고, 전문가를 중심으로 투자클럽이 생기기도 하였다. 아파트 등 일반 물건 입찰에 지친 일반인들도 특수물건으로서 도시계획시설부지 경·공매에 대한 입찰을 검토하는 시대가 드디어 왔다.

2017. 1. 1.부터는 "해제입안신청", "해제신청", "해제심사신청" 제도가 새로 시행되어 도시계획시설부지에서 벗어날 수 있는 획기적인 제도가 마련되어, 앞으로 도시계획시설부지에 대한 관심은 더 커질 것으로 보인다. 하지만 결국 관심을 가지고 공부를 하여 실제 행동을 하는 자에게만 큰 수익이 오는 것은 자명하다. 자신의 토지가 도시계획시설부지인 경우 이제는 애물단지가 아니라 황금알을 낳는 거위일 수도 있다는 사실을 모른 채 지내는 사람에겐 아무런 유익함이 없을 것이다.

그런데도 이러한 도시계획시설부지에 대해 기존 소유자는 어떻게 대응을 하여야 하고, 신규 투자자는 어떤 기준을 가지고 투자 여부를 결정하여야 하는지에 대해서 알려주는 책은 없었다.

이 책에서는 도시계획시설 부지가 무엇인지를 먼저 서술하고, 도시계획시설부지의 기존 소유자 대응방법과 신규 투자자의 투자 결정 기준을 제시하고자 한다. 그리고 그 방법론으로 먼저 도시계획시설부지 모두에 대해 공통적으로 해당되는 부분을 서술한 후에, 그중 가장 대표적인 도로·공원에 대해 상세히 서술한다.

2. 용도구역, 용도지역, 용도지구, 건폐율, 용적율

가. 개설

모든 토지 투자의 기본은 용도구역, 용도지역, 용도지구, 건폐율, 용적율을 파악하는 데서 출발한다. 이것을 모르고 부동산 투자를 하면 안 된다. 해당 토지가 어느 것에 해당하는지에 따라 가치가 달라지기 때문이다.

나. 정의

국토의 계획 및 이용에 관한 법률

제2조(정의) 이 법에서 사용하는 용어의 뜻은 다음과 같다.

15. "용도지역"이란 토지의 이용 및 건축물의 용도, 건폐율(「건축법」 제55조의 건폐율을 말한다. 이하 같다), 용적률(「건축법」 제56조의 용적률을 말한다. 이하 같다), 높이 등을 제한함으로써 토지를 경제적·효율적으로 이용하고 공공복리의 증진을 도모하기 위하여 서로 중복되지 아니하게 도시·군관리계획으로 결정하는 지역을 말한다.

16. "용도지구"란 토지의 이용 및 건축물의 용도·건폐율·용적률·높이 등에 대한 <u>용도지역의 제한을 강화하거나 완화하여 적용함으로써</u> 용도지역의 기능을 증진시키고 미관·경관·안전 등을 도모하기 위하여 도시·군관리계획으로 결정하는 지역을 말한다.

17. "용도구역"이란 토지의 이용 및 건축물의 용도·건폐율·용적률·높이 등에 대한 <u>용도지역 및 용도지구의 제한을 강화하거나 완화하여 따로 정함</u>으로써 시가지의 무질서한 확산방지, 계획적이고 단계적인 토지이용의 도모, 토지이용의 종합적 조정·관리 등을 위하여 도시·군관리계획으로 결정하는 지역을 말한다.

건축법

[시행 2024. 6. 27.] [법률 제20424호, 2024. 3. 26., 일부개정]

제55조(건축물의 건폐율) 대지면적에 대한 건축면적(대지에 건축물이 둘 이상 있는 경우에는 이들 건축면적의 합계로 한다)의 비율(이하 "건폐율"이라 한다)의 최대한도는 「국토의 계획 및 이용에 관한 법률」 제77조에 따른 건폐율의 기준에 따른다. 다만, 이 법에서 기준을 완화하거나 강화하여 적용하도록 규정한 경우에는 그에 따른다.

제56조(건축물의 용적률) 대지면적에 대한 연면적(대지에 건축물이 둘 이상 있는 경우에는 이들 연면적의 합계로 한다)의 비율(이하 "용적률"이라 한다)의 최대한도는 「국토의 계획 및 이용에 관한 법률」 제78조에 따른 용적률의 기준에 따른다. 다만, 이 법에서 기준을 완화하거나 강화하여 적용하도록 규정한 경우에는 그에 따른다.

다. 종류

국토의 계획 및 이용에 관한 법률

제36조(용도지역의 지정) ① 국토교통부장관, 시·도지사 또는 대도시 시장은 다음 각 호의 어느 하나에 해당하는 용도지역의 지정 또는 변경을 도시·군관리계획으로 결정한다. 〈개정 2011.4.14, 2013.3.23〉

1. **도시지역**: 다음 각 목의 어느 하나로 구분하여 지정한다.
   가. 주거지역: 거주의 안녕과 건전한 생활환경의 보호를 위하여 필요한 지역
   나. 상업지역: 상업이나 그 밖의 업무의 편익을 증진하기 위하여 필요한 지역
   다. 공업지역: 공업의 편익을 증진하기 위하여 필요한 지역
   라. 녹지지역: 자연환경·농지 및 산림의 보호, 보건위생, 보안과 도시의 무질서한 확산을 방지하기 위하여 녹지의 보전이 필요한 지역

2. **관리지역:** 다음 각 목의 어느 하나로 구분하여 지정한다.
   가. 보전관리지역: 자연환경 보호, 산림 보호, 수질오염 방지, 녹지공간 확보 및 생태계 보전 등을 위하여 보전이 필요하나, 주변 용도지역과의 관계 등을 고려할 때 자연환경보전지역으로 지정하여 관리하기가 곤란한 지역
   나. 생산관리지역: 농업·임업·어업 생산 등을 위하여 관리가 필요하나, 주변 용도지역과의 관계 등을 고려할 때 농림지역으로 지정하여 관리하기가 곤란한 지역
   다. 계획관리지역: 도시지역으로의 편입이 예상되는 지역이나 자연환경을 고려하여 제한적인 이용·개발을 하려는 지역으로서 계획적·체계적인 관리가 필요한 지역

3. **농림지역**
4. **자연환경보전지역**

제79조(용도지역 미지정 또는 미세분 지역에서의 행위 제한 등) ① 도시지역, 관리지역, 농림지역 또는 자연환경보전지역으로 용도가 지정되지 아니한 지역에 대하여는 제76조부터 제78조까지의 규정을 적용할 때에 자연환경보전지역에 관한 규정을 적용한다.

② 제36조에 따른 도시지역 또는 관리지역이 같은 조 제1항 각 호 각 목의 세부 용도지역으로 지정되지 아니한 경우에는 제76조부터 제78조까지의 규정을 적용할 때에 해당 용도지역이 도시지역인 경우에는 녹지지역 중 대통령령으로 정하는 지역에 관한 규정을 적용하고, 관리지역인 경우에는 보전관리지역에 관한 규정을 적용한다.

제37조(용도지구의 지정) ① 국토교통부장관, 시·도지사 또는 대도시 시장은 다음 각 호의 어느 하나에 해당하는 용도지구의 지정 또는 변경을 도시·군관리계획으로 결정한다. 〈개정 2011. 4. 14., 2013. 3. 23., 2017. 4. 18., 2023. 5. 16.〉

1. 경관지구: 경관의 보전·관리 및 형성을 위하여 필요한 지구

2. 고도지구: 쾌적한 환경 조성 및 토지의 효율적 이용을 위하여 건축물 높이의 최고한도를 규제할 필요가 있는 지구

3. 방화지구: 화재의 위험을 예방하기 위하여 필요한 지구

4. 방재지구: 풍수해, 산사태, 지반의 붕괴, 그 밖의 재해를 예방하기 위하여 필요한 지구

5. 보호지구: 「국가유산기본법」 제3조에 따른 국가유산, 중요 시설물(항만, 공항 등 대통령령으로 정하는 시설물을 말한다) 및 문화적·생태적으로 보존가치가 큰 지역의 보호와 보존을 위하여 필요한 지구

6. 취락지구: 녹지지역·관리지역·농림지역·자연환경보전지역·개발제한구역 또는 도시자연공원구역의 취락을 정비하기 위한 지구

7. 개발진흥지구: 주거기능·상업기능·공업기능·유통물류기능·관광기능·휴양기능 등을 집중적으로 개발·정비할 필요가 있는 지구

8. 특정용도제한지구: 주거 및 교육 환경 보호나 청소년 보호 등의 목적으로 오염물질 배출시설, 청소년 유해시설 등 특정시설의 입지를 제한할 필요가 있는 지구

9. 복합용도지구: 지역의 토지이용 상황, 개발 수요 및 주변 여건 등을 고려하여 효율적이고 복합적인 토지이용을 도모하기 위하여 특정시설의 입지를 완화할 필요가 있는 지구

10. 그 밖에 대통령령으로 정하는 지구

제38조(개발제한구역의 지정) ① 국토교통부장관은 도시의 무질서한 확산을 방지하고 도시주변의 자연환경을 보전하여 도시민의 건전한 생활환경을 확보하기 위하여 도시의 개발을 제한할 필요가 있거나 국방부장관의 요청이 있어 보안상 도시의 개발을 제한할 필요가 있다고 인정되면 개발제한구역의 지정 또는 변경을 도시·군관리계획으로 결정할 수 있다. 〈개정 2011.4.14, 2013.3.23〉

제38조의2(도시자연공원구역의 지정) ① 시·도지사 또는 대도시 시장은 도시의 자연환경 및 경관을 보호하고 도시민에게 건전한 여가·휴식공간을 제공하기 위하여 도시지역 안에서 식생(植生)이 양호한 산지(山地)의 개발을 제한할 필요가 있다고 인정하면 도시자연공원구역의 지정 또는 변경을 도시·군관리계획으로 결정할 수 있다. 〈개정 2011.4.14〉

② 도시자연공원구역의 지정 또는 변경에 필요한 사항은 따로 법률로 정한다.[전문개정 2009.2.6]

제39조(시가화조정구역의 지정) ① 국토교통부장관은 직접 또는 관계 행정기관의 장의 요청을 받아 도시지역과 그 주변지역의 무질서한 시가화를 방지하고 계획적·단계적인 개발을 도모하기 위하여 대통령령으로 정하는 기간 동안 시가화를 유보할 필요가 있다고 인정되면 시가화

조정구역의 지정 또는 변경을 도시·군관리계획으로 결정할 수 있다. 〈개정 2011.4.14., 2013.3.23〉

제40조(수산자원보호구역의 지정) 해양수산부장관은 직접 또는 관계 행정기관의 장의 요청을 받아 수산자원을 보호·육성하기 위하여 필요한 공유수면이나 그에 인접한 토지에 대한 수산자원보호구역의 지정 또는 변경을 도시·군관리계획으로 결정할 수 있다. 〈개정 2011.4.14., 2013.3.23.〉

제40조의2(입지규제최소구역의 지정 등) 삭제 〈2024. 2. 6.〉

제40조의3(도시혁신구역의 지정 등) ① 제35조의6제1항에 따른 공간재구조화계획 결정권자(이하 이 조 및 제40조의4에서 "공간재구조화계획 결정권자"라 한다)는 다음 각 호의 어느 하나에 해당하는 지역을 도시혁신구역으로 지정할 수 있다.

1. 도시·군기본계획에 따른 도심·부도심 또는 생활권의 중심지역
2. 주요 기반시설과 연계하여 지역의 거점 역할을 수행할 수 있는 지역
3. 그 밖에 도시공간의 창의적이고 혁신적인 개발이 필요하다고 인정되는 경우로서 대통령령으로 정하는 지역

제40조의4(복합용도구역의 지정 등) ① 공간재구조화계획 결정권자는 다음 각 호의 어느 하나에 해당하는 지역을 복합용도구역으로 지정할 수 있다.

1. 산업구조 또는 경제활동의 변화로 복합적 토지이용이 필요한 지역
2. 노후 건축물 등이 밀집하여 단계적 정비가 필요한 지역
3. 그 밖에 복합된 공간이용을 촉진하고 다양한 도시공간을 조성하기 위하여 계획적 관리가 필요하다고 인정되는 경우로서 대통령령으로 정하는 지역

제40조의5(도시·군계획시설입체복합구역의 지정) ① 제29조에 따른 도시·군관리계획의 결정권자(이하 "도시·군관리계획 결정권자"라 한다)는 도시·군계획시설의 입체복합적 활용을 위하여 다음 각 호의 어느 하나에 해당하는 경우에 도시·군계획시설이 결정된 토지의 전부 또는 일부를 도시·군계획시설입체복합구역(이하 "입체복합구역"이라 한다)으로 지정할 수 있다.

1. 도시·군계획시설 준공 후 10년이 경과한 경우로서 해당 시설의 개량 또는 정비가 필요한 경우
2. 주변지역 정비 또는 지역경제 활성화를 위하여 기반시설의 복합적 이용이 필요한 경우
3. 첨단기술을 적용한 새로운 형태의 기반시설 구축 등이 필요한 경우
4. 그 밖에 효율적이고 복합적인 도시·군계획시설의 조성을 위하여 필요한 경우로서 대통령령으로 정하는 경우

라. 건폐율, 용적율

국토계획법 제77조(용도지역의 건폐율) ① 제36조에 따라 지정된 용도지역에서 건폐율의 최대한도는 관할 구역의 면적과 인구 규모, 용도지역의 특성 등을 고려하여 다음 각 호의 범위에서 대통령령으로 정하는 기준에 따라 특별시·광역시·특별자치시·특별자치도·시 또는 군의 조례로 정한다. 〈개정 2011. 4. 14., 2013. 7. 16., 2015. 8. 11.〉

1. 도시지역
   가. 주거지역: 70퍼센트 이하
   나. 상업지역: 90퍼센트 이하
   다. 공업지역: 70퍼센트 이하
   라. 녹지지역: 20퍼센트 이하
2. 관리지역
   가. 보전관리지역: 20퍼센트 이하
   나. 생산관리지역: 20퍼센트 이하
   다. 계획관리지역: 40퍼센트 이하
3. 농림지역: 20퍼센트 이하
4. 자연환경보전지역: 20퍼센트 이하

② 제36조제2항에 따라 세분된 용도지역에서의 건폐율에 관한 기준은 제1항 각 호의 범위에서 대통령령으로 따로 정한다.

③ 다음 각 호의 어느 하나에 해당하는 지역에서의 건폐율에 관한 기준은 제1항과 제2항에도 불구하고 80퍼센트 이하의 범위에서 대통령령으로 정하는 기준에 따라 특별시·광역시·특별자치시·특별자치도·시 또는 군의 조례로 따로 정한다. 〈개정 2011. 4. 14., 2011. 8. 4., 2015. 8. 11., 2017. 4. 18.〉

1. 제37조제1항제6호에 따른 취락지구
2. 제37조제1항제7호에 따른 개발진흥지구(도시지역 외의 지역 또는 대통령령으로 정하는 용도지역만 해당한다)
3. 제40조에 따른 수산자원보호구역
4. 「자연공원법」에 따른 자연공원
5. 「산업입지 및 개발에 관한 법률」 제2조제8호라목에 따른 농공단지
6. 공업지역에 있는 「산업입지 및 개발에 관한 법률」 제2조제8호가목부터 다목까지의 규정에

따른 국가산업단지, 일반산업단지 및 도시첨단산업단지와 같은 조 제12호에 따른 준산업단지

④ 다음 각 호의 어느 하나에 해당하는 경우로서 대통령령으로 정하는 경우에는 제1항에도 불구하고 대통령령으로 정하는 기준에 따라 특별시·광역시·특별자치시·특별자치도·시 또는 군의 조례로 건폐율을 따로 정할 수 있다. 〈개정 2011. 4. 14., 2011. 9. 16.〉

1. 토지이용의 과밀화를 방지하기 위하여 건폐율을 강화할 필요가 있는 경우
2. 주변 여건을 고려하여 토지의 이용도를 높이기 위하여 건폐율을 완화할 필요가 있는 경우
3. 녹지지역, 보전관리지역, 생산관리지역, 농림지역 또는 자연환경보전지역에서 농업용·임업용·어업용 건축물을 건축하려는 경우
4. 보전관리지역, 생산관리지역, 농림지역 또는 자연환경보전지역에서 주민생활의 편익을 증진시키기 위한 건축물을 건축하려는 경우

⑤ 삭제 〈2021. 1. 12.〉 [전문개정 2009. 2. 6.]

제78조(용도지역에서의 용적률) ① 제36조에 따라 지정된 용도지역에서 용적률의 최대한도는 관할 구역의 면적과 인구 규모, 용도지역의 특성 등을 고려하여 다음 각 호의 범위에서 대통령령으로 정하는 기준에 따라 특별시·광역시·특별자치시·특별자치도·시 또는 군의 조례로 정한다. 〈개정 2011. 4. 14., 2013. 7. 16., 2021. 1. 12.〉

1. 도시지역

  가. 주거지역: 500퍼센트 이하

  나. 상업지역: 1천500퍼센트 이하

  다. 공업지역: 400퍼센트 이하

  라. 녹지지역: 100퍼센트 이하

2. 관리지역

  가. 보전관리지역: 80퍼센트 이하

  나. 생산관리지역: 80퍼센트 이하

  다. 계획관리지역: 100퍼센트 이하

3. 농림지역: 80퍼센트 이하
4. 자연환경보전지역: 80퍼센트 이하

② 제36조제2항에 따라 세분된 용도지역에서의 용적률에 관한 기준은 제1항 각 호의 범위에서 대통령령으로 따로 정한다.

③ 제77조제3항제2호부터 제5호까지의 규정에 해당하는 지역에서의 용적률에 대한 기준은 제

1항과 제2항에도 불구하고 200퍼센트 이하의 범위에서 대통령령으로 정하는 기준에 따라 특별시·광역시·특별자치시·특별자치도·시 또는 군의 조례로 따로 정한다. 〈개정 2011. 4. 14.〉

④ 건축물의 주위에 공원·광장·도로·하천 등의 공지가 있거나 이를 설치하는 경우에는 제1항에도 불구하고 대통령령으로 정하는 바에 따라 특별시·광역시·특별자치시·특별자치도·시 또는 군의 조례로 용적률을 따로 정할 수 있다. 〈개정 2011. 4. 14.〉

⑤ 제1항과 제4항에도 불구하고 제36조에 따른 도시지역(녹지지역만 해당한다), 관리지역에서는 창고 등 대통령령으로 정하는 용도의 건축물 또는 시설물은 특별시·광역시·특별자치시·특별자치도·시 또는 군의 조례로 정하는 높이로 규모 등을 제한할 수 있다. 〈개정 2011. 4. 14.〉

⑥ 제1항에도 불구하고 건축물을 건축하려는 자가 그 대지의 일부에 「사회복지사업법」 제2조제4호에 따른 사회복지시설 중 대통령령으로 정하는 시설을 설치하여 국가 또는 지방자치단체에 기부채납하는 경우에는 특별시·광역시·특별자치시·특별자치도·시 또는 군의 조례로 해당 용도지역에 적용되는 용적률을 완화할 수 있다. 이 경우 용적률 완화의 허용범위, 기부채납의 기준 및 절차 등에 필요한 사항은 대통령령으로 정한다. 〈신설 2013. 12. 30.〉

⑦ 이 법 및 「건축법」 등 다른 법률에 따른 용적률의 완화에 관한 규정은 이 법 및 다른 법률에도 불구하고 다음 각 호의 구분에 따른 범위에서 중첩하여 적용할 수 있다. 다만, 용적률 완화 규정을 중첩 적용하여 완화되는 용적률이 제1항 및 제2항에 따라 대통령령으로 정하고 있는 해당 용도지역별 용적률 최대한도를 초과하는 경우에는 관할 시·도지사, 시장·군수 또는 구청장이 제30조제3항 단서 또는 같은 조 제7항에 따른 건축위원회와 도시계획위원회의 공동심의를 거쳐 기반시설의 설치 및 그에 필요한 용지의 확보가 충분하다고 인정하는 경우에 한정한다. 〈신설 2021. 10. 8.〉

 1. 지구단위계획구역: 제52조제3항에 따라 지구단위계획으로 정하는 범위

 2. 지구단위계획구역 외의 지역: 제1항 및 제2항에 따라 대통령령으로 정하고 있는 해당 용도지역별 용적률 최대한도의 120퍼센트 이하 [전문개정 2009. 2. 6.]

마. 용도지역, 건폐율, 용적율 종합 표

법무법인강산

용도지역		세분		내용	국토계획법 시행령	
					건폐율	용적률
도시지역	주거지역	전용주거지역	제1종	단독주택 중심의 양호한 주거환경을 보호하기 위한 지역	50% 이하[1]	50%~100%[2]
			제2종	공동주택 중심의 양호한 주거환경을 보호하기 위한 지역		50%~150%
		일반주거지역	제1종	저층주택 중심 편리한 주거환경을 조성(4층 이하)	60% 이하	100%~200%
			제2종	중층주택 중심 편리한 주거환경을 조성(15층 이하)		100%~250%
			제3종	중고층주택 중심 편리한 주거환경을 조성	50% 이하	100%~300%
		준주거지역		주거기능을 위주로 이를 지원하는 일부 상업기능 및 업무기능을 보완하기 위하여 필요한 지역	70% 이하	200%~500%
	상업지역	중심상업지역		도심·부도심의 상업기능 및 업무기능의 확충을 위하여 필요한 지역	90% 이하	200%~1500%
		일반상업지역		일반적인 상업기능 및 업무기능을 담당하게 하기 위하여 필요한 지역	80% 이하	200%~1300%
		근린상업지역		근린지역에서의 일용품 및 서비스의 공급을 위하여 필요한 지역	70% 이하	200%~900%
		유통상업지역		도시내 및 지역간 유통기능의 증진을 위하여 필요한 지역	80% 이하	200%~1100%
	공업지역	전용공업지역		주로 중화학공업, 공해성 공업 등을 수용하기 위하여 필요한 지역	70% 이하	150%~300%
		일반공업지역		환경을 저해하지 아니하는 공업의 배치를 위하여 필요한 지역		150%~350%
		준공업지역		경공업 그 밖의 공업을 수용하되, 주거기능·상업기능 및 업무기능의 보완이 필요한 지역		150%~400%
	녹지지역	보전녹지지역		도시의 자연환경·경관·산림 및 녹지공간을 보전할 필요가 있는 지역	20% 이하	50%~80%
		생산녹지지역		주로 농업적 생산을 위하여 개발을 유보할 필요가 있는 지역		50%~100%
		자연녹지지역		도시의 녹지공간의 확보, 도시확산의 방지, 장래 도시용지의 공급 등을 위하여 보전할 필요가 있는 지역으로서 불가피한 경우에 한하여 제한적인 개발이 허용되는 지역		

용도지역		세분	내용	국토계획법 시행령	
				건폐율	용적률
관리지역	보전관리지역	보전관리지역 (법 제36조)	자연환경보호, 산림보호, 수질오염방지, 녹지공간 확보 및 생태계 보전 등을 위하여 보전이 필요하나, 주변 용도지역과의 관계 등을 고려할 때 자연환경보전지역으로 지정하여 관리하기가 곤란한 지역	20% 이하	50%~ 80%
	생산관리지역	생산관리지역	농업·임업·어업생산등을 위하여 관리가 필요하나, 주변 용도지역과의 관계 등을 고려할 때 농림지역으로 지정하여 관리하기가 곤란한 지역		
	계획관리지역	계획관리지역	도시지역으로 편입이 예상되는 지역 또는 자연환경을 고려하여 제한적인 이용·개발을 하려는 지역으로서 계획적·체계적인 관리가 필요한 지역	40% 이하	50%~ 100%
농림지역 (법 제6조)			도시지역에 속하지 아니하는 농지법에 의한 농업진흥지역 또는 산림법에 의한 보전임지 등으로서 농림업의 진흥과 산림의 보전을 위하여 필요한 지역	20% 이하	50%~ 80%
자연환경보전지역 (법 제6조)			자연환경·수자원·해안·생태계·상수원 및 문화재의 보전과 수산자원의 보호·육성등을 위하여 필요한 지역		

---

1) 국토법시행령 제84조(용도지역 안에서의 건폐율), 이하 같음
2) 국토법시행령 제85조(용도지역 안에서의 용적률), 이하 같음

3. 도시·군계획시설

가. 기반시설

 기반시설이란 다음의 각 목의 시설로서 대통령령으로 정하는 시설을 말한다(법 제2조제6호).

　가. 도로·철도·항만·공항·주차장 등 교통시설

　나. 광장·공원·녹지 등 공간시설

　다. 유통업무설비, 수도·전기·가스공급설비, 방송·통신시설, 공동구 등 유통·공급시설

　라. 학교·공공청사·문화시설 및 공공필요성이 인정되는 체육시설 등 공공·문화체육시설

　마. 하천·유수지(遊水池)·방화설비 등 방재시설

　바. 장사시설 등 보건위생시설

　사. 하수도, 폐기물처리 및 재활용시설, 빗물저장 및 이용시설 등 환경기초시설

> **령 제2조(기반시설)** ① 「국토의 계획 및 이용에 관한 법률」(이하 "법"이라 한다) 제2조제6호 각 목 외의 부분에서 "대통령령으로 정하는 시설"이란 다음 각 호의 시설(당해 시설 그 자체의 기능발휘와 이용을 위하여 필요한 부대시설 및 편익시설을 포함한다)을 말한다. 〈개정 2005. 9. 8., 2008. 5. 26., 2009. 11. 2., 2013. 6. 11., 2016. 2. 11., 2018. 11. 13., 2019. 12. 31.〉
>
> 　1. 교통시설 : <u>도로</u>·철도·항만·공항·<u>주차장</u>·자동차정류장·궤도·차량 검사 및 면허시설
>
> 　2. 공간시설 : <u>광장·공원·녹지·유원지·공공공지</u>
>
> 　3. 유통·공급시설 : 유통업무설비, 수도·전기·가스·열공급설비, 방송·통신시설, 공동구·시장, 유류저장 및 송유설비
>
> 　4. 공공·문화체육시설 : <u>학교·공공청사</u>·문화시설·<u>공공필요성이 인정되는</u> 체육시설·연구시설·사회복지시설·공공직업훈련시설·청소년수련시설
>
> 　5. 방재시설 : 하천·유수지·저수지·방화설비·방풍설비·방수설비·사방설비·방조설비
>
> 　6. 보건위생시설 : 장사시설·도축장·종합의료시설
>
> 　7. 환경기초시설 : 하수도·폐기물처리 및 재활용시설·빗물저장 및 이용시설·수질오염방지시설·폐차장

② 제1항에 따른 기반시설중 도로 · 자동차정류장 및 광장은 다음 각 호와 같이 세분할 수 있다. 〈개정 2008. 1. 8., 2010. 4. 29., 2016. 5. 17., 2021. 7. 6. 2023 7. 18〉

 1. 도로
   가. 일반도로
   나. 자동차전용도로
   다. 보행자전용도로
   라. 보행자우선도로
   마. 자전거전용도로
   바. 고가도로
   사. 지하도로
 2. 자동차정류장
   가. 여객자동차터미널
   나. 물류터미널
   다. 공영차고지
   라. 공동차고지
   마. 화물자동차 휴게소
   바. 복합환승센터
   <u>사. 환승센터</u>
 3. 광장
   가. 교통광장
   나. 일반광장
   다. 경관광장
   라. 지하광장
   마. 건축물부설광장

③제1항 및 제2항의 규정에 의한 기반시설의 추가적인 세분 및 구체적인 범위는 국토교통부령으로 정한다. 〈개정 2008.2.29., 2013.3.23.〉

「국토의 계획 및 이용에 관한 법률」에서 정하는 기반시설은 7개 유형, 53개 종류가 있다.

나. 도시·군계획시설이란?

「국토의 계획 및 이용에 관한 법률」(약칭: 국토계획법) 제2조제7호에 의하면, "도시·군계획시설"[3]이란 기반시설 중 도시·군관리계획으로 결정된 시설을 말한다.

☑ 도시계획시설(都市計劃施設)

기반시설 중 도시관리계획으로 결정하여 설치하는 시설

예를 들어, 도서관은 국립중앙도서관, 국회도서관, 구립도서관, 민간도서관 등 많은 유형이 존재하며 모두 기반시설에 해당한다. 그러나 도시계획시설로서의 도서관이란 「국토의 계획 및 이용에 관한 법률」에 따라서 도시관리계획으로 결정된 도서관만을 지칭한다.

기반시설이 단순한 시설 자체를 의미한다면 도시계획시설은 그 기반시설이 도시관리계획의 규정된 절차를 통해 결정되어 법적으로 인정된다는 것을 의미한다(군의 경우 군계획시설 및 군관리계획으로 지칭).

도로 등과 같이 반드시 도시관리계획으로 결정하여 설치하는 경우와 체육시설 등과 같이 도시관리계획으로 결정하지 않고도 설치하는 경우로 구분할 수 있다.

세부적인 도시계획시설의 결정은 「도시·군계획시설의 결정·구조 및 설치기준에 관한 규칙」을 반드시 준수해야 한다. 기반시설에 대한 도시계획시설을 결정할 때에

---

3) 이하 이 책에서는 일반인에게 익숙한 도시계획시설이라고 약칭한다.

는 시설의 종류와 기능에 따라 위치·면적 등을 결정해야 하며, 시장·공공청사·문화시설·연구시설·사회복지시설·장례식장·종합의료시설 등 건축물인 시설로서 그 규모로 인하여 해당 지역의 공간이용에 상당한 영향을 주는 도시계획시설인 경우에는 건폐율·용적률 및 높이의 범위를 함께 결정해야 한다. 또한 항만, 공항, 유원지, 유통업무설비, 학교, 체육시설(운동장), 문화시설에 대하여 도시계획시설 결정을 하는 경우에는 그 시설의 기능발휘를 위하여 설치하는 중요한 세부시설에 대한 조성계획을 함께 결정하여야 한다.

한편 지구단위계획은 도시관리계획으로 결정되며 그 내용 중에 기반시설에 대한 내용이 반드시 포함되어야 하므로 지구단위계획을 통해 설치되는 기반시설도 도시계획시설에 해당된다.[4]

다. 도시·군관리계획"[5]

> **법 제2조**
> 4. "도시·군관리계획"이란 특별시·광역시·특별자치시·특별자치도·시 또는 군의 개발·정비 및 보전을 위하여 수립하는 토지 이용, 교통, 환경, 경관, 안전, 산업, 정보통신, 보건, 복지, 안보, 문화 등에 관한 다음 각 목의 계획을 말한다.
> 가. 용도지역·용도지구의 지정 또는 변경에 관한 계획
> 나. 개발제한구역, 도시자연공원구역, 시가화조정구역(市街化調整區域), 수산자원보호구역의 지정 또는 변경에 관한 계획
> 다. 기반시설의 설치·정비 또는 개량에 관한 계획
> 라. 도시개발사업이나 정비사업에 관한 계획
> 마. 지구단위계획구역의 지정 또는 변경에 관한 계획과 지구단위계획
> 바. 삭제 〈2024. 2. 6.〉
> 사. 도시혁신구역의 지정 또는 변경에 관한 계획과 도시혁신계획
> 아. 복합용도구역의 지정 또는 변경에 관한 계획과 복합용도계획
> 자. 도시·군계획시설입체복합구역의 지정 또는 변경에 관한 계획

---

4) 위 표 및 글 출처 : "서울도시계획포털"(urban.seoul.go.kr)
5) 이하 이 책에서는 일반인에게 익숙한 도시관리계획이라고 약칭한다.

> **국토의 계획 및 이용에 관한 법률**
> [시행 2024. 8. 7.] [법률 제20234호, 2024. 2. 6., 일부개정]
> ◇ 개정이유 및 주요내용
>   도시·군기본계획의 부문별 계획인 생활권계획을 제도화하여 도시민의 삶의 다양성을 도시계획에 반영할 수 있도록 하고, 창의적이고 혁신적인 공간활용이 가능한 **도시혁신구역**, 융·복합적인 공간이용을 촉진하는 **복합용도구역**, 도시·군계획시설의 입체복합적 활용을 위한 **도시·군계획시설입체복합구역을 도입**함으로써 경직적인 용도지역제에 유연성을 부여하는 한편,
>   도시혁신구역, 복합용도구역, 도시·군계획시설입체복합구역의 지정 및 해당 용도구역에 대한 계획을 수립하기 위해 공간재구조화계획을 도입하고, 도시혁신구역, 복합용도구역, 도시·군계획시설입체복합구역의 지정을 통해 발생한 지가상승분을 적절히 환수할 수 있도록 하는 등 현행 제도의 운영상 나타난 일부 미비점을 개선·보완함.

라. 기반시설 중 반드시 도시계획시설로 결정하여야 하는 시설

 기반시설중에는 반드시 도시계획시설로 결정하여야 하는 시설과 도시계획시설로 결정하지 않아도 설치할 수 있는 임의시설로 나뉜다.

 국토계획법 제43조제1항단서, 동법시행령 제35조제1항과 동법시행규칙 제6조에 도시계획시설로 결정하지 않아도 되는 임의시설이 나열되어 있다.

> **국토의 계획 및 이용에 관한 법률**
> [시행 2003. 1. 1.] [법률 제6655호, 2002. 2. 4., 제정]
> **제2조 (정의)** 이 법에서 사용하는 용어의 정의는 다음과 같다
> 4. "도시관리계획"이라 함은 특별시·광역시·시 또는 군의 개발·정비 및 보전을 위하여 수립하는 토지이용·교통·환경·경관·안전·산업·정보통신·보건·후생·안보·문화 등에 관한 다음의 계획을 말한다.
> 가. 용도지역·용도지구의 지정 또는 변경에 관한 계획
> 나. 개발제한구역·시가화조정구역·수산자원보호구역의 지정 또는 변경에 관한 계획
> 다. 기반시설의 설치·정비 또는 개량에 관한 계획
> 라. 도시개발사업 또는 재개발사업에 관한 계획
> 마. 지구단위계획구역의 지정 또는 변경에 관한 계획과 지구단위계획

6. "기반시설"이라 함은 다음 각목의 시설로서 대통령이 정하는 시설을 말한다.
 가. 도로·철도·항만·공항·주차장 등 교통시설
 나. 광장·공원·녹지 등 공간시설
 다. 유통업무설비, 수도·전기·가스공급설비, 방송·통신시설, 공동구 등 유통·공급시설
 라. 학교·운동장·공공청사·문화시설·체육시설 등 공공·문화체육시설
 마. 하천·유수지·방화설비 등 방재시설
 바. 화장장·공동묘지·납골시설 등 보건위생시설
 사. 하수도·폐기물처리시설 등 환경기초시설
7. "도시계획시설"이라 함은 기반시설중 제30조의 규정에 의한 도시관리계획으로 결정된 시설을 말한다.
제43조 (도시계획시설의 설치·관리) ①지상·수상·공중·수중 또는 지하에 기반시설을 설치하고자 하는 때에는 그 시설의 종류·명칭·위치·규모 등을 미리 도시관리계획으로 결정하여야 한다. 다만, 용도지역·기반시설의 특성 등을 감안하여 대통령이 정하는 경우에는 그러하지 아니하다.

국토의계획및이용에관한법률시행령 (약칭: 국토계획법 시행령)
[시행 2003. 1. 1.] [대통령령 제17816호. 2002. 12. 26. 제정]
제35조 (도시계획시설의 설치·관리) ①법 제43조제1항 단서에서 "대통령령이 정하는 경우"라 함은 다음 각호의 경우를 말한다.
1. 도시지역 또는 지구단위계획구역에서 다음 각목의 기반시설을 설치하고자 하는 경우
  가. 자동차 및 건설기계검사시설, 자동차 및 건설기계운전학원, 공공공지, 열공급설비, 방송·통신시설, 시장·공공청사·문화시설·체육시설·도서관·연구시설·사회복지시설·공공직업 훈련시설·청소년수련시설·저수지·방화설비·방풍설비·방수설비·사방설비·방조설비·장례식장·종합의료시설·폐차장
  나. 도시공원법의 규정에 의하여 점용허가대상이 되는 공원안의 기반시설
  다. 그 밖에 건설교통부령이 정하는 시설
2. 도시지역 및 지구단위계획구역외의 지역에서 다음 각목의 기반시설을 설치하고자 하는 경우
  가. 제1호 가목 및 나목의 기반시설
  나. 궤도·삭도 및 전기공급설비
  다. 그 밖에 건설교통부령이 정하는 시설
②법 제43조제3항의 규정에 의하여 국가가 관리하는 도시계획시설은 국유재산법 제6조의 규정에 의한 관리청이 관리한다.

국토의계획및이용에관한법률시행규칙 (약칭: 국토계획법 시행규칙)
[시행 2003. 1. 1.] [건설교통부령 제345호, 2002. 12. 31. 제정]
제6조 (도시관리계획으로 결정하지 아니하여도 설치할 수 있는 시설) ①영 제35조제1항제1호 다목에서 "그 밖에 건설교통부령이 정하는 시설"이라 함은 다음 각호의 시설을 말한다.
1. 공항중 항공법시행령 제10조제3호의 규정에 의한 도심공항터미널
2. 주차장중 특별시장·광역시장·시장·군수 또는 구청장(자치구의 구청장을 말한다. 이하 같다)이 설치하는 1천제곱미터 미만의 주차장 및 특별시장·광역시장·시장·군수 또는 구청장외의 자가 설치하는 주차장
3. 여객자동차터미널중 전세버스운송사업용 여객자동차터미널
4. 광장중 건축물부설광장
5. 전기공급설비(발전소·변전소 및 고압선을 제외한다)
6. 가스공급설비중 액화석유가스의안전및사업관리법 제3조제1항의 규정에 의하여 액화석유가스충전사업의 허가를 받은 자가 설치하는 액화석유가스충전시설 및 도시가스사업법 제3조의 규정에 의하여 도시가스사업의 허가를 받은 자가 설치하는 동법 제2조제5호의 규정에 의한 가스공급시설
7. 유류저장 및 송유설비중 소방법 제16조의 규정에 의한 제조소 등의 설치허가를 받은 자가 소방법시행령 별표 3의 규정에 의한 인화성액체중 유류를 저장하기 위하여 설치하는 유류저장시설
8. 학교중 초·중등교육법 제2조제1호의 규정에 의한 유치원 및 특수교육진흥법 제2조제3호의 규정에 의한 특수학교
9. 납골시설중 특별시장·광역시장·시장·군수 또는 구청장외의 자가 설치하는 시설
10. 도축장중 대지면적이 500제곱미터 미만인 도축장
11. 폐기물처리시설중 재활용시설
②영 제35조제1항제2호 다목에서 "그 밖에 건설교통부령이 정하는 시설"이라 함은 다음 각호의 시설을 말한다.
1. 주차장
2. 자동차정류장
3. 광장
4. 유류저장 및 송유설비
5. 제1항제1호·제6호·제8호 내지 제11호의 시설

서울고등법원 2023. 12. 8. 선고 2022누63470 판결

(3) 노외에 위치한 이 사건 토지와 같은 경우에 있어 도시관리계획으로 결정되어 주차장이 설치된 경우라면 토지이용계획원에 국토계획법에 따라 노외주차장으로 지정되었음이 명시되어야 하는데(을 제7호증의 2, 을 제12호증), 이 사건 토지에 관한 토지이용계획원에는 국토계획법에 따라 노외주차장으로 지정되었다는 내용이 기재되어 있지 아니한바(을 제7호증의 1), 이 사건 토지는 사실상 주차장의 형태로 공중에 제공되는 주차장법에서 정한 노외주차장에 해당할 뿐 도시관리계획으로 결정되어 설치된 정비기반시설은 아닌 것으로 보인다.

이렇듯 이 사건 토지의 현황이 사실상 공중에 제공되고 있다는 사정만으로 사업시행자에게 무상으로 양도되는 정비기반시설이라고 할 수는 없다고 할 것이다.

(4) 만약 이 사건 토지가 국토계획법에 따른 도시관리계획 없이 설치가 가능한 정비기반시설에 해당한다면 도시관리계획 없이 설치되었더라도 무상양도 대상이 아니라고 볼 수 없을 것이나, 피고가 이 사건 토지에 노외주차장을 설치할 당시인 2007. 4.경 시행되던 국토계획법령에 의하면 이 사건 토지에 설치된 주차장은 도시관리계획 없이 설치가 가능한 정비기반시설에 해당하지도 아니하였다.

즉, **도시관리계획으로 결정하지 아니하고 기반시설을 설치할 수 있다는 구 국토계획법(2007. 1. 19. 법률 제8250호로 개정된 것) 제43조 제1항 단서 규정과 관련하여,** 구 국토계획법 시행령(2006. 8. 17. 대통령령 제19647호로 개정된 것) 제35조 제1항 제1호 다.목, 구 국토계획법 시행규칙(2007. 3. 19. 건설교통부령 제551호로 개정된 것) 제6조 제1항 제2호는 "주차장 중 특별시장·광역시장·시장·군수 또는 구청장(자치구의 구청장을 말한다. 이하 같다)이 설치하는 1천 제곱미터 미만의 주차장 및 특별시장·광역시장·시장·군수 또는 구청장 외의 자가 설치하는 주차장"을 그러한 시설 중 하나로 정하고 있는데, 이 사건 토지의 주차장은 ○○시장인 피고가 설치한 면적 1,415.1㎡의 주차장이기 때문에 여기에 포함되지 아니한다.

임의시설이라고 해서 도시계획시설로 결정하지 못하는 것은 아니며, 반대로 임의시설을 도시계획시설로 결정해달라는 민간 제안을 행정청에서 거부할 수도 있다.

국토계획법시행령 제83조제1항은 "용도지역·용도지구안에서의 도시·군계획시설에 대하여는 제71조 내지 제82조의 규정을 적용하지 아니한다."라고 규정하고 있다.

즉, 도시계획시설의 특징은 「국토계획법시행령」 제83조에 의거 용도지역별 건축제한 사항이 없는 것이다. 예를들어 자연녹지지역에서 업무시설(공공청사) 같은 경우 건축이 불가하나 도시계획시설(공공청사등)은 설치가 가능한 것이다. 또한 도시계획시설은 토지수용권이 있다.

따라서 토지수용이나 용도지역별 건축제한과 관련하여 유리하다면 굳이 도시계획시설로 결정하지 않을 수도 있다.

따라서 경매나 공매에 참여하는 자는 임의시설들이 도시계획시설로 결정되어 있는지 여부를 반드시 확인하여야 한다.

국토의 계획 및 이용에 관한 법률

[시행 2024. 8. 7.] [법률 제20234호, 2024. 2. 6. 일부개정]

제43조(도시·군계획시설의 설치·관리) ① 지상·수상·공중·수중 또는 지하에 기반시설을 설치하려면 그 시설의 종류·명칭·위치·규모 등을 미리 도시·군관리계획으로 결정하여야 한다. 다만, 용도지역·기반시설의 특성 등을 고려하여 대통령령으로 정하는 경우에는 그러하지 아니하다. 〈개정 2011.4.14.〉

> **령 제35조(도시·군계획시설의 설치·관리)** ①법 제43조제1항 단서에서 "대통령령으로 정하는 경우"란 다음 각 호의 경우를 말한다. 〈개정 2005. 9. 8., 2005. 11. 11., 2008. 2. 29., 2009. 11. 2., 2013. 3. 23., 2013. 6. 11., 2015. 7. 6., 2016. 2. 11., 2016. 12. 30., 2018. 11. 13., 2019. 12. 31.〉
>
> 1. 도시지역 또는 지구단위계획구역에서 다음 각 목의 기반시설을 설치하고자 하는 경우
>
>   가. 주차장, 차량 검사 및 면허시설, 공공공지, 열공급설비, 방송·통신시설, 시장·공공청사·문화시설·공공필요성이 인정되는 체육시설·연구시설·사회복지시설·공공직업 훈련시설·청소년수련시설·저수지·방화설비·방풍설비·방수설비·사방설비·방조설비·장사시설·종합의료시설·빗물저장 및 이용시설·폐차장
>
>   나. 「도시공원 및 녹지 등에 관한 법률」의 규정에 의하여 점용허가대상이 되는 공원안의 기반시설
>
>   다. 그 밖에 국토교통부령으로 정하는 시설
>
> 2. 도시지역 및 지구단위계획구역외의 지역에서 다음 각목의 기반시설을 설치하고자 하는 경우

가. 제1호 가목 및 나목의 기반시설

나. 궤도 및 전기공급설비

다. 그 밖에 국토교통부령이 정하는 시설

규칙 제6조(도시·군관리계획의 결정 없이 설치할 수 있는 시설) ① 영 제35조제1항 제1호다목에서 "국토교통부령으로 정하는 시설"이란 다음 각 호의 시설을 말한다. 〈개정 2020. 10. 19., 2023. 1. 27.〉

1. 공항중 「공항시설법 시행령」 제3조제3호의 규정에 의한 도심공항터미널

2. 삭제 〈2016. 12. 30.〉[6]

3. 여객자동차터미널중 전세버스운송사업용 여객자동차터미널

4. 광장중 건축물부설광장

5. 전기공급설비(발전시설, 옥외에 설치하는 변전시설 및 지상에 설치하는 전압 15만 4천볼트 이상의 송전선로는 제외한다)

5의2. 「신에너지 및 재생에너지 개발·이용·보급 촉진법」 제2조제3호에 따른 신·재생에너지설비로서 다음 각 목의 어느 하나에 해당하는 설비

  가. 「신에너지 및 재생에너지 개발·이용·보급 촉진법 시행규칙」 제2조제2호에 따른 연료전지 설비 및 같은 조 제4호에 따른 태양에너지 설비

  나. 「신에너지 및 재생에너지 개발·이용·보급 촉진법 시행규칙」 제2조제1호, 제3호 및 제5호부터 제12호까지에 해당하는 설비로서 발전용량이 200킬로와트 이하인 설비(전용주거지역 및 일반주거지역 외의 지역에 설치하는 경우로 한정한다)

6. 다음 각 목의 어느 하나에 해당하는 가스공급설비

  가. 「액화석유가스의 안전관리 및 사업법」 제5조제1항에 따라 액화석유가스충전사업의 허가를 받은 자가 설치하는 액화석유가스 충전시설

  나. 「도시가스사업법」 제3조에 따라 도시가스사업의 허가를 받은 자 또는 같은 법 제39조의2제1항 각 호 외의 부분 전단에 따른 도시가스사업자 외의 가스공급시설설치자가 설치하는 같은 법 제2조제5호에 따른 가스공급시설

  다. 「환경친화적 자동차의 개발 및 보급 촉진에 관한 법률」 제2조제9호에 따른 수소연료공급시설

  라. 「고압가스 안전관리법」 제3조제1호에 따른 저장소로서 자기가 직접 다음의 어느 하나의 용도로 소비할 목적으로 고압가스를 저장하는 저장소 1) 발전용: 전기(電

氣)를 생산하는 용도 2) 산업용: 제조업의 제조공정용 원료 또는 연료(제조부대시설의 운영에 필요한 연료를 포함한다)로 사용하는 용도 3) 열병합용: 전기와 열을 함께 생산하는 용도 4) 열 전용(專用) 설비용: 열만을 생산하는 용도

6의2. 수도공급설비 중 「수도법」 제3조제9호의 마을상수도

7. 유류저장 및 송유설비 중 「위험물안전관리법」 제6조에 따른 제조소등의 설치허가를 받은 자가 「위험물안전관리법 시행령」 별표 1에 따른 인화성액체 중 유류를 저장하기 위하여 설치하는 유류저장시설

8. 다음 각 목의 학교

  가. 「유아교육법」 제2조제2호에 따른 유치원

  나. 「장애인 등에 대한 특수교육법」 제2조제10호에 따른 특수학교

  다. 「초·중등교육법」 제60조의3에 따른 대안학교

  라. 「고등교육법」 제2조제5호에 따른 방송대학·통신대학 및 방송통신대학

9. 삭제 〈2018. 12. 27.〉[7]

10. 다음 각 목의 어느 하나에 해당하는 도축장

  가. 대지면적이 500제곱미터 미만인 도축장

  나. 「산업입지 및 개발에 관한 법률」 제2조제8호에 따른 산업단지 내에 설치하는 도축장

11. 폐기물처리 및 재활용시설 중 재활용시설

12. 수질오염방지시설 중 「광산피해의 방지 및 복구에 관한 법률」 제31조에 따른 한국광해관리공단이 같은 법 제11조에 따른 광해방지사업의 일환으로 폐광의 폐수를 처리하기 위하여 설치하는 시설(「건축법」 제11조에 따른 건축허가를 받아 건축하여야 하는 시설은 제외한다)

② 영 제35조제1항제2호 다목에서 "그 밖에 국토교통부령이 정하는 시설"이란 다음 각 호의 시설을 말한다. 〈개정 2013. 3. 23., 2023.1.27.〉

1. 삭제 〈2018. 12. 27.〉[8]

2. 자동차정류장

3. 광장

4. 유류저장 및 송유설비

5. 제1항제1호·제6호·제6호의2·제8호부터 제12호까지의 시설

마. 공공공지와 공개공지

(1) 공공공지

공공공지는 시·군내의 주요 시설물이나 환경의 보호, 경관의 유지, 재해대책, 보행자의 통행과 주민의 일시적 휴식 공간을 확보하기 위하여 「국토의 계획 및 이용에 관한 법률」에 따라 설치하는 기반시설 중 하나이다.

공공공지는 도시계획시설의 범주 중 광장, 공원, 녹지, 유원지 등과 함께 공간시설에 속한다. 일반적으로 기반시설은 도시계획시설로 결정하여야 하지만 <u>공공공지는 반드시 도시계획시설로 결정하여야 하는 시설은 아니다. 따라서 공공공지가 경매나 공매에 나올 경우에는 도시계획시설로 결정된 것인지 여부를 반드시 확인하여야 한다.</u>

> **도시·군계획시설의 결정·구조 및 설치기준에 관한 규칙**
> [시행 2023. 12. 22.] [국토교통부령 제1288호, 2023. 12. 22. 일부개정]
> **제59조(공공공지)** 이 절에서 "공공공지"라 함은 시·군내의 주요시설물 또는 환경의 보호, 경관의 유지, 재해대책, 보행자의 통행과 주민의 일시적 휴식공간의 확보를 위하여 설치하는 시설을 말한다.
> **제60조(공공공지의 결정기준)** 공공공지는 공공목적을 위하여 필요한 최소한의 규모로 설치하여야 한다.
> **제61조(공공공지의 구조 및 설치기준)** 공공공지의 구조 및 설치기준은 다음 각호와 같다. 〈개정 2013. 8. 30., 2023. 12. 22.〉
>   1. 지역의 경관을 높일 수 있도록 할 것
>   2. 지역 주민의 요구를 고려하여 긴의자, 등나무·담쟁이 등의 조경물, 조형물, 옥외에 설치하는 생활체육시설(「체육시설의 설치·이용에 관한 법률」 제6조의 규정에 의한 생활체육시설 중 건축물의 건축 또는 공작물의 설치를 수반하지 아니하는 것을 말한다) 등 공중이 이용할

---

6) 주차장중 특별시장·광역시장·특별자치시장·특별자치도지사·시장·군수 또는 구청장(자치구의 구청장을 말한다. 이하 같다)이 설치하는 1천제곱미터 미만의 주차장 및 특별시장·광역시장·특별자치시장·특별자치도지사·시장·군수 또는 구청장외의 자가 설치하는 주차장

7) 봉안시설 및 자연장지 중 특별시장·광역시장·특별자치시장·특별자치도지사·시장·군수 또는 구청장외의 자가 설치하는 시설

8) 주차장

수 있는 시설을 설치할 것

3. 주민의 접근이 쉬운 개방된 구조로 설치하고 일상생활에 있어 쾌적성과 안전성을 확보할 것

4. 주변지역의 개발사업으로 증가하는 빗물유출량을 줄일 수 있도록 식생도랑, 저류·침투조, 식생대, 빗물정원 등의 빗물관리시설을 설치할 것

5. 바닥은 <u>나무, 화초 잔디 등을 심는</u>[9] 것을 원칙으로 하되, 불가피한 경우 투수성 포장을 하거나 블록 및 석재 등의 자재를 사용하여 이용자에게 편안함을 주고 미관을 높일 수 있도록 할 것

<u>6. 나무, 화초, 잔디 등을 심는 경우에는 그 식재면의 높이를 인접한 포장면의 바닥 높이보다 낮게 할 것. 다만, 해당 나무, 화초, 잔디 등을 보호하거나 경관 또는 보행자 안전을 위해 필요한 경우에는 그렇지 않다.</u>

(2) 공개공지

공개공지는 공공공지와는 달리 기반시설이 아니다. 따라서 당연히 도시계획시설도 아니다.

건축법 [시행 2024. 6. 27.] [법률 제20424호, 2024. 3. 26., 일부개정]

제43조(공개 공지 등의 확보) ① 다음 각 호의 어느 하나에 해당하는 지역의 환경을 쾌적하게 조성하기 위하여 대통령령으로 정하는 용도와 규모의 건축물은 일반이 사용할 수 있도록 대통령령으로 정하는 기준에 따라 소규모 휴식시설 등의 공개 공지(空地: 공터) 또는 공개 공간(이하 "공개공지등"이라 한다)을 설치하여야 한다. 〈개정 2014. 1. 14., 2018. 8. 14., 2019. 4. 23.〉

1. 일반주거지역, 준주거지역
2. 상업지역
3. 준공업지역
4. 특별자치시장·특별자치도지사 또는 시장·군수·구청장이 도시화의 가능성이 크거나 노후 산업단지의 정비가 필요하다고 인정하여 지정·공고하는 지역

② 제1항에 따라 공개공지등을 설치하는 경우에는 제55조, 제56조와 제60조를 대통령령으로 정하는 바에 따라 완화하여 적용할 수 있다. 〈개정 2019. 4. 23.〉

---

9) 개정전은 녹지로 조성

③ 시·도지사 또는 시장·군수·구청장은 관할 구역 내 공개공지등에 대한 점검 등 유지·관리에 관한 사항을 해당 지방자치단체의 조례로 정할 수 있다. 〈신설 2019. 4. 23.〉

④ 누구든지 공개공지등에 물건을 쌓아놓거나 출입을 차단하는 시설을 설치하는 등 공개공지등의 활용을 저해하는 행위를 하여서는 아니 된다. 〈신설 2019. 4. 23.〉

⑤ 제4항에 따라 제한되는 행위의 유형 또는 기준은 대통령령으로 정한다. 〈신설 2019. 4. 23.〉

4. 지구단위계획

가. 의의

☑ 지구단위계획

일부 지역을 대상으로 토지이용 합리화, 기능 증진, 미관 개선, 양호한 환경 확보를 통해 그 지역을 체계적·계획적으로 관리하기 위해 수립하는 도시관리계획의 유형

　지구단위계획은 도시계획 수립 대상 지역의 일부에 대하여 토지 이용을 보다 합리화하고 기능 증진 및 미관 개선을 통해 양호한 환경을 확보함으로써 그 지역을 체계적·계획적으로 관리하기 위하여 수립하는 「국토의 계획 및 이용에 관한 법률」에 의한 도시관리계획의 한 유형이다.

　지구단위계획은 「(구)도시계획법」에 의한 상세계획과 「건축법」에 의한 도시설계를 하나로 통합한 제도로서 평면적인 토지이용계획과 입체적인 건축계획의 중간적 성격을 지닌다.

　일반적으로 지구단위계획은 도시지역 내 용도지구, 「도시개발법」에 의한 도시개발구역, 「도시 및 주거환경정비법」에 의한 정비구역, 「택지개발촉진법」에 따른 택지개발지구, 「주택법」에 의한 대지조성사업지구 등의 지역 중에서 양호한 환경의 확보나 기능 및 미관의 증진이 필요한 지역을 대상으로 계획을 수립한다.

지구단위계획을 수립할 때에는 도시의 정비·관리·보전·개발 등 지구단위계획구역의 지정 목적, 주거·산업·유통·관광휴양·복합 등 지구단위계획구역의 중심 기능, 용도지역의 특성 등을 고려하여 수립한다.

지구단위계획구역에서는 건축물의 용도, 종류, 규모 등에 대한 제한을 강화 또는 완화하거나, 건폐율과 용적률을 강화 또는 완화할 수 있다. 또한, 「건축법」에 의한 대지안의 조경, 공개공지 등의 규정, 「주차장법」에 의한 부설주차장 규정 등을 완화하여 적용할 수 있다.

나. 연혁

> **도시계획법**
> **[시행 2000. 7. 1.] [법률 제6243호, 2000. 1. 28. 전부개정]**
>
> 　마. <u>도시계획법에 의한 상세계획과 건축법에 의한 도시설계제도를 지구단위계획제도로 통합하여 도시계획체계로 흡수함으로써 유사한 제도의 중복운영에 따른 혼선과 불편을 해소하도록 함</u>(법 제43조 내지 제46조).
>
> 　사. <u>현재 건축법에 규정되어 있는 지역·지구안의 건축제한·건폐률 및 용적률에 관한 사항을 도시계획법에 직접 규정함으로써 도시계획법과 건축법으로 이원화되어 있는 지역·지구의 지정·관리체계를 도시계획법으로 일원화함</u>(법 제53조 내지 제55조).

다. 지구단위계획의 입안 및 결정절차

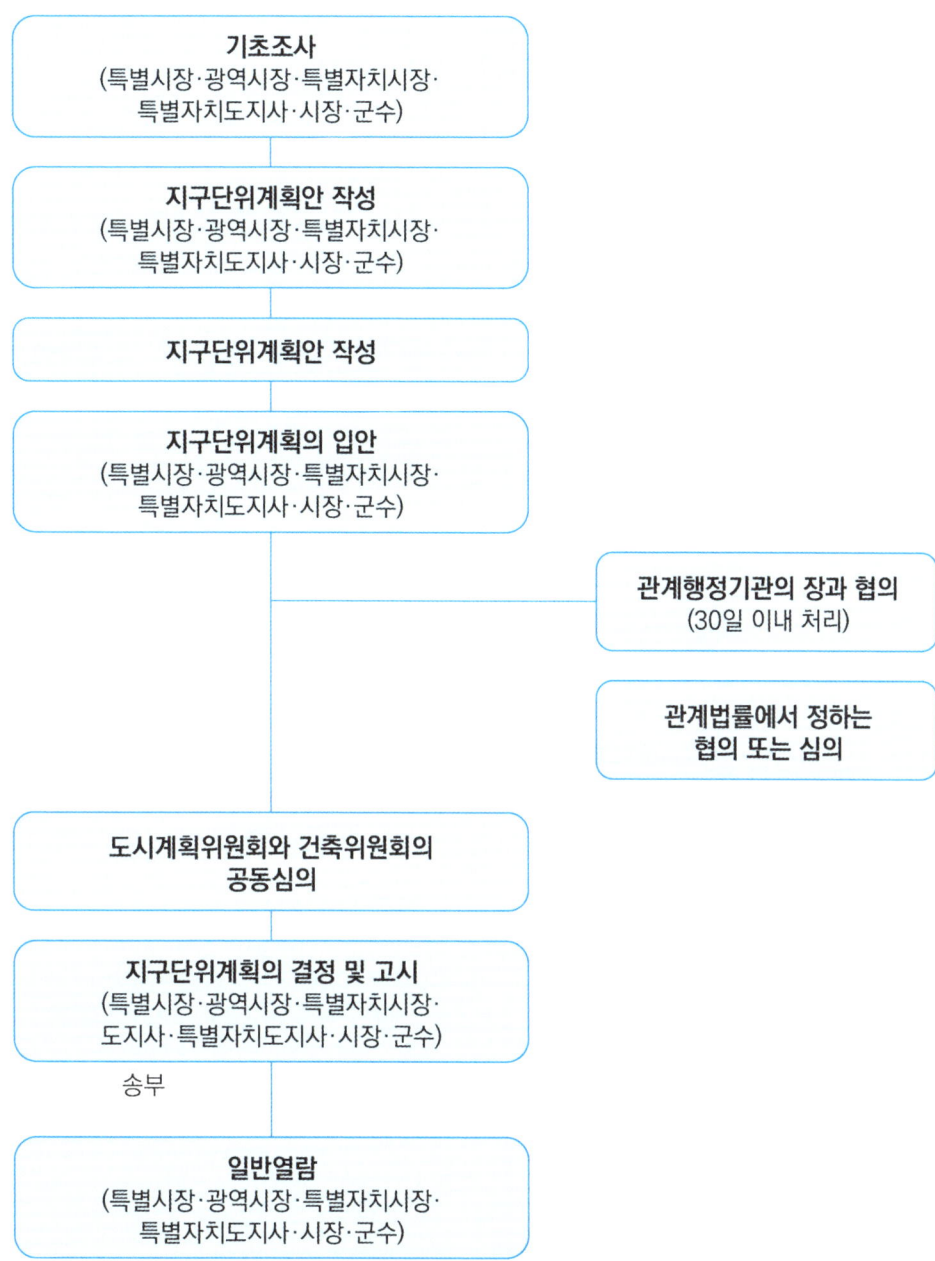

라. 지구단위계획으로 결정하는 도시계획시설

지구단위계획도 도시관리계획의 하나이므로 당연히 지구단위계획으로도 도시계획시설을 결정할 수 있는 것이고, 그 시설은 아래 표와 같다.

도시 · 군관리계획수립지침
[시행 2024. 5. 29.] [국토교통부훈령 제1764호, 2024. 5. 29. 일부개정]
1-5-3-3. 지구단위계획과의 관계
　　(1) 지구단위계획은 광역도시계획, 도시 · 군기본계획, 도시 · 군관리계획 및 관련계획에서 제시한 내용을 지구단위로 구체화·합리화하는 계획으로서, 도시 · 군관리계획에서는 대상지역과 계획방향을 제시하도록 하고 필요한 경우 구역지정을 한다.
　　(2) 지구단위계획과 관련하여 이 지침에서 정하지 아니하는 사항에 대하여는 「지구단위계획수립지침」을 적용한다.

지구단위계획수립지침
제정 2012. 4. 15 [시행 2013.12.19.]
[시행 2024. 5. 29.] [국토교통부훈령 제1765호, 2024. 5. 29. 일부개정]
제2절 지구단위계획의 성격
1-2-1. 지구단위계획은 당해 지구단위계획구역의 토지이용을 합리화하고 그 기능을 증진시키며 경관·미관을 개선하고 양호한 환경을 확보하며, 당해 구역을 체계적·계획적으로 개발·관리하기 위하여 건축물 그 밖의 시설의 용도·종류 및 규모 등에 대한 제한을 완화하거나 건폐율 또는 용적률을 완화하여 수립하는 계획이다.
1-2-2. 지구단위계획구역 및 지구단위계획은 도시·군관리계획으로 결정한다.
1-2-3. 도시·군관리계획은 그 범위가 특별시·광역시·특별자치시·특별자치도·시 또는 군(이하 "시·군"이라 한다) 전체에 미치고 용도지역·용도지구 등 토지이용계획과 기반시설의 정비 등에 중점을 두며, 건축계획은 그 범위가 특정필지에 미치고 건축물 등 입체적 시설계획에 중점을 둔다. 지구단위계획은 관할 행정구역내의 일부지역을 대상으로 토지이용계획과 건축물계획이 서로 환류되도록 함으로써 평면적 토지이용계획과 입체적 시설계획이 서로 조화를 이루도록 하는데 중점을 둔다.

3-5-2. 지구단위계획으로 결정할 수 있는 도시·군계획시설은 다음과 같다.

구 분	시 설 명
교통시설	• 도로·철도·항만·공항·주차장·자동차정류장, 궤도, 차량 검사 및 면허시설
공간시설	• 광장, 공원, 녹지, 유원지, 공공공지
유통·공급시설	• 유통업무시설·수도·전기·가스·열공급설비, 방송·통신시설, 공동구, 시장, 유류저장 및 송유설비
공공·문화체육시설	• 학교, 공공청사, 문화시설, 공공필요성이 인정되는 체육시설, 연구시설, 사회복지시설, 공공직업훈련시설, 청소년수련시설
방재시설	• 하천, 유수지, 저수지, 방화설비, 방풍설비, 방수설비, 사방설비, 방조설비
보건위생시설	• 장사시설, 도축장, 종합의료시설
환경기초시설	• 하수도, 폐기물처리시설 및 재활용시설, 빗물저장 및 이용시설, 수질오염방지시설, 폐차장
기타시설	• 법 제51조제1항제2호부터 제7호까지의 규정에 따른 지역인 경우에는 해당 법률에 따른 개발사업으로 설치하는 기반시설

*비고 : 다음 시설 중 시·도 또는 대도시의 도시·군계획조례로 정하는 기반시설은 제외함
- 철도, 항만, 공항, 궤도, 공원(도시공원 및 녹지 등에 관한 법률 제15조제1항제3호라목에 따른 묘지공원으로 한정한다), 유원지, 방송·통신시설, 유류저장 및 송유설비, 학교(고등교육법 제2조에 따른 학교로 한정한다), 저수지, 도축장

3-5-3. 도시·군계획시설은 가급적 5년안에 설치될 수 있도록 계획하여 장기미집행시설이 발생하지 않도록 한다.

5. 도시관리계획의 입안·결정권자

가. 입안권자

특별시장·광역시장·특별자치시장·특별자치도지사·시장 또는 군수는 관할 구역에 대하여 도시·군관리계획을 입안하여야 한다(법 제24조제1항).

나. 주민의 입안 제안

주민(이해관계자를 포함한다. 이하 같다)은 다음 각 호의 사항에 대하여 제24조에 따라 도시·군관리계획을 입안할 수 있는 자에게 도시·군관리계획의 **입안을 제안**할 수 있다. 이 경우 제안서에는 도시·군관리계획도서와 계획설명서를 첨부하여야 한다(법 제26조). 〈개정 2021.1.12., 2024.2.6.〉
 1. 기반시설의 설치·정비 또는 개량에 관한 사항
 2. 지구단위계획구역의 지정 및 변경과 지구단위계획의 수립 및 변경에 관한 사항
 3. 다음 각 목의 어느 하나에 해당하는 용도지구의 지정 및 변경에 관한 사항
  가. 개발진흥지구 중 공업기능 또는 유통물류기능 등을 집중적으로 개발·정비하기 위한 개발진흥지구로서 대통령령으로 정하는 개발진흥지구
  나. 제37조에 따라 지정된 용도지구 중 해당 용도지구에 따른 건축물이나 그 밖의 시설의 용도·종류 및 규모 등의 제한을 지구단위계획으로 대체하기 위한 용도지구
 4. 〈삭제 〈2024.2.6〉
 5. 도시·군계획시설입체복합구역의 지정 및 변경과 도시·군계획시설입체복합구역의 건축제한·건폐율·용적률·높이 등에 관한 사항

도시·군관리계획의 입안을 제안하려는 자는 다음 각 호의 구분에 따라 **토지소유자의 동의를 받아야 한다.** 이 경우 동의 대상 토지 면적에서 국·공유지는 제외한다(령 제19조의2제2항). 〈개정 2022.1.18, 2024.7.30〉
 1. 법 제26조제1항제1호 및 제5호의 사항에 대한 제안의 경우: 대상 토지 면적의 5분의 4 이상
 2. 법 제26조제1항제2호부터 및 제3호의 사항에 대한 제안의 경우: 대상 토지 면적의 3분의 2 이상

도시관리계획은 직권으로 또는 주민의 제안을 받아 입안을 위한 기초조사 및 주민·지방의회의 의견청취를 거쳐 국토교통부장관(제40조에 따른 수산자원보호구역의 경우 해양수산부장관을 말한다. 이하 이 조에서 같다), 시·도지사, 시장 또는 군수가 입안한다(법 제25조).

한편 도시·군관리계획수립지침에 의하면, 주민에는 "행정청이 아닌 법인체 또는 개인. 이해관계자"를 포함한다.

> **도시 · 군관리계획수립지침**
>
> [시행 2024. 5. 29.] [국토교통부훈령 제1764호, 2024. 5. 29. 일부개정]
>
> 제2절 주민의 제안에 의한 도시 · 군관리계획 입안
>
> 8-1-2-1. 제안요건
>
> (1) 주민(행정청이 아닌 법인체 또는 개인. 이해관계자를 포함한다)이 도시 · 군계획시설의 설치 · 정비 및 개량이나 지구단위계획구역의 지정 및 변경과 지구단위계획의 수립을 제안하는 경우에 도시 · 군관리계획의 입안은 다음의 기준은 충족하여야 한다.
>
> ① 광역도시계획 · 도시 · 군기본계획 및 다른 도시 · 군관리계획 등과의 내용의 적합성
>
> ② 도시 · 군계획시설의 설치 · 정비 및 개량이나 지구단위계획구역의 지정 및 변경과 지구단위계획수립의 필요성
>
> ③ 기반시설의 공급 및 지원 가능성
>
> ④ 시 · 군의 재정여건 및 주민의 사업시행능력

다. 도시관리계획의 결정권자

도시관리계획은 시·도지사가 직접 또는 시장·군수의 신청에 의하여 이를 결정한다. 다만, 「지방자치법」 제198조에 따른 서울특별시와 광역시 및 특별자치시를 제외한 인구 50만 이상의 대도시(이하 "대도시"라 한다)의 경우에는 해당 시장(이하 "대도시 시장"이라 한다)이 직접 결정하고, 다음 각 호의 도시·군관리계획은 시장 또는 군수가 직접 결정한다(법 제29조제1항). 〈개정 2009.12.29, 2011.4.14, 2013.7.16, 2017.4.18, 2021.1.12〉

1. 시장 또는 군수가 입안한 지구단위계획구역의 지정·변경과 지구단위계획의 수

립·변경에 관한 도시·군관리계획

2. 제52조제1항제1호의2에 따라 지구단위계획으로 대체하는 용도지구 폐지에 관한 도시·군관리계획[해당 시장(대도시 시장은 제외한다) 또는 군수가 도지사와 미리 협의한 경우에 한정한다]

즉, <u>도시관리계획은 시·도지사, 대도시 시장이 결정하고, 예외적으로 위 2가지 사안에 해당할 경우 시장·군수가 결정한다.</u> <u>주의할 사항은 시장·군수에 자치구 구청장은 포함되지 않는다.</u>

다만, 다음 각 호의 도시·군관리계획은 **국토교통부장관**이 결정한다. 다만, 제4호의 도시·군관리계획은 해양수산부장관이 결정한다(법 제29조제2항).
 1. 제24조제5항에 따라 국토교통부장관이 입안한 도시·군관리계획
 2. 제38조에 따른 <u>개발제한구역의 지정 및 변경에 관한 도시·군관리계획</u>[10]
 3. <u>제39조제1항 단서</u>에 따른 시가화조정구역의 지정 및 변경에 관한 도시·군관리계획
 4. 제40조에 따른 수산자원보호구역의 지정 및 변경에 관한 도시·군관리계획
 5. <u>삭제 〈2019. 8. 20.〉</u>[11]

한편 법 제139조제2항은 "이 법에 따른 시·도지사의 권한은 시·도의 조례로 정하는 바에 따라 시장·군수 또는 구청장에게 위임할 수 있다. 이 경우 시·도지사는 권한의 위임사실을 국토교통부장관에게 보고하여야 한다."라고 규정하고 있고, 이에 따른 서울특별시 조례는 다음과 같이 위임하고 있다.

---

10) 시·도지사로 이관해 달라는 요구가 많다.
11) 제40조의2에 따른 입지규제최소구역의 지정 및 변경과 입지규제최소구역계획에 관한 도시·군관리계획

서울특별시 도시계획 조례

[시행 2025. 1. 3.] [서울특별시조례 제9439호, 2025. 1. 3., 일부개정]

제67조(권한의 위임) ① 법 제139조제2항에 따라 시장의 권한에 속하는 사무중 <u>별표 19의 사무를 구청장에게 위임한다.</u> 〈개정 2008. 7. 30.〉

② 제1항의 위임사무는 별도의 규정이 없는 한 이에 부수되는 사무를 포함한 것으로 본다.

③ 구청장은 제1항에 따른 위임사무 중 <u>별표19의 제1호부터 제15호</u>까지의 사무를 처리한 때에는 시장에게 그 결과를 보고하여야 한다. 〈개정 2008. 7. 30.〉

위 별표는 다음과 같다.

[별표 19] 〈개정 2025. 1. 3.〉

권한위임 사무 (제687 관련)

사　　무　　명	관계법령
1. 다음의 도시관리계획 입안에 관한 사무 　(시 계획과 관련하여 필요하다고 인정할 때에는 시장이 입안할 수 있으며, 둘 이상의 자치구에 걸치는 경우에는 공동입안하거나 입안할 자를 정한다. 협의가 이루어지지 않을 경우에는 시장이 직접 입안하거나 입안할 자를 정할 수 있음) 　가. 용도지역 　나. 용도지구 　다. 도시계획시설(철도, 궤도 신설은 제외한다) 　라. 지구단위계획구역의 지정 및 지구단위계획의 수립(기초조사 포함) 　마. 다목 또는 라목의 입안에 대한 주민 제안서의 처리	○ 법 제24조부터 제28조까지 영 제18조부터 제22조까지 조례 제6조, 제7조
2. 다음 각 목에 해당하는 도시계획시설의 결정·변경결정 및 고시에 관한 사무(시장이 직접 입안한 도시계획시설, 시장이 결정권한을 가지고 있는 도시계획시설을 포함하여 입안하는 도시계획시설, 둘 이상의 자치구에 걸치는 도시계획시설은 제외하며, 시장이 결정권한을 가지고 있는 도시계획시설내 자치구로 결정권한이 위임된 도시계획시설을 중복결정 또는 변경결정하는 경우와 용도지구 내 자치구로 결정권한이 위임된 도시계획시설의 건폐율, 용적률 및 높이의 범위를 결정·변경결정하는 경우에는 시장의 사전동의를 받아야 한다) 　가. 도로(폭 12미터 이하 또는 구도에 한정함) 　나. 광장(폭 12미터 이하 도로 또는 구도에 접속되는 경우에 한정함) 　다. 주차장(부지면적 5천제곱미터 미만에 한정하되, 개발제한구역은 제외함) 　라. 하천(소하천에 한정함)	○ 법 제29조·제30조 영 제23조·제25조

사 무 명	관계법령
마. 체육시설(부지면적 5천제곱미터 미만에 한정하되, 개발제한구역은 제외함) 바. 공공공지(부지면적 5천제곱미터 미만에 한정하되, 서울시가 부지의 일부 또는 전부를 소유하거나 3천제곱미터 초과 공공공지의 면적 축소 또는 폐지는 시장의 사전동의를 받아야 함) 사. 공공청사(동주민센터, 파출소, 소방파출소, 우체분국, 보건지소에 한정함) 아. 학교(「초·중등교육법」 제2조의 규정에 의한 학교 시설의 건폐율·용적률·높이의 변경결정 및 「유아교육법」 제2조제2호의 규정에 의한 유치원에 한정함) 자. 문화시설(부지면적 5천제곱미터 미만에 한정하되, 전시시설, 국제회의시설 등 세부시설 조성계획 결정대상은 제외함) 차. 수도(저수용량이 5천톤 이하의 배수지 및 가압장에 한정함) 카. 전기공급설비(소형변전소 154Kv 미만 및 이와 관련되는 송배전시설에 한정함) 타. 가스공급설비(가스배관시설로 한정함) 파. 방수설비 하. 사회복지시설 거. 하수도(공공하수처리시설 및 차집관거는 제외함) 너. 청소년수련시설(부지면적 5천제곱미터 미만에 한정함) 더. 공원(어린이공원, 소공원으로 한정하되, 면적의 축소 또는 폐지는 시장의 사전동의를 받아야 함) 러. 시장(市場)(부지면적 5천제곱미터 미만에 한정함)	
3. 다음의 경미한 도시관리계획의 변경결정에 관한 사무 가. 단위 도시계획시설 부지면적의 5퍼센트 미만인 시설부지의 변경결정(공원·녹지 및 세부시설에 대한 조성계획을 포함하여 결정하여야 하는 시설을 제외하며, 도로의 경우에는 시종점이 변경되지 아니하는 경우와 중심선이 종전에 결정된 도로의 범위를 벗어나지 아니하는 경우에 한정한다) 나. 지형사정으로 인한 도시계획시설의 근소한 위치변경 또는 비탈면 등으로 인하여 불가피하게 된 시설부지의 변경인 경우 다. 「도시·군계획시설의 결정·구조 및 설치기준에 관한 규칙」 제14조의 규정에 적합한 도로 모퉁이변을 조정하기 위한 도시계획시설의 변경결정 라. 도시계획결정의 내용중 면적 산정착오 등을 정정하기 위한 변경결정과 「공간정보의 구축 및 관리 등에 관한 법률」 제26조제2항 및 「건축법」 제26조에 따라 허용되는 오차를 반영하기 위한 변경결정 마. 가목과 나목에 따라 도시계획시설(도로) 변경결정에 따른 시가지·특화경관지구의 변경결정	○ 법 제30조제5항 단서 영 제25조제3항
4. 다음 각 목에 해당하는 지구단위계획의 변경결정에 관한 사무(다만, 특별계획구역과 시장이 결정권한을 가지고 있는 지구단위계획을 포함하여 입안하는 경우는 제외한다). 나목부터 라목까지의 규정 및 자목의 경우 2회 이상 나누어	○ 법 제30조제5항 단서 영 제25조제4항

사 무 명	관계법령
변경하는 때에는 총 변경되는 합을 말한다. 가. 지구단위계획으로 결정한 용도지역·용도지구 또는 도시계획시설에 대한 변경결정으로서 영 제25조제3항 각 호의 어느 하나에 해당하는 변경인 경우 나. 가구(영 제42조의3제2항제4호에 따른 별도의 구역을 포함한다.)면적의 10퍼센트 이내의 변경인 경우 다. 획지면적의 변경(신설, 폐지를 포함한다.) 라. 건축물 높이의 20퍼센트 이내의 변경인 경우(층수변경이 수반되는 경우를 포함하되, 아파트와 오피스텔의 층수변경은 제외한다) 마. 영 제46조제7항제2호 각 목의 어느 하나에 해당하는 획지의 규모 및 조성계획의 변경인 경우 바. 건축선(건축한계선, 건축지정선, 벽면지정선 등을 포함한다)의 변경 또는 신설, 폐지의 경우 사. 건축물의 배치·형태 또는 색채의 변경인 경우 아. 지구단위계획에서 경미한 사항으로 결정된 사항의 변경인 경우. 다만, 해당 지구단위계획으로 결정권자를 시장으로 지정한 경우는 제외한다. 자. 지구단위계획구역 면적의 5퍼센트 이내의 변경 및 동 변경지역 안에서의 지구단위계획의 변경(다만, 용도지역의 세분 또는 변경은 제외한다) 차. 건축법 등 다른 법령의 규정에 따른 용적률 완화(친환경 에너지 상한용적률에 한정함) 내용을 반영하기 위한 변경 카. 법 제52조제1항제7호에 따른 교통처리계획 중 주차장출입구·차량출입구·보행자출입구의 위치변경(신설, 폐지를 포함한다)과 그 위치변경에 따른 차량출입 불허구간의 변경 타. 지하 또는 공중공간에 설치할 시설물의 높이·깊이·배치 또는 규모 파. 대문·담 또는 울타리의 형태 또는 색채 하. 간판의 크기·형태·색채 또는 재질 거. 장애인·노약자 등을 위한 편의시설계획 너. 에너지 및 자원의 절약과 재활용에 관한 계획 더. 생물서식공간의 보호·조성·연결 및 물과 공기의 순환 등에 관한 계획 러. 국가유산 및 역사문화환경 보호에 관한 계획 머. 공개공지, 보행전용통로, 보차혼용로 등 대지내 공지 위치 변경(신설, 폐지를 포함한다.) 버. 건축물 권장용도, 허용용도, 불허용도의 변경(다만, 아파트와 오피스텔의 허용용도 및 불허용도는 제외한다) 서. 제2호에 해당하는 도시계획시설의 결정·변경결정 및 고시에 관한 사무(시장이 직접 입안한 도시계획시설, 시장이 결정권한을 가지고 있는 도시계획시설을 포함하여 입안하는 도시계획시설, 둘 이상의 자치구에 걸치는 도시계획시	조례 제19조

사 무 명	관계법령
설은 제외하며, 시장이 결정권한을 가지고 있는 도시계획시설 내 자치구로 결정권한이 위임된 도시계획시설을 중복결정 또는 변경결정하는 경우와 제2호에 따라 사전동의가 필요한 경우에는 시장의 사전동의를 받아야 한다)	
4의2. 특별계획구역에 대한 지구단위계획 결정 범위에서의 세부개발계획 결정 및 변경에 관한 사무(용도지역·용도지구의 변경결정이 수반되거나 시장이 하는 건축허가, 시의 사업승인 대상과 시 건축위원회 심의 대상은 제외)	○ 법 제30조, 영 제25조
5. 지형도면 등의 작성 및 고시에 관한 사무(다만, 시장이 결정 또는 변경결정한 도시관리계획 및 개발행위허가 제한은 제외한다)	○ 법 제32조·제63조 영 제27조·제60조
6. 도시계획시설, 지구단위계획구역 및 법 제26조제1항에 따라 주민이 입안을 제안한 지구단위계획의 실효고시에 관한 사무. 다만, 시장이 단계별 집행계획을 수립·공고한 도시계획시설에 관한 사무는 제외한다.	○ 법 제48조, 제53조 영제42조, 제50조
6의2. 도시계획시설의 정비, 장기미집행 도시계획시설 현황 및 단계별집행계획의 지방의회 보고에 관한 사무(시장이 재정계획을 수립하여 설치하는 시설은 제외한다)	○ 법 제48조, 영 제42조
7. 도시계획시설 부지 매수청구에 대한 토지의 매수여부 결정, 매수결정 통지 및 매수절차 이행 등 매수청구 일체의 사무(구청장이 결정한 시설과 제10조 및 제15조에 따라 구청장이 매수의무자인 도시계획시설에 한정한다)	○ 법 제47조, 영 제41조 조례 제10조, 제15조
8. 개발행위의 허가 및 준공과 관련한 다음의 사무(제28조제3항의 사무는 제외한다.) 　가. 건축물의 건축 또는 공작물의 설치(다만, 개발행위가 건축법의 적용을 받는 경우에는 「건축법」의 규정에 따른다) 　나. 토지의 형질변경 　다. 토석의 채취 　라. 토지분할 　마. 물건을 쌓는 행위	좌 네모 칸 참조
○ 법 제56조부터 제58조까지, 제60조부터 제62조까지 ○ 영 제51조부터 제56조까지(영 제55조제3항제3의2 제외) ○ 영 제58조부터 제59조까지 ○ 조례 제27조부터 제30조까지(조례 제28조제3항 제외)	
9. 법 제78조제7항제2호에 따라 지구단위계획구역 외의 지역에서 용적률 완화에 관한 규정을 중첩 적용하여 완화되는 용적률이 해당 용도지역별 용적률 최대한도를 초과하는 경우 건축위원회와 도시계획위원회의 공동심의에 관한 사무	○ 법 제78조제7항 제2호

사 무 명	관계법령
10. 개발행위허가의 제한에 관한 사무(시 도시계획과 관련하여 시장이 필요하다고 인정할 때에는 개발행위허가의 제한을 할 수 있다)	○ 법 제63조, 영 제60조 조례 제32조
11. 도시계획시설사업의 시행에 관한 다음의 사무	
가. 도시계획시설에 대한 단계별 집행계획의 수립·공고 및 매년 2단계 집행계획의 검토(시장이 재정계획을 수립하여 설치하는 시설은 제외한다)	○ 법 제85조, 영 제95조
나. 도시계획시설사업의 시행(시장이 시행하는 사업은 제외한다) 및 시행자 지정 (시행자가 지방공사인 경우와 그 밖에 시장이 필요하다고 인정하여 해당 도시계획시설 결정시 통지한 시설과 공항은 제외한다)	○ 법 제86조, 영 제96조
다. 도시계획시설사업의 실시계획의 작성, 인가 및 고시, 실시계획을 위한 공람 공고 및 그에 따른 공시송달 (시장이 시행하거나 시장이 시행자를 지정한 사업과 공항은 제외한다)	○ 법 제88조부터 제94조까지, 영 제97조부터 제101조까지
라. 도시계획시설사업의 공사완료보고서의 수리 및 준공검사, 준공검사필증교부, 공사완료공고(시장이 시행하거나 시장이 시행자를 지정한 사업은 제외한다)	○ 법제98조, 영제102조
12. 기초조사 및 도시계획사업에 관한 조사측량 등에 따른 타인의 토지 출입허가에 관한 사항(시장이 시행하거나 시장이 시행하는 자를 지정하는 사업은 제외한다)	○ 법 제130조
13. 법률 등의 위반자에 대한 감독처분(자치구에 위임된 사무에 한정한다)	○ 법 제133조
14. 기반시설부담계획의 수립 및 고시에 관한 사항(시 계획과 관련하여 시장이 필요하다고 인정하는 경우에는 시장이 수립 및 고시할 수 있음)	○ 법 제67조, 영 제67조
15. 사업부지 면적(기부채납 면적 포함)이 1만제곱미터 미만인 경우의 주택법에 의한 사업계획 승인 또는 변경 승인 시 다음 각 목의 요건을 모두 충족하는 지구단위계획구역 변경지정 및 지구단위계획의 변경결정에 관한 사무	○ 법 제30조
가. 기존 지구단위계획구역 내 구청장에게 권한위임된 지구단위계획 변경이 수반되는 경우	
나. 용도지역 변경 또는 층수 완화의 내용이 포함되지 않은 경우	
다. 시장이 처리해야 할 도시계획시설의 결정(변경) 내용이 포함되지 않은 경우	

6. 장기미집행 토지

가. 장기미집행 도시계획시설 토지

장기미집행 도시계획시설부지는 도시계획시설결정고시일부터 **10년** 이내에 당해 도시계획시설사업이 시행되지 아니하는 경우 당해 도시계획시설부지로 되어 있는 토지를 말한다.

① 도시·군계획시설결정 후 10년 이상 경과한 장기미집행 도시·군계획시설 중 법 제48조제1항에 따른 자동실효를 대비하여 불가피하게 미리 해제하는 경우, ② 「국토의 계획 및 이용에 관한 법률」제48조 제5항에 따라 지방의회로부터 해제 권고받은 5만㎡ 이하의 도시·군계획시설결정을 해제하는 경우 등은 도시·군기본계획을 변경하지 않고 도시·군관리계획을 결정(변경)할 수 있다(도시군관리계획수립지침 1-5-3-2).

나. 장기미집행토지 위헌결정

이러한 장기미집행 도시계획시설 부지에 대해, 헌법재판소는 "도시계획시설의 지정으로 인해 당해 토지의 이용가능성이 배제되거나 토지소유자가 토지를 종래 허용된 용도대로 사용할 수 없기 때문에 현저한 재산적 손실이 발생하는 경우에는 원칙적으로 사회적 제약의 범위를 넘는 수용적 효과를 인정하여 이에 대한 보상을 해야 하는데, 도시계획시설로 지정된 토지가 나대지인 경우, 토지소유자는 더 이상 그 토지를 종래 허용된 용도(건축)대로 사용할 수 없게 되어 토지의 매도가 사실상 불가능하고 경제적으로 의미 있는 이용 가능성도 배제되므로, 입법자는 매수청구권이나 수용신청권의 부여, 지정의 해제, 금전적 보상 등 다양한 보상가능성을 통하여 재산권에 대한 가혹한 침해를 적절하게 보상하여야 한다면서 도시계획이 시행되는 구역 내의 토지소유자들에게 허가를 받지 아니하고는 토지의 형질변경이나 건축 등을 금지하면서도 이러한 재산권 행사의 제한에 대해 아무런 보상규정을 두지 않은 구 도시계획법 제4조는 헌법에 합치되지 아니한다."라고 판시하였다(1999. 10. 21.자 97헌바26 결정 참조).

7. 장기미집행 후속 입법 연혁

가. 도시계획법 개정(2000. 7. 1.)에 의한 실효, 매수청구 도입

정부는 이제 소유자의 권리를 보호하는 쪽으로 후속 입법을 할 수밖에 없었고, 그래서 나온 제도가 구도시계획법 제41조에 의한 실효 제도(2020. 7. 1. 실효, 20년 후 실효)와 동법 제40조에 의한 매수청구(지목이 '대'로 한정)제도이다.

도시계획법
[시행 2000. 7. 1.] [법률 제6243호, 2000. 1. 28., 전부개정]
◇ 개정이유
　도시계획시설로 결정된 후 10년이 경과될 때까지 도시계획사업이 시행되지 아니하는 경우에는 당해도시계획시설의 부지로 되어 있는 대지의 소유자에게 매수청구권을 부여함으로써 도시계획사업의 장기미집행으로 인한 주민의 불편을 해소

◇ 주요골자
　다. 도시계획시설에 관한 도시계획이 결정 고시된 후 10년이 경과될 때까지 당해시설을 설치하지 아니하는 경우 도시계획시설의 부지로 되어 있는 대지의 소유자는 특별시장·광역시장·시장 또는 군수에게 당해대지의 매수를 청구할 수 있게 하고, 특별시장·광역시장·시장 또는 군수가 2년이내에 매수청구에 응하지 아니하는 경우에는 당해대지에 건축물을 신축 또는 증축할 수 있게 함(법 제40조).
　라. 도시계획시설에 관한 도시계획이 결정 고시된 후 20년이 경과될 때까지 당해시설을 설치하지 아니하는 경우에는 그 도시계획결정이 실효되도록 함(법 제41조).
제20조 (도시계획입안의 제안) ①주민은 특별시장·광역시장·시장 또는 군수에게 다음 각호의 사항에 관한 도시계획의 입안을 제안할 수 있다. 이 경우 제안서에는 도시계획도서와 계획설명서를 첨부하여야 한다.
　1. 도시계획시설의 설치·정비 및 개량에 관한 사항
　2. 지구단위계획구역의 지정 및 변경과 지구단위계획의 수립에 관한 사항
②제1항의 규정에 의하여 도시계획의 입안을 제안받은 특별시장·광역시장·시장 또는 군수는 그 처리결과를 제안자에게 통보하여야 한다.
③특별시장·광역시장·시장 또는 군수는 제안자와 협의하여 제1항의 규정에 의하여 제안된 도시계획의 입안 및 결정에 필요한 비용의 전부 또는 일부를 제안자에게 부담시킬 수 있다.

제40조 (도시계획시설부지의 매수청구) ①도시계획시설에 대한 도시계획결정(이하 "都市計劃施設決定"이라 한다)의 고시일부터 10년 이내에 당해 도시계획시설의 설치에 관한 도시계획시설사업이 시행되지 아니하는 경우(第61條의 規定에 의한 實施計劃의 認可 또는 그에 상당하는 節次가 행하여진 경우를 제외한다. 이하 같다)당해 도시계획시설의 부지로 되어 있는 토지중 지목이 대인 토지(당해 土地에 있는 建築物 및 定着物을 포함한다. 이하 이 條에서 같다)의 소유자는 대통령령이 정하는 바에 따라 특별시장·광역시장·시장 또는 군수(公園의 경우에는 都市公園法 第5條第1項의 規定에 의한 公園管理廳을, 綠地의 경우에는 都市公園法 第11條第1項의 規定에 의한 綠地管理廳을 말한다. 이하 이 條에서 같다)에게 당해 토지의 매수를 청구할 수 있다.

②특별시장·광역시장·시장 또는 군수는 제1항의 규정에 의하여 매수청구를 받은 토지를 매수하는 때에는 현금으로 그 대금을 지급하되, 다음 각호의 1에 해당하는 경우에는 채권(이하 "都市計劃施設 債券"이라 한다)을 발행하여 지급할 수 있다.

 1. 토지소유자가 원하는 경우

 2. 대통령령이 정하는 부재부동산소유자의 토지 또는 비업무용토지로서 매수대금이 대통령령이 정하는 일정금액을 초과하는 경우 그 초과하는 금액에 대하여 지급하는 경우

③도시계획시설채권의 상환기간은 10년 이내로 하며, 이율은 금융기관의 1년만기 정기예금의 금리수준을 고려하여 정하되, 구체적인 상환기간과 이율은 특별시·광역시·시 또는 군의 조례로 정한다.

④매수청구된 토지의 매수가격·매수절차 등에 관하여 이 법에 특별한 규정이 있는 경우를 제외하고는 공공용지의취득및손실보상에관한특례법의 규정을 준용한다.

⑤도시계획시설채권의 발행절차 기타 필요한 사항에 관하여 이 법에 특별한 규정이 있는 경우를 제외하고는 지방재정법이 정하는 바에 의한다.

⑥특별시장·광역시장·시장 또는 군수는 제1항의 규정에 의한 매수청구가 있은 날부터 2년 이내에 매수 여부를 결정하여 토지소유자에게 통지하여야 하며, 매수하기로 결정한 토지는 매수결정을 통지한 날부터 2년 이내에 매수하여야 한다.

⑦제1항의 규정에 의하여 매수청구를 한 토지의 소유자는 다음 각호의 1에 해당하는 경우 제46조의 규정에 의한 허가를 받아 대통령령이 정하는 건축물 또는 공작물을 설치할 수 있다. 이 경우 제49조 및 제50조의 규정은 이를 적용하지 아니한다.

 1. 특별시장·광역시장·시장 또는 군수가 제6항의 규정에 의하여 매수하지 아니하기로 결정한 경우

 2. 특별시장·광역시장·시장 또는 군수가 제6항의 규정에 의하여 매수결정을 통지한 날부

터 2년이 경과될 때까지 당해 토지를 매수하지 아니하는 경우

제41조 (도시계획시설결정의 실효) ①도시계획시설결정이 고시된 도시계획시설에 대하여 그 결정 고시일부터 20년이 경과될 때까지 당해 시설의 설치에 관한 도시계획시설사업이 시행되지 아니하는 경우 그 도시계획시설결정은 그 결정·고시일부터 20년이 되는 날의 다음날에 그 효력을 상실한다.

②시·도지사는 제1항의 규정에 의하여 도시계획시설결정의 효력이 상실된 때에는 대통령령이 정하는 바에 따라 지체없이 그 사실을 고시하여야 한다.

부칙 제1조 (시행일) 이 법은 <u>2000년 7월 1일부터 시행</u>한다. 다만, 제11조 내지 제17조 및 제78조의 규정은 공포한 날부터, 제40조의 규정은 2002년 1월 1일부터 시행한다.

제10조 (기존의 도시계획시설에 관한 경과조치) ①특별시장·광역시장·시장 또는 군수는 이 법 시행당시 종전의 규정에 의하여 도시계획시설결정이 고시된 도시계획시설에 대하여 그 결정·고시일부터 10년이 경과될 때까지 당해 시설의 설치를 위한 도시계획시설사업이 시행되지 아니하는 경우에는 2001년 12월 31일까지 그 도시계획시설결정의 폐지 여부를 검토하여 그 결과를 도시계획에 반영하여야 한다.

②특별시장·광역시장·시장 또는 군수는 이 법 시행당시 종전의 규정에 의하여 도시계획시설결정이 고시된 도시계획시설중 도시계획시설사업이 시행되지 아니하는 경우에는 제58조의 규정에 불구하고 2001년 12월 31일까지 단계별집행계획을 수립·공고하여야 한다.

③이 법 시행당시 종전의 규정에 의하여 도시계획시설결정이 고시된 도시계획시설에 대하여 그 결정의 실효에 관한 결정·고시일의 기산일은 <u>제41조의 규정에 불구하고 2000년 7월 1일로 본다.</u>

나. 국토계획법 제정

국토의계획및이용에관한법률 (약칭: 국토계획법)

[시행 2003. 1. 1.] [법률 제6655호, 2002. 2. 4., 제정]

제26조 (도시관리계획 입안의 제안) ①주민(이해관계자를 포함한다. 이하 같다)은 다음 각호의 사항에 대하여 제24조의 규정에 의하여 도시관리계획을 입안할 수 있는 자에게 도시관리계획의 입안을 제안할 수 있다. 이 경우 제안서에는 도시관리계획도서와 계획설명서를 첨부하여야 한다.

 1. 기반시설의 설치·정비 또는 개량에 관한 사항
 2. 지구단위계획구역의 지정 및 변경과 지구단위계획의 수립 및 변경에 관한 사항

②제1항의 규정에 의하여 도시관리계획의 입안을 제안받은 자는 그 처리결과를 제안자에게 통보하여야 한다.

③제1항의 규정에 의하여 도시관리계획의 입안을 제안받은 자는 제안자와 협의하여 제안된 도시관리계획의 입안 및 결정에 필요한 비용의 전부 또는 일부를 제안자에게 부담시킬 수 있다.

④제1항 내지 제3항에 규정된 사항외에 도시관리계획의 제안, 제안서의 처리 등에 관하여 필요한 사항은 대통령령으로 정한다.

제47조 (도시계획시설부지의 매수청구) ①도시계획시설에 대한 도시관리계획의 결정(이하 "도시계획시설결정"이라 한다)의 고시일부터 10년 이내에 당해 도시계획시설의 설치에 관한 도시계획시설사업이 시행되지 아니하는 경우(제88조의 규정에 의한 실시계획의 인가 또는 그에 상당하는 절차가 행하여진 경우를 제외한다. 이하 같다) 당해 도시계획시설의 부지로 되어 있는 토지중 지목이 대인 토지(당해 토지에 있는 건축물 및 정착물을 포함한다. 이하 이 조에서 같다)의 소유자는 대통령령이 정하는 바에 따라 특별시장·광역시장·시장 또는 군수에게 당해 토지의 매수를 청구할 수 있다. 다만, 다음 각호의 1의 경우에는 그에 해당하는 자(이하 특별시장·광역시장·시장 또는 군수를 포함하며, 이 조에서 "매수의무자"라 한다)에게 당해 토지의 매수를 청구할 수 있다.

1. 이 법에 의하여 당해 도시계획시설사업의 시행자가 정하여진 경우에는 그 시행자

2. 이 법 또는 다른 법률에 의하여 도시계획시설을 설치하거나 관리하여야 할 의무가 있는 자가 있는 경우에는 그 의무가 있는 자. 이 경우 도시계획시설을 설치하거나 관리하여야 할 의무가 있는 자가 서로 다른 경우에는 설치하여야 할 의무가 있는 자에게 매수청구하여야 한다.

②매수의무자는 제1항의 규정에 의하여 매수청구를 받은 토지를 매수하는 때에는 현금으로 그 대금을 지급한다. 다만, 다음 각호의 1에 해당하는 경우로서 매수의무자가 지방자치단체인 경우에는 채권(이하 "도시계획시설채권"이라 한다)을 발행하여 지급할 수 있다.

1. 토지소유자가 원하는 경우

2. 대통령령이 정하는 부재부동산소유자의 토지 또는 비업무용토지로서 매수대금이 대통령령이 정하는 일정금액을 초과하는 경우 그 초과하는 금액에 대하여 지급하는 경우

③도시계획시설채권의 상환기간은 10년 이내로 하며, 그 이율은 채권발행 당시 은행법에 의한 인가를 받은 금융기관중 전국을 영업으로 하는 금융기관이 적용하는 1년 만기 정기예금금리의 평균 이상이어야 하며, 구체적인 상환기간과 이율은 특별시·광역시·시 또는 군의 조례로 정한다.

④매수청구된 토지의 매수가격·매수절차 등에 관하여 이 법에 특별한 규정이 있는 경우를 제외하고는 공익사업을위한토지등의취득및보상에관한법률의 규정을 준용한다.

⑤도시계획시설채권의 발행절차 그 밖의 필요한 사항에 관하여 이 법에 특별한 규정이 있는

경우를 제외하고는 지방재정법이 정하는 바에 의한다.

⑥매수의무자는 제1항의 규정에 의한 매수청구가 있은 날부터 2년 이내에 매수여부를 결정하여 토지소유자와 특별시장·광역시장·시장 또는 군수(매수의무자가 특별시장·광역시장·시장 또는 군수인 경우를 제외한다)에게 통지하여야 하며, 매수하기로 결정한 토지는 매수결정을 통지한 날부터 2년 이내에 매수하여야 한다.

⑦제1항의 규정에 의하여 매수청구를 한 토지의 소유자는 다음 각호의 1에 해당하는 경우 제56조의 규정에 의한 허가를 받아 대통령령이 정하는 건축물 또는 공작물을 설치할 수 있다. 이 경우 제58조 및 제64조의 규정은 이를 적용하지 아니한다.

 1. 제6항의 규정에 의하여 매수하지 아니하기로 결정한 경우

 2. 제6항의 규정에 의하여 매수결정을 통지한 날부터 2년이 경과될 때까지 당해 토지를 매수하지 아니하는 경우

제48조 (도시계획시설결정의 실효) ①도시계획시설결정이 고시된 도시계획시설에 대하여 그 고시일부터 20년이 경과될 때까지 당해 시설의 설치에 관한 도시계획시설사업이 시행되지 아니하는 경우 그 도시계획시설결정은 그 고시일부터 <u>20년이 되는 날의 다음날에 그 효력을 상실한다</u>.

②시·도지사는 제1항의 규정에 의하여 도시계획시설결정의 효력이 상실된 때에는 대통령령이 정하는 바에 따라 지체없이 그 사실을 고시하여야 한다.

부칙

제1조 (시행일) 이 법은 2003년 1월 1일부터 시행한다.

제2조 (다른 법률의 폐지) 국토이용관리법 및 도시계획법은 이를 각각 폐지한다.

부칙 제16조 (도시계획시설결정의 매수청구 및 실효기산일에 관한 경과조치) ①이 법 시행 당시 종전의 도시계획법에 의하여 결정·고시된 도시계획시설로서 부칙 제15조제1항의 규정에 의하여 도시계획시설로 보는 시설의 결정의 실효에 관한 결정·고시일의 기산일은 제48조의 규정에 불구하고 다음 각호에 의한다.

 1. 2000년 7월 1일 이전에 결정·고시된 도시계획시설의 기산일은 2000년 7월 1일

 2. 2000년 7월 2일 이후에 결정·고시된 도시계획시설의 기산일은 당해 도시계획시설의 결정·고시일

②이 법 시행 당시 종전의 국토이용관리법에 의하여 설치되거나 그 입지에 관한 고시가 된 공공시설 또는 공용건축물로서 부칙 제15조제2항의 규정에 의하여 도시계획시설로 보는 시설에 대한 시설부지의 매수청구 및 결정의 실효에 관한 결정·고시일의 기산일은 제47조 및 제48조의 규정에 불구하고 이 법 시행일로 한다.

다. 법원 폐지입안권 인정

 법원은 국토법 제26조에 의한 입안제안권을 해석함에 있어서 장기미집행시설에 대해서는 폐지입안권을 인정하고, 이를 받아들이지 않으면 행정소송 권리를 인정하여 미흡하나마 토지소유자의 권리를 보호하고자 하였다.

라. 지방의회 해제권고 제도 도입

국토의 계획 및 이용에 관한 법률
[시행 2012. 4. 15.] [법률 제10599호, 2011. 4. 14., 일부개정]
〈주요개정내용〉

다. <u>장기 미집행 도시·군계획시설결정의 해제권고제도 도입</u>(안 제48조제3항부터 제5항까지 신설)
　　1) 현재 도시계획시설결정의 고시일부터 20년이 지날 때까지 도시계획시설사업이 시행되지 않으면 그 결정은 실효되나, 실효될 때까지의 기간이 너무 길어 국민의 재산권 침해를 최소화하기 위한 보완대책을 마련할 필요가 있음.
　　2) 도시·군계획시설결정의 고시일부터 10년이 지날 때까지 해당 도시·군계획시설사업이 시행되지 아니하는 경우에는 해당 지방의회가 그 시설의 해제를 권고할 수 있도록 하고, 해제를 권고받은 특별시장·광역시장·시장 또는 군수는 그 시설의 해제를 위한 도시·군관리계획을 결정하거나 도지사에게 그 결정을 신청하도록 함.

제48조(도시 · 군계획시설결정의 실효 등)
　③ 특별시장 · 광역시장 · 특별자치시장 · 특별자치도지사 · 시장 또는 군수는 도시 · 군계획시설결정이 고시된 도시 · 군계획시설(국토해양부장관이 결정 · 고시한 도시 · 군계획시설은 제외한다. 이하 이 조에서 같다)을 설치할 필요성이 없어진 경우 또는 그 고시일부터 10년이 지날 때까지 해당 시설의 설치에 관한 도시 · 군계획시설사업이 시행되지 아니하는 경우에는 대통령령으로 정하는 바에 따라 그 현황과 제85조에 따른 단계별 집행계획을 해당 지방의회에 보고하여야 한다. 〈신설 2011. 4. 14.〉
　④ 제3항에 따라 보고를 받은 지방의회는 대통령령으로 정하는 바에 따라 해당 특별시장 · 광역시장 · 특별자치시장 · 특별자치도지사 · 시장 또는 군수에게 도시 · 군계획시설결정의 해제를 권고할 수 있다. 〈신설 2011. 4. 14.〉
　⑤ 제4항에 따라 도시 · 군계획시설결정의 해제를 권고받은 특별시장 · 광역시장 · 특별자치시장 · 특별자치도지사 · 시장 또는 군수는 특별한 사유가 없으면 대통령령으로 정하는 바에 따라

그 도시·군계획시설결정의 해제를 위한 도시·군관리계획을 결정하거나 도지사에게 그 결정을 신청하여야 한다. 이 경우 신청을 받은 도지사는 특별한 사유가 없으면 그 도시·군계획시설결정의 해제를 위한 도시·군관리계획을 결정하여야 한다. 〈신설 2011. 4. 14.〉

부칙

제1조(시행일) 이 법은 공포 후 1년이 경과한 날부터 시행한다.

마. 국토계획법 개정으로 해제(입안)신청 제도 도입

국토의 계획 및 이용에 관한 법률 (약칭: 국토계획법)

[시행 2017. 1. 1.] [법률 제13475호, 2015. 8. 11., 일부개정]

장기미집행 도시·군계획시설에 대하여 토지소유자가 해당 토지의 도시·군계획시설결정의 해제를 신청할 수 있도록 함(제48조의2 신설).

제48조의2(도시·군계획시설결정의 해제 신청 등) ① 도시·군계획시설결정의 고시일부터 10년 이내에 그 도시·군계획시설의 설치에 관한 도시·군계획시설사업이 시행되지 아니한 경우로서 제85조제1항에 따른 단계별 집행계획상 해당 도시·군계획시설의 실효 시까지 집행계획이 없는 경우에는 그 도시·군계획시설 부지로 되어 있는 토지의 소유자는 대통령령으로 정하는 바에 따라 해당 도시·군계획시설에 대한 도시·군관리계획 입안권자에게 그 토지의 도시·군계획시설결정 해제를 위한 도시·군관리계획 입안을 신청할 수 있다.

② 도시·군관리계획 입안권자는 제1항에 따른 신청을 받은 날부터 3개월 이내에 입안 여부를 결정하여 토지 소유자에게 알려야 하며, 해당 도시·군계획시설결정의 실효 시까지 설치하기로 집행계획을 수립하는 등 대통령령으로 정하는 특별한 사유가 없으면 그 도시·군계획시설결정의 해제를 위한 도시·군관리계획을 입안하여야 한다.

③ 제1항에 따라 신청을 한 토지 소유자는 해당 도시·군계획시설결정의 해제를 위한 도시·군관리계획이 입안되지 아니하는 등 대통령령으로 정하는 사항에 해당하는 경우에는 해당 도시·군계획시설에 대한 도시·군관리계획 결정권자에게 그 도시·군계획시설결정의 해제를 신청할 수 있다.

④ 도시·군관리계획 결정권자는 제3항에 따른 신청을 받은 날부터 2개월 이내에 결정 여부를 정하여 토지 소유자에게 알려야 하며, 특별한 사유가 없으면 그 도시·군계획시설결정을 해제하여야 한다.

⑤ 제3항에 따라 해제 신청을 한 토지 소유자는 해당 도시·군계획시설결정이 해제되지 아니

하는 등 대통령령으로 정하는 사항에 해당하는 경우에는 국토교통부장관에게 그 도시·군계획시설결정의 해제 심사를 신청할 수 있다.

⑥ 제5항에 따라 신청을 받은 국토교통부장관은 대통령령으로 정하는 바에 따라 해당 도시·군계획시설에 대한 도시·군관리계획 결정권자에게 도시·군계획시설결정의 해제를 권고할 수 있다.

⑦ 제6항에 따라 해제를 권고받은 도시·군관리계획 결정권자는 특별한 사유가 없으면 그 도시·군계획시설결정을 해제하여야 한다.

⑧ 제2항에 따른 도시·군계획시설결정 해제를 위한 도시·군관리계획의 입안 절차와 제4항 및 제7항에 따른 도시·군계획시설결정의 해제 절차는 대통령령으로 정한다.

부칙 제1조(시행일) 이 법은 공포 후 6개월이 경과한 날부터 시행한다. 다만, 제34조제2항 및 제61조제1항의 개정규정은 공포한 날부터 시행하고, <u>제48조의2, 제57조제3항 및 제128조제2항의 개정규정은 2017년 1월 1일부터 시행한다.</u>

바. 실시계획 효력상실 제도 도입

국토의 계획 및 이용에 관한 법률

[시행 2019. 8. 20.] [법률 제16492호, 2019. 8. 20., 일부개정]

◇ 개정이유

　현행법에서는 도로 · 공원 · 철도 등 도시 · 군계획시설이 결정된 이후 해당 시설 사업이 시행되지 아니하여 발생할 수 있는 토지 소유자에 대한 재산권 침해 문제가 없도록 20년 간 사업이 시행되지 아니하는 경우 해당 도시 · 군계획시설결정이 실효되도록 하고 있음.

　그러나 지방자치단체가 도시 · 군계획시설결정의 실효 시기가 도래한 사업에 대하여 해당 사업 시행에 관한 실시계획을 인가함으로써 해당 사업이 실제로는 시행되지 않으면서도 도시 · 군계획시설결정이 실효되지 않는 경우가 발생할 수 있는바, <u>장기미집행 도시 · 군계획시설사업에 대한 실시계획이 인가된 후 실제 사업이 시행되지 않는 경우에 해당 실시계획 인가의 효력이 상실되도록 하여 토지소유자에 대한 재산권 침해를 최소화할 필요가 있음.</u>

　이에 국토의 이용과 관리를 위한 기본원칙에 저출산 대응 등을 추가하고, 입지규제최소구역 제도의 유효기간을 연장하며, 장기미집행 도시 · 군계획시설결정의 실효 제도를 보완하는 한편, 그 밖에 현행 제도의 운영상 나타난 일부 미비점을 개선 · 보완하려는 것임.

◇ 주요내용

라. 도시·군계획시설결정의 고시일부터 10년이 지나 실시계획을 작성되거나 인가받은 도시·군계획시설사업의 시행자가 실시계획 고시일부터 5년 이내에 재결신청을 하지 아니한 경우에는 실시계획 고시일부터 5년이 지난 다음 날 그 실시계획의 효력이 상실되도록 하되, 일정한 요건을 충족하는 경우에는 실시계획 고시일부터 7년이 지난 다음 날 그 실시계획의 효력이 상실되도록 함(제88조제7항 신설).

제88조(실시계획의 작성 및 인가 등) ⑦ 도시·군계획시설결정의 고시일부터 10년 이후에 제1항 또는 제2항에 따라 실시계획을 작성하거나 인가(다른 법률에 따라 의제된 경우는 제외한다) 받은 도시·군계획시설사업의 시행자(이하 이 조에서 "장기미집행 도시·군계획시설사업의 시행자"라 한다)가 제91조에 따른 실시계획 고시일부터 5년 이내에 「공익사업을 위한 토지 등의 취득 및 보상에 관한 법률」 제28조제1항에 따른 재결신청(이하 이 조에서 "재결신청"이라 한다)을 하지 아니한 경우에는 실시계획 고시일부터 5년이 지난 다음 날에 그 실시계획은 효력을 잃는다. 다만, 장기미집행 도시·군계획시설사업의 시행자가 재결신청을 하지 아니하고 실시계획 고시일부터 5년이 지나기 전에 해당 도시·군계획시설사업에 필요한 토지 면적의 3분의 2 이상을 소유하거나 사용할 수 있는 권원을 확보하고 실시계획 고시일부터 7년 이내에 재결신청을 하지 아니한 경우 실시계획 고시일부터 7년이 지난 다음 날에 그 실시계획은 효력을 잃는다. 〈신설 2019. 8. 20.〉

⑧ 제7항에도 불구하고 장기미집행 도시·군계획시설사업의 시행자가 재결신청 없이 도시·군계획시설사업에 필요한 모든 토지·건축물 또는 그 토지에 정착된 물건을 소유하거나 사용할 수 있는 권원을 확보한 경우 그 실시계획은 효력을 유지한다. 〈신설 2019. 8. 20.〉

⑨ 실시계획이 폐지되거나 효력을 잃은 경우 해당 도시·군계획시설결정은 제48조제1항에도 불구하고 다음 각 호에서 정한 날 효력을 잃는다. 이 경우 시·도지사 또는 대도시 시장은 대통령령으로 정하는 바에 따라 지체 없이 그 사실을 고시하여야 한다. 〈신설 2019. 8. 20.〉

 1. 제48조제1항에 따른 도시·군계획시설결정의 고시일부터 20년이 되기 전에 실시계획이 폐지되거나 효력을 잃고 다른 도시·군계획시설사업이 시행되지 아니하는 경우: 도시·군계획시설결정의 고시일부터 20년이 되는 날의 다음 날

 2. 제48조제1항에 따른 도시·군계획시설결정의 고시일부터 20년이 되는 날의 다음 날 이후 실시계획이 폐지되거나 효력을 잃은 경우: 실시계획이 폐지되거나 효력을 잃은 날

부칙

제1조(시행일) 이 법은 공포한 날부터 시행한다. 다만, 제88조제7항부터 제9항까지 및 제91조의 개정규정은 2020년 1월 1일부터 시행한다.

제2조(실시계획 효력 상실에 관한 경과조치) 제88조제7항의 개정규정을 적용할 때 이 법 시행 당시 종전의 규정에 따라 작성 또는 인가를 받은 실시계획에 대하여는 "실시계획 고시일"을 "이 법 시행일"로 본다.

도로·공원등 도시계획시설 경매 및
골목길·맹지 해결법

PART
2

도시계획시설 토지 소유자 공통 대응방안

PART 2 도시계획시설 토지 소유자 공통 대응방안

제1장 개요

1. 문제의 제기

내 토지가 도로, 주차장, 광장, 공원, 녹지, 공공공지, 학교, 공공청사. 문화시설 등 도시계획시설로 묶여 있다면 정말 답답하다.

역으로 위와 같은 도시계획시설로 묶인 토지가 경매나 공매에 나온다면 입찰에 참여하기가 꺼려진다.

또한 집 앞 골목길에 대해 수십년간 아무 이상 없이 사용하여 왔는데 어느날 갑자기 소유자라면서 길을 막거나 사용료를 내라고 한다면 참으로 당황스럽다.

이 책은 위와 같은 문제에 대해 답을 제시하기 위해 집필한 것이다. 길은 있다. 단지 우리가 모를 뿐이다. 아니 알면서도 행동을 못할 뿐인지도 모른다.

아래 사례를 보자. 139억원에 수의계약으로 공공청사부지로 묶인 토지를 공매에서 수의계약으로 취득하여, 약 5년 후에 공공청사부지 폐지 소송에서 승소를 하자마자 1,200억원의 PF자금이 조달되어 660세대의 오피스텔로 변신하였다.

수원 옛 조달청 부지 분쟁종료…상업용지 변경

(수원=뉴스1) | 2014-03-05

그동안 법적다툼으로 논란이 됐던 수원 영통 옛 조달청 부지가 공공청사용지에서 중심상업용지로 용도변경된다.

5일 수원시에 따르면 영통동 1012-1 영통지구단위계획구역내 5020㎡ 부지(지하 1층, 지상 3층, 연면적 3229㎡ 건물 포함)의 청사기능을 폐지하고, 중심상업지역으로 용도변경키로 했다.

적정수준의 개발이익을 환수하는 조건으로 해당 부지의 용도변경을 허용키로 한 것이다.

앞서 이 부지 소유주인 ㈜OO이앤씨는 지난해 5월 서울고등법원의 도시계획시설 폐지신청 거부처분 취소소송 항소심 승소결과를 근거로 같은해 12월 해당부지를 상업지역으로 용도변경해 달라고 시에 요구했다. 시는 이날 이같은 내용의 영통 지구단위계획 변경안을 공고하고, 주민의견수렴에 들어갔다.

해당부지는 청사용도에서 상용용지로 용도변경되면 인근 중상 9~14와 같이 기준용적률 1000% 이하(상한용적률 1500% 이하), 건폐율 90% 이하를 적용받아 상당한 개발차익이 예상된다. 현재 이 부지의 용적률과 건폐율은 각각 400% 이하, 건폐율 60% 이하이다.

시는 7일 전문가회의를 열어 개발이익범위를 확정할 계획이다. 시는 개발이익 환수범위 산정을 위해 12월부터 세종대학교를 통해 용역을 진행해왔다. 시는 서울 등 다른 시군(조례제정)의 사례를 참조해 적정 개발이익을 환수할 계획이다.

업체측은 전문가자문회의에서 환수금액을 결정하면 따르겠다는 입장인 것으로 전해졌다.

따라서 2006년 이후 진행된 양측간 법적 분쟁은 8여년 만에 마무리된다.

OO이앤씨는 2006년 8월 인천지방조달청으로부터 해당부지를 139억원에 매입한 뒤 시에 상업부지 등 용도변경을 요구해왔고, 시가 이를 거부하자 법적 소송으로 맞서왔다.

이 회사는 2009년 5월 조달청을 상대로 토지, 건물 매매 무효소송을 내 승소했으며, 이를 근거로 2012년 4월 수원시에 도시계획시설 폐지신청 거부처분 취소소송을 제기해 1, 2심 모두 승소했다. 시는 그러나 검찰의 대법원 상고불가 지휘를 받고 소송을 종결지었다.

2. 법 개정 연혁

국회는 1999. 10. 21. 헌법재판소의 위헌결정에 따라 2000. 1. 28. 구「도시계획법」을 개정하여 장기간 동안 시행되지 아니한 도시계획시설결정의 실효 제도(제41조), 도시계획시설부지 중 지목이 대인 토지에 대한 매수청구 제도(제40조), 기존의 도시계획시설에 대한 경과조치(부칙 제10조)를 신설하였다. 시행일은 2000. 7. 1.이다.

2002. 2. 4.「국토의 계획 및 이용에 관한 법률」[12])이 제정되면서, 위 규정들은 모두 제47조(매수청구), 제48조(실효), 부칙 제16조(경과조치)에 계승되었다. 시행일은 2003. 1. 1.이다.

2011. 4. 14. 장기미집행 도시·군계획시설결정의 지방의회 해제권고제도가 도입되었고, 시행일은 2012. 4. 14.이다.

2015. 8. 11. 도시계획시설의 해제입안신청권, 해제신청권, 해제심사청구권 제도가 신설되었고, 이 규정은 2017. 1. 1.부터 시행된다(법 제48조의2).

2019. 8. 20. 실시계획 효력상실 제도가 도입되었고(법 제88조), 이 규정은 2020년 1월 1일부터 시행된다.

따라서 모든 장기미집행 도시계획시설 부지 소유자는 <u>국토법상 ①매수청구 제도, ②실효 제도(실시계획 효력 상실, 지방의회 해제권고 제도 포함), ③국토법 제26조에 의한 폐지입안신청, 국토법 제48조의2에 의한 해제입안신청, 해제신청, 해제심사신청으로</u> 대응이 가능하게 되었다.

---

12) 이하 '법' 또는 '국토법', '국토계획법'이라고만 한다.

다만 매수청구는 지목이 "대"인 토지에 국한하고, 매수청구에 반드시 응하지 않아도 되는 실정이므로, 그 실효성이 약하다.

실효 제도는 2000. 7. 1. 이전에 지정된 것은 그 기산점이 2000. 7. 1.로 하여, 결국 2020. 7. 1.까지 실시계획인가 또는 그에 상당한 조치를 취하지 않은 경우는 이미 다 실효되었고, <u>2000년 7월 2일 이후에 결정·고시된 도시계획시설의 기산일은 당해 도시계획시설의 결정·고시일부터 20년이 지난 다음날에 자동적으로 그 효력을 잃는다.</u>

그나마 지방의회 해제권고제도나 <u>해제입안신청권, 해제신청권, 해제심사청구은 진일보한 조치이다.</u>

따라서 헌법재판소의 위헌결정의 취지를 살리기 위해서는 매수청구 제도도 대지 외에도 매수하도록 확대하고 그 요건에 맞으면 반드시 매수하도록 기속행위로 입법을 하여야 할 것이고, 실효 시에는 또 다른 제한을 가하지 못하도록 하여야 한다.[13] 우리나라는 자본주의 경제체제를 근간으로 하는 선진국이다. 그렇다면 사유재산권은 보장된다는 헌법에 맞추어 실질적인 보장 제도를 마련하여야 할 것이다.

---

13) 도시관리계획수립지침 제9장 4-9-1-2-(7)은 이를 명시적으로 규정하고 있다. "<u>재검토 결과 해제 또는 조정하기로 한 경우에는 이로 인하여 나타날 수 있는 문제점을 미리 분석하고 해결방안 또는 보완방안을 강구한다. (예: 도시자연공원의 해제시 난개발을 방지하기 위하여 보전녹지지역의 대체지정, 개발행위허가제한지역의 지정, 지구단위계획의 수립 등 다른 도시 · 군계획수단 강구)</u>"

3. 단계별집행계획

가. 구 한시적 해제대상, 조정대상 분류(2015. 8. 11. ~ 2021. 7. 13.)

「국토의 계획 및 이용에 관한 법률」 제34조제2항은 "특별시장·광역시장·특별자치시장·특별자치도지사·시장 또는 군수는 제48조제1항에 따른 도시·군계획시설결정의 실효에 대비하여 설치 불가능한 도시·군계획시설결정을 해제하는 등 관할 구역의 도시·군관리계획을 대통령령으로 정하는 바에 따라 2016년 12월 31일까지 전반적으로 재검토하여 정비하여야 한다.", 동법시행령 제29조제2항은 ①<u>우선해제대상인 도시·군계획시설</u>, ②<u>해제대상 또는 조정대상</u>으로 분류하도록 하고 있다. 이 규정은 2015. 8. 11.로 신설되어 시행된 것이다. <u>그러나 이 규정은 2021. 1. 12. 국토법이 개정되면서 삭제되었다.</u>

국토의 계획 및 이용에 관한 법률
[시행 2015. 8. 11.] [법률 제13475호, 2015. 8. 11., 일부개정]
◇ 개정이유
  첫째, 도시·군계획시설의 대규모 실효를 대비하여 지방자치단체의 장으로 하여금 도시·군관리계획을 재검토하여 정비토록 하려는 것임.
  둘째, 장기미집행 도시·군계획시설에 대하여 토지소유자가 해제를 신청할 수 있도록 하려는 것임.
◇ 주요내용
  가. 지방자치단체의 장은 2016년 12월 31일까지 관할 구역의 도시·군관리계획을 전반적으로 재검토하여 정비토록 함(제34조제2항 신설).
  나. 장기미집행 도시·군계획시설에 대하여 토지소유자가 해당 토지의 도시·군계획시설결정의 해제를 신청할 수 있도록 함(제48조의2 신설).
제34조 제목 외의 부분을 제1항으로 하고, 같은 조에 제2항을 다음과 같이 신설한다.
  ② 특별시장·광역시장·특별자치시장·특별자치도지사·시장 또는 군수는 제48조제1항에 따른 도시·군계획시설결정의 실효에 대비하여 설치 불가능한 도시·군계획시설결정을 해제하는 등 관할 구역의 도시·군관리계획을 대통령령으로 정하는 바에 따라 2016년 12월 31일까지 전반적으로 재검토하여 정비하여야 한다.

부칙

제1조(시행일) 이 법은 공포 후 6개월이 경과한 날부터 시행한다. 다만, 제34조제2항 및 제61조제1항의 개정규정은 공포한 날부터 시행하고, 제48조의2, 제57조제3항 및 제128조제2항의 개정규정은 2017년 1월 1일부터 시행한다.

령 제29조(도시·군관리계획의 정비) ② 특별시장·광역시장·특별자치시장·특별자치도지사·시장 또는 군수는 법 제34조제2항에 따라 도시·군관리계획을 정비하는 경우에는 다음 각 호의 기준에 따라야 한다. 〈신설 2015.12.15.〉〈삭제 2021. 7. 6.〉

1. 도시·군관리계획을 정비하여야 하는 도시·군계획시설(이하 "정비대상시설"이라 한다)은 도시·군계획시설결정 고시일부터 10년이 지난 시설로서 그 시설의 설치에 관한 사업이 시행되지 아니한 도시·군계획시설로 한다. 다만, 정비대상시설에 인접하여 함께 검토가 요구되는 경우 등 필요한 경우에는 도시·군계획시설결정 고시일부터 10년이 지나지 아니한 시설도 포함할 수 있다.

2. 정비대상시설에 대한 정비의 기준은 다음 각 목과 같다.

 가. 정비대상시설 중 도시·군계획시설사업을 시행할 경우 법적·기술적·환경적인 문제가 발생하여 사업시행이 곤란한 시설은 우선해제대상인 도시·군계획시설로 분류할 것

 나. 가목에 따라 우선해제대상으로 분류된 도시·군계획시설을 제외한 정비대상시설에 대해서는 존치 필요성과 집행능력 등을 검토하여 해제대상 또는 조정대상으로 분류할 것

 다. 가목 또는 나목에 따라 우선해제대상 또는 해제대상으로 분류된 도시·군계획시설에 대해서는 해제를 위한 도시·군관리계획을 입안하고, 나목에 따라 조정대상으로 분류된 도시·군계획시설에 대해서는 법 제85조에 따른 단계별 집행계획을 수립하거나 재수립하여 도시·군관리계획에 반영할 것

국토의 계획 및 이용에 관한 법률

[시행 2021. 7. 13.] [법률 제17898호, 2021. 1. 12., 일부개정]

제34조제2항을 삭제한다.

나. 단계별 집행계획

> **법 제85조(단계별 집행계획의 수립)** ① 특별시장·광역시장·특별자치시장·특별자치도지사·시장 또는 군수는 도시·군계획시설에 대하여 <u>도시·군계획시설결정의 고시일부터 3개월 이내에 대통령령으로 정하는 바에 따라 재원조달계획, 보상계획 등을 포함하는 단계별 집행계획을 수립하여야 한다.</u> 다만, 대통령령으로 정하는 법률에 따라 도시·군관리계획의 결정이 의제되는 경우에는 해당 도시·군계획시설결정의 고시일부터 2년 이내에 단계별 집행계획을 수립할 수 있다. 〈개정 2011.4.14, 2017.12.26〉
>
> ② 국토교통부장관이나 도지사가 직접 입안한 도시·군관리계획인 경우 국토교통부장관이나 도지사는 단계별 집행계획을 수립하여 해당 특별시장·광역시장·특별자치시장·특별자치도지사·시장 또는 군수에게 송부할 수 있다. 〈개정 2011.4.14, 2013.3.23〉
>
> ③ <u>단계별 집행계획은 제1단계 집행계획과 제2단계 집행계획으로 구분하여 수립하되, 3년 이내에 시행하는 도시·군계획시설사업은 제1단계 집행계획에, 3년 후에 시행하는 도시·군계획시설사업은 제2단계 집행계획에 포함되도록 하여야 한다.</u> 〈개정 2011.4.14〉
>
> ④ 특별시장·광역시장·특별자치시장·특별자치도지사·시장 또는 군수는 제1항이나 제2항에 따라 단계별 집행계획을 수립하거나 받은 때에는 대통령령으로 정하는 바에 따라 지체 없이 그 사실을 공고하여야 한다. 〈개정 2011.4.14〉
>
> ⑤ 공고된 단계별 집행계획을 변경하는 경우에는 제1항부터 제4항까지의 규정을 준용한다. 다만, 대통령령으로 정하는 경미한 사항을 변경하는 경우에는 그러하지 아니하다.
>
> [전문개정 2009.2.6]

따라서 현재는 자신의 토지가 해제대상인지 조정대상인지를 확인하는 것은 의미가 없고, 아직 해제가 되지 않았다면, 법 제85조에 의한 단계별 집행계획을 확인하여야 한다.

제2장 기존 소유자 구체적 대응방안

1. 매수청구

매수청구 제도에 대해서는 뒤에 도로와 공원의 매수청구 제도 부분에서 상세하게 다루고 있으므로, 그 부분을 참고하면 된다.

다만, 간단히 설명하면, 매수청구 자격요건은 지목이 '대'이어야 하고, 결정고시일로부터 10년 이내에 미집행 되어야 하고, 매수가격 및 매수절차는 「공익사업을 위한 토지 등의 취득 및 보상에 관한 법률」(이하 '토지보상법'이라고만 한다)을 준용하고, 매수가격으로 결정된 가격에 대해서 소유자가 다투는 것은 불가하고, 매수신청일로부터 6개월 이내에 매수 여부를 결정하여야 하고, 매수하여 주지 않으면 3층 이하의 단독주택, 3층 이하의 제1종·제2종근린생활시설, 공작물을 설치할 수 있다(법 제47조, 령 제41조).

또한 행정청이 매수청구를 거절하면 소유자는 '매수청구거부처분 취소의 소'를 제기하여 다툴 수도 있다.

소유자로서는 위 요건에 맞으면 매수청구를 하면 되나, 현재 지자체에서는 돈이 없다는 이유로 매수청구를 거부하는 경우가 많고, 이에 대해서 소유자가 거부처분 취소의 소를 제기하여도, <u>법원은 매수 여부는 재량이라는 이유로 소유자에 대해 패소판결을 많이 하고 있는 실정이다</u>[14].

---

14) 비록 패소한다고 하더라도 소유자들이 계속하여 소송을 제기하여야 법원의 태도가 바뀔 것이다.

서울행정법원 2024. 5. 30. 선고 2023구합77481 판결 [매수청구거부처분취소]

토지소유자의 매수청구가 있더라도 관계 행정청은 이에 구속되지 않고 매수 여부를 결정할 수 있는 재량을 가지므로 관계 행정청은 토지소유자가 행사할 수 있는 재산권의 내용 및 그 재산권 행사제한에 대한 보상필요성, 재정 상태 등을 종합적으로 고려하여 해당 토지를 매수하지 않기로 결정할 수 있다고 할 것이다.

서울고등법원 2013. 4. 10. 선고 2012누32699 판결*15)

-30년 전에 민간건설회사가 아파트 건설 및 분양사업을 하면서 도로개설, 도로부분은 소유권을 보유, 원고는 늦게 경매로 취득

-매수청구는 도시계획결정으로 <u>비로서 종래 허용된 용도대로 사용 불가능한 경우에 한하여 허용되는 것이며</u>, 이 사안의 경우 이미 주택건설사업시 도시계획사업도 병행하여 도시계획시설사업이 시행되었다고도 볼 수 있고, 지목과는 달리 왕복 4차로의 도로부지로 사용되는 사정을 알면서 취득한 경우에는 '도시계획시설결정 후 10년 이상 도시계획시설사업이 시행되지 아니한 도시계획시설의 부지로서 지목이 대지인 토지의 소유자'에 해당한다고 볼 수 없다.

서울고등법원 2014. 8. 21. 선고 2013누51581 판결

1) 서울특별시장은 2001. 2. 2. 구「도시계획법」(2002. 2. 4. 법률 제6655호로 폐지되기 전의 것, 이하 같다) 제24조에 따라 당시 이미 도로로 사용되고 있던 이 사건 171-7 토지를 구「도시계획법」제3조제6호가목 및 제7호의 도시계획시설(도로)로 하는 도시계획의 결정을 하였고, 같은 날 이를 고시하였다.

2) 2002. 2. 4. 법률 제6655호로 「국토의 계획 및 이용에 관한 법률」이 제정되어 2003. 1. 1. 시행됨에 따라 구「도시계획법」이 폐지되었고, 위 「국토의 계획 및 이용에 관한 법률」 부칙 제10조, 제12조 제1항, 제15조제1항에 따라 구「도시계획법」에 따른 위 도시계획시설(도로) 및 도시계획의 결정은 「국토의 계획 및 이용에 관한 법률」에 따른 도시계획시설(도로) 및 도시관리계획의 결정으로 간주되었다(이하 위 도시관리계획의 결정을 '이 사건 도시관리계획결정'이라 한다).

위와 같은 「국토의 계획 및 이용에 관한 법률」 제47조제1항의 입법취지, 「측량·수로조사 및 지적에 관한 법률」 제2조제24호가 "지목이란 토지의 주된 용도에 따라 토지의 종류를 구분하여 지적공부에 등록한 것을 말한다."라고 규정하고 있는 점 등을 종합하여 볼 때, <u>「국토의 계획 및 이용에 관한 법률」 제47조제1항에 따라 토지의 매수청구를 할 수 있는 '지목이 대인 토지의 소유자'는 주된 용도가 대지이고 토지대장에 지목이 '대'로 되어 있는 토지의 소유자를 의미한다고 해석함이 타당하다.</u> ○순종 등 4인이 1970.경 그들 소유의 서울 구로구 개봉동

171-1 대 2,677㎡를 여러 필지로 분할하여 분양하면서 이 사건 171-7 토지를 도로로 제공하였는데 그로부터 30일 이내에 지목을 도로로 변경하는 신고를 했어야 함에도 이를 하지 않는 바람에 토지대장에 지목이 '대'로 기재되어 있을 뿐 이 사건 171-7 토지의 <u>주된 용도는 주택가 도로이고 그 형상에 비추어 건축용도로 사용할 수 없다.</u> 따라서 원고는 「국토의 계획 및 이용에 관한 법률」 제47조제1항의 '지목이 대인 토지의 소유자'에 해당하지 않고 피고에게 이 사건 171-7 토지 지분의 매수를 청구할 수 없다고 봄이 타당하다.

○순종 등 4인이 1970.경 분양의 편의 등을 위해 이 사건 171-7 토지를 도로로 제공함으로써 이를 대지로 사용하는 것을 스스로 포기하였고 ○순종으로부터 이 사건 171-7 토지 지분을 상속한 ○혜윤 및 ○혜윤으로부터 이를 다시 양수한 원고는 위와 같은 제한이 있는 상태에서 이 사건 171-7 토지 지분을 승계하였으므로 <u>이 사건 171-7 토지에 건축물 등을 설치할 수 없는 등의 제한은 원고를 포함한 토지소유자의 의사에 따라 1970.경부터 있었던 것이지 2001. 2. 2. 이 사건 도시관리계획결정으로 인하여 비로소 가해진 것이라고 할 수는 없는 점</u>, ② 따라서 이 사건 171-7 토지에 도시계획시설(도로)을 설치하는 도시계획시설사업이 지연된다고 하더라도 이로 인하여 위 토지에 대한 재산권 행사에 과도한 제한이 생긴다고 할 수 없는 점 등을 종합하여 볼 때, 이 사건 171-7 토지 지분의 매수 여부 결정에 관한 피고의 재량권이 0으로 수축되어 이 사건 171-7 토지 지분을 매수할 의무를 부담한다거나 이 사건 171-7 토지지분을 매수하지 아니한 것이 재량권의 일탈·남용에 해당한다고 할 수 없다.

그러나 사견은 헌법재판소 위헌판결의 취지에 따라 입법된 제도라는 것을 감안하면, 매수청구 요건에 맞는다면 반드시 매수를 하여 주어야 하는 재량이 0으로 수축된 재량행위라고 생각한다. 법원의 합리적인 판단을 촉구한다.

국토의 계획 및 이용에 관한 법률 [시행 2012.8.2] [법률 제11292호, 2012.2.1, 일부개정]
제47조(도시·군계획시설 부지의 매수 청구) ① 도시·군계획시설에 대한 도시·군관리계획의 결정(이하 "도시·군계획시설결정"이라 한다)의 고시일부터 10년 이내에 그 도시·군계획시설의 설치에 관한 도시·군계획시설사업이 시행되지 아니하는 경우(제88조에 따른 실시계획의 인가나 그에 상당하는 절차가 진행된 경우는 제외한다. 이하 같다) 그 도시·군계획시설의 부지로 되어 있는 <u>토지 중 지목(地目)이 대(垈)인 토지</u>(그 토지에 있는 건축물 및 정착물을 포함한다. 이하 이 조에서 같다)의 소유자는 대통령령으로 정하는 바에 따라 특별시장·광역시장·특별자치시장·특별자치도지사·시장 또는 군수에게 그 토지의 매수를 청구할 수 있다. 다만, 다음 각

---

15) 대법원 2013. 8. 30. 선고 2013두8097 판결, 심리불속행기각(피고 서울특별시장)

호의 어느 하나에 해당하는 경우에는 그에 해당하는 자(특별시장·광역시장·특별자치시장·특별자치도지사·시장 또는 군수를 포함한다. 이하 이 조에서 "매수의무자"라 한다)에게 그 토지의 매수를 청구할 수 있다. 〈개정 2011.4.14〉

1. 이 법에 따라 해당 도시·군계획시설사업의 시행자가 정하여진 경우에는 그 시행자

2. 이 법 또는 다른 법률에 따라 도시·군계획시설을 설치하거나 관리하여야 할 의무가 있는 자가 있으면 그 의무가 있는 자. 이 경우 도시·군계획시설을 설치하거나 관리하여야 할 의무가 있는 자가 서로 다른 경우에는 설치하여야 할 의무가 있는 자에게 매수 청구하여야 한다.

② 매수의무자는 제1항에 따라 매수 청구를 받은 토지를 매수할 때에는 현금으로 그 대금을 지급한다. 다만, 다음 각 호의 어느 하나에 해당하는 경우로서 매수의무자가 지방자치단체인 경우에는 채권(이하 "도시·군계획시설채권"이라 한다)을 발행하여 지급할 수 있다. 〈개정 2011.4.14〉

1. 토지 소유자가 원하는 경우

2. 대통령령으로 정하는 부재부동산 소유자의 토지 또는 비업무용 토지로서 매수대금이 대통령령으로 정하는 금액을 초과하여 그 초과하는 금액을 지급하는 경우

④ 매수 청구된 토지의 매수가격·매수절차 등에 관하여 이 법에 특별한 규정이 있는 경우 외에는 「공익사업을 위한 토지 등의 취득 및 보상에 관한 법률」을 준용한다.

⑥ 매수의무자는 제1항에 따른 매수 청구를 받은 날부터 **6개월 이내에** 매수 여부를 결정하여 토지 소유자와 특별시장·광역시장·특별자치시장·특별자치도지사·시장 또는 군수(매수의무자가 특별시장·광역시장·특별자치시장·특별자치도지사·시장 또는 군수인 경우는 제외한다)에게 알려야 하며, 매수하기로 결정한 토지는 매수 결정을 알린 날부터 2년 이내에 매수하여야 한다. 〈개정 2011.4.14〉

⑦ 제1항에 따라 매수 청구를 한 토지의 소유자는 다음 각 호의 어느 하나에 해당하는 경우 제56조에 따른 허가를 받아 대통령령으로 정하는 건축물 또는 공작물을 설치할 수 있다. 이 경우 <u>제54조</u>, 제58조와 제64조는 적용하지 아니한다. 〈개정 2015.12.29〉

1. 제6항에 따라 매수하지 아니하기로 결정한 경우

2. 제6항에 따라 매수 결정을 알린 날부터 2년이 지날 때까지 해당 토지를 매수하지 아니하는 경우[전문개정 2009.2.6.] [제목개정 2011.4.14]

2. 실효

도시·군계획시설결정이 고시된 도시·군계획시설에 대하여 그 고시일부터 **20년이** 지날 때까지 그 시설의 설치에 관한 도시·군계획시설사업이 시행되지 아니하는 경우 그 도시·군계획시설결정은 그 고시일부터 20년이 되는 날의 다음날에 그 효력을 잃는다(법 제48조제1항).

다만, 구도시계획법 제41조제1항은 20년 이상 경과한 장기미집행 도시계획시설결정의 실효에 관해 규정하면서 그 실효기간의 기산일을 도시계획시설 결정의 결정·고시일로 규정하고 있는데, 부칙 제10조제3항은 <u>2000. 7. 1. 당시 종전의 규정에 의하여 고시된 도시계획시설결정은 그때까지 이미 경과한 기간이 얼마인지 관계없이 2000. 7. 1.부터 새로이 20년을 경과하여야 비로소 그 효력을 상실하도록 하였다.</u>

또한, 국토법 부칙 제16조제1항제1호도 2000. 7. 1. 이전의 도시계획시설결정에 대하여는 2000. 7. 1.을 실효기산일로 규정하였다. <u>따라서 2000. 7. 1. 이전에 고시된 경우 그 실효일은 2020. 7. 1.이</u> 되는 것이다.

> **헌법재판소 2014. 07. 24. 선고 2013헌바387**
>
> 장기미집행 도시계획시설 실효 기산일 사건
>
> 종국결과 합헌
>
> 헌법재판소는 2014년 7월 24일 재판관 4:5의 의견으로, 장기미집행 도시계획시설에 대한 실효 제도를 도입하면서 경과규정을 두어 도시계획시설 중 2000. 7. 1. 이전에 결정된 시설에 대해서는 그 기산일을 2000. 7. 1.로 정한 국토의 계획 및 이용에 관한 법률 부칙(2002. 2. 4. 법률 제6655호) 제16조제1항제1호는 청구인의 재산권 및 평등권을 침해하지 아니하므로 합헌이라는 결정을 선고하였다. 이에 대해서는 덜 제한적인 방법이 있는데도 일률적으로 기산일을 2000. 7. 1.로 정한 것은 과도하게 토지소유자의 재산권을 침해하여 위헌이라는 재판관 5인의 반대의견이 있다.

소유자들은 2020. 7. 1.이 지나 실효되면 자신의 토지를 아무런 제한 없이 개발할 수 있을 것으로 생각하고 있다. 그러나 이렇게 될지는 미지수이다. 정부나 지자체가 다른 제한을 가하지 말라는 법이 없는 이상 또 다른 방식으로 제한을 가할 수도 있다고 본다. 단적으로 예를 들어 국토교통부의 현 도시관리계획수립지침을 보면 '장기미집행된 도시자연공원 및 근린공원에서 해제되는 공원은 가급적 보전녹지로 지정한다.'라고 되어 있다(3-1-5-2.).

실효 제도에 대한 상세사항은 도로와 공원의 해당 부분을 참고하기 바란다.

도시·군관리계획수립지침

[시행 2024. 5. 29.] [국토교통부훈령 제1764호, 2024. 5. 29., 일부개정]

1-5-3-2. 다음의 경우 도시·군기본계획을 변경하지 않고 도시·군관리계획을 결정(변경)할 수 있다.

(5) 시·군 전체의 공간구조나 발전방향에 영향이 없는 <u>공원·유원지는 다음의 경우 도시·군기본계획을 변경하지 않고 도시·군관리계획을 결정(변경)할 수 있다.</u>

① 10만㎡ 이상의 도시공원을 개발허용 기준면적 비율이 낮은 쪽으로 기능을 조정하는 경우 (예 : 체육공원→근린공원)

② 10만㎡ 이하 규모의 공원을 신설(확장을 포함한다)하거나 <u>2만㎡ 이하 규모의 공원을 폐지(축소를 포함한다)하는 경우</u>

③ 100만㎡를 초과하는 규모의 공원으로서 해당시설 면적의 10퍼센트 범위에서 확장하거나 <u>20만㎡를 초과하는 규모의 공원으로서 해당시설 면적의 10퍼센트 범위에서 축소하기 위하여 면적을 조정하는 경우 또는 유원지 면적의 10% 범위내에서 축소 또는 확장을 위하여 면적을 조정하는 경우.</u> 다만, 10퍼센트 범위내라도 해제규모가 5만㎡ 이상인 근린·체육공원 및 유원지와 10만㎡ 이상인 묘지공원은 제외한다. 이 경우 분할 시행한 경우에는 그 면적을 합산한다.

④ 당해 시설의 변경이 축소와 확장이 동시에 이루어지는 경우에는 더 크게 조정되는 측이 ③의 기준에 적합한 범위내에서의 면적조정. 다만, 폐지와 확장의 면적이 같을 경우에는 축소 변경기준에 따른다

⑤ 종전의 **도시공원법에 의한 도시자연공원**에 대하여 다음 각 호의 어느 하나에 해당하는 조치를 하는 경우

㉮ 지방자치단체 조례나 국토교통부장관이 시달한 <u>미집행 도시·군계획시설의 재검토기준에</u>

따라 공원을 해제하여 보전녹지지역으로의 용도 부여

㉴ 도시자연공원구역 또는 도시공원으로의 변경. 이 경우 「도시공원 및 녹지 등에 관한 법률」에 의한 공원녹지기본계획상 변경을 포함한다.

⑥ 「도시공원 및 녹지 등에 관한 법률」제21조의2에 의한 도시공원부지에서 개발행위 특례를 적용받는 경우

⑦ 「국토의 계획 및 이용에 관한 법률」제48조 제5항에 따라 지방의회로부터 해제 권고 받은 5만m2 이하의 도시·군계획시설결정을 해제하는 경우

3-1-5-2. 보전녹지지역

(7) 장기미집행된 도시자연공원 및 근린공원중 해제되는 공원은 가급적 보전녹지지역으로 지정한다.

4-9-1-2. 기본적인 고려사항

(1) 2002년부터 매수청구권이 부여되는 지적법상 "대"가 많은 시설을 우선적으로 재검토한다.

(2) 도시·군계획시설결정일부터 미집행기간이 오래된 시설부터 우선적으로 폐지여부를 검토한다. 불요불급하거나 불합리한 시설은 과감히 해제 또는 조정하도록 하고, 주민의 생활과 밀접하게 관련되는 것은 가급적 존치한다.

(7) 재검토 결과 해제 또는 조정하기로 한 경우에는 이로 인하여 나타날 수 있는 문제점을 미리 분석하고 해결방안 또는 보완방안을 강구한다.

(예: 도시자연공원의 해제시 난개발을 방지하기 위하여 보전녹지지역의 대체지정, 개발행위허가제한지역의 지정, 지구단위계획의 수립 등 다른 도시·군계획수단 강구)

(9) 불가피하게 20년 이상 미집행되어 자동실효가 예상되는 경우에는 도시·군계획 시설결정후 15년이 경과한 연도부터 **매년 당해 시설에 대하여 해제를 검토하고** 단계별 집행계획을 조정하는 등 특별히 관리한다.

3. 지방의회 해제권고 활용

국토법이 2011. 4. 14. 개정되면서, 단계별 집행계획 지방의회 보고 및 지방의회 해제권고 제도가 도입되었고, 2012. 4. 15.부터 시행되었다.

국토의 계획 및 이용에 관한 법률
[시행 2012. 4. 15.] [법률 제10599호, 2011. 4. 14., 일부개정]
〈주요개정내용〉

다. 장기 미집행 도시·군계획시설결정의 해제권고제도 도입(안 제48조제3항부터 제5항까지 신설)

　　1) 현재 도시계획시설결정의 고시일부터 20년이 지날 때까지 도시계획시설사업이 시행되지 않으면 그 결정은 실효되나, 실효될 때까지의 기간이 너무 길어 국민의 재산권 침해를 최소화하기 위한 보완대책을 마련할 필요가 있음.

　　2) 도시·군계획시설결정의 고시일부터 10년이 지날 때까지 해당 도시·군계획시설사업이 시행되지 아니하는 경우에는 해당 지방의회가 그 시설의 해제를 권고할 수 있도록 하고, 해제를 권고받은 특별시장·광역시장·시장 또는 군수는 그 시설의 해제를 위한 도시·군관리계획을 결정하거나 도지사에게 그 결정을 신청하도록 함.

제48조(도시·군계획시설결정의 실효 등)

③ 특별시장·광역시장·특별자치시장·특별자치도지사·시장 또는 군수는 도시·군계획시설결정이 고시된 도시·군계획시설(국토교통부장관이 결정·고시한 도시·군계획시설은 제외한다. 이하 이 조에서 같다)을 설치할 필요성이 없어진 경우 또는 그 고시일부터 10년이 지날 때까지 해당 시설의 설치에 관한 도시·군계획시설사업이 시행되지 아니하는 경우에는 대통령령으로 정하는 바에 따라 그 현황과 제85조에 따른 단계별 집행계획을 해당 지방의회에 보고하여야 한다. 〈신설 2011. 4. 14., 2013. 3. 23., 2013. 7. 16.〉

④ 제3항에 따라 보고를 받은 지방의회는 대통령령으로 정하는 바에 따라 해당 특별시장·광역시장·특별자치시장·특별자치도지사·시장 또는 군수에게 도시·군계획시설결정의 해제를 권고할 수 있다. 〈신설 2011. 4. 14.〉

⑤ 제4항에 따라 도시·군계획시설결정의 해제를 권고받은 특별시장·광역시장·특별자치시장·특별자치도지사·시장 또는 군수는 특별한 사유가 없으면 대통령령으로 정하는 바에 따라 그 도시·군계획시설결정의 해제를 위한 도시·군관리계획을 결정하거나 도지사에게 그 결정을 신청하여야 한다. 이 경우 신청을 받은 도지사는 특별한 사유가 없으면 그 도시·군계획시설결정의 해제를 위한 도시·군관리계획을 결정하여야 한다. 〈신설 2011. 4. 14.〉

> **부칙**
> 제1조(시행일) 이 법은 공포 후 1년이 경과한 날부터 시행한다.

가. 미집행 현황 및 단계별 집행계획 지방의회 보고

특별시장·광역시장·특별자치시장·특별자치도지사·시장 또는 군수는 도시·군계획시설결정이 고시된 도시·군계획시설(국토교통부장관이 결정·고시한 도시·군계획시설 중 관계 중앙행정기관의 장이 직접 설치하기로 한 시설은 제외한다. 이하 이 조에서 같다)을 설치할 필요성이 없어진 경우 또는 그 고시일부터 10년이 지날 때까지 해당 시설의 설치에 관한 도시·군계획시설사업이 시행되지 아니하는 경우에는 대통령령으로 정하는 바에 따라 그 현황과 제85조에 따른 단계별 집행계획을 해당 지방의회에 보고하여야 한다(법 제48조제3항). 〈신설 2011. 4. 14., 2013. 3. 23., 2013. 7. 16.〉

특별시장·광역시장·특별자치시장·특별자치도지사·시장 또는 군수(이하 이 조에서 "지방자치단체의 장"이라 한다)는 법 제48조제3항에 따라 도시·군계획시설결정이 고시된 도시·군계획시설 중 설치할 필요성이 없어진 도시·군계획시설 또는 그 고시일부터 10년이 지날 때까지 해당 시설의 설치에 관한 도시·군계획시설사업이 시행되지 아니한 도시·군계획시설(이하 이 조에서 "장기미집행 도시·군계획시설등"이라 한다)에 대하여 다음 각 호의 사항을 매년 해당 지방의회의 「지방자치법」 제53조 및 제54조에 따른 정례회 또는 임시회의 기간 중에 보고하여야 한다. 이 경우 지방자치단체의 장이 필요하다고 인정하는 경우에는 해당 지방자치단체에 소속된 지방도시계획위원회의 자문을 거치거나 관계 행정기관의 장과 미리 협의를 거칠 수 있다(령 제42조제2항). 〈신설 2012. 4. 10., 2014. 11. 11., 2021. 12. 16.〉

1. 장기미집행 도시·군계획시설등의 전체 현황(시설의 종류, 면적 및 설치비용 등을 말한다)
2. 장기미집행 도시·군계획시설등의 명칭, 고시일 또는 변경고시일, 위치, 규모, 미집행 사유, 단계별 집행계획, 개략 도면, 현황 사진 또는 항공사진 및 해당 시설의 해제에 관한 의견

3. 그 밖에 지방의회의 심의·의결에 필요한 사항

나. 2년마다 지방의회 보고

지방자치단체의 장은 제2항에 따라 지방의회에 보고한 장기미집행 도시·군계획시설등 중 도시·군계획시설결정이 해제되지 아니한 장기미집행 도시·군계획시설등에 대하여 <u>최초로 지방의회에 보고한 때부터 2년마다 지방의회에 보고하여야 한다</u>. 이 경우 지방의회의 보고에 관하여는 제2항을 준용한다(령 제42조제3항). 〈신설 2012. 4. 10., 2014. 11. 11.〉

다. 지방의회 해제권고

보고를 받은 지방의회는 대통령령으로 정하는 바에 따라 해당 특별시장·광역시장·특별자치시장·특별자치도지사·시장 또는 군수에게 <u>도시·군계획시설결정의 해제를 권고할 수 있다(법 제48조제4항)</u>. 〈신설 2011. 4. 14.〉

지방의회는 법 제48조제4항에 따라 장기미집행 도시·군계획시설등에 대하여 해제를 권고하는 경우에는 제2항 또는 제3항에 따른 <u>보고가 지방의회에 접수된 날부터 90일 이내에 해제를 권고하는 서면</u>(도시·군계획시설의 명칭, 위치, 규모 및 해제사유 등이 포함되어야 한다)을 지방자치단체의 장에게 보내야 한다(령 제42조제4항). 〈신설 2012. 4. 10.〉

라. 해제권고에 따른 해제결정

법 제48조제4항에 따라 도시·군계획시설결정의 해제를 권고받은 특별시장·광역시장·특별자치시장·특별자치도지사·시장 또는 군수는 특별한 사유가 없으면 대통령령으로 정하는 바에 따라 그 <u>도시·군계획시설결정의 해제를 위한 도시·군관리계획을 결정하거나 도지사에게 그 결정을 신청하여야 한다</u>. 이 경우 신청을 받은 도지사는 특별한 사유가 없으면 그 도시·군계획시설결정의 해제를 위한 도시·군관리계획을 결정하여야 한다. 〈신설 2011. 4. 14.〉

장기미집행 도시·군계획시설등의 해제를 권고받은 지방자치단체의 장은 상위계획과의 연관성, 단계별 집행계획, 교통, 환경 및 주민 의사 등을 고려하여 해제할 수 없다고 인정하는 특별한 사유가 있는 경우를 제외하고는 법 제48조제5항에 따라 해당 <u>장기미집행 도시·군계획시설등의 해제권고를 받은 날부터 1년 이내에 해제를 위한 도시·군관리계획을 결정하여야 한다</u>. 이 경우 지방자치단체의 장은 지방의회에 해제할 수 없다고 인정하는 특별한 사유를 해제권고를 받은 날부터 6개월 이내에 소명하여야 한다(령 제42조제5항). 〈신설 2012. 4. 10.〉

령 제42조제5항에도 불구하고 시장 또는 군수는 법 제24조제6항에 따라 도지사가 결정한 도시·군관리계획의 해제가 필요한 경우에는 도지사에게 그 결정을 신청하여야 한다(령 제42조제6항). 〈신설 2012. 4. 10.〉

령 제42조제6항에 따라 도시·군계획시설결정의 해제를 신청받은 도지사는 특별한 사유가 없으면 신청을 받은 날부터 1년 이내에 해당 도시·군계획시설의 해제를 위한 도시·군관리계획결정을 하여야 한다(령 제42조제7항). 〈신설 2012. 4. 10.〉

4. 손실보상청구권 행사 가능 여부 (소극)

토지소유자에게 내 토지에 대해 행정청에게 손실보상을 실시하여 달라는 법적인 청구권은 없다. 즉, 행정청은 장기미집행토지에 대해 당연히 손실보상을 하여야 하는 것이지만, 소유자가 먼저 손실보상을 해 달라고 청구할 경우 이에 반드시 응할 의무는 없다는 것이다.

따라서 <u>장기미집행토지를 낙찰받으면 국가나 지방자치단체로부터 무조건 손실보상을 받을 수 있다는 생각은 오판이다</u>. 물론 행정청이 스스로 손실보상을 해주는 경우는 별론으로 한다.

국가나 지자체가 스스로 보상에 착수하지 않는 한 도로 등 도시계획시설부지 소유자는 손실보상청구권이 없으므로, 그저 기다리거나 부당이득반환청구를 할 수밖에 없다. 그나마 도로의 경우 소유자가 부당이득반환청구를 할 경우 '배타적 사용수익권 포기이론'에 의하여 패소하는 경우가 많고, 실익도 적다.

따라서 도로 등 도시계획시설 부지를 매수하고자 하는 자는 권리분석을 철저히 하여야 한다. 싼 맛에 투자하다가 자금만 묶일 수도 있다.

> **대법원 1996. 9. 10. 선고 96누5896 판결**
>
> [1] 토지수용법 제48조제2항은 기업자에 의하여 공익사업에 사용되는 토지의 소유자로 하여금 일정한 경우에 당해 사용토지의 수용을 청구할 수 있도록 하고 있는바, 여기에서의 '토지의 사용'이란 토지수용법이 정한 절차에 따른 적법한 사용만을 의미하고, 기업자가 토지수용법이 정한 절차에 의하지 아니하고 무단으로 토지를 사용하고 있는 경우는 이에 포함되지 않는다.
>
> [2] [1]항의 해석이 합리적 근거 없이 토지수용법에 의한 사용을 당하고 있는 토지소유자와 무단사용을 당하고 있는 토지소유자를 차별 대우하여 헌법 제11조 소정의 평등권을 침해하는 것이라거나, 무단사용을 당하고 있는 토지소유자에게 그 소유권에 갈음하는 보상을 받을 수 없게 하여 헌법 제23조 소정의 재산권 보장 및 정당한 보상의 원칙에 위배된다거나, 행정소송 또는 민사소송에 의하여 무단 사용 중에 있는 토지의 수용 또는 원상회복을 구할 수 있는 길을 봉쇄함으로써 헌법 제27조 소정의 재판을 받을 권리를 침해하는 것이라고 할 수 없다.

대법원 2006. 9. 28. 선고 2004두13639 판결

도로법 제10조, 구 도로법 시행령(2002. 5. 6. 대통령령 제17601호로 개정되기 전의 것) 제10조의2는 구 도시계획법(2000. 1. 28. 법률 제6243호로 전문 개정되기 전의 것, 이하 같다)에 의한 도시계획사업으로 설치된 도로에 관하여 도로법 제79조를 준용하고 있고, 도로법 제79조는 도로법의 규정에 의하여 건설교통부장관 또는 기타의 행정청이 행한 처분이나 제한으로 인한 손실을 받은 자가 있을 때에는 국가나 지방자치단체는 그 손실을 보상하여야 한다고 규정하고 있는바, 도로의 공용개시행위로 인하여 공물로 성립한 사인 소유의 도로부지 등에 대하여 도로법 제5조에 따라 사권의 행사가 제한됨으로써 그 소유자가 손실을 받았다고 하더라도 이와 같은 사권의 제한은 건설교통부장관 또는 기타의 행정청이 행한 것이 아니라 도로법이 도로의 공물로서의 특성을 유지하기 위하여 필요한 범위 내에서 제한을 가하는 것이므로, 이러한 경우 도로부지 등의 소유자는 국가나 지방자치단체를 상대로 하여 부당이득반환청구나 손해배상청구를 할 수 있음은 별론으로 하고 도로법 제79조에 의한 손실보상청구를 할 수는 없다.

원심은, 이 사건 토지는 구 도시계획법상의 도시계획사업시행자인 피고 동두천시(이하 '피고 시'라 한다)의 시장이 도시계획사업으로 도로를 설치하기 위하여 소유권을 협의취득하여 도로부지로 편입시키고 도로공사를 완성하여 적법하게 공용개시행위가 이루어졌는데, 그 후 피고 시의 위 협의취득 전에 설정된 근저당권이 실행되어 원고가 그 경매절차에서 이 사건 토지를 낙찰받아 소유권을 취득함으로써 피고 시의 소유권취득은 무효로 되어 피고 시는 이 사건 토지를 법률상 권원 없이 도로로 점용하고 있는 결과가 되었는바, 이와 같은 경우에는 구 도시계획법이나 도로법에 의한 피고 시의 어떠한 처분이나 제한으로 인하여 원고가 손실을 입었다고는 할 수 없으므로, 원고가 피고 시에 대하여 이 사건 토지의 점용에 따른 사용료 상당의 부당이득반환청구를 할 수 있음은 별론으로 하고, 도로법 제79조에 의한 손실보상청구를 할 수 없다고 판단하였다.

앞서 본 법리에 비추어 보면, 원심의 위와 같은 판단은 옳고, 거기에 상고이유의 주장과 같은 도로법 제79조에 의한 손실보상청구권 및 재결신청권의 발생에 관한 법리오해의 위법이 있다고 할 수 없다.

헌법재판소 2005. 7. 21. 결정 2004헌바57
공익사업을위한토지등의취득및보상에관한법률 제72조 위헌소원
【판시사항】

1. '사업인정고시가 있은 후에 3년 이상 토지가 공익용도로 사용된 경우' 토지소유자에게 매수 혹은 수용청구권을 인정한 공익사업을위한토지등의취득및보상에관한법률 제72조 제1호(이하

'이 사건 조항'이라 한다)가 불법적인 토지사용의 경우를 배제한 것이 재산권을 침해하는지 여부(소극)

2. 이 사건 조항이 평등권을 침해하는지 여부(소극)

【결정요지】

1. 입법자에 의한 재산권의 내용과 한계의 설정은 기존에 성립된 재산권을 제한할 수도 있고, 기존에 없던 것을 새롭게 형성하는 것일 수도 있다. 이 사건 조항은 종전에 없던 재산권을 새로이 형성한 것에 해당되므로, 역으로 그 형성에 포함되어 있지 않은 것은 재산권의 범위에 속하지 않는다. 그러므로 청구인들이 주장하는바 '불법적인 사용의 경우에 인정되는 수용청구권'이란 재산권은 존재하지 않으므로, 이 사건 조항이 그러한 재산권을 제한할 수는 없다.

다만, 입법자는 재산권의 형성에 있어서도 헌법적 한계를 준수하여야 하는바, 이 사건 조항이 '적법한 공용사용'의 경우에 한정하여 수용청구권을 인정한 것은 공용제한에 대한 손실보상을 정하는 법의 취지에 따른 결과로서 입법목적을 달성하기 위한 합리적 수단이며, 불법적 사용에 대해서는 법적인 구제수단이 따로 마련되어 있어 반드시 수용청구권을 부여할 필요는 없으므로, 이 사건 조항이 재산권의 내용과 한계에 관한 입법형성권을 벗어난 것이라 할 수 없다.

2. 이 사건 조항은 합법적인 토지사용을 전제로 하여 손실보상의 차원에서 수용청구권을 인정하고 있는바, 현실적으로 발생하는 공권력에 의한 불법적인 토지 사용으로 인한 토지소유자의 피해에 대해서는 다른 법률에 의한 구제수단이 구비되어 있다. 입법자가 적법한 사용과 불법적인 사용을 구분하여 전자에 대해서만 수용청구권을 마련한 것이 자의적인 것이라거나 비합리적인 것이라 할 수 없으므로, 이 사건 조항은 평등권을 침해하지 않는다.

→ 공공사업의 시행자나 국가 혹은 지방자치단체가 사유지를 불법적으로 점유하여 공익용도로 사용하고 있다면 이는 불법행위에 해당되므로, 통상 토지의 소유자는 소유권에 기한 방해배제청구를 하여 앞으로의 무단사용을 막는 한편 손해배상 또는 부당이득반환을 구하여 그동안의 손해를 보상받을 수 있고, 이로써 자기의 소유권을 보장받을 수 있으므로 그 소유권을 상실하게 되는 수용청구권을 반드시 부여할 필요는 없는 것이다.

5. 국토법 제26조에 의한 도시계획시설 폐지(해제)

가. 서설

도시계획시설 부지에서 해제(폐지)하는 방법이 있다.

2017. 1. 1. 이전에는 지목에 불문하고, 주민은 국토법 제26조에 의하여 도시관리계획입안제안권이 있으므로, 지자체에 자신의 토지에 대해 도시계획시설결정을 해제(폐지)하여 달라는 신청을 하고, 지자체가 이를 거부할 경우에는 행정소송을 제기하였다.

국토의 계획 및 이용에 관한 법률
[시행 2017.1.1.] [법률 제13475호, 2015.8.11., 일부개정]

◇ 개정이유

첫째, 도시·군계획시설의 대규모 실효를 대비하여 지방자치단체의 장으로 하여금 도시·군관리계획을 재검토하여 정비토록 하려는 것임.

둘째, 장기미집행 도시·군계획시설에 대하여 토지소유자가 해제를 신청할 수 있도록 하려는 것임.

◇ 주요내용

가. 지방자치단체의 장은 2016년 12월 31일까지 관할 구역의 도시·군관리계획을 전반적으로 재검토하여 정비토록 함(제34조제2항 신설).

나. 장기미집행 도시·군계획시설에 대하여 토지소유자가 해당 토지의 도시·군계획시설결정의 해제를 신청할 수 있도록 함(제48조의2 신설).

부칙 〈법률 제13475호, 2015.8.11.〉

제1조(시행일) 이 법은 공포 후 6개월이 경과한 날부터 시행한다. 다만, 제34조제2항 및 제61조제1항의 개정규정은 공포한 날부터 시행하고, <u>제48조의2, 제57조제3항 및 제128조제2항의 개정규정은 2017년 1월 1일부터 시행한다.</u>

그런데 국토법은 2015. 8. 11. 법 제48조의2를 신설하여, 해제입안신청, 해제신청, 해제심사신청을 규정하였고, 이 규정은 2017. 1. 1.부터 시행된다.

따라서 이제는 도시계획시설부지가 경·공매에 나올 경우 적극적인 검토를 할 필요가 있다. 즉, 과거에는 국토법 제26조에 의하여 폐지(해제)입안신청을 하고, 이에 대해 거부를 하면, 거부처분 취소의 소송을 제기하였으나, 법에 폐지(해제)에 대한 구체적인 기준이 없어 단지 재량권 일탈·남용 여부만으로 재판을 하므로 승소가능성이 매우 적었다. 그러나 이제는 신설된 국토법 제48조의2에 의하여 해제입안신청이나 해제신청, 해제심사신청을 하고, 이에 대해 행정청이 거부를 했을 때 소유자가 거부처분 취소의 소송을 제기한다면 토지에 대한 도시계획시설결정 폐지(해제)신청이 받아들여질 가능성이 매우 높아졌다.

2017. 1. 1.부터 시행되는 해제입안신청, 해제신청, 해제심사신청 제도에 대해서는 다음에 살펴보기로 하고, 여기서는 먼저 국토법 제26조에 의한 폐지소송에 대해서 서술한다.

나. 폐지(입안)거부처분 취소소송

2017. 1. 1. 이전에는 지목에 불문하고, 주민은 국토법 제26조에 의하여 도시관리계획입안제안권이 있으므로, 지자체에 자신의 토지에 대해 도시계획시설결정을 폐지하여 달라는 신청을 하고, 지자체가 이를 거부할 경우에는 행정소송을 제기하였다.

한편 도시·군관리계획수립지침에 의하면, 주민에는 "행정청이 아닌 법인체 또는 개인. 이해관계자"를 포함한다.

국토의 계획 및 이용에 관한 법률 제26조(도시·군관리계획 입안의 제안) ① 주민(이해관계자를 포함한다. 이하 같다)은 다음 각 호의 사항에 대하여 제24조에 따라 도시·군관리계획을 입안할 수 있는 자에게 도시·군관리계획의 입안을 제안할 수 있다. 이 경우 제안서에는 도시·군관리계획도서와 계획설명서를 첨부하여야 한다. 〈개정 2011.4.14, 2015.8.11, 2017.4.18, 2021.1.12, 2024.2.6〉
  1. 기반시설의 설치·정비 또는 개량에 관한 사항
  2. 지구단위계획구역의 지정 및 변경과 지구단위계획의 수립 및 변경에 관한 사항
  3. 다음 각 목의 어느 하나에 해당하는 용도지구의 지정 및 변경에 관한 사항

가. 개발진흥지구 중 공업기능 또는 유통물류기능 등을 집중적으로 개발·정비하기 위한 개발진흥지구로서 대통령령으로 정하는 개발진흥지구

나. 제37조에 따라 지정된 용도지구 중 해당 용도지구에 따른 건축물이나 그 밖의 시설의 용도·종류 및 규모 등의 제한을 지구단위계획으로 대체하기 위한 용도지구

4. 삭제 〈2024.2.6〉

5. 도시·군계획시설입체복합구역의 지정 및 변경과 도시·군계획시설입체복합구역의 건축제한·건폐율·용적률·높이 등에 관한 사항

도시·군관리계획수립지침

[시행 2024. 5. 29.] [국토교통부훈령 제1764호, 2024. 5. 29., 일부개정]

제2절 주민의 제안에 의한 도시·군관리계획 입안

8-1-2-1. 제안요건

(1) **주민(행정청이 아닌 법인체 또는 개인, 이해관계자를 포함한다)**이 도시·군계획시설의 설치·정비 및 개량이나 지구단위계획구역의 지정 및 변경과 지구단위계획의 수립을 제안하는 경우에 도시·군관리계획의 입안은 다음의 기준은 충족하여야 한다.

① 광역도시계획·도시·군기본계획 및 다른 도시·군관리계획 등과의 내용의 적합성

② 도시·군계획시설의 설치·정비 및 개량이나 지구단위계획구역의 지정 및 변경과 지구단위계획수립의 필요성

③ 기반시설의 공급 및 지원 가능성

④ 시·군의 재정여건 및 주민의 사업시행능력

(2) 주민은 도시·군관리계획의 입안을 제안하고자 하는 경우에는 다음의 서류를 갖추어 제안하여야 한다.

① 제안서(제안사유와 목적 및 개요를 포함)

② 도시·군관리계획입안서(도시·군관리계획 수립지침에 따라 작성)

③ 사업계획서(주민이 도시·군계획사업을 시행하고자 하는 경우로 시행자, 사업기간, 토지매입·사업시행·재원조달계획 등이 포함되어야 한다)

(3) 시장·군수는 주민제안제도를 활성화하기 위하여 (2)의 각 서류를 제안의 취지와 목적이 드러날 수 있는 정도로 개략적으로 작성하여 제출하도록 하고, 입안단계에서 보다 상세한 계획을 수립하도록 할 수 있다.

> (4) 주민이 사업시행을 하고자 제안하는 경우에는 도시·군관리계획결정 등에 필요한 비용의 전부를 부담하여야 한다.
>
> **8-1-2-6. 도시·군관리계획제안서의 처리**
>
> (1) 도시·군관리계획의 입안을 제안받은 시장·군수는 제안한 날부터 <u>45일 이내에 도시·군관리계획입안에의 반영여부를 통보하여야 한다</u>. 다만, 부득이한 사정이 있는 경우에는 1회에 한하여 30일을 연장할 수 있다.
>
> (2) 시장·군수는 도시·군계획조례가 정하는 기준과 절차에 따라 도시·군관리계획 입안의 적합성을 판단하고, 필요한 경우에는 해당 도시계획위원회의 자문을 들을 수 있다.
>
> (3) 시장·군수가 제안서의 내용이 타당하다고 인정하여 도시·군관리계획 입안을 제안자에게 통보할 때에는 입안시기, 입안내용, 예상되는 비용부담액을 함께 통보하여야 한다.
>
> (4) 주민제안에 따라 도시·군관리계획을 입안하는 경우에는 제출한 도시·군관리계획도서와 도시·군관리계획설명서를 활용하여 입안할 수 있다.

즉, 국토계획법 제24조제1항은 "특별시장·광역시장·특별자치시장·특별자치도지사·시장 또는 군수는 관할 구역에 대하여 도시·군관리계획을 입안하여야 한다.", 같은 법 제29조제1항은 "도시·군관리계획은 시·도지사가 직접 또는 시장·군수의 신청에 따라 결정한다. 다만, 「지방자치법」 제198조에 따른 서울특별시와 광역시 및 특별자치시를 제외한 인구 50만 이상의 대도시(이하 "대도시"라 한다)의 경우에는 해당 시장(이하 "대도시 시장"이라 한다)이 직접 결정하고, ①시장 또는 군수가 입안한 지구단위계획구역의 지정·변경과 지구단위계획의 수립·변경에 관한 도시·군관리계획, ② 제52조제1항제1호의2에 따라 지구단위계획으로 대체하는 용도지구 폐지에 관한 도시·군관리계획[해당 시장(대도시 시장은 제외한다) 또는 군수가 도지사와 미리 협의한 경우에 한정한다]은 해당 시장 또는 군수가 직접 결정한다."라고 규정하고 있고, 한편 동법 제26조제1항은 주민(이해관계자를 포함한다. 이하 같다)은 도시·군관리계획을 입안할 수 있는 자에게 도시·군관리계획의 입안을 제안할 수 있도록 규정하면서, 그 내용으로 <u>기반시설의 설치·정비 또는 개량에 관한 사항과 지구단위계획구역의 지정 및 변경과 지구단위계획의 수립 및 변경에 관한 사항을 규정하고 있고</u>, 동조 제2항은 "제1항에 따라 도시·군관리계획의 입안을 제안받은 자는 그 처리결과를 제안자에게 알려야 한다."라고 규정하고 있다.

한편 도시관리계획의 입안권자와 결정권자가 다를 경우 입안권자는 물론 결정권자에게도 법규상 또는 조리상 변경신청권이 인정되는지가 문제된다.

이에 대해 서울행정법원은 "…이러한 규정들과 헌법상 개인의 재산권 보장의 취지에 비추어 보면, 이해관계자를 포함한 <u>주민은 도시관리계획의 입안권자에게 입안을 요구할 수 있는 법규상 조리상 신청권이 있을 뿐만아니라</u>(대법원 2010. 7. 22. 선고 2010두5745 판결), <u>더 나아가 도시관리계획의 결정권자에 대하여 도시관리계획의 변경을 신청할 권리도 있다고 보아야 할 것이다.</u> 그 이유는, 행정주체가 도시관리계획과 같은 행정계획을 입안·결정함에 있어서 행정주체는 그 행정계획에 관련되는 자들의 이익을 공익과 사익 사이에서는 물론이고 공익 상호간과 사익 상호간에도 정당하게 비교·교량하여야 한다는 제한이 있어, 이익형량을 전혀 행하지 아니하거나 이익형량의 고려 대상에 마땅히 포함시켜야 할 사항을 누락한 경우 또는 이익형량을 하였으나 정당성과 객관성이 결여된 경우에는 그 행정계획결정은 형량에 하자가 있어 위법하게 되는데(대법원 1996. 11. 29. 선고 96누8567 판결, 대법원 2011. 2. 24. 선고 2010두21464 판결), 입안권자에게 입안을 제안할 수 있을 뿐 결정권자에게 도시관리계획의 변경을 신청할 권리가 없다고 보면, 입안권자의 도시관리계획 입안 단계에서만 형량명령이 준수되고, 결정권자의 결정 단계에서는 주민의 신청권이 인정되지 않아 처분성이 부정되고, 이 단계에서는 형량명령이 지켜지지 않아도 된다는 것이므로 입안제안권을 둔 취지가 반감될 뿐만 아니라 입안권자가 주민들의 입안 제안에 따라 결정권자에게 도시관리계획 변경을 입안하였다 하더라도 결정권자가 이를 수용하지 않은 경우 주민들이 더 이상 다툴 방법이 없게 되기 때문이다."라고 판시하여, <u>입안권자는 물론 결정권자에게도 도시관리계획의 변경신청권이 있다고 본다</u>(서울행정법원 2014. 7. 11. 선고 2013구합64967 판결).

또한, 대법원에 의하면, 소유자가 도시계획시설폐지를 신청하면 행정청은 이에 대해서 행정주체가 구체적인 행정계획을 입안·결정할 때에 가지는 비교적 광범위한 형성의 자유는 무제한적인 것이 아니라 행정계획에 관련되는 자들의 이익을 공익과 사익 사이에서는 물론이고 공익 상호 간과 사익 상호 간에도 정당하게 비교·교량하여야 한다는 제한이 있는 것이므로, 행정주체가 행정계획을 입안·결정하면서 이익형량을 전혀 행하지 않거나 이익형량의 고려 대상에 마땅히 포함시켜야 할 사항을 빠뜨린 경우 또는 이익형량을 하였으나 정당성과 객관성이 결여된 경우에는 행정계획결정은 형량에 하자가 있어 위법하게 되고(대법원 1996. 11. 29. 선고 96누8567 판결, 대법원 2011. 2. 24. 선고 2010두21464 판결), 이러한 법리는 행정주체가 국토법 제26조에 의한 주민의 도시관리계획 입안제안을 받아들여 도시관리계획결정을 할 것인지를 결정할 때에도 마찬가지이고(대법원 2010. 2. 11. 선고 2009두16978 판결, 대법원 2010. 3. 25. 선고 2009두21499 판결), 나아가 도시계획시설구역 내 토지 등을 소유하고 있는 주민이 장기간 집행되지 아니한 도시계획시설의 결정권자에게 도시계획시설의 변경을 신청하고, 결정권자가 이러한 신청을 받아들여 도시계획시설을 변경할 것인지를 결정하는 경우에도 동일하게 적용된다고 보아야 한다고 판시하였다(대법원 2012. 1. 12. 선고 2010두5806 판결).

즉, 대법원은 장기미집행 도시계획시설에 대한 폐지(해제)신청의 경우에까지 입안제안권을 확장하여, 그 입안제안에 대해 거부하면 행정소송이 가능하다고 하였다.

따라서 과거에는 소유자로서는 폐지(해제)소송을 활용하였다. 그러나 현실적으로 폐지소송에서 승소하는 것은 매우 어려웠다. 그 이유는 법에 구체적으로 어느 경우에 폐지(해제)를 할 것인지에 대한 기준이 없고, 단지 법원이 이익형량으로 판단을 하였기 때문이다.

다만 2017. 1. 1.부터는 법 제48조의2에 의한 해제신청권등을 행사하면 된다.

학교시설 폐지 승소 사례

울산지법 2014. 6. 19. 선고 2014구합124 판결16) [지구단위계획변경주민제안거부처분

구 토지구획정리사업법(2000. 1. 28. 법률 제6252호로 폐지되기 전의 것)에 따라 시행된 토지구획정리사업지구 내의 체비지를 소유한 甲 주식회사가 구 도시계획법(2000. 1. 28. 법률 제6243호로 개정되기 전의 것)에 따라 도시계획시설(학교) 용지로 결정된 자신의 토지에 대해 국토의 계획 및 이용에 관한 법률 제26조 등에 따라 도시계획시설을 해제하는 도시·군관리계획 변경입안 제안을 하자 관할 행정청이 이를 거부하는 처분을 한 사안에서, 위 처분의 근거가 된 국토해양부 훈령인 지구단위계획수립지침 중 지구단위계획 입안의 제안에 관한 2-6-4. 및 2-6-5.의 규정은 법규적 효력이 없으므로 관할 행정청은 위 지침만이 아니라 관계 법령의 내용 및 취지에 비추어 행정계획에 관련되는 자들의 이익을 정당하게 비교교량하여 위 입안제안을 처리하여야 함에도, 위 지침이 정한 주민제안 요건이 충족되지 않았다는 사유로 행한 위 처분은 행정계획을 입안·결정함에 있어 이익형량을 전혀 행하지 않은 경우에 해당하여 위법하다고 한 사례.

서울행정법원 2014. 7. 11. 선고 2013구합64967 판결[도시계획시설변경거부처분취소]: 확정

구 국토의 계획 및 이용에 관한 법률(2002. 12. 30. 법률 제6841호로 개정되기 전의 것, 이하 '구 국토계획법'이라 한다) 제30조 등에 근거하여 도시계획시설인 학교를 설립하기로 결정한 부지 내에 토지를 소유한 甲이 관할 행정청에 도시계획시설의 폐지를 요청하였으나 거부하는 취지의 회신을 받은 사안에서, 위 토지가 도시계획시설로 결정된 이후 장기간 집행되지 않고 있다가 학교설립이 취소되어 당초 계획한 용도로 사용할 수 없게 되었음에도 관할 행정청이 별다른 대안 없이 도시계획시설 결정을 유지하면서 장기간 甲의 재산권 행사를 제한하고 있는 점 등에 비추어 보면, 위 회신은 甲의 재산권 행사를 과도하게 제한한 것으로서 행정계획을 입안·결정함에 있어 이익형량을 전혀 행하지 아니하였거나 이익형량의 정당성·객관성이 결여된 경우에 해당하여 재량권을 일탈·남용한 것으로서 위법하다고 한 사례.

---

16) 피고 울산광역시장, 부산고등법원 2014. 11. 21. 선고 2014누21486 항소기각(원고승)

6. 국토법 제48조의2에 의한 해제입안·해제·해제심사 신청권 행사

가. 요약

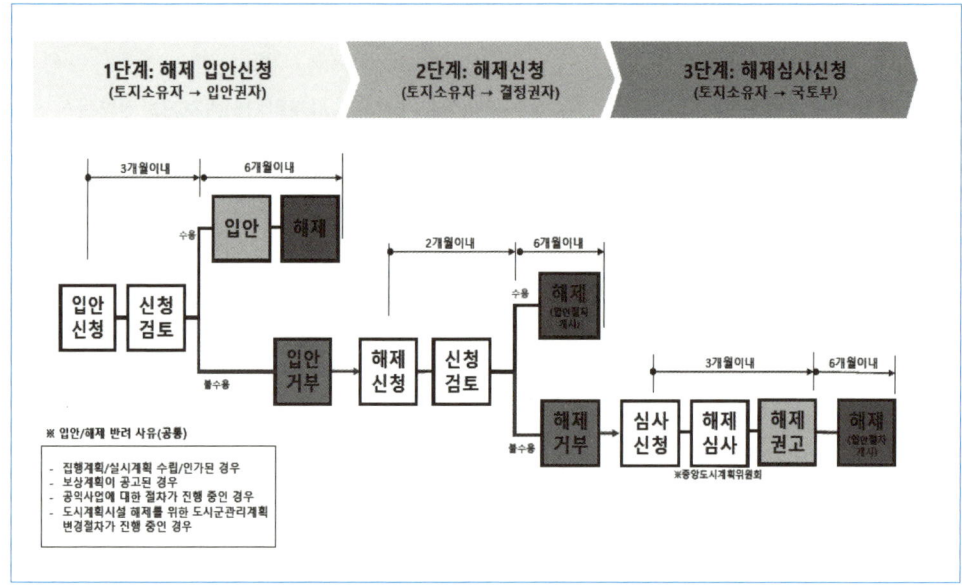

나. 1단계 해제 입안 신청(토지소유자 → 입안권자)

(1) 의의

도시·군계획시설 부지 소유자가 도시·군관리계획 입안권자에게 그 토지의 도시·군계획시설결정 해제를 위한 도시·군관리계획 입안을 신청하는 것이다(법 제48조의2 제1항).

(2) 해제 입안 신청 요건

① 도시·군계획시설결정의 고시일부터 10년 이내에 그 도시·군계획시설의 설치에 관한 도시·군계획시설사업이 시행되지 아니한 경우로서,

② 단계별 집행계획상 해당 도시·군계획시설의 실효 시까지 집행계획이 없는 경우이다(법 제48조의2제1항).

즉, 10년 장기미집행 토지로서 결정일로부터 20년이 되어 실효되는 날까지 집행계획이 없는 경우이다.

단계별 집행계획은 제1단계 집행계획과 제2단계 집행계획으로 구분하여 수립하되, 3년 이내에 시행하는 도시·군계획시설사업은 제1단계 집행계획에, 3년 후에 시행하는 도시·군계획시설사업은 제2단계 집행계획에 포함되도록 하여야 한다(법 제85조 제3항).

따라서 사견은 법 제48조의2제1항에서의 단계별 집행계획은 1단계 집행계획이나 2단계 집행계획인 경우를 불문하고 그 집행계획의 내용상 실효 전까지 실제 집행계획이 있는 경우로 한정하여야 한다고 본다. 그렇지 않고 무조건 단계별 집행계획이 수립되어 있기만 해도 해제 입안 신청을 못하는 것으로 해석하면, 제도 도입의 취지 자체가 몰각된다.

국토계획법 제48조의2 제2항이 정한 토지소유자의 도시계획시설 해제 입안 신청을 거부할 수 있는 사유인 '해당 도시계획시설을 설치하기로 집행계획을 수립한 경우'는 같은 조 제1항과의 관계에 비추어 같은 법 제85조 제1항이 정한 단계별 집행계획에 포함될 재원조달계획, 보상계획 등의 내용을 포함하는 것이어야 한다(수원고등법원 2023. 10. 27. 선고 2022누15451 판결 [장기미집행 도시계획시설결정 해제 입안신청 거부, 처분 취소 청구의 소] 확정).

(3) 해제 입안 신청 방법

토지의 소유자는 법 제48조의2제1항에 따라 도시·군계획시설결정의 해제를 위한 도시·군관리계획 입안을 신청하려는 경우에는 다음 각 호의 사항이 포함된 신청서를 해당 도시·군계획시설에 대한 도시·군관리계획 입안권자(이하 이 조에서 "입안권자"라 한다)에게 제출하여야 한다(령 제42조의2제1항).

1. 해당 도시·군계획시설부지 내 신청인 소유의 토지(이하 이 조에서 "신청토지"라 한다) 현황

2. 해당 도시·군계획시설의 개요

3. 해당 도시·군계획시설결정의 해제를 위한 도시·군관리계획 입안(이하 이 조에서 "해제입안"이라 한다) 신청 사유

해제입안을 신청하려는 경우에는 「국토법시행규칙」(이하 "시행규칙"이라 한다) 제8조의2제1항에 따른 <u>해제입안신청서를 갖추어 제출하여야 한다.</u>

■ 국토의 계획 및 이용에 관한 법률 시행규칙[별지 제4호의2서식] 〈신설 2016. 12. 30.〉

장기미집행 도시·군계획시설결정 해제 입안 신청서

※ 뒤쪽의 작성방법을 참고하시기 바라며 색상이 어두운 난은 신청인이 적지 않습니다. (앞쪽)

접수번호		접수일시		처리기간 3개월	
토지소유자	① 성명(법인인 경우 그 명칭 및 대표자 성명)			② 생년월일 (법인인 경우 법인등록번호)	
	③ 주소 (우)			(전화번호:)	
토지에 관한 사항	④ 위치		⑤ 면적(㎡)		⑥ 지번
도시·군계획시설에 관한 사항	구분	⑦ 시설명		⑧ 편입면적(㎡)	⑨ 결정시기
	현황				
	구분	⑩ 실시계획인가일		⑪ 실효시기	⑫ 단계별 집행계획상 집행시기
	현황				

해제입안 신청 사유	

「국토의 계획 및 이용에 관한 법률」 제48조의2제1항, 같은 법 시행령 제42조의2제1항 및 같은 법 시행규칙 제8조의2제1항에 따라 위와 같이 장기미집행 도시·군계획시설결정의 해제 입안을 신청합니다.

년   월   일

신청인   (서명 또는 인)

특별시장·광역시장·특별자치시장·특별자치도지사·시장·군수 귀하

이 경우 해제 입안 신청을 받은 입안권자는 해당 도시·군관리계획 결정권자(이하 이 장에서 "결정권자"라고 한다)에게 지체없이 그 사실을 알려야 한다(도시·군관리계획수립지침 8-3-2-2).

(4) 해제 입안 신청 수용 여부
① 수용 여부 결과통지
입안권자는 해제 입안 신청을 받은 날부터 <u>3개월 이내</u>에 입안 여부를 결정하여 해제 입안 신청에 대한 결과를 <u>신청인 및 결정권자</u>에게 알려야 한다. 다만, 신청인이 해제 입안 신청 요건에 해당하지 않음에도 불구하고, 해제 입안 신청을 한 경우에는 입안권자는 해제 입안 신청을 받은 날부터 <u>14일 이내</u>에 신청인에게 그 사실을 알려야 한다(지침 8-3-2-3).

입안권자는 해제 입안 신청 결과를 통지할 때에 신청에 대해 수용할 경우에는 도시·군계획시설결정 해제를 위한 도시·군관리계획 입안(법 제28조에 따른 주민의견청취를 위한 공고를 말한다.) 기한 및 해제결정기한을 제시하여야 하고, 반려할 경우에는 그 사유 등을 제시하여야 하며 해제 입안신청 대상에 해당하지 않음을 통지할 경우에는 <u>해당 도시·군계획시설의 결정시기, 실효시기, 단계별 집행계획 상 집행시기</u> 등을 제시하여야 한다. 이 경우 해제 입안신청 결과 등의 통지는 별지 제1호서식에 따른다(지침 8-3-2-3).

② 특별한 사유가 없으면 입안
입안권자는 <u>아래에서 정한 반려사유가 없으면 그 도시·군계획시설결정의 해제를 위한 도시·군관리계획을 입안하여야 한다</u>(법 제48조의2제2항).

③ 해제 입안 신청에 대해 반려할 수 있는 사유
입안권자는 신청인의 해제 입안신청에 대해 다음의 어느 하나에 해당되는 경우에는 그 신청을 반려할 수 있다(령 제42조의2제2항). 즉, 과거와는 달리 법이 해제 입안 반려 사유를 구체적으로 명시하여 국민의 재산권을 한층 더 보호하고 있다. 5가지 반려 사유에 해당하지 않는 한 해제 입안을 하여야 하는 것이다.

지침 8-3-2-4. 해제 입안신청에 대해 반려할 수 있는 사유

입안권자는 신청인의 해제 입안신청에 대해 다음의 어느 하나에 해당되는 경우에는 그 신청을 반려할 수 있다.

① 신청토지가 포함되어 있는 도시·군계획시설에 대하여 도시·군계획시설결정의 실효 시까지 설치하기로 집행계획을 수립하거나 변경하는 경우(이 경우 단계별 집행계획에 대해 지방의회 의견을 청취하고, 중기지방재정계획 등 예산계획 상 도시·군계획시설사업 예산을 기초로 해당 시설의 집행예산을 산정하여야 한다)

② 신청토지가 포함되어 있는 도시·군계획시설에 대하여 법 제88조에 따른 실시계획이 인가된 경우

③ 신청토지가 포함되어 있는 도시·군계획시설에 대하여 「공익사업을 위한 토지 등의 취득 및 보상에 관한 법률」 제15조에 따른 보상계획(이하 이 장에서 "보상계획"이라 한다)이 공고된 경우(토지 소유자 및 관계인에게 각각 통지하였으나 같은 조 제1항 단서에 따라 공고를 생략한 경우를 포함한다. 이하 이 장에서 같다)

④ 신청토지 전부가 포함된 일단의 토지에 대하여 「공익사업을 위한 토지 등의 취득 및 보상에 관한 법률」 제4조제8호의 공익사업(이하 이 장에서 "공익사업"이라 한다)을 시행하기 위한 지역·지구 등의 지정 또는 사업계획 승인 등의 절차가 진행 중이거나 완료된 경우

※ ④ 중 "절차"란 지역·지구 등의 지정 또는 사업계획 승인 등을 위해 해당 사업을 대외적으로 알리는 주민의견 청취 등의 공고를 말한다. 이하 이 장에서 같다.

⑤ 신청토지가 포함되어 있는 도시·군계획시설에 대하여 도시·군계획시설결정의 해제를 위한 도시·군관리계획 변경절차가 진행 중인 경우

※ ⑤ 중 "도시·군관리계획 변경절차"란 법 제28조에 따른 주민의견 청취를 위한 공고 이후 절차를 말한다.

④ 해제입안신청거부처분취소의 소 승소사례

수원고등법원 2023. 10. 27. 선고 2022누15451 판결 [장기미집행 도시계획시설결정 해제 입안신청 거부, 처분 취소 청구의 소] 확정

주 문

1. 제1심판결을 취소한다.

2. 피고가 2021. 9. 8. 원고들에게 한 장기미집행 도시계획시설결정 해제입안신청 거부처분을 취소한다.

나) 국토계획법 제48조의2 제2항이 정한 토지소유자의 도시계획시설 해제 입안 신청을 거부할 수 있는 사유인 '해당 도시계획시설을 설치하기로 집행계획을 수립한 경우'는 같은 조 제1항과의 관계에 비추어 같은 법 제85조 제1항이 정한 단계별 집행계획에 포함될 재원조달계획, 보상계획 등의 내용을 포함하는 것이어야 한다.

그런데 앞서 인정한 사실, 앞서 든 증거들, 갑 제15, 16, 24 내지 27호증, 을 제2호증의 각 기재, 변론 전체의 취지에 의하여 인정할 수 있는 다음과 같은 사실 및 사정들을 종합하면, 이 사건 경관녹지에 대하여는 재원조달계획, 보상계획 등을 포함하는 집행계획이 적법하게 수립되지 않은 경우에 해당하고, 이와 다른 전제에서 이 사건 신청을 거부한 이 사건 처분은 위법하다.

창원지방법원 2020. 8. 13. 선고 2019구합54021 판결 [장기미집행도시계획시설결정해제 입안신청 거부, 처분취소] 확정

다. 판단

앞서 든 사실과 증거 및 을 5, 10~14에 변론 전체 취지를 더하여 인정할 수 있는 다음 사정들을 종합하여 보면, 이 사건 도시계획시설결정은 장기미집행 도시계획시설결정이고, 재원조달계획, 보상계획 등을 포함하는 적법한 단계별 집행계획이 수립되어 있지 않은 경우에 해당하므로, 피고가 이와 다른 전제에서 원고의 이 사건 신청을 거부한 이 사건 처분은 위법하다. 원고 주장은 이유 있다.

❶ 이 사건 도시계획시설결정일은 2002. 6. 5.이고, 그에 따른 도시계획시설사업은 그로부터 10년이 훨씬 경과한 현재까지 시행되지 않고 있으므로, 이 사건 도시계획시설결정은 장기미집행 도시계획시설결정에 해당한다. 한편 이 사건 도시계획시설결정은 2022. 6. 4.까지 도시계획시설사업이 시행되지 아니하는 경우 2022. 6. 5. 실효된다.

❷ 피고는 이 사건 처분 전인 2019. 2. 8. 김해시 공고 H로 이 사건 도시계획시설 등에 관한 단계별 집행계획을 수립하여 공고하기는 하였으나, 위 단계별 집행계획에는 총 사업비 및 이 사건 도시계획시설사업의 예상사업비만 책정되어 있을 뿐, 국토계획법 제85조 제1항 및 도시·군관리계획수립지침 4-8-1-2.에서 정한 구체적인 재원조달계획 및 보상계획은 포함되어 있지 않다.

❸ 피고는 이 사건 토지에 관한 향후 구체적인 수용 계획도 수립하지 않는 등 이 사건 토지에 대하여 수용 및 보상을 위한 절차도 진행하고 있지 아니한 것으로 보인다. ❹ 피고는 'C동사무

소 앞 4차선 도로 개설과 연계하여 이 사건 도시계획시설 등소방도로가 개설될 수 있도록 해달라'는 주민 건의사항에 대해 'C동사무소 앞 4차선도로 개설공사 완료 후 주변 도로와 연결성 및 교통량을 고려하여 개설 검토하겠다'는 취지의 추진계획을 수립하였다[2020년 시정설명회 주민건의사항 처리결과(을 11)]. 이에 따르면 이 사건 도시계획시설은 사업 시행 여부조차 명확하지 않다. 더구나 위 4차선 도로 준공 예정일은 이 사건 도시계획시설결정 실효일인 2022. 6. 5.보다 늦은 2022. 12.경이다.

❺ 이러한 사정들을 고려하면, <u>이 사건 도시계획시설에 관한 피고의 2019. 2. 8.자 집행계획은 실제 집행 가능성이 희박한 형식적인 집행계획이라고 봄이 상당하고, 이 사건 도시계획시설결정 실효 시까지 그에 관하여 재원조달계획이나 보상계획을 포함한 집행계획이 실질적으로 수립될 것으로 기대하기 어렵다.</u>

❻ 행정계획 입안·결정에 있어 행정주체에게 비교적 광범위한 형성의 자유가 보장되어 있고, 이 사건 도시계획시설결정이 2022. 6. 5. 실효되면 원고 재산권이 온전히 회복될 수 있기는 하다. 그러나 국토계획법 제48조의2 등 관련 규정 취지는 국토계획법 제48조 제1항만으로는 도시계획시설 부지로 결정됨에 따라 토지 소유자의 소유권 행사에 대한 제약이 충분히 보호되지 못하는 사정을 고려하여, 일정한 경우 토지 소유자 등의 신청에 따라 도시관리계획 입안권자로 하여금 도시계획시설 해제를 입안하도록 함으로써 토지 소유자 등의 재산권 행사를 보장하기 위한 것이다. <u>이 사건 도시계획시설에 대한 재원조달계획 및 보상계획을 포함한 집행계획이 수립되어 있지 아니한 상황에서조차 피고가 이 사건 도시계획결정의 해제를 위한 계획 입안을 거부할 수 있다고 한다면, 위와 같은 국토계획법 제48조의2 등 관련 규정 취지가 몰각되고 만다.</u>

(5) 해제 입안신청에 대한 결과 통지 이후 도시·군계획시설결정의 해제절차

지침 8-3-2-5. 해제 입안신청에 대한 결과 통지 이후 도시·군계획시설결정의 해제절차

(1) 입안권자가 신청인에게 해당 도시·군계획시설결정의 해제입안을 하기로 통지한 경우에는 입안권자와 결정권자는 신청인에게 입안하기로 통지한 날부터 6개월 이내에 해당 도시·군계획시설결정의 해제결정(해제를 하지 아니하기로 결정하는 것을 포함한다. 이하 이 장에서 같다)을 이행하여야 한다. 다만, 관계 법률에 따른 별도의 협의가 필요한 경우 그 협의에 필요한 기간은 기간계산에서 제외한다.

※ (1) 단서 중 "별도의 협의"란 다른 법률에 따라 도시·군계획시설결정 해제에 대하여 행정기관의 장과 진행하는 협의(협의권자가 해당 도시·군계획시설에 대한 입안권자, 결정권자인

경우는 제외한다)를 말하며, "협의에 필요한 기간"은 협의에 소요된 기간 중 2개월을 초과하는 기간을 말한다. 이하 이 장에서 같다.

(2) 입안권자는 해당 도시·군계획시설결정의 해제입안을 하고자 하는 경우 신청토지를 포함하고 있는 도시·군계획시설에 대하여 해제입안(신청토지를 포함한 도시·군계획시설의 부분해제도 포함한다)하는 것을 원칙으로 하되, 해당 도시·군계획시설결정 해제로 기능상 영향을 받는다고 판단되는 인접한 도시·군계획시설까지 포함하여 해제입안할 수 있다.

(3) 입안권자는 해제입안을 한 경우에는 주민의견 청취 공고의 내용과 의견이 있으면 의견서를 제출할 수 있다는 뜻을 해당 도시·군계획시설에 포함된 토지의 소유자에게 서면으로 통지(토지 소유자가 원하는 경우에는 전자문서에 의한 통지를 포함한다. 이하 이 장에서 같다)하여야 한다. 다만, 통지받을 자를 알 수 없거나 그 주소·거소 또는 그 밖에 통지할 장소를 알 수 없을 때에는 그러하지 아니하다.

(4) 입안권자가 법 제28조제5항에 따라 해당 지방의회에 의견을 요청한 경우 <u>지방의회는 요청을 받은 날부터 60일 이내에 의견을 제출하여야 한다.</u> 이 경우 60일 이내에 의견이 제출되지 않은 경우에는 의견이 없는 것으로 본다.

(5) 입안권자, 결정권자는 해당 도시·군계획시설결정의 해제입안, 해제결정을 이행한 경우(해제결정의 경우 8-3-2-4.⑤의 절차가 완료된 경우도 포함한다)에는 그 결과를 입안권자, 결정권자 및 신청인에게 알려야 한다. 이 경우 결과 통지는 별지 제1호서식에 따른다.

(6) 결정권자가 도시·군관리계획 결정절차를 거쳐 신청토지의 전부 또는 일부를 해제하지 아니하기로 결정한 경우, 입안권자 또는 결정권자는 지체없이 해당 도시·군계획시설에 대하여 단계별 집행계획을 수립 또는 변경하거나, 사업을 시행하여야 한다.(단계별 집행계획을 수립 또는 변경하는 경우에는 지방의회의 의견을 청취하고, 중기지방재정계획 등 예산계획 상 도시·군계획시설사업 예산을 기초로 해당 시설의 집행예산을 산정하여야 한다)

나. 2단계 해제신청(토지소유자 → 결정권자)

(1) 해제신청의 의의

해제 입안 신청을 한 토지 소유자는 해당 도시·군계획시설결정의 해제를 위한 도시·군관리계획이 입안되지 아니하는 등 대통령령으로 정하는 사항에 해당하는 경우에는 해당 도시·군계획시설에 대한 <u>도시·군관리계획 결정권자에게 그 도시·군계획시설결정의 해제를 신청할 수 있다</u>(법 제48조의2제3항).

(2) 해제 신청 요건

해제 입안을 신청한 토지 소유자는 그 신청 결과가 다음의 어느 하나에 해당하는 경우 결정권자에게 그 도시·군계획시설결정의 해제를 신청할 수 있다(령 제42조의2 제3항). <u>도시·군관리계획 결정권자는 특별한 사유가 없으면 그 도시·군계획시설결정을 해제하여야 한다</u>(법 제48조의2제4항).

> **8-3-3-1. 해제 신청 요건**
>
> 8-3-2-2.에 따라 해제 입안을 신청한 토지 소유자는 그 신청 결과가 다음의 어느 하나에 해당하는 경우 결정권자에게 그 도시·군계획시설결정의 해제를 신청할 수 있다.
>
> ① 입안권자가 8-3-2-4.의 어느 하나에 해당하지 아니하는 사유로 8-3-2-3.에 따라 해제입안을 하지 아니하기로 정하여 신청인에게 통지한 경우(8-3-2-3.(1)의 단서에 해당하는 경우는 제외한다)
>
> ② 입안권자가 8-3-2-3.에 따라 해제입안을 하기로 정하여 신청인에게 통지하고 해제입안을 하였으나 결정권자가 도시·군관리계획 결정절차를 거쳐 신청토지의 전부 또는 일부를 해제하지 아니하기로 결정한 경우(8-3-2-4.⑤의 경우에 해당하여 해제 입안신청이 반려되었으나, 도시·군관리계획 변경절차를 진행한 결과 신청토지의 전부 또는 일부를 해제하지 아니하기로 결정한 경우를 포함한다)

(3) 해제 신청 방법

도시·군계획시설결정 해제를 신청하는 경우에는 시행규칙 제8조의2제2항에 따른 해제 신청서를 갖추어 제출하여야 한다. 이 경우 해제 신청을 받은 결정권자는 입안권자에게 지체없이 그 사실을 알려야 한다(지침 8-3-3-2).

■ 국토의 계획 및 이용에 관한 법률 시행규칙[별지 제4호의3서식] 〈신설 2016. 12. 30.〉

장기미집행 도시·군계획시설결정 해제 신청서

※ 뒤쪽의 작성방법을 참고하시기 바라며, 색상이 어두운 난은 신청인이 적지 않습니다.

(앞쪽)

접수번호	접수일시	처리기간 2개월

토지소유자	① 성명(법인인 경우 그 명칭 및 대표자 성명)	② 생년월일 (법인인 경우 법인등록번호)
	③ 주소 (우)	(전화번호:)

토지에 관한 사항	④ 위치	⑤ 면적(㎡)	⑥ 지번

도시·군계획시설에 관한 사항	구분	⑦ 시설명	⑧편입면적(㎡)	⑨ 결정시기
	현황			
	구분	⑩ 실시계획 인가일	⑪ 실효시기	⑫ 단계별 집행계획상 집행시기
	현황			

해제 신청 사유	구분	입안권자가 해제입안을 하지 아니하기로 통지한 경우	신청한 토지의 전부 또는 일부에 대한 도시·군계획시설결정을 해제하지 아니하기로 결정한 경우
	⑬선택 (√)		

「국토의 계획 및 이용에 관한 법률」 제48조의2제3항, 같은 법 시행령 제42조의2제3항 및 같은 법 시행규칙 제8조의2제2항에 따라 위와 같이 장기미집행 도시·군계획시설결정의 해제를 신청합니다.

년   월   일

신청인   (서명 또는 인)

특별시장·광역시장·특별자치시장·도지사·특별자치도지사·시장·군수 귀하

(4) 해제 신청에 대한 결과 통지

결정권자는 해제 신청을 받은 날부터 <u>2개월 이내</u>에 해제절차 진행여부를 결정하여 해제신청에 대한 결과를 신청인 및 입안권자에게 알려야 한다.

결정권자는 해제 신청 결과를 통지할 때에는 신청에 대해 수용할 경우에는 도시·군계획시설결정의 해제입안 기한 또는 해제결정 기한을 제시하고, 반려할 경우에는 그 사유 등을 제시하여야 한다. 이 경우 해제 신청 결과 통지는 별지 제2호서식에 따른다(지침 8-3-3-3).

(5) 해제 신청에 대해 반려할 수 있는 사유

> **8-3-3-4. 해제 신청에 대해 반려할 수 있는 사유**
>
> 결정권자는 신청인의 해제 신청에 대해 다음의 어느 하나에 해당되는 경우에는 그 신청을 반려할 수 있다.
>
> ① 신청토지가 포함되어 있는 도시·군계획시설에 대하여 법 제88조에 따른 실시계획이 인가된 경우
>
> ② 신청토지가 포함되어 있는 도시·군계획시설에 대하여 보상계획이 공고된 경우
>
> ③ 신청토지의 전부를 포함한 일단의 토지에 대하여 공익사업을 시행하기 위한 지역·지구 등의 지정 또는 사업계획 승인 등의 절차가 진행 중이거나 완료된 경우
>
> ④ 신청토지가 포함되어 있는 도시·군계획시설에 대하여 도시·군계획시설결정의 해제를 위한 도시·군관리계획 변경 절차가 진행 중인 경우

(6) 해제신청에 대한 거부처분 취소소송 가능

> **대법원 2023. 11. 16. 선고 2022두61816 판결 [도시계획시설결정해제신청 거부처분취소청구]**
>
> 피고는 2020. 6. 29. 서울 강동구 C 일대 112,398㎡에 관한 도시계획시설(공원) 결정을 변경(해제)하고, 「국토의 계획 및 이용에 관한 법률」(이하 '국토계획법'이라고 한다) 제38조의2, 「도시공원 및 녹지 등에 관한 법률」(이하 '공원녹지법'이라고 한다) 제26조에 따라 이 사건 편입토지를 포함한 위 토지 일대 111,279.5㎡를 D공원구역(이하 '이 사건 공원구역'이라고 한다)으로 지정하는 내용의 도시관리계획(용도구역)결정을 고시하였다.

공원녹지의 확충·관리·이용 등 쾌적한 도시환경의 조성 등을 목적으로 하는 도시관리계획결정과 관련하여 재량권의 일탈·남용 여부를 심사할 때에는 공원녹지법의 입법 취지와 목적, 보존하고자 하는 녹지의 조성 상태 등 구체적 현황, 이해관계자들 사이의 권익 균형 등을 종합하여 신중하게 판단해야 한다. <u>그리고 자연환경 보호 등을 목적으로 하는 도시관리계획결정은 식생이 양호한 수림의 훼손 등과 같이 장래 발생할 불확실한 상황과 파급효과에 대한 예측 등을 반영한 행정청의 재량적 판단으로서, 그 내용이 현저히 합리성을 결여하거나 형평이나 비례의 원칙에 뚜렷하게 반하는 등의 사정이 없는 한 폭넓게 존중해야 한다.</u>

<u>4) 이 사건 편입토지는 지목이 '답'으로, 그 자체만으로는 식생이 존재하지 않아서 수목의 영급과 생태·자연도 등급 부여가 불가능해 보이기는 하나, 그러한 이유만으로 **완충지역**으로 지정하지 않을 경우에는, 도시공원 경계부에서 서서히 이루어지는 훼손행위로 수목의 집단서식지의 경계가 지속적으로 잠식되고 새롭게 경계부에 위치하는 토지 역시 훼손의 위험에 노출되어 장기적으로 수림의 연속성을 해치게 되어 양호한 식생의 보호가 불가능하게 될 가능성이 있다.</u>

(7) 해제 신청에 대한 결과 통지이후 도시·군계획시설결정의 해제절차

8-3-3-5. 해제 신청에 대한 결과 통지이후 도시·군계획시설결정의 해제절차

(1) 결정권자는 신청인에게 해당 도시·군계획시설결정 해제를 위한 해제절차를 이행하기로 통지한 경우에는 다음과 같이 해제절차를 진행하여야 한다.

 ① 신청인이 8-3-3-1.의 ①에 해당하는 사유로 신청한 경우 : 결정권자는 해제신청을 받은 날부터 <u>2개월 이내</u>에 입안권자에게 해당 도시·군계획시설의 해제입안을 요청하여야 하며, 신청인에게 해제절차를 이행하기로 통지한 날부터 <u>6개월 이내에 해당 도시·군계획시설결정의 해제결정을 이행하여야 한다.</u> 다만, 관계 법률에 따른 별도의 협의가 필요한 경우 그 협의에 필요한 기간은 기간계산에서 제외한다.

 ② 신청인이 8-3-3-1.의 ②에 해당하는 사유로 신청한 경우 : 결정권자는 신청인에게 해제절차를 이행하기로 통지한 날부터 <u>2개월 이내</u>에 해당 도시·군계획시설결정의 해제결정을 이행하여야 한다. 다만, (4)의 단서에 해당하는 경우에는 (1) ①을 적용한다.

(2) 입안권자는 해제입안을 한 경우에는 주민의견 청취 공고의 내용과 의견이 있으면 의견서를 제출할 수 있다는 뜻을 해당 도시·군계획시설에 포함된 토지의 소유자에게 서면으로 통지(토지 소유자가 원하는 경우에는 전자문서에 의한 통지를 포함한다. 이하 이 장에서 같다)하여야 한다. 다만, 통지받을 자를 알 수 없거나 그 주소·거소 또는 그 밖에 통지할 장소를 알 수 없을 때에는 그러하지 아니하다.

(3) 입안권자가 법 제28조제5항에 따라 해당 지방의회에 의견을 요청한 경우 지방의회는 요청을 받은 날부터 60일 이내에 의견을 제출하여야 한다. 이 경우 60일 이내에 의견이 제출되지 않은 경우에는 의견이 없는 것으로 본다.

(4) 결정권자는 (1)에 따라 해당 도시·군계획시설결정의 해제결정을 하는 경우로서 이전 단계에서 도시·군관리계획 결정절차를 거친 경우에는 해당 지방도시계획위원회의 심의만을 거쳐 도시·군계획시설결정의 해제결정을 할 수 있다. 다만, 결정권자가 입안내용의 변경이 필요하다고 판단하는 경우에는 그러하지 아니한다.

(5) 입안권자, 결정권자는 해당 도시·군계획시설결정의 해제입안, 해제결정을 이행한 경우에는 그 결과를 입안권자, 결정권자 및 신청인에게 알려야 한다. 이 경우 결과 통지는 별지 제2호서식에 따른다.

(6) 결정권자가 도시·군관리계획 결정절차를 거쳐 신청토지의 전부 또는 일부를 해제하지 아니하기로 결정한 경우, 입안권자 또는 결정권자는 지체없이 해당 도시·군계획시설에 대하여 단계별 집행계획을 수립 또는 변경하거나, 사업을 시행하여야 한다.(단계별 집행계획을 수립 또는 변경하는 경우에는 지방의회의 의견을 청취하고, 중기지방재정계획 등 예산계획 상 도시·군계획시설사업 예산을 기초로 해당 시설의 집행예산을 산정하여야 한다)

다. 3단계 해제심사 신청(토지소유자 → 국토부)

(1) 해제심사 신청 의의

해제 신청을 한 토지 소유자는 해당 도시·군계획시설결정이 해제되지 아니하는 등 대통령령으로 정하는 사항에 해당하는 경우에는 <u>국토교통부장관에게 그 도시·군계획시설결정의 해제 심사를 신청할 수 있다</u>(법 제48조의2제5항).

해제심사 신청을 받은 국토교통부장관은 결정권자에게 도시·군계획시설결정의 해제를 권고할 수 있다(법 제48조의2제6항).

해제를 권고받은 <u>도시·군관리계획 결정권자는 특별한 사유가 없으면 그 도시·군계획시설결정을 해제하여야 한다</u>(법 제48조의2제7항).

(2) 해제 심사신청 요건

> **8-3-4-1. 해제 심사신청 요건**
>
> 8-3-3-2.에 따라 해제를 신청한 토지 소유자는 그 신청 결과가 다음의 어느 하나에 해당하는 경우 국토교통부장관에게 그 도시·군계획시설결정의 해제 심사를 신청할 수 있다.
>
> ① 결정권자가 8-3-3-3.에 따라 해당 도시·군계획시설결정의 해제절차를 이행하지 아니하기로 정하여 신청인에게 통지한 경우
>
> ② 결정권자가 8-3-3-3.에 따라 해당 도시·군계획시설결정의 해제절차를 이행하기로 신청인에게 통지하였으나 도시·군관리계획 결정절차를 거쳐 신청토지의 전부 또는 일부를 해제하지 아니하기로 결정한 경우

(3) 해제심사 신청 방법

도시·계획시설 부지의 토지 소유자가 국토교통부장관에게 그 도시·군계획시설결정 해제심사를 신청하는 경우에는 시행규칙 제8조의2제3항에 따른 <u>해제 심사신청서</u>를 갖추어 제출하여야 한다. 이 경우 해제 심사신청을 받은 국토교통부장관은 입안권자 및 결정권자에게 지체없이 그 사실을 알려야 하며, 해제심사를 위한 관련 서류 등을 제출할 것을 요구할 수 있다(지침 8-3-4-2).

■ 국토의 계획 및 이용에 관한 법률 시행규칙[별지 제4호의4서식] 〈신설 2016. 12. 30.〉

장기미집행 도시·군계획시설결정 해제 심사 신청서

※ 뒤쪽의 작성방법을 참고하시기 바라며 색상이 어두운 난은 신청인이 적지 않습니다.   (앞쪽)

접수번호	접수일시	처리기간 3개월

토지소유자	① 성명(법인인 경우 그 명칭 및 대표자 성명)	② 생년월일 (법인인 경우 법인등록번호)
	③ 주소 (우)	(전화번호:)

토지에 관한 사항	④ 위치	⑤ 면적(㎡)	⑥ 지번

도시·군계획시설에 관한 사항	구분	⑦ 시설명	⑧ 편입면적(㎡)	⑨ 결정시기
	현황			
	구분	⑩ 실시계획인가일	⑪ 실효시기	⑫ 단계별 집행계획상 집행시기
	현황			

해제 신청 사유	구분	입안권자가 해제입안을 하지 아니하기로 통지한 경우	신청한 토지의 전부 또는 일부에 대한 도시·군계획시설결정을 해제하지 아니하기로 결정한 경우
	⑬선택 (√)		

해제 심사 신청 사유	구분	결정권자가 해제를 하지 아니하기로 통지한 경우	신청한 토지의 전부 또는 일부에 대한 도시·군계획시설결정을 해제하지 아니하기로 결정한 경우
	⑭선택 (√)		

「국토의 계획 및 이용에 관한 법률」 제48조의2제5항, 같은 법 시행령 제42조의2제4항 및 같은 법 시행규칙 제8조의2제3항에 따라 위와 같이 장기미집행 도시·군계획시설결정의 해제 심사를 신청합니다.

년   월   일

신청인   (서명 또는 인)

국토교통부장관 귀하

(4) 해제심사 신청에 대한 결과 통지

국토교통부장관은 해제심사 신청을 받은 날부터 <u>3개월 이내에</u> 해당 도시·군계획시설결정의 해제 권고 여부를 결정하여 해제 심사신청에 대한 결과를 신청인 및 결정권자에게 알려야 한다. 다만, 현장조사 등으로 기한 내 절차를 완료할 수 없는 부득이한 경우에는 2개월 범위 내에서 연장할 수 있다(지침 8-3-4-3).

국토교통부장관은 ①에 의한 해제 심사신청 결과를 통지할 때에는 그 사유와 도시·군계획시설결정의 해제결정 기한 등을 제시하여야 한다. 이 경우 해제 심사신청 결과 통지는 별지 제3호서식에 따른다.

(5) 해제 심사신청에 대해 반려할 수 있는 사유

> **지침 8-3-4-4. 해제 심사신청에 대해 반려할 수 있는 사유**
>
> 국토교통부장관은 신청인의 해제 심사신청에 대하여 다음의 어느 하나에 해당되는 경우에는 그 신청을 반려할 수 있다.
>
> ① 해제 심사신청일 이전, 신청토지가 포함되어 있는 도시·군계획시설에 대하여 법 제88조에 따른 실시계획이 인가된 경우
>
> ② 해제 심사신청일 이전, 신청토지가 포함되어 있는 도시·군계획시설에 대하여 보상계획이 공고된 경우
>
> ③ 해제 심사신청일 이전, 신청토지의 전부를 포함한 일단의 토지에 대하여 공익사업을 시행하기 위한 지역·지구 등의 지정 또는 사업계획 승인 등의 절차가 진행 중이거나 완료된 경우
>
> ④ 신청토지가 포함되어 있는 도시·군계획시설에 대하여 도시·군계획시설결정의 해제를 위한 도시·군관리계획 변경 절차가 진행 중인 경우

(6) 해제심사를 위한 중앙도시계획위원회 심의

> **8-3-4-5. 해제 심사를 위한 중앙도시계획위원회 심의**
>
> (1) 8-3-4-2.에 따라 국토교통부장관이 해제 심사신청을 받은 경우, 결정권자에게 해제를 권고하기 위해서는 중앙도시계획위원회 심의를 거쳐야 한다.
>
> (2) 입안권자, 결정권자는 8-3-4-2. 후단에 따라 국토교통부장관으로부터 서류제출을 요청받은 날부터 14일 이내에 해제 심사를 위한 다음의 서류를 국토교통부장관에게 제출하여야

한다.

① 해당 지방자치단체의 현황(예산현황, 도시·군계획시설 집행실적, 도시·군계획시설 단계별 집행계획 등)

② 신청토지와 관련된 도시·군계획시설의 현황(시설 종류, 위치, 규모, 최초 결정일자, 단계별 집행계획 상 집행시기 등)

③ 해당 도시·군계획시설결정의 해제 입안신청, 해제 신청과 관련하여 신청인에게 통지한 내용

④ 그밖에 국토교통부장관이 요청하는 자료

(3) 국토교통부장관이 입안권자, 결정권자에게 해제 심사와 관련하여 제출한 자료에 대해 중앙도시계획위원회에 직접 출석하여 관련사항을 설명하도록 요청할 경우 입안권자, 결정권자는 이에 응하여야 한다.

(7) 해제 심사신청에 대한 해제권고 이후 도시·군계획시설결정의 해제절차

8-3-4-6. 해제 심사신청에 대한 해제권고 이후 도시·군계획시설결정의 해제절차

(1) 8-3-4-3.에 따라 국토교통부장관으로부터 해제를 권고 받은 결정권자는 지체없이 입안권자에게 해당 도시·군계획시설결정의 해제입안을 요청하여야 하며, 해제를 권고 받은 날부터 <u>6개월 이내에 해당 도시·군계획시설 결정을 해제하여야 한다</u>. 다만, 관계 법률에 따른 별도의 협의가 필요한 경우 그 협의에 필요한 기간은 본문의 기간계산에서 제외한다.

(2) (1)의 본문에도 불구하고, 신청토지의 전부를 포함한 일단의 토지에 대하여 공익사업을 시행하기 위한 지역·지구 등의 지정 또는 사업계획 승인 등의 절차가 진행 중이거나 완료된 경우에는 해당 도시·군계획시설결정을 해제하지 아니할 수 있다.

(3) 입안권자는 해제입안을 한 경우에는 주민의견 청취 공고의 내용과 의견이 있으면 의견서를 제출할 수 있다는 뜻을 해당 도시·군계획시설에 포함된 토지의 소유자에게 서면으로 통지(토지 소유자가 원하는 경우에는 전자문서에 의한 통지를 포함한다. 이하 이 장에서 같다)하여야 한다. 다만, 통지받을 자를 알 수 없거나 그 주소·거소 또는 그 밖에 통지할 장소를 알 수 없을 때에는 그러하지 아니하다.

(4) 입안권자가 법 제28조제5항에 따라 해당 지방의회에 의견을 요청한 경우 지방의회는 요청을 받은 날부터 60일 이내에 의견을 제출하여야 한다. 이 경우 60일 이내에 의견이 제출되지 않은 경우에는 의견이 없는 것으로 본다.

(5) 결정권자는 (1)에 따라 해당 도시·군계획시설결정의 해제결정을 하는 경우로서 이전 단계

에서 도시·군관리계획 결정절차를 거친 경우에는 해당 지방도시계획위원회의 심의만을 거쳐 도시·군계획시설결정의 해제결정을 할 수 있다. 이 경우 (1)의 본문에도 불구하고 국토교통부장관으로부터 해제를 권고 받은 날부터 2개월 이내에 해당 도시·군계획시설 결정을 해제하여야 한다.(결정권자가 입안내용의 변경이 필요하다고 판단하는 경우에는 (5)의 규정을 적용하지 아니한다)

(6) 입안권자, 결정권자는 해당 도시·군계획시설결정의 해제입안, 해제결정을 이행한 경우에는 그 결과를 입안권자, 결정권자, 국토교통부장관 및 신청인에게 알려야 한다.

라. 2017. 1. 1. 이후 행정소송의 제기

토지소유자는 해제 입안 신청, 해제신청을 하여 반려를 당할 경우에는 90일 내에 반려처분 취소의 소송을 제기할 수 있다고 본다.

문제는 해제심사 신청을 한 경우인데, 해제심사 신청을 하였음에도 불구하고 국토교통부장관이 아무 행위를 하지 않으면 부작위위법확인소송을 제기할 수 있으나, 반려하는 경우에 반려처분 취소의 소송이 가능한지가 문제이다. 국토교통부장관이 직접 처분을 하는 것이 아니고 해제 권고를 한다는 점에서 처분성이 문제되는 것이나, 해제를 권고 받은 도시·군관리계획 결정권자는 특별한 사유가 없으면 그 도시·군계획시설결정을 해제하여야 하므로(법 제48조의2제7항), 사견은 처분성이 있다고 본다. 다만, 해제심사를 청구한 경우에라도 미리 그 이전단계(해제입안신청, 해제신청)처분에 대해서 소송이 가능하므로 처분성이 인정되지 않더라도 대응은 가능하다.

서울고등법원 2022. 6. 10. 선고 2021누58471 판결 [해제입안신청 반려처분취소 청구의 소] 대법원 2022. 10. 14. 선고 2022두49175 판결 : 심리불속행기각

주 문
1. 원고들의 항소와 이 법원에서 추가한 원고들의 예비적 청구를 모두 기각한다.
2. 항소제기 이후의 소송비용은 원고들이 부담한다.
1. 청구취지
주위적으로, 피고가 2019. 5. 24. 원고들에 대하여 한 각 장기미집행 도시·군계획시설결정 해제입안신청 반려 처분을 취소한다.

예비적으로, 피고의 제1심판결문 별지 1, 2 목록 기재 부동산에 대한 각 도시·군계획시설결정은 무효임을 확인한다.

마. 법 제48조의2 해제입안·해제·해제심사 신청 요약

	해제 입안 신청	해제 신청	해제심사 신청
1. 의의 및 요건	- 입안권자에게 해제입안신청 - 10년 미집행+실효 시까지 집행계획×	- 해제 입안× : 결정권자에게 해제 직접 신청 - ①입안 신청 반려사유 없이 입안 안하는 경우 - ②해제입안후 결정권자가 해제 안하는 경우	- 국토부장관에게 해제심사 신청 - ①결정권자가 해제 안하기로 한 경우 - ②해제통지하였으나 도시계획으로 미해제 하는 경우
2. 신청방법	- 별지 제4호의2서식으로 신청 - 입안권자는 결정권자에게 통지	- 별지 제4호의3서식으로 신청 - 결정권자는 즉시 입안권자에게 통지	- 시행규칙 제8조의2제3항에 따른 해제 심사신청서
3. 결과통지	- 3개월 이내에 결정 - 신청인 및 결정권자에게 통지 - 요건 미비 시는 14일 내 통지	- 2개월 이내에 결정 통지 - 수용 시에는 해제기한제시, 반려 시에는 반려이유 제시	- 3개월 이내에 통지(2개월 연장가능) - 사유와 해제결정기한 제시
4. 반려사유	①실효 시까지 설치하기로 집행계획을 수립·변경하는 경우 ②실시계획 인가 ③보상계획 공고 ④공익사업지정 또는 사업계획승인중 ⑤해제 주민의견 공고 중인 경우	①실시계획 인가 ②보상계획 공고 ③공익사업지정 또는 사업계획승인중 ④해제 주민의견 공고중 인 경우	①실시계획 인가 ②보상계획 공고 ③공익사업지정 또는 사업계획승인중 ④해제 주민의견 공고 중인 경우
5. 해제절차	- 6개월 내에 해제결정, 협의기간은 제외 - 의회는 60일 이내 의견 제출 - 해제안하면, 집행계획을 수립 또는 변경하거나, 사업을 시행	- 8-3-3-1의①사유: 2개월 이내에 입안권자에게 입안요청, 6개월 이내에 해제결정 - 8-3-3-2의②사유: 2개월 이내에 해제결정 - 의회는 60일 이내 의견 제출	- 중앙도시계획위원회 심의 - 입안권자나 결정권자는 자료제출 및 출석설명 - 결정권자는 해제권고 받으면 지체 없이 해제입안요청 - 6개월 이내에 해제

7. 공통 대응방안 요약

장기미집행토지 소유자는 다음과 같은 대응방법이 있다.

① **매수청구권**이 있다(지목이 '대'인 경우만 해당).
매수청구를 거절하면 이에 대해서 '매수청구거부처분 취소소송'을 제기할 수도 있다. 만일 자신의 토지를 행정청 또는 일반인이 사용하고 있다면 부당이득금반환청구가 가능하다.

② **실효**된다.
다만, 장기미집행토지 소유자가 행정청에게 손실보상을 요구할 경우 행정청이 반드시 이에 응할 의무는 없다.

③ 기존 도시계획시설부지 소유자는 법이 정한 위 요건에 맞으면 **법 제26조에 의한 폐지입안신청, 법 제48조의2에 의한 해제입안신청·해제신청·해제심사신청**을 하고, 이에 대해 반려를 하면 반려처분 취소소송이 가능하다.
물론 앞에서도 언급하였지만 해제심사신청 반려처분 취소소송이 가능한지는 의문이 제기되나, 사견은 가능하다고 본다. 그리고 법이 거부사유를 명확히 규정하고 있으므로, 해제소송도 이제는 요건만 맞으면 승소할 수 있다.

④ **지방의회 해제권고** 제도도 있다(법 제48조제4항).
적극적인 폐지요구도 필요하다.

⑤ 기타 대응방안은 도로, 공원 편을 응용하면 된다.
권리 위에 잠자는 자는 보호받지 못하므로 반드시 적절한 대응을 해야 한다.

제3장 신규 투자자 투자 여부 결정방법

1. 돈 버는 투자법

도시계획시설부지를 신규로 취득(매수나 경·공매)하려는 자는 다음의 방법을 명심하여야 한다.

첫째, 가장 먼저 실효될 경우, 또는 폐지(해제)될 경우 해당 토지를 개발할 수가 있는지를 알아보아야 한다.
실효되거나 해제되어 도시계획시설에서 풀려도 경사도나 입목본수도 등 다른 이유로 개발이 불가하다면 이를 취득할 이유는 매우 적어지는 것이다. 만일 도시계획시설에서 해제될 경우 개발이 가능한 토지라면 큰 수익을 안겨 줄 것이다. 따라서 이러한 경우는 입찰을 하여 취득 후에 실효를 노리거나 폐지소송을 하는 것이다. 실제 공공청사부지를 취득하여, 폐지소송에서 승소[17]한 사례도 있다.

둘째, 취득하려면 당해 토지가 손실보상을 받을 수 있는지를 먼저 알아보아야 한다.
뒤에서 설명하겠지만 소유자가 행정청에 먼저 손실보상을 해 달라고 요구하고 이를 거절할 경우 이를 강제로 보상을 받을 방법은 없다. 다만 행정청이 필요하여 도시계획시설부지에 대해 손실보상에 착수한다면 이때는 취득가격(입찰가격)과 보상가격(예상이 가능하다. 제4편 참고)을 비교하여 취득 여부를 결정하면 되는 것이다. 보상 착수 여부는 행정청에 물어보면 알려준다.

---

17) ○○이앤씨는 2006년 8월 인천지방조달청으로부터 해당 부지를 139억 원에 매입, 수원시에 상업부지 등 용도변경을 요구해왔다. 그러나 용도변경요구가 거부되자 수원시에 도시계획시설 폐지신청 거부처분 취소 소송을 제기해 이겼다.

2. 위험한 투자법

첫째, 도시계획시설부지를 취득하면 손실보상을 받을 것으로 생각하고 취득하는 것이다.

이 생각은 진짜 오해이다. 행정청이 소유자의 손실보상 요구에 응하지 않아도 이를 강제할 길이 현 제도에서는 없다.

둘째, 지목이 '대'이고 10년 미집행 되었다고, 무조건 매수청구가 될 것으로 생각하고 취득하는 것이다.

매수 여부는 재량행위로 보므로 매수를 해주지 않는 경우가 더 많고, 재판에서도 패소 사례가 더 많다. 단지 지목이 '대'이고, 10년 미집행토지라는 이유로 도로나 저수지 한가운데 토지(당연히 물속 토지)를 낙찰받고, 매수청구소송 및 부당이득금청구소송을 한 사례도 있으나, 이는 잘못된 투자이다.

도로를 아버지가 취득한 후 매수청구를 하여 패소를 하고 그냥 보유하고 있다가(유료도로가 아니면 재산세는 비과세) 사망을 하여 아들이 상속을 받게 되었는데, 상속세가 거액인 상황에서 매도도 불가하고, 물납[18]도 안 되고, 기부채납[19]도 안되어 고민을 하는 경우도 있다. 상속포기를 할 수는 있으나, 다른 재산은 상속받고 도로만 상속을 포기할 수는 없다.

---

18) 도로는 다른 재산이 있다면 물납허가를 잘 해주지 않는다.
상속 증여세법 제73조(물납) ① 납세지 관할 세무서장은 다음 각 호의 요건을 모두 갖춘 경우에는 대통령령으로 정하는 바에 따라 납세의무자의 신청을 받아 물납을 허가할 수 있다. <u>다만, 물납을 신청한 재산의 관리·처분이 적당하지 아니하다고 인정되는 경우에는 물납허가를 하지 아니할 수 있다.</u> 동법 시행령 제71조, 동법 시행규칙 제19조의4 참고

19) 도로를 기부채납 하겠다고 하면 행정청이 관리문제 등으로 거부하는 경우가 있다. 기부채납은 법리상 상대방이 거부하면 강제할 방법은 없다. 그러나 대가 없이 일반 공중 교통에 제공되어 이미 사용 중인 도로를 기부채납 하겠다는 것을 행정청이 받아 주지 않으면, 국토법 제48조를 유추적용하여 매수청구(또는 조리상 청구권)를 하고, 이를 거부할 경우 행정소송을 제기하여 법원에서 조정을 받는 것도 한 방법일 수도 있으나, 이는 어디까지나 저자의 사견일 뿐이다.

> **공유재산 및 물품 관리법**
>
> **제2조(정의)** 이 법에서 사용하는 용어의 뜻은 다음과 같다.
>
> 3. "기부채납"이란 지방자치단체 외의 자가 제4조제1항 각 호에 해당하는 재산의 소유권을 무상으로 지방자치단체에 이전하여 지방자치단체가 이를 취득하는 것을 말한다.
>
> **제7조(기부채납)** ① 지방자치단체의 장은 제4조제1항 각 호의 재산을 지방자치단체에 기부하려는 자가 있으면 대통령령으로 정하는 바에 따라 받을 수 있다.
>
> ② 제1항에 따라 기부하려는 재산이 지방자치단체가 관리하기 곤란하거나 필요하지 아니한 것인 경우 또는 기부에 조건이 붙은 경우에는 대통령령으로 정하는 바에 따라 받아서는 아니 된다.
>
>> **령 제5조(기부채납)** ④ 법 제7조제2항 본문에서 "기부하려는 재산이 지방자치단체가 관리하기 곤란하거나 필요하지 아니하는 것인 경우"란 다음 각 호의 어느 하나에 해당하는 경우를 말한다.
>> 1. 무상 사용·수익허가기간이 지난 후에도 해당 지방자치단체가 직접 사용하기 곤란한 경우
>> 2. 재산 가액(價額) 대비 유지·보수비용이 지나치게 많은 경우
>> 3. 무상 사용·수익허가기간이 20년을 초과하는 경우 삭제 〈2022. 4. 20.〉
>> 4. 그 밖에 지방재정에 이익이 없는 것으로 인정되는 경우

셋째, 부당이득금 청구 목적으로 취득하는 것이다.

특히 도로에서 많다. 그러나 도로의 경우 배타적 사용수익 포기 이론이 있어 부당이득금 청구 소송에서 패소하는 사례가 80%~90% 정도나 되고, 경우에 따라서는 취득시효로 소유권을 잃기도 한다. 나아가 승소하면 지방세법 제109조에 따라 100% 감면된 재산세를 내야 한다(지방세법 제109조, 대법원 2012. 12. 23. 선고 2010두9105 판결).

넷째, 해제나 실효되어 도시계획시설부지에서 풀려도 개발이 불가능한 토지를 취득하는 것이다.

이것은 정말로 돈을 잃는 것이다. 이런 경우는 낙찰이 되었더라도 잔금을 포기하는 것이 옳다. 도시계획시설부지에서 풀릴 경우 개발이 가능한지 여부는 도시계획사무

소에서 알려준다. 만일 알고 있는 도시계획사무소가 없다면 "국토도시계획기술사사무소"에 문의하면 된다.[20]

다섯째, 도시자연공원구역 내 토지를 취득하는 것이다.

도시자연공원구역 토지는 개발제한구역보다 더 개발하기가 어려운 토지이므로, 단지 저렴하다는 이유로 투자해서는 안 된다.

---

20) 상세사항은 "국토도시계획을 알아야 부동산 투자가 보인다", 구만수 저, 매경출판 참고

3. 도시계획시설 부지 물건 찾는 방법

이제 모든 개발계획은 인터넷으로 다 확인이 가능하다.

검색창에 "도시계획정보서비스"라고 치면 국토교통부에서 운영하는 사이트 "토지이음"(www.eum.go.kr) 사이트가 있는데, 이곳의 "고시정보"란을 보면 정보 습득이 가능하다.

도로 부지는 대법원 경매사이트(www.courtauction.go.kr)에서 검색조건에 도로로 검색하면 다 나온다.

유피엠도시계획사무소 사이트(http://www.upmc.co.kr)에서 "알토란"을 클릭하면, 네이버 카페 "알토란 클럽"이 나오고, 이곳에서 정보를 얻을 수 있다. 돈을 내면 아예 물건 목록도 제공한다.

서울시가 운영하는 서울도시계획포털(urban.seoul.go.kr)에서 "알림마당"란을 보면 정보를 얻을 수 있다.

4. 공동투자 시 유의 사항

가. 머리글

 최근 경매나 공매 시 부동산을 공동으로 투자하는 경우가 많아졌다. 컨설팅 회사(학원)들이 공동투자를 유도하는 측면도 있지만 위험분산 차원에서 공동투자는 바람직한 측면도 있다. 또한 공동투자 시 세금 면에서도 유리한 측면이 있다.

 그러나 공동투자는 많은 면에서 주의를 기울여야 한다. 특히 투자 전에 당사자 간 자세한 약정은 필수다. 이에 여기서는 공동투자 시 어떠한 점을 주의하여야 하는지 살펴보고자 한다. 가장 안전한 공동투자(이하 '공투'라고만 함)는 서로 능력이 비슷하고 투자 여력도 비슷한 사람끼리 의기투합하는 것이다. 사람을 가려서 하여야 할 것이다. 공투의 생명은 신뢰이다. 신뢰 없이 공투를 한다는 것은 고통을 사는 것이다.

나. 공동투자 시 주의사항

(1) 공유인지 동업인지 먼저 결정

 먼저 동업체인 조합으로 공투를 할 것인지 아니면 공유지분으로 투자를 할 것인지를 결정하여야 한다.

 부동산의 경우를 예를 들어 설명하면, 수인이 부동산을 공동으로 매수한 경우, 매수인들 사이의 법률관계는 공유관계로서 단순한 공동매수인에 불과할 수도 있고, 수인을 조합원으로 하는 동업체에서 매수한 것일 수도 있는데, 부동산의 공동매수인들이 전매차익을 얻으려는 '공동의 목적 달성'을 위하여 상호 협력한 것에 불과하고 이를 넘어 '공동사업을 경영할 목적'이 있었다고 인정되지 않는 경우 이들 사이의 법률관계는 공유관계에 불과할 뿐 민법상 조합관계에 있다고 볼 수 없다. 공동매수의 목적이 전매차익의 획득에 있을 경우 그것이 공동사업을 위하여 동업체에서 매수한 것이 되려면, 적어도 공동매수인들 사이에서 매수한 토지를 공유가 아닌 동업체의 재산으로 귀속시키고 공동매수인 전원의 의사에 기하여 전원의 계산으로 처분한 후 이익을 분배하기로 하는 명시적 또는 묵시적 의사의 합치가 있어야만 하고, 이와 달리

공동매수 후 매수인별로 토지에 관하여 공유에 기한 지분권을 가지고 각자 자유롭게 지분권을 처분하여 대가를 취득할 수 있도록 한 것이라면 이를 동업체에서 매수한 것으로 볼 수는 없다(대법원 2012. 8. 30. 선고 2010다39918 판결).

따라서 공동투자자들은 이 점을 먼저 분명히 결정하여야 할 것이다.

(2) 부동산 매수 시 주의사항

매수자금이 자체자금이냐, 대출을 받느냐에 따라 달라진다. 대출을 받는다면 명의자가 대출금 채무자이므로 매우 신중히 접근하여야 한다. 가급적 대출을 받는 공동투자는 하지 않는 것이 좋다. 대출시 문제점으로는 비명의자가 경제사정이 악화될 경우 명의자가 모두 떠안아야 한다는 점이다.

자체자금 투자 시는 잔금 미납자에 대한 처리를 명확히 결정하여 두어야 한다. 즉, 계약금 몰수 및 투자약정 해지 또는 동업 탈퇴 조항이 있어야 한다는 것이다.

다음 누구 명의로 할 것인지도 문제이다. 이때 전원 명의가 아니라면 부동산실명제법 위반도 검토하여야 한다. 1인 또는 2인 명의로 할 경우 또는 전원 명의로 할 경우 각각 장·단점이 있다. 따라서 공동투자자들은 이 점부터 먼저 합의를 하여야 할 것이다.

그리고 컨설팅을 받아 공동투자 대상 물건을 결정하는 경우 만일 컨설팅 결과와 달리 손실이 발생할 경우 최소한 컨설팅 대금은 전부 회수를 하도록 컨설팅 계약을 체결하는 것도 고려하여야 한다. 컨설팅 대금만 챙기는 먹튀를 방지하기 위해서이다.

(3) 보유 시 주의사항

부동산을 매수하고 매도를 하기 전에는 일단 보유를 하여야 하므로, 이 과정에 대해서도 미리 공동투자자들 상호간에 명확한 약정이 있어야 한다. 세금·공과금 문제, 관리비부담 문제, 관리주체, 이익금 보관자 문제 등을 결정하여야 한다.

또한 이익금 분배도 매우 중요하다. 얼마를 어떻게 분배하고, 즉시 할 것인지, 일정기간 유보하고 매도 시 할 것인지 등을 결정하여야 한다.

(4) 매도 시 주의사항

부동산을 매도하여 이익을 실현하는 문제에 대해서도 미리 의사결정을 하여 두어야 한다. 특히 매도시점에 대한 의사결정 방법이 문제된다. 예를 들어 매수자금보다 50% 이상의 이익이 발생한 때에 무조건 매도한다는 원칙을 두는 등 이익 실현 시기 등에 대해 합의가 있어야 한다.

또한 이익분배 문제도 고민을 하여야 한다. 즉 명의자, 관리자, 정보제공자, 기타 기여자 등 특별공로를 인정할 것인지, 아니면 무조건 평등하게 나누어 가질 것인지를 결정하여야 한다는 것이다. 이때도 세금·공과금 문제는 발생한다.

또한 예상과 달리 손실발생 시 언제 손절매를 단행할지 등에 대해서도 대비가 필요하다.

나아가 변호사 선임비용 등 재판비용 부담도 미리 대비가 있어야 할 것이다.

다. 결론

부동산을 공동으로 매수할 경우에는 미리 약정서를 어떻게 작성하는지가 가장 중요하다. 이러한 약정서는 전문변호사와 투자자들이 모여 서로 합의를 하면서 작성하는 것이 최선이다.

투자자산 마련방법(재산 또는 노무) 및 투자시기, 공동투자에 따른 업무분장 및 업무집행자 선출, 공동투자 의사결정방법, 손실 및 이익 분배비율, 비밀유지여부, 경업금지여부, 공동투자 탈퇴여부 및 탈퇴방법, 지분양도 가능여부, 잔여재산 분배, 제3자에 대한 책임비율, 계약기간, 의무의반시 재제 및 구제 등 상세한 약정이 필요하다.

그런데 우리는 어떻게 공동투자를 하는가? 위와 같은 점에 대해 고민을 하고 공동투자를 하는지 묻고 싶다.

5. 상위 1% 투자자를 위한 '특수토지' 투자법

'보상의 신' 김은유 변호사가 제안하는…상위 1% 투자자를 위한 '특수 토지' 투자법

매일경제신문 럭스맨 2014.06.27.

최근 부동산경기는 큰 이견 없이 불황이다. 부동산이 재테크 수단에서 관심을 덜 받는 것도 사실이다. 그러나 불황속에서도 부동산 투자로 돈을 버는 사람들은 항상 있었다. 물론 일반적인 부동산 투자에 관한 이야기는 아니다. 매우 소수의 사람들만 알고 투자하는 부동산 이야기를 꺼내볼까 한다. 크게 어렵지 않다. 조금만 관심을 기울이면 일반인들도 얼마든지 투자할 수 있는 물건들이다. 국민 1%만 아는 3가지 특수 토지 투자법을 공개한다.

도시계획시설부지 살피면 로또가 사방 천지에

최근 모 회사가 139억 원에 공매로 사들였던 공공청사부지가 도시계획시설이 폐지되어 무려 530억 원짜리 오피스텔건축부지로 탈바꿈됐다. 포털사이트에 '조달청부지'라고 검색해보면 바로 확인가능하다. 이런 사례는 매우 많다. 도시계획시설이란 기반시설 중 도시관리계획으로 결정된 시설을 말한다. 기반시설이란 도로, 철도, 항만, 공항, 주차장 등 교통시설이나 광장, 공원, 녹지 등의 공간시설, 유통업무설비, 수도, 전기, 가스공급설비, 방송, 통신시설, 학교, 운동장, 공공청사, 문화시설, 체육시설을 비롯한 공공·문화체육시설 등 여러 가지의 환경기초시설이 포함된다.

도시계획시설설치예정부지로 행정청이 지정하면 토지소유자는 토지를 이용할 수가 없다. 따라서 그 토지 값은 떨어지고 팔리지도 않아 소유자는 고통을 받는다. 그렇기 때문에 일반인들은 공원, 학교용지 등 도시계획시설부지가 경매로 나오더라도 쳐다보지도 못하는 경우가 다반사다. 이런 물건들은 경매시장에서 실제로 감정가의 30% 정도로 낙찰되는 것이 일반적이다.

정부가 도시계획시설부지로 묶고, 보상도 하지 않고 세월만 보내자 토지소유자들이 위헌소송을 제기하였으나 번번이 패소를 거듭해왔으나 이제 상황이 변했다. 헌법재판소는 1999년 아무런 제한도 없는 사유지를 도시계획시설부지로 묶는 것은 위헌이라고 선고한 바 있다(1999. 10. 21. 97헌바26 결정 참조). 이를 바탕으로 정부는 법을 개정하여 두 가지 제도를 도입하게 된다.

하나는 '실효 제도'이고 다른 하나는 '매수청구제도'다. 실효 제도는 도시계획시설부지로 묶은 날로부터 20년이 될 때까지 보상을 하지 않으면 효력을 상실하도록 하는 정책적 배려다. 다만 2000년 7월 1일 이전에 이미 도시계획시설부지로 묶였던 토지는 2020년 7월 1일에 실효된다는 경과규정을 도입했다.

또한 매수청구제도는 지목이 대지인 토지로서 10년 이상 도시계획시설부지로 묶여 있으면 행정청에게 매수청구를 할 수 있다는 것이다. 그리고 대법원은 10년 이상 도시계획시설부지로 묶여 있는 토지소유자가 도시계획시설부지 폐지제안을 하고 이를 행정청이 거부하면 행정소송을 할 수 있다고 하면서 토지소유자에 대해 승소판결을 선고했다.

따라서 이제부터는 도시계획시설 부지를 달리 보아야 할 필요성이 생겼다. 구체적인 예로 강남구 압구정동에 학교용지 또는 소공원부지가 있다. 이 부지가 경매에 나와 감정가 10억원 토지를 30%에 낙찰받는다면 낙찰자는 서울시에 도시계획시설로 묶은 것을 폐지해 달라고 요구하여 이를 서울시가 거부하면 행정소송을 할 수 있다. 이 소송에서 패소하더라도 앞으로 6년 후인 2020년 7월 1일까지 보상을 받지 못하면 자동으로 도시계획시설이 없어지는 것이다.

보상을 받는다면 도시계획시설부지로 묶여 있지 않은 상태로 가격이 책정돼 경매감정가인 10억 원보다 훨씬 넘는 가격을 받을 수 있는 것이다. 그렇게 되면 30%에 낙찰받은 토지 값이 어떻게 될까. 여러분들의 상상에 맡기겠다. 바로 이것이 도시계획시설부지 투자이다.

건축 중에 있는 건물이 있는 토지를 노린다.

건물이 건축 중인 상태에서 완성되지 못한 채 토지만 경매로 나오는 경우가 매우 많다. 일반인들은 토지만 낙찰 받을 경우 건물에 대한 처리방법을 몰라 대부분 입찰에 참여하지 않는다. 이러한 토지는 통상 50% 이하에 혼자 입찰해서 편하게 낙찰을 받을 수 있다. 토지도 간단한 권리분석만 해보면 높은 수익을 올릴 수 있는 투자처다.

토지만 낙찰을 받는 자는 낙찰 후에 건물을 처리하여야 하는데 이때 가장 큰 문제가 법정지상권 성립여부이다. 먼저 법정지상권이 성립한다면 토지소유자는 그 건물을 철거할 수 없고 임대료 상당의 토지사용료만 청구할 수 있는 것이다. 법정지상권이 성립하지 않는다면 토지소유자는 건물소유자를 상대로 건물철거 및 토지인도와 토지인도 시까지 토지사용료를 청구할 수 있다.

법정지상권은 동일인 소유의 건물과 토지가 경매로 인하여 소유자가 달라질 경우 건물소유자가 토지를 사용할 수 있는 권리다. 즉, 반드시 토지와 건물이 동일인 소유인 적이 있어야 하는 것이다. 그렇다면 건축 중인 건물의 소유권이 누구에게 있는지가 문제 해결의 핵심이다.

먼저 짓다만 건물이 독립된 부동산으로 인정을 받아야 한다. 그렇지 않으면 그 짓다만 건물은 토지에 부합하여 낙찰자가 취득하게 되므로 아무런 문제도 없다. 참고로 대법원은 단층이라도 최소한의 기둥, 지붕, 주벽 등이 완성되면 독립된 건물로 인정한다(2003. 5. 30. 선고 2002다21592 판결 등 다수).

독립된 건물로 볼 수 있다면 그 건물의 소유자가 누구인지가 문제되는 것이다. 일반적으로 자기의 노력과 재료를 들여 건물을 건축한 사람은 그 건물의 소유권을 원시취득하는 것이고, 다만 완성된 건물의 소유권을 도급인에게 귀속시키기로 합의한 경우에는 그 건물의 소유권은 도급인이 원시취득한다(1990. 4. 24. 선고 89다카18884).

따라서 통상은 비용을 들인 시공자가 건물소유자가 되는 것이다. 그리고 예를 들어 5층으로 허가받은 건물을 1층만 완성하였더라도 1층을 완성한 자가 원시취득한다. 나머지를 다른 사람이 추가공사를 하여 5층을 완성하여도 그 사람은 건물에 대한 소유권을 취득할 수 없고 1층만 완성한 자가 건물소유권을 취득하게 되는 것이다. 5층까지 완성한 자는 갑에게 공사대금만 청구할 수 있을 뿐이다(2011. 8. 25. 선고 2009다67443). 나머지 5층까지 완성한 부분은 이미 성립한 건물에 부합한 것으로 보기 때문이다.

이때 중요한 것은 이 건물이 아파트 등 집합건물이라면 반대로 5층까지 완성한 사람이 원시취득한다(2006. 11. 9. 선고 2004다67691). 즉, 대법원은 일반건물과 집합건물의 원시취득자를 다르게 판단한다.

만일 시공자가 건물소유자가 되면 법정지상권은 성립할 수 없다. 왜냐하면 토지와 건물이 동일인 소유였던 적이 없기 때문이다. 그러므로 짓다만 건물이 있는 토지가 경매에 나오면 법정지상권이 성립할 확률이 매우 떨어지므로 입찰을 적극 검토해야 한다. 물론 법원은 이와 같은 경우 '법정지상권 성립여지가 있음'이라는 단서를 달아 경매를 진행한다. 그래서 일반인들이 입찰에 망설이게 되나 사실 권리분석만 제대로 한다면 이러한 토지는 매우 우량한 물건인 것이다.

한편 법정지상권이 성립한다고 하더라도 100% 손해 본다고만은 할 순 없다. 관점을 달리해보자. 법정지상권이 성립하면 토지낙찰자는 건물철거를 할 수 없고 다만 토지사용료만 받을 수 있을 뿐이다. 또한 시공자가 건물 공사대금을 받지 못하였다고 하더라도 낙찰자를 상대로 토지에 대해 현실적인 점유를 할 수 있는 유치권도 행사할 수는 없다. 건물을 원시취득하여 그 소유자가 된 후에 시공자가 자신이 소유한 부동산에 대해 스스로 유치권을 행사하는 것은 인정되지 않기 때문이다.

예를 들어 감정가가 2억원인 짓다만 건물이 있는 토지를 50%인 1억 원에 낙찰을 받았다고 치자. 그러면 낙찰자는 건물소유자에게 낙찰금액인 1억 원이 아닌 2억 원을 기초로 하여 토지사용료를 받을 수 있으므로 결국 투자금액 대비 최소 7% 정도 수익은 보장되는 것이다. 여기에 이러한 사용료를 소송을 통하여 받게 되면 세금도 면제되고 건물소유자가 2년치 사용료를 내지 않으면 법정지상권은 소멸된다.

이쯤 되면 법정지상권이 있는 토지가 나쁘다는 선입견은 머릿속에서 지우는 것이 좋다. 오히려 안정적인 사용료를 받을 수 있는 우량 물건인 것이다.

집합건물에 대지권만 경매로 나오는 경우[21]

집합건물의 대지만 경매로 나오는 경우가 매우 많다. 최근 서울 관악구 남현동 소재 모 재건축 아파트에서 무더기로 대지만 경매로 나왔고, 권리분석이 어려워 감정가 대비 20%까지 떨어졌다. 그런데 누군가는 과감히 20%에 낙찰을 받았다. 이처럼 집합건물에 대해 대지만을 낙찰받는 이유는 집합건물에 대해 철거를 구하거나 대지사용료를 받기 위해서다. 그런데 경우에 따라서는 대지를 낙찰받아도 소유권을 취득하기 어려울 수 있다. 그래서 일반인들에게는 어려운 물건인 것이다.

즉, 우리는 통상 법원을 신뢰한다. 따라서 법원에서 진행하는 경매절차에서 토지를 낙찰 받으면 당연히 소유권을 취득한다고 생각하는 것이 정상이다. 그러나 애석하게도 경매에서 낙찰을 받아도 소유권을 취득하지 못하는 이상한 경우가 가끔 발생한다. 그래서 일반인들은 엄두를 내지 못하는 물건이 되는 것이다. 그러나 이 또한 기본 법리만 알면 분석은 어렵지 않다.

집합건물법 제20조는 "구분소유자의 대지사용권은 그가 가지는 전유부분의 처분에 따른다. 구분소유자는 그가 가지는 전유부분과 분리하여 대지사용권을 처분할 수 없다."고 규정하고, 대법원은 위 집합건물법 제20조를 위반하여 대지사용권의 목적이 된 토지를 처분하는 경우 그 처분은 무효라고 보고 있다(2010. 5. 27. 선고 2006다84171 판결 등).

구분소유권이 성립한 이후에 대지사용권의 목적이 된 토지만을 경매에서 낙찰받거나 신탁 등으로 취득한다고 하더라도 이러한 대지지분 또는 대지 전부 취득은 원천적으로 무효인 것이다. 따라서 구분소유권이 성립한 이후에는 대지 소유권 취득의 효력이 달라지므로, 언제 구분소유권을 취득하였느냐가 매우 중요하다.

이에 대해 과거 대법원은 집합건물의 구분소유권 성립시기에 대해 판결이 엇갈리고 있다가 최근 전원합의체 판결에 따라 "구분건물이 물리적으로 완성되기 전에도 건축허가신청이나 분양계약 등을 통해 장래 신축되는 건물을 구분건물로 하겠다는 '구분의사'가 객관적으로 표시되면 구분행위의 존재를 인정할 수 있다. 이후 1동의 건물 및 그 구분행위에 상응하는 구분건물이 객관적·물리적으로 완성되면 아직 그 건물이 집합건축물대장에 등록되거나 구분건물로서 등기부에 등기되지 않았더라도 그 시점에서 구분소유가 성립한다"고 명확히 정리했다. 이에 배치되는 기존의 대법원 판결을 모두 폐기됐다(2013. 1. 17. 선고 2010다71578 전원합의체 판결).

즉, 집합건물로 건축허가를 받았거나 분양행위를 하였는데 건축허가를 받은 대로 1동의 건물 및 그 구분행위에 상응하는 건물이 객관적·물리적으로 건축되었다면 그때부터는 집합건물이 되는 것이다. 이후에는 분리처분금지 원칙이 적용돼 토지만을 처분하는 행위 일체 즉, 저당권 등을 설정하는 것이 금지된다. 만약 저당권을 행사하여 진행된 경매에서 토지를 낙찰받더라도 토지를 취득할 수 없게 된다.

얼핏 어려운 법리 같지만 차근차근 생각해보면 이해가 어렵지 않다. 경매에 나온 땅이 있는데 그 지상에 집합건물이 있다면 먼저 그 건물에 대해 구분행위(건축허가 또는 분양행위)가 있었는지를 살피고 그 구분행위대로 독립건물요건이 충족된 이후에 담보가 설정되거나, 신탁등기가 이루어졌는지를 파악해야 한다. 이러한 권리를 기초로 경매에 나왔다면 토지는 낙찰을 받아도 소유권 취득이 불가하므로 아무리 저렴하더라도 입찰은 절대 금물이다. 반면에 '구분소유권이 성립하기 전'에 설정된 저당권에 기한 경매에서 낙찰을 받으면 이는 문제없이 20%에 매우 저렴하게 대지소유권을 취득한다(2011. 1. 27. 선고 2010다72779).

따라서 집합건물이 있는 땅에 대해 경매에 참여하거나 신탁 또는 담보등기를 받고 대출을 하는 자는 '구분소유권의 성립시기'를 잘 살펴 낙찰여부를 결정해야 고수익을 누릴 수 있다. [본 기사는 매일경제 Luxmen 제46호(2014년 07월) 기사이다]

---

21) 상세사항은 "집합건물 경매·재건축·관리 실무", 2017년 간, 파워에셋, 참고

도로·공원등 도시계획시설 경매 및
골목길·맹지 해결법

PART
3

도로 대응법 및 투자법

PART 3 도로 대응법 및 투자법

제1장 개요

1. 서설

최근 공·경매, 매매 등으로 지목이 도로이거나 도로로 사용 중인 땅을 취득하여 돈을 벌고자 하는 분들이 많다. 그러나 도로 투자는 고수익을 가져다주기도 하지만 매우 위험한 투자이기도 하다. 단지 싸다는 이유만으로 제대로 된 권리분석도 없이 도로 투자를 하는 것은 현명하지 않다.

따라서 여기서는 도로 또는 소위 골목길 투자 여부 결정 방법, 기존 도로 부지 소유자 해결방안을 개략적으로 살펴보고자 한다.

2. 기존 도로 소유자 대응 방안

 기존 도로 소유자는 ①도로 해제입안신청, 해제신청, 해제심사신청을 하는 방법, ②20년 미집행으로 실효를 기다리는 방법, ③매수청구를 하는 방법(지목이 '대'인 토지만 해당), ④손실보상을 받는 방법(행정청이 스스로 보상을 하는 경우에만 해당), ⑤일반인이 통행하고 있다면 행정청을 상대로 부당이득금(지료)청구를 하는 방법, ⑥지방의회 해제권고 제도 활용방안등이 있다.

 한편 지목이 도로이거나 도로로 사용 중이면 지방세법 제109조제3항제1호에 의하여 재산세는 면제된다. 따라서 배타적 사용수익권 포기를 주장하는 경우 하나의 지표로서 재산세 감면 사실을 확인하여 주장하여야 한다.

3. 신규 투자자 주의사항

도로법 제3조는 "도로를 구성하는 부지, 옹벽, 그 밖의 물건에 대하여는 사권(私權)을 행사할 수 없다. 다만, 소유권을 이전하거나 저당권을 설정하는 것은 그러하지 아니하다."라고 규정하고 있다.[22]

따라서 공·경매, 매매 등으로 지목이 도로이거나 도로로 사용 중인 땅을 사려고 하는 자는 ①먼저 사려고 하는 목적을 명확히 하고, ②도로 투자는 매우 위험하므로 분석을 철저히 하여 어떤 위험이 있는지를 알아야 하며, ③전문가의 상담을 받는 것이 좋다.

도로가 공매나 경매에 나올 경우 감정평가서를 살펴보면, 인근토지가격의 1/3로 감정가격(33%)이 결정되고, 이것이 몇 번 유찰되면 1/2 가격에도 살 수 있는 것이 도로이다. 예를 들어 인근토지가격이 1억 원이라면 경매 감정가격은 통상 3,300만 원이고 이것을 1,500만 원에 낙찰을 받을 수 있다는 이야기이다. 그 이후 보상을 받거나 지료청구를 할 경우 운이 좋아 인근토지가격의 100%를 인정받으면, 1억 원을 받을 수도 있으므로, 사람들이 도로 경매에 뛰어드는 것이다.

통상 도로를 사는 이유는 돈을 벌기 위함인데, 그 방법은 ①사업시행자에게 매도하여 보상금을 많이 받거나, ②실효나 해제 시 개발이 가능한 토지를 사서 땅값 상승을 기대하거나, ③정비사업시행 시 분양권을 받는 방법이 있다.

---

[22] **헌법재판소 2013. 10. 24. 선고 2012헌바376** 도로법 제3조 사권제한은 합헌
심판대상조항은 도로의 기능을 유지하기 위해 필요한 범위 내에서 사인의 소유권 행사를 제한하는 것으로 입법목적은 도로를 통한 물자 수송, 공중의 원활한 통행이라는 공공복리에 기여하기 위한 것으로 정당하며, 도로관리청이 사유지를 도로로 이용함에 있어 수용이나 협의매수, 사용협의 등 사법상 권원을 취득하는 절차를 거쳤는지를 불문하고 사권의 행사를 제한하는 것은 입법목적의 달성을 위한 적절한 수단이다. 도로부지의 소유자라 하여 소유권의 행사가 전면적으로 제한되는 것은 아니고, 토지를 처분하거나 도로의 점유·사용하지 못한 손해에 대한 부당이득반환청구를 할 수 있으므로 재산권을 필요한 범위에서 최소한도로 제한하였다. 따라서 침해의 최소성이 인정되고, 도로부지로서 기능을 유지한다는 공익이 도로부지를 사용·수익하고자 하는 사익에 비해 중대한 점을 고려하면 법익의 균형성도 인정된다. 그렇다면 심판대상조항은 비례의 원칙에 위반하여 재산권을 침해하였다고 볼 수 없다.

그런데 우선 그 어떤 땅이든 내 토지를 보상해 달라고 행정청에 요구할 경우 행정청이 이에 응하여 보상을 해 줄 의무는 없으므로(행정청이 스스로 나서서 보상하는 것은 당연히 가능함), 만일 행정청이 돈이 없다면서 보상을 해주지 않으면 투자금이 묶이는 결과가 초래되고, 또한 그 이전 소유자 중 1명이라도 '배타적 사용수익권을 포기'하였다면 행정청을 상대로 지료청구도 불가능하다. 한편 가끔 경매학원에서 지목이 대지이고 10년 이상 도시계획시설도로로 묶인 토지에 대해서는 "매수청구"가 가능하다고 하여 투자를 권유하는데, 매수청구는 소위 재량행위이므로 행정청이 응하지 않으면 결국 매수청구거부처분 취소소송을 해야 하는데 승소가 쉽지 않다. 또한 도시계획도로라면 20년 미집행이 되면 실효가 되는데, 도로는 실효가 되어도 쓸모 있는 땅이 많지 않다. 만일 실효가 될 경우 쓸모가 있다면 이는 투자할 만하다.

나아가 사실상 2가구 외에는 달리 이용하는 사람들이 없는 통행로라 하더라도 이는 일반교통방해죄에서 정하고 있는 육로에 해당한다. 따라서 도로는 2인 이상의 불특정 다수가 통행을 하면 막지도 못한다. 이를 임의로 막으면 교통방해죄로 처벌받는다(형법 제185조).

4. 도로개설청구권 여부(소극)

 행정청에게 도로를 개설해 달라고 청구할 권리는 없다. 다만 아래 판결에서 도로개설에 관한 조리상 신청권 언급은 매우 시사 하는 바가 크다. 누가 보아도 도로를 개설해 주는 것이 타당하다면 도로개설청구권이 조리상 인정될 수도 있다는 것이지만, 이러한 경우는 극히 드물 것이다.

> **대구지방법원 2015. 2. 4. 선고 2014구합22153 도(통행)로 개설거부처분 취소 판결**
>
> 도로와 맞닿아 있는 토지의 소유자인 원고들이 피고에게 '토지로 들어갈 수 있는 도로는 있으나 토지에서 나올 수 있는 도로가 없어 차량 및 트랙터 운행 시 위험성이 있으므로, 도로를 2차선으로 확장하고 가변차로를 개설해달라'는 취지의 이 사건 신청을 하였는데, 피고가 이를 거부하는 취지의 이 사건 회신을 한 사안에서, 도로법 등 관련 법령에서 원고들에게 도로(통행로) 개설에 관한 신청권을 부여하고 있지 않고, 인근 토지 소유자라는 사정만으로 도로 개설에 관한 조리상 신청권이 인정될 수도 없다고 보아, 이 사건 회신은 항고소송의 대상이 되는 처분으로 볼 수 없어 그 취소를 구하는 이 사건 소는 부적법하다고 판단한 사례.

제2장 도로의 구분

1. 법률상 도로

 법률상 도로는 법률에서 정한 일정한 절차에 따라 개설된 도로이다. 도로개설에 관하여 가장 중요한 법률은 「도로법」과 「국토의 계획 및 이용에 관한 법률」(이하 '국토법'이라고만 함)이다.[23] 그밖에 「고속국도법」, 「농어촌도로정비법」, 「사회기반시설에 대한 민간투자법」, 「건축법」, 「사도법」, 「농지법」 등에 의한 도로가 있다.

 이러한 법률상 도로는 공물이지만 반드시 국·공유 토지라야 하는 것은 아니다[24][25]. 따라서 사유 토지도 법률상 도로가 될 수 있다. 다만 이때에는 도로의 특수성을 감안하여 사유토지의 소유권을 제한할 필요성은 있다. 그래서 도로법 제4조는 사권행사를 금하고 있다. 여기서 사권행사의 금지는 도로로서의 관리이용에 저촉되는 사권을 행사할 수 없다는 취지이고(대법원 1993. 8. 24. 선고 92다19804 판결), 도로소유자가 손해배상청구권이나 부당이득반환청구권 등 금전적 청구권을 행사하는 것은 허용된다. 결국 도로가 도로로서 기능하는데 장애가 되는 범위 내에서 사권이 제한되는 것이다.

---

[23] 과거에는 도로개설절차는 구 「도시계획법」에 의한 도시계획시설결정에 의한 경우와 「도로법」상 도로구역결정에 의한 경우로 나누어졌다. 구 「도시계획법」은 도시지역 내 도로설치를 관장하여 왔고, 비도시지역이면 「도로법」을 통하여 도로를 개설하여 왔다. 그러나 구 「도시계획법」이 폐지되어 국토법이 제정되면서 도시지역과 비도시지역을 구분하는 이원적 체계를 포기하고 전 국토를 도시계획대상으로 함으로써. 하나의 지역에 도시계획시설결정과 도로구역결정이 상호 경합하게 되었지만 실무적으로는 여전히 도시지역은 국토법으로 비도시지역은 도로법으로 도로를 개설한다고 한다.

[24] 건축법상 도로는 대부분 사유지이다.

[25] 대법원 2005. 11. 25. 선고 2003두7194 판결, 도로법의 제반 규정에 비추어 보면, 같은 법 제80조의2의 규정에 의한 변상금 부과권한은 적정한 도로관리를 위하여 도로의 관리청에게 부여된 권한이라 할 것이니, 도로부지의 소유권에 기한 권한이라고 할 수 없으므로, 도로의 관리청은 도로부지에 대한 소유권을 취득하였는지 여부와는 관계없이 도로를 무단점용하는 자에 대하여 변상금을 부과할 수 있다.

법률상 도로 중 국가 지방자치단체 등 행정주체가 개설하는 도로는 공도라 한다. 이에 반하여 사인이 사도법에 따라 허가를 받아 개설하는 도로는 사도라 한다. 사도도 법률상 도로이다.

2. 도로법상 도로

도로법 제2조는 "도로"란 차도, 보도(步道), 자전거도로, 측도(側道), 터널, 교량, 육교 등 대통령으로 정하는 시설(①차도·보도·자전거도로 및 측도, ②터널·교량·지하도 및 육교(해당 시설에 설치된 엘리베이터를 포함한다), ③궤도, ④옹벽·배수로·길도랑·지하통로 및 무넘기시설, ⑤도선장 및 도선의 교통을 위하여 수면에 설치하는 시설)로 구성된 것으로서 제10조에 열거된 것을 말하며, 도로의 부속물을 포함한다고 규정하고 있다.

> **도로법 제10조(도로의 종류와 등급)** 도로의 종류는 다음 각 호와 같고, 그 등급은 다음 각 호에 열거한 순서와 같다.
> 1. 고속국도(고속국도의 지선 포함)
> 2. 일반국도(일반국도의 지선 포함)
> 3. 특별시도(特別市道)·광역시도(廣域市道)
> 4. 지방도
> 5. 시도
> 6. 군도
> 7. 구도

도로법상의 도로의 성립에 관하여 보건대, ①형태적 요소구비(일반의 교통에 공용될 수 있는 형태를 갖추어야 한다), ②노선 지정 또는 인정 및 공고(제11조 내지 제20조) ③도로구역 결정고시(제25조), ④도로 사용개시 공고(제39조) 등이 있고, 도로의 사용개시 공고에 의하여 도로는 비로소 공공용물(公共用物)로서 일반인에게 제공되게 된다.

도로가 도로법의 적용을 받게 되는 시기는, <u>도로법에 의한 도로구역결정 또는 이에 준하는 국토계획법 상 실시계획인가를 거친 때이다</u>. 도로구역 결정(제25조)이 있으면, 사업인정이 의제되고 행위 제한을 받는다.

> **헌법재판소 2014. 04. 24. 선고 2012헌바332**
> 이 사건 토지는 도시계획시설(도로)결정은 있었으나 후속 절차인 <u>도시계획시설(도로)의 사업실시계획 작성·인가 등의 단계</u>를 거치지 아니하여 도로법의 적용을 받는 도로가 되지 않은 채 사실상의 도로로 사용되고 있다. 이처럼 이 사건 토지가 도로법의 적용을 받는 도로가 아닌 이상 도로법의 제반 규정은 적용되지 않는다.

토지대장상 지목이 도로로 되어 있다고 하여서 반드시 도로법의 적용을 받는 도로라고 할 수 없다(대법원 1983. 5. 10. 선고 79다161).

3. 준용도로

① 도시계획도로 ②시·도지사나 시장·군수 또는 자치구의 구청장이 국토교통부령으로 정하는 바에 따라 공고한 도로이다.

> **도로법 제108조(도시·군계획시설 도로 등에 대한 준용)** 제10조 각 호에 열거된 도로 외에 「국토의 계획 및 이용에 관한 법률」 제2조제10호에 따른 도시·군계획시설사업으로 설치된 도로 등 대통령령으로 정하는 도로는 제2조제2호·제9호, 제4조, 제31조제1항, 제32조부터 제37조까지, 제54조, 제55조, 제56조의2제3항, 제61조부터 제66조까지, 제67조(제72조제4항에 따라 준용되는 경우를 포함한다), 제68조, 제69조(제72조제4항, 제94조에 따라 준용되는 경우를 포함한다), 제70조(제72조제4항, 제94조에 따라 준용되는 경우를 포함한다), 제72조, 제73조, 제75조부터 제77조까지, 제81조, 제83조부터 제85조까지, 제89조, 제90조부터 제93조까지, 제95조부터 제99조까지, 제101조부터 제103조까지, 제106조, 제107조, 제111조, 제113조제1항제2호, 제114조부터 제116조까지의 규정을 준용한다. 〈개정 2017. 1. 17., 2024. 2. 13.〉[시행일: 2025. 2. 14.]
>
> **령 제99조(도시·군계획시설 도로 등)** ① 법 제108조에서 "「국토의 계획 및 이용에 관한 법률」 제2조제10호에 따른 도시·군계획시설사업으로 설치된 도로 등 대통령령으로 정하는 도로"란 다음 각 호의 어느 하나에 해당하는 도로를 말한다.
> 1. 「국토의 계획 및 이용에 관한 법률」 제2조제10호에 따른 도시·군계획시설사업으로 설치된 도로
> 2. 제1호 및 법 제10조 각 호의 도로 외의 도로 중 해당 도로의 소재지를 관할하는 시·도지사나 시장·군수 또는 자치구의 구청장이 국토교통부령으로 정하는 바에 따라 공고한 도로
> ② 제1항 각 호의 구분에 따른 도로의 도로관리청은 다음 각 호의 구분에 따른다.
> 1. 제1항제1호에 따른 도로: 해당 도로의 소재지를 관할하는 특별시장·광역시장·특별자치시장·특별자치도지사·시장·군수 또는 자치구의 구청장
> 2. 제1항제2호에 따른 도로: 공고를 한 시·도지사나 시장·군수 또는 자치구의 구청장
>
> > **규칙 제51조(준용도로에 관한 공고)** 법 제108조 및 영 제99조제1항제2호에 따른 도로의 공고는 별지 제47호서식에 따르되, 해당 도로에 대한 5만분의 1 이상의 지형도를 첨부하여야 한다.

4. 사실상의 사도

가. 정의

 사실상 도로는 일반 공중의 교통에 제공되는 물적 시설물로서의 실질은 가지고 있지만 법률에 따른 일정한 절차를 거쳐 정식으로 개설되지 않은 도로이다.

 사실상 도로가 발생하는 원인은 매우 다양하다. 도로예정지이지만 정식으로 도로개설과정을 거치지 않고 생기는 경우, 새마을 사업으로 인한 경우, 스스로 택지를 조성 분양하는 경우 등이다.

 사실상 도로는 국·공유 토지일 수도 있고 사유 토지일 수도 있다.
 이러한 사실상의 도로에 대해서는 심각한 문제가 있다. 즉, 토지소유자의 물권적청구권, 손해배상 또는 부당이득반환청구권을 인정할지, 일반 공중의 통행을 제한할 수 있는지 등이다. 이에 대해 우리 판례는 배타적 사용수익권 포기 법리를 확립하고 있다가, 최근에 이를 완화하는 경향이다.

나. 사실상 도로 소유자의 물권적 청구권 행사 가능성

 원칙적으로 사실상 도로소유자도 물권적 청구권을 행사할 수 있다(대법원 1999. 12. 28. 선고 99다39227,39234 판결, 2009다228,235 판결). 그런데 이러한 소유권 행사가 특정한 불법점유자가 아니라 일반 공중의 통행을 배제하는 결과가 초래되는 경우에 이를 제한할 수가 있는지 여부에 대해, 대법원은 제한 가능성을 시사하고 있다(대법원 2001. 4. 13. 선고 2001다8493 판결, 2012. 6. 28. 선고 2010다81049 판결).

 이 경우 제한 근거가 무엇인지가 문제된다. 통상 채권적 포기의 의사표시, 신의칙 내지 권리남용금지 원칙이 있다.

대법원 2021. 10. 14. 선고 2021다242154 판결 [토지인도]

[1] 일반 공중의 통행에 공용된 도로의 통행을 방해함으로써 특정인의 통행 자유를 침해한 경우, 민법상 불법행위에 해당하는지 여부(적극) 및 이때 침해를 받은 자가 통행방해 행위의 금지를 소구할 수 있는지 여부(적극)

[2] 형법 제185조의 일반교통방해죄에서 말하는 '육로'의 의미 및 어떤 도로가 일반 공중의 통행에 제공된 도로에 해당하는 경우, 일반 공중의 교통안전 등 자유로운 통행이 형법상 일반교통방해죄의 보호법익으로 보장되는지 여부(적극)

[3] 권리의 행사에 해당하는 외관을 지닌 어떠한 행위가 권리남용에 해당하는지 판단하는 기준

[4] 어떤 토지가 개설경위를 불문하고 일반 공중의 통행에 공용되는 도로, 즉 공로가 되면 그 부지의 소유권 행사는 제약을 받게 되며, 이는 소유자가 수인하여야만 하는 재산권의 사회적 제약에 해당한다. 따라서 공로 부지의 소유자가 이를 점유·관리하는 지방자치단체를 상대로 공로로 제공된 도로의 철거, 점유 이전 또는 통행금지를 청구하는 것은 법질서상 원칙적으로 허용될 수 없는 '권리남용'이라고 보아야 한다.

[5] 甲 주식회사가 마을 주민 등의 통행로로 주요 마을안길의 일부를 이루고 있는 토지가 위치한 부동산을 매수하였고, 그 후 乙 지방자치단체가 통행로 부분을 도로로 포장하여 현재까지 마을 주민들과 차량 등의 통행로로 사용되고 있는데, 甲 회사가 乙 지방자치단체를 상대로 도로 부분의 인도를 구한 사안에서, 위 도로 부분은 甲 회사가 부동산을 매수하거나 乙 지방자치단체가 도로로 포장하기 수십 년 전부터 자연발생적으로 마을 주민 등의 통행로로 제공되어 온 점, 甲 회사는 위 부동산을 현황대로 매수하여 도로 부분이 마을 주민 등의 통행로로 이용되고 있는 사실도 잘 알고 있었다고 보이므로, 이를 다른 용도로 사용하지 못하고 있다 하여 甲 회사가 불측의 손해를 입게 된 것이라고 보기 어려운 점, 위 부동산에 공장을 신축하기 위한 건축허가 등에 위 도로 부분을 공중의 통행에 제공하여 통행에 방해가 되지 않도록 하여야 한다는 취지의 부관이 부가되었고, 이는 특별한 사정이 없는 한 甲 회사에 효력이 미치는 점, 도로 부분이 폐쇄된다면 인근 주민 등은 상당한 거리를 우회해야만 하는 큰 불편과 혼란이 예상되어 공익에 현저히 반하는 결과가 초래될 것으로 보이는 점, 甲 회사가 부동산에 신축한 공장의 운영이 도로 부분으로 인하여 지장을 받고 있다고 보이지 아니하며, 도로 부분을 다른 용도로 사용해야 할 만한 긴급한 필요성이나 그에 관한 구체적인 계획도 보이지 않는 점 등 제반 사정에 비추어 甲 회사의 청구는 객관적으로 사회질서에 위반되는 것으로서 권리남용에 해당하거나 신의칙에 반하여 허용되지 않는다고 본 원심판단이 정당하다고 한 사례.

대법원 1992. 7. 24. 선고 92다15970 판결

육군 제1군사령부의 주택건립위원회가 무주택 장병들을 위하여 조성한 주택단지 내에 거주하

게 될 모든 사람의 통행을 위하여 무상으로 계쟁 토지를 제공함으로써 이에 대한 사용수익권을 포기하였고, 그 도로의 완전한 개설 시까지 위 건립위원회의 위원장인 갑에게 이를 명의신탁 하였으며, 위 도로의 완전한 개설 이후에 위 토지를 매수한 을도 위 매수 당시 위 토지상에 위와 같은 부담이 있었던 사실을 알고 매수하였다면 위 토지의 소유명의자였던 갑이나 현재의 소유자인 을은 위 주택단지의 분양 당시 도로로 제공된 위 토지에 관하여 독점적이고 배타적인 사용수익권을 행사할 수 없다 할 것이므로 설사 시가 이미 도로로 제공된 위 토지를 위와 같이 도로로서의 기능을 다할 수 있게끔 도로개설을 완성하고 그에 포장 및 하수도공사를 하여 이를 점유, 관리하고 있다 하더라도 갑이나 을에게 어떠한 손해가 생긴다고 할 수 없고 시로서도 아무런 이익을 얻은 바 없어 부당이득이 성립하지 않는다고 한 사례.

대법원 1994. 9. 30. 선고 94다20013 판결
원소유자가 토지를 도로로 제공하여 사용수익권을 포기한 후 그 토지의 소유권을 특정승계한 자가 승계 당시 그러한 사정을 알고 있었다면 지방자치단체가 이미 도로로 제공된 그 토지에 대하여 도로개설을 완성하고 이를 점유·관리하고 있다 하더라도 부당이득이 성립하지 않는다고 한 사례

수원지방법원 2000. 1. 11. 선고 99가합6824 판결【사도통행권확인 】
서울고등법원 2001. 8. 31. 선고 2000나9811 판결
대법원 2002. 2. 26. 선고 2001다64165 판결, 파기환송
서울고등법원 2002. 11. 7. 선고 2002나17335 원고일부 승

> [1] 민법 제185조는, "물권은 법률 또는 관습법에 의하는 외에는 임의로 창설하지 못한다."고 규정하여 이른바 물권법정주의를 선언하고 있고, 물권법의 강행법규성은 이를 중핵으로 하고 있으므로, 법률(성문법과 관습법)이 인정하지 않는 새로운 종류의 물권을 창설하는 것은 허용되지 아니한다.
> [2] 관습상의 사도통행권 인정이 물권법정주의에 위배된다고 본 사례.

라. 관습상 통행권
(1) 인정여부

원고들은 이 사건 도로는 마을 주민들이 장기간에 걸쳐 통행로로 이용하여 누가 보더라도 도로로 인식할 수 있는 상태에 이르렀고, 그동안 그 소유자가 통행에 대하여 아무런 이의를 제기하지 아니하였으므로 이 사건 도로에 대한 통행권은 관습상의 권리로서 보호되어야 한다고 주장한다.

그러므로 보건대, 도로가 개설된 후 주위 사람들이 장기간에 걸쳐 통행하여 왔고 그 도로의 소유자가 상당 기간 그 통행에 대하여 이의를 제기하지 않았으며, 그 곳을 통행하지 않으면 공로에 통할 수 없거나 또는 현저한 지장을 주는 경우에는 그 통행의 관습이 존재하는 것으로 보아 관습상의 통행권이 인정된다고 할 것인바, 앞서 본 바와 같이 이 사건 도로를 포함한 마을 진입로가 언제 개설되었는지 여부는 불분명하지만 적어도 1973년경부터 위 진입로를 구성하는 각 토지 소유자들의 승낙이나 묵인 하에 공로로 출입하기 위한 통로로 이용되어 왔고 그에 대하여 그동안 아무런 이의 제기가 없었던 점, 피고도 이와 같은 사정을 용인하면서 이 사건 토지를 경매로 취득하였고, 그 후에도 상당 기간 위와 같은 통행권의 제한을 스스로 받아들인 점, 피고도 이 사건 토지에서 공로로 출입하기 위하여 위 진입로의 타인 소유의 토지를 통행로로 사용하여야 하는 점, 원고 등은 이 사건 도로를 통행하여야만 공로에 이를 수 있는 점, 이 사건 도로를 포함한 진입로의 경우 화재 등 유사시에는 피난통로로도 이용될 수 있어야 하는 점, 이 사건 도로 이외에 원고 등이 개설하였던 임시도로는 도로로 부적합하여 이 사건 도로의 통행을 인정하지 않을 경우 원고들이 입게 되는 고통이나 손해는 막대한 반면, 이 사건 도로의 통행을 인정한다 하더라도 피고가 받게 되는 손해는 수인할 수 있는 정도인 점 등에 비추어 원고들에게 관습상통행권을 인정하는 것이 타당하다고 할 것이다.

이에 대하여 피고는 원고들이 언제든지 적은 비용과 노력으로 손쉽게 다시 우회도로를 개설할 수 있음에도 굳이 이 사건 도로를 이용하려고 하고, 또한 원고들 스스로 위 임시도로를 개설하여 상당 기간 이용하고서도 이를 폐쇄한 것은 오로지 피고에게 고통과 부담을 주기 위한 것이므로 이는 신의칙에 반하거나 권리남용에 해당하여 원고들에게 통행권을 인정하여서는 안 된다는 취지로 주장하나, 앞서 본 바와 같이 위 우회도로는 원래 깨 등 작물이 심어져 있는 농지로서 굴곡과 경사가 심하여 도로로서는 부적합하였으나 피고가 이 사건 도로의 통행을 방해하여 한시적으로 통로로 이용하였을 뿐이므로 위 가처분 결정에 의하여 이 사건 도로의 이용이 가능하게 되어 위 임시도로를 폐쇄한 것을 두고 신의칙에 반하거나 권리남용에 해당한다고 볼 수는 없으므로 피고의 위 주장은 이유 없다.

피고는 다음으로 원고들은 건축허가 없이 또는 원고들이 공사하거나 거주하는 것 중 일부는 공원용지인 데다가 건축법상 그 곳은 노폭이 6m 이상이 아닌 한 건축허가 자체가 불가능한데도 불법적인 방법으로 건축허가를 받아 주택을 신축하거나 이미 신축하여 거주하고 있는 자들로서 이와 같이 불법을 자행한 원고들에게 통행권을 인정하여서는 안 된다는 취지로 주장하므로 보건대, 원고들 중 일부(원고 ○○○등)가 무허가 건물에 거주하고 있는 사실을 인정하고 있으나, 그러한 사정만으로 장기간 계속되어 온 이 사건 도로의 통행을 배제할 사유가 된다고 볼 수는 없고, 한편 나머지 원고들에 대하여는 증인 ○○○ 증언만으로는 이들이 건축허가를 받지 않았다거나 불법적인 방법으로 건축허가를 받았음을 인정하기에 부족하고 달리 이를 인정할 자료가 없으며, 오히려 갑 제4호증의 1 내지 4의 각 기재, 용인시장에 대한 사실조회결과

> 에 변론의 전취지를 더하면 이들이 적법하게 건축허가를 받아 공사하거나 거주하는 것으로 보일 따름이므로 피고의 위 주장 또한 이유 없다.
>
> (2) 범위
> 한편 관습상 통행권은 어떤 토지에서 공로에 이르기 위하여 타인 소유의 토지의 이용을 제한하는 것이므로 그 통행권의 범위는 통행권을 가진 자에게 필요할 뿐만 아니라 이로 인한 주위 토지 소유자의 손해가 가장 적은 장소와 방법의 범위 내에서 인정되어야 하며, 그 범위는 사회통념에 비추어 부근의 지리상황, 이용자와 소유자의 이해득실 기타 제반사정을 참작하여 결정하여야 할 것인바, 앞에서 본 이 사건 도로와 그 주변의 지리상황, 주변토지의 상태와 용도 및 이 사건 도로에서 공로에 이르는 거리 등을 종합하여 볼 때, 원고 등이 공사하거나 거주하는 곳에서 공로로 통하기 위하여 가장 손해가 적은 장소와 방법은 특별한 사정이 없는 한 기존의 진입로의 일부인 이 사건 도로를 계속하여 사용하는 것이라고 보아야 할 것이고(더욱이 이 사건 도로는 이 사건 토지의 가장자리를 따라 개설되어 있어 피고의 토지 사용 제한을 최소화하고 있기도 하다), <u>그 통로는 사람이나 차량의 통행에 지장이 없는 현행 2m 내지 3m의 폭이 적당하다고 보여지므로</u>(그 동안 현행 2m 내지 3m의 노폭으로도 별 무리 없이 사람의 통행은 물론 공사차량까지 출입하며 주택신축 공사 등을 하였다.), 원고들에게 위 ㄱ, ㅅ, ㅇ 부분을 통행로로 사용케 함이 타당하다고 할 것이다.

다. 부당이득청구 가능성

사실상 도로 소유자도 부당이득금 청구가 가능하나, 우리 판례는 배타적 사용수익권 포기 이론을 확립하고 있다. 다만 그 법적근거에 대해 침묵을 지키다가 최근에 '신의성실의 원칙'임을 천명한 바 있다.

라. 사견

공익적인 측면에서 사실상 도로의 경우 소유자에게 일반 공중의 통행을 제한하는 물권적 청구권은 부정한다고 하더라도, 재산권을 보장하는 헌법적 원칙에 입각하여 부당이득금청구는 폭넓게 인정하는 것이 타당하다고 본다.

제3장 도로 해제(폐지)

1. 도로 해제(폐지) 소송

가. 법 제26조에 따른 입안제안 후 폐지 소송

(1) 의의

 도로소유자는 도로 폐지 행정소송(과거처럼 법 제26조에 따라 폐지입안제안을 하고 거부할 경우 행정소송을 제기하거나, 법 제48조의2에 의하여 해제입안신청, 해제신청, 해제심사신청을 하고 반려할 경우 행정소송을 제기할 수 있다. 이하 같다)을 제기하거나, 행정청이 20년이 될 때까지 보상에 착수하지 않으면 도로지정이 실효되므로, 이때까지 기다려도 된다.

 공도 중에서, 국토법에 따른 도시계획사업으로 설치된 도로는 도로소유자가 지목에 불문하고 도로지정폐지신청이 가능하다.

 주민은 국토법에 의하면 도시관리계획변경입안제안권이 있으므로, 이 제도에 의해 변경입안제안을 하고 이것이 받아들여지지 않을 경우에 '변경입안제안거부처분 취소의 소'[26]를 제기하여, 도로 지정을 폐지하는 것이다.

 이 소송은 매우 전문적인 분야이고, 사전 준비과정을 철저히 하지 않으면 승소가 매우 어렵다. 만일 일반인이 보기에도 주변 사정을 고려할 때 도로로서의 기능을 계속 유지하여야 한다면 도로지정폐지신청은 받아들여지지 않을 것이다.

(2) 입안제안권

 변경입안제안서에는 도시관리계획도서와 계획설명서를 첨부하여야 한다.
 그러나 도로폐지 신청 시는 계획설명서만 첨부해도 무방하다고 생각한다. 폐지를 하는 것이므로 별도의 도시관리계획도서가 필요 없기 때문이다.

---

26) 행정소송이므로, 거부된 날로부터 90일 내에 소송을 제기하여야 한다.

> **국토법 제26조(도시·군관리계획 입안의 제안)** ① 주민(이해관계자를 포함한다. 이하 같다)은 다음 각 호의 사항에 대하여 제24조에 따라 도시·군관리계획을 입안할 수 있는 자에게 도시·군관리계획의 입안을 제안할 수 있다. 이 경우 제안서에는 도시·군관리계획도서와 계획설명서를 첨부하여야 한다. 〈개정 2021. 1. 12. 2024. 2. 6.〉
>
> 1. 기반시설의 설치·정비 또는 개량에 관한 사항
> 2. 지구단위계획구역의 지정 및 변경과 지구단위계획의 수립 및 변경에 관한 사항
> 3. 다음 각 목의 어느 하나에 해당하는 용도지구의 지정 및 변경에 관한 사항
>   가. 개발진흥지구 중 공업기능 또는 유통물류기능 등을 집중적으로 개발·정비하기 위한 개발진흥지구로서 대통령령으로 정하는 개발진흥지구
>   나. 제37조에 따라 지정된 용도지구 중 해당 용도지구에 따른 건축물이나 그 밖의 시설의 용도·종류 및 규모 등의 제한을 지구단위계획으로 대체하기 위한 용도지구
> 4. 삭제 〈2024. 2. 6.〉
> 5. 도시·군계획시설입체복합구역의 지정 및 변경과 도시·군계획시설입체복합구역의 건축제한·건폐율·용적률·높이 등에 관한 사항
>
> ② 제1항에 따라 도시·군관리계획의 입안을 제안받은 자는 그 처리 결과를 제안자에게 알려야 한다. 〈개정 2011. 4. 14.〉
>
> ③ 제1항에 따라 도시·군관리계획의 입안을 제안받은 자는 제안자와 협의하여 제안된 도시·군관리계획의 입안 및 결정에 필요한 비용의 전부 또는 일부를 제안자에게 부담시킬 수 있다. 〈개정 2011. 4. 14.〉
>
> ④ 제1항제3호에 따른 개발진흥지구의 지정 제안을 위하여 충족하여야 할 지구의 규모, 용도지역 등의 요건은 대통령령으로 정한다. 〈신설 2015. 8. 11.〉
>
> ⑤ 제1항부터 제4항까지에 규정된 사항 외에 도시·군관리계획의 제안, 제안을 위한 토지소유자의 동의 비율, 제안서의 처리 절차 등에 필요한 사항은 대통령령으로 정한다. 〈개정 2011. 4. 14., 2015. 8. 11.〉

(3) 폐지소송 논리

대법원에 의하면, 소유자가 도시계획시설폐지를 신청하면 행정청은 이에 대해서 행정주체가 구체적인 행정계획을 입안·결정할 때에 가지는 비교적 광범위한 형성의 자유는 무제한적인 것이 아니라 행정계획에 관련되는 자들의 이익을 공익과 사익 사이

에서는 물론이고 공익 상호 간과 사익 상호 간에도 정당하게 비교·교량하여야 한다는 제한이 있는 것이므로, 행정주체가 행정계획을 입안·결정하면서 이익형량을 전혀 행하지 않거나 이익형량의 고려대상에 마땅히 포함시켜야 할 사항을 빠뜨린 경우 또는 이익형량을 하였으나 정당성과 객관성이 결여된 경우에는 행정계획결정은 형량에 하자가 있어 위법하게 되고(대법원 1996. 11. 29. 선고 96누8567 판결, 대법원 2011. 2. 24. 선고 2010두21464 판결), 이러한 법리는 행정주체가 국토법 제26조에 의한 주민의 도시관리계획 입안제안을 받아들여 도시관리계획결정을 할 것인지를 결정할 때에도 마찬가지이고(대법원 2010. 2. 11. 선고 2009두16978 판결, 대법원 2010. 3. 25. 선고 2009두21499 판결), 나아가 도시계획시설구역 내 토지 등을 소유하고 있는 주민이 장기간 집행되지 아니한 도시계획시설의 결정권자에게 도시계획시설의 변경을 신청하고, 결정권자가 이러한 신청을 받아들여 도시계획시설을 변경할 것인지를 결정하는 경우에도 동일하게 적용된다고 보아야 한다고 판시하였다(대법원 2012. 1. 12. 선고 2010두5806 판결).

즉, 대법원은 장기미집행 도시계획시설의 경우에까지 입안제안권을 확장하여, 그 입안제안에 대해 거부하면 행정소송이 가능하다고 한다.

다만 현재는 아래 국토법 제48조의2에 따른 권리를 행사하는 것이 더 승소 가능성이 크다고 본다.

나. 법 제48조의2에 따른 해제 입안신청, 해제신청, 해제심사 청구 후 행정소송[27]

「국토의 계획 및 이용에 관한 법률」(이하 '국토법'이라고만 함)은 2015. 8. 11. 그동안 입찰에 참여하기 어려운 도시계획시설부지에 대해 획기적인 입법을 하였다. 즉, 제48조의2를 신설하여, 해제입안신청, 해제신청, 해제심사신청을 규정하였고, 이 규정은 2017. 1. 1.부터 시행된다.

---

27) 상세사항은 제1편. 제2장. 5. 참고

즉, 위 제도는 도시·군계획시설결정 고시일부터 10년 이내에 사업이 시행되지 않은 경우로 그 실효일까지 집행계획이 없는 경우, 토지소유자로 하여금 도시·군관리계획 입안권자에 대하여 도시·군계획시설결정 해제를 위한 도시·군관리계획 입안 신청을(제48조의2제1항, 제2항), 도시·군관리계획 결정권자에 대하여 도시·군계획시설결정의 해제 신청을(제3항, 제4항), 그리고 해제 신청에 관하여 국토교통부장관을 상대로 심사 신청을 할 수 있도록 하고, 심사 신청을 받은 국토교통부장관이 결정권자에게 해제를 권고할 수 있도록 하는 것(제5항 내지 제7항)을 내용으로 한다. 이러한 해제신청 제도 또한 도시·군계획시설결정이 장기간 미집행되는 경우에 발생할 수 있는 재산권의 제한 문제를 보다 완화하기 위한 장치로서 도입된 것이다.

2017. 1. 1.부터는 신설된 국토법 제48조의2에 폐지(해제)에 대한 구체적인 해제기준이 마련되어 있으므로, 폐지(해제)될 가능성이 매우 높아졌다.

> **법 제48조의2(도시·군계획시설결정의 해제 신청 등)** ① 도시·군계획시설결정의 고시일부터 10년 이내에 그 도시·군계획시설의 설치에 관한 도시·군계획시설사업이 시행되지 아니한 경우로서 제85조제1항에 따른 단계별 집행계획상 해당 도시·군계획시설의 실효 시까지 집행계획이 없는 경우에는 그 도시·군계획시설 부지로 되어 있는 토지의 소유자는 대통령령으로 정하는 바에 따라 해당 도시·군계획시설에 대한 도시·군관리계획 입안권자에게 그 토지의 도시·군계획시설결정 **해제를 위한 도시·군관리계획 입안을 신청**할 수 있다.
>
> ② 도시·군관리계획 입안권자는 제1항에 따른 신청을 받은 날부터 3개월 이내에 입안 여부를 결정하여 토지 소유자에게 알려야 하며, 해당 도시·군계획시설결정의 실효 시까지 설치하기로 집행계획을 수립하는 등 대통령령으로 정하는 특별한 사유가 없으면 그 도시·군계획시설결정의 해제를 위한 도시·군관리계획을 입안하여야 한다.
>
> ③ 제1항에 따라 신청을 한 토지 소유자는 해당 도시·군계획시설결정의 해제를 위한 도시·군관리계획이 입안되지 아니하는 등 대통령령으로 정하는 사항에 해당하는 경우에는 해당 도시·군계획시설에 대한 도시·군관리계획 결정권자에게 그 도시·군계획시설결정의 **해제를 신청**할 수 있다.
>
> ④ 도시·군관리계획 결정권자는 제3항에 따른 신청을 받은 날부터 2개월 이내에 결정 여부를 정하여 토지 소유자에게 알려야 하며, 특별한 사유가 없으면 그 도시·군계획시설결정을 해제하여야 한다.

⑤ 제3항에 따라 해제 신청을 한 토지 소유자는 해당 도시·군계획시설결정이 해제되지 아니하는 등 대통령령으로 정하는 사항에 해당하는 경우에는 국토교통부장관에게 그 도시·군계획시설결정의 **해제 심사를 신청**할 수 있다.

⑥ 제5항에 따라 신청을 받은 국토교통부장관은 대통령령으로 정하는 바에 따라 해당 도시·군계획시설에 대한 도시·군관리계획 결정권자에게 도시·군계획시설결정의 해제를 권고할 수 있다.

⑦ 제6항에 따라 해제를 권고받은 도시·군관리계획 결정권자는 특별한 사유가 없으면 그 도시·군계획시설결정을 해제하여야 한다.

⑧ 제2항에 따른 도시·군계획시설결정 해제를 위한 도시·군관리계획의 입안 절차와 제4항 및 제7항에 따른 도시·군계획시설결정의 해제 절차는 대통령령으로 정한다.[본조신설 2015.8.11.]

2. 실효 제도

가. 도입 배경

헌법재판소는 '도시계획시설의 지정으로 인해 당해 토지의 이용가능성이 배제되거나 토지소유자가 토지를 종래 허용된 용도대로 사용할 수 없기 때문에 현저한 재산적 손실이 발생하는 경우에는 원칙적으로 사회적 제약의 범위를 넘는 수용적 효과를 인정하여 이에 대한 보상을 해야 하는데, 도시계획시설로 지정된 토지가 나대지인 경우, 토지소유자는 더 이상 그 토지를 종래 허용된 용도(건축)대로 사용할 수 없게 되어 토지의 매도가 사실상 불가능하고 경제적으로 의미있는 이용 가능성도 배제되므로, 입법자는 매수청구권이나 수용신청권의 부여, 지정의 해제, 금전적 보상 등 다양한 보상가능성을 통하여 재산권에 대한 가혹한 침해를 적절하게 보상하여야 한다면서 도시계획이 시행되는 구역 내의 토지소유자들에게 허가를 받지 아니하고는 토지의 형질변경이나 건축 등을 금지하면서도 이러한 재산권 행사의 제한에 대해 아무런 보상규정을 두지 않은 구 도시계획법 제4조는 헌법에 합치되지 아니한다.'라고 판시하였다(1999. 10. 21. 97헌바26 결정 참조).

입법자는 위 헌재 결정에 따라 도시계획법을 개정하여 장기간 동안 시행 되지 아니한 도시계획시설결정의 실효(제41조), 도시계획시설부지 중 지목이 대인 토지에 대한 매수청구(제40조), 기존의 도시계획시설에 대한 경과조치(부칙 제10조)를 신설하였고, 위 규정들은 모두 국토법 제47조(매수청구), 제48조(실효), 부칙 제16조(경과조치)에 계승되었다.

나. 실효 요건

국토법 제48조에 의하여, 도시·군계획시설결정이 고시된 도시·군계획시설에 대하여 그 고시일부터 20년이 지날 때까지 그 시설의 설치에 관한 도시·군계획시설사업이 시행되지 아니하는 경우 그 도시·군계획시설결정은 그 고시일부터 20년이 되는 날의 다음날에 그 효력을 잃는다.

다만, 구 도시계획법 제41조제1항은 20년 이상 경과한 장기미집행 도시계획시설 결정의 실효에 관해 규정하면서 그 실효기간의 기산일을 도시계획시설 결정의 결정·고시일로 규정하고 있는데, 부칙 제10조제3항은 <u>2000. 7. 1. 당시 종전의 규정에 의하여 고시된 도시계획시설결정은 그때까지 이미 경과한 기간이 얼마인지 관계없이 2000. 7. 1.부터 새로이 20년을 경과하여야 비로소 그 효력을 상실하도록</u> 하였다. 또한, 국토법 부칙 제16조제1항제1호도 2000. 7. 1. 이전의 도시계획시설결정에 대하여는 2000. 7. 1.을 실효기산일로 규정하였다.

즉, 2000. 7. 1. 이전에 도시계획시설로 지정된 것은 2020. 7. 1.에 실효되고, 그 이후에 지정된 것은 지정일로부터 20년이 지난 다음날 실효된다.

도시·군계획시설의 설치에 관한 도시·군계획시설사업이 시행되지 아니하는 경우는 국토법 제88조에 따른 <u>실시계획의 인가나 그에 상당하는 절차가 진행되지 아니하는 경우</u>를 말한다(국토법 제47조제1항본문).

위에서 "그에 상당하는 절차"에 대해 일부 지방자치단체는 "국가나 지방자치단체가 도로를 점유하는 형태는 도로관리청으로서의 점유와 사실상의 지배주체로서의 점유로 나누어 볼 수 있는바 기존의 사실상 도로에 도로법에 의한 노선인정의 공고 및 도로구역의 결정이 있거나 도시계획법에 의한 도시계획사업의 시행으로 도로설정이 된 때에는 이때부터 도로관리청으로서의 점유를 인정할 수 있으나, 이러한 도로법 등에 의한 도로설정행위가 없더라도 국가나 지방자치단체가 종전부터 일반공중의 교통에 사실상 공용되거나 또는 공용되지 않던 사유지상에 사실상 필요한 공사를 하여 도로로서의 형태를 갖춘 다음 그 토지를 여전히 또는 비로소 <u>일반공중의 교통에 공용한 때</u>에는 이때부터 그 도로는 국가나 지방자치단체의 사실상 지배하에 있는 것으로 보아 사실상 지배주체로서의 점유를 인정할 수 있다."라는 대법원 판결(대법원 1993. 8. 24. 선고 92다19804 판결)을 거론하면서, '<u>일반공중의 교통에 공용한 때'에는 실시계획의 인가에 상당한 절차가 진행되는 경우에 해당하여 실효가 되지 않는다고 주장을 하기도 한다.</u>

사견은 실효제도는 도시·군계획시설결정이 고시된 도시·군계획시설에 대하여 그 고시일부터 20년이 지날 때까지 그 시설의 설치에 관한 도시·군계획시설사업이 시행되지 아니하는 경우 그 도시·군계획시설결정은 그 고시일부터 20년이 되는 날의 다음날에 그 효력을 잃는 것이므로, 실시계획의 인가가 없다면 단순히 사실상 지배주체로서 점유를 한다고 하더라도 그 토지에 대한 도시계획결정은 실효가 된다고 보아야 한다고 생각한다.

다. 헌법상 재산권으로부터 당연히 도출되는 권리인가?

도시계획시설결정의 실효 제도는 도시계획시설 부지를 위와 같은 사회적 제약으로부터 벗어나게 하는 것으로서, 종래 입법화되지 않았던 제도를 새로 도입함으로써 결과적으로 개인의 재산권이 보다 보호되기는 하나, 이와 같은 보호는 입법자가 새로운 제도를 도입함에 따라 얻게 되는 법률에 기한 권리이지, 헌법상 재산권으로부터 당연히 도출되는 권리라고 보기 어렵다[28].

라. 소유자 주의사항

소유자가 자신의 토지에 대하여 도시계획시설결정이 실효될 때까지 기다리는 방법도 있다. 그러나 도로 결정이 실효되더라도 그 토지를 소유자가 이용할 수 있는지는 또 다른 문제이다. 생각건대, 실효되더라도 자유로운 이용이 가능한 토지가 많지 않을 것으로 예측된다. 왜냐하면 도로가 없어지는 것이므로, 건축허가가 곤란할 것이기 때문이다.

따라서 도로를 폐지하거나 실효되는 것을 보고 투자를 하려면 폐지나 실효 후에 건축이 가능한지를 철저히 검토한 후에 투자하여야 한다.

---

28) 헌재의 다수의견이다. 이에 대하여 헌법재판소 소수의견은 '도시계획시설결정의 실효 제도를 두어 장기미집행의 도시계획시설결정을 실효시키는 것은 도시계획시설결정으로 인한 토지재산권에 대한 제한이 그 사회적 제약의 범위를 넘어 과도한 것으로 되는 것을 방지하기 위한 것이고, 우리 헌법 제23조 재산권 규정의 근본취지에 따라 재산권을 보장하기 위한 규정이므로, 도시계획시설결정 실효 제도는 헌법상 재산권의 보장과 비례원칙으로부터 도출되는 재산권의 내용에 대한 확인적 규정이지 단순히 방만한 도시계획시설결정에 대한 통제라고 하는 입법정책에 따른 시혜적인 차원의 것이 아니다'라고 판시하였다.

제4장　**매수청구**

1. 매수청구 제도의 의의

 행정청에게 내 땅을 사가라고 "매수청구"를 하는 것이다. 이러한 매수청구는 법에 근거규정이 있어야만 가능한데, 국토법 제47조, 도로법 제41조가 있다.

 다만, 행정청이 소유자로부터 매수청구를 받으면, 그 땅을 반드시 매수해 주지 않아도 된다.

 사견은 매수청구제도는 헌법재판소의 위헌결정에 따라 도입된 제도이므로, 행정청은 반드시 매수에 응하여야 한다고 생각한다. 즉, 법률적으로 설명하면 재량권이 0으로 수축된 재량행위라는 것이 사견이다. 매수를 해주지 않으면 건물건축이 가능할 수도 있으나, 도로의 경우는 거의 불가능하다고 생각한다.

 또한 매수청구를 받아들여 행정청이 그 매수가격을 결정하였는데, 이 매수가격에 대해서 소유자가 낮다고 다툴 방법은 없다고 생각한다. 따라서 매수청구를 하는 자는 매수가격 산정과정에 힘을 쏟아야 한다.

2. 국토법상 장기미집행 매수청구

가. 의의

매수청구권이란 계획제한 등으로 인해 규제를 받는 토지에 대하여 손실보상의 대체적 수단으로서 권리자에게 당해 토지를 매수를 청구할 수 있도록 인정하는 제도이다.

국토법은 2002. 2. 4. 제정(시행일 2003. 1. 1.)되면서, 제47조에 장기미집행도시계획시설에 대한 매수청구 제도를 규정하고, 이는 현행법도 마찬가지이고, 현행법은 오히려 매수청구 결정기간을 2년 이내에서 6개월로 단축하는 등 재산권 보장에 치중하고 있다.

즉, 도시·군계획시설에 대한 도시·군관리계획의 결정의 고시일부터 10년 이내에 그 도시·군계획시설의 설치에 관한 도시·군계획시설사업이 시행되지 아니하는 경우(제88조에 따른 실시계획의 인가나 그에 상당하는 절차가 진행된 경우는 제외한다. 이하 같다) 그 도시·군계획시설의 부지로 되어 있는 토지 중 지목(地目)이 대(垈)인 토지(그 토지에 있는 건축물 및 정착물을 포함한다. 이하 이 조에서 같다)의 소유자는 대통령령으로 정하는 바에 따라 특별시장·광역시장·특별자치시장·특별자치도지사·시장 또는 군수에게 그 토지의 매수를 청구할 수 있다(법 제47조제1항).

즉, 지목이 '대'이어야 하고, 10년 동안 미집행 되어야 매수청구가 가능하다.

나. 매수청구제도 요약

구분	매수청구제도
적용법규	국토법 제47조
요건	지목이 '대'이고, 10년 미집행
후속조치	- 6개월 이내에 매수여부 결정 - 매수결정 알린 날로부터 2년 이내 매수
매수대금	현금 또는 지방채

구분	매수청구제도
매수가격·매수절차	- 토지보상법 준용(47조4항) - 감정평가사 추천 여부 : 현재는 시행되지 않음 - 개별적 계획제한이므로 도로로 제한받지 않는 상태로 평가함
미 매수결정, 미 매수 시	- 매수신청거부처분 취소소송 - 일정한 건축물 설치

다. 법적성질

(1) 형성권설과 청구권설의 대립

매수청구권의 법적 성질은 형성권이므로 매수청구권자가 일방적으로 매수청구함으로서 매매계약이 체결된 것과 동일한 법률관계가 형성된다는 견해[29]와 매수청구권의 법적성질은 매수청구의 의사표시가 있었다고 하여 바로 계약체결의 효과는 발생하지 않으므로 문자 그대로 청구권이지 형성권은 아니라는 견해이다. 즉 매수청구권은 상대방에게 매매계약을 체결할 것을 요구할 수 있는 청구권적 성질을 지니고 있다[30].

토지소유자의 매수청구가 있더라도 매수의무자는 이에 구속되지 않고 매수거부결정을 할 수 있으므로, 토지소유자의 매수청구권 행사만으로 곧바로 매매계약이 성립되는 형성권으로 보기는 어렵다.[31] 다만, 다음에서 보는 바와 같이 단순한 사법상 청약에 불과한 것인지 아니면 공법상 권리로 볼 수 있는지에 대해서는 견해 대립이 있다.

(2) 사법상의 청약인지 공법상 권리인지 여부

토지소유자의 매수청구는 단순한 사법상의 청약에 불과하다고 보는 견해와 일정한 공법상 효과를 발생시키는 공법상 권리로 파악하는 견해가 있다.

---

29) 유해웅, "보전지역의 토지이용규제에 따른 손실의 보상,"「부동산법학」제7집(한국부동산법학회), 2003. 2, 156면 ; 이선영, "토지규제와 매수청구권의 법적성질,"「감정평가」통권 제36권(한국감정평가협회)
30) 배영길, "토지공법", 세종출판사, 1998, 266면.
31) 임호, "장기미집행도시계획시설부지의 손실보상에 관한 연구", 부산대학교 석사학위논문, 2010.8. 26, 27면 노경필, "국토계획법상 장기 미집행된 도시계획시설에 대한 매수거부행위의 처분성 및 그 매수의무자", 대법원판례해설 72호(2007하반기), 2007. 12. 28.

전자는 매수청구가 있더라도 매수의무자가 당연히 매수할 의무를 부담하는 것은 아니고 매수할지 여부는 매수의무자의 자유에 맡겨 있는 점을 근거로 하고.

후자는 ①매수의무자가 공행정의 주체인 점, ②토지소유자의 매수청구만으로 곧바로 매수의무자에게 매수의무를 발생시키는 것은 아니지만, 적어도 매수의무자로 하여금 매수 여부에 관한 결정을 하여 그에 대한 응답을 할 의무를 부담시킨다는 점에서는 단순한 사법상의 청약과 같이 볼 수 없는 점, ③대법원은 재산권 침해에 따른 손실보상청구권을 공법상 권리로 파악하고 있는데, 매수청구권도 그 입법연혁과 입법 취지에 비추어 보면, 위와 같은 손실보상제도의 한 유형에 해당한다고 할 수 있는 점(대법원 2006. 5. 18. 선고 2004다6207 전원합의체 판결), ④매수청구권은 매수의무자로 하여금 2년 이내에 매수 여부에 관한 결정을 할 의무를 발생시키고, 또한 매수의무자가 매수를 거부할 경우 도시계획시설결정에 따른 토지이용제한이 일부 해제되는 공법상의 효과를 발생시킨다는 점에서 잡종재산의 매각이나 정부조달계약과 같은 사법상 계약과는 달리 취급할 이유가 있는 점, ⑤국토계획법에서 매수가격이나 매수절차 등에 관하여 공익사업보상법의 규정을 준용하도록 하고 있지만, 이는 단순히 그 절차에 관한 규정을 준용하도록 한 것일 뿐, 이러한 점만으로 매수청구의 법적 성격을 반드시 토지보상법에 의한 협의취득과 같이 보아야 할 것은 아닌 점, ⑥토지보상법(구 공특법)은 협의가 성립되지 않을 경우 토지수용절차로 이행됨을 전제로 하고 있는 것이므로, 그러한 절차가 예정되어 있지 않은 국토계획법상 매수청구권과는 사정이 다르다고 할 수 있는 점, 특히 토지보상법상 잔여지 매수청구의 경우에는 사업시행자가 매수를 거부할 경우 관할 토지수용위원회에 수용을 청구할 수 있어(토지보상법 제74조 제1항) 사업시행자의 위법한 매수거부로부터 구제될 기회가 있지만, 국토계획법상 매수청구에서는 그러한 기회가 보장되어 있지 않은 점, ⑦국토계획상법상 매수청구를 단순한 사법상의 청약으로 보게 되면, 행정청의 위법한 매수거부에 대해 다툴 방법이 전혀 없게 되는 반면, 공법상 권리로 파악하게 되면, 행정청의 매수거부결정도 행정처분으로 볼 수 있게 되어 그에 관한 재량통제가 가능해짐으로써 위법한 매수거부로부터 국민의 권익을 보호할 수 있게 되는 점을 근거로 하고, 이러한 견해에 의하면, 매수청구에 의한 매매계약은 손실보상을 내용으로 하는 공법상 계약으로 보게 되어, 매수 여부에 관한 매수의무자의 결정도 공행정의 주체로서 행하는 공법상의 행위로서 <u>행정처분으로 볼 여지가 있게 된다</u>.[32]

(3) 매수거부 통지가 행정처분인지

 매수청구권을 공법상 권리로 파악하는 입장에서, 매수청구에 기한 매매계약은 공법상 계약(손실보상)으로 보아야 할 것이므로, 그에 관한 매수의무자의 결정도 공행정의 주체로 행한 공법상의 행위로서 행정처분으로 볼 수 있다.

 그 근거는 다음과 같은 점을 들고 있다. ①법률에 의해 명시적으로 매수청구권이 인정되고 있고, 또 매수청구가 거부된다면 토지소유자로서는 당해 토지를 매도하여 도시계획시설결정에 의한 제약으로부터 벗어날 기회를 상실하게 된다는 점에서 토지소유자의 권리나 법적 이익에 영향이 없다고 말할 수는 없다는 점, ②매수 여부는 원칙적으로 매수의무자의 재량이라 할 것이나, 구체적인 사정에 따라서 매수를 하는 것만이 재량권의 일탈·남용에 해당하지 않는 경우(재량권의 0으로의 수축)가 있을 수 있고, 이 경우에는 매수거부는 위법한 것으로 볼 수 있는데, 만약 이를 행정처분으로 보지 않는다면, 토지소유자로서는 위법한 매수거부행위에 대해 다툴 방법이 전혀 없다는 점, ③국토계획법에서는 매수의무자가 매수 여부에 관하여 결정을 한 경우 이를 토지소유자에게 통지하여야 한다고 규정하고 있는 점(제47조 제6항)을 들고 있다.[33]

 <u>대법원은 매수 거부행위는 공권력의 행사 또는 이에 준하는 행정작용으로서 항고소송의 대상이 되는 행정처분에 해당한다</u>고 판시하고 있다.

(4) 사견

 생각건대, 공법상의 권리로 보는 견해가 타당하다. 또한 매수신청에 대한 행정청의 매수여부에 대한 의사결정은 특별한 사정이 없는 재량권이 0으로 수축되는 재량행위라고 생각한다. 헌법재판소의 위헌결정에 따른 후속대책이 매수청구제도인 점을 감안하면 특별한 사정이 없는 한 매수청구에 응하여야 한다고 본다.

---

32) 노경필, 주 36)
33) 노경필, 주 36)

라. 매수청구 요건

(1) 10년 미집행

도시계획시설결정의 고시일부터 10년 이내에 그 도시계획시설의 설치에 관한 도시계획시설사업이 **시행되지 아니하는 경우**여야 한다(제88조에 따른 실시계획의 인가나 그에 상당하는 절차가 진행된 경우는 제외한다).

매수청구기산일은 부칙에 별도 규정이 없으므로, 도시계획시설결정고시일이다.

(2) 지목(地目)이 대(垈)인 토지의 소유자(그 토지에 있는 건축물 및 정착물을 포함한다)

그러나 지목이 '대'인 요건과 관련하여서는 매우 주의하여야 한다. 법문상으로는 지목이 '대'이면 무조건 매수청구가 가능한 것처럼 되어 있다. 그래서 경매학원에서 도로중 지목이 '대'인 토지에 대해 무턱대고 투자를 시키는 경우가 많다.

그러나 30년 전에 민간건설회사가 집을 분양하면서 도로를 개설하였고, 도로부분은 소유권을 보유하다가, 원고가 경매로 취득한 사안에서 서울고등법원은 "매수청구는 도시계획결정으로 비로서 종래 허용된 용도대로 사용 불가능한 경우에 한하여 허용되는 것이며, 이 사안의 경우 이미 도시계획시설사업이 시행되었다고도 볼 수 있고, 사용수익권을 포기한 것을 알면서 취득한 경우에는 매수청구가 불가하다."라고 판시하고 있고(서울고등법원 2013. 4. 10. 선고 2012누32699 판결), 또한 '지목이 대인 토지의 소유자'는 '주된 용도'가 대지이고 토지대장에 지목이 '대'로 되어 있는 토지의 소유자를 의미한다고 판시한 바도 있다(서울고등법원 2014. 8. 21. 선고 2013누51581 판결).

즉, 단순히 지목이 '대'가 아니라 '대지로 사용할 수 있어야 한다.'는 취지도 담겨 있는 것이다.

한편 도시자연공원구역과 같이 지목이 '대'가 아닌 경우로까지 매수청구 요건을 확대할 필요가 있다. 그렇지 않다면 나머지 지목에 대해서는 매수청구제도가 해결방안이 될 수 없는 약점이 있다.

마. 매수청구의 상대방(매수의무자)

(1) **원칙** : 특별시장·광역시장·특별자치시장·특별자치도지사·시장 또는 군수

(2) **예외 1**
 ① 이 법에 의해 당해 도시계획시설사업의 시행자가 정해진 경우 그 시행자
 ② 이 법 또는 다른 법률에 의해 도시계획시설을 설치하거나 관리하여야 할 의무가 있는 자가 있는 경우에는 그 의무가 있는 자, 이 경우 도시계획시설을 설치하거나 관리하여야 할 의무가 있는 자가 서로 다른 경우에는 설치할 의무가 있는 자

 국토법상 도시계획시설사업의 시행자는 원칙적으로 ㉮ 관할 특별시장·광역시장·특별자치시장·특별자치도지사·시장 또는 군수(제86조제1항)가 되고, ㉯ 도시·군계획시설사업이 둘 이상의 특별시·광역시·특별자치시·특별자치도·시 또는 군의 관할 구역에 걸쳐 시행되게 되는 경우에는 관계 특별시장·광역시장·특별자치시장·특별자치도지사·시장 또는 군수가 서로 협의하여 시행자를 정하고(제86조제2항), ㉰ 국토교통부장관 또는 도지사(제86조제4항), 혹은 ㉱ 사업시행자로 지정받은 자(제86조제5항)가 시행자로 될 수 있는데, 도시계획시설사업의 시행자는 실시계획인가를 받음으로써 토지수용권을 갖게 되는 등 그 도시계획시설사업의 시행을 위한 범위 안에서 일정한 사항에 관하여 공권력을 행사할 수 있는 행정주체로서의 지위를 갖게 된다.

(3) **예외 2 : 정비구역 토지의 매수의무자**
 어느 토지가 도시계획시설임과 동시에 정비기반시설인 경우 매수의무자가 누구인지가 문제된다. 즉 조합이 설립되었다면 국토법 제47조제1항제2호의 예외규정이 적용되어 매수의무자가 행정청이 아닌 조합이 될 것인데, 아직 조합이 설립되지 않은 경우에도 예외규정이 적용되는지에 있다.

예를 들어 서울시 도로 부지로 결정된 토지에 대해서, 도시계획시설사업의 시행자가 지정되어 있다면, 그자가 매수의무자가 될 것이고, 따로 지정된 바 없다면, 매수의무자는 국토계획법상 서울특별시장이 된다(제47조제1항). 그런데 국토계획법 제139조 제2항에서는, 이 법에서 정한 시·도지사의 권한은 조례가 정하는 바에 따라 시장·군수 또는 구청장에게 위임할 수 있도록 하고 있고, 이에 따라 서울특별시 도시계획조례에서는 도시계획시설 부지에 대한 매수청구가 있는 토지의 국토계획법 제47조에 따른 매수 여부의 결정, 매수결정의 통지 및 매수절차 이행 등에 관한 권한을 구청장에게 위임한다고 되어 있다. 따라서 위 법상 이 사건 공원의 매수결정권자는 구청장이다.

그런데 정비기반시설에 해당하는 토지인 경우「도시 및 주거환경법」상 정비기반시설의 설치의무자는 정비사업시행자이다(동법 제64조제1항).
한편, 2005. 3. 18. 법률 제7392호로 개정된「도시 및 주거환경법」제32조제1항 제15호에서는, 사업시행자가 사업시행인가를 받은 때에는 국토계획법 제86조에 의한 도시계획시설사업시행자의 지정이 있는 것으로 간주된다고 규정하고 있다.

대법원은 국토계획법 제47조제1항본문 및 단서 제2호 규정의 문언 내용과 그 체계, 위와 같은 매수청구제도를 두게 된 입법연혁 및 그 입법 취지 등을 종합하여 볼 때 위 단서 규정에서 말하는 '이 법 또는 다른 법률에 의하여 도시계획시설을 설치할 의무가 있는 자가 있는 경우'란 <u>단순히 설치의무자가 잠재적으로 존재하는 것만으로는 부족하고, 그러한 설치의무자가 구체적으로 확정된 경우를 의미한다고 보아야 한다</u>고 판시하고 있다(대법원 2007. 12. 28. 선고 2006두4738 판결).

<u>따라서 조합이 설립되거나, 토지등소유자가 사업시행자로 지정되었을 경우에는 조합이나 사업시행자로 지정된 토지등소유자가 매수의무자이나, 그렇지 않은 경우에는 행정청이 여전히 매수의무자이다.</u>

바. 매수청구 절차

도시계획시설부지매수청구서(전자문서로 된 청구서를 포함한다)에 대상토지 및 건물에 대한 등기사항증명서를 첨부하여 매수의무자에게 제출한다(령 제41조제1항).

■ 국토의 계획 및 이용에 관한 법률 시행규칙[별지 제3호서식] 〈개정 2014.8.7〉

도시 · 군계획시설 부지매수청구서

※ 뒤쪽에 신청안내을 참고하식 바라며 색상이 어두운 란은 신청인이 적지 않습니다.　　　　　(앞쪽)

접수번호	접수일		처리기간 6개월	
토지소유자	①성명(법인인 경우 그 명칭 및 대표자 성명)		②생년월일(법인인 경우 법인등록번호)	
	③주소　　　우 　　　　　　　　　　(전화번호:　　　　　　　　　　　)			
토지에 관한 사항	④위치	⑤면적(㎡)		⑥지번
도시 · 군계획시설에 관한 사항	구분	⑦시설명	⑧편입면적(㎡)	⑨결정시기	⑩실시계획인가일
	현황				
	확인내용 (※)				
토지에 있는 건축물 등에 관한 사항	⑪종류 (용도)	⑫구조	⑬연면적 (㎡)	⑭층수	⑮사용 연수
매수청구에 관계되는 권리	⑯권리 종류	지상권 · 전세권 또는 임차권의 경우			
		⑰설정 기간	⑱잔존 기간	⑲담보 (한도)	⑳지대 (연액:원)	㉑특기 사항
비고	매수청구대상은 지목이 대(垈)인 토지와 해당 토지에 있는 건축물 및 정착물로 한정하며, 이주대책비, 영업손실에 대한 보상 및 잔여지 보상 등은 청구대상이 아닙니다.				

「국토의 계획 및 이용에 관한 법률」 제47조제1항, 같은 법 시행령 제41조제1항 및 같은 법 시행규칙 제7조에 따라 위와 같이 토지의 매수를 청구합니다.

　　　　　　　　　　　　　　　　　　　　　　　년　　　월　　　일
　　　　　　　　　매수청구인　　　　　　　　　　(서명 또는 인)
　　　　　　　　　(토지소유자와의 관계:　　　　　　　　　　　)

특별시장 · 광역시장 · 특별자치시장 · 특별자치도지사 · 시장 · 군수 귀하

담당공무원 확인사항	대상토지 및 건물에 대한 등기사항증명서	수수료 없음

210mm×297mm[백상지 80g/㎡(재활용품)]

매수의무자는 매수 청구를 받은 날부터 6개월 이내에 매수 여부를 결정하여 토지소유자와 특별시장·광역시장·특별자치시장·특별자치도지사·시장 또는 군수(매수의무자가 특별시장·광역시장·특별자치시장·특별자치도지사·시장 또는 군수인 경우는 제외한다)에게 알려야 하며, 매수하기로 결정한 토지는 매수 결정을 알린 날부터 2년 이내에 매수하여야 한다(법 제47조제6항).

사. 매수결정 토지 후속 조치

(1) 2년 이내 매수

매수하기로 결정한 토지는 매수 결정을 알린 날부터 <u>2년 이내에 매수하여야 한다.</u> 2년 이내에 매수하지 않거나 매수하지 아니하기로 한 토지는 대통령령으로 정하는 건축물 또는 공작물을 설치할 수 있다.

> 1. 「건축법 시행령」 별표 1 제1호 가목의 단독주택으로서 3층 이하인 것
> 2. 「건축법 시행령」 별표 1 제3호의 제1종근린생활시설로서 3층 이하인 것
> 2의2. 「건축법 시행령」 별표 1 제4호의 제2종 근린생활시설(같은 호 차목·타목 및 파목은 제외한다)로서 3층 이하인 것
> 3. 공작물

<u>문제는 매수기간이 2년이나 되어 그 기간 동안의 가격변동에 대한 대응책이 문제된다.</u> 예를 들어 2020. 1. 1. 매수청구를 하고, 매수여부결정은 6개월 이내에 하여야 하므로 2020. 5. 31.까지 하여야 하고, 이를 다음날 통지를 하였다면 그날로부터 2년 이내인 2022. 6. 1.까지 매수하여야 하는데, 언제 감정평가를 하느냐에 따라 그 매수가격이 달라질 수 있다는 것이다. 이에 대해 령 제41조제2항을 근거로 매수청구일을 기준으로 평가를 하여야 한다는 견해가 있으나, 사견은 감정평가 의뢰일을 기준으로 평가하여야 한다고 본다.

(2) 관리계획 수립 여부

국토계획법 제47조제1항에 따른 매수청구 및 같은 조 제6항에 따른 매수결정에 따라 매수의무자인 지방자치단체의 장이 공유재산법시행령 제7조제1항 각 호의 어느

하나에 해당하는 도·시군계획시설의 부지를 취득하는 경우가 같은 조 제3항제10호에 따라 관리계획에 포함되지 않는 재산의 취득에 해당하는지가 문제된다.

「공유재산 및 물품관리법」(이하 "공유재산법"이라 함) 제10조의2제1항은 "지방자치단체의 장은 지방의회에서 예산을 의결하기 전에 중기공유재산관리계획에 따라 매년 다음 회계연도의 공유재산의 취득과 처분에 관한 계획(이하 "공유재산관리계획"이라 한다)을 수립하여 그 지방의회의 의결을 받아 확정하여야 한다. 이 경우 공유재산관리계획을 수립한 후 부득이한 사유로 그 내용이 취소되거나 일부를 변경할 때에도 또한 같다."라고 규정하고, 같은 조 제4항에서는 관리계획에 포함되어야 할 공유재산의 범위를 대통령령으로 정하도록 규정하고 있으며, 그 위임에 따라 같은 법 시행령 제7조제1항제1호 및 제2호에서는 <u>1건당 기준가격이 20억원 이상(시·군·자치구의 경우에는 10억원 이상)인 재산의 취득</u>이나 <u>1건당 6천 제곱미터 이상(시·군·자치구의 경우에는 1천 제곱미터 이상)인 토지의 취득은 관리계획에 포함되어야 한</u>다고 규정하면서, 같은 조 제3항제10호에서는 다른 법률에 따라 해당 지방자치단체의 취득·처분이 의무화된 재산의 취득·처분은 관리계획에 포함되지 않도록 규정하고 있다.

이에 대해 법제처는 국토계획법 제47조제1항 및 제6항에 따라 도시·군계획시설 부지를 지방자치단체의 장이 매수의무자로서 매수할 수 있도록 하는 것은 도시·군계획시설 부지의 사적(私的) 이용이 장기간 제한됨에 따라 해당 토지소유자가 겪게 되는 불편을 해소하기 위한 것으로, 국토계획법 제47조제1항에 따라 매수청구를 받는다고 하여 지방자치단체의 장에게 해당 부지를 매수하여야 하는 의무가 발생하는 것이 아니고, 매수의무자인 지방자치단체의 장이 매수하기로 결정한 토지를 매수 결정을 알린 날부터 2년 이내에 매수하도록 하는 같은 조 제6항도 매수 결정에 따른 토지소유자의 재산권 행사 제한의 시한을 규정한 것에 불과하다고 할 것이므로, <u>매수청구 및 매수결정에 따라 공유재산을 취득하는 것을 공유재산법시행령 제7조제3항제10호에서 규정하고 있는 다른 법률에 따라 해당 지방자치단체의 취득·처분이 의무화된 재산의 취득·처분이라고 보기는 어렵다</u>고 유권해석을 하고 있다(법제처 17-0161,

2017.5.31., 부산광역시).

즉, 관리계획을 수립하여야 한다는 것이다.

(3) 잔여지 매수 가능 여부

토지소유자와 협의 없이 지방자치단체가 설치하여 도로로 사용 중인 토지의 소유자가 해당 도로에 편입된 토지와 일단에 속하는 인접 토지에 대해 보상을 청구하는 경우, 「국토의 계획 및 이용에 관한 법률」(이하 "국토계획법"이라 함)에 따른 도시·군계획시설(도로)사업의 시행 없이 그 인접 토지를 잔여지로 보아 토지보상법 제74조에 따라 보상할 수 있는지가 문제된다.

이에 대해 법제처는 "토지소유자와 협의 없이 지방자치단체가 설치하여 도로로 사용 중인 토지의 소유자가 해당 도로에 편입된 토지와 일단에 속하는 인접 토지에 대해 보상을 청구하는 경우, 국토계획법에 따른 도시·군계획시설(도로)사업의 시행 없이는 그 인접 토지를 잔여지로 보아 토지보상법 제74조에 따라 보상할 수는 없습니다."라고 유권해석을 하고 있다.[34] [법제처 17-0172, 2017.5.31. 부산광역시 기장군]

아. 매수대금

현금으로 대금을 지급하고, 일정한 경우(원하는 경우, 부재부동산소유자 토지 및 비업무용토지로서 3천만 원 초과 시)는 지방채를 발행하는데, 지방채 상환기간은 10년 이내이고, 이율은 은행이 적용하는 1년 만기 정기예금금리의 평균 이상이어야 하며, 조례로 정한다(법 제47조제3항).

---

34) A군(郡)은 도로(그 설치 배경이나 경위는 확인할 수 없음)로 편입되어 공공의 이용에 제공되고 있는 토지의 소유자가 제기한 토지인도 및 토지사용에 따른 부당이득반환소송에서, 매월 일정 금원을 지급하기로 하는 조정이 성립되자, 도로로 편입된 토지를 매수하기로 결정하였는데, 이에 토지소유자가 도로로 편입된 토지뿐만 아니라 그 인접 토지도 함께 매수하여 줄 것을 요청하자, 그 인접 토지를 토지보상법 제74조에 따라 잔여지로 보아 보상이 가능한지를 국토교통부에 질의하였고, 국토교통부에서는 새로운 공익사업의 시행이 없는 경우에는 토지보상법 제74조를 적용할 수 없다고 답변하자, 이에 이견이 있어 법제처에 법령해석을 요청함

자. 매수가격, 매수절차

매수 청구된 토지의 매수가격·매수절차 등에 관하여 이 법에 특별한 규정이 있는 경우 외에는 「공익사업을 위한 토지 등의 취득 및 보상에 관한 법률」을 준용한다(법 제47조제4항).

도로 부지에 대한 평가는 다음 각호에서 정하는 바에 의한다.
 1. 「사도법」에 의한 사도의 부지는 인근토지에 대한 평가액의 5분의 1 이내
 2. 사실상의 사도의 부지는 인근토지에 대한 평가액의 3분의 1 이내
 3. 제1호 또는 제2호외의 도로의 부지는 제22조의 규정에서 정하는 방법[35]

그런데, 토지보상법 제68조는 감정평가법인등 1곳을 소유자가 추천을 할 수 있는데, 현재 행정청이 이를 지키지 않고 있다. 따라서 매수가격을 결정하는 감정평가사를 추천하겠다고 집요하게 요구할 필요가 있다. 토지보상법에 의하면, 감정평가사는 사업시행자가 1곳을 선정하고, 시·도지사 및 토지소유자의 추천을 받아 나머지 2곳을 선정한다. 추천을 하지 않으면 사업시행자가 2곳을 선정하여 평가한다(제68조). 추천요건은 토지면적과 총 사람 수의 각 2분의 1 이상 동의인데 매수청구는 자신의 토지만 매수청구를 하는 것이므로, 이 요건은 충족된 것으로 보아야 한다고 생각한다. 추천기한은 보상계획의 열람기간 만료일부터 30일 이내이므로, 결국 매수결정을 받은 날로부터 30일 이내로 추천하면 된다고 생각한다.

또한 토지보상법시행규칙 제17조에 의하면 사업시행자가 관계법령에 위반하였거나 부당하게 평가되었다고 인정하는 경우, 감정평가사 간의 격차가 10% 이상인 경우, 평가를 한 후 1년이 경과할 때까지 계약이 체결되지 아니한 경우에는 재평가를 하도록 되어 있는데, 현재 행정청은 이 규정도 지키지 않고 있다. 이는 토지소유자가 제도를 잘 몰라 요구를 하지 않는데서 비롯된 것일 수도 있으니 철저히 요구를 하여야 할 것이다.

---

35) 즉 정상적으로 100%로 평가

차. 매수가격에 불만이 있는 경우?

 토지소유자가 매수가격에 대해서 다툴 수 있는가가 문제된다. 현행법 해석으로는 다투는 것이 불가하다고 본다. 즉, 토지소유자는 감정평가를 하여 나온 가격에 불만이 있으면 매수청구를 철회하는 길밖에 구제수단이 없는 것이다. 그리고 매수청구 철회 시에는 매수청구 거부 시 인정되는 건축허용 조항의 적용이 불가하다고 보아야 할 것이다.

카. 실제 사례

제목   장기미집행 도시계획시설부지 매수결정 통보

1. 귀하의 무궁한 발전을 기원합니다.
2. 귀하께서 신청하신 장기미집행 도시계획시설부지(대지) 매수청구건에 대하여 국토의 계획 및 이용에 관한 법률 제47조 규정에 의거 아래와 같이 매수결정 되었기에 통보합니다.
   - 가. 매수기간 : 결정 통지일로부터 2년이내
   - 나. 매수토지 : 별도붙임
   - 다. 매수계획 : 사정에 의거 행정절차 이행기간 변동될수 있음
     1) '07. 5월 : 매입토지 분할측량
     2) '07. 6월 : 매입토지 등 물건조서 작성후 보상계획 통보(협의)
                  보상물건 감정평가 후 보상가격 통보 및 협의매입
     3) '07. 7월 이후 : 보상예정
   - 라. 매수결정면적은 측량결과에 따라 변동될수 있으며, 토지의 매수가격 및 매수절차 등은 관련법에 특별한 규정이 있는 것을 제외하고는 공익사업을 위한 토지 등의 취득 및 보상에 관한 법률을 적용하며, 기타 궁금한 사항이 있으시면 군산시청 도시계획과 (전화 063-450-4447)에 문의하시기 바랍니다.

붙 임 : 매수결정조서 1 부. 끝.

타. 매수하지 아니하기로 결정한 경우

 대법원에 의하면, 매수하지 않기로 한 결정에 대하여 매수청구거부처분 취소의 소가 가능하다고 한다.

 또한 대통령령으로 정하는 건축물 또는 공작물을 설치하는 것이 가능하다.

> 법 제47조 ⑦ 제1항에 따라 매수 청구를 한 토지의 소유자는 다음 각 호의 어느 하나에 해당하는 경우 제56조에 따른 허가를 받아 대통령령으로 정하는 건축물 또는 공작물을 설치할 수 있다. 이 경우 제54조, 제58조와 제64조는 적용하지 아니한다. 〈개정 2015.12.29.〉
> 1. 제6항에 따라 매수하지 아니하기로 결정한 경우
> 2. 제6항에 따라 매수 결정을 알린 날부터 2년이 지날 때까지 해당 토지를 매수하지 아니하는 경우

파. 소유자 주의사항

감정평가를 하여 나온 가격에 불만이 있다고 하더라도 매수가격에 대해서 다툴 수 없으므로 소유자는 매수청구에 앞서서 **가격이 높게 책정될 수 있는 방법**을 강구하여야 한다.

당해 토지가 표준지인 경우에는 미리 가격이 높게 책정되도록 노력하여야 한다. 이는 최소한 매수청구 1년 전부터 준비하는 것이 좋다고 생각한다.

정착물도 매수청구 대상이다.

매수청구평가, 보상평가, 부당이득반환소송에서 기초가격 평가 시 차이점은 용도지역과, 표준지공시지가 적용시점이다. 즉, 보상평가 시는 용도지역이 당해 사업을 위하여 변경된 경우 종전 용도지역으로 평가를 하는데, 매수청구나 부당이득반환의 경우는 현 용도지역으로 평가를 하는 것이고, 보상평가 시는 표준지공시지가 적용시점에 대해 법이 규정하고 있는데, 매수청구나 부당이득반환 평가 시는 평가 의뢰시점에서 가장 최근에 공시된 표준지공시지가를 적용할 것이다.

도로의 경우는 건축허가가 나지 않을 가능성이 높으므로 주의를 요한다.

3. 도로법상 접도구역 토지 매수청구

접도구역(接道區域)을 지정할 때에는 소관 도로의 경계선에서 5㎡(고속국도의 경우는 30㎡)를 초과하지 아니하는 범위에서 지정하여야 한다(도로법시행령 제39조제1항).

접도구역에 있는 토지가 다음 각 호의 어느 하나에 해당하는 경우 해당 토지의 소유자는 도로관리청에 해당 토지의 매수를 청구할 수 있다(법 제41조제1항).
 1. 접도구역에 있는 토지를 종래의 용도대로 사용할 수 없어 그 효용이 현저하게 감소한 경우
 2. 접도구역의 지정으로 해당 토지의 사용 및 수익이 사실상 불가능한 경우

접도구역 토지 매수청구는 지목과 무관하고, 10년 미집행 요건도 없으나, 매수청구 권자 자격에 제한이 있고, 매수청구 요건이 엄격하다.

▶ 매수청구권자 자격

> 1. 접도구역으로 지정될 당시부터 그 토지를 계속 소유한 자
> 2. 토지의 사용·수익이 불가능하게 되기 전에 그 토지를 취득하여 계속 소유한 자
> 3. 제1호나 제2호에 해당하는 자로부터 그 토지를 상속받아 계속 소유한 자

> **도로법 제41조(접도구역에 있는 토지의 매수청구)** ① 접도구역에 있는 토지가 다음 각 호의 어느 하나에 해당하는 경우 해당 토지의 소유자는 도로관리청에 해당 토지의 매수를 청구할 수 있다.
> 1. 접도구역에 있는 토지를 종래의 용도대로 사용할 수 없어 그 효용이 현저하게 감소한 경우
> 2. 접도구역의 지정으로 해당 토지의 사용 및 수익이 사실상 불가능한 경우
> ② 제1항 각 호의 어느 하나에 해당하는 토지(이하 "매수대상토지"라 한다)의 매수를 청구할 수 있는 소유자는 다음 각 호의 어느 하나에 해당하는 자이어야 한다.
> 1. 접도구역이 지정될 당시부터 해당 토지를 계속 소유한 자
> 2. 토지의 사용·수익이 불가능하게 되기 전에 해당 토지를 취득하여 계속 소유한 자

3. 제1호 또는 제2호에 해당하는 자로부터 해당 토지를 상속받아 계속 소유한 자

③ 상급도로의 접도구역과 하급도로의 접도구역이 중첩된 경우 매수대상토지의 소유자는 상급도로관리청에 제1항에 따른 매수청구를 하여야 한다.

④ 도로관리청은 제1항에 따라 매수청구를 받은 경우 해당 토지가 효용의 감소 등 대통령령으로 정한 기준에 해당되면 이를 매수하여야 한다.

서울행정법원 2019. 10. 25. 선고 2018구합74976 판결 [토지매수청구] 확정

주 문

1. 이 사건 소 중 주위적 청구 부분을 각하한다.
2. 원고의 예비적 청구를 기각한다.
3. 소송비용은 원고가 부담한다.

청구취지

○ 주위적으로,

피고 서울지방국토관리청장이 2017. 9. 1. 원고에 대하여 한 별지1 목록 기재 부동산에 관한 매수청구거부처분을 취소한다.

○ 예비적으로,

피고 대한민국은 원고에게 12,626,000원 및 이에 대하여 2017. 9. 12.부터 2019. 7. 17.자 청구취지 및 청구원인 변경신청서 부본 송달일까지 연 5%의, 그 다음날부터 다 갚는 날까지 연 12%의 각 비율로 계산한 돈을 지급하라.

[이유]

1) 살피건대, 이 사건 토지 중 이 사건 접도구역에 포함된 부분에서는 '토지의 형질을 변경하는 행위'와 '건축물이나 그 밖의 공작물을 신축·개축 또는 증축하는 행위'가 원칙적으로 금지되나(도로법 제40조 제3항 본문 각호), 한편 도로법 제40조 제3항 단서는 접도구역이라고 하더라도 '도로 구조의 파손, 미관의 훼손 또는 교통에 대한 위험을 가져오지 아니하는 범위에서 하는 행위로서 대통령령으로 정하는 행위'를 허용하고 있고, 도로법 시행령 제39조 제3항 각호 및 도로법 시행령 제39조 제3항 제13호의 위임을 받은 시행규칙 제18조는 아래와 같은 행위를 접도구역에서 허용되는 행위로 규정하고 있는바, 이와 같이 이 사건 토지 중 이 사건 접도구역에 포함된 부분에서도 일정범위 내에서 건축물의 신축, 증축 및 개축 등이 허용되고, 그 밖에 토지를 이용하기 위한 각종 행위들이 허용되므로, 이 사건 토지에 대한 사적 유용성이 완전히

배제되었다고 볼 수 없고, 토지의 처분이 금지되는 것도 아니므로, 이러한 제한으로는 '접도구역 지정으로 인하여 이 사건 토지를 종래의 목적으로 사용할 수 없거나 더 이상 법적으로 허용된 토지이용의 방법이 없기 때문에 실질적으로 토지의 사용·수익이 불가능하여 국민 일반이 수인하여야 하는 토지재산권의 사회적 제약의 범위를 넘어서는 특별한 희생이 발생하였다'고 단정할 수 없고, 오히려 토지재산권의 행사에 대하여는 보다 엄격한 공공복리적합성을 요구하는 헌법정신에 따라 '도로 구조의 손궤 방지, 미관 보존 또는 교통에 대한 위험을 방지한다'는 고도의 공익적 목적의 달성을 위해 도로에 접한 토지의 소유자가 토지재산권의 공공복리적합성에 따라 부득이 수인해야 하는 사회적 제약을 부담하는 것이라고 봄이 상당하므로, 도로법 제99조에 따른 손실보상의 대상이 된다고 볼 수 없다.

따라서 이 사건 토지의 일부가 이 사건 접도구역에 포함되어 발생한 손실에 대하여 도로법 제99조에 근거하여 보상을 청구하는 원고의 예비적 청구에 관한 주장은 받아들일 수 없다.

2) 나아가 설령, 이 사건 토지 중 일부가 이 사건 접도구역에 포함되어 발생한 제한으로 인한 손실이 도로법 제99조 제1항에 따른 손실보상의 대상이 된다고 하더라도, 도로법 제99조 제1항에 따른 손실보상은 도로법에 따른 처분이나 제한으로 손실을 입은 자가 청구할 수 있다고 할 것인바, 이 사건 접도구역은 원고가 이 사건 토지의 소유권을 취득하기 약 10년 전인 1996. 6. 8. 지정되었고(피고 서울지방국토관리청장은 2008. 12. 22. 이 사건 접도구역에 대한 지형도면을 고시하였으므로, 토지이용규제 기본법 부칙 〈제7715호, 2005. 12. 7.〉 제4조 제2항에 따라 이 사건 접도구역 지정의 효력은 소멸하지 않았다), 원고는 이 사건 토지 중 일부가 이 사건 접도구역에 포함되어 이미 접도구역 지정에 따른 제한이 발생한 상태에서 이 사건 토지를 취득하였던바, 원고가 이 사건 접도구역의 지정으로 인하여 어떠한 손실을 별도로 입었다고 볼 수도 없다. 또한 갑 제4, 7호증의 각 기재 및 영상에 변론 전체의 취지를 종합하면, 원고가 이 사건 토지를 강제경매절차에서 매수하기 이전부터 아래 사진에서 보는 바와 같이 이 사건 토지에는 중앙 부위를 관통하는 양갈래의 사실상의 도로가 개통되어 있었다고 판단되므로, 원고가 이 사건 토지를 취득할 당시부터 이미 이를 전체적으로 온전하게 독점적이고 배타적으로 사용·수익하는 것에는 상당한 제한이 존재하였던 이상 이 사건접도구역의 지정과는 무관하게 이 사건 토지는 그 지목인 대지로서의 효용 및 이용가능성이 그다지 높지 않았다고 판단된다.

나아가 원고가 이 사건 접도구역이 최초 지정될 당시의 소유자로부터 손실보상청구권을 적법하게 승계하여 이를 행사하는 것이라고 볼 수도 없다(이 사건 접도구역이 지정될 당시 이 사건 토지의 소유자는 확인되지 않으나, 이후 1999. 4. 14. H이 1999. 4. 5.자 매매를 원인으로 소유권이전등기를 마쳤고, 원고가 2006. 8. 23. 강제경매로 인한 매각을 원인으로 소유권이전등기를 마쳤다).

4. 토지거래불허가 처분을 받은 자의 매수청구

토지거래허가 구역 토지에 대해 거래허가를 신청하여 불허가를 받은 경우 시장·군수 또는 구청장에게 매수청구를 할 수 있다. 이 경우 단점은 매수할 자의 예산의 범위에서 토지를 매수하게 하는 것과 매수청구를 위한 가격을 책정할 때에 공시지가를 기준으로 하거나 공시지가와 신청가격을 비교하여 신청가격이 적으면 신청가격을 기준으로 하는 것이다.

실무상 이 조문에 의하며 매수되는 토지는 많지 않다. 다만, 이 경우의 특징은 "매수를 하여야 한다."라는 강행규정으로 정한 점이다.

> **부동산 거래신고 등에 관한 법률**
> [시행 2024. 5. 17.] [법률 제20194호, 2024. 2. 6., 타법개정]
>
> **제16조(불허가처분 토지에 관한 매수 청구)** ① 제11조제1항에 따른 허가신청에 대하여 불허가처분을 받은 자는 그 통지를 받은 날부터 1개월 이내에 시장·군수 또는 구청장에게 해당 토지에 관한 권리의 매수를 청구할 수 있다.
>
> ② 제1항에 따른 매수 청구를 받은 시장·군수 또는 구청장은 국가, 지방자치단체, 한국토지주택공사, 그밖에 대통령령으로 정하는 공공기관 또는 공공단체 중에서 매수할 자를 지정하여, 매수할 자로 하여금 예산의 범위에서 공시지가를 기준으로 하여 해당 <u>토지를 매수하게 하여야 한다</u>. 다만, 토지거래계약 허가신청서에 적힌 가격이 공시지가보다 낮은 경우에는 허가신청서에 적힌 가격으로 매수할 수 있다.

5. 매수청구 거부처분 취소의 소

 행정청이 위와 같은 요건을 갖추어 매수청구를 하였는데도 매수를 거부할 경우 행정소송으로 '매수청구거부처분 취소의 소'를 제기할 수 있다.

 최근 판례를 보면, 대법원이 매수청구 거부처분 취소의 소를 인정한 것이 있고, 서울행정법원은 매수결정행위는 행정청이 재량으로 결정하는 행위인데, 땅 주인이 직접 사용하는 경우에는 돈이 없다는 이유로 매수청구 거부가 가능하다는 판결을 한 바 있다. 그러나 이 판결의 결론은 찬성하기 어렵다. 사견은 매수청구 요건을 갖추어 매수청구를 하면 반드시 매수를 하여 주어야 한다고 생각한다. 즉 재량행위이기는 하나 재량권이 0으로 수축된 재량행위로 보는 것이 타당하다고 본다.

 하지만 매수청구에 대해 행정청이 강력하게 반대를 하면 법원은 매수청구에 대해 인용을 해주지 않는 경향이 매우 큰 것은 사실이다.

제5장 손실보상

1. 손실보상청구권 유무

도로를 사고 나서 행정청에게 손실보상을 해 달라고 요구하면, 행정청이 이에 응할 의무는 없다. 따라서 국가나 지자체가 스스로 보상에 착수하지 않는 한 투자금이 묶이는 결과가 된다.

그러나 행정청이 스스로 손실보상을 할 수도 있다. 원래 도로는 당연히 보상을 실시하여야 하는 것인데, 돈이 없어서 보상을 하지 못하는 것이므로 행정청이 예산 범위 내에서 보상을 한다면 당연히 문제될 일이 없다.

도로소유자가 도로법 제99조에 의한 손실보상청구를 할 수도 없다. 대법원은 도로의 공용개시행위로 인하여 공물로 성립한 사인 소유의 도로부지 등에 대하여 도로법 제5조에 의하여 사권의 행사가 제한됨으로써 그 소유자가 손실을 받았다고 하더라도 이와 같은 사권의 제한은 국토교통부장관 또는 기타의 행정청이 행한 것이 아니라 도로법이 도로의 공물로서의 특성을 유지하기 위하여 필요한 범위 내에서 제한을 가하는 것이므로, 이러한 경우 도로부지 등의 소유자는 국가나 지방자치단체를 상대로 하여 부당이득반환청구나 손해배상청구를 할 수 있음은 별론으로 하고 도로법 제99조에 의한 손실보상청구를 할 수는 없다고 판시하고 있다.

결국 사업시행자가 조만간 보상을 하기로 예정되어 있는 도로를 취득하는 것은 권장하지만, 손실보상청구권이 있다고 오해하여 보상계획도 없는 도로를 취득하지는 말아야 한다.

대법원 1996. 9. 10. 선고 96누5896 판결【토지수용이의재결처분취소등】

[1] 토지수용법 제48조 제2항은 기업자에 의하여 공익사업에 사용되는 토지의 소유자로 하여금 일정한 경우에 당해 사용토지의 수용을 청구할 수 있도록 하고 있는바, 여기에서의 '토지의 사용'이란 토지수용법이 정한 절차에 따른 적법한 사용만을 의미하고, 기업자가 토지수용법이 정한 절차에 의하지 아니하고 무단으로 토지를 사용하고 있는 경우는 이에 포함되지 않는다.

[2] [1]항의 해석이 합리적 근거 없이 토지수용법에 의한 사용을 당하고 있는 토지소유자와 무단사용을 당하고 있는 토지소유자를 차별 대우하여 헌법 제11조 소정의 평등권을 침해하는 것이라거나, 무단사용을 당하고 있는 토지소유자에게 그 소유권에 갈음하는 보상을 받을 수 없게 하여 헌법 제23조 소정의 재산권 보장 및 정당한 보상의 원칙에 위배된다거나, 행정소송 또는 민사소송에 의하여 무단 사용 중에 있는 토지의 수용 또는 원상회복을 구할 수 있는 길을 봉쇄함으로써 헌법 제27조 소정의 재판을 받을 권리를 침해하는 것이라고 할 수 없다.

[헌법재판소 2004헌바57, 2005. 7. 21.]
공익사업을위한토지등의취득및보상에관한법률 제72조 위헌소원

【판시사항】

1. '사업인정고시가 있은 후에 3년 이상 토지가 공익용도로 사용된 경우' 토지소유자에게 매수 혹은 수용청구권을 인정한 공익사업을위한토지등의취득및보상에관한법률 제72조제1호(이하 '이 사건 조항'이라 한다)가 불법적인 토지사용의 경우를 배제한 것이 재산권을 침해하는지 여부(소극)

2. 이 사건 조항이 평등권을 침해하는지 여부(소극)

【결정요지】

1. 입법자에 의한 재산권의 내용과 한계의 설정은 기존에 성립된 재산권을 제한할 수도 있고, 기존에 없던 것을 새롭게 형성하는 것일 수도 있다. 이 사건 조항은 종전에 없던 재산권을 새로이 형성한 것에 해당되므로, 역으로 그 형성에 포함되어 있지 않은 것은 재산권의 범위에 속하지 않는다. 그러므로 청구인들이 주장하는바 '불법적인 사용의 경우에 인정되는 수용청구권'이란 재산권은 존재하지 않으므로, 이 사건 조항이 그러한 재산권을 제한할 수는 없다.

다만, 입법자는 재산권의 형성에 있어서도 헌법적 한계를 준수하여야 하는바, 이 사건 조항이 '적법한 공용사용'의 경우에 한정하여 수용청구권을 인정한 것은 공용제한에 대한 손실보상을 정하는 법의 취지에 따른 결과로서 입법목적을 달성하기 위한 합리적 수단이며, 불법적 사용에 대해서는 법적인 구제수단이 따로 마련되어 있어 반드시 수용청구권을 부여할 필요는 없으므로, 이 사건 조항이 재산권의 내용과 한계에 관한 입법형성권을 벗어난 것이라 할 수 없다.

2. 이 사건 조항은 합법적인 토지사용을 전제로 하여 손실보상의 차원에서 수용청구권을 인정하고 있는바, 현실적으로 발생하는 공권력에 의한 불법적인 토지 사용으로 인한 토지소유자의 피해에 대해서는 다른 법률에 의한 구제수단이 구비되어 있다. 입법자가 적법한 사용과 불법적인 사용을 구분하여 전자에 대해서만 수용청구권을 마련한 것이 자의적인 것이라거나 비합리적인 것이라 할 수 없으므로, 이 사건 조항은 평등권을 침해하지 않는다.

→공공사업의 시행자나 국가 혹은 지방자치단체가 사유지를 불법적으로 점유하여 공익용도로 사용하고 있다면 이는 불법행위에 해당되므로, 통상 토지의 소유자는 소유권에 기한 방해배제청구를 하여 앞으로의 무단사용을 막는 한편 손해배상 또는 부당이득반환을 구하여 그 동안의 손해를 보상받을 수 있고, 이로써 자기의 소유권을 보장받을 수 있으므로 그 소유권을 상실하게 되는 수용청구권을 반드시 부여할 필요는 없는 것이다.

2. 행정청 스스로 보상을 하는 경우 보상가격

 행정청 또는 기타 사업시행자가 스스로 보상을 하려고 하는 경우에 보상가격은 ①인근토지가격으로 보상하는 방법(정상 평가), ②인근토지가격의 1/3로 보상하는 방법, ③인근토지가격의 1/5로 보상하는 방법이 있다.

 즉, 공도는 인근토지가격으로 정상 평가하고, 사도는 인근토지에 대한 평가액의 1/5 이내, 사실상의 사도는 인근토지에 대한 평가액의 1/3 이내로 평가한다(토지보상법 시행규칙 제26조제1항).

 보상을 받는다면 투자금이 묶일 위험성은 없으므로 보상금 액수만 고민을 하면 된다. 따라서 투자자는 보상을 받을 수 있는 것인지, 받는다면 그 시기가 언제인지를 살펴서 투자하여야 한다.

 보상여부는 행정청에게 문의를 하는 등 미리 노력하면 알 수 있다.

3. 인근 토지 가격으로 정상 보상하는 경우

가. 공도

사도법에 의한 사도, 사실상의 사도의 부지가 아닌 일반 도로는 정상 평가한다(토지보상법시행규칙 제26조제1항제3호).

즉, 「도로법」 제10조에 의한 도로, 「도로법」 제108조, 「도로법 시행령」 제99조에 의한 준용도로(도시계획사업에 의하여 설치된 도로 등), 기타 「농어촌도로정비법」 제2조에 의한 농어촌도로(이하 "공도"라 한다)의 부지는 정상 평가한다.

그리고 건축선 밖의 토지에 자연스럽게 도로가 형성된 경우에 이를 1/3로 평가하여야 하는 것인지 문제가 된다. 이에 대하여 국토교통부는 1/3로 평가하여서는 아니 된다는 입장을 취하고 있다(2001. 12. 10. 토관 58342- 1907).

나. 예정공도

예정공도 부지는 사실상의 사도에 해당하지 아니하므로 정상 평가하여야 한다. 여기서 예정공도부지는 국토법에 의하여 도로개설예정지로 지정되었으나, 도로관리청 기타 행정청 등이 아직까지 도로를 개설하지 아니한 도로개설계획지를 말한다. 이러한 예정공도부지는 사용수익권 포기 여부와 상관없이 정상 평가하여야 한다.

도로법상 도로구역이 지정된 경우도 같이 보아야 할 것이다.

단, 자기의 편익을 위해 도로를 설치한 이후에 도로로 결정되거나 공도로 지정될 당시에 이미 사실상 사도인 경우는 1/3로 평가한다. 따라서 도시지역의 시가지에 있는 도로인 경우에는 예정공도로 정상평가되는 도로부지는 거의 없을 것으로 예측한다. 이유는 간단하다. 주변에 건축물을 건축할 당시에 도로부분을 이미 건축법상 도로나 사실상의 사도로 이용하였기 때문이다.

다. 지목은 도로이나, 미사용 중인 토지

지적공부상 도로로 구분되어 있으나 가격시점 현재 도로로 이용되고 있지 아니하거나 사실상 용도 폐지된 상태에 있는 것은 정상 보상한다(토지보상평가지침 제35조의2).

라. 지목은 도로이나, 통행제한이 가능한 토지

지적공부상 도로로 되어 있으나 가격시점 현재 사실상 통행에 이용되고 있으나 소유자의 의사에 의하여 법률적 사실적으로 통행을 제한할 수 있는 것은 정상 평가한다.

마. 미지급 도로 용지[36]

공익사업의 부지로 현재 사용되고 있어야 하고, 종전에 시행한 공익사업이고, 보상금이 지급되지 않았어야 한다.

과거 보상의무자(주로 행정청)가 도로로 만들지 않고 자연적으로 발생하거나 보상의무자(주로 행정청) 외의 자가 도로개설을 한 경우에는 미지급용지가 아니므로 인근토지가격의 1/3로 평가한다.

> **감정평가 실무기준**
> [시행 2023. 9. 13.] [국토교통부고시 제2023-522호, 2023. 9. 13., 일부개정]
> 800. 보상평가
> 6.2.3 미지급용지
> ① 미지급용지는 종전의 공익사업에 편입될 당시의 이용상황을 기준으로 감정평가한다.
> ② 미지급용지의 비교표준지는 종전 및 해당 공익사업의 시행에 따른 가격의 변동이 포함되지 않은 표준지를 선정한다.
> ③ 주위환경변동이나 형질변경 등으로 종전의 공익사업에 편입될 당시의 이용상황과 비슷한 이용상황의 표준지 공시지가가 인근지역등에 없어서 인근지역의 표준적인 이용상황의 표준지 공시지가를 비교표준지로 선정한 경우에는 그 형질변경 등에 드는 비용 등을 고려하여야 한다.

---

36) 과거에는 미불용지라고 표현하였다.

4. 사도법에 의한 사도

 사도는 사도법에 의한 사도인데, 사유지로서, 행정청으로부터 허가를 받아 개설하고, 도로와 연결되고, 사용료 징수가 가능한 도로를 말한다.

 이와 같은 사도는 도로법이 적용되거나 준용되지 않고 사도법의 적용을 받으며, 도로법에 의한 도로 또는 도로법이 준용되는 도로와 연결시키기 위하여 개설한 도로를 말한다.

 종전에는 사도의 개념에 사도법상 사도 이외에 사실상 사도가 포함되어 있었으나, 현재는 사도법상 사도만 포함될 뿐, 사실상 사도는 사도의 개념에 포함되지 않음에 유의하여야 한다.

 그리고 사도법에 의한 사도는 법률상의 도로이다.

▶ **사도의 정의 및 개설허가**

> **사도법 제2조 (정의)** 이 법에서 "사도"란 다음 각 호의 도로가 아닌 것으로서 그 도로에 연결되는 길을 말한다. 다만, 제3호 및 제4호의 도로는 「도로법」 제50조에 따라 시도(市道) 또는 군도(郡道) 이상에 적용되는 도로 구조를 갖춘 도로에 한정한다. 〈개정 2014.1.14.〉
>
> 1. 「도로법」 제2조제1호에 따른 도로
> 2. 「도로법」의 준용을 받는 도로
> 3. 「농어촌도로 정비법」 제2조제1항에 따른 농어촌도로
> 4. 「농어촌정비법」에 따라 설치된 도로[전문개정 2012.12.18.]
>
> **제4조 (개설허가)** ① 사도를 개설·개축(改築)·증축(增築) 또는 변경하려는 자는 특별자치시장, 특별자치도지사 또는 시장·군수·구청장(구청장은 자치구의 구청장을 말하며, 이하 "시장·군수·구청장"이라 한다)의 허가를 받아야 한다.

 사도법에 의한 사도의 보상평가는 인근토지에 대한 평가액의 5분의 1 이내로 평가한다(토지보상법시행규칙 제26조제1항). 그 이유는 스스로 도로를 개설하였고, 도로개설로 인하여 자신 소유 토지의 가치가 증가하였기 때문이다.

5. 사실상의 사도

가. 4가지 사실상의 사도 유형

> **토지보상법시행규칙 제26조(도로 및 구거부지의 평가)** ②제1항제2호에서 「사도법」에 의한 사도외의 도로(「국토의 계획 및 이용에 관한 법률」에 의한 도시·군관리계획에 의하여 도로로 결정된 후부터 도로로 사용되고 있는 것을 제외한다)로서 다음 각호의 1에 해당하는 도로를 말한다. 〈개정 2005.2.5, 2012.1.2, 2012.4.13〉
> 1. 도로개설당시의 토지소유자가 자기 토지의 편익을 위하여 스스로 설치한 도로
> 2. 토지소유자가 그 의사에 의하여 타인의 통행을 제한할 수 없는 도로
> 3. 「건축법」 제45조에 따라 건축허가권자가 그 위치를 지정·공고한 도로
> 4. 도로개설당시의 토지소유자가 대지 또는 공장용지 등을 조성하기 위하여 설치한 도로

사실상의 사도는, 첫째 사도법상의 사도가 아니어야 하고, 둘째 예정공도부지(예정공도는 공공사업계획이나 도시계획의 결정고시 때문에 도시계획도로 저촉 토지가 현황도로로 이용되고 있지만, 사업이 실제로 시행되지 않은 상태에서 일반공중에 통행로로 제공되는 상태를 의미한다)가 아니어야 하고, 셋째 그 대상에 따라 위 1호 및 4호의 도로에 대하여는 도로로 개설될 당시를 기준으로, 위 2호 및 3호의 도로에 대하여는 보상평가 당시를 기준으로 사실상의 사도에 해당하는지를 판단하여야 할 것이다.

위 1호, 4호는 비교적 쉽게 해당 여부에 대한 판단이 가능하나, 2호, 3호[37])가 문제된다.

최근 대법원은 사실상 사도에 대한 구체적 판단기준을 제시하였는바, 이는 원문 그대로 인용하고자 한다. 즉, '사실상의 사도의 부지'로 보고 인근 토지 평가액의 3분의 1 이내로 그 보상액을 평가하려면, 그 토지가 도로법에 의한 일반도로 등에 연결되어 일반의 통행에 제공되는 등으로 사도법에 의한 사도에 준하는 실질을 갖추고

---
37) 3호에 대해서는 저자의 책 중 "도로인가? 맹지인가?"를 참고하기 바람

있어야 하고, 나아가 시행규칙 제26조제2항제1호 내지 제4호 중 어느 하나에 해당하여야 하지만(대법원 2013. 6. 13. 선고 2011두7007 판결, 대법원 2014. 12. 11. 선고 2012두1570 판결 참고), 해당 토지가 도로법에 의한 도로에 연결되었다면 특별한 사정이 없는 한 사도법에 의한 사도에 준하는 실질을 갖추었다고 볼 것이고, <u>반드시 그 도로가 불특정 다수인의 통행에 제공될 필요까지는 없다</u>(대법원 2014. 6. 26. 선고 2013두21687 판결).

나. 1 유형 : 토지소유자가 자기 토지의 편익을 위하여 스스로 설치한 도로

예를 들어 자신의 집을 건축하기 위하여 스스로 도로를 낸 경우와 같이 자기 이익을 위하여 스스로 설치한 도로는 1/3로 보상한다.

다만, 주민들의 통행에 의해 자연발생적으로 만들어진 도로는 '토지소유자가 자기 토지의 편익을 위하여 스스로 설치한 도로'라고 할 수 없다.

> **대법원 2007. 4. 12. 선고 2006두18492 판결**
>
> 여기서 '도로개설당시의 토지소유자가 자기 토지의 편익을 위하여 스스로 설치한 도로'인지 여부는 인접토지의 획지면적, 소유관계, 이용상태 등이나 개설경위, 목적, 주위환경 등에 의하여 객관적으로 판단하여야 하고, 이 사건 자연도로는 <u>주민들의 통행에 의해 자연발생적으로 만들어진 도로에 불과하므로</u> 법 시행규칙 제26조 제2항 제1호 소정의 '토지소유자가 자기 토지의 편익을 위하여 스스로 설치한 도로'라고 할 수 없다.
>
> **대법원 2014. 9. 25. 선고 2012두24092 판결**
>
> 위 규칙 제26조제2항제1호에서 규정한 '도로개설 당시의 토지소유자가 자기 토지의 편익을 위하여 스스로 설치한 도로'에 해당한다고 하려면, 토지소유자가 자기 소유 토지 중 일부에 도로를 설치한 결과 도로 부지로 제공된 부분으로 인하여 <u>나머지 부분 토지의 편익이 증진되는 등으로 그 부분의 가치가 상승됨으로써 도로부지로 제공된 부분의 가치를 낮게 평가하여 보상하더라도 전체적으로 정당보상의 원칙에 어긋나지 않는다고 볼 만한 객관적인 사유가 있다고</u> 인정되어야 할 것이고, 이는 도로개설 경위와 목적, 주위환경, 인접토지의 획지 면적, 소유관계 및 이용상태 등 제반 사정을 종합적으로 고려하여 판단하여야 할 것이다(대법원 2013. 6. 13. 선고 2011두7007 판결 등 참조).

다. 2 유형 : 토지소유자가 그 의사에 의하여 타인의 통행을 제한할 수 없는 도로

(1) 해당 여부 검토기준

여기에 어떤 토지가 해당되는지에 관하여 명확한 규정이 없으나 실무적으로는 ①**형법상 일반교통방해죄 해당 여부**, ②토지소유자의 **사용수익권 포기 여부**를 기준으로 검토가 가능할 것이다.

물론 ①주위토지통행권이 발생한 도로, ②물권으로서 통행지역권 또는 사용대차, 임대차 등의 채권계약에 의한 통행권(약정통행권)이 설정된 도로는 당연히 여기에 해당된다.

또한 대법원에 의하면, '토지소유자가 그 의사에 의하여 타인의 통행을 제한할 수 없는 도로'에는 법률상 소유권을 행사하여 통행을 제한할 수 없는 경우뿐만 아니라 사실상 통행을 제한하는 것이 곤란하다고 보이는 경우도 해당한다고 할 것이나, 적어도 도로로의 이용상황이 고착화되어 당해 토지의 표준적 이용상황으로 원상회복하는 것이 용이하지 않은 상태에 이르러야 할 것이어서 단순히 당해 토지가 불특정 다수인의 통행에 장기간 제공되어 왔고 이를 소유자가 용인하여 왔다는 사정만으로는 사실상의 도로에 해당한다고 할 수 없다(대법원 2007. 4. 12. 선고 2006두18492 판결).

(2) 일반교통방해죄 해당 여부에 의한 판단[38]

형법상 일반교통방해죄에 해당할 경우에는 사실상의 사도에 해당되는 것으로 볼 수 있으나, 이 경우에는 개별사례에 따라 구체적으로 판단하여야 할 것이므로, 판례의 검토가 매우 중요하다.

> **형법 제185조(일반교통방해)** 육로, 수로 또는 교량을 손괴 또는 불통하게 하거나 기타 방법으로 교통을 방해한 자는 10년 이하의 징역 또는 1천500만원 이하의 벌금에 처한다. 〈개정 1995.12.29〉

---

38) 상세사항은 제4편. 제2장. 2. 일반교통방해죄 참고

형법 제185조의 일반교통방해죄는 일반 공중의 교통안전을 그 보호법익으로 하는 범죄로서 육로 등을 손괴 또는 불통하게 하거나 기타의 방법으로 교통을 방해하여 통행을 불가능하게 하거나 현저하게 곤란하게 하는 일체의 행위를 처벌하는 것을 그 목적으로 하는 죄로서(대법원 1995. 9. 15. 선고 95도1475 판결 등 참조), 여기에서 '육로'라 함은 일반 공중의 왕래에 공용된 장소, 즉 특정인에 한하지 않고 불특정 다수인 또는 차마가 자유롭게 통행할 수 있는 공공성을 지닌 장소를 말한다(대법원 1999. 4. 27. 선고 99도401 판결, 대법원 2010. 2. 25. 선고 2009도13376 판결). '육로'라 함은 그 부지의 소유관계나 통행권리관계 또는 통행인의 많고 적음 등을 가리지 않는다(대법원 2002. 4. 26. 선고 2001도6903 판결, 대법원 2007. 3. 15. 선고 2006도9418 판결, 대법원 2007. 12. 28. 선고 2007도7717 판결).

형법 제185조 소정의 일반교통방해죄에 있어서의 육로라 함은 그 관리자나 부지의 소유자가 누구인가 또는 그 노면 폭이나 통행인의 다과 등을 불문하고 사실상 일반 공중의 왕래에 공용되는 도로를 이른다(대법원 1989. 6. 27. 선고 88도2264 판결).[39]

(3) 사용수익권 포기 여부에 의한 판단
① 의의
법적근거는 없으나 대법원 판례에 의하여 인정된 것이다. 최초 판례는 대법원 1974. 5. 28. 선고 73다399 판결[40]에 처음 등장하였고, 그 후 대법원 1985. 8. 13. 선고 85다카421 판결 후 본격적으로 확립되었다. 즉, 배타적 사용수익권을 포기하였다고 인정되는 토지에 대해서는 사실상의 사도로 인정하여, 보상 시는 1/3로 보상하고, 지자체에 대한 부당이득반환청구는 인정하지 않는다는 것이다.

---

39) 일반교통방해죄에 대한 상세한 사항은 제4편. 제2장. 2. 교통방해죄 참고
40) 대법원 1974. 5. 28. 선고 73다399 판결【부당이득금반환】 토지소유자가 일단의 택지를 여러 사람에게 분양할 때에 그 택지의 공로로의 통행로로 공여하기 위하여 설치한 도로는 특별한 사정이 없는 한 토지소유자는 그 택지의 매수인 기타 그 주택지 안에 거주하게 될 모든 사람들에게 대하여 그 주택지에 접한 위 도로를 무상으로 통행할 수 있는 권한을 부여하였다고 볼 수 있어 이 토지의 소유자는 도로가 된 토지에 대한 독점적이고 배타적인 사용수익권을 행사할 수 없으므로 위 도로에 피고가 도시계획법 내지 도로법에 의한 도로를 만들었다 하여 토지소유자에게 손실이 생긴다고 할 수 없다.

즉, 그 이전 소유자 중 어느 누구라도 사용수익권을 포기한 적이 있는 토지는 보상을 할 경우 인근토지가격의 1/3로 보상을 하고, 또한 지료청구(부당이득금청구)는 인정하지 않는다는 것이다. 예를 들어 서울 서초구 서초동 00번지 도로부지 소유자가 A, B, C, D로 이전되었다가 경매로 E가 낙찰을 받은 경우 과거에 A, B, C, D 중 누구라도 사용수익권을 포기한 사실이 있다면, 이 토지는 1/3로 보상받고, 지료청구는 불가하다는 것이다.

② 판례상 사용수익권 포기 여부 기준

어느 사유지가 종전부터 자연발생적으로 또는 도로예정지로 편입되어 사실상 일반 공중의 교통에 공용되는 도로로 사용되고 있는 경우, 그 토지의 소유자가 스스로 그 토지를 도로로 제공하여 인근 주민이나 일반 공중에게 무상으로 통행할 수 있는 권리를 부여하였거나 그 토지에 대한 독점적이고 배타적인 사용수익권을 포기한 것으로 의사해석을 함에 있어서는, 그가 당해 토지를 소유하게 된 경위나 보유기간, 나머지 토지들을 분할하여 매도한 경위와 그 규모, 도로로 사용되는 당해 토지의 위치나 성상, 인근의 다른 토지들과의 관계, 주위 환경 등 여러 가지 사정과 아울러 분할·매도된 나머지 토지들의 효과적인 사용·수익을 위하여 당해 토지가 기여하고 있는 정도 등을 **종합적으로 고찰하여 판단**하여야 한다(대법원 2006. 5. 12. 선고 2005다31736 판결, 대법원 2007. 1. 11. 선고 2006다34206 판결).

이 사건 각 토지는 대한민국 수립 이전인 1921년 조선총독부에 의해서 직권으로 각 모번지에서 분할되면서 인근의 토지들과 함께 지목이 도로로 변경되고 도로로 개설되어 공중의 통행에 이용되기 시작하였으며, 당시 또는 그 이후 조선총독부나 피고들이 공공용 재산으로의 적법한 취득절차를 밟았거나 소유자의 사용승낙을 받아 이 사건 각 토지를 점유하게 되었다는 등의 사정에 관한 자료도 없고, 또한 소유자가 이 사건 각 토지의 주변에 택지를 조성하였다거나 이 사건 각 토지가 도로로 사용됨으로 인하여 인접토지들의 효용가치가 확보·증대되는 이익을 누렸다는 등의 사정도 전혀 없음을 알 수 있는바, 그렇다면 위와 같은 사실관계에서 원심이 들고 있는 판시와 같은 사정들에 의하더라도 이 사건 각 토지의 종전 소유자들이 스스로 이 사건 각 토지를 도로로 제공하여 인근 주민이나 일반 공중에게 무상으로 통행할 수 있는 권리를 부여하였거나 이 사건 각 토지에 대한 독점적이고 배타적인 사용수익권을 포기하였다고 볼 수는 없다고 할 것이다(대법원 2007. 1. 11. 선고 2006다34206 판결).

③ 판례상 사용수익권 포기 인정 사례

토지의 원소유자가 토지의 일부를 <u>도로부지로 무상제공함</u>으로써 이에 대한 독점적이고 배타적인 <u>사용수익권을 포기</u>하고 이에 따라 주민들이 그 토지를 무상으로 통행하게 된 이후에 그 토지의 소유권을 <u>경매에 의해 특정승계한 자</u>는, 그와 같은 사용수익의 제한이라는 부담이 있다는 사정을 용인하거나 적어도 그러한 사정이 있음을 알고서 그 토지의 소유권을 취득하였다고 봄이 상당하므로 도로로 제공된 토지 부분에 대하여 독점적이고 배타적인 사용수익권을 행사할 수 없고, 따라서 지방자치단체가 그 토지의 일부를 도로로서 점유·관리하고 있다고 하더라도 그 자에게 어떠한 손해가 생긴다고 할 수 없으며 지방자치단체도 아무런 이익을 얻은 바가 없으므로 이를 전제로 부당이득반환청구를 할 수도 없다(대법원 1996. 11. 29. 선고 96다36852 판결).

<u>전 소유자가 지방자치단체에게 도로부지로 매도하여 사용수익권이 없다는 사실을 알면서 토지를 이중 매수한 자가 그 토지를 도로부지로 사용하는 지방자치단체에 대하여 부당이득반환청구를 할 수 없다</u>[41](대법원 1999. 5. 11. 선고 99다11557 판결).

---

41) 지방자치단체가 전 소유자로부터 토지를 매수하고 그 대금을 모두 지급한 후 도로공사를 완료하고 지목도 도로로 변경하여 이미 20년 이상 간선도로로 사용하고 있음에도 이를 이중으로 매수한 경우, 일반적으로 토지를 매수하려고 하는 사람은 등기부와 도시계획확인원 및 지적도면 등에 의하여 토지의 위치와 이용상황 등을 살펴보는 것이 보통일 것이므로, 매수인으로서는 특별한 사정이 없는 한 위 토지가 간선도로의 부지로 사용되고 있는 사정을 알면서 매수하였을 것이고, <u>한편 매수인이 그와 같은 사정을 알면서도 굳이 상당한 금액을 지급하고 위 토지를 매수하였다면 매수인은 지방자치단체에 대하여 부당이득금이나 손실보상금 등을 청구할 목적으로 매수하였다고 보아야 할 것인데</u>, 이런 경우 매수인으로서는 위 토지가 도로부지에 편입된 경위나 그 보상관계 등에 관하여도 살펴보고 매수하였다고 봄이 경험칙에 부합하는 점에 비추어 매수인은 위 토지의 전 소유자가 위 토지를 도로부지로 매도함으로써 이에 대한 사용수익권이 없다는 점을 용인하거나 적어도 그러한 사실을 알면서 이를 매수하였다고 볼 여지가 있으므로 지방자치단체가 위 토지를 도로부지로 사용한다 하더라도 매수인에게 아무런 손해도 생기지 아니하였다고 볼 수 있다.

대법원은 유일한 통행로에 대해서, "甲 소유의 토지가 분할된 후 분할 전 토지의 중간에 위치한 좁고 긴 형상의 토지 일부가 공로에 접한 도로로 사용되고 있었고, 분할 전 토지의 일부는 제3자에게 소유권이 이전되었다가 乙이 甲의 재산을 상속으로 취득한 후 건물이 신축되어 위 토지 부분은 현재까지 건물 주차장과 공로 사이를 이동하는 통행로로 사용되고 있는데, 乙이 건물의 구분소유자인 丙 등을 상대로 토지 인도 및 부당이득 반환을 구한 사안에서, '건물의 부지'라 함은 건물을 세우기 위하여 마련한 땅으로서 건물의 존립에 필요한 범위 내의 토지를 가리킨다고 할 것인바, 위 토지 부분을 도로로 이용하지 않고서는 건물의 차량이 공로로 나아갈 수 없다는 등의 사정만으로는 위 토지 부분이 건물의 부지라고 볼 수 없는데도, 丙 등이 위 토지 부분에 대하여 타인의 간섭을 배제할 정도의 배타적인 점유를 하고 있는지 심리하지 아니한 채 그 점유사실을 인정한 원심의 조치에는 심리미진 등의 잘못이 있고, 제반 사정에 비추어 甲은 스스로 위 토지 부분을 도로로 제공하여 인근 주민이나 일반 공중에게 통행권을 부여하는 등으로 甲의 위 토지 부분에 대한 독점적·배타적 사용·수익권 행사가 제한되었고, 이러한 상태는 乙이 甲의 재산을 상속한 후 위 건물 건축 시 도로(대지) 사용동의를 함으로써 계속 유지되었다고 볼 여지가 큰데도, 이와 달리 본 원심판단에 법리오해의 잘못이 있다."라고 한다(대법원 2024. 11. 14. 선고 2024다251470 판결).

토지 소유자들이 도로 확장사업에 자발적으로 참가하여 소유 토지의 도로사용에 대한 동의서를 제출한 점 등에 비추어 그 토지에 대한 사용·수익권을 포기한 것으로 볼 수 있다(대법원 1997. 1. 24. 선고 96다42529 판결).

토지 소유자로부터 사원용 국민주택의 건축 및 분양업무를 위임받은 시행자가 새로운 도로를 개설하는 것을 조건으로 기존 도로를 사원용 국민주택 부지로 사용하는 것을 승인받자 토지 소유자가 토지 사용을 승낙하여 시행자가 새로운 도로를 개설한 후 이를 사원용 국민주택 거주자들의 통행에 제공한 경우, 토지 소유자는 도로에 편입된 토지에 대하여 사용수익권을 포기하거나 무상통행권을 부여한 것으로 볼 수 있다(대법원 2005. 8. 25. 선고 2005다21517 판결).

토지 소유자가 토지를 분할하여 매도하면서 중앙에 위치한 토지를 남겨 두어 남겨진 토지 부분이 분할·매도된 나머지 토지들로부터 공로에 이르는 유일한 통행로로 사용되어 온 경우, 소유자가 남겨진 토지 부분의 사용수익권을 포기한 것으로 볼 여지가 있다(대법원 1998. 5. 8. 선고 97다52844 판결).

토지의 원소유자가 토지의 일부를 도로부지로 무상 제공함으로써 이에 대한 독점적이고 배타적인 사용수익권을 포기하고 이에 따라 주민들이 그 토지를 무상으로 통행하게 된 이후에 그 토지의 소유권을 경매, 매매, 대물변제 등에 의하여 특정승계한 자는 그와 같은 사용·수익의 제한이라는 부담이 있다는 사정을 용인하거나 적어도 그러한 사정이 있음을 알고서 그 토지의 소유권을 취득하였다고 봄이 상당하므로 도로로 제공된 토지 부분에 대하여 독점적이고 배타적인 사용수익권을 행사할 수 없고, 따라서 지방자치단체가 그 토지의 일부를 도로로서 점유·관리하고 있다고 하더라도 그 자에게 어떠한 손해가 생긴다고 할 수 없으며 지방자치단체도 아무런 이익을 얻을 수 없다(대법원 1998. 5. 8. 선고 97다52844 판결).

④ **판례상 사용수익권 포기가 인정되지 않는 경우**
도시계획시설결정 후 도로로 이용되는 토지는 사실상 사도가 아니다. 토지보상법시행규칙 제26조제2항 괄호부분으로 입법되었다.

> **대법원 1998. 9. 18. 선고 97누13375 판결**
> 이 사건 토지들 중 원심 판시 제1, 2토지는 이 사건 수용의 목적인 도로개설사업(도시계획사업)을 위한 1974. 5. 11.자 도시계획시설결정에 의하여 도로부지로 결정·고시된 후에 당시의 소유자이던 소외 정○석 외 3인이 분할 전의 서울 노원구 상계동 1054의 2. 대 1,833평을 그 도시계획선에 따라 분할하는 바람에 도로의 형태로 분할되었고, 그 후 함께 분할되었던 토지들에 주택이 들어서면서 자연스럽게 주민의 통행에 제공되고 새마을사업의 시행으로 하수구 등이 설치된 것이므로, 구 공공용지의취득및손실보상에관한특례법시행규칙(1995. 1. 7. 건설교통부령 제3호로 개정되기 전의 것) 제6조의2제3항에서 말하는 사실상의 사도에 해당하지 아니한다고 판단하였는바, 기록과 관계 법령에 비추어 보면 원심의 위와 같은 인정 및 판단은 정당하다(대법원 1994. 3. 11. 선고 93다57513 판결 참조).

양계장 운영을 위한 통로도 사실상의 사도가 아니다(대법원 2001. 3. 27. 선고 99두7968 판결).

⑤ 새마을도로는 1/3로 보상한다.

2009. 10. 28. 토상보상평가지침 개정으로 인하여 미불용지(현재는 미지급용지) 준용평가 규정이 폐지되었다. 즉, 사실상의 사도로 평가하여 인근가격의 1/3로 보상한다는 것이다[개정내용 : 마을간 또는 공도 등과의 접속을 위한 새마을 도로와 지역주민의 공도사업 또는 자조사업 등으로 인정되는 도로를 미불용지로 보아 평가하는 방법을 삭제함(제37조)].

> ▶ 새마을 농로 확장공사로 인하여 자신의 소유 토지 중 도로에 편입되는 부분을 도로로 점유함을 허용함에 있어 손실보상금이 지급되지 않았으나 이의를 제기하지 않았고 도로에 편입된 부분을 제외한 나머지 토지만을 처분한 점 등의 제반 사정에 비추어 보면, 토지소유자가 토지 중 도로로 제공한 부분에 대한 독점적이고 배타적인 사용수익권을 포기한 것으로 봄이 상당하다고 한 사례(대법원 2006. 5. 12. 선고 2005다31736 판결).
>
> ▶ 미불용지는 '종전에 시행된 공익사업의 부지로서 보상금이 지급되지 아니한 토지'이므로, 미불용지로 인정되려면 종전에 공익사업이 시행된 부지여야 하고, 종전의 공익사업은 적어도 당해 부지에 대하여 보상금이 지급될 필요가 있는 것이어야 한다. ---위 도로포장공사 등의 규모나 공사 당시의 상황 등에 비추어 볼 때 위 도로포장 등은 보상금이 지급될 필요가 있는 위 시행규칙 제25조 제1항의 공익사업에 의한 것이라기보다는 토지들의 소유자를 포함한 주민들의 필요에 따라 주민자조사업의 지원 등으로 행하여진 것으로 보일 뿐이다(대법원 2009. 3. 26. 선고 2008두22129 판결).

⑥ 자연발생도로도 1/3로 보상한다.

대법원은 "이 사건 토지들은 6·25 사변 이전부터 세곡동에서 일원동을 연결하는 인근 주민들의 통행로나 인근 소재 왕북국민학교 학생들의 통학로로 사실상 사용되어 온 사실, ···1978년경 강남구청에서 이 사건 토지들을 포함한 위 구간도로를 포장한 사실, 원고는 그 훨씬 후인 1986. 11. 22. 이 사건 토지들의 소유권을 취득한 사실 등을 인정한 다음, 위 인정사실에 의하면, 이 사건 토지들은 이 사건 택지개발사업으로 도로화된 것이 아니라 주민들의 통행 또는 학생들의 통학로로 사용되면서 자연발생적으로 사실상 도로화된 것이므로, …사실상의 사도 등에 관한 같은 법 시행규칙 제6조의2제2항제2호의 취지에 따라 손실보상액을 산정하였다."라고 판시하였다(1993. 5. 25. 선고 92누17259).

(4) 주위토지통행권, 통행지역권 등에 의한 판단

어느 토지와 공로 사이에 그 토지의 용도에 필요한 통로가 없는 경우에 그 토지소유자는 주위의 토지를 통행 또는 통로로 하지 아니하면 공로에 출입할 수 없거나 과다한 비용을 요하는 때에는 그 주위의 토지를 통행할 수 있고 필요한 경우에는 통로를 개설할 수 있는바, 이를 주위토지통행권이라 한다(민법 제219조1항). 다만 통행권자는 통행지소유자의 손해를 보상하여야 한다(민법 제219조2항). 그러나 분할 또는 일부 양도로 인하여 공로에 통하지 못하는 토지가 있는 때에는 그 토지소유자는 공로에 출입하기 위하여 다른 분할자 또는 나머지 토지소유자의 토지를 통행할 수 있다. 이 경우에는 보상의 의무가 없다(민법 제220조).

통행지역권은 타인의 토지를 자기 토지의 편익을 위하여 이용하는 권리인데, 그 권리의 내용은 타인의 토지를 통행하는 것이다(민법 제291조). 물권이므로 설정계약과 등기에 의하여 취득하고, 나아가 상속, 양도, 유증, 시효 등에 의하여 취득한다.

이와 관련하여 대법원은 "지역권은 계속되고 표현된 것에 한하여 민법 제245조의 규정을 준용하도록 되어 있으므로, 통행지역권은 요역지의 소유자가 승역지 위에 도로를 설치하여 승역지를 사용하는 객관적 상태가 민법 제245조에 규정된 기간 계속된 경우에 한하여 그 시효취득을 인정할 수 있다. 일반 공중은 자신의 소유 토지를 위하여 이 사건 토지에 통행로를 개설한 것이 아니므로 통행지역권을 시효 취득할 수 없다."라고 판시한 것이 있다(대법원 2001. 4. 13. 선고 2001다8493).

즉, 대법원은 통행지역권의 시효취득의 판단기준을 통로의 개설 및 계속적인 사용 외에도 위 통로가 '요역지 소유자에 의하여 개설'되었을 것이라는 엄격한 요건을 추가로 요구하고 있다(대법원 1995. 6. 13. 선고 95다1088,1095 판결). 즉, 우리 대법원은 통행권 조절을 '배타적 사용수익권' 이론을 가지고 해결하므로, 통행지역권이 상대적으로 형해화되었으나, 일본은 묵시적 통행지역권을 활성화하고 있다.

채권계약인 사용대차 또는 임대차에 의하여 인근 토지를 통행에 이용할 수 있는 권리가 설정될 수도 있다.

관습상의 사도 통행권은 물권법정주의에 위배되어 불인정된다(대법원 2002. 2. 26. 선고 2001다64165).

라. 3 유형 : 건축법 제45조의 규정에 의하여 건축허가권자가 그 위치를 지정·공고한 도로

(1) 정의

건축법상 도로에 대해 현 건축법 제2조제11호나목은 "도로"란 보행과 자동차 통행이 가능한 너비 4미터 이상의 도로로서 건축허가 또는 신고 시에 특별시장·광역시장·특별자치시장·도지사·특별자치도지사(이하 "시·도지사"라 한다) 또는 시장·군수·구청장(자치구의 구청장을 말한다. 이하 같다)이 위치를 지정하여 공고한 도로나 그 예정도로를 말한다고 한다.

한편 건축법 제45조제1항은 허가권자는 제2조제1항제11호나목에 따라 도로의 위치를 지정·공고하려면 국토교통부령으로 정하는 바에 따라 그 도로에 대한 이해관계인의 동의를 받아야 한다. 다만, 다음 각 호의 어느 하나에 해당하면 이해관계인의 동의를 받지 아니하고 건축위원회의 심의를 거쳐 도로를 지정할 수 있다고 규정한다.
  1. 허가권자가 이해관계인이 해외에 거주하는 등의 사유로 이해관계인의 동의를 받기가 곤란하다고 인정하는 경우
  2. 주민이 오랫동안 통행로로 이용하고 있는 사실상의 통로로서 해당 지방자치단체의 조례로 정하는 것인 경우

즉, 대지에 건축물을 건축하기 위해서는 그 대지가 도로에 2m 이상을 접하여야 하지만 그렇지 못할 경우 아래 그림에서 보는 바와 같이 ⑥ ⑦의 대지는 도로에 접하지 아니한 맹지인데 ⑤의 대지를 가로지르는 Ⓐ의 현황도로를 건축허가권자의 도로지정을 거친다면 건축이 가능하다.

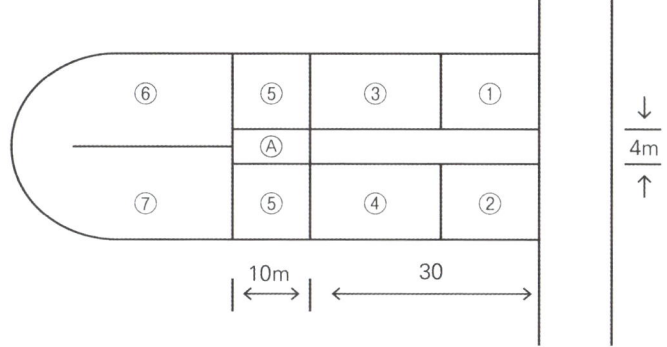

(2) 1976. 2. 1. 이전 건축법에 의한 도로(대법원 2012. 3. 15. 선고 2011두 27322 판결)

<u>1976. 2. 1. 이전에 골목길이 폭 4m 이상으로서 오래전부터 인근 주민들의 통행로로 사용되어 왔다면, 건축법에 의해 도로로서의 위치 지정이 없다고 해도 건축법상 도로이다.</u>

왜냐하면 건축허가 시 시장·군수가 위치를 지정하도록 하는 것은 1975. 12. 31. 법률 제2852호로 개정된 건축법 제2조 제15호(시행일 1976. 2. 1.)에서부터 이기 때문이다.

건축법 제45조(도로의 지정·폐지 또는 변경) ① 허가권자는 제2조제1항제11호나목에 따라 도로의 위치를 지정·공고하려면 국토교통부령으로 정하는 바에 따라 그 도로에 대한 이해관계인의 동의를 받아야 한다. 다만, 다음 각 호의 어느 하나에 해당하면 이해관계인의 동의를 받지 아니하고 건축위원회의 심의를 거쳐 도로를 지정할 수 있다.
  1. 허가권자가 이해관계인이 해외에 거주하는 등의 사유로 이해관계인의 동의를 받기가 곤란하다고 인정하는 경우
  2. 주민이 오랫 동안 통행로로 이용하고 있는 사실상의 통로로서 해당 지방자치단체의 조례로 정하는 것인 경우

서울특별시 건축 조례
[시행 2025. 1. 3.] [서울특별시조례 제9487호, 2025. 1. 3., 타법개정]

제27조(도로의 지정) 법 제45조제1항에 따라 주민이 장기간 통행로로 이용하고 있는 사실상의 도로로서 허가권자가 이해관계인의 동의를 얻지 아니하고 위원회의 심의를 거쳐 도로로 지정할 수 있는 경우는 다음 각 호의 어느 하나와 같다.〈개정 2018. 1. 4., 2018. 5. 3., 2018. 7. 19., 2022. 12. 30.〉

1. 복개된 하천·도랑부지
2. 제방도로
3. 공원 내 도로
4. 도로의 기능을 목적으로 분할된 사실상 도로
5. 사실상 주민이 이용하고 있는 통행로를 도로로 인정하여 건축허가 또는 신고하였으나, 도로로 지정한 근거가 없는 통행로

서울특별시 건축 조례
[시행 2018. 5. 3.] [서울특별시조례 제6879호, 2018. 5. 3., 일부개정]

◇ 개정이유

현행 규정상 주민이 장기간 통행로로 이용하고 있는 사실상의 통로로써 이해관계인의 동의 없이 건축위원회 심의를 거쳐 도로 지정이 가능한 경우로는 '복개된 하천·구거(도랑)부지, 제방도로, 공원 내 도로'의 총 3가지만 정하고 있으나, 이를 추가 확대하여 주민 간 갈등이나 행정낭비 해소 및 건축행정의 신뢰성과 정확성을 확보하고자 함

◇ 주요내용

가. 허가권자가 이해관계인의 동의를 얻지 않고 위원회의 심의를 거쳐 도로로 지정할 수 있는 경우로 "<u>도로의 기능을 목적으로 분할된 사실상의 도로</u>"와 "<u>사실상 주민이 이용하고 있는 통행로를 도로로 인정하여 건축 허가 또는 신고하였으나, 도로로 지정한 근거가 없는 통행로</u>"를 추가함 (제27조제4호 및 제5호 신설)

[개정내용]
제27조에 제4호와 제5호를 각각 다음과 같이 신설한다.

4. 도로의 기능을 목적으로 분할된 사실상 도로
5. 사실상 주민이 이용하고 있는 통행로를 도로로 인정하여 건축허가 또는 신고하였으나, 도로로 지정한 근거가 없는 통행로

부칙

이 조례는 공포한 날부터 시행한다.

수원시 건축 조례

[시행 2024. 3. 18.] [경기도수원시조례 제4555호, 2024. 3. 18., 일부개정]

제34조(도로의 지정) 법 제45조제1항에 따라 주민이 오랫동안 통행로로 이용하고 있는 도로로서 시장이 이해관계인의 동의를 받지 아니하고 위원회의 심의를 거쳐 도로로 지정할 수 있는 경우는 다음 각 호와 같다. 다만, 제1호의 도로는 미리 관계부서 및 관계기관과 협의하여 이상이 없는 경우에 한정한다.(개정 2013. 06. 14.) (개정 2014. 11. 17.) (개정 2020. 10. 05.)

1. 복개된 하천· 도랑부지 (개정 2021.01.07)

2. 〈삭제 2020.10.05〉[42]

3. 공원 내 도로

4. 국가 또는 지방자치단체에서 주거환경개선을 위하여 포장한 도로

5. 주민이 장기간 사용하고 있는 통행로로서 동 통로를 이용하여 건축허가(신고)가 된 경우 (개정 2020.10.05)

② 허가권자는 제1항에 따라 지정한 도로를 폐지하거나 변경하려면 그 도로에 대한 이해관계인의 동의를 받아야 한다. 그 도로에 편입된 토지의 소유자, 건축주 등이 허가권자에게 제1항에 따라 지정된 도로의 폐지나 변경을 신청하는 경우에도 또한 같다.

③ 허가권자는 제1항과 제2항에 따라 도로를 지정하거나 변경하면 국토교통부령으로 정하는 바에 따라 도로관리대장에 이를 적어서 관리하여야 한다.

즉, 골목길이 오래전부터 인근 주민들의 통행로로 사용되어 왔다고 하더라도 그것이 폭 4m 이상으로서 1975. 12. 31. 법률 제2852호 건축법중개정법률 시행일인 1976. 2. 1. 전에 이미 주민들의 통행로로 이용되고 있어서 위 개정법률 부칙 제2항에 의하여 도로로 보는 것을 제외하고는 건축법상의 도로가 되었다고 할 수 없다고

---

[42] 2. 농업생산기반정비사업으로 설치되거나 그 밖에 농지의 보전이나 농업생산에 이용되는 도로(다만, 농가주택·농업용 창고 등의 건축을 위한 도로지정에 한한다)

할 것이다(대법원 1990. 2. 27. 선고 89누7016 판결, 1992. 7. 28. 선고 92누7337 판결, 1994. 1. 28. 선고 93누20023 판결 참조).

1975. 12. 31. 법률 제2852호로 개정된 건축법 제2조제15호는 '도로'라 함은 '보행 및 자동차 통행이 가능한 폭 4m 이상의 도로'로서 '도시계획법·도로법·사도법 기타 관계법령의 규정에 의하여 신설 또는 변경에 관한 고시가 된 것' 또는 '건축허가 시 시장(서울특별시장·부산시장을 포함한다. 이하 같다)·군수가 그 위치를 지정한 도로' 중 하나에 해당하는 도로를 말한다고 규정하는 한편 그 부칙 제2항(이하 '종전 부칙 제2항')은 "이 법 시행 당시 종전의 규정에 의한 도로로서 제2조 제15호의 규정에 적합하지 아니한 것은 동 규정에 불구하고 이를 도로로 본다."라고 규정하고 있고, 위 개정 전 건축법(1967. 3. 30. 법률 제1942호) 제2조제15호는 "도로라 함은 폭 4m 이상의 도로와 다음에 게기하는 것의 하나에 해당하는 예정도로로서 폭 4m 이상의 것을 말한다. 폭 4m 미만의 도로로서 시장·군수가 지정한 도로도 또한 같다."라고 규정하고 있다.

따라서 **폭 4m 이상으로서 위 법률 제2852호로 개정된 건축법 시행일인 1976. 2. 1. 이전에 이미 주민들의 통행로로 이용되고 있던 도로의 경우**에는 폭 4m 미만의 도로와는 달리 **시장·군수가 도로로 지정하지 않았더라도 '건축법상의 도로'**에 해당하였다(대법원 1994. 1. 28. 선고 93누20023 판결, 대법원 1999. 2. 9. 선고 98두12802 판결 등 참조).

그런데 건축법이 1991. 5. 31. 법률 제4381호로 전부개정이 되면서 '건축법상의 도로'를 보행 및 자동차 통행이 가능한 너비 4m 이상의 도로로서 도시계획법 등의 관계 법령에 의하여 신설 또는 변경에 관한 고시가 되었거나 건축허가 또는 신고 시 시장·군수 등이 그 위치를 지정한 도로 또는 그 예정도로라고 정의하면서도, 종전 부칙 제2항과 같은 조항을 두지는 아니하였다.

개정법률이 전부개정인 경우에는 기존 법률을 폐지하고 새로운 법률을 제정하는 것과 마찬가지여서 원칙적으로 종전 법률의 본문 규정은 물론 부칙 규정도 모두 효력이 소멸되는 것으로 보아야 하므로 종전 법률 부칙의 경과규정도 실효된다고 할 것이나, 다만 특별한 사정이 있는 경우에는 그 효력이 상실되지 않는다고 보아야 한다. 여기에서 말하는 '특별한 사정'은 전부 개정된 법률에서 종전 법률 부칙의 경과규정에 관하여 계속 적용한다는 별도의 규정을 둔 경우뿐만 아니라, 그러한 규정을 두지 않았다고 하더라도 종전의 경과규정이 실효되지 않고 계속 적용된다고 보아야 할 만한 예외적인 사정이 있는 경우도 포함한다. 이 경우 예외적인 '특별한 사정'이 있는지를 판단함에 있어서는 종전 경과규정의 입법 경위 및 취지, 전부 개정된 법령의 입법 취지 및 전반적 체계, 종전 경과규정이 실효된다고 볼 경우 법률상 공백상태가 발생하는지 여부, 기타 제반 사정 등을 종합적으로 고려하여 개별적·구체적으로 판단하여야 한다(대법원 2008. 11. 27. 선고 2006두19419 판결 등 참조).

위 법리를 토대로 앞서 본 건축법의 도로에 관한 규정을 살펴보면, 건축법이 1991. 5. 31. 법률 제4381호로 전부 개정되면서 종전 부칙 제2항과 같은 경과규정을 두지 않은 것은 당시 대부분의 도로가 시장·군수 등의 도로 지정을 받게 됨으로써 종전 부칙 제2항과 같은 경과규정을 존치시킬 필요성이 줄어든 상황을 반영한 것일 뿐, <u>이미 건축법상의 도로가 된 사실상의 도로를 다시 건축법상의 도로가 아닌 것으로 변경하려고 한 취지는 아니라고 보이는 점</u>, 종전 부칙 제2항이 효력을 상실한다고 보면 같은 규정에 의하여 이미 확정적으로 건축법상의 도로가 된 사실상의 도로들에 관하여 법률상 공백상태가 발생하게 되고 그 도로의 이해관계인들, 특히 그 도로를 통행로로 이용하는 인근 토지 및 건축물 소유자의 신뢰보호 및 법적 안정성 측면에도 문제가 생기는 점 등의 제반 사정을 종합해 볼 때, <u>종전 부칙 제2항은 1991. 5. 31. 법률 제4381호로 전부 개정된 건축법의 시행에도 불구하고, 여전히 실효되지 않았다고 볼 '특별한 사정'이 있다고 보아야 할 것이다</u>(대법원 2012. 1. 27. 선고 2011두815 판결 참조).

(3) 1976. 2. 1. 후 건축법에 의한 도로지정

건축법에 의한 도로지정은 <u>도로의 구간·연장·폭 및 위치 등을 특정하여 명시적으로 행하여져야 하고</u>, 따라서 계쟁 도로가 시유지로서 토지대장상 지목이 도로이고 도시계획확인도면의 대로부지와 연결된 동일 지번의 토지라고 하더라도 그 사실만으로는 시장·군수의 도로지정이 있었다고 볼 수 없고, 또한 행정관청이 건축허가시 도로의 폭에 관하여 행정지도를 하였다고 하여 시장·군수의 도로지정이 있었던 것으로 볼 수도 없다(대법원 1999. 8. 24. 선고 99두592).

주위토지통행권확인판결을 받은 것만으로 건축법상의 도로로 인정되는 것은 아니다. 즉, 건축법상 "도로"라 함은 보행 및 자동차 통행이 가능한 폭 4m 이상의 도로로서 건축허가 시 시장·군수가 위치를 지정한 도로를 말하며, 시장·군수가 도로를 지정하고자 할 때에는 당해 도로에 대하여 이해관계를 가진 자의 동의를 얻어야 하고, 한편 도시계획구역 안에서 건축허가를 받으려면 대지가 2m 이상 도로에 접하도록 당해 도로에 대하여 이해관계인의 동의를 얻어야 할 것인바, 이 경우 공로로 통하는 대지에 대하여 주위토지통행권이 있음을 확인하는 내용의 승소판결로써 동의에 갈음할 수 없다(대법원 1993. 5. 25. 선고 91누3758).

시장·군수·구청장이 건축허가 시에 건축법 소정의 요건을 갖춘 도로에 대하여 그 위치를 지정·공고하기만 하면 도로가 성립하는 것이지, 도로대장의 비치가 건축법상 도로의 요건이 될 수는 없다(대법원 1991. 12. 13. 선고 91누1776).

그리고 대법원은 "건축법 제2조제11호㈏목의 도로, 즉 '건축허가 또는 신고 시 시장, 군수, 구청장(자치구의 구청장에 한한다)이 위치를 지정한 도로'로 지정되었다고 해서 건축허가 등을 받은 사람이나 그 도로를 통행하여 온 사람에게 그 도로를 자유로 통행하고 제3자가 그 도로의 사용을 방해하는 경우에는 그 방해의 배제를 구할 수 있는 사법상의 권리가 부여되는 것은 아니다."라고 판시한 바 있다(대법원 1995. 11. 7. 선고 95다2203). 그러나 대법원은 그 이후 "일반 공중의 통행에 제공된 도로를 통행하고자 하는 자는, 그 도로에 관하여 다른 사람이 가지는 권리 등을 침해한다는 등의 특별한 사정이 없는 한, 일상생활상 필요한 범위 내에서 다른 사람들과 같은 방법으로 도로를 통행할 자유가 있고, 제3자가 특정인에 대하여만 도로의 통행을 방해함으로써 일상생활에 지장을 받게 하는 등의 방법으로 특정인의 통행 자유를 침해하였다면 민법상 불법행위에 해당하며, 침해를 받은 자로서는 그 방해의 배제나 장래에 생길 방해를 예방하기 위하여 통행방해 행위의 금지를 소구할 수 있다고 보아야 한다."라고 판시하여(대법원 2011. 10. 13. 선고 2010다63720 판결[통행방해금지]), 일반인의 도로통행에 관한 이익을 사법상 권리로 격상시킨 바도 있고, 또한 대법원은 "어떠한 토지가 일반 공중의 통행에 제공되는 상태에 있다는 사유만으로 이를 통행하고자 하는 사람이 그 통행을 방해하는 사람에 대하여 당연히 지장물의 제거 등을 포함하여 방해의 배제를 구할 수 있는 사법상 권리를 갖게 되는 것은 아니다. 다만 통행의 방해가 특정인에 대하여만 이루어지고 그로 인하여 일상생활에 지장을 초래하는 때와 같이 통행방해 행위가 특정인의 통행의 자유에 대한 위법한 침해로서 민법상 불법행위를 구성한다고 평가될 정도에 이른 경우에는 그 금지를 구하는 것이 허용될 수도 있다(대법원 1995. 11. 7. 선고 95다2203 판결, 대법원 2011. 10. 13. 선고 2010다63720 판결 등 참조)."라고 판시하였음을 유의하여야 한다(대법원 2013. 2. 14. 자 2012마1417 결정).

(4) 소결론

건축법상 도로가 되면 이는 법정도로이다. 따라서 법정도로일 경우에는 당연히 그 도로가 사유토지라고 하더라도 사권행사가 제한되고, 배타적 사용수익권이 없다. 따라서 건축법상 도로에 상·하수도 인입을 위한 공사 시에도 도로소유자의 사용·승낙은 불필요하다고 본다.

따라서 어떤 사유지 토지가 폭 4미터 이상이고, 1976. 2. 1. 이전부터 일반주민의 통행로로 이용되었다면, 그 토지는 도로지정이 없었어도 건축법상 도로이다.

(5) 건축선 밖의 토지

한편 건축선 밖의 토지에 대해서 공지로 남게 되어 인근 주민의 통행에 제공됨으로써 자연스럽게 도로가 된 경우 이러한 토지는 낮게 평가할 만한 사정이 없다고 보아야 한다.

이에 대해서 건축선 후퇴는 토지소유자의 의사가 명시적 묵시적으로 관련되어 있고, 때로는 사실상 자기토지의 이용증진이 도모될 수 있다는 측면에서 보면 이는 토지소유자의 의사에 반하여 강제적으로 개설되는 공도와는 차이가 있으므로, 이도 사실상의 사도로 보는 견해가 있으나[43], 이 견해에 찬성하기는 어렵다. 이에 대해서는 국토교통부 질의회신을 통하여 사실상의 사도로 보아서는 안 된다는 견해[44]가 있다.

마. 4 유형 : 도로 개설 당시의 토지소유자가 대지 또는 공장용지 등을 조성하기 위하여 설치한 도로

대표적인 예가 단지분할형 도로이다. 대법원은 이 토지는 분할 전 토지의 소유자가 분할 전 토지를 택지로 개발하여 매각하려고 함에 있어서 다른 토지의 효용가치를 높이기 위하여 그 토지에 대한 독점적이고 배타적인 사용수익권을 포기한 채 스스로 일반 공중의 통로로서 제공한 것으로 봄이 상당하다고 할 것이고, 이 토지가 도로에 제공된 이후에 도시계획결정고시가 있은 이상 이 토지는 그 전체가 '사실상의 사도'에 해당하는 것으로 보아야 할 것이라고 판시하고 있다(대법원 1997. 8. 29. 선고 96누2569).

그러나 예정공도부지는 개설(도로의 위치, 너비 등)의 자의성이 결여되어 사실상의 사도에서 배제된다. 여기서 예정공도부지는 도로법, 「국토의 계획 및 이용에 관한 법률」등에 의하여 도로개설예정지로 지정되었으나, 도로관리청 기타 행정청 등이 아직까지 도로를 개설하지 아니한 도로개설계획지를 말한다.

바. 사실상의 사도의 보상평가

도로 자체는 독립하여 그 값을 평가할 수 없으나, 주위 토지의 값을 증가시키는데 기여하였으므로 주위 토지와 함께 평가하여 그 기여의 정도에 따라 도로의 값을 산출하는 것이다.

---

43) 이선영, "토지수용 및 보상법 핵심과제", 도서출판 리북스, 2010년, 422
44) 임호정, 김원보, "공익사업용지보상법론", 부연사, 2003년
건설교통부 질의회신 2001.10.25. 토관58342-1614, 2001.12.10. 토관 58342-1907

사실상의 사도는 인근토지[45)]에 대한 평가액의 3분의 1 이내로 평가한다(토지보상법시행규칙 제26조제1항). 그러나 유의하여야 할 사항은 대법원은 사실상의 사도라고 하더라도 인근토지에 비하여 낮은 가격으로 평가하여도 될 만한 객관적 사정이 있는 경우에 한하여 인근토지의 평가액의 3분의 1 이내로 평가하는 것이라고 판시한 바 있다(대법원 1999. 5. 14. 선고 99두2215).

따라서 위와 같은 대법원 판례의 이론을 엄격히 적용하면 토지보상법 하에서도 사실상의 사도로 열거된 4가지의 경우에 해당한다고 하여 무조건 인근토지의 3분의 1 이내로 평가할 수는 없는 것이고, 인근토지의 3분의 1 이내로 낮게 평가하기 위해서는 낮은 가격으로 보상해 주어도 될 만한 사정이 있어야 하는 것으로 해석할 여지가 있다.

이와 관련하여 민법 제219조에 의한 주위토지통행권 행사의 결과로 개설된 도로, 약정에 의하여 통행권이 설정된 도로 중 유상이며 존속기간이 얼마 남지 않아 그 권리를 소멸시키기 쉬운 도로, 건축법에 의한 건축허가권자가 그 위치를 지정·공고한 도로 중 대지의 소유자와 도로의 소유자가 달라 그 대지의 소유자가 도로 부분의 소유자에게 정상임료를 지급하고 동의를 얻어 그 도로를 지정·공고하도록 한 경우 등은 인근토지의 평가액의 3분의 1 이내로 평가하도록 하는 것이 타당한지 의문이 생긴다는 견해가 있다[46)]. 사견도 이러한 경우는 정상 평가하여야 한다고 생각한다. 도로 개설의 자의성도 없고, 1/3로 낮게 평가할 만한 이유도 없기 때문이다.

---

45) 위 도로 및 구거부지의 평가에서 "인근토지"라 함은 당해 도로부지 또는 구거부지가 도로 또는 구거로 이용되지 아니하였을 경우에 예상되는 표준적인 이용상황과 유사한 토지로서 당해 토지와 위치상 가까운 토지를 말한다(규칙26조4항).

46) 임호정, 김원보, 전게서, 378 내지 386

제6장 부당이득금 청구

1. 부당이득금 반환청구의 개요

자신이 소유하는 토지가 도로부지로 사용[47]되고 있을 경우, 도로는 사권 행사가 제한[48]되므로, 보상이 이루어지지 않는다면, 결국 부당이득반환청구를 하게 된다.[49] 부당이득반환청구는 내가 전 소유자로부터 그 청구권을 인수하면 과거 5년까지도 가능하다.

다만, 매우 주의하여야 할 것은 부당이득반환청구를 하였는데 행정청이 오히려 취득시효를 주장하면서 소유권이전등기를 주장하는 경우가 있다는 것이다. 행정청이 과거에 보상을 실시하였으나 등기만 이전받지 못한 상태에서 경매에 나온 토지를 낙찰받은 경우에는 결국 그 토지에 대한 소유권도 잃게 되는 참담한 결과가 발생할 수도 있다. 한편, 부당이득반환청구를 하여 승소를 했을 때는 이전에 100% 감면받았던 재산세를 부과받을 수도 있으니 실익 여부를 잘 따져 보는 것이 필요하다[(지방세법 제109조 제2항, 제3항, 동법시행령 제108조, 대법원 2012. 12. 13. 선고 2010두9105 판결, 서울고등법원 2008. 6. 12. 선고 2007누31654 판결[50](피고 강남구청장, 확정)].

---

47) 일반인에게 제공되어 일반인이 자유스럽게 사용하고 있거나 행정청이 쓰고 있는 경우를 말한다.
48) **도로법 제3조(사권의 제한)** 도로를 구성하는 부지, 옹벽, 그 밖의 물건에 대하여는 사권(私權)을 행사할 수 없다. 다만, 소유권을 이전하거나 저당권을 설정하는 것은 그러하지 아니하다. 사권이 제한되므로, 방해배제 등 물권적 청구나 통행금지 등은 불가하다.
49) 임대료 청구, 지료청구라고 표현하기도 하는데, 다 같은 의미이다.
50) 논란이 된 도로는 서울 강남구 삼성동에 있는 A호텔 앞의 도로로 삼성역 방면에서 B백화점 방면으로 이동하기 위해 필요한 도로인데, 강남구청은 위 도로가 지방세법상 재산세 비과세 대상인 사도에 해당하지만, 동시에 건물을 안정감 있게 보이도록 하기 위한 대지안의 공지에 해당한다는 이유로 위 도로 소유자 C에게 재산세를 부과하였다. 서울고등법원은 "지방세법 시행령상 재산세 비과세대상인 '사도'는 처음부터 일반인의 자유로운 통행에 공할 목적으로 개설한 사도는 물론 사도의 소유자가 당초 특정한 용도에 제공할 목적으로 설치한 사도라 하더라도 이용실태, 주위 택지상황 등 제반사정에 비춰 사도의 소유자가 일반인의 통행에 아무런 제약을 가하지 않고, 실제로도 널리 불특정 다수인의 통행에

먼저 부당이득반환청구권 성립여부가 문제 되고, 그것이 인정되면 다음으로 그 액수가 얼마인지가 문제 된다.

즉, 먼저 지방자치단체의 점유여부를 먼저 판단한 후, 점유가 인정되면 대법원 판례가 일관되게 취하고 있는 '배타적 사용수익권의 포기 이론'에 따라 토지 소유자가 대상 토지에 관하여 배타적 사용수익권을 포기했다고 볼 것인지를 판단하여, 그렇다고 할 수 없으면 토지소유자에게 임료 감정 결과에 따라 산정한 기초토지가격에 <u>대략 2% ~ 5% 범위 내의 기대이율을 곱한 금액으로, 임료 상당의 부당이득금의 반환청구를 인정해 준다.</u>

따라서 도로 부지로 사용되고 있는 토지를 매수하거나 공·경매로 취득하고자 하는 경우에는 먼저 지방자치단체의 점유 여부를 판단하고, 나아가 대법원 판례가 확고하게 취하고 있는 "배타적 사용수익권의 포기"가 있었는지를 조사하여 매수 여부를 결정하여야 한다.

<u>통상 법원은 ①먼저 지적도를 보고 사건 대상이 된 토지의 형태와 경계 및 도로 부분의 규모, 연결 도로의 모양, 인근 토지들의 현황과 형태 및 배치를 살핀 후, ②부동산등기부등본에 나타나는 대상 토지와 인근 토지들의 분할과정과 도로 개설 및 점유에 관한 자료 내용을 확인한 다음, ③대상 토지가 사실상 도로로 사용되게 된 경위가 무엇인지, 지방자치단체의 도로 개설 예비행위와는 어떤 선후관계·원인관계가 있는지를 살펴 판단하고 있으므로, 투자자도 이 점을 유의하여야 할 것이다.</u>

특히 재산세가 비과세된다면 배타적 사용수익권 포기 증거로 활용이 가능할 것이다.

그런데 위와 같은 점을 상세하게 살핀다고 하더라도 실제로 그 토지에 대해서 전 소유자가 배타적 사용수익권을 포기하였는지를 판단하기는 매우 어려운 것이 현실

이용됐다면 모두 재산세 비과세대상인 사도에 포함된다."라고 판시하였다.

이고 보면, 가격이 저렴하다고 하여 무조건 투자하는 것은 매우 위험하다.

 즉, 도로부지에 대해서는 과거 소유자가 사용수익권을 포기하였거나(이 경우는 부당이득청구소송에서 패소), 과거 보상이 실시되었으나 등기만 이전되지 않은 경우도 많은 바(이 경우는 부당이득청구소송에서 패소함은 물론 소유권도 잃을 염려가 있다), 이런 경우에 대비하기 위해서 담당 지자체에 꼼꼼히 확인을 하여야 할 것이다.

 이하에서는 먼저 지방자치단체의 점유 여부에 대해 알아보고, 다음 대법원 판례에 나타난 "배타적 사용수익권의 포기"이론을 검토하고, 마지막으로 구체적인 부당이득금 산정문제에 대해서 서술하고자 한다.

2. 소송상대방(피고)

가. 지방자치단체 점유 여부

대법원은 <u>도로관리청으로서 점유와 사실상의 지배주체로서의 점유를</u> 인정하고 있으므로, 도로부지가 일반인에게 제공되어 일반인이 자유롭게 사용하고 있거나 행정청이 사용하고 있다면 그 점유는 인정된다.

지방자치단체의 점유 사실을 인정할 것인지 여부와 관련하여, 대법원 판례의 주류는 "도로법 등에 의한 도로설정행위가 없더라도 국가나 지방자치단체가 기존의 사실상 도로에 대하여 확장, 도로포장 또는 하수도설치 등 도로의 개축 또는 유지 보수공사를 시행하여 일반 공중의 교통에 공용한 때에는 이때부터 그 도로는 국가나 지방자치단체의 사실상 지배하에 있는 것으로 보아 사실상 지배 주체로서의 점유를 인정할 수 있다."라고 일관되게 판시하고 있다(대법원 1991. 9. 24. 선고 91다21206 판결. 대법원 1991. 3. 12. 선고 90다5795 판결 등 참조).

더 구체적으로 대법원은 "국가나 지방자치단체가 도로를 점유하는 형태는 <u>도로관리청으로서의 점유와 사실상의 지배주체로서의 점유로 나누어 볼 수 있는바,</u> 기존의 사실상 도로에 도로법에 의한 노선인정의 공고 및 도로구역의 결정이 있거나 도시계획법에 의한 도시계획사업의 시행으로 도로설정이 된 때에는 이때부터 도로관리청으로서의 점유를 인정할 수 있으나 이러한 도로법 등에 의한 도로설정행위가 없더라도 국가나 지방자치단체가 종전부터 일반공중의 교통에 사실상 공용되거나 또는 공용되지 않던 사유지상에 사실상 필요한 공사를 하여 도로로서의 형태를 갖춘 다음 그 토지를 여전히 또는 비로소 일반공중의 교통에 공용한 때에는 이때부터 그 도로는 국가나 지방자치단체의 사실상 지배하에 있는 것으로 보아 사실상 지배주체로서의 점유를 인정할 수 있다."라고 판시하고 있다(대법원 1993. 8. 24. 선고 92다19804 판결, 동지 대법원 2002. 3. 12. 선고 2001다70900 판결).

> 대법원 2019. 2. 14. 선고 2015다244432 판결
> 피고 울산광역시 북구 : 새못저수지 토지 관리청 점유 인정 사례
>
> **서울중앙지방법원 2023. 9. 22. 선고 2021가합529474 판결**
> 지목이 '도'인 점, 계속하여 현황도로로 이용되어 온 점, 장기간에 통행로로 사용되어 온 점, 토지 지하에 하수관 등 하수시설물이 설치되어 있으며 위 하수관로에 대하여 토사제거작업이 실시된 점, 상수도관이 매설되어 있는 점 등에 비추어 지방자치단체의 점유 인정 사례

나. 점유를 부정한 사례

아래 사례에 해당하는 토지를 취득하면 부당이득금 청구가 불가하게 되므로 매우 주의하여야 한다. 다만, 부당이득금 청구가 불가하다면, 일반인이 이용하는 것이 아니므로 도로폐지소송에서는 승소가능성이 높아질 것이다.

① 인근 주민들이 토지를 통행로로 사용하면서 그 통행로에 시멘트 포장공사를 하고서는 약 1년 후 반상회를 통하여 지방자치단체에게 하수도설치를 요구하자 지방자치단체가 그 통행로에 하수도를 설치하고 맨홀과 빗물 유입구를 설치한 사안에서 지방자치단체가 위 통행로를 점유한다고 볼 수 없다고 판시하였다(대법원 1999. 9. 17. 선고 99다26276 판결).

② 택지를 분할매각하고 남은 부분이 자연발생적으로 주변의 도로와 연결되어 일반의 통행에 제공되어 오던 중 인근 주민들이 자조사업의 일환으로 비용을 출연하여 포장 및 하수도 공사를 한 후, 지방자치단체가 정식으로 도로를 개설하거나 도시계획사업의 시행으로 도로를 개설할 계획을 수립한 바도 없이 지역 주민의 요청을 받고 그 편의를 위하여 2차례 보수공사를 해 준 경우, 그러한 사정만으로는 사회관념상 토지를 사실상 지배하기 시작하였다고 보기 어렵고 더욱이 사실상의 지배가 성립하기 위하여 필요한 그 토지에 관한 점유설정의사가 생겼다고 보기도 어렵다(대법원 1997. 7. 11. 선고 97다14040 판결). 그러나 원심(서울고법 1997. 2. 14. 선고 96나45681 판결)은 지방자치단체가 적어도 2차 보수공사를 시작한 무렵부터는 위 토지에 대한 사실상의 지배주체로서 위 토지를 점유·관리하고 있다고 판단하였다.

③ 국가 또는 지방자치단체 이외의 자 예컨대 <u>주민들이 자조사업</u>으로 사실상 도로를 개설하거나 기존의 사실상 도로에 개축 또는 유지, 보수공사를 시행한 경우에는 그 도로의 사실상 지배주체를 국가나 지방자치단체라고 보기 어렵고, 다만 주민자조사업의 형태로 시공한 도로라고 할지라도 실제로는 국가나 지방자치단체에서 그 공사비의 상당 부분을 부담하고 공사 후에도 도로의 유지, 보수를 담당하면서 공중의 교통에 공용하고 있는 등 사정이 인정된다면 실질적으로는 그 도로는 국가나 지방자치단체의 사실상 지배하에 있다고 볼 수 있으나, 국가나 지방자치단체가 주민자조사업의 공사비 일부를 부담한 사실이 있다는 것만으로 곧 그 점유 주체를 국가나 지방자치단체라고 단정할 수는 없다. 따라서 마을 주민들이 도로 부지의 일부를 마을 기금으로 매수하여 진입도로를 개설하면서 직접 포장공사 등 시공을 하였고 그 하자로 인한 변상책임도 모두 자신들이 지기로 하였으며, 관할 지방자치단체는 그 사업비의 일부만을 보조하였을 뿐 그 진행여부를 직접 감독하거나 관여한 적이 없었던 경우, 그 도로의 관리 주체 및 포장공사의 시행자는 관할 지방자치단체가 아니라 마을 주민들이다(대법원 1996. 11. 22. 선고 96다25265 판결).

④ 토지가 인근 건물의 통로로 제공됨으로써 사실상 도로화되고 그 후 인근 주민들의 <u>자력으로 도로포장공사가 시행된</u> 후에 지방자치단체가 그 토지 위에 주민들의 편의를 위하여 주차표시를 하고 하수도 매설 공사를 시행하였으며 종전에 도시계획상 도로로 지정한 바 있다는 사정만으로는 지방자체단체가 그 토지를 도로로 개설하여 점유, 관리하고 있다고 볼 수 없다(대법원 1994. 8. 23. 선고 93다58196 판결).

⑤ 주민들이 비용을 부담하여 포장공사를 한 토지상에 지방자치단체가 도로예정지 지정 및 지적승인고시를 하고 사실상 도로임을 이유로 과세를 하지 아니하여 왔다는 사정만으로는 지방자치단체가 이를 점유, 관리하는 것으로 볼 수 없다(대법원 1992. 4. 14. 선고 91다45226 판결).

다. 누구를 상대로 소송을 걸어야 하는지

<u>1988. 5. 1.부터는 기초자치단체를 상대로 소송을 제기하면 된다.</u>

대법원은 국가 또는 지방자치단체가 도로를 점유하는 형태에는 도로법 등 관계 법령에 의한 도로관리청으로서 점유하는 경우와 도로를 사실상의 지배주체로서 점유하는 경우로 나누어 볼 수 있는 바, 도로를 사실상 지배하는 주체로서 이를 점유하는 경우에 있어서는 도로의 노폭에 관한 특별시와 자치구의 사무분장 등 그 유지·관리에 관한 서울특별시조례의 규정을 따져 볼 것도 없이, 지방자치법 제5조 제1항의 규정에 따라 <u>지방자치법이 시행되기 전인 1988. 4. 30. 까지는 서울특별시가 그 점유 주체가 될 것이나, 지방자치법이 시행된 1988. 5. 1. 부터는 그 점유 주체가 서울특별시로부터 자치구에 당연히 이전된 것으로 보아야 한다</u>고 판시하고 있다(대법원 1995. 6. 29. 선고 94다58216 판결).

다만, 일부 판례에 의하면 광역시·도에 대해서도 청구가 가능한 것처럼 판시한 사례가 있으나, 굳이 같이 청구할지는 사안에 따라 검토할 필요가 있다.

즉, 간접점유자와 직접점유자의 각 부당이득반환의무의 상호관계가 문제되는데, **數人이 공동으로 법률상 원인 없이 타인의 물건을 사용한 경우에 각각의 부당이득반환의무는 불가분채무의 관계에 있다**는 것이 확립된 판례의 입장이지만(대법원 1981. 8. 20. 선고 80다2587 판결, 대법원 1991. 10. 8. 선고 91다3901 판결 등 참조), 위 법리가 간접점유-직접점유의 관계에도 적용되는지에 관하여 판시하고 있는 판례는 존재하지 않는 것으로 보이고, 이 사건에서는 1심법원이 **'연대채무'**로 보았으나 대법원에서 이에 관해 직접적으로 판단하지는 않았다.[51]

> **대법원 2010. 3. 25. 선고 2007다22897 판결**
> 1. 구 도시공원법(1997. 12. 13. 법률 제5453호로 개정되기 전의 것) 제5조 제1항, 제6조 제1항, 제2항에 의하면, 시장 또는 군수가 직접 도시공원을 설치한 경우뿐만 아니라 시장 또는 군수 외의 자가 <u>도시공원을 설치하거나 위탁받아 관리하는 경우에도 당해 공원의 관리청은 원칙적으로 그 공원이 위치한 행정구역을 관할하는 시장 또는 군수이다</u>. 그러나 공원 관리에 관한 상위 지방자치단체장의 행정권한이 행정권한 위임조례에 의하여 하위 지방자치단체장 등에게 위임되었다면 권한을 위임받은 하위 지방자치단체장 등이 그 공원의 관리청이 된다.

---

51) 강지웅, "공물관리와 부당이득", 재판실무연구(2010년 Ⅱ), 서울남부지방법원

2. 국가 또는 상위 지방자치단체 등 위임관청이 위임조례 등에 의하여 그 권한의 일부를 하위 지방자치단체의 장 등 수임관청에게 기관위임을 하여 수임관청이 그 사무처리를 위하여 공원 등의 부지가 된 토지를 점유하는 경우, 간접점유의 요건이 되는 점유매개관계는 법률행위뿐만 아니라 법률의 규정, 국가행위 등에도 설정될 수 있으므로 이러한 위임조례 등을 점유매개관계로 볼 수 있는 점, 사무귀속의 주체인 위임관청은 위임조례의 개정 등에 의한 기관위임의 종결로 법령상의 관리청으로 복귀하며 수임관청에게 그 점유의 반환을 요구할 수 있는 지위에 있는 점 등에 비추어 보면, <u>위임관청은 위임조례 등을 점유매개관계로 하여 법령상 관리청인 수임관청 또는 그가 속하는 지방자치단체가 직접점유하는 공원 등의 부지가 된 토지를 간접점유한다고 보아야 하므로, 위임관청은 공원 부지의 소유자에게 그 점유·사용으로 인한 부당이득을 반환할 의무가 있다.</u>

대법원 1998. 2. 24. 선고 96다8888 판결
1987. 7. 1.부터 국립공원관리공단 또는 시·도지사

이 사건 임야에 대한 국립공원 지정이 있을 때 시행되던 구 자연공원법 제17조는 국립공원은 건설부 장관이 관리하되 다만 <u>공원의 보호 및 공원시설의 유지 관리에 관한 공원관리청의 직무는 도지사(서울특별시장 포함, 이하 같다)로 하여금 행하게 할 수 있고 이 경우 도지사를 당해 국립공원의 공원관리청으로 본다고 규정하였으나,</u> 1987. 7. 1.부터 시행된 개정법률은 건설부 장관의 위탁을 받아 국립공원 구역 안의 산림 기타 자연자원을 보호하고 국립공원시설을 유지 관리하기 위하여 독립한 법인체인 국립공원관리공단을 설립하고(개정법률 제49조의2), 종전에 국립공원을 관리하던 지방자치단체는 국립공원의 관리업무를 건설부 장관에게 인계하며(개정법률 부칙 제2조), 건설부 장관은 국립공원을 관리함에 있어서 공원의 보호 및 공원시설의 유지 관리에 관한 공원관리청의 직무를 국립공원관리공단으로 하여금 행하게 할 수 있고 이 경우 국립공원관리공단을 당해 공원의 공원관리청으로 본다(개정법률 제17조)고 규정하였다.

즉, 위 개정법률에 따라 이 사건 임야가 포함된 <u>북한산국립공원에 대한 보호 및 시설의 유지 관리에 관한 직무가 1987. 7. 1.부터 서울특별시장에서 국립공원관리공단으로 옮겨가게 되고 국립공원관리공단이 북한산 국립공원의 공원관리청으로 간주되게 되었다.</u> 피고 서울특별시는 이 사건 임야에 관하여 국립공원관리공단에게 반환을 청구할 수 있는 지위에 있다고 할 것이고 따라서 1987. 7. 1. 이후에는 이 사건 임야에 대하여 간접점유를 취득하였다고 할 것이다."라고 판단하였다.

3. 배타적 사용수익권 포기 이론

가. 서론

사실상 도로에 관한 부당이득반환청구에 대하여는 그동안 많은 대법원 판결들이 축적되어 왔다. 배타적 사용수익권 포기 이론에 대한 법적근거는 없으나 대법원 판례에 의하여 인정된 것이다. 최초 판례는 대법원 1974. 5. 28. 선고 73다399 판결[52]에 처음 등장하였고, 그 후 대법원 1985. 8. 13. 선고 85다카421 판결 후 본격적으로 확립되었다. 즉, 배타적 사용수익권 포기를 하였다고 인정되는 토지에 대해서는 사실상의 사도로 인정하여, 보상 시는 1/3로 보상하고, 지방자치단체에 대한 부당이득반환청구는 인정하지 않는다는 것이다.

그 전체적인 흐름 속에서 대법원은 주로 두 가지 요소를 균형추로 잡아 사유재산권과 공공이익 사이의 경계선을 획정하려는 노력을 기울여 왔다.[53]

첫째는 지방자치단체가 당해 부지를 점유하고 있는가에 관한 판단이다. 만약 지방자치단체가 당해 부지를 점유하지 않고 있다면 부당이득 자체가 발생하지 않는다. 이 경우 지방자치단체의 점유를 좁게 인정하면 소유자의 부당이득반환청구는 좌절될 가능성이 높다. 반면 이를 넓게 인정하면 부당이득반환청구가 인용될 가능성이 높다. 결국 점유판단의 엄격성 정도에 따라 토지소유자의 부당이득반환청구가 영향을 받게 된다.

둘째는 토지소유자가 당해 토지에 대한 독점적이고 배타적인 사용수익권(이하 '사용수익권'이라고 한다)을 포기하였는가에 관한 판단이다. 소유자가 사용수익권을 포

---

52) **대법원 1974. 5. 28. 선고 73다399 판결** 토지소유자가 일단의 택지를 여러 사람에게 분양할 때에 그 택지의 공로로의 통행로로 공여하기 위하여 설치한 도로는 특별한 사정이 없는 한 토지소유자는 그 택지의 매수인 기타 그 주택지 안에 거주하게 될 모든 사람들에게 대하여 그 주택지에 접한 위 도로를 무상으로 통행할 수 있는 권한을 부여하였다고 볼 수 있어 <u>이 토지의 소유자는 도로가 된 토지에 대한 독점적이고 배타적인 사용수익권을 행사할 수 없으므로 위 도로에 피고가 도시계획법 내지 도로법에 의한 도로를 만들었다 하여 토지소유자에게 손실이 생긴다고 할 수 없다.</u>

53) 권영준, 배타적사용수익권 포기법리에 관한 비판적 검토, 비교사법, 14권1호(통권36호)(2006)

기하였다면 지방자치단체가 이를 점유한다고 하여 <u>토지소유자에게 어떠한 손실이 발생한다고 볼 수 없다. 따라서 손실발생을 전제로 하는 부당이득반환청구는 허용되지 않는다.</u>

> **대법원 2014. 3. 27. 선고 2011다107184 판결 〔소유권이전등기〕**
>
> 택지를 조성한 후 분할하여 분양하는 사업을 하는 경우, 명시적 약정이 없더라도 분양사업자가 수분양자에게 주택 건축 및 통행이 가능하도록 인접 부지에 도로를 개설하여 제공하고 수분양자에 대하여 도로를 이용할 수 있는 권한을 부여하는 것을 전제로 분양계약이 이루어졌다고 추정되는지 여부(원칙적 적극)
>
> 택지를 조성한 후 분할하여 분양하는 사업을 하는 경우에, 그 택지를 맹지로 분양하기로 약정하였다는 등의 특별한 사정이 없다면, <u>분양계약에 명시적인 약정이 없더라도 분양사업자로서는 수분양 택지에서의 주택 건축 및 수분양자의 통행이 가능하도록 조성·분양된 택지들의 현황에 적합하게 인접 부지에 건축법 등 관계 법령의 기준에 맞는 도로를 개설하여 제공하고 수분양자에 대하여 도로를 이용할 수 있는 권한을 부여하는 것을 전제로 하여 분양계약이 이루어졌다고 추정하는 것이 거래상 관념에 부합되고 분양계약 당사자의 의사에도 합치된다.</u>

나. 취득시효 문제

(1) 행정청의 취득시효

대법원 전원합의체 판결로 기존에 행정청이 인정받던 자주점유 추정이 깨졌다.[54] 그래서 현재 행정청의 취득시효 주장에 대해서 대수롭지 않게 여기는 사람들이 많이 있다. 하지만 이 경우는 '무단점유한 것이 입증'된 경우, 즉, 국가가 도로부지 편입에 따른 아무런 권원취득절차를 밟지 않았음이 '밝혀진' 경우에만 자주점유 추정이 깨진다는 점을 유의하여야 한다. 즉, 적법한 점유권원 취득여부가 '불분명한 상태'에 있는 경우에는 자주점유의 추정이 유지되는 것이다.[55]

---

54) 취득시효 문제 : 소유권 취득의 원인이 될 수 있는 법률행위 기타 법률요건이 없이 그와 같은 법률요건이 없다는 사실을 잘 알면서 타인 소유의 부동산을 무단점유한 것이 입증된 경우 원칙적으로 자주점유의 추정이 깨어진다는 전원합의체 판결(대법원 1997. 8. 31. 선고 95다28625 판결) 이후에는 지방자치단체나 국가가 토지 점유의 권원없이 사유토지를 도로부지에 편입시킨 경우 타주점유로 보아야 한다는 방향으로 입장이 정리되었다(<u>대법원 1998. 5. 29. 선고 97다30349 판결</u>, 2001. 3. 27. 선고 2000다64472 판결).

55) 서울고등검찰청, "국가소송수행실무"(2010년), 80, 81

대구고등법원은 도로부지로 편입된 토지에 관하여 그 소유명의자인 원고가 관리청인 피고 지방자치단체의 무단점유로 인한 부당이득반환을 구한 사안에서, 도로관리청인 피고가 이 사건 토지의 소유권을 취득한 내용이 나타나지 않고 이 사건 토지의 취득에 관한 서류를 제출하지 못하고 있다고 하더라도, 그 점유의 경위와 용도, 피고 지방자치단체가 점유를 개시한 후에 지적공부에 그 토지의 소유자로 등재된 자가 소유권을 행사하려고 노력하였는지 여부, 함께 분할된 다른 토지의 이용 또는 처분관계 등 여러 가지 사정을 감안할 때, 피고가 이 사건 토지를 도로구역에 편입할 당시 그 소유권 취득을 위한 적법한 절차를 거쳤을 가능성을 배제할 수 없다고 보아, 원고의 부당이득반환청구를 배척한 사례가 있다(대구고등법원 2017. 7. 12. 선고 2016나25516, 피고 구미시).

> **국가가 취득시효의 완성을 주장한 사건**
> **대법원 2021. 8. 12. 선고 2021다230991 소유권말소등기 (차) 파기환송**
> ◇ 국가나 지방자치단체가 취득시효의 완성을 주장하는 토지의 취득절차에 관한 서류를 제출하지 못하고 있다는 사정만으로 자주점유의 추정이 번복되는지 여부(소극)◇
> 부동산 점유권원의 성질이 분명하지 않을 때에는 민법 제197조제1항에 의하여 점유자는 소유의 의사로 선의, 평온 및 공연하게 점유한 것으로 추정되는 것이며, 이러한 추정은 지적공부 등의 관리주체인 국가나 지방자치단체(이하 통틀어 '국가 등'이라고 한다)가 점유하는 경우에도 마찬가지로 적용되고, 점유자가 스스로 매매 또는 증여와 같이 자주점유의 권원을 주장하였으나 이것이 인정되지 않는 경우에도 원래 자주점유의 권원에 관한 증명책임이 점유자에게 있지 아니한 이상 그 주장의 점유권원이 인정되지 않는다는 사유만으로 자주점유의 추정이 번복된다거나 또는 점유권원의 성질상 타주점유라고 볼 수 없다(대법원 2002. 2. 26. 선고 99다72743 판결, 대법원 2007. 2. 8. 선고 2006다28065 판결 등 참조). 따라서 <u>국가 등이 취득시효의 완성을 주장하는 토지의 취득절차에 관한 서류를 제출하지 못하고 있다고 하더라도, 그 점유의 경위와 용도, 국가 등이 점유를 개시한 후에 지적공부에 그 토지의 소유자로 등재된 자가 소유권을 행사하려고 노력하였는지 여부, 함께 분할된 다른 토지의 이용 또는 처분관계 등 여러 가지 사정을 감안할 때 국가 등이 점유 개시 당시 공공용 재산의 취득절차를 거쳐서 소유권을 적법하게 취득하였을 가능성을 배제할 수 없는 경우에는, 국가 등의 자주점유의 추정을 부정하여 무단점유로 인정할 것이 아니다</u>(대법원 2010. 8. 19. 선고 2010다33866 판결, 대법원 2014. 3. 27. 선고 2010다94731, 94748 판결 등 참조).
> ▶ 원심은, 피고가 이 사건 토지에 대한 점유취득시효 완성 주장을 하면서도 이 사건 토지를

취득함에 있어서 공공용 재산의 취득절차를 밟거나 그 소유자의 사용승낙을 받았다는 사정을 인정할 만한 아무런 자료를 제출하지 못하자 피고가 이 사건 토지를 소유권 취득의 법률요건 없이 그러한 사정을 잘 알면서 무단점유하였다고 보아 자주점유 추정을 부정하였음.

▶ 대법원은 국가인 피고가 취득시효의 완성을 주장하는 토지의 취득절차에 관한 서류를 제출하지 못하더라도, 그 점유의 경위와 용도, 국가 등이 점유를 개시한 후에 지적공부에 그 토지의 소유자로 등재된 자가 소유권을 행사하려고 노력하였는지 여부, 함께 분할된 다른 토지의 이용 또는 처분관계 등 여러 가지 사정을 고려할 때 국가 등이 점유 개시 당시 공공용 재산의 취득절차를 거쳐서 소유권을 적법하게 취득하였을 가능성을 배제할 수 없는 경우에는, 국가의 자주점유의 추정을 부정하여 무단점유로 인정할 것이 아니라는 이유로 원심의 판단에 자주점유의 추정에 관한 법리오해 등이 있다는 이유로 원심을 파기환송함

대법원 2023. 2. 2. 선고 2021다263496(본소), 263502(반소) 판결
[원고(서울시)가 사인 소유 토지를 초등학교 부지 중 일부로 점유하면서 취득시효 완성을 원인으로 소유권이전등기절차의 이행을 구한 사건]

부동산 점유권원의 성질이 분명하지 않을 때에는 민법 제197조 제1항에 의하여 점유자는 소유의 의사로 선의, 평온 및 공연하게 점유한 것으로 추정되는 것이며, 이러한 추정은 지적공부 등의 관리주체인 국가나 지방자치단체(이하 통틀어 '국가 등'이라 한다)가 점유하는 경우에도 마찬가지로 적용된다. 따라서 국가 등이 점유취득시효의 완성을 주장하는 토지의 취득절차에 관한 서류를 제출하지 못하고 있다고 하더라도, 그 점유의 경위와 용도, 국가 등이 점유를 개시한 후에 지적공부에 그 토지의 소유자로 등재된 자가 소유권을 행사하려고 노력하였는지 여부, 함께 분할된 다른 토지의 이용 또는 처분관계 등 여러 가지 사정을 감안할 때 국가 등이 점유 개시 당시 공공용 재산의 취득절차를 거쳐서 소유권을 적법하게 취득하였을 가능성을 배제할 수 없는 경우에는, 국가 등의 자주점유의 추정을 부정하여 무단점유로 인정할 것이 아니다(대법원 2010. 8. 19. 선고 2010다33866 판결, 대법원 2014. 3. 27. 선고 2010다94731, 94748 판결 등 참조).

이 사건 구 토지에 관하여 원고는 주위적으로 1942. 12. 31. 증여를 원인으로, 예비적으로 취득시효 완성을 원인으로 소유권이전등기절차의 이행을 구하는 본소를 제기하였고, 이에 대하여 망인의 상속인들인 피고들은 진정명의회복을 원인으로 소유권이전등기절차의 이행을 구하는 반소를 제기하였음

▶ 대법원은 1942. 12. 31. 증여를 인정하기 어렵다는 원심의 판단을 수긍하여 본소 중 주위적 청구 부분에 대한 원고의 상고를 기각함

▶ 대법원은 위와 같은 법리를 재확인하면서, 원고가 이 사건 구 토지를 점유하게 된 경위나 점유의 용도, 이 사건 구 토지와 함께 초등학교 부지로 사용되고 있는 다른 토지의 처분관계 등을 감안할 때 원고의 점유 개시 당시 공공용 재산의 취득절차를 거쳐서 소유권을 적법하게

취득하였을 가능성을 완전히 배제할 수 없는 경우라고 보고, 이 사건 구 토지에 대한 원고의 점유가 무단점유라거나 자주점유의 추정이 깨어졌다고 보기 어렵다고 판단하여, 이와 달리 원고 주장의 적극적 점유권원이 증명되지 않는다는 점과 이 사건 정황을 이유로 원고의 자주점유 추정이 깨어졌다고 보아 원고의 취득시효 완성 주장을 받아들이지 않은 원심판결을 파기·환송하였음(본소 중 예비적 청구 부분과 반소 부분)

대법원 2023. 6. 29. 선고 2020다290767 부당이득금 (사)파기환송

[취득시효의 완성을 주장하는 토지에 관한 국가 등의 자주점유의 추정 번복 여부가 문제된 사건]

◇ 국가나 지방자치단체가 취득시효의 완성을 주장하는 토지의 취득절차에 관한 서류를 제출하지 못하고 있다는 사유만으로 자주점유의 추정이 번복되는지 여부(소극) ◇

부동산 점유권원의 성질이 분명하지 않을 때에는 민법 제197조 제1항에 따라 점유자는 소유의 의사로 선의로 평온하고 공연하게 점유한 것으로 추정되고, 이러한 추정은 지적공부 등의 관리주체인 국가나 지방자치단체(이하 '국가 등'이라 한다)가 점유하는 경우에도 마찬가지로 적용된다. 점유자가 스스로 매매 또는 증여와 같이 자주점유의 권원을 주장하였으나 이것이 인정되지 않는 경우에도 원래 자주점유의 권원에 관한 증명책임이 점유자에게 있지 아니한 이상 그 주장의 점유권원이 인정되지 않는다는 사유만으로 자주점유의 추정이 번복된다거나 또는 점유권원의 성질상 타주점유라고 볼 수 없다(대법원 2002. 2. 26. 선고 99다72743 판결, 대법원 2007. 2. 8. 선고 2006다28065 판결 등 참조). 따라서 국가 등이 취득시효의 완성을 주장하는 토지의 취득절차에 관한 서류를 제출하지 못하고 있다고 하더라도, 그 점유의 경위와 용도, 국가 등이 점유를 개시한 후에 지적공부에 그 토지의 소유자로 등재된 자가 소유권을 행사하려고 노력하였는지 여부, 함께 분할된 다른 토지의 이용 또는 처분관계 등 여러 가지 사정을 감안할 때 국가 등이 점유 개시 당시 공공용 재산의 취득절차를 거쳐서 소유권을 적법하게 취득하였을 가능성을 배제할 수 없는 경우에는, 국가 등의 자주점유의 추정을 부정하여 무단점유로 인정할 것이 아니다(대법원 2010. 8. 19. 선고 2010다33866 판결, 대법원 2014. 3. 27. 선고 2010다94731, 94748 판결, 대법원 2021. 8. 12. 선고 2021다230991 판결 등 참조).

☞ 금오저수지의 제당 부지로 사용되고 있는 이 사건 토지의 등기부상 소유명의인으로부터 일부 지분을 상속받은 원고가 금오저수지를 유지·관리하는 피고(한국농어촌공사)를 상대로 임료 상당의 부당이득반환청구를 하였고, 피고가 배타적 사용·수익권 포기와 점유취득시효의 완성을 주장하면서 다툼

☞ 원심은 이 사건 토지에 관한 점유취득시효가 완성되었다는 피고의 항변에 대하여, 이 사건 토지에 관한 국가(조선농지개발영단)의 점유가 자주점유라는 추정이 번복되었고 그 점유를 포괄하여 승계한 선산농지개발조합이나 피고의 점유도 자주점유라고 할 수 없다고 보아

위 항변을 배척하였음

☞ 대법원은, 이 사건 토지에 관한 지적공부 등이 멸실되지 않고 보존되어 있음에도 거기에 피고의 소유권취득을 뒷받침하는 기재가 없고 피고가 취득절차에 관한 객관적 자료를 제출하지 못하고 있다고 하더라도, 금오저수지가 조선총독부의 농지개발사업을 위해 설립된 조선농지개발영단에 의해 설치된 점, 금오저수지가 설치될 당시부터 현재까지 금오저수지의 면적, 제당의 길이, 제당사면의 넓이에 큰 변화가 없었던 점, 이 사건 토지는 금오저수지가 설치될 무렵부터 제당부지에 속하였던 것으로 보이는 점, 박우용이나 그 상속인들이 이 사건 소 제기 이전까지 이 사건 토지에 관한 소유권을 행사하려고 노력하였다고 볼 만한 자료가 없는 점, 이 사건 토지와 달리 제당부지에 속하지 아니한 166-1 토지는 이 사건 토지에서 분할된 후 수 차례 소유권이 변동되었고 2011년 구미시가 협의취득을 한 점, 그 밖에 이 사건 토지의 처분·이용·권리 행사 관계 등 여러 사정을 종합하여 보면, 조선농지개발영단이 금오저수지를 설치할 무렵 공공용 재산의 취득절차를 거쳐서 이 사건 토지의 소유권을 적법하게 취득하였을 가능성을 배제할 수 없으므로 이 사건 토지에 대한 피고의 자주점유의 추정을 부정하여 무단점유로 인정할 것이 아니라고 보아, 원심판결을 파기·환송함

대법원 2002. 2. 26. 선고 99다72743 판결

[1] 민법 제197조제1항에 의하면, 물건의 점유자는 소유의 의사로 점유한 것으로 추정되므로, 점유자가 취득시효를 주장하는 경우 스스로 소유의 의사를 입증할 책임은 없고, 그 점유자의 점유가 소유의 의사가 없는 점유임을 주장하여 취득시효의 성립을 부정하는 자에게 그 입증책임이 있으며, 점유자의 점유가 소유의 의사 있는 자주점유인지 아니면 소유의 의사 없는 타주점유인지의 여부는 점유자의 내심의 의사에 의하여 결정되는 것이 아니라 점유 취득의 원인이 된 권원의 성질이나 점유와 관계가 있는 모든 사정에 의하여 외형적·객관적으로 결정되어야 하기 때문에 점유자가 성질상 소유의 의사가 없는 것으로 보이는 권원에 바탕을 두고 점유를 취득한 사실이 증명되었거나, 점유자가 타인의 소유권을 배제하여 자기의 소유물처럼 배타적 지배를 하려는 의사를 가지고 점유하는 것으로 볼 수 없는 객관적 사정, 즉 점유자가 진정한 소유자라면 통상 취하지 아니할 태도를 나타내거나 소유자라면 당연히 취했을 것으로 보이는 행동을 취하지 아니한 경우 등 외형적·객관적으로 보아 점유자가 타인의 소유권을 배척하고 점유할 의사를 갖고 있지 아니하였던 것이라고 볼 만한 사정이 증명된 경우에 한하여 그 추정은 깨어지는 것이다.

대법원 2014. 3. 27. 선고 2010다94731 판결

[1] 국가 등이 취득시효의 완성을 주장하는 토지의 취득절차에 관한 서류를 제출하지 못하고 있다고 하더라도, 점유의 경위와 용도, 국가 등이 점유를 개시한 후에 지적공부 등에 토지의

소유자로 등재된 자가 소유권을 행사하려고 노력하였는지 여부, 함께 분할된 다른 토지의 이용 또는 처분관계 등 여러 가지 사정을 감안할 때 국가 등이 점유 개시 당시 공공용 재산의 취득절차를 거쳐서 소유권을 적법하게 취득하였을 가능성을 배제할 수 없는 경우에는, <u>국가의 자주점유의 추정을 부정하여 무단점유로 인정할 것이 아니다.</u>

[2] 일제강점기 분할 전 토지에서 분할되어 도로로 지목이 변경된 이래 현재까지 줄곧 국가 또는 지방자치단체가 도로 부지로 점유·사용해 온 토지들에 관하여 등기부상 소유명의자가 현 점유자인 지방자치단체를 상대로 부당이득 반환을 구하자, 지방자치단체가 반소로 취득시효 완성을 주장한 사안에서, 위 토지들에 관하여 일제강점기에 작성된 등기부 등이 소실되지 않고 남아 있고 지방자치단체가 위 토지들의 취득절차에 관한 서류를 제출하지 못하고 있지만, 위 토지들을 지방자치단체가 점유하게 된 경위나 점유의 용도, 위 토지들 및 그와 함께 분할된 다른 토지들의 처분·이용관계 등을 감안할 때 당시 국가 등에 의하여 위 토지들의 소유권 취득을 위한 적법한 절차를 거쳤을 가능성이 크므로, 위 토지들에 관한 지방자치단체의 점유를 자주점유로 봄이 타당하다고 한 사례.

도로 취득시효 자주점유 추정 인정 사례

대법원 2021. 2. 4. 선고 2019다297663 판결 소유권이전등기 (타) 파기환송(일부)

[울산광역시가 울산고속도로의 진입도로에 편입된 토지에 관하여 피고를 상대로 소유권이전등기를 청구하는 사건]

국가나 지방자치단체가 점유하는 토지에 대하여 취득시효의 완성을 주장하는 경우 그 토지의 취득절차에 관한 서류를 제출하지 못하고 있다 하더라도 그 점유의 경위와 용도, 국가 등이 점유를 개시한 후에 지적공부 등에 그 토지의 소유자로 등재된 자가 소유권을 행사하려고 노력하였는지 여부, 함께 분할된 다른 토지의 이용 또는 처분관계 등 여러 가지 사정을 감안할 때 국가 등이 점유 개시 당시 공공용 재산의 취득절차를 거쳐서 소유권을 적법하게 취득하였을 가능성을 배제할 수 없는 경우에는, 국가나 지방자치단체가 소유권 취득의 법률요건이 없이 그러한 사정을 잘 알면서 무단점유한 것이 증명되었다고 보기 어려우므로 자주점유의 추정은 깨어지지 않는다고 할 것이다(대법원 2014. 3. 27. 선고 2010다94731, 94748 판결, 대법원 2019. 10. 17. 선고 2019다236620 판결 등 참조).

- 이 사건 각 토지는 울산고속도로에 진입하기 위한 울산광역시 내의 진입도로에 편입된 토지로서, 원고(울산광역시)는 이 사건 각 토지에 관하여, 주위적으로는 이 사건 각 토지를 기부채납받았다는 이유로, 예비적으로는 이 사건 각 토지에 관한 원고의 점유취득시효가 완성되었다는 이유로 그 소유권이전등기를 청구함

- 원심은 원고 주장의 기부채납 약정이 성립하였다고 단정하기 어렵고, 이 사건 각 토지에

관한 원고의 자주점유 추정이 깨어졌다는 이유로, 원고의 청구를 모두 기각함

- 대법원은 원심판결 중 주위적 청구에 관한 부분은 수긍하였으나, 예비적 청구에 관한 부분은 다음과 같은 이유로 파기환송함. 즉 원고가 그 주장과 같이 이 사건 각 토지를 기부채납 받았다는 점에 관한 근거 서류를 제출하지 못하고 있다 하더라도, 원고가 이 사건 각 토지를 점유할 당시 그 구체적인 내용은 다소 불분명하지만 한신부동산 주식회사가 원고에게 이 사건 각 토지의 소유권을 양도하였을 가능성이 충분히 있으므로, 다른 특별한 사정이 없는 한 이 사건 각 토지에 대한 원고의 자주점유 추정이 번복된다고 보기 어렵다고 하였음

대법원 2016. 6. 9. 선고 2014두1369 판결

부동산의 점유권원의 성질이 분명하지 않을 때에는 민법 제197조제1항에 따라 점유자는 소유의 의사로 선의, 평온 및 공연하게 점유한 것으로 추정되며, 이러한 추정은 지적공부 등의 관리주체인 국가나 지방자치단체(이하 통틀어 '국가 등'이라고 한다)가 점유하는 경우에도 마찬가지로 적용된다. 그리고 점유자가 스스로 매매 또는 증여와 같이 자주점유의 권원을 주장하였으나 이것이 인정되지 않는 경우에도 원래 자주점유의 권원에 관한 증명책임이 점유자에게 있지 아니한 이상 그 주장의 점유권원이 인정되지 않는다는 사유만으로 자주점유의 추정이 번복된다거나 또는 점유권원의 성질상 타주점유라고 볼 수 없다. 따라서 국가 등이 취득시효의 완성을 주장하는 토지의 취득절차에 관한 서류를 제출하지 못하고 있더라도, 점유의 경위와 용도, 국가 등이 점유를 개시한 후에 지적공부에 토지의 소유자로 등재된 자가 소유권을 행사하려고 노력하였는지 여부, 함께 분할된 다른 토지의 이용 또는 처분관계 등 여러 가지 사정을 감안할 때 국가 등이 점유개시 당시 공공용 재산의 취득절차를 거쳐서 소유권을 적법하게 취득하였을 가능성을 배제할 수 없는 경우에는, 국가 등의 자주점유의 추정을 부정하여 무단점유로 인정할 것이 아니다.

따라서 국가, 지자체는 최소한의 보상흔적(주변토지 등의 보상자료)을 제시하거나, 6·25 전쟁 등으로 토지대장 등 지적공부가 멸실되었다는 등 자주점유를 여러 면에서 계속 주장하고 있는데, 이런 경우에는 국가나 지방자치단체의 자주점유의 추정이 인정될 수 있으므로[56)57)], 취득자는 이 점을 매우 주의하여야 한다. 이 경우에 해당

---

56) 대법원 2011. 11. 24. 선고 2009다99143 판결
국가나 지방자치단체가 해당 토지의 취득절차를 거쳤다는 점에 관한 서류를 제출하지 못하고 있다고 하더라도, 토지에 관한 지적공부 등이 6·25 전란으로 소실되었거나 기타 사유로 존재하지 아니하여 국가나 지방자치단체가 지적공부 등에 소유자로 등재된 자가 따로 있음을 알면서 그 토지를 점유하여 온 것이라고 단정할 수 없고, 점유의 경위와 용도 등을 감안할 때 국가나 지방자치단체가 점유 개시

하면 고스란히 투자금을 날리는 것은 물론 소송비용까지 물어주어야 하는 끔찍한 사태에 이르는 것이다. 따라서 부당이득반환청구소송 중에 피고가 보상흔적을 입증하면 즉시 소 취하를 고려하여야 한다.

> **대법원 2014. 3. 27. 선고 2010다94731, 94748 판결**
> [1] 국가 등이 취득시효의 완성을 주장하는 토지의 취득절차에 관한 서류를 제출하지 못하고 있다고 하더라도, 점유의 경위와 용도, 국가 등이 점유를 개시한 후에 지적공부 등에 토지의 소유자로 등재된 자가 소유권을 행사하려고 노력하였는지 여부, 함께 분할된 다른 토지의 이용 또는 처분관계 등 여러 가지 사정을 감안할 때 국가 등이 점유 개시 당시 공공용 재산의 취득절차를 거쳐서 소유권을 적법하게 취득하였을 가능성을 배제할 수 없는 경우에는, 국가의 자주점유의 추정을 부정하여 무단점유로 인정할 것이 아니다.
>
> [2] 일제강점기 분할 전 토지에서 분할되어 도로로 지목이 변경된 이래 현재까지 줄곧 국가 또는 지방자치단체가 도로 부지로 점유·사용해 온 토지들에 관하여 등기부상 소유명의자가 현 점유자인 지방자치단체를 상대로 부당이득 반환을 구하자, 지방자치단체가 반소로 취득시효 완성을 주장한 사안에서, 위 토지들에 관하여 일제강점기에 작성된 등기부 등이 소실되지 않고 남아 있고 지방자치단체가 위 토지들의 취득절차에 관한 서류를 제출하지 못하고 있지만, 위 토지들을 지방자치단체가 점유하게 된 경위나 점유의 용도, 위 토지들 및 그와 함께 분할된 다른 토지들의 처분·이용관계 등을 감안할 때 당시 국가 등에 의하여 위 토지들의 소유권 취득을 위한 적법한 절차를 거쳤을 가능성이 크므로, 위 토지들에 관한 지방자치단체의 점유를 자주점유로 봄이 타당하다고 한 사례.
>
> **대법원 2016. 4. 15. 선고 2015다230372 판결**
> 국가나 지방자치단체 또는 공공기관이 토지를 점유하며 취득시효의 완성을 주장하면서 취득절

당시 공공용 재산의 취득절차를 거쳐서 소유권을 적법하게 취득하였을 가능성도 배제할 수 없다고 보이는 경우에는 국가나 지방자치단체가 소유권 취득의 법률요건이 없이 그러한 사정을 잘 알면서 토지를 무단점유한 것임이 증명되었다고 보기 어려우므로 위와 같이 토지의 취득절차에 관한 서류를 제출하지 못하고 있다는 사정만으로 그 토지에 관한 국가나 지방자치단체의 자주점유 추정이 번복된다고 할 수는 없다. 그러나 국가나 지방자치단체가 해당 토지의 점유·사용을 개시할 당시의 지적공부 등이 멸실된 적 없이 보존되어 있고 거기에 국가나 지방자치단체의 소유권 취득을 뒷받침하는 어떠한 기재도 없는 경우까지 함부로 적법한 절차에 따른 소유권 취득의 가능성을 수긍하여서는 아니 된다.

57) 국가가 어떤 부동산을 점유하여 그 취득시효기간이 만료한 후 그에 관한 소유명의를 취득함에 있어 무주물의 귀속에 관한 법령의 절차에 의하였다거나 그 인근의 다른 부동산에 관하여는 오래전에 소유권보존등기절차를 취하면서도 당해 부동산의 소유명의 취득절차는 수십 년간 취하지 않고 있었다는 사유가 있다 하여 그것만으로 자주점유의 추정이 번복되지는 않는다(대법원 2008. 4. 10. 선고 2008다7314 판결).

차에 관한 서류를 제출하지 못하더라도 그 점유의 경위와 용도 등을 감안할 때 점유개시 당시 공공용 재산의 취득절차를 거쳐서 소유권을 적법하게 취득했을 가능성이 있을 때는 무단점유로 보기 어려워 자주점유의 추정이 깨진다고 할 수 없다.

농어촌공사는 문제의 토지를 1984년에 또 다른 조모씨로부터 매수하고 대금을 지급했다는 영수증을 보관하고 있는데, 매도자에 대한 기록이 다른 곳에는 나타나 있지 않아 누구인지 알 수는 없지만 토지 인근에 예전부터 창녕 조씨 후손들이 다수 거주하고 있는 점 등을 볼 때 원고 조씨와 같은 종중원일 가능성이 있어 공사의 토지 수용도 적법하게 이뤄졌다고 봐야 한다.

공사가 다른 토지는 적법하게 매수하면서 문제의 토지만 불법적인 방법으로 취득하려고 했다고 볼 만한 사정을 찾아볼 수도 없다. 비록 공사가 문제의 토지의 취득절차에 관해 공부상 소유자와 일치하지 않는 사람을 매도인으로 한 매도증서를 제시할 뿐 권리관계와 정확하게 일치하는 근거서류를 제시하지는 못하고 있다고 하더라도 이러한 사유만으로 공사의 적법 점유의 추정이 번복됐다고 보기에는 부족하다.

대구고등법원 2017. 7. 12. 선고 2016나25516 판결

도로부지로 편입된 토지에 관하여 그 소유명의자인 원고가 관리청인 피고 지방자치단체의 무단점유로 인한 부당이득반환을 구한 사안에서, 도로관리청인 피고가 이 사건 토지의 소유권을 취득한 내용이 나타나지 않고 이 사건 토지의 취득에 관한 서류를 제출하지 못하고 있다고 하더라도, 그 점유의 경위와 용도, 피고 지방자치단체가 점유를 개시한 후에 지적공부에 그 토지의 소유자로 등재된 자가 소유권을 행사하려고 노력하였는지 여부, 함께 분할된 다른 토지의 이용 또는 처분관계 등 여러 가지 사정을 감안할 때, 피고가 이 사건 토지를 도로구역에 편입할 당시 그 소유권 취득을 위한 적법한 절차를 거쳤을 가능성을 배제할 수 없다고 보아, 원고의 부당이득반환청구를 배척한 사례

(2) 사인의 취득시효

지목만 도로는 시효취득 가능하다. 즉, 공부상 도로부지로 관리되고 있는 토지라도, 실제로 도로의 형태를 갖추고 있지 않다면 행정재산인 도로가 아니라 시효취득의 대상이 되는 일반재산에 해당한다.

한편 임야의 일부에 선조의 분묘가 설치되어 있다는 사정만으로는 그 임야 전체를 배타적으로 점유·관리하여 왔다고 볼 수는 없고, 타인의 토지 위에 분묘를 설치 또는 소유하는 자는 다른 특별한 사정이 없는 한 그 분묘의 보존 및 관리에 필요한 범위

내에서만 타인의 토지를 점유하는 것이므로 점유권원의 성질상 소유의 의사가 추정되지 않는다(대법원 2025. 1. 23. 선고 2024다300228 판결, 대법원 1997. 3. 28. 선고 97다3651, 97다3668 판결, 대법원 2000. 11. 14. 선고 2000다35511 판결 등 참조).

서울행정법원 2018. 10. 23. 선고 2017구단75517 판결

1. 사안의 개요(이해를 쉽게 하기 위하여 사안을 단순화)

  - 원고는 1988년경 서울 시내에 위치한 건물을 매수하여 소유권을 취득함
  - 원고의 건물은 지목이 도로로서 서울특별시 OO구 소유의 토지 1.3제곱미터를 침범하여 건축되어 있음
  - 피고(구청장)은 원고가 자치구 소유의 토지를 무단점유하고 있다는 이유로 공유재산 및 물품관리법 제81조에 의하여 원고에게 변상금을 부과함
  - 원고는 변상금부과처분에 불복하여 행정소송을 제기함

2. 법원의 판단 (자세한 내용은 첨부문서 참조)

  - 원고의 건물이 침범한 부분은 현재 도로의 형태를 갖추고 있지 않고 원고 건물이 신축될 당시 실제 도로로 사용되었다고 볼 자료도 없으므로 도로가 아니고 시효취득의 대상이 되는 일반재산에 해당함
  - 원고의 건물이 침범한 부분에 관하여 원고의 점유취득시효가 완성되었음
  - 변상금 부과처분은 위법함(원고승소)

대법원 2009. 10. 15. 선고 2009다41533 판결

국유재산법상의 행정재산이란 국가가 소유하는 재산으로서 직접 공용, 공공용, 또는 기업용으로 사용하거나 사용하기로 결정한 재산을 말하는 것이고(국유재산법 제4조제2항 참조), 그 중 도로와 같은 인공적 공공용 재산은 법령에 의하여 지정되거나 행정처분으로써 공공용으로 사용하기로 결정한 경우, 또는 행정재산으로 실제로 사용하는 경우의 어느 하나에 해당하여야 비로소 행정재산이 되는 것인데, 특히 <u>도로는 도로로서의 형태를 갖추고, 도로법에 따른 노선의 지정 또는 인정의 공고 및 도로구역 결정·고시를 한 때 또는 도시계획법 또는 도시재개발법 소정의 절차를 거쳐 도로를 설치하였을 때에 공공용물로서 공용개시행위가 있다고 할 것이므로, 토지의 지목이 도로이고 국유재산대장에 등재되어 있다는 사정만으로 바로 그 토지가 도로로서 행정재산에 해당한다고 할 수는 없다.</u>

대법원 1996. 1. 26. 선고 95다24654 판결

1필지의 토지의 일부 부분이 다른 부분과 구분되어 시효취득자의 점유에 속한다는 것을 인식하기에 족한 객관적인 징표가 계속하여 존재하는 경우에는 <u>그 일부 부분에 대한 시효취득을 인정할 수 있다.</u>

그런데, 원심이 적법하게 인정한 사실관계에 의하면, 소외 1은 1942. 2. 13. 서울 성북구 (주소 2 생략) 대 73㎡(이하 이 사건 원고 대지라고 한다)와 이에 인접한 (주소 3 생략) 대 10㎡ 및 이 사건 ㉯부분 토지 지상에 목조와즙 12평의 건물을 지어 그 명의로 소유권보존등기를 마쳤고, 그 후 이 사건 원고 대지 및 위 건물(1949. 6. 20.경 19평으로 증축되었다)은 그대로 전전양도되어 오다가 원고가 1976. 10. 14. 이를 그대로 매수하여 현재까지 소유하고 있으며, 피고는 1954. 12. 30. 이 사건 토지에 관하여 지목을 도로로 하여 토지대장에 소유자 등록을 하고서 1980. 8. 4. 피고 명의의 소유권보존등기를 마쳤다는 것이고, 달리 기록을 살펴보아도 이 사건 토지에 도로를 설치하기로 하는 법령상의 지정행위나 행정처분이 있었다는 아무런 자료가 없으며, 또한 이 사건 ㉯부분 토지가 사실상 도로로서 행정재산으로 사용되고 있었다고 볼 자료도 없다.

따라서, 원심이 피고가 이 사건 토지에 대하여 도로법에 의한 노선 인정의 공고나 도로구역의 결정 절차를 거쳤는지 여부 등을 심리하여 보지도 아니한 채 이 사건 토지의 대부분이 현실적으로 공공용 도로로 제공되고 있다는 것만으로 원고가 주장하는 점유 개시 당시 사실상 도로로서 사용되고 있지 않았던 이 사건 ㉯부분 토지도 시효취득의 대상이 되지 않는다고 판단하여 원고의 주장을 배척한 것은, 국유재산법상의 행정재산의 인정 및 점유취득시효에 관한 법리를 오해한 나머지 판결에 영향을 미친 위법을 저질렀다고 할 것이다. 이 점을 지적하는 논지는 이유 있다.

다. 택지조성 후 분양사업 시 묵시적으로 도로 이용권한 부여

대법원 2014. 3. 27. 선고 2011다107184 판결

택지를 조성한 후 분할하여 분양하는 사업을 하는 경우, 명시적 약정이 없더라도 분양사업자가 수분양자에게 주택 건축 및 통행이 가능하도록 인접 부지에 도로를 개설하여 제공하고 수분양자에 대하여 도로를 이용할 수 있는 권한을 부여하는 것을 전제로 분양계약이 이루어졌다고 추정되는지 여부(원칙적 적극)

택지를 조성한 후 분할하여 분양하는 사업을 하는 경우에, 그 택지를 맹지로 분양하기로 약정하였다는 등의 특별한 사정이 없다면, 분양계약에 명시적인 약정이 없더라도 분양사업자로서는 수분양 택지에서의 주택 건축 및 수분양자의 통행이 가능하도록 조성·분양된 택지들의

> 현황에 적합하게 인접 부지에 건축법 등 관계 법령의 기준에 맞는 도로를 개설하여 제공하고 수분양자에 대하여 도로를 이용할 수 있는 권한을 부여하는 것을 전제로 하여 분양계약이 이루어졌다고 추정하는 것이 거래상 관념에 부합되고 분양계약 당사자의 의사에도 합치된다.

라. 전통적 이론의 수정 움직임

그러나 최근 "배타적 사용수익권 포기이론"은 심대한 도전을 받고 있다.[58] 즉, 소유권 중 사용수익권은 그 근간을 이루는 것인데, 이를 배타적으로 포기한 소유권이 있을 수 있는지에 대해서 반성을 하는 것이다.

즉, 이를 요약하면 당사자가 사용수익권을 포기하였다 하더라도 이는 그 상대방에 대하여 채권적으로 포기한 것으로 봄이 상당하다는 것이다.

첫째는 대법원 2009. 3. 26. 선고 2009다228, 235 판결이다.

소유권은 외계 물자의 배타적 지배를 규율하는 기본적 법질서에서 그 기초를 이루는 권리로서 대세적 효력이 있으므로, 그에 관한 법률관계는 이해당사자들이 이를 쉽사리 인식할 수 있도록 명확하게 정하여져야 한다. 그런데 소유권의 핵심적 권능에 속하는 사용·수익의 권능이 소유자에 의하여 대세적으로 유효하게 포기될 수 있다고 하면, 이는 결국 처분권능만이 남는 민법이 알지 못하는 새로운 유형의 소유권을 창출하는 것으로서, 객체에 대한 전면적 지배권인 소유권을 핵심으로 하여 구축된 물권법의 체계를 현저히 교란하게 된다. 종전의 재판례 중에는 타인의 토지를 도로 등으로 무단 점용하는 자에 대하여 소유자가 그 사용이득의 반환을 사후적으로 청구하는 사안에서, 이른바 공평을 이념으로 한다는 부당이득법상의 구제와 관련하여 그 청구를 부인하면서 소유자의 '사용수익권 포기' 등을 이유로 든 예가 없지 않다. 그러나 그 당부는 별론으로 하고, 그 논리는 소유권의 내용을 장래를 향하여 원만하게 실현하는 것을 내용으로 하여 소유권의 보호를 위한 원초적 구제수단인 소유물반환청구권 등의 물권적 청구권과는 무관한 것으로 이해되어야 한다. 토지의 소유

---

[58] 서경환, "배타적 사용수익권 포기 법리의 문제점과 그 대안으로서의 통행지역권", 사법논집 제54집, 469-511.

권자가 그 토지에 관한 사용수익권을 점유자에 대한 관계에서 **채권적으로 '포기'하였다고 하여도**, 그것이 점유자의 사용·수익을 일시적으로 인정하는 취지라면, 이는 사용대차의 계약관계에 다름 아니다. 그렇다면 사용대주인 소유권자는 계약관계의 해지 기타 그 종료를 내세워 토지의 반환 및 그 원상회복으로서의 건물의 철거(민법 제615조 참조)를 청구할 수 있다. 그러므로 사용수익권의 채권적 포기를 이유로 위 청구들이 배척되려면, 그 포기가 일시적인 것이 아닌 영구적인 것이어야 한다.[59]

둘째는 대법원 2009. 7. 9. 선고 2007다83649 판결이다.

즉, 위 첫째 판례를 인용하면서 소유권의 핵심적 권능에 속하는 사용·수익의 권능이 소유자에 의하여 대세적·영구적으로 유효하게 포기될 수 있다고 한다면, 이는 결국 처분권능만이 남는 새로운 유형의 소유권을 창출하는 것이어서 물권법정주의에 반하므로, 특별한 사정이 없는 한 이를 허용할 수 없고 <u>당사자가 사용수익권을 포기하였다 하더라도 이는 그 상대방에 대하여 채권적으로 포기한 것으로 봄이 상당하며, 그것이 상대방의 사용·수익을 일시적으로 인정하는 취지라면 이는 사용대차의 계약관계에 다름 아니라고 할 것이다.</u>

셋째는 대법원 2012. 6. 28. 선고 2010다81049 판결이다.

<u>배타적 사용수익권 포기이론은 토지소유자가 사실상 도로를 점유하는 지방자치단체를 상대로 부당이득반환청구를 하는 사안에서 부당이득반환의무의 '손해'요건을 부인하기 위한 이론으로서, 부당이득반환청구사건에서 그 청구를 배척하는 데 필요한 한도에서 위와 같은 의미로 한정하여 사용한 것이고,</u>[60] 따라서 소유권의 핵심적 권능에 속하는 배타적인 사용·수익 권능이 소유자에게 존재하지 아니한다고 하는 것은 물권법정주의에 반하여 특별한 사정이 없는 한 허용될 수 없고, 소유자가 토지를 내왕하는 사람들에 대하여 배타적 사용·수익권을 주장하며 통행을 방해하는 등의 행위를 할 수 없다고 하더라도, 이러한 권리행사 제약이나 그에 따른 법률상 지위는

---

59) 같은 취지의 판례 : 대법원 2013. 8. 22. 선고 2012다54133, 대법원 2009. 7. 9. 선고 2007다83649 판결, 대법원 2012. 6. 28. 선고 2010다81049 판결
60) 김승정, "배타적 사용수익권 부존재확인청구의 가부", 대법원판례해설 제91호(2012년 상), 법원도서관, 56.

채권적인 것에 불과하여 구체적 상황과 맥락에 따라 을이 수인하여야 하는 권리행사상 제약의 내용이나 범위가 달라질 수밖에 없으므로, 일반적으로 토지소유자에 대하여 '배타적 사용·수익권이 존재하지 않는다'는 취지의 확인을 구하는 것은 특별한 사정이 없는 한 당사자 또는 제3자 사이의 권리관계 불안이나 위험을 제거할 수 있는 유효·적절한 수단이 된다고 볼 수 없어 확인을 구할 이익이 없다.

대법원 2012. 6. 28. 선고 2010다81049 판결

[판결요지]

갑 지방자치단체가 토지소유자 을을 상대로 일반 공중의 통행에 무상으로 제공하는 토지임을 이유로 배타적 사용·수익권의 부존재 확인을 구한 사안에서, 을이 토지를 내왕하는 사람들에 대하여 배타적 사용·수익권을 주장하며 통행을 방해하는 등의 행위를 할 수 없다고 하더라도, 이러한 권리행사 제약이나 그에 따른 법률상 지위는 채권적인 것에 불과하여 구체적 상황과 맥락에 따라 을이 수인하여야 하는 권리행사상 제약의 내용이나 범위가 달라질 수밖에 없으므로, 일반적으로 토지소유자에 대하여 '배타적 사용·수익권이 존재하지 않는다'는 취지의 확인을 구하는 것은 특별한 사정이 없는 한 당사자 또는 제3자 사이의 권리관계 불안이나 위험을 제거할 수 있는 유효·적절한 수단이 된다고 볼 수 없어 확인을 구할 이익이 없는데도, 이와 달리 본 원심판결에 법리오해의 위법이 있다고 한 사례.

[사실관계]

피고 2는 1971. 10. 4. 경부터 경기도 용인군 기흥면 공세리 (지번 1 생략) 임야 2,115평과 (지번 2 생략) 임야 2,696평(이하 '분할 전 토지'라 한다)이 포함된 같은 리 산 (지번 3 생략) 외 7필지를 분할하여 경기도지사로부터 산림개발허가를 받아 택지조성사업을 시행한 후, 같은 리 (지번 4 생략) 내지 (지번 5 생략) 등 필지당 90평~270평으로 구획하여 이를 휴양택지로 분양하였고, 원고는 취락구조개선사업의 일환으로 그 중 33필지를 일괄매수하고 주민들을 이주시켰으며, 주민들이 그 지상에 주택을 신축하고 '○○마을'을 형성하여 거주하고 있다. 피고 1은 2001. 6. 30. 피고 2로부터 분할 전 토지를 대금 2억 2,300만 원에 매수하기로 하였다가, 2006. 4. 27. 매매대금을 1억 9,300만 원으로 감액하기로 하고 피고 2에게 매매대금을 모두 지급한 다음 2006. 6. 29. 분할 전 토지에 관하여 위 매매계약을 원인으로 한 소유권이전등기를 마쳤다. 그 후 피고 1은 2006. 8. 11. 분할 전 토지를 용인시 기흥구청장의 허가를 받아 별지 목록 기재 각 부동산(이하 '이 사건 토지'라 한다)으로 분할하였다.

★이 판결은 소유권이전등기를 말소하라는 것과 기부채납을 원인으로 이전등기를 하라는 주위적 청구는 기각, 배타적 사용수익권이 없음을 인정하라는 예비적 청구는 각하.

> 결국, 이 판결에 의하면, 갑이 토지분양을 위해 배타적 사용수익권을 포기한 토지를 을에게 매도하였고, 그러자 을이 갑으로부터 분양받은 여러 사람들에게는 자신의 사용승낙서 없이는 용인시가 인접주민에게 건축허가를 하여서는 안 된다고 주장하고, 인접지에서 건축을 하려는 자는 건축부지에 연결되어 있는 부분에 대해 공시지가에 매수비용을 합산하여 매수하라는 요구를 받아들일 수밖에 없는 결과 발생할 수도 있다. 그러나 여기까지만 알면 안 된다. 더 나아가 건축법상 도로 지정이 있었는지 여부 등을 살펴보아야 한다. 즉, 지자체에 건축허가 여부를 확인하고 매수하는 것이 최선이다. 특히 현황도로나 건축법상 도로에 대해서 살펴보아야 한다.

넷째는 대법원 2011. 10. 13. 선고 2010다63720 판결이다.

이 판례는 일반인의 도로통행에 관한 이익을 사법상 권리로 격상시킨 매우 중요한 판결이다. 일반 공중의 통행에 제공된 도로를 통행하고자 하는 자는, 그 도로에 관하여 다른 사람이 가지는 권리 등을 침해한다는 등의 특별한 사정이 없는 한, 일상생활상 필요한 범위 내에서 다른 사람들과 같은 방법으로 도로를 통행할 자유가 있고, 제3자가 특정인에 대하여만 도로의 통행을 방해함으로써 일상생활에 지장을 받게 하는 등의 방법으로 특정인의 통행 자유를 침해하였다면 민법상 불법행위에 해당하며, 침해를 받은 자로서는 그 방해의 배제나 장래에 생길 방해를 예방하기 위하여 통행방해 행위의 금지를 소구할 수 있다고 보아야 한다.

> **대법원 2011. 10. 13. 선고 2010다63720 판결**
> [판결요지]
> 일반 공중의 통행에 제공된 도로를 통행하고자 하는 자는, 그 도로에 관하여 다른 사람이 가지는 권리 등을 침해한다는 등의 특별한 사정이 없는 한, 일상생활상 필요한 범위 내에서 다른 사람들과 같은 방법으로 도로를 통행할 자유가 있고, 제3자가 특정인에 대하여만 도로의 통행을 방해함으로써 일상생활에 지장을 받게 하는 등의 방법으로 특정인의 통행 자유를 침해하였다면 민법상 불법행위에 해당하며, 침해를 받은 자로서는 그 방해의 배제나 장래에 생길 방해를 예방하기 위하여 통행방해 행위의 금지를 소구할 수 있다고 보아야 한다.
> 甲이 일반인들의 통행에 제공되어 온 도로에 토지관리소를 축조하고 개폐식 차단기를 설치한 다음 자동차 운전자들에게 행선지 및 방문목적 등을 확인한 후 차단기를 열어 통행할 수 있게 하면서 乙 등이 운행하는 자동차에 대하여는 통행을 금지한 사안에서, 甲의 乙 등에 대한 통행방해 행위는 乙 등의 통행의 자유를 침해하는 것이므로, 乙 등으로서는 甲에게 도로에 대한 통행방해 행위의 금지를 구할 수 있다고 본 원심판단을 정당하다고 한 사례.

[사실관계]

서울 강남구 개포동 567-2 답 4801㎡ 중 원심판결 별지 도면 표시 (가) 부분(이하 '이 사건 도로'라 한다)은 구룡마을에서 양재대로에 도달하기 위한 도로의 일부로서 구룡마을에 거주하는 원고들이나 대모산 등산객 등 일반인들의 통행에 제공되어 온 사실, 피고는 2008. 6. 중순경 이 사건 도로에 토지관리소를 축조하고 개폐식 차단기를 설치한 다음 양재대로 방면에서 구룡마을 방면으로 진행하는 자동차의 운전자들에게 행선지 및 방문목적 등을 확인한 후 차단기를 열어 통행할 수 있게 하면서 원고들이 운행하는 자동차에 대하여는 그 통행을 금지한 사실, 이에 원고들은 피고를 상대로 자동차통행방해금지 등 가처분을 신청하여 2008. 9. 9. 법원으로부터 '피고는 이 사건 도로에서 원고들이 운행하는 자동차의 통행을 방해하여서는 아니 되고 개폐식 차단기를 제거하라'는 가처분결정을 받았고, 이에 따라 2008. 10. 1. 위 개폐식 차단기가 집행관에 의하여 제거된 사실, 그런데 피고는 다시 이 사건 도로에 개폐식 차단기를 설치하였고, 이에 원고는 피고를 상대로 자동차통행방해금지 등의 가처분을 신청하여 2008. 11. 3. 법원으로부터 피고는 이 사건 토지에서 원고들이 운행하는 자동차의 통행을 방해하여서는 아니 되고 개폐식 차단기를 제거해야 하며 또다시 개폐식 차단기를 설치하면 원고들에게 각 1일당 500,000원씩 지급하라는 내용의 가처분결정을 받았으며, 이에 따라 위 개폐식 차단기는 집행관에 의하여 다시 제거된 사실 등을 인정한 다음, 위와 같은 인정 사실에 비추어 보면, 피고의 원고들에 대한 통행방해 행위는 원고들의 통행의 자유를 침해하는 것이므로, 원고들로서는 피고에 대하여 이 사건 도로에 대한 통행방해 행위의 금지를 구할 수 있다고 판단하였다.

위 법리와 기록에 비추어 살펴보면, 위와 같은 원심의 판단은 정당하고, 거기에 상고이유로 주장하는 바와 같은 물권법정주의에 관한 법리오해 등의 위법이 없다.

다섯째는 대법원 2013. 8. 22. 선고 2012다54133 판결이다.

이 판결은 부당이득금 청구가 불가한 이유에 대해서 처음으로 신의성실의 원칙임을 천명하였고, 나아가 객관적인 사정이 변경되면 완전한 소유권이 회복한다는 이론도 내놨다. 즉, "이는 금반언이나 신뢰보호 등 신의성실의 원칙상 그 기존의 이용상태가 유지되는 한 토지소유자는 이를 수인하여야 하므로 배타적 점유·사용을 하지 못하는 것으로 인한 손해를 주장할 수 없기 때문에 부당이득반환을 청구할 수 없는 것", "토지이용상태에 중대한 변화가 생기는 등으로 배타적 사용·수익권을 배제하는 기초가 된 객관적인 사정이 현저히 변경된 경우에는, 토지소유자는 그와 같은 사정변경이 있은 때부터는 다시 사용·수익권능을 포함한 완전한 소유권에 기한 권리주장을 할 수 있다고 보아야 한다."라고 판시하였다[61].

> **대법원 2013. 2. 14.자 2012마1417 결정 [통행방해금지등가처분]**
>
> 어떠한 토지가 일반 공중의 통행에 제공되는 상태에 있다는 사유만으로 이를 통행하고자 하는 사람이 그 통행을 방해하는 사람에 대하여 당연히 지장물의 제거 등을 포함하여 방해의 배제를 구할 수 있는 사법상 권리를 갖게 되는 것은 아니다. 다만 통행의 방해가 특정인에 대하여만 이루어지고 그로 인하여 일상생활에 지장을 초래하는 때와 같이 통행방해 행위가 특정인의 통행의 자유에 대한 위법한 침해로서 민법상 불법행위를 구성한다고 평가될 정도에 이른 경우에는 그 금지를 구하는 것이 허용될 수도 있다(대법원 1995. 11. 7. 선고 95다2203 판결, 대법원 2011. 10. 13. 선고 2010다63720 판결 등 참조).
>
> **대법원 1998. 3. 10. 선고 97다47118 판결**
>
> [2] 토지의 원소유자가 토지를 분할·매각함에 있어서 토지의 일부를 분할된 다른 토지의 통행로로 제공하여 독점적·배타적인 사용수익권을 포기하고 그에 따라 다른 분할토지의 소유자들이 그 토지를 무상으로 통행하게 된 후에 그 통행로 부분에 사용수익의 제한이라는 부담이 있다는 사정을 알면서 그 토지의 소유권을 승계취득한 자는, 다른 특별한 사정이 없는 한 원칙적으로 그 토지에 대한 독점적·배타적 사용수익을 주장할 만한 정당한 이익을 갖지 않는다 할 것이어서 원소유자와 마찬가지로 분할토지의 소유자들의 무상통행을 수인하여야 할 의무를 진다.
>
> [3] 원소유자에 의하여 독점적·배타적 사용수익권이 포기된 통행로 부분의 승계인이 자신의 정당한 목적을 위하여 그 통행로와 함께 통행로를 필요로 하는 인근 주민들의 주택을 모두 매수하려 하였다가 그 중 1인의 주택만을 매수하지 못하였으나, 매수하지 못한 나머지 1인의 주택은 반대쪽의 공로에 접하여 있어서 승계인이 취득한 통행로에 대하여 주위토지통행권을 갖지 못하고, 따라서 그 통행로가 없더라도 나머지 1인의 주택이 갖추어야 할 건축법 제33조 제1항의 접도의무가 충족되는 사정이 인정되는 경우, 그 통행로에 대하여 유일하게 이해관계를 갖는 나머지 주택 소유자가 그 통행로를 이용하지 못하게 될 경우 어느 정도의 불이익을 입게 된다는 사정만으로는, 건물 신축을 위하여 인근 주택들을 모두 매수하고 건축허가까지

---

61) 망인은 분할 전 토지를 여러 필지의 택지로 분할하여 매도하면서 이 사건 도로부지를 그 택지 소유자나 인근주민 등 일반 공중을 위한 통행로로 무상 제공함으로써, 그러한 상태가 유지되는 한 그에 대한 독점적·배타적인 사용·수익권을 행사할 수 없게 되어 그에 따른 손해를 주장할 수도 없었다고 할 것이다. 그러나 그 후 이 사건 제2토지가 천호대로 부지로 편입됨으로써 망인이 당초 이 사건 제2토지를 인접 토지 소유자 등의 통행에 제공한 때와는 그 이용상태가 근본적으로 달라졌다 할 것이고, 따라서 그와 같은 사정변경이 있은 때부터는 그 소유자인 망인 및 원고는 그에 대한 완전한 소유권을 주장하여 권리행사를 할 수 있게 되었다고 보아야 한다.

받아 통행로의 새로운 소유자가 된 승계인의 통행로에 대한 독점적·배타적인 사용수익권은 제한되지 아니한다.

대법원 2002. 5. 31. 선고 2002다9202 판결
구 건축법(1994. 12. 22 법률 제4816호로 개정되기 전의 것) 제2조 제11호 (나)목의 도로, 즉 '건축허가 또는 신고 시 시장, 군수, 구청장(자치구의 구청장에 한한다.)이 위치를 지정한 도로'로 지정되었다고 해서 건축허가 등을 받은 사람이나 그 도로를 통행하여 온 사람에게 그 도로를 자유로 통행할 수 있는 사법상의 권리가 부여되는 것은 아니다(대법원 1995. 11. 7. 선고 95다2203 판결 참조).

원심이, 이 사건 진입도로는 건축법상의 행정처분에 의하여 그 위치가 지정된 도로이므로 그 반사적 효과로서 행정처분이 취소되기까지 무상사용할 수 있다는 피고의 주장을 배척한 것은 위 법리에 따른 것으로서 정당하고, 거기에 피고의 법률상 주장을 오해하거나 위치지정 도로에 관한 법리를 오해한 위법이 없다.

마. 대법원 2019. 1. 24. 선고 전원합의체 판결(배타적 사용수익권 포기 이론 유지)

대법원 2019. 1. 24. 선고 2016다264556 전원합의체 판결 [시설물철거 및 토지인도 청구의 소]
[다수의견] (가) 대법원 판례를 통하여 토지 소유자 스스로 그 소유의 토지를 일반 공중을 위한 용도로 제공한 경우에 그 토지에 대한 소유자의 독점적이고 배타적인 사용·수익권의 행사가 제한되는 법리가 확립되었고, 대법원은 그러한 법률관계에 관하여 판시하기 위하여 '사용·수익권의 포기', '배타적 사용·수익권의 포기', '독점적·배타적인 사용·수익권의 포기', '무상으로 통행할 권한의 부여' 등의 표현을 사용하여 왔다.

이러한 법리는 대법원이 오랜 시간에 걸쳐 발전시켜 온 것으로서, 현재에도 여전히 그 타당성을 인정할 수 있다. 다만 토지 소유자의 독점적이고 배타적인 사용·수익권 행사의 제한 여부를 판단하기 위해서는 토지 소유자의 소유권 보장과 공공의 이익 사이의 비교형량을 하여야 하고, 원소유자의 독점적·배타적인 사용·수익권 행사가 제한되는 경우에도 특별한 사정이 있다면 특정승계인의 독점적·배타적인 사용·수익권 행사가 허용될 수 있다. 또한, 토지 소유자의 독점적·배타적인 사용·수익권 행사가 제한되는 경우에도 일정한 요건을 갖춘 때에는 사정변경의 원칙이 적용되어 소유자가 다시 독점적·배타적인 사용·수익권을 행사할 수 있다고 보아야 한다.

(나) 토지 소유자가 그 소유의 토지를 도로, 수도시설의 매설 부지 등 일반 공중을 위한 용도로

제공한 경우에, 소유자가 토지를 소유하게 된 경위와 보유기간, 소유자가 토지를 공공의 사용에 제공한 경위와 그 규모, 토지의 제공에 따른 소유자의 이익 또는 편익의 유무, 해당 토지부분의 위치나 형태, 인근의 다른 토지들과의 관계, 주위 환경 등 여러 사정을 종합적으로 고찰하고, 토지 소유자의 소유권 보장과 공공의 이익 사이의 비교형량을 한 결과, 소유자가 그 토지에 대한 독점적·배타적인 사용·수익권을 포기한 것으로 볼 수 있다면, 타인[사인(사인)분만 아니라 국가, 지방자치단체도 이에 해당할 수 있다, 이하 같다]이 그 토지를 점유·사용하고 있다 하더라도 특별한 사정이 없는 한 그로 인해 토지 소유자에게 어떤 손해가 생긴다고 볼 수 없으므로, 토지 소유자는 그 타인을 상대로 부당이득반환을 청구할 수 없고, 토지의 인도 등을 구할 수도 없다. 다만 소유권의 핵심적 권능에 속하는 사용·수익 권능의 대세적·영구적인 포기는 물권법정주의에 반하여 허용할 수 없으므로, 토지 소유자의 독점적·배타적인 사용·수익권의 행사가 제한되는 것으로 보는 경우에도, 일반 공중의 무상 이용이라는 토지이용현황과 양립 또는 병존하기 어려운 토지 소유자의 독점적이고 배타적인 사용·수익만이 제한될 뿐이고, 토지 소유자는 일반 공중의 통행 등 이용을 방해하지 않는 범위 내에서는 그 토지를 처분하거나 사용·수익할 권능을 상실하지 않는다.

(다) ① 위와 같은 법리는 토지 소유자가 그 소유의 토지를 도로 **이외의 다른 용도**로 제공한 경우에도 적용된다. 또한, 토지 소유자의 독점적·배타적인 사용·수익권의 행사가 제한되는 것으로 해석되는 경우 특별한 사정이 없는 한 **그 지하 부분에 대한 독점적이고 배타적인 사용·수익권의 행사 역시 제한**되는 것으로 해석함이 타당하다.

② 상속인은 피상속인의 일신에 전속한 것이 아닌 한 상속이 개시된 때로부터 피상속인의 재산에 관한 포괄적 권리·의무를 승계하므로(민법 제1005조), 피상속인이 사망 전에 그 소유 토지를 일반 공중의 이용에 제공하여 독점적·배타적인 사용·수익권을 포기한 것으로 볼 수 있고 그 토지가 상속재산에 해당하는 경우에는, 피상속인의 사망 후 그 토지에 대한 상속인의 독점적·배타적인 사용·수익권의 행사 역시 제한된다고 보아야 한다.

③ 원소유자의 독점적·배타적인 사용·수익권의 행사가 제한되는 토지의 소유권을 경매, 매매, 대물변제 등에 의하여 특정승계한 자는, 특별한 사정이 없는 한 그와 같은 사용·수익의 제한이라는 부담이 있다는 사정을 용인하거나 적어도 그러한 사정이 있음을 알고서 그 토지의 소유권을 취득하였다고 봄이 타당하므로, 그러한 특정승계인은 그 토지 부분에 대하여 독점적이고 배타적인 사용·수익권을 행사할 수 없다.

이때 특정승계인의 독점적·배타적인 사용·수익권의 행사를 허용할 특별한 사정이 있는지 여부는 특정승계인이 토지를 취득한 경위, 목적과 함께, 그 토지가 일반 공중의 이용에 제공되어 사용·수익에 제한이 있다는 사정이 이용현황과 지목 등을 통하여 외관에 어느 정도로 표시되어 있었는지, 해당 토지의 취득가액에 사용·수익권 행사의 제한으로 인한 재산적 가치 하락이

> 반영되어 있었는지, 원소유자가 그 토지를 일반 공중의 이용에 무상 제공한 것이 해당 토지를 이용하는 사람들과의 특별한 인적 관계 또는 그 토지 사용 등을 위한 관련 법령상의 허가·등록 등과 관계가 있었다고 한다면, 그와 같은 관련성이 특정승계인에게 어떠한 영향을 미치는지 등의 여러 사정을 종합적으로 고려하여 판단하여야 한다.
>
> (라) 토지 소유자의 독점적·배타적인 사용·수익권 행사의 제한은 해당 토지가 일반 공중의 이용에 제공됨으로 인한 공공의 이익을 전제로 하는 것이므로, 토지 소유자가 공공의 목적을 위해 그 토지를 제공할 당시의 객관적인 토지이용현황이 유지되는 한도 내에서만 존속한다고 보아야 한다. 따라서 토지 소유자가 그 소유 토지를 일반 공중의 이용에 제공함으로써 자신의 의사에 부합하는 토지이용상태가 형성되어 그에 대한 독점적·배타적인 사용·수익권의 행사가 제한된다고 하더라도, 그 후 토지이용상태에 중대한 변화가 생기는 등으로 독점적·배타적인 사용·수익권의 행사를 제한하는 기초가 된 객관적인 사정이 현저히 변경되고, 소유자가 일반 공중의 사용을 위하여 그 토지를 제공할 당시 이러한 변화를 예견할 수 없었으며, 사용·수익권 행사가 계속하여 제한된다고 보는 것이 당사자의 이해에 중대한 불균형을 초래하는 경우에는, 토지 소유자는 그와 같은 사정변경이 있은 때부터는 다시 사용·수익 권능을 포함한 완전한 소유권에 기한 권리를 주장할 수 있다고 보아야 한다. 이때 그러한 사정변경이 있는지 여부는 해당 토지의 위치와 물리적 형태, 토지 소유자가 그 토지를 일반 공중의 이용에 제공하게 된 동기와 경위, 해당 토지와 인근 다른 토지들과의 관계, 토지이용상태가 바뀐 경위와 종전 이용상태와의 동일성 여부 및 소유자의 권리행사를 허용함으로써 일반 공중의 신뢰가 침해될 가능성 등 전후 여러 사정을 종합적으로 고려하여 판단하여야 한다.

우선 배타적 사용수익권이 포기된 도로에 대해서는 지방세법 제109조제3항제1호에 의하여 재산세가 부과되지 않는다. 따라서 실무에서는 재산세 부과여부에 대해 확인해 봐야 한다.

위와 같은 법리는 토지 소유자가 그 소유의 토지를 도로 이외의 다른 용도로 제공한 경우에도 적용된다(대법원 2017. 3. 9. 선고 2015다238185 판결[62] 등 참조).

또한, 토지 소유자의 독점적·배타적인 사용·수익권의 행사가 제한되는 것으로 해석되는 경우 특별한 사정이 없는 한 그 지하 부분에 대한 독점적이고 배타적인 사

---

[62] 저수지로 사용, 전원합의체 판결은 우수관으로 사용

용·수익권의 행사 역시 제한되는 것으로 해석함이 타당하다(대법원 2009. 7. 23. 선고 2009다25890 판결 참조).

대법원은 보충의견을 통해 이 법리가 '사적 자치의 원칙을 전제로 토지 소유자의 의사에 기초한 것'임을 분명히 하고 있다.

토지 소유자의 독점적이고 배타적인 사용·수익권 행사의 제한 여부를 판단하기 위해서는 토지 소유자의 소유권 보장과 공공의 이익 사이의 비교형량을 하여야 하고, 원소유자의 독점적·배타적인 사용·수익권 행사가 제한되는 경우에도 특별한 사정이 있다면 특정승계인의 독점적·배타적인 사용·수익권 행사가 허용될 수 있다. 또한, 토지 소유자의 독점적·배타적인 사용·수익권 행사가 제한되는 경우에도 일정한 요건을 갖춘 때에는 사정변경의 원칙이 적용되어 소유자가 다시 독점적·배타적인 사용·수익권을 행사할 수 있다고 보아야 한다.

바. 사용수익권 포기 여부 판단 기준

(1) 자발성과 효용성

대법원은 구체적인 사안에서 토지 소유자가 배타적 사용수익권을 포기하였는지를 판단하는 일응의 기준을 다음과 같이 제시하고 있다.

즉, '사실상 도로로 된 토지의 소유자가 그 사용수익권을 포기하였거나 도로로서의 사용승낙을 하였던 것으로 보기 위해서는 그가 당해 토지를 소유하게 된 경위나 보유기간, 통행로 인근의 나머지 토지를 도시계획선에 맞추어 분할 매각한 경위나 그 규모, 통행로로 쓰이는 당해 토지와 다른 토지들과의 위치와 주위환경 등을 고찰하여 분할된 다른 토지들의 효용증대를 위하여 당해 토지가 얼마나 기여하고 있는지 등을 종합적으로 고찰하여 판단하여야 한다.'라는 것이다.

결국 자발성과 효용성을 기준으로 판단하여야 한다는 견해가 많지만, 구체적 판단은 사안별로 하여야 할 것이다.

대법원 2021. 1. 14. 선고 2020다246630 도로철거 및 토지인도등

-소유자인 원고의 토지 철거 및 인도 등 청구에 대해 피고가 독점적·배타적인 사용·수익권의 포기를 주장하였으나, 원심은 토지 소유자가 자발적으로 이 사건 부동산을 도로로 제공하였다고 보기 어렵다거나 이를 제공함으로써 더 큰 효용을 얻으려는 목적이었음을 인정할 증거가 부족하다는 이유를 내세워 <u>원고 또는 그 전 소유자가 이 사건 부동산에 대한 독점적·배타적인 사용·수익권을 포기한 것으로 볼 수 없다고 판단함</u>

-대법원은 전원합의체 판결(2016다264556)의 법리에 따라 원심이 이 사건 부동산의 원소유자가 이를 소유하게 된 경위와 보유기간, 이를 공공의 사용에 제공한 경위와 그 규모, 그 제공에 따른 이익 또는 편익의 유무, 위치나 형태, 인근의 다른 토지들과의 관계, 주위 환경 등 여러 사정을 종합적으로 고찰하고, 소유권 보장과 공공의 이익 사이의 비교형량을 하여, 이 사건 부동산에 대한 독점적·배타적인 사용·수익권을 포기한 것으로 볼 수 있는지 여부를 심리·판단하여야 하고, 만약 독점적·배타적인 사용·수익권의 포기가 있었던 이 사건 부동산을 원고가 매수하여 소유하게 된 것이라면, 그 취득경위, 목적과 함께, <u>이 사건 부동산이 일반 공중의 이용에 제공되어 사용·수익에 제한이 있다는 사정이 이용현황과 지목 등을 통하여 외관에 어느 정도로 표시되어 있었는지, 그 취득가액에 사용·수익권 행사의 제한으로 인한 재산적 가치 하락이 반영되어 있었는지, 원고의 소유권 취득 직후 도로 부분이 분할, 지목변경되었고 원고가 보유한 나머지 토지는 매각 직후 공장용지로 변경된 일련의 과정 등을 위한 관련 법령상의 허가·등록 등과 관계</u>가 있었다면 그와 같은 관련성이 원고에게 어떠한 영향을 미치는지 등의 여러 사정을 종합적으로 고려하여 원고의 독점적·배타적인 사용·수익권의 행사를 허용할 특별한 사정이 있는지 여부를 심리·판단하였어야 함에도, 위와 같은 자발성과 효용성만을 내세워 섣불리 포기 여부를 단정함으로써 심리미진의 위법을 저질렀다고 보아 파기한 사례임

(2) 포기 부정 사례

대법원 2025. 1. 23. 선고 2024다277885 부당이득반환 청구의 소

독점적·배타적 사용·수익권을 행사하는 것을 제한할 수 있는지 여부는 소유자가 토지를 소유하게 된 경위와 보유기간, 소유자가 토지를 공공의 사용에 제공하거나 그 사용을 용인하게 된 경위와 그 규모, 토지 제공 당시 소유자의 의사, 토지 제공에 따른 소유자의 이익 또는 편익의 유무와 정도, 해당 토지의 위치나 형태, 인근의 다른 토지들과의 관계, 주위 환경, 소유자가 보인 행태의 모순 정도 및 이로 인한 일반 공중의 신뢰 내지 편익 침해 정도, 소유자가 행사하는 권리의 내용이나 행사 방식 및 권리 보호의 필요성 등 여러 사정을 종합적으로 고찰하고, 토지 소유자의 소유권 보장과 공공의 이익 사이의 비교형량을 하여 판단하여야 한다(대법원

2019. 1. 24. 선고 2016다264556 전원합의체 판결).

- 종전 소유자가 도시계획시설사업 추진 과정에서 이 사건 부지의 기부채납 확약을 하였고 관할관청도 실시계획인가에 기부채납 부관을 붙였는데, 종전 소유자가 사업시행을 마치지 못하고 파산한 다음 새로운 소유자로부터 이 사건 부지를 신탁받은 주위적 원고는 도로를 개설하여 관리하는 지방자치단체인 피고를 상대로 이 사건 부지에 관한 부당이득반환을 청구함

- 원심은, 종전 소유자가 이 사건 부지에 대한 독점적 · 배타적 사용 · 수익권을 포기하였다고 보아, 그 특별승계인인 주위적 원고가 부당이득반환을 구할 수 없다고 판단하였음

- 대법원은 위와 같은 법리를 설시하면서, ① <u>이 사건 기부채납 확약은 실시계획 등 승인을 위해 부득이 이루어진 것으로 실시계획인가가 실효되고 그 사업계획이 확정적으로 취소된 이상 이 사건 기부채납 확약만을 들어 독점적이고 배타적인 사용 · 수익권의 포기의사를 인정하기 어려운 점</u>, ② <u>종전 소유자는 이 사건 사업이 무산되어 이 사건 부지를 기부채납으로 제공함으로써 얻고자 했던 이익을 실현하지 못한 반면 피고는 정당한 보상을 하지 아니한 채 도로로 사용하는 결과가 된 점</u> 등 이 사건에 나타난 사정에 비추어 보면 종전 소유자의 독점적 · 배타적 사용 · 수익권 포기를 쉽게 단정하기 어렵다고 보아, 이와 달리 판단한 원심을 파기 · 환송함

대법원 2024. 4. 4. 선고 2023다295695   부당이득금   (아)   파기환송

어느 사유지가 종전부터 자연발생적으로 또는 도로예정지로 편입되어 사실상 일반 공중의 교통에 공용되는 도로로 사용되고 있는 경우, 토지 소유자가 스스로 그 토지를 도로로 제공하거나 그러한 사용 상태를 용인함으로써 인근 주민이나 일반 공중이 이를 무상으로 통행하고 있는 상황에서, 도로의 점유자를 상대로 부당이득반환청구나 손해배상청구, 토지인도청구 등 그 토지에 대한 독점적 · 배타적인 사용 · 수익권의 행사를 제한할 수 있는 경우가 있다. 독점적 · 배타적 사용 · 수익권을 행사하는 것을 제한할 수 있는지 여부는 소유자가 토지를 소유하게 된 경위와 보유기간, 소유자가 토지를 공공의 사용에 제공하거나 그 사용을 용인하게 된 경위와 그 규모, 토지 제공 당시 소유자의 의사, 토지 제공에 따른 소유자의 이익 또는 편익의 유무와 정도, 해당 토지의 위치나 형태, 인근의 다른 토지들과의 관계, 주위 환경, 소유자가 보인 행태의 모순 정도 및 이로 인한 일반 공중의 신뢰 내지 편익 침해 정도, 소유자가 행사하는 권리의 내용이나 행사 방식 및 권리 보호의 필요성 등 여러 사정을 종합적으로 고찰하고, 토지 소유자의 소유권 보장과 공공의 이익 사이의 비교형량을 하여 판단하여야 한다(대법원 2019. 1. 24. 선고 2016다264556 전원합의체 판결, 대법원 2024. 2. 15. 선고 2023다295442 판결 등 참조).

망인은 1974. 4. 10. 이 사건 분할 전 토지를 매수한 후 이 사건 토지를 포함하여 총 31필지

로 분할하였고, 그중 도로 부분인 이 사건 토지 외 2필지를 제외한 나머지 토지를 모두 매도하였음. 이 사건 토지는 망인이 이 사건 분할 전 토지를 매수하기 전인 1970. 1. 25. 이미 서울특별시 고시에 의하여 도시계획시설(도로)로 결정된 상태였음. 원고들은 망인의 상속인으로서, 도로로 사용되는 이 사건 토지의 점유자인 피고를 상대로 부당이득반환을 구하는 사안임

원심은, 망인이 이 사건 토지에 대한 독점적·배타적인 사용·수익권을 포기하였다고 보아, 상속인 원고들이 부당이득반환을 구할 수 없다고 판단하였음

대법원은 위 법리를 설시하면서, ① 망인이 이 사건 분할 전 토지를 분할할 당시 이 사건 토지는 도로가 아닌 '답'으로 이용되었을 뿐, 아직 도로가 개설되기 전이었던 점, ② 이 사건 토지 부분이 공로에 출입하는 유일한 통행로라고 보기도 어려운 점 등 이 사건에서 나타난 각 판단요소들에 비추어 망인이 이 사건 토지에 대한 독점적·배타적 사용·수익권을 포기하였다고 쉽게 단정하기 어렵다고 보아, 이와 달리 판단한 원심을 파기·환송함

한편, 이 사건은 소제기 당시에는 소액사건이었으나, 원고들이 청구취지를 확장함으로써 소액사건이 아니게 되었으므로, 소액사건심판법 제3조 각호의 사유로 상고이유가 제한되지 않음

대법원 2024. 2. 15. 선고 2023다295442 판결 부당이득금 (마) 파기환송

어느 사유지가 종전부터 자연발생적으로 또는 도로예정지로 편입되어 사실상 일반 공중의 교통에 공용되는 도로로 사용되고 있는 경우, 토지 소유자가 스스로 그 토지를 도로로 제공하거나 그러한 사용 상태를 용인함으로써 인근 주민이나 일반 공중이 이를 무상으로 통행하고 있는 상황에서, 도로의 점유자를 상대로 한 부당이득반환청구나 손해배상청구, 토지인도청구 등 그 토지에 대한 독점적·배타적인 사용·수익권의 행사를 제한할 수 있는 경우가 있다.

이와 같이 토지 소유자가 그 소유 토지를 일반 공중 등의 통행로로 무상 제공하거나 그에 대한 통행을 용인하는 등으로 자신의 의사에 부합하는 토지이용상태가 형성되어 그에 대한 독점적·배타적 사용·수익권의 행사가 제한되는 것은 금반언이나 신뢰보호 등 신의성실의 원칙상 기존 이용상태가 유지되는 한 토지 소유자가 이를 수인해야 함에 따른 결과일 뿐이고 그로써 소유권의 본질적 내용인 사용·수익권 자체를 대세적·확정적으로 상실하는 것은 아니다(대법원 2013. 8. 22. 선고 2012다54133 판결, 대법원 2013. 12. 26. 선고 2013다211575 판결 등 참조). 또한 토지 소유자의 독점적·배타적 사용·수익권 행사가 제한되는 경우에도 일정한 요건을 갖춘 때에는 신의성실의 원칙으로부터 파생되는 사정변경의 원칙에 따라 소유자가 다시 독점적·배타적 사용·수익권을 행사할 수 있다(위 대법원 2012다54133 판결, 대법원 2019. 1. 24. 2016다264556 전원합의체 판결 등 참조). 이러한 신의성실의 원칙과 독점적·배타적 사용·수익권 제한 법리의 관련성에 비추어 보면, 독점적·배타적 사용·수익권 행사가 제한되는지를 판단할 때는 토지 소유자의 의사를 비롯하여 다음에 보는 여러 사정을 종합적으

로 고찰할 때 토지 소유자나 그 승계인이 권리를 행사하는 것이 금반언이나 신뢰보호 등 신의성실의 원칙상 허용될 수 있는지가 고려되어야 한다.

즉 독점적·배타적 사용·수익권을 행사하는 것을 제한할 수 있는지 여부는 소유자가 토지를 소유하게 된 경위와 보유기간, 소유자가 토지를 공공의 사용에 제공하거나 그 사용을 용인하게 된 경위와 그 규모, 토지 제공 당시 소유자의 의사, 토지 제공에 따른 소유자의 이익 또는 편익의 유무와 정도, 해당 토지의 위치나 형태, 인근의 다른 토지들과의 관계, 주위 환경, 소유자가 보인 행태의 모순 정도 및 이로 인한 일반 공중의 신뢰 내지 편익 침해 정도, 소유자가 행사하는 권리의 내용이나 행사 방식 및 권리 보호의 필요성 등 여러 사정을 종합적으로 고찰하고, 토지 소유자의 소유권 보장과 공공의 이익 사이의 비교형량을 하여 판단하여야 한다. 또한 독점적·배타적 사용·수익권 행사를 제한하는 법리는 토지 소유자의 권리행사를 제한하는 예외적인 법리이므로, 공공필요에 의한 재산권의 수용·사용 또는 제한에 관한 정당한 보상을 지급하여야 한다는 헌법 제23조 제3항 및 법치행정의 취지에 비추어 신중하고 엄격하게 적용되어야 하고, 독점적·배타적 사용·수익권 행사의 제한을 주장하는 사람이 그 제한 요건을 충족하였다는 점에 대한 증명책임을 진다(위 대법원 2016다264556 전원합의체 판결, 대법원 2019. 4. 11. 선고 2017다249073, 2017다249080 판결 등의 취지 참조).

☞ 이 사건 토지들은 1931년에 분할 및 지목변경되어 도로로 사용되었고, 토지 소유자들은 약 90년 동안 이의를 제기하거나 이 사건 토지들에 대한 권리를 행사하지 않았음. 원고는 2021. 4. 이 사건 토지들 중 일부 지분을 매수하고, 그 점유·사용자인 피고를 상대로 부당이득반환을 구하는 사안임

☞ 원심은, 종전 소유자들이 이 사건 토지들에 대한 독점적·배타적 사용·수익권을 포기하였다고 보아, 원고가 부당이득반환을 구할 수 없다고 판단하였음

☞ 대법원은 위 법리를 설시하면서, 이 사건에서 나타난 각 판단요소들에 비추어 이 사건 토지들의 종전 소유자들 및 그 일부 승계인인 원고의 이 사건 토지들에 대한 독점적·배타적 사용 수익권 행사가 제한된다고 보기 어렵다고 보아, 이와 달리 판단한 원심판결을 파기·환송함

3) <u>이 사건 토지들의 면적(108평)은 그 모토지들 면적(547평)의 약 19.7%에 이른다. 또한 이 사건 토지들의 모토지들은 왼쪽으로 도로에 접해 있어 별도의 통행로를 개설할 필요가 있었다고 보기 어렵다.</u> 오히려 분할 결과 고현리 235-3 도로 58평이 모토지를 관통함으로써 나머지 토지가 3필지로 분리되어 토지의 효율적 이용에 장애가 되었을 것으로 보인다. 소외인은 토지 분할 이후에도 분할된 토지를 상당 기간 그대로 소유하다가 1942년에 고현리 236-2 전 283평을, 1974년에 고현리 235-1 답 5평을, 1977년에 고현리 235-4 답 45평을 각 제3자들에게 매도하였다.

위 측량원도는 고현리 233-2 도로 264㎡(현재 '거제시 고현동 233-2 도로 264㎡')가 고현리 235-3 도로 58평에 연결된 도로부지에 포함되어 고현리 233 토지에서 분할되는 것으로 되어 있다. 그리고 실제 그와 같이 분할되어 현재 도로로 사용되고 있고 김O현이 2016. 5. 13. 소유권보존등기를 마쳤다. 그러자 피고는 2019. 4. 23. 위 토지를 「공익사업을 위한 토지 등의 취득 및 보상에 관한 법률 시행규칙」제25조의 미지급용지(종전에 시행된 공익사업의 부지로서 보상금이 지급되지 아니한 토지)로 보아 보상을 하고 공공용지의 협의취득을 원인으로 소유권이전등기를 마쳤다. 이를 비롯하여 피고는 1985년경부터 지속적으로 이 사건 토지들이 있는 도로의 연장선에 포함되어 있는 여러 필지의 토지에 대하여 같은 방법으로 소유권이전등기를 마치고 있다.

이와 달리 이 사건 토지들이 모토지들에서 분할되어 도로로 사용됨에 따라 나머지 토지들의 효용가치가 확보되거나 증대되었다거나 소외인이나 상속인들이 관할관청으로부터 보상을 받았다는 등 이들이 토지 분할로 인하여 얻은 이익이나 편익이 있었다고 볼만한 자료는 제출되지 않았다.

4) 원심은 종전 소유자들이 장기간 이의하지 않은 것을 이유로 이들이 이 사건 토지들을 도로로 제공하였거나 이 사건 토지들이 점유·사용되는 것을 묵시적으로 용인하여 왔다고 보았다. 그러나 토지가 도로로 사용되는 것에 대하여 소유자가 적극적으로 이의하지 않았고 그 기간이 길다는 것만으로 소유자가 사전에 무상 점유·사용에 대한 동의를 하였다거나 사후에 이를 용인하였다고 볼 수는 없다. 토지 소유자에게는 권리를 행사할 자유뿐만 아니라 권리를 행사하지 않을 자유도 있으므로 소유자가 장기간 권리를 행사하지 않았다는 것만으로 그가 소유권의 일부 권능을 포기하였다거나 향후에도 소유권을 계속 행사하지 않겠다는 의사를 표시하였다는 점이 곧바로 도출될 수 있는 것도 아니다.

5) 원고는 소멸시효가 완성하지 않은 과거 5년 및 장래의 토지 임료 상당 부당이득반환청구를 하고 있을 뿐, 토지 인도청구 등 일반 공중의 도로 통행에 관한 신뢰나 편익에 직접적으로 영향을 줄 만한 청구는 하고 있지 않다. 또한 피고가 이미 이 사건 토지들이 있는 도로의 연장선에 포함된 다른 토지들에 대하여 적법한 절차를 거쳐 보상을 하고 소유권을 확보해오고 있는 점을 고려하면, 이 사건 토지들에 대한 토지 임료 상당 부당이득을 반환하는 것은 재산권의 제한에 관한 정당한 보상의 실질도 가지고 있으므로, 신의성실의 원칙에 비추어 용인하기 어려울 정도로 공익에 부정적이고 중대한 영향을 미친다고 할 수도 없다.

대법원 2021. 6. 10. 선고 2017다227363 판결 [부당이득금반환]

갑 등이 토지에 주택을 신축하면서 건축법 규정을 준수하여 지적경계선 안쪽에 공지(공지)로 남긴 토지 일부가 을 지방자치단체가 점유·관리하는 도로에 편입되어 일반 공중의 통행로로 이용되고 있는데, 그 후 위 토지와 주택의 소유권을 취득한 병 등이 을 지방자치단체를 상대로 부당이득반환을 구한 사안에서, 갑 등이 주택을 신축하기 위해 토지 일부를 공지로 남겨둔 것만으로 그 토지를 일반 공중을 위한 용도로 제공한 것이라고 보기 어렵고, 이를 도로의 일부 부지로 사용하는 것을 용인하였더라도, 독점적·배타적인 사용·수익권을 포기한 것으로 단정하기 어려운데도, 이와 달리 본 원심판결에 심리미진 등의 잘못이 있다고 한 사례

대법원 2021. 6. 16. 선고 2017다280005 토지인도

토지소유자인 원고가 그 토지 중 일부를 도로포장하여 사용하는 피고(지방자치단체)를 상대로 도로철거 및 인도를 구하자, 피고가 '원고의 배타적 사용·수익권의 포기가 있었다'고 주장한 사안에서, 원고가 특정인(인접 토지소유자)으로부터 돈을 받고 자신이 소유한 토지 중 일부를 도로로 사용하도록 하였고 그 토지 사용에 따른 이익도 주로 특정인이 누리고 있던 점, 위 토지가 당시 시행되던 건축공사 현장의 차량 통로로 사용되어 건축공사의 완공 여부에 따라 사정변경의 원칙이 적용될 여지가 있는 점 등을 고려하여 추가적인 심리가 필요하다고 보아 원심을 파기한 사례

대법원 2021. 1. 14. 선고 2020다246630 판결 [도로철거 및 토지인도등 청구]

갑이 소유권을 취득한 토지의 일부가 그전부터 인근 토지 소유자 및 주민들의 통행로로 사용되고 있었고, 해당 토지가 분할되면서 도로로 지목이 변경되어 을 지방자치단체가 아스팔트로 포장한 후 도로로 점유·관리해 오고 있었는데, 갑이 을 지방자치단체를 상대로 토지 인도 및 부당이득반환 등을 구한 사안에서, 토지 소유자가 자발적으로 위 부동산을 도로로 제공하였다고 보기 어렵다거나 이를 제공함으로써 더 큰 효용을 얻으려는 목적이었음을 인정할 증거가 부족하다는 이유만으로 갑 또는 전 소유자가 독점적·배타적인 사용·수익권을 포기한 것으로 볼 수 없다고 단정한 원심판단에 심리미진 등의 잘못이 있다고 한 사례

대법원 2000. 5. 12. 선고 98다59262 판결 【부당이득금반환】

원심이 인정한 사실관계에 의하면, 원고는 이 사건 토지가 도로예정지의 지정고시가 되고 난 이후에 이를 비롯한 주위의 토지를 매수하여 이 사건 토지 부분을 제외한 나머지 토지상에 다세대주택을 건축하여 분양하면서 도로예정지의 지정고시가 있었기 때문에 그로 인한 사용·수익의 제한으로 말미암아 부득이 이를 건축 대상에서 제외시킨 것으로 보이는 점, 이 사건 토지는 그 면적이 484㎡이고, 그 폭이 6m나 되는 도로이며, 당시 원고의 전체 소유 토지에서 차지하는 비율이 23.47%나 되는 점, 이 사건 토지의 현황이 막다른 도로로서 원고 및 소외인들이 건축한 다세대주택이 주민들이 주로 이용한다 하더라도 향후 도시계획이 완료되면 완전한 도로로 개통될 예정으로 되어 있는 점 등에 비추어 보면, 원고가 이 사건 토지의 사용·수익권을 포기하였다고 보기는 어렵다고 할 것이다.

대법원 2010. 6. 24. 선고 2010다19259 판결

시장·군수가 도시계획시설의 하나인 도로를 설치하기로 도시계획에 관한 지적 등의 고시를 하여 놓고 도시계획사업을 시행하지 아니한 채 방치된 토지가 사실상 일반 공중의 교통에 공용되는 도로로 사용되고 있는 경우, 그 토지의 소유자가 스스로 그 토지를 도로로 제공하여 인근 주민이나 일반 공중에게 무상으로 통행할 수 있는 권리를 부여하였거나 그 토지에 대한 독점적이고 배타적인 사용수익권을 포기한 것으로 보려면, 그가 당해 토지를 소유하게 된 경위나 보유기간, 그 밖에 자기 소유의 토지를 도시계획에 맞추어 분할하여 매도한 경위나 그 규모, 도로로 사용되는 당해 토지의 위치나 성상, 인근의 다른 토지들과의 관계, 주위 환경 등의 여러 가지 사정과 아울러 분할매도된 나머지 토지들의 효과적인 사용수익을 위하여 당해 토지가 기여하고 있는 정도 등을 종합적으로 고찰하여 신중하게 판단하여야 한다(대법원 1989. 7. 11. 선고 88다카16997 판결, 대법원 1994. 5. 13. 선고 93다30907 판결 등 참조).

원심이 인정한 사실관계에 나타난 바와 같은 다음과 같은 사정, 즉 분할 전 전체 토지는 도로예정지 지정 고시 이전부터 이미 기존의 도로에 연접하고 있었으므로 이 사건 토지가 도로예정지로 고시되지 아니하였더라도 원고가 이 사건 토지와 같이 'ㅏ'자의 형태로 폭이 6m나 되도록 통행로로 제공하는 방법으로 분할 전 전체 토지를 분할매각할 수밖에 없었다고 단정하기는 어렵게 보이는 점, 이 사건 토지가 분할 전 전체 토지에서 차지하는 비율이 12.67%에 이르는 점, 원고가 경산시 하양읍 금락리 131-78, 131-83, 131-97, 131-110 토지에 개설한 사도(私道)만으로도 기존의 도로에서 인근의 다른 대부분의 토지들을 통행하는 데 큰 불편이 없어 보이기에 분할 전 전체 토지의 상단부 쪽에 치우친 이 사건 토지 중 '═' 부분이 통행로로 제공되지 않더라도 인근의 다른 토지들을 통행하는 데 큰 불편은 없어 보이는 점 등 여러 사정을 종합하여 보면, 원고가 도시계획에 관한 지적고시 때문에 관계 법령에 따라 도로가 설치되기로 예정되어 있는 부분 위에는 건축물을 신축할 수 없는 등 사용수익이 사실상 제한되어 있는 나머지 토지를 처분하기 위한 방법으로 부득이 도로가 설치되기로 예정되어 있는 부분을 이 사건 토지로 분할하여 놓고 나머지 토지를 분할매각하자 그 매수인들이 도시계획에 맞추어 상가 등을 건축하면서 이 사건 토지를 도로로 사용하게 된 것으로 봄이 상당하고, 이 사건 토지가 원고가 분할매각한 토지들의 통행로로 이용되어 위 택지들의 효용을 높이고 있다 하더라도 그 사실만으로 원고가 무상으로 이 사건 토지를 도로로 제공하였다거나 이에 대한 사용수익권을 포기하였다고 보기는 어렵다고 할 것이다.

대법원 2019. 11. 14. 선고 2015다211685 판결]

【원고】 케00무한투자 주식회사

토지소유자가 그 소유 토지를 도로, 수도시설의 매설 부지 등 일반 공중을 위한 용도로 제공한 경우 소유자가 토지를 공공의 사용에 제공한 경위 등 여러 사정을 종합적으로 고찰하고, 토지소유자의 소유권 보장과 공공의 이익 사이의 비교형량을 한 결과, 토지소유자가 그 소유 토지에 대한 독점적·배타적 사용·수익권을 포기한 것으로 볼 수 있다면, 토지소유자는 그 토지 부분에 대하여 독점적이고 배타적인 사용·수익권을 행사할 수 없다. 그리고 원소유자의 독점적·배타적 사용·수익권 행사가 제한되는 토지의 소유권을 특정승계한 자는, 특별한 사정이 없는 한 그와 같은 사용·수익의 제한이라는 부담이 있다는 사정을 용인하거나 적어도 그러한 사정이 있음을 알고서 그 토지의 소유권을 취득하였다고 봄이 타당하므로, 그러한 특정승계인도 그 토지 부분에 대하여 독점적이고 배타적인 사용·수익권을 행사할 수 없다.

그러나 이러한 토지소유자의 독점적·배타적 사용·수익권 행사 제한의 법리는 <u>토지가 도로, 수도시설의 매설 부지 등 일반 공중을 위한 용도로 제공된 경우에 적용되는 것이어서, 토지가 건물의 부지 등 지상 건물의 소유자들만을 위한 용도로 제공된 경우에는 적용되지 않는다.</u> 따라서 토지소유자가 그 소유 토지를 건물의 부지로 제공하여 지상 건물소유자들이 이를 무상으로 사용하도록 허락하였다고 하더라도, 그러한 법률관계가 물권의 설정 등으로 특정승계인에게 대항할 수 있는 것이 아니라면 채권적인 것에 불과하여 특정승계인이 그러한 채권적 법률관계를 승계하였다는 등의 특별한 사정이 없는 한 특정승계인의 그 토지에 대한 소유권 행사가 제한된다고 볼 수 없다.

[사실관계]

가. 원심판결 별지1 목록 기재 각 토지 일대의 토지소유자들(이하 '이 사건 지주들'이라 한다)은 시장건물의 건축을 위해, 주식회사 ○○○○○○아파트(이하 '소외 회사'라 한다)를 설립하여 각자 보유하고 있던 토지를 출자하기로 한 뒤, 그 토지들에 집합건물 두 동을 건축하고(이하 '이 사건 상가건물들'이라 한다), 이 사건 상가건물들 중 출자하기로 한 토지의 면적 비율에 따른 구분건물을 각 분배받아 구분건물에 관한 보존등기를 마쳤다.

나. 그러나 이 사건 지주들은 이 사건 상가건물들의 대지에 국유지가 포함되어 있는 등의 사정으로 토지들을 합필하여 소외 회사에 이전하지 못하였고, 그로 인해 위 토지들의 소유권은 현재까지 원소유자인 이 사건 지주들이나 그 상속인들 또는 그들로부터 토지 소유권을 양수한 사람들에게 남아 있다. 한편 일부 토지에 대해서는 토지소유자들의 임의처분을 막기 위해 소외 회사의 청산인들 명의의 지상권이 설정되기도 하였다.

다. <u>이 사건 상가건물들이 건축된 후 이 사건 소송이 제기되기 전까지 약 37년 동안 이 사건 상가건물들의 구분소유자들은 각 소유 구분건물이 있는 상가건물의 대지를 무상으로 사용하여 왔다.</u>

라. <u>원고는 이 사건 상가건물들의 대지 중 2필지 토지의 소유권을 경매절차에서 취득하였고,</u>

이후 1필지 토지의 일부 지분을 매수하면서 7필지 토지에 위와 같은 경위로 설정된 지상권의 일부 지분도 양수하였다. 피고들은 이 사건 상가건물들의 구분소유자들 중 일부이다.

대법원 2021. 6. 16. 선고 2017다280005 [토지인도]

◇1. 원고가 특정인(인접 토지소유자)으로부터 돈을 받고 자신이 소유한 토지 중 일부를 도로로 사용하도록 하였고, 그 토지 사용에 따른 이익도 주로 특정인이 누리고 있던 사안에서, 원고가 독점적·배타적인 사용·수익권을 포기하였다고 단정할 수 있는지 여부(소극), 2. 위 토지가 당시 시행되던 건축공사 현장의 차량 통로로 사용된 경우에 공사 완공여부에 따라 사정변경의 원칙이 적용될 여지가 있는지 여부(적극)◇

소유자가 토지에 대한 독점적·배타적인 사용·수익권을 포기한 것으로 볼 수 있는지는 소유자가 토지를 소유하게 된 경위와 보유기간, 소유자가 토지를 공공의 사용에 제공한 경위와 그 규모, 토지의 제공에 따른 소유자의 이익 또는 편익의 유무, 해당 토지 부분의 위치나 형태, 인근의 다른 토지들과의 관계, 주위 환경 등 여러 사정을 종합적으로 고찰하고, 토지 소유자의 소유권 보장과 공공의 이익의 비교형량을 하여 신중하게 판단해야 한다. 다만 토지 소유자의 독점적·배타적인 사용·수익권 행사가 제한되는 경우에도 일정한 요건을 갖춘 때에는 사정변경의 원칙이 적용되어 소유자가 다시 독점적·배타적인 사용·수익권을 행사할 수 있다(대법원 2019. 1. 24. 선고 2016다264556 전원합의체 판결 참조).

위 법리에 비추어 보면, 원고가 이 사건 도로부분에 대한 독점적·배타적인 사용·수익권을 포기하였다고 단정하기 어렵고, 그렇지 않더라도 사정변경의 원칙이 적용되어 원고가 다시 독점적·배타적인 사용·수익권을 행사할 수 있는 경우에 해당한다고 볼 여지가 있다.

- 토지소유자인 원고가 그 토지 중 일부를 도로포장하여 사용하는 피고(지방자치단체)를 상대로 도로철거 및 인도를 구하자, 피고가 '원고의 배타적 사용·수익권의 포기가 있었다'고 주장한 사안에서, <u>원고가 특정인(인접 토지소유자)으로부터 돈을 받고 자신이 소유한 토지 중 일부를 도로로 사용하도록 하였고 그 토지 사용에 따른 이익도 주로 특정인이 누리고 있던 점, 위 토지가 당시 시행되던 건축공사 현장의 차량 통로로 사용되어 건축공사의 완공 여부에 따라 사정변경의 원칙이 적용될 여지가 있는 점 등을 고려하여 추가적인 심리가 필요하다고 보아 원심을 파기한 사례</u>

기타 사용수익권 포기를 부정한 판결례로는 대법원 1990. 3. 23. 선고 89다카2240 판결, 대법원 1993. 4. 13. 선고 92다11930 판결, 대법원 1995. 11. 21. 선고 95다36268 판결, 대법원 1996. 6. 14. 선고 95다34675 판결, 대법원 1997. 6. 27. 선고 97다11829 판결 등이 있다. 한편, 대법원 1991. 2. 8. 선고 90다7166 판

결, 1991. 2. 8. 선고 90다14546 판결, 대법원 1994. 8. 23. 선고 93다58196 판결은 사용수익권 포기를 인정하면서도 지방자치단체가 도로로 개설하여 점유·관리하고 있다고 볼 수 없다고 판시하였다.

대법원은 나아가 '도로예정지로 지정된 부분을 사실상 사용, 수익할 수 없게 된 탓으로 그 부분을 제외한 나머지 토지를 분할하여 타에 매각함으로써 이를 취득한 사람들이 그 토지를 대지화하고 도로예정선에 맞추어 가옥을 건축하여 거주하면서 공터로 된 위 도로예정지 부분을 도로로 이용, 통행하여 위 토지가 사실상 도로화된 경우, 토지소유자가 위 도로예정지 부분에 대한 사용수익권을 포기하였다거나 이를 스스로 도로로 제공하였다고 볼 수 없다'고 판시하고 있다(대법원 1991. 10. 8. 선고 91다6702 판결, 대법원 1992. 2. 14. 선고 91다22032 판결 등 참조).

(3) 포기 인정사례

> **대법원 2022. 7. 14. 선고 2022다228544 판결 [통행권존재확인 등 청구]**
>
> 갑이 건물을 신축하여 분양·사용하기 위해 토지를 4필지로 분할하면서 건축허가를 받기 위해 그중 1필지의 지목을 도로 변경하였고, 막다른 골목 형태의 위 토지는 기존 건물들이 준공된 나머지 3필지에서 북쪽 간선도로까지 도보 이동 가능한 유일한 통로로 그로부터 약 30년 동안 인근 주민들의 통행로로 사용되었는데, 그 후 을이 기존 건물들과 각 부지를 매수한 후 기존 건물들을 철거하고 인근 2필지를 합병하여 다세대주택을 신축한 이후 위 토지를 거쳐 남쪽 간선도로까지 도보로 왕래할 수 있게 되었고, 위 토지와 다세대주택의 일부 부지를 통하여 차량 진입도 가능하게 된 사안에서, 갑은 기존 건물들이 준공된 무렵부터 위 토지에 관하여 독점적·배타적인 사용·수익권을 포기하였다고 봄이 합리적이고, 위 토지를 둘러싼 객관적 사정변경을 이유로 갑이 위 토지에 관하여 사용·수익권을 포함한 완전한 소유권을 주장할 수 없다고 한 사례

사용수익권 포기를 인정한 판결례로는 대법원 1989. 2. 28. 선고 88다카4482 판결, 대법원 1991. 9. 24. 선고 91다21206 판결, 대법원 1993. 2. 23. 선고 92다34155 판결, 대법원 1993. 9. 28. 선고 92다17778 판결, 대법원 1994. 5. 13. 선고 93다31412 판결, 서울고등법원 2018. 4. 20. 선고 2018나2000495 판결(대법원 2018. 8. 16. 선고 2028다236807 판결, 심리불속행기각) 등이 있다.

4. 부당이득금 결정

가. 입증책임

부당이득반환책임이 인정되는 경우에 법원은 그 손해액에 관한 당사자의 주장과 증명이 미흡하더라도 적극적으로 석명권을 행사하여 증명을 촉구하여야 하고 경우에 따라서는 직권으로라도 손해액을 심리·판단하여야 한다. 그러나 도로의 경우는 원고의 신청에 의해 법원의 감정에 의하여 결정되므로 위와 같은 문제가 없다.

> **대법원 2012. 6. 14. 선고 2012다20819 판결 【도로포장철거등】**
>
> 부당이득반환책임이 인정되는 경우에 법원은 그 손해액에 관한 당사자의 주장과 증명이 미흡하더라도 <u>적극적으로 석명권을 행사하여 증명을 촉구하여야 하고 경우에 따라서는 직권으로라도 손해액을 심리·판단하여야 한다</u>(대법원 1987. 12. 22. 선고 85다카2453 판결, 대법원 1998. 5. 12. 선고 96다47913 판결, 대법원 2008. 2. 14. 선고 2006다37892 판결, 대법원 2009. 6. 25. 선고 2009다26824 판결 등 참조).

나. 보상평가 규정을 부당이득금 산정에 적용할 수 있는지 여부

「공익사업을 위한 토지 등의 취득 및 보상에 관한 법률」은 적용되지 않는다(대법원 1997. 11. 28. 선고 96다15398 판결). 그 이유는 사실상의 사도는 <u>그 소유자 스스로</u> 자기 토지의 나머지 부분의 편익증진을 위해서 <u>자의로 제공</u>한 것임에 반하여, 부당이득은 법률상 원인 없이 부당하게 재산적 이득을 얻고 그로 인하여 타인에게 손해를 주어야 성립하므로, 사실상의 사도에 대해서는 부당이득이 성립될 수 없기 때문이다.[63]

다. 기초가격

(1) 일반적으로 개발이익을 공제한 임료상당액

도로로 편입된 토지의 주변일대의 토지의 이용상황이나 그 가격이 도로개설 또는

---

63) 임호정, "도로에 의한 사권의 제한과 권리구제", 감정평가연구 14집 1호(2004.06), 한국부동산연구원, 2004년, 48

정비공사 등으로 영향을 받아 그만큼의 토지의 가격이 상승한 경우라면 임대료에서 그러한 개발이익을 공제하고 산정함이 타당하다(대법원 1994. 6. 14. 선고 93다62515 판결).

(2) 자연발생 또는 제3자 설치시는 도로로, 행정청이 설치시는 편입 당시 현실이용 상황으로 기초가격 결정.[64]

 토지보상법이 적용되지 않으므로, 동법 시행규칙 제25조, 제26조는 적용되지 않는다. 따라서 다음 판례가 설시하는 바대로 기초가격이 결정된다.

 대법원은 "국가 또는 지방자치단체가 도로로 점유·사용하고 있는 토지에 대한 임료 상당의 부당이득액을 산정하기 위한 **토지의 기초가격**은 국가 또는 지방자치단체가 종전부터 일반공중의 교통에 사실상 공용되던 토지에 대하여 도로법 등에 의한 도로 설정을 하여 도로관리청으로서 점유하거나 또는 사실상 필요한 공사를 하여 도로로서의 형태를 갖춘 다음 사실상 지배주체로서 도로를 점유하게 된 경우에는 도로로 제한된 상태, 즉 도로인 현황대로 감정평가를 하여야 하고, 국가 또는 지방자치단체가 **종전에는 일반공중의 교통에 사실상 공용되지 않던 토지**를 비로소 도로로 점유하게 된 경우에는 토지가 도로로 편입된 사정은 고려하지 않고 그 편입될 당시의 현실적 이용상황에 따라 감정평가하여야 하되, 다만, 도로에 편입된 이후 당해 토지의 위치나 주위 토지의 개발 및 이용상황 등에 비추어 도로가 개설되지 아니하였더라도 당해 토지의 현실적 이용상황이 주위 토지와 같이 변경되었을 것임이 객관적으로 명백하게 된 때에는, 그 이후부터는 그 변경된 이용상황을 상정하여 토지의 가격을 평가한 다음 이를 기초로 임료 상당의 부당이득액을 산정하여야 한다."라고 판시한 바 있고(대법원 2021. 8. 19. 선고 2019다226043 판결, 2002. 10. 25. 선고 2002다31483, 1999. 4. 27. 선고 98다56232, 1994. 6. 14. 선고 93다62515, 1996. 3.

---

64) 다만, 도로에 편입된 이후 당해 토지의 위치나 주위 토지의 개발 및 이용상황 등에 비추어 도로가 개설되지 아니하였더라도 당해 토지의 현실적 이용상황이 주위 토지와 같이 변경되었을 것임이 객관적으로 명백하게 된 때에는, 그 이후부터는 그 변경된 이용상황을 상정하여 토지의 가격을 평가한 다음 이를 기초로 임료 상당의 부당이득액을 산정하여야 한다. 대법원 2002. 10. 25. 선고 2002다31483 판결 참조.

26. 선고 95다33917, 대법원 2008. 2. 1. 선고 2007다8914 판결), "지방자치단체가 타인 소유의 토지를 아무런 권원 없이 도로부지로 점유, 사용하고 있는 경우, 토지의 점유자로서의 지방자치단체의 이득 및 토지 소유자의 손해의 범위는 일반적으로 토지가 도로로 편입된 사정을 고려하지 않고 <u>그 편입될 당시의 현실적 이용상황을 토대로 하여 산정한 임대료에서 개발이익을 공제한 금액 상당</u>이다."라고 판시한 바가 있다[대법원 1994. 6. 28. 선고 94다16120 판결, 편입 당시 이용상황인 전으로 평가(대법원 1999. 11. 14. 선고 97다35559 판결)].

> **대법원 1997. 11. 14. 선고 97다35559 판결**
> 부당이득액을 산정하기 위한 토지의 기초 가격은, 국가 또는 지방자치단체가 종전부터 일반공중의 교통에 사실상 공용되던 토지에 대하여 도로법 등에 의한 도로설정을 하여 도로관리청으로서 점유하거나 또는 사실상 필요한 공사를 하여 도로로서의 형태를 갖춘 다음 사실상 지배주체로서 도로를 점유하게 된 경우에는 도로로 제한된 상태, 즉 도로인 현황대로 감정평가하여야 하나, 국가 또는 지방자치단체가 종전에는 일반공중의 교통에 사실상 공용되지 않던 토지를 도로로 점유하게 된 경우에는 토지가 도로로 편입된 사정은 고려하지 않고 그 편입될 당시의 현실적 이용 상황에 따라 감정평가하여야 하며, <u>토지소유자가 토지를 취득할 당시 그 토지가 도로부지로 편입되어 사권 행사에 제한이 있는 토지라는 점을 알고서 이를 취득하였다는 사정에 의하여 이를 달리 볼 것은 아니다.</u>
>
> **대법원 2021. 8. 19. 선고 2019다226043 판결**
> 토지소유자가 토지를 취득할 당시 토지가 도로 부지로 편입되어 사권 행사에 제한이 있는 토지라는 것을 알고서 취득하였더라도 그러한 사정만으로 토지소유자가 점유로 인한 부당이득 반환청구를 하는 데에 장애가 된다거나 부당이득액을 달리 산정해야 한다고 볼 수 없다(대법원 1994. 9. 30. 선고 94다32085 판결, 대법원 2002. 4. 12. 선고 2001다60866 판결 참조).

다만 위에서 '도로로 제한된 상태'로 평가한다는 의미는 결국 <u>1/3로 평가한다는 것이다</u>. 통상 행정조건이나 기타요인에서 0.33을 적용하나, 일부 감정평가결과는 획지조건에서 0.33을 적용하는데 이는 의문이다.

라. 기대이율

대법원은 "토지의 임료를 산정하기 위한 기대이율은 국공채이율, 은행의 장기대출금리, 일반시중의 금리, 정상적인 부동산거래이윤율, 국유재산법과 지방재정법 등이 정하는 대부료율 등을 고려하여 결정하여야 하며, 위 토지를 공공용지의취득및손실보상에관한특례법시행규칙 제6조의2에서 규정하는 사도 등과 같이 보아 인근토지의 정상거래가격의 5분의 1 범위 내에서 추정거래가격을 구하여 이를 기준으로 하여 그 임료 상당의 손해액을 산정하여야 하는 것도 아니다."라고 판시하고 있다(대법원 1993. 8. 24. 선고 92다19804 판결).

▶기대이율 적용 사례

○ 하급심 판결은 2.5%가 많다.
○ 2% 적용 사례
 - 대법원 2002. 10. 25. 선고 2002다31483 판결
○ 3% 적용 사례
 - 대법원 1996. 5. 28. 선고 96다6479 판결
 - 대법원 1997. 3. 14. 선고 96다55716 판결

마. 지연이자

부당이득반환청구권의 발생과 동시에 민법 제748조 제2항에 의한 법정이자가 발생하는지, 아니면 소장 부본이 피고에게 송달된 다음날부터 비로소 지연손해금이 발생하는지가 문제된다.

부당이득반환의무자가 악의의 수익자라는 점에 대하여는 이를 주장하는 측에서 입증책임을 진다. 또한 여기서 '악의'라고 함은, 민법 제749조 제2항에서 악의로 의제되는 경우 등은 별론으로 하고, 자신의 이익 보유가 법률상 원인 없는 것임을 인식하는 것을 말하고, 그 이익의 보유를 법률상 원인이 없는 것이 되도록 하는 사정, 즉 부당이득반환의무의 발생요건에 해당하는 사실이 있음을 인식하는 것만으로는 부족하다(대법원 2010. 1. 28. 선고 2009다24187 판결 등 참조). 통상은 지자체인 피고는 자신의 이익 보유가 법률상 원인 없는 것임을 인식하지는 못하였다고 보이므

로, 부당이득반환채무가 발생할 당시부터 악의의 부당이득자로서 민법 제748조 제2항에 따른 법정이자를 지급하여야 한다는 주장은 이유 없다. 그러나 한편, 원고가 소유권에 기하여 피고를 상대로 부동산의 불법점유를 이유로 한 부동산반환청구 및 점유기간 동안의 부당이득반환청구를 한 경우, 원고의 부당이득 주장이 이유 있는 것으로 판단된다면 민법 제201조, 제197조제1항에도 불구하고 적어도 <u>그 소제기일부터는 피고의 점유를 악의로 의제하여 피고에 대하여 부당이득의 반환을 명하여야 하므로(대법원 2002. 11. 22. 선고 20이다6213 판결 등 참조), 피고는 이 사건 소제기일부터는 법정이자를 부담한다고 보아야 한다</u>(서울중앙지방법원 2015. 7. 29. 선고 2014가합572333 판결).

타인의 토지를 점유함으로 인한 부당이득반환채무는 이행의 기한이 없는 채무로서 이행청구를 받은 때로부터 지체책임이 있다(대법원 2008. 2. 1. 선고 2007다8914 판결).

5. 청구 후 사정변경(올바른 부당이득금 청구방법)

부당이득금 청구를 할 경우 2가지 경우가 있는데, 하나는 과거 10년(행정청은 5년) 것만 청구하고 다시 청구하는 방법과 다른 하나는 <u>소유권상실 또는 인도 시까지</u> 매월 ○○○원을 지급하라고 청구하는 방법이다.

그런데 후자의 경우 토지 소유자가 임료 상당 부당이득의 반환을 구하는 장래이행의 소를 제기하여 승소판결이 확정된 후 토지가격이 상승하여 임료가 상당하지 아니하게 되는 등 사정이 있는 경우 새로 부당이득반환을 청구할 수 있는지 여부가 문제된다.

이에 대해 대법원은 "토지의 소유자가 법률상 원인 없이 토지를 점유하고 있는 자를 상대로 장래의 이행을 청구하는 소로서, 그 점유자가 토지를 인도할 때까지 토지를 사용 수익함으로 인하여 얻을 토지의 임료에 상당하는 부당이득금의 반환을 청구하여, 그 청구의 전부나 일부를 인용하는 판결이 확정된 경우에, 그 소송의 사실심 변론종결 후에 토지의 가격이 현저하게 앙등하고 조세 등의 공적인 부담이 증대되었을 뿐더러 그 인근 토지의 임료와 비교하더라도 그 소송의 판결에서 인용된 임료액이 상당하지 아니하게 되는 등 경제적 사정의 변경으로 당사자 간의 형평을 심하게 해할 특별한 사정이 생긴 때에는, 토지의 소유자는 점유자를 상대로 새로 소를 제기하여 전소 판결에서 인용된 임료액과 적정한 임료액의 차액에 상당하는 부당이득금의 반환을 청구할 수 있다고 봄이 상당하다."라고 판시하고 있다(대법원 1993. 12. 21. 선고 92다46226 전원합의체 판결). 그러나 위 대법원 판결처럼 다시 청구하는 것은 쉽지가 않다.

<u>따라서 부당이득금 반환청구 소송을 하더라도 과거 5년 치만 청구하는 것이 유리하다.</u> 물론 재산세[65]와 비교하여 보아야 한다.

---

65) 부당이득금 청구 승소판결 시는 100% 감면받았던 재산세를 부과 받을 수도 있다(지방세법 제109조제2항, 제3항, 동법시행령 제108조, 대법원 2012. 12. 13. 선고 2010두9105 판결).

한편 대법원은 사실심의 재판 실무에서 장래의 부당이득금의 계속적·반복적 지급을 명하는 판결의 주문에 광범위하게 사용되고 있는 '원고의 소유권 상실일까지'라는 표시가 이행판결의 주문 표시로서 바람직하지 않다고 한다.

> **대법원 2019. 2. 14. 선고 2015다244432 판결**
> [이행판결의 주문 표시에 관하여 직권으로 판단한 사건]
> ◇사실심의 재판 실무에서 장래의 부당이득금의 계속적·반복적 지급을 명하는 판결의 주문에 광범위하게 사용되고 있는 '원고의 소유권 상실일까지'라는 표시가 이행판결의 주문 표시로서 바람직한지(부정)◇
>
> 사실심의 재판 실무에서 장래의 부당이득금의 계속적·반복적 지급을 명하는 판결의 주문에 '원고의 소유권 상실일까지'라는 표시가 광범위하게 사용되고 있다. 그러나 '원고의 소유권 상실일까지'라는 기재는 이행판결의 주문 표시로서 바람직하지 않다. 그 이유는 다음과 같다.
>
> 1. '원고의 소유권 상실일까지'라는 기재는 집행문 부여기관, 집행문 부여 명령권자, 집행기관의 조사·판단에 맡길 수 없고, 수소법원이 판단해야 할 사항인 소유권 변동 여부를 수소법원이 아닌 다른 기관의 판단에 맡기는 형태의 주문이다.
>
> 2. '원고의 소유권 상실일까지'라는 기재는 확정된 이행판결의 집행력에 영향을 미칠 수 없는 무의미한 기재이다.
>
> 3. '원고의 소유권 상실일'은 장래의 부당이득반환의무의 '임의 이행' 여부와는 직접적인 관련이 없으므로, 이를 기재하지 않더라도 장래의 이행을 명하는 판결에 관한 법리에 어긋나지 않는다.
>
> 토지 소유자의 독점적·배타적 사용·수익권 포기 및 지방자치단체의 토지 점유에 관한 상고이유에 대한 판단에 덧붙여 직권으로 원심이 유지한 1심판결 주문 표시가 바람직한지 여부에 대하여 판단한 사례
>
> - 지방자치단체인 피고가 새못저수지의 관리청으로서 점유
>
> - **앞으로 주문 형태 : 2014. 1. 2.부터 원고들의 이 사건 부동산에 대한 각 소유권 상실일 또는 피고의 점유 상실일 중 먼저 도래하는 날까지 각 월45,697원의 비율에 의한 금원을 지급하라.**
>
> > **도로 부당이득금 반환 판결 주문 예**
> > 서울중앙지방법원 2020. 7. 9. 선고 2019가단5205384 판결

1. 피고는 원고에게

　가. 7,900,000원 및 이에 대한 2020. 4. 3.부터 갚는 날까지 연 12%의 비율로 계산한 돈을 지급하고,

　나. 2020. 4. 1.부터 서울 동작구 노량진동 36-3 대 354㎡ 중 별지도면 표지 29, 4, 5, 6, 29, 29의 각 점을 순차로 연결한 선내 (나)부분 10㎡의 인도완료일까지 월 149,420원의 비율로 계산한 돈을 지급하라.

*2020. 4. 3. : 청구취지변경신청서 송달 다음날
*2020. 4. 1. : 가항 부당이득금 마지막청구일이 2020. 3. 31까지이므로, 그 다음날부터 청구

6. 토지인도 청구 문제

 토지소유자는 지방자치단체가 정당한 권원 없이 토지를 점유하고 있다는 점을 이유로 그 토지의 인도나 토지에 설치된 시설물(예컨대 각종 구조물이나 상·하수도 등)의 철거를 구하는 등 소유권에 기한 방해배제청구권을 행사할 수 있다.

 하지만 실제로 이러한 청구가 행하여지는 경우는 많지 않다.[66)] 우선 토지소유자를 포함한 그 인근 주민들이 그 도로의 주된 이용자이자 수혜자일 가능성이 커서 그러한 청구를 할 동기가 크지 않다. 아울러 그러한 청구는 막연하게나마 일반인들의 정의 관념에 반한다고 여겨져서 토지소유자 스스로 자제하는 측면도 있다고 보여진다. 또한 도로는 사권행사가 제한되므로 인도청구는 패소할 것이다.

> **배타적 사용수익권 포기 도로 지하 매설물 철거 청구도 불가**
> **대법원 2023. 9. 14. 선고 2023다214108 판결 [토지인도] (바)파기환송(일부)**
> [토지소유자가 지방자치단체를 상대로 도로로 사용되고 있는 부분의 콘크리트 포장등의 철거, 도로 부분 인도 및 부당이득반환을 구한 사건]
> ◇ 1. 일반 공중의 통행에 공용되는 도로 부지의 소유자가 이를 점유·관리하는 지방자치단체를 상대로 도로의 철거, 점유 이전 또는 통행금지를 청구하는 것이 권리남용에 해당하는지 여부(원칙적 적극), 2. 그 경우 도로 지하 부분에 매설된 시설에 대한 철거 등 청구도 권리남용에 해당하는지 여부(원칙적 적극) ◇
>
> 권리의 행사가 주관적으로 오직 상대방에게 고통을 주고 손해를 입히려는 데 있을 뿐 이를 행사하는 사람에게는 이익이 없고, 객관적으로 사회질서에 위반된다고 볼 수 있으면, 그 권리의 행사는 권리남용으로서 허용되지 아니하고, 이때 권리의 행사가 상대방에게 고통이나 손해를 주기 위한 것이라는 주관적 요건은 권리자의 정당한 이익을 결여한 권리행사로 보이는 객관적인 사정들을 모아서 추인할 수 있으며, 이와 같이 권리의 행사에 해당하는 외관을 지닌 어떠한 행위가 권리남용이 되는가의 여부는 권리남용 제도의 취지 및 그 근간이 되는 동시대 객관적인 사회질서의 토대하에서 개별적이고 구체적인 상황을 종합하여 판단하여야 한다(대법원 2012. 6. 14. 선고 2012다20819 판결 등 참조). 어떤 토지가 그 개설경위를 불문하고 일반

---

66) 대법원 1991. 3. 27. 선고 90다13055 판결은 계쟁 토지가 기간산업도로의 4차선 아스팔트 포장도로에 편입되어 있다는 사유만으로 소유권에 기한 인도청구가 권리남용이라고 할 수 없다고 본 원심판결(광주고등법원 1990. 10. 11. 선고 90나1648 판결)을 유지하였다.

공중의 통행에 공용되는 도로, 즉 공로가 되면 그 부지의 소유권 행사는 제약을 받게 되며, 이는 소유자가 수인하여야만 하는 재산권의 사회적 제약에 해당한다. 따라서 공로 부지의 소유자가 이를 점유·관리하는 지방자치단체를 상대로 공로로 제공된 도로의 철거, 점유 이전 또는 통행금지를 청구하는 것은 법질서상 원칙적으로 허용될 수 없는 '권리남용'이라고 보아야 한다(대법원 2021. 3. 11. 선고 2020다229239 판결, 대법원 2021. 10. 14. 선고 2021다242154 판결 등 참조). <u>그 경우 특별한 사정이 없는 한 그 도로 지하 부분에 매설된 시설에 대한 철거 등 청구도 '권리남용'이라고 봄이 상당하다.</u>

- 원고 소유 토지 중 일부가 인근 주민들의 통행로로 사용되어 왔고 위 도로 지하 부분에 지방자치단체인 피고가 설치한 하수관과 오수맨홀이 매설되어 있음

- 원고는 피고를 상대로 지하 하수관, 맨홀과 지상 콘크리트 포장의 철거 및 도로 부분의 인도를 구하고, 이에 대해 피고는 원고 측이 배타적 사용수익권을 포기하였고 원고의 청구는 권리남용에 해당한다고 주장하며 다툼

- 원심은 피고의 주장을 모두 배척하고 원고의 청구를 대부분 인용하였는데, 대법원은 ① 배타적 사용수익권 포기 주장을 배척한 원심판단이 정당하다고 하면서, ② 제반 사정에 비추어 원고가 도로 및 지하 부분에 매설된 시설의 철거와 도로 부분의 인도를 청구하는 것은 권리남용에 해당할 여지가 있다고 보아, 철거 및 인도 청구에 관한 부분을 파기·환송하고 피고의 나머지 상고(부당이득반환청구 부분)를 기각함

7. 경매취득자 승계 여부

가. 승계 인정

대법원은 1992. 7. 24. 선고 92다15970 판결 이후로, 태도를 바꾸어, "토지의 전소유자가 자신의 토지를 인근주민들의 통행로로 제공함으로써 독점적·배타적 사용수익권을 포기하고 이에 따라 인근주민들이 그 토지를 무상으로 통행하게 된 이후에 토지의 소유권을 특정승계한 사람은, 그 토지상에 위와 같은 사용수익의 제한이라는 부담이 있다는 사정을 용인하거나 적어도 그러한 사정이 있음을 알고서 그 소유권을 취득하였다고 봄이 상당하여, 전소유자나 현소유자들에게 어떤 손해가 생긴다고 할 수 없으므로(또한 지방자치단체로서도 아무런 이익을 얻은 바가 없으므로) 부당이득이 성립하지 않는다."라고 판시하고 있으며, 이것이 대법원 판례의 주류적 입장이 되었다(대법원 1994. 9. 30. 선고 94다20013 판결, 대법원 1996. 11. 29. 선고 96다36852 판결, 대법원 1997. 1. 24. 선고 96다42529 판결, 대법원 1997. 4. 11. 선고 95다18017 판결, 대법원 1998. 5. 8. 선고 97다52844 판결 등 참조).[67]

나. 소급 청구 가능 여부

부당이득금 반환청구는 기초자치단체를 피고로 하여 소유권을 취득한 날로부터 5년을 소급하여 청구가 가능하다. 다만, 전 소유자의 청구권을 승계하여야 한다.

사인 간 매매계약으로 이를 명확히 하였다면, 당연히 소급 청구가 가능할 것이지만, 공·경매의 경우에는 비록 그 취득이 승계 취득이라지만, 5년 치의 부당이득금 반환청구권까지 취득한 것은 아니므로, 불가하다고 생각한다.

---

67) 그러나 판례 변경은 전원합의체에 의하여야 하나, 이는 그렇지 않아 법원조직법 제7조를 위반한 것이라는 비판이 있다. 박철우, "도로부지로 무상제공된 토지소유권의 법적성질과 부당이득", 서울지방변호사회 판례연구 11집(1998), 195

8. 부당이득금 과세대상 여부

부당이득금반환청구소송으로 지급받는 금액이 불법 사용에 대한 손해배상금일 경우 소득세 과세대상에 해당되지 않는다. 다만, 임대료로 받은 경우에는 소득세 과세대상에 해당한다. 따라서 <u>소득세를 내지 않으려면 재판상 화해 내지, 합의를 하면 안되고, 부당이득금 반환청구 소송에서 승소 판결을 받고 돈을 받아야 할 것이다.</u>

소득세법 집행기준 (2012년)

27-55-4 【부당이득금의 과세여부와 소송비용 등의 필요경비 해당여부】

①개인소유의 토지를 토지소유자의 의사에 반하여 정당한 권원 없이 불법으로 점유하고 사용한 대가로 법원 판결에 의하여 지급받는 금전이 부당이득반환 또는 손해배상의 성격을 가지는 경우에는 과세대상 소득에 해당하지 않는다. 다만, 토지소유자가 법원의 판결에 의한 '재판상 화해조항'에서 정하는 바에 따라 토지를 사용하게 하고 그 사용료로서 받는 대가는 부동산임대업에서 발생하는 소득에 해당한다.

②부동산업에서 발생하는 소득에 해당하는 부당이득금을 지급받기 위하여 부담한 일반적으로 용인되는 통상적인 변호사 비용과 관련 수수료 등 소송비용은 필요경비에 해당하며, 그 귀속시기는 해당비용이 확정된 날이 속하는 연도로 한다.

유권해석 2012. 2. 28.

질의사항 : 국가 및 지방자치단체에서 관리 수용해야 할 도로부지의 소유자로서, 부당이득금반환청구소송을 통하여 소송일 기준치 1년 치의 임료를 소급적용하여 지급받은 사실이 있으며, 현재 매월 45만원의 임대료를 수령하고 있습니다. 이에 대한 부과세금에 대해 알고 싶습니다.

답변 : 부당이득금반환 소송으로 지급받는 금액이 불법 사용에 대한 손해배상금일 경우 소득세 과세대상에 해당되지 않는 것입니다만, 임대료로 받은 경우에는 소득세 과세대상에 해당하는 것입니다.

서면3팀-157, 2005.01.31.

토지 무단 점용에 따른 부당이득금반환 청구 소송에 의한 손해배상금은 부가가치세 및 소득세 과세대상이 아니나, 이에 대한 임대료를 받은 경우 부가가치세 및 소득세가 과세되는 것임

소득46011-2535, 1998.09.09.

국가기관이 개인소유 토지를 불법 점유, 사용함에 따라 법원 판결에 의해 그 불법사용료를 손해배상금으로 지급받는 부당이득금은 과세대상 소득이 아님

> **대법원 1978. 6. 13. 선고 76누39 판결**
>
> 제3자가 법률상의 원인 없이 토지를 점거 사용함으로써 이득을 얻고, 이로 인하여 토지소유자에게 손해를 입히고 있어 그 소유자가 토지점거자를 상대로 부당이득금반환청구소송을 제기하여 승소 판결을 받아 집행한 금액은, 비록 법원에서 위 이득이나 손해에 관한 액수를 산정함에 있어서 그 토지의 임대료 상당액을 기준으로 삼았다 하더라도, 이는 개정 전 소득세법(1967.11.29. 법률 제1966호) 제4조 제1호 가. 소정의 "토지의 대여로 인하여 생기는 소득"이라고는 볼 수 없다(대법원 1975. 4. 22. 선고 75누38 판결, 1975. 11. 11. 선고 75누116 판결 및 1976. 3. 23. 선고 75누157 판결 참조).

소득세법 연혁을 살펴보면 다음과 같다.

> **구 소득세법**
> **[법률 제4803호, 1994.12.22, 전부개정]**
>
> **제18조 (부동산임대소득)** ①부동산임대소득은 당해연도에 발생한 다음 각호의 소득으로 한다.
>
> 1. 부동산 또는 부동산상의 권리의 대여로 인하여 발생하는 소득
>
> 2. 공장재단 또는 광업재단의 대여로 인하여 발생하는 소득
>
> 3. 광업권자·조광권자 또는 덕대가 채굴에 관한 권리를 대여함으로 인하여 발생하는 소득
>
> ②부동산임대소득금액은 당해연도의 총수입금액에서 이에 소요된 필요경비를 공제한 금액으로 한다.
>
> ③제1항에서 "대여"라 함은 전세권 기타 권리를 설정하고 그 대가를 받는 것과 임대차계약 기타 방법에 의하여 물건 또는 권리를 사용 또는 수익하게 하고 그 대가를 받는 것을 말한다.
>
> ④부동산임대소득의 범위에 관하여 필요한 사항은 대통령령으로 정한다.
>
> **구 소득세법 제18조 삭제 〈2009.12.31〉**
>
> **현 소득세법 제19조(사업소득)** ① 사업소득은 해당 과세기간에 발생한 다음 각 호의 소득으로 한다. 다만, 제21조제1항제8호의2에 따른 기타소득으로 원천징수하거나 과세표준확정신고를 한 경우에는 그러하지 아니하다. 〈개정 2014. 1. 1., 2017. 12. 19., 2018. 12. 31., 2019. 12. 31.〉
>
> 12. 부동산업에서 발생하는 소득. 다만, 「공익사업을 위한 토지 등의 취득 및 보상에 관한 법률」 제4조에 따른 공익사업과 관련하여 지역권·지상권(지하 또는 공중에 설정된 권리를 포함한다)을 설정하거나 대여함으로써 발생하는 소득은 제외한다.

제7장 재개발·재건축정비사업 도로 투자법

1. 재개발사업과 도로

서울시의 경우 종전토지의 총면적이 90m² 이상인 자(지목, 주택 소유 여부, 필지 수, 모두 불문, 서울시 조례 제36조제1항제2호)는 아파트 분양권이 나온다.

합쳐서 90m² 이상(단 권리산정기준일 이전)도 아파트 분양권이 나온다.

> **서울특별시 도시 및 주거환경정비 조례**
> [시행 2022. 10. 17.] [서울특별시조례 제8468호, 2022. 10. 17., 타법개정]
>
> **제36조(재개발사업의 분양대상 등)** ① 영 제63조제1항제3호에 따라 재개발사업으로 건립되는 공동주택의 분양대상자는 관리처분계획기준일 현재 다음 각 호의 어느 하나에 해당하는 토지등소유자로 한다.
>
> 1. 종전의 건축물 중 주택(주거용으로 사용하고 있는 특정무허가건축물 중 조합의 정관등에서 정한 건축물을 포함한다)을 소유한 자
>
> 2. <u>분양신청자가 소유하고 있는 종전토지의 총면적이 90제곱미터 이상인 자</u>
>
> 3. 분양신청자가 소유하고 있는 권리가액이 분양용 최소규모 공동주택 1가구의 추산액 이상인 자. 다만, 분양신청자가 동일한 세대인 경우의 권리가액은 세대원 전원의 가액을 합하여 산정할 수 있다.
>
> 4. 사업시행방식전환의 경우에는 전환되기 전의 사업방식에 따라 환지를 지정받은 자. 이 경우 제1호부터 제3호까지는 적용하지 아니할 수 있다.
>
> 5. 도시재정비법 제11조제4항에 따라 재정비촉진계획에 따른 기반시설을 설치하게 되는 경우로서 종전의 주택(사실상 주거용으로 사용되고 있는 건축물을 포함한다)에 관한 보상을 받은 자

따라서 재개발사업구역일 경우에는 도로라고 하더라도 가치 있는 분양권을 받을 수 있는 경우에는 투자가치가 있는 것이다. 물론 아파트를 원하지 않으면 현금청산도 가능하다.

2. 재건축사업과 도로

재건축사업에서는 도로인 경우는 분양권은 나오지 않는다. 따라서 현금청산이 되므로 현금청산금을 예상하여 투자를 하여야 한다.

도로에 대해 조합은 3분의 1로 평가를 하여 현금청산을 하려고 한다. 그러나 이는 잘못이다. 대법원은 재건축의 경우에는 도로도 대지로 평가하여 보상을 실시하여야 한다고 한다. 물론 재개발은 3분의 1이다.

> **대법원 2014. 12. 11. 선고 2014다41698 판결 [소유권이전등기등]**
>
> [2] 도시 및 주거환경정비법에 의한 주택재건축사업의 시행자가 같은 법 제39조 제2호에 따라 乙 등이 소유한 토지에 대하여 매도청구권을 행사하였는데, 토지 현황이 인근 주민의 통행에 제공된 도로 등인 사안에서, 토지의 현황이 도로일지라도 주택재건축사업이 추진되면 공동주택의 일부가 되는 이상 시가는 재건축사업이 시행될 것을 전제로 할 경우의 인근 대지 시가와 동일하게 평가하되, 각 토지의 형태, 주요 간선도로와의 접근성, 획지조건 등 개별요인을 고려하여 감액 평가하는 방법으로 산정하는 것이 타당한데도, 현황이 도로라는 사정만으로 인근 대지 가액의 1/3로 감액한 평가액을 기준으로 시가를 산정한 원심판결에 법리오해의 잘못이 있다고 한 사례.

그런데 최근 대법원은 아래와 같이 위 결론과는 다른 판결을 하였다.

> **대법원 2022. 7. 14. 선고 2020다2383****
>
> 도로로 점유·사용되는 토지의 거래가격은 당해 토지의 현실적 이용상황이 주위 토지와 같이 변경되었을 것임이 객관적으로 명백하게 된 때 등의 사정이 없는 한 원칙적으로 도로로 제한된 상태, 즉 도로인 현황대로 감정평가하여야 한다(대법원 2002. 4. 12. 선고 2001다60866 판결 참조).
>
> 원심판결 이유와 기록에 의하면, 이 사건 토지는 1970년대 아파트지구기본개발계획 당시부터 도로로 사용되어 왔고 2004. 12. 27. 도시계획시설(도로)로 결정·고시되었으며 2017. 4. 27. 이 사건 재건축사업구역 정비계획 고시에서도 도로로 결정·고시되었고 현재 지목도 도로인 사실, 원고가 이 사건 토지를 취득하여 정비기반시설로 새로 설치한 다음 지방자치단체에 무상 귀속시킴으로써 재건축사업 후에도 공동주택 부지가 아닌 도로로 사용될 예정임이 명백

> 한 사실을 알 수 있다. 이러한 사정을 앞서 본 법리에 비추어 보면, 이 사건 토지의 거래가격은 도로인 현황대로 감정평가하여야 한다. 그런데도 원심은 이 사건 토지에 관하여 공동주택 부지의 일부가 된다고 보아 재건축사업이 시행될 것을 전제로 할 경우 인근 대지 시가와 동일하게 평가하여야 한다고 판단하였다. 원심판단에는 재건축사업 정비구역 내 편입되는 토지의 시가 평가 방법에 관한 법리를 오해하여 판결에 영향을 미친 잘못이 있다.

사견은, 위와 같은 대법원 판결은 유감이다. 거의 같은 사안에 대해 대법원은 결론이 다른 판결을 선고한 것이다. 대법원이 결론 자체는 다르게 할 수 있다고 하더라도, 그렇다면 그 이전의 대지로 평가하여야 한다는 대법원 판결을 전원합의체에서 폐기해주어야 혼란이 없는 것이다. 앞으로 극심한 혼란이 예상된다.

사견은 개발이익을 포함하여 평가하여야 한다는 대법원 판결이 바뀌지 않는 한 도로는 대지로 평가하여야 한다고 본다.

제8장 도로 투자 방법

1. 물건 찾는 방법

대법원 경매사이트(www.courtauction.go.kr)에 들어가 "빠른물건검색" 하단 부에 있는 "물건상세검색"에서 "토지", "지목", "도로"로 검색하면 나온다.

2. 돈 되는 도로

도로 중 ①공익사업으로서 보상이 실시될 물건(재개발도 포함, 보상이 실시되는 모든 공공사업을 말함), ②정비사업이 중단되지 않고 진행되는 주택재개발·재건축구역의 도로, ③도로가 실효나 폐지되면 가치가 상승되는 물건(매우 적을 것으로 예측된다), ④주택재개발사업에서 분양권을 받을 목적, ⑤주택법상 매도청구대상이 되는 물건(특히 구역에 걸쳐 있는 경우), ⑥지적불부합지 토지 중에 소규모 토지는 매우 투자가치가 높다.

하나만 예를 들면, 홍길동은 단독주택재건축정비사업구역 내에 도로가 경매에 나온 것을 보고 쾌재를 불렀다. 홍길동이 예측한 대로 재건축에서는 토지만 소유한 자는 아파트 분양권이 나오지 않으므로, 사람들이 낙찰을 기피하여 홍길동은 감정가의 30%인 3억 원(감정가 10억 원)에 낙찰을 받았다. 그런데 후일 홍길동은 재건축조합이 제기한 매도청구소송에서 감정가의 70%인 7억 원을 매매가격으로 인정받아, 투자금의 2배가 넘는 돈을 벌었던 것이다. 역발상 투자의 전형이다. 이 사례는 도로를 대지로 평가한 사례이다. 즉, 대법원은 이 사건 각 토지의 현황이 <u>도로일지라도 재건축이 추진되면 아파트 단지의 일부가 되므로 대지로서 평가하되</u>, 다만 그 형태(세장형 등 형태가 불량함), 면적, 단독토지로서의 효용가치 등 획지 조건의 열세와 기여도 등을 감안하여 감액 평가하는 방식으로 '재건축을 전제할 경우의 시가'를 산출하면 된다는 것이다(대법원 2009. 3. 26. 선고 2008다21549(본소), 21556(반소), 21563(반소) 판결, 대법원 2014. 12. 11. 선고 2014다41698 판결).

3. 위험한 도로

 도로는 보상청구권이 없고, 매수청구는 지목이 대지로서 10년 장기미집행의 경우만 해당하고 더 나아가 주된 용도가 대지인 경우만 해당하다. 도로는 실효되거나 폐지되어도 개발이 불가한 경우가 대부분이다. 또한 부당이득금 반환청구도 실익이 없다.

 나아가 기 보상한 토지인데 등기만 하지 않은 토지로서 지방자치단체가 20년간 평온공연이 점유한 토지는 지방자치단체의 취득시효 항변 대상이 되어 빼앗길 수도 있다.

 결국 ①부당이득금 반환청구, ②매수청구를 목적으로 도로에 투자한다면 실익이 없을 가능성이 크며, ③실효되거나 해제되었을 때 개발이 가능한 도로에 투자하여야 할 것이다.

 도로는 보상이 안 되거나 개발이 불가능하면 고통스럽다. 비록 도로로 이용 중이므로 재산세는 내지 않는다고 하더라도(지방세법 제109조제3항), 후일 소유자가 사망하면 상속세는 내야 할 것인데, 도로가 팔리지 않으니, 결국 세금을 낼 돈이 없어서 물납을 하려 해도 국세청에서 도로는 받아주지 않으므로 대책이 없다. 도로는 기부채납도 잘 받아주지 않는다.

4. 표로 보는 도로 공·경매 시 고려사항

취득목적	주요 내용
1. 손실보상	- 손실보상 요구에 행정청이 응할 의무가 없음 　따라서 보상 여부 및 그 시기가 가장 중요 - 보상 시 가격은 100%(특히 재건축구역, 일부 견해가 다른 판결 존재) 또는 1/3. 사도는 1/5 - 보상가격 다툼 가능
2. 기타 목적	- 재개발사업의 아파트 분양권 - 지적불부합지 알박기 - 건축허가 - 건축시 동의
3. 매수청구	- 국토법상 매수청구, 지목이 대지이고, 10년 장기미집행 - 접도구역 토지, 모든 토지 가능하나, 당시 소유자로 제한 - 매수청구거부처분 취소소송 가능 - 매수가격 다툼 불가 - 매수여부 재량행위(판례) : 단, 매수요건에 맞지 않아도 협의매수를 요구할 필요는 있음(보상순위 조정을 위해)
4. 도로지정 폐지	- 도시계획도로만 가능 - 지목 불문, 기간 불문 - 행정소송 가능(도로폐지신청거부처분 취소) - 단, 건축 가능 여부는 개별적으로 판단 : 건축허가신청을 하고 거부 시 거부처분 취소소송도 가능
5. 실효 제도	- 20년이 지난 다음날 실효 - 모든 토지 실효 - 단, 건축 가능 여부는 개별적으로 판단
6. 지료청구	- 일반인, 행정청 이용 시 기초자치단체에게 청구(피고가 일반인이 아님을 유의) - 사용수익권 포기이론에 의해 패소가능성 매우 높음 - 기대이율 2% ∽ 3%
7. 취득시효	- 기 보상한 토지가 대상임 - 지자체 20년간 평온·공연 점유 시 - 여기에 해당하면 소유권도 잃음

[분석 핵심 자료]
- 주변 토지 등기부 분석(폐쇄등기부 포함)
- 토지이용계획확인원 분석
- 지방자치단체 확인
- 건축법상 도로 지정 여부 확인
- 감정평가서(단, 오류가 있을 수 있다. 특히 미불용지)

도로·공원등 도시계획시설 경매 및
골목길·맹지 해결법

PART
4

골목길, 진입도로 미확보
해결 방법

PART 4 골목길, 진입도로 미확보 해결 방법

제1장 개요

지금까지는 기존 도로 부지 소유자의 권리와 신규로 취득하고자 하는 자가 어떤 점을 주의하여야 하는지에 대해서 서술하였다.

그런데 최근 골목길과 관련하여 너무나도 많은 분쟁이 생기고 있다. 이는 소유자가 골목길에 대한 법과 판례를 모르는데 기인한 측면도 많다.

즉, 골목길 또는 진입도로가 사유지일 경우 토지소유자가 가끔 이를 물리적으로 막는 경우, 부당이득금 청구를 하고, 주택을 신축하고 상·하수도 인입을 위해 도로를 사용하고자 하면 이를 막는 경우가 있다.

과연 '일반 공중의 통행에 이미 제공되어 사용 중인 도로'[68]에 대해 개인 사유지라는 이유만으로, ①통행을 막고, ②지료를 청구하고, ③상·하수도 인입공사를 막고, ④아파트를 건설하면서 진입도로 확보를 위해 진입도로 부분 토지소유자의 토지를 강제로 수용할 수 있는 것인가?

이하에서는 위 질문에 대한 답을 할 것이다.

---

68) 이하에서 제4편에서 도로라 함은 이미 일반인들이 도로로 사용 중에 있는 도로를 말한다.

그런데 이에 대한 해답은 도로소유자의 권리를 제한하는 내용이어서, 기존에는 이 책에 위 내용을 포함시키지 않았었다. 그러나 이번 개정판에서는 위 질문에 대한 답을 포함시켰다. 기존 도로소유자에게는 불편한 내용이지만 어차피 기존 도로소유자도 정확히 알아야 할 사항이라고 본다. 예를 들어 도로를 잘못 막아 형사고소를 당하여 처벌을 받는 것보다는 낫다고 본다.

제2장 도로 통행 제한 가능 여부

1. 사권의 제한

 도로소유자가 일반인이 통행을 하고 있음에도 불구하고 자신이 소유하고 있다는 이유로 통행을 막을 수 있는지가 의문이다. 소유자이므로 당연히 막을 수 있을 것 같지만 법과 판례는 그렇지 않다.

 도로법 제4조는 "도로를 구성하는 부지, 옹벽, 그 밖의 시설물에 대해서는 사권(私權)을 행사할 수 없다. 다만, 소유권을 이전하거나 저당권을 설정하는 경우에는 사권을 행사할 수 있다."라고 규정하고 있다. 따라서 도로법에 의한 도로는 도로법 제4조에 의해서 사권 행사가 제한되므로, 이를 막을 수가 없다.

 나머지 '법률상 도로'나 '사실상 사도'도 일반인의 통행을 함부로 막을 수는 없다. 일반인의 통행을 함부로 막으면 형사처벌을 받는다. 형사처벌을 각오하고 막아도 민사 재판으로 결국 통행을 막을 수는 없는 것이다.

2. 일반교통방해죄

가. 의의

일반 공중의 통행에 이미 제공되어 일반인이 통행하는 도로를 함부로 막으면 일반교통방해죄로 처벌을 받는다. 즉, 도로는 특별한 사정이 없는 한 막지 못하는 것이다.

> **형법 제185조(일반교통방해)** 육로, 수로 또는 교량을 손괴 또는 불통하게 하거나 기타 방법으로 교통을 방해한 자는 10년 이하의 징역 또는 1천500만 원 이하의 벌금에 처한다.

형법 제185조의 일반교통방해죄는 일반 공중의 교통안전을 그 보호법익으로 하는 범죄로서 육로 등을 손괴 또는 불통하게 하거나 기타의 방법으로 교통을 방해하여 통행을 불가능하게 하거나 현저하게 곤란하게 하는 일체의 행위를 처벌하는 것을 그 목적으로 하는 죄이다(대법원 1995. 9. 15. 선고 95도1475 판결 등 참조).

나. 육로 해당 여부

형법 제185조에서 '육로'라 함은 일반 공중의 왕래에 공용된 장소, 즉 특정인에 한하지 않고 불특정 다수인 또는 차마가 자유롭게 통행할 수 있는 공공성을 지닌 장소를 말한다(대법원 1999. 4. 27. 선고 99도401 판결, 대법원 2010. 2. 25. 선고 2009도13376 판결).

또한 그 부지의 소유관계나 통행권리관계 또는 통행인의 많고 적음 등을 가리지 않는다(대법원 2002. 4. 26. 선고 2001도6903 판결, 대법원 2007. 3. 15. 선고 2006도9418 판결, 대법원 2007. 12. 28. 선고 2007도7717 판결).

육로의 관리자나 부지의 소유자가 누구인가 또는 그 노면 폭이나 통행인의 다과 등을 불문하고 사실상 일반 공중의 왕래에 공용되는 도로를 이른다(대법원 1989. 6. 27. 선고 88도2264 판결).

따라서 일반인이 자유롭게 통행하는 곳이면 법률상 도로든 사실상의 도로든 불문하고, 육로에 해당하여, 이를 막으면 일반교통방해죄에 해당하는 것이다.

그런데 일반인들은 이러한 법리를 모르고 무턱대고 사유지라는 이유로 도로를 막는 경우가 있으나, 이는 하지 말아야 할 행동이다. 나아가 도로를 막은 자를 상대로 일반교통방해죄로 고소를 할 경우에는 필히 이 책을 복사하여 제출할 필요가 있다. 혹시 경찰관이 이러한 법리를 잘 모를 수도 있기 때문이다.

다. 판례상 일반교통방해죄 인정사례

서울 중구 소공동의 왕복 4차로의 도로 중 편도 3개 차로 쪽에 차량 2, 3대와 간이 테이블 수십 개를 이용하여 <u>길가 쪽 2개 차로를 차지하는 포장마차를 설치하고 영업행위</u>를 한 것은, 비록 행위가 교통량이 상대적으로 적은 야간에 이루어졌다 하더라도 형법 제185조의 일반교통방해죄를 구성한다(대법원 2007. 12. 14. 선고 2006도4662 판결).

주민들이 농기계 등으로 그 주변의 농경지나 임야에 통행하기 위해 이용하는 자신 소유의 도로에 <u>깊이 1m 정도의 구덩이를 판 행위</u>가 일반교통방해죄에 해당한다(대법원 2007. 3. 15. 선고 2006도9418 판결).

사실상 2가구 외에는 달리 이용하는 사람들이 없는 통행로라 하더라도 이는 일반교통방해죄에서 정하고 있는 육로에 해당한다(대법원 2007. 2. 22. 선고 2006도8750 판결).

> **대법원 2007. 2. 22. 선고 2006도8750 판결**
> 가. 원심이 채용한 증거들을 기록과 대조하여 보면, 공소외 1의 집이 있는 곳에서 같은 리 288 토지 쪽은 폭이 좁은 논둑으로 되어 있어 경운기조차 통행할 수 없는 정도이고, 위 289-7, 289-2, 289-3 토지 쪽은 논·밭으로 되어 있을 뿐 아예 통로가 없음이 분명하므로, 원심이 <u>이 사건 통행로 외에는 공소외 1과 공소외 2의 집과 밭에서 공로에 이르는 통로가 없다고 인정한 것은 정당하고</u>, 거기에 상고이유로 드는 채증법칙에 위배한 위법이 없다.

나. 형법 제185조의 일반교통방해죄는 일반공중의 교통의 안전을 보호법익으로 하는 범죄로서 여기서의 '육로'라 함은 사실상 일반공중의 왕래에 공용되는 육상의 통로를 널리 일컫는 것으로서 그 부지의 소유관계나 통행권리관계 또는 통행인의 많고 적음 등을 가리지 않는다(대법원 1988. 4. 25. 선고 88도18 판결, 2002. 4. 26. 선고 2001도6903 판결 등 참조).

원심은, 그 판시의 채용증거들을 종합하여, 이 사건 통행로가 피고인이 상속받아 경작하고 있는 강원 횡성군 둔내면 자포곡리 (지번 1 생략), (지번 2 생략), (지번 3 생략), (지번 4 생략) 밭들을 따라 이어지다가 같은 리 (지번 5 생략) 대지와 (지번 6 생략) 밭에 다다르고, 이를 거쳐야 안쪽의 같은 리 (지번 7 생략) 대지, (지번 8 생략) 밭에 다다를 수 있는 사실, 공소외 1은 1995. 7.경 위 (지번 5 생략) 대지 및 (지번 6 생략) 밭을 매수하여 그곳에 거주하면서 위 (지번 6 생략) 밭을 경작하고 있고, 공소외 2도 1996년경 위 (지번 7 생략) 대지와 (지번 8 생략) 밭을 매수하여 그곳에 거주하면서 밭을 경작하고 있는 사실, 공소외 1이 위 토지를 매수할 당시에는 이 사건 통행로는 경운기가 지나갈 정도였고, 공소외 2가 위 토지를 매수하여 이 사건 통행로를 다닐 당시에는 현재의 통행로와 같이 차량 진행도 가능한 상태였던 사실, 앞서 본 바와 같이 <u>공소외 1과 공소외 2는 이 사건 통행로를 거치지 않고는 일반 도로에서 자신들 소유 토지에 다다를 수 없는 사실</u> 등을 인정하였다.

사실관계가 위와 같다면 이 사건 통행로는 사실상 일반공중의 왕래에 공용되는 것으로 일반교통방해죄에서 정하고 있는 육로에 해당한다고 할 것이고, <u>이는 사실상 위 통행로를 공소외 1과 공소외 2 2가구 외에는 달리 이용하는 사람들이 없다 하더라도 달리 볼 것은 아니라고 할 것이다.</u>

불특정 다수인의 통행로로 이용되어 오던 도로의 토지 일부의 소유자라 하더라도 <u>그 도로의 중간에 바위를 놓아두거나 이를 파헤침으로써</u> 차량의 통행을 못하게 한 행위는 일반교통방해죄 및 업무방해죄에 해당한다(대법원 2002. 4. 26. 선고 2001도6903 판결).

대법원 2002. 4. 26. 선고 2001도6903 판결

이 사건 토지는 당초에 한국수자원공사에서 합천댐을 건설하기 위하여 모래적치장으로 사용한 곳이었는데 그 공사가 진행됨에 따라 모래가 점점 줄어들자 인근의 산으로 등산을 하는 사람들과 농사를 짓는 사람들이 그곳을 통행하기 시작하였고, 공소외 문○희가 1995. 5.경 이 사건 토지 위쪽으로 아리랑여관 및 식당 건물을 신축하면서 공사차량이 국도에서 진입하기 가까운 그 곳의 일부를 통행로로 이용하기 시작한 이후로 공소외 이○기가 운영하는 벧엘버섯농장의 작업차량과 위 여관 및 식당의 손님들도 그 곳을 진입로로 이용하여 온 사실, 피고인이 1996. 8. 30. 한국수자원공사로부터 이 사건 토지를 매입한 이후 1997. 3.경부터 그 곳의 평탄작업을 하게 되었는데, 문○희는 자신의 비용으로 공사업자인 권○석으로 하여금 그 곳의 일부인 이 사건 통행로부분(이하 '이 사건 도로'라고 한다)을 도로로 만들게 한 사실, 그 이후에도 계속 위 여관 및 식당과 버섯농장의 차량이나 손님, 등산객, 인근 주민들이 이 사건 도로를 통행로로 이용하여 왔고, 이에 대하여 피고인도 위 도로를 막기 이전까지는 별다른 이의를 제기한 적이 없었던 사실, 이 사건 도로는 그 길이가 총 80m 정도로서 국도에서부터 국도부지 및 하천부지를 지나 피고인의 토지를 통과하여 위 여관 및 버섯농장으로 연결되도록 설치되었는데, 그 중 피고인 소유의 토지는 약 20여 m 부분에 불과하고 나머지는 하천부지인 사실을 각 인정한 다음, 이 사건 도로는 피고인이 그 부지를 매입하기 이전부터 등산객이나 인근 주민, 위 여관 및 식당, 버섯농장의 손님들의 통행로로 이용되었거나, 적어도 문○희가 도로를 만든 이후부터는 불특정 다수인의 통행로로 이용되어 온 점, 피고인도 이 사건 도로를 만들 때 이를 승낙하였거나 묵인하여 왔던 것으로 보이는 점 등의 사정에 비추어, 피고인이 이 사건 도로의 일부가 자신의 소유라 하더라도 적법한 절차에 의하여 문제를 해결하려고 하지 아니하고 그 도로의 중간에 바위를 놓아두거나 이를 파헤침으로써 차량의 통행을 못하게 한 이상, 피고인의 이러한 행위는 일반교통방해 및 문○희, 이○기에 대한 업무방해에 해당한다고 판단하여, 피고인에 대한 이 사건 공소사실을 모두 유죄로 인정하여 처벌하고 있는바, 앞서 본 법리와 기록에 비추어 살펴보면, 원심의 위와 같은 사실인정과 판단은 수긍이 되고, 원심판결에 상고이유에서 지적하는 바와 같이 채증법칙을 위배하여 사실을 오인하였거나, 일반교통방해죄에 있어서의 육로 및 업무방해죄의 고의에 관한 법리를 오해한 위법이 있다고 할 수 없다.

<u>구도로 옆으로 신도로가 개설</u>되었으나 구도로가 여전히 도로기능을 한다면, 형법 제185조 소정의 '육로'에 해당한다(대법원 1999. 7. 27. 선고 99도1651 판결).

도로가 <u>농가의 영농을 위한 경운기나 리어카 등의 통행을 위한 농로로 개설</u>되었다 하더라도 그 도로가 사실상 일반 공중의 왕래에 공용되는 도로로 된 이상 경운기나 리어카 등만 통행할 수 있는 것이 아니고 다른 차량도 통행할 수 있는 것이므로 이러한 차량의 통행을 방해한다면 이는 일반교통방해죄에 해당한다(대법원 1995. 9. 15. 선고 95도1475 판결).

주민들에 의하여 <u>공로로 통하는 유일한 통행로로 오랫동안 이용되어 온 폭 2m의</u>

골목길을 자신의 소유라는 이유로 폭 50 내지 75cm 가량만 남겨두고 담장을 설치하여 주민들의 통행을 현저히 곤란하게 하였다면 일반교통방해죄를 구성한다(대법원 1994. 11. 4. 선고 94도2112 판결).

라. 판례상 일반교통방해죄 불인정 사례

 목장 소유자가 목장운영을 위해 목장용지 내에 임도를 개설하고 차량 출입을 통제하면서 인근 주민들의 일부 통행을 부수적으로 묵인한 경우, 위 임도는 공공성을 지닌 장소가 아니어서 일반교통방해죄의 '육로'에 해당하지 않는다(대법원 2007. 10. 11. 선고 2005도7573 판결).

 불특정 다수인 또는 차마가 자유롭게 통행할 수 있는 공공성을 지닌 장소로 볼 수 없으면 교통방해죄 해당하지 않는다(대법원 1999. 4. 27. 선고 99도401 판결).

 토지의 소유자가 자신의 토지의 한쪽 부분을 일시 공터로 두었을 때 인근주민들이 위 토지의 동서쪽에 있는 도로에 이르는 지름길로 일시 이용한 적이 있다 하여도 이를 일반공중의 내왕에 공용되는 도로라고 할 수 없으므로 형법 제185조 소정의 육로로 볼 수 없다(대법원 1984. 11. 13. 선고 84도2192 판결).

3. 업무방해죄

형법 제314조제1항은 "제313조의 방법 또는 위력으로써 사람의 업무를 방해한 자는 5년 이하의 징역 또는 1천500만원 이하의 벌금에 처한다."라고 규정하고 있다.

대법원은 업무방해죄의 구성요건인 '위력'이란 사람의 자유의사를 제압·혼란하게 할 만한 일체의 세력으로서 유형적이든 무형적이든 묻지 아니하므로 폭행·협박은 물론 사회적·경제적·정치적 지위와 권세에 의한 압박 등도 이에 포함되고, 현실적으로 피해자의 자유의사가 제압될 필요는 없으나 피해자의 자유의사를 제압하기에 충분한 세력이어야 하며, 이러한 위력에 해당하는지 여부는 범행의 일시·장소, 범행의 동기, 목적, 인원수, 세력의 태양, 업무의 종류, 피해자의 지위 등 제반 사정을 고려하여 객관적으로 판단하여야 한다고 판시하고 있고(대법원 2007. 6. 14. 선고 2007도2178 판결, 대법원 2009. 9. 10. 선고 2009도5732 판결 참조), <u>어떠한 행위 결과 상대방의 업무에 지장이 초래되었다 하더라도 행위자가 가지는 정당한 권한을 행사한 것으로 볼 수 있는 경우에는 행위의 내용이나 수단 등이 사회통념상 허용될 수 없는 등 특별한 사정이 없는 한 업무방해죄를 구성하는 위력을 행사한 것이라고 할 수 없다</u>(대법원 2013. 2. 28. 선고 2011도16718 판결 참조).

또한 대법원은 업무방해죄의 성립에 있어서는 업무방해의 결과가 실제로 발생함을 요하는 것은 아니고 업무방해의 결과를 초래할 위험이 발생하면 충분하다고 할 것이나, 결과발생의 염려가 없는 경우에는 본 죄가 성립하지 않는다(대법원 2005. 10. 27. 선고 2005도5432 판결 참조)고 하여 업무방해죄를 그 문언에도 불구하고 추상적 위험범으로 해석하고 있다.

불특정 다수인의 통행로로 이용되어 오던 도로의 토지 일부의 소유자라 하더라도 <u>그 도로의 중간에 바위를 놓아두거나 이를 파헤침으로써</u> 차량의 통행을 못하게 한 행위는 <u>일반교통방해죄 및 업무방해죄에 해당한다</u>(대법원 2002. 4. 26. 선고 2001도6903 판결).

따라서 함부로 도로 통행을 방해하여 차량을 출입하지 못하게 하여 타인의 업무를 방해한 경우에는 업무방해죄로 처벌을 받을 수도 있음을 유의하여야 한다.

> **대법원 2002. 4. 26. 선고 2001도6903 판결**
>
> 이 사건 토지는 당초에 한국수자원공사에서 합천댐을 건설하기 위하여 모래적치장으로 사용한 곳이었는데 그 공사가 진행됨에 따라 모래가 점점 줄어들자 인근의 산으로 등산을 하는 사람들과 농사를 짓는 사람들이 그곳을 통행하기 시작하였고, 공소외 문○희가 1995. 5.경 이 사건 토지 위쪽으로 아리랑여관 및 식당 건물을 신축하면서 공사차량이 국도에서 진입하기 가까운 그 곳의 일부를 통행로로 이용하기 시작한 이후로 공소외 이○기가 운영하는 벧엘버섯농장의 작업차량과 위 여관 및 식당의 손님들도 그 곳을 진입로로 이용하여 온 사실, 피고인이 1996. 8. 30. 한국수자원공사로부터 이 사건 토지를 매입한 이후 1997. 3.경부터 그 곳의 평탄작업을 하게 되었는데, 문○희는 자신의 비용으로 공사업자인 권○석으로 하여금 그 곳의 일부인 이 사건 통행로부분(이하 '이 사건 도로'라고 한다)을 도로로 만들게 한 사실, 그 이후에도 계속 위 여관 및 식당과 버섯농장의 차량이나 손님, 등산객, 인근 주민들이 이 사건 도로를 통행로로 이용하여 왔고, 이에 대하여 피고인도 위 도로를 막기 이전까지는 별다른 이의를 제기한 적이 없었던 사실, 이 사건 도로는 그 길이가 총 80m 정도로서 국도에서부터 국도부지 및 하천부지를 지나 피고인의 토지를 통과하여 위 여관 및 버섯농장으로 연결되도록 설치되었는데, 그 중 피고인 소유의 토지는 약 20여 m 부분에 불과하고 나머지는 하천부지인 사실을 각 인정한 다음, 이 사건 도로는 피고인이 그 부지를 매입하기 이전부터 등산객이나 인근 주민, 위 여관 및 식당, 버섯농장의 손님들의 통행로로 이용되었거나, 적어도 문○희가 도로를 만든 이후부터는 불특정 다수인의 통행로로 이용되어 온 점, 피고인도 이 사건 도로를 만들 때 이를 승낙하였거나 묵인하여 왔던 것으로 보이는 점 등의 사정에 비추어, <u>피고인이 이 사건 도로의 일부가 자신의 소유라 하더라도 적법한 절차에 의하여 문제를 해결하려고 하지 아니하고 그 도로의 중간에 바위를 놓아두거나 이를 파헤침으로써 차량의 통행을 못하게 한 이상, 피고인의 이러한 행위는 일반교통방해 및 문○희, 이○기에 대한 업무방해에 해당한다</u>고 판단하여, 피고인에 대한 이 사건 공소사실을 모두 유죄로 인정하여 처벌하고 있는바, 앞서 본 법리와 기록에 비추어 살펴보면, 원심의 위와 같은 사실인정과 판단은 수긍이 되고, 원심판결에 상고이유에서 지적하는 바와 같이 채증법칙을 위배하여 사실을 오인하였거나, 일반교통방해죄에 있어서의 육로 및 업무방해죄의 고의에 관한 법리를 오해한 위법이 있다고 할 수 없다.

4. 민사 책임

가. 통행방해금지가처분

대법원은 그 이후 "일반 공중의 통행에 제공된 도로를 통행하고자 하는 자는, 그 도로에 관하여 다른 사람이 가지는 권리 등을 침해한다는 등의 특별한 사정이 없는 한, 일상생활상 필요한 범위 내에서 다른 사람들과 같은 방법으로 도로를 통행할 자유가 있고, 제3자가 특정인에 대하여만 도로의 통행을 방해함으로써 일상생활에 지장을 받게 하는 등의 방법으로 특정인의 통행 자유를 침해하였다면 민법상 불법행위에 해당하며, 침해를 받은 자로서는 그 방해의 배제나 장래에 생길 방해를 예방하기 위하여 통행방해 행위의 금지를 소구할 수 있다고 보아야 한다."라고 판시한바 있고 (2011. 10. 13. 선고 2010다63720 판결), 또한 대법원은 "어떠한 토지가 일반 공중의 통행에 제공되는 상태에 있다는 사유만으로 이를 통행하고자 하는 사람이 그 통행을 방해하는 사람에 대하여 당연히 지장물의 제거 등을 포함하여 방해의 배제를 구할 수 있는 사법상 권리를 갖게 되는 것은 아니다. 다만 통행의 방해가 특정인에 대하여만 이루어지고 그로 인하여 일상생활에 지장을 초래하는 때와 같이 통행방해 행위가 특정인의 통행의 자유에 대한 위법한 침해로서 민법상 불법행위를 구성한다고 평가될 정도에 이른 경우에는 그 금지를 구하는 것이 허용될 수도 있다(대법원 1995. 11. 7. 선고 95다2203 판결, 대법원 2011. 10. 13. 선고 2010다63720 판결 등 참조)."고 판시하였음을 유의하여야 한다(대법원 2013. 2. 14. 자 2012마1417 결정[통행방해금지등가처분]).

대법원은 "택지를 조성한 후 분할하여 분양하는 사업을 하는 경우에, 그 택지를 맹지로 분양하기로 약정하였다는 등의 특별한 사정이 없다면, 분양계약에 명시적인 약정이 없더라도 분양사업자로서는 수분양 택지에서의 주택 건축 및 수분양자의 통행이 가능하도록 조성·분양된 택지들의 현황에 적합하게 인접 부지에 건축법 등 관계법령의 기준에 맞는 도로를 개설하여 제공하고 수분양자에 대하여 도로를 이용할 수 있는 권한을 부여하는 것을 전제로 하여 분양계약이 이루어졌다고 추정하는 것이 거래상 관념에 부합되고 분양계약 당사자의 의사에도 합치된다."라고 판시하고 있다

(대법원 2014. 3. 27. 선고 2011다107184 판결).

대법원은 토지인도청구가 권리남용에 해당한다고 본 경우도 있다.

대법원 2009. 12. 24. 선고 2009다61360 판결, 피고 서천군

[사실관계]

A씨는 1970년경 아버지인 B씨로부터 충남 서천군에 있는 토지 890㎡를 증여받아 소유권이전등기를 마쳤으나 그 토지 중 일부는 예전부터 인근 주민들이 통행하는 도로로 이용되어 왔으며 2003년경 서천군에서는 위 도로에 포장공사를 하였다. A씨는 서천군을 상대로 토지인도 및 임료상당의 부당이득금반환청구소송을 제기하였다.

[판결이유]

대법원은 "A씨가 인도를 청구한 토지는 C고등학교로 진입하는 도로의 일부로 지목이 도로로 변경된 1963년 이전부터 인근 주민들의 통행로로 사용되어 왔으며, 만일 이 도로가 폐쇄될 경우 C고등학교 소속 학생과 인근 주민의 통행이 심히 곤란해지거나 불가능하게 된다.", "A씨가 통행로를 폐쇄하는 방법으로 소유권을 행사하는 것은 원고 자신에게는 큰 이익이 없는 반면 서천군은 새로운 통행로를 개설하기 위한 시간과 비용이 필요하며 그로 인한 피해가 극심하다.", "재산권의 행사는 공공복리에 적합하게 행사해야 한다는 기본원칙에 반해 권리남용에 해당하므로 원고의 인도청구는 허용될 수 없다."고 판시하였다.

대법원 2023. 3. 13. 선고 2022다293999 판결

☞ 반소원고가 자기 측 소유 빌딩과 반소피고 측 소유 빌딩 사이의 부지 중 자기 측 소유 부분에 관하여, 반소피고 측에게 ① 부당이득반환청구, ② 통행금지청구를 한 사안에서, ① 반소원고 측이 해당 부분에 관한 배타적 사용·수익권을 포기한 것으로 인정되지 않는다고 보아 '부당이득반환청구' 중 일부를 인용한 원심을 수긍하였으나, ② 해당 부분이 오랜 기간 동안 불특정 다수인의 통행에 사용되어 온 반면, 그 현상 및 용도에 전면적이고 적법한 변화가 초래되었거나 이를 합법적인 것으로 용인할 만한 사정변경이 보이지 않으며, 해당 부분에 관하여 반소피고 측의 통행을 금지하면 반소피고 측 소유 빌딩의 출입구 위치·형태·내부 구조의 특성상 출입에 상당한 제약을 받을 수밖에 없게 되어 큰 불편과 혼란이 예상되는 상황에서, 반소원고가 해당 부분에 관한 소유권에 기초하여 그 이용자 중 객관적 용도에 따른 편익을 가장 필요로 하는 반소피고 측에 대해서만 선별적·자의적으로 통행을 금지하는 것은 소유권의 행사에 따른 실질적 이익도 없이 단지 상대방의 통행의 자유에 대한 침해라는 고통과 손해만을 가하는 것이 되어 법질서상 원칙적으로 허용될 수 없는 '권리남용'이라고 볼 여지가 크다고 판단하여, 이와 달리 '통행금지청구'를 인용한 원심의 판단 부분을 통행금지청구권 및 권리남용에 관한 법리오해 및 심리미진을 이유로 파기·환송한 사례

따라서 타인이 함부로 육로를 막으면 통행방해금지가처분을 제기한다.

> **배타적 사용수익권 포기 도로 지하 매설물 철거 청구도 불가**
>
> 대법원 2023. 9. 14. 선고 2023다214108 판결 [토지인도] (바)파기환송(일부)
>
> [토지소유자가 지방자치단체를 상대로 도로로 사용되고 있는 부분의 콘크리트 포장등의 철거, 도로 부분 인도 및 부당이득반환을 구한 사건]
>
> ◇ 1. 일반 공중의 통행에 공용되는 도로 부지의 소유자가 이를 점유·관리하는 지방자치단체를 상대로 도로의 철거, 점유 이전 또는 통행금지를 청구하는 것이 권리남용에 해당하는지 여부(원칙적 적극), 2. 그 경우 도로 지하 부분에 매설된 시설에 대한 철거 등 청구도 권리남용에 해당하는지 여부(원칙적 적극) ◇
>
> 권리의 행사가 주관적으로 오직 상대방에게 고통을 주고 손해를 입히려는 데 있을 뿐 이를 행사하는 사람에게는 이익이 없고, 객관적으로 사회질서에 위반된다고 볼 수 있으면, 그 권리의 행사는 권리남용으로서 허용되지 아니하고, 이때 권리의 행사가 상대방에게 고통이나 손해를 주기 위한 것이라는 주관적 요건은 권리자의 정당한 이익을 결여한 권리행사로 보이는 객관적인 사정들을 모아서 추인할 수 있으며, 이와 같이 권리의 행사에 해당하는 외관을 지닌 어떠한 행위가 권리남용이 되는가의 여부는 권리남용 제도의 취지 및 그 근간이 되는 동시대 객관적인 사회질서의 토대하에서 개별적이고 구체적인 상황을 종합하여 판단하여야 한다(대법원 2012. 6. 14. 선고 2012다20819 판결 등 참조). 어떤 토지가 그 개설경위를 불문하고 일반 공중의 통행에 공용되는 도로, 즉 공로가 되면 그 부지의 소유권 행사는 제약을 받게 되며, 이는 소유자가 수인하여야만 하는 재산권의 사회적 제약에 해당한다. 따라서 공로 부지의 소유자가 이를 점유·관리하는 지방자치단체를 상대로 공로로 제공된 도로의 철거, 점유 이전 또는 통행금지를 청구하는 것은 법질서상 원칙적으로 허용될 수 없는 '권리남용'이라고 보아야 한다 (대법원 2021. 3. 11. 선고 2020다229239 판결, 대법원 2021. 10. 14. 선고 2021다242154 판결 등 참조). <u>그 경우 특별한 사정이 없는 한 그 도로 지하 부분에 매설된 시설에 대한 철거 등 청구도 '권리남용'이라고 봄이 상당하다.</u>
>
> - 원고 소유 토지 중 일부가 인근 주민들의 통행로로 사용되어 왔고 위 도로 지하 부분에 지방자치단체인 피고가 설치한 하수관과 오수맨홀이 매설되어 있음
>
> - 원고는 피고를 상대로 지하 하수관, 맨홀과 지상 콘크리트 포장의 철거 및 도로 부분의 인도를 구하고, 이에 대해 피고는 원고 측이 배타적 사용수익권을 포기하였고 원고의 청구는 권리남용에 해당한다고 주장하며 다툼
>
> - 원심은 피고의 주장을 모두 배척하고 원고의 청구를 대부분 인용하였는데, 대법원은 ① 배타적 사용수익권 포기 주장을 배척한 원심판단이 정당하다고 하면서, ② 제반 사정에 비추어 원

고가 도로 및 지하 부분에 매설된 시설의 철거와 도로 부분의 인도를 청구하는 것은 권리남용에 해당할 여지가 있다고 보아, 철거 및 인도 청구에 관한 부분을 파기·환송하고 피고의 나머지 상고(부당이득반환청구 부분)를 기각함

통행방해금지가처분신청

신 청 인 ○ ○ ○
　　　　　주　소
피신청인 ○ ○ ○
　　　　　주　소

- 목적물의 가액 -

금 (　　　　)원

- 목적물의 표시 -

별지 목록 및 도면과 같습니다.

- 신청 취지 -

　피신청인은 피신청인 소유의 별지 목록 기재 토지 중 별지 도면 표시 A, B, C, D의 각 점을 순차로 연결한 선내 (가) 부분에 대하여 신청인의 통행을 방해하여서는 아니된다.
라는 재판을 구합니다.

- 신청 이유 -

1. 사실관계 생략
2. 따라서 신청인은 피신청인을 상대로 통행권이 있음을 확인하는 본안 소송을 준비 중에 있으나, 본안 소송은 상당한 시일을 요하므로 그 동안 피신청인이 설치하려는 구조물에 의하여 신청인의 통행을 막을 염려가 있는 바, 신청인의 생활권을 원인으로 하는 통행권의 확보를 위하여 이 건 신청에 이른 것입니다.

- 입증 방법 -

1. 소갑 제1호증 등기부등본
2. 소갑 제2호증 토지대장등본
3. 소갑 제3호증 지적도등본
4. 소갑 제4호증 현장사진

- 첨부 서류 -

1. 입증방법 각 1통

20 년   월   일
위 신청인　　　　　　　㊞

○ ○ 지 방 법 원 귀 중

나. 통행방해금지 및 손해배상청구소송

본안소송으로는 통행방해금지를 구하고, 불법행위(경우에 따라서는 채무불이행)에 기한 손해배상청구소송을 제기할 수 있다.

> **서울중앙지방법원 2009. 7. 23. 선고 2008가합127053 판결**
>
> 1. 피고는 서울 강남구 개포동 567-2 답 4801㎡ 중 별지 도면 표시 1, 2, 3, 4, 1의 각 점을 순차로 연결한 선내 (가)부분 도로에서 원고들이 운행하는 자동차의 통행을 방해하여서는 아니 된다.
> 2. 소송비용은 피고가 부담한다.

| 제3장 | **골목길 지료(부당이득금) 분쟁** |

1. 도로의 사권 행사 제한

가. 도로의 종류

도로는 법률상 도로와 사실상의 도로로 구분된다.

법률상 도로는 법률에서 정한 일정한 절차에 따라 개설된 도로이고, 도로개설에 관하여 가장 중요한 법률은 「도로법」과 「국토의 계획 및 이용에 관한 법률」이다. 그밖에 「고속국도법」, 「농어촌도로정비법」, 「사회기반시설에 대한 민간투자법」, 건축법, 사도법, 농지법 등에 의한 도로가 있다. 이러한 법률상 도로는 공물이지만 반드시 국·공유 토지라야 하는 것은 아니다. 따라서 사유 토지도 법률상 도로가 될 수 있다. 다만 이때에는 도로의 특수성을 감안하여 사유 토지의 소유권을 제한할 필요성은 있다.

사실상 도로는 일반 공중의 교통에 제공되는 물적 시설물로서의 실질은 가지고 있지만 법률에 따른 일정한 절차를 거쳐 정식으로 개설되지 않은 도로이다. 사실상 도로가 발생하는 원인은 매우 다양하다. 도로예정지이지만 정식으로 도로개설과정을 거치지 않고 생기는 경우, 새마을 사업으로 인한 경우, 스스로 택지를 조성 분양하는 경우 등이다. 사실상 도로는 국·공유 토지일 수도 있고 사유 토지일 수도 있다.

나. 도로 사권 행사 제한

도로법 제4조는 "도로를 구성하는 부지, 옹벽, 그 밖의 시설물에 대해서는 사권(私權)을 행사할 수 없다. 다만, 소유권을 이전하거나 저당권을 설정하는 경우에는 사권을 행사할 수 있다."라고 규정하여, 사권행사를 금하고 있다. 여기서 사권행사의 금지는 도로로서의 관리이용에 저촉되는 사권을 행사할 수 없다는 취지이다(대법원 1993. 8. 24. 선고 92다19804 판결). 따라서 도로소유자가 손해배상청구권이나 부당이득반환청구권 등 금전적 청구권을 행사하는 것은 허용된다. 결국 골목길이 도로로서 기능하는데 장애가 되는 범위 내에서 사권이 제한되는 것이다.

다. 사실상 도로의 사권행사 제한 여부

 도로법상 도로 외에 나머지 법률상의 도로, 사실상의 도로에 대해서는 도로법 제4조와 같은 규정이 없어 심각한 문제가 있다. 즉, 토지소유자의 물권적 청구권(독점적으로 사용할 수 있는 권리), 손해배상 또는 부당이득반환청구권을 인정할지, 일반 공중의 통행을 제한할 수 있는지 등이다. 이에 대해 우리 대법원은 "배타적 사용수익권 포기" 법리를 확립하고 있다.[69]

---

69) 이에 대한 상세내용은 제3편제6장 참고

2. 배타적 사용수익권 포기 법리

그동안 "배타적 사용수익권 포기" 법리에 대해 비판이 많았지만, 대법원은 전원합의체 판결로서 유지하고 있다. 전원합의체 판결(2016다264556)은 <u>토지 소유자가 그 소유의 토지를 **도로 이외의 다른 용도**로 제공한 경우에도 적용되고, 토지 소유자의 독점적·배타적인 사용·수익권의 행사가 제한되는 것으로 해석되는 경우 특별한 사정이 없는 한 그 지하 부분에 대한 독점적이고 배타적인 사용·수익권의 행사 역시 제한되는 것으로 해석함이 타당하고, 사인(사인)뿐만 아니라 국가, 지방자치단체도 포기 효력이 미친다는 점을 명확히 하였다.</u>

대법원 2019. 1. 24. 선고 2016다264556 전원합의체 판결[시설물철거 및 토지인도 청구의 소]
[다수의견] (가) 대법원 판례를 통하여 토지 소유자 스스로 그 소유의 토지를 일반 공중을 위한 용도로 제공한 경우에 그 토지에 대한 소유자의 독점적이고 배타적인 사용·수익권의 행사가 제한되는 법리가 확립되었고, 대법원은 그러한 법률관계에 관하여 판시하기 위하여 '사용·수익권의 포기', '배타적 사용·수익권의 포기', '독점적·배타적인 사용·수익권의 포기', '무상으로 통행할 권한의 부여' 등의 표현을 사용하여 왔다.

이러한 법리는 대법원이 오랜 시간에 걸쳐 발전시켜 온 것으로서, 현재에도 여전히 그 타당성을 인정할 수 있다. 다만 토지 소유자의 독점적이고 배타적인 사용·수익권 행사의 제한 여부를 판단하기 위해서는 토지 소유자의 소유권 보장과 공공의 이익 사이의 비교형량을 하여야 하고, 원소유자의 독점적·배타적인 사용·수익권 행사가 제한되는 경우에도 특별한 사정이 있다면 특정승계인의 독점적·배타적인 사용·수익권 행사가 허용될 수 있다. 또한, 토지 소유자의 독점적·배타적인 사용·수익권 행사가 제한되는 경우에도 일정한 요건을 갖춘 때에는 사정변경의 원칙이 적용되어 소유자가 다시 독점적·배타적인 사용·수익권을 행사할 수 있다고 보아야 한다.

(나) <u>토지 소유자가 그 소유의 토지를 도로, 수도시설의 매설 부지 등 일반 공중을 위한 용도로 제공한 경우</u>에, 소유자가 토지를 소유하게 된 경위와 보유기간, 소유자가 토지를 공공의 사용에 제공한 경위와 그 규모, 토지의 제공에 따른 소유자의 이익 또는 편익의 유무, 해당 토지 부분의 위치나 형태, 인근의 다른 토지들과의 관계, 주위 환경 등 여러 사정을 종합적으로 고찰하고, 토지 소유자의 소유권 보장과 공공의 이익 사이의 비교형량을 한 결과, 소유자가 그 토지에 대한 독점적·배타적인 사용·수익권을 포기한 것으로 볼 수 있다면, <u>타인[사인(사인)뿐만 아니라 국가, 지방자치단체도 이에 해당할 수 있다.</u> 이하 같다]이 그 토지를 점유·사용하고 있다 하더라도 특별한 사정이 없는 한 그로 인해 토지 소유자에게 어떤 손해가 생긴다고 볼

수 없으므로, 토지 소유자는 그 타인을 상대로 부당이득반환을 청구할 수 없고, 토지의 인도 등을 구할 수도 없다. 다만 소유권의 핵심적 권능에 속하는 사용·수익 권능의 대세적·영구적인 포기는 물권법정주의에 반하여 허용할 수 없으므로, 토지 소유자의 독점적·배타적인 사용·수익권의 행사가 제한되는 것으로 보는 경우에도, 일반 공중의 무상 이용이라는 토지이용현황과 양립 또는 병존하기 어려운 토지 소유자의 독점적이고 배타적인 사용·수익만이 제한될 뿐이고, 토지 소유자는 일반 공중의 통행 등 이용을 방해하지 않는 범위 내에서는 그 토지를 처분하거나 사용·수익할 권능을 상실하지 않는다.

(다) ① <u>위와 같은 법리는 토지 소유자가 그 소유의 토지를 도로 이외의 다른 용도로 제공한 경우에도 적용된다. 또한, 토지 소유자의 독점적·배타적인 사용·수익권의 행사가 제한되는 것으로 해석되는 경우 특별한 사정이 없는 한 그 지하 부분에 대한 독점적이고 배타적인 사용·수익권의 행사 역시 제한되는 것으로 해석함이 타당하다.</u>

② 상속인은 피상속인의 일신에 전속한 것이 아닌 한 상속이 개시된 때로부터 피상속인의 재산에 관한 포괄적 권리·의무를 승계하므로(민법 제1005조), 피상속인이 사망 전에 그 소유 토지를 일반 공중의 이용에 제공하여 독점적·배타적인 사용·수익권을 포기한 것으로 볼 수 있고 그 토지가 상속재산에 해당하는 경우에는, 피상속인의 사망 후 그 토지에 대한 상속인의 독점적·배타적인 사용·수익권의 행사 역시 제한된다고 보아야 한다.

③ 원소유자의 독점적·배타적인 사용·수익권의 행사가 제한되는 토지의 소유권을 경매, 매매, 대물변제 등에 의하여 특정승계한 자는, 특별한 사정이 없는 한 그와 같은 사용·수익의 제한이라는 부담이 있다는 사정을 용인하거나 적어도 그러한 사정이 있음을 알고서 그 토지의 소유권을 취득하였다고 봄이 타당하므로, 그러한 특정승계인은 그 토지 부분에 대하여 독점적이고 배타적인 사용·수익권을 행사할 수 없다.

이때 특정승계인의 독점적·배타적인 사용·수익권의 행사를 허용할 특별한 사정이 있는지 여부는 특정승계인이 토지를 취득한 경위, 목적과 함께, 그 토지가 일반 공중의 이용에 제공되어 사용·수익에 제한이 있다는 사정이 이용현황과 지목 등을 통하여 외관에 어느 정도로 표시되어 있었는지, 해당 토지의 취득가액에 사용·수익권 행사의 제한으로 인한 재산적 가치 하락이 반영되어 있었는지, 원소유자가 그 토지를 일반 공중의 이용에 무상 제공한 것이 해당 토지를 이용하는 사람들과의 특별한 인적 관계 또는 그 토지 사용 등을 위한 관련 법령상의 허가·등록 등과 관계가 있었다고 한다면, 그와 같은 관련성이 특정승계인에게 어떠한 영향을 미치는지 등의 여러 사정을 종합적으로 고려하여 판단하여야 한다.

(라) 토지 소유자의 독점적·배타적인 사용·수익권 행사의 제한은 해당 토지가 일반 공중의 이용에 제공됨으로 인한 공공의 이익을 전제로 하는 것이므로, 토지 소유자가 공공의 목적을 위해 그 토지를 제공할 당시의 객관적인 토지이용현황이 유지되는 한도 내에서만 존속한다고 보

아야 한다. 따라서 토지 소유자가 그 소유 토지를 일반 공중의 이용에 제공함으로써 자신의 의사에 부합하는 토지이용상태가 형성되어 그에 대한 독점적·배타적인 사용·수익권의 행사가 제한된다고 하더라도, 그 후 토지이용상태에 중대한 변화가 생기는 등으로 독점적·배타적인 사용·수익권의 행사를 제한하는 기초가 된 객관적인 사정이 현저히 변경되고, 소유자가 일반 공중의 사용을 위하여 그 토지를 제공할 당시 이러한 변화를 예견할 수 없었으며, 사용·수익권 행사가 계속하여 제한된다고 보는 것이 당사자의 이해에 중대한 불균형을 초래하는 경우에는, 토지 소유자는 그와 같은 사정변경이 있은 때부터는 다시 사용·수익 권능을 포함한 완전한 소유권에 기한 권리를 주장할 수 있다고 보아야 한다. 이때 그러한 사정변경이 있는지 여부는 해당 토지의 위치와 물리적 형태, 토지 소유자가 그 토지를 일반 공중의 이용에 제공하게 된 동기와 경위, 해당 토지와 인근 다른 토지들과의 관계, 토지이용상태가 바뀐 경위와 종전 이용상태와의 동일성 여부 및 소유자의 권리행사를 허용함으로써 일반 공중의 신뢰가 침해될 가능성 등 전후 여러 사정을 종합적으로 고려하여 판단하여야 한다.

배타적 사용수익권 포기 도로 지하 매설물 철거 청구도 불가

대법원 2023. 9. 14. 선고 2023다214108 판결 [토지인도] (바)파기환송(일부)

[토지소유자가 지방자치단체를 상대로 도로로 사용되고 있는 부분의 콘크리트 포장등의 철거, 도로 부분 인도 및 부당이득반환을 구한 사건]

◇1. 일반 공중의 통행에 공용되는 도로 부지의 소유자가 이를 점유·관리하는 지방자치단체를 상대로 도로의 철거, 점유 이전 또는 통행금지를 청구하는 것이 권리남용에 해당하는지 여부(원칙적 적극), 2. 그 경우 도로 지하 부분에 매설된 시설에 대한 철거 등 청구도 권리남용에 해당하는지 여부(원칙적 적극)◇

　권리의 행사가 주관적으로 오직 상대방에게 고통을 주고 손해를 입히려는 데 있을 뿐 이를 행사하는 사람에게는 이익이 없고, 객관적으로 사회질서에 위반된다고 볼 수 있으면, 그 권리의 행사는 권리남용으로서 허용되지 아니하고, 이때 권리의 행사가 상대방에게 고통이나 손해를 주기 위한 것이라는 주관적 요건은 권리자의 정당한 이익을 결여한 권리행사로 보이는 객관적인 사정들을 모아서 추인할 수 있으며, 이와 같이 권리의 행사에 해당하는 외관을 지닌 어떠한 행위가 권리남용이 되는가의 여부는 권리남용 제도의 취지 및 그 근간이 되는 동시대 객관적인 사회질서의 토대하에서 개별적이고 구체적인 상황을 종합하여 판단하여야 한다(대법원 2012. 6. 14. 선고 2012다20819 판결 등 참조). 어떤 토지가 그 개설경위를 불문하고 일반 공중의 통행에 공용되는 도로, 즉 공로가 되면 그 부지의 소유권 행사는 제약을 받게 되며, 이는 소유자가 수인하여야만 하는 재산권의 사회적 제약에 해당한다. 따라서 공로 부지의 소유자가 이를 점유·관리하는 지방자치단체를 상대로 공로로 제공된 도로의 철거, 점유 이전 또는 통행금지를 청구하는 것은 법질서상 원칙적으로 허용될 수 없는 '권리남용'이라고 보아야 한다 (대법원 2021. 3. 11. 선고 2020다229239 판결, 대법원 2021. 10. 14. 선고 2021다 242154 판결 등 참조). <u>그 경우 특별한 사정이 없는 한 그 도로 지하 부분에 매설된 시설에 대한 철거 등 청구도 '권리남용'이라고 봄이 상당하다.</u>

- 원고 소유 토지 중 일부가 인근 주민들의 통행로로 사용되어 왔고 위 도로 지하 부분에 지방 자치단체인 피고가 설치한 하수관과 오수맨홀이 매설되어 있음
- 원고는 피고를 상대로 지하 하수관, 맨홀과 지상 콘크리트 포장의 철거 및 도로 부분의 인도를 구하고, 이에 대해 피고는 원고 측이 배타적 사용수익권을 포기하였고 원고의 청구는 권리남용에 해당한다고 주장하며 다툼
- 원심은 피고의 주장을 모두 배척하고 원고의 청구를 대부분 인용하였는데, 대법원은 ① 배타적 사용수익권 포기 주장을 배척한 원심판단이 정당하다고 하면서, ② 제반 사정에 비추어 원고가 도로 및 지하 부분에 매설된 시설의 철거와 도로 부분의 인도를 청구하는 것은 권리남용에 해당할 여지가 있다고 보아, 철거 및 인도 청구에 관한 부분을 파기·환송하고 피고의 나머지 상고(부당이득반환청구 부분)를 기각함

따라서 골목길이 배타적 사용수익권 포기 도로라면 그 도로소유자는 이용자들에 대해 지료(부당이득금)청구는 불가한 것이다.

반대로 배타적 사용수익권을 포기한 것이 아니라면 당연히 지료청구가 가능할 것이다.

제4장 상수도, 가스관 설치 분쟁

1. 문제의 제기

주택가 골목길은 대부분은 행정청 소유이다. 그런데 가끔 개인 사유지가 있다. 이러한 개인 사유지 골목길을 소유하고 있는 사람들 입장에서는 당연히 자신이 소유권자이므로 임료상당의 부당이득금을 청구하거나 골목길에 접한 토지소유자가 주택을 건축하는 경우에 상·하수도, 도시가스관 등을 인입하기 위한 공사 시에 돈을 받고 사용승낙을 해 주고 싶어 한다.

즉, 주택을 건축하고 상수도 급수공사(하수도, 전기, 가스관 등)를 위해 타인 토지를 굴착하여 급수공사를 하여야 하는 경우가 있다. 이러한 경우 급수공사를 신청하면 해당 지자체는 수도 급수 조례를 근거로 토지소유자의 사용승낙서를 받아오라고 요구하는 경우가 있다.

급수공사를 위해서 과연 골목길 소유자의 토지사용승낙을 받아야 하는지에 대해 알아보자.

2. 수도 조례 및 도시가스 공급규정

가. 수도 조례

> **서울특별시 수도 조례 시행규칙**
>
> [시행 2024. 6. 3.] [서울특별시규칙 제4638호, 2024. 6. 3., 일부개정]
>
> **제3조(급수공사의 신청·승인 및 공사비 납부)** ① 급수공사의 신청자는 별지 제1호서식의 급수공사신청서를 관할 수도사업소장(이하 "사업소장"이라 한다)에게 제출하고 승인을 받아야 한다. <u>이 경우 사업소장은 **필요하다고 판단하는 경우** 별지 제2호서식에 따른 토지 또는 건물 사용승낙서를 첨부하도록 할 수 있다</u>.
>
> ② 사업소장이 제1항에 따라 급수공사 신청을 받은 때에는 <u>4일 이내에 승인여부를 결정하고</u>, 「서울특별시 수도 조례」(이하 "조례"라 한다) 제7조의 공사비와 「서울특별시 수도시설 이설 등 원인자부담금 징수 조례」(이하 "원인자부담금 징수조례"라 한다) 제4조제1항에 따른 부담금을 납부하도록 별지 제3호서식의 공사승인 및 공사비납입통지서를 신청자에게 보내야 한다. 다만, 조례에서 정한 징수금의 미납금이 있는 경우에는 이를 완납할 때까지 동일 장소에 급수공사 승인을 하지 아니할 수 있다. 〈개정 2010.9.30., 2019.10.10., 2022.1.13.〉
>
> ③ 제2항의 공사비와 원인자부담금은 별지 제3호서식에 첨부한 고지서에 정한 기한까지 납부하여야 한다. 〈개정 2010.9.30.〉
>
> ④ 제3항에도 불구하고 급수신청자가 공사비 등을 납부기한 내에 납부하지 아니한 경우에는 급수공사 신청이 취소된 것으로 간주하고 공사의 신청자에게 해당 급수공사의 신청이 취소되었음을 알려야 한다. 다만, 공사비의 변동 등 정당한 사유가 발생하여 공사비 등을 납부하지 아니하는 경우에는 그러하지 아니하다.
>
> 〈별지 제2호 서식〉
>
> 토지(건물) 사용승낙서
>
> 공 사 장 소 : 서울특별시   구   로   가   번지   호
>   동
>
> 사용자 성명
>
> 상기인이 본인의 소유토지(건물)에 급수관을 매설 통과 또는 급수설비를 설치하는데 이의 없이 토지(건물)사용을 승낙합니다.
>
> 년   월   일

```
                    로
주   소 :      구              가      번지     호 (    통     반)
                    동
소유자 성   명 :              ㉑ (전화 :           번)
첨 부 : 신분증 사본 1부.(담당 GIS시스템의 건물(토지)소유자 확인 서류 첨부)
     ○○ 수도사업소장 귀하
```

인천광역시 수도급수 조례 시행규칙

[시행 2024. 6. 17.] [인천광역시규칙 제3338호, 2024. 6. 17., 일부개정]

제4조(급수공사 신청) ① 조례 제6조제1항의 급수공사신청을 하려는 자는 별지 제1호서식의 신청서를 직접, 우편 또는 정보통신망을 통하여 수도사업소장(이하 "사업소장"이라 한다)에게 제출하여야 한다. 〈개정 2019.11.7.〉

② 제1항에 따른 급수공사신청 시에는 다음 각 호의 서류를 첨부하여야 한다. 〈신설 2019.11.7.〉〈개정 2021.12.30.〉

 1. 개인정보제공 동의서

 2. 타인의 토지나 건축물을 사용(점용)하여 급수설비를 설치하려는 경우에는 해당 소유권자의 사용승낙서 또는 사용승낙을 증명할 수 있는 서류

 3. 기존 주택 및 준주택에 요금 구분을 위해 세대별 수도계량기를 설치하는 경우에는 세대별 수도계량기 설치대상 전체 소유권자의 동의서

성남시 수도급수 조례

[시행 2024. 8. 12.] [경기도성남시조례 제4114호, 2024. 8. 12., 일부개정]

제6조(급수공사의 승인)

④ 시장은 급수신청에 있어서 필요하다고 판단될 경우에는 이해관계인의 동의서를 제출하게 할 수 있다.

성남시 수도급수 조례 시행규칙

[시행 2025. 1. 1.] [경기도성남시규칙 제2059호, 2024. 12. 30., 일부개정]

제2조(급수공사의 신청) ① 「성남시 수도급수 조례」(이하 "조례"라 한다) 제6조제1항에 따라 급수공사를 신청하고자 하는 사람은 별지 제1호서식의 급수공사 신청서를 성남시장(이하 "시장"이라 한다)에게 제출하여야 한다. 다만, 타인의 토지 또는 건물에 설치하고자 하는 경우에는 토지 또는 건물소유자의 승낙서를 첨부하여야 한다. 〈개정 2015.05.04〉

② 시장은 제1항에 따라 급수공사 신청을 받은 때에는 5일 이내에 승인여부를 결정하여 통지하여야 한다. 〈개정 2015.05.04.〉

수원시 수도급수 조례

[시행 2024. 7. 16.] [경기도수원시조례 제4597호, 2024. 7. 16., 일부개정]

제6조(급수공사의 신청) ① 수돗물을 공급받고자 하는 사람은 미리 시장에게 신청하여야 한다. 이 경우, **시장이 필요하다고 판단하는 경우**에는 이해관계인의 동의서를 함께 요구할 수 있다. (개정 2011.04.01.)

수원시 수도급수 조례 시행규칙

[시행 2021. 11. 29.] [경기도수원시규칙 제2192호, 2021. 11. 29., 일부개정]

제2조(급수공사의 신청) ①「수원시 수도급수 조례」(이하 "조례" 라 한다) 제6조제1항에 따라 급수공사를 신청하고자 하는 자는 다음 각 호의 서류를 구비하여 수원시장(이하 "시장" 이라 한다)에게 신청해야 한다.(개정 2014.04.03)

1. 신청서(별지 제1호서식)

2. 건축허가서 사본, 건축물 층별 개요서

3. 토지 또는 건물소유자의 승락서(타인의 토지 또는 건물에 설치하고자 할 경우)

4. 옥내 배관분리공사도면(수전분리공사에 한함)

5. 저수조 설치도면 및 사진

서울특별시, 수원시는 타인의 토지인 경우에 무조건 그 토지 소유자의 사용승낙을 요구하는 것이 아니라 **"필요하다고 판단하는 경우"**에만 사용승낙서를 첨부하도록 할 수 있다고 하여, 매우 타당한 조례를 시행하고 있다.

다른 지방자치단체도 서울시 조례와 같이 개정하도록 권고한다.

나. 서울시 및 경기도 도시가스 공급규정

서울시 도시가스 공급규정 제8조제2항제4호와 같은 승낙 예외 사유가 경기도에는 없다. 매우 타당하다고 본다.

서울특별시 도시가스 공급규정
〈개정 2024.1.1.〉
제8조 (승낙의 의무)

① 회사는 제6조제1항의 규정에 의한 신청이 있는 경우에는 제2항에 규정하는 경우를 제외하고는 승낙하여야 하며, 신청일로부터 5일 이내(영업일기준) 공급가능여부 및 공급예정시기를 신청자에게 서면(전자적 방법에 의한 서면을 포함한다. 이하 같다.)으로 통지하여야 한다. 단, 공급이 가능한 경우 사용계약 가능 시기 및 계약조건 등 필요사항을 함께 안내하여야 한다. 〈2020.12.1.〉

② 회사는 다음 각호의 경우에는 사용신청의 전부 또는 일부를 승낙하지 아니할 수 있으며, 신청일로부터 5일 이내에 그 사유를 신청자에게 서면으로 통지하여야 한다.

1. 가스 수급의 불균형, 공급압력 저하 등으로 가스의 안정적 공급 또는 안전에 문제가 생길 수 있는 경우나 신규 공급관 설치를 요하는 지역으로서 제8조제1항에 따라 가스공급 승낙 및 공급 예정시기를 통지 받지 않고 공사를 시행한 경우 〈2020.12.1.〉

2. 법 또는 그 밖의 관계법규에서 가스공급시설에 대한 공사가 제한되어 있을 때

3. 가스사용 신청장소가 철도, 상·하수도, 하천, 암반 등 지형이 특수하여 가스공급시설 설치가 기술적으로 곤란하거나 시설의 안전 확보가 곤란한 경우

4. 가스공급 시설을 설치하려는 지역이 개인 소유 지역으로서 해당 지역의 소유자 또는 점유자가 가스공급 시설의 설치를 승낙하지 아니하는 경우

5. 가스사용계약이 해지된 고객이 미납요금을 납부하지 않고 같은 장소나 다른 장소에서 가스사용을 신청하는 경우. 다만, 미납요금 납부 시에는 다시 가스를 공급하여야 한다.

6. 지역 재개발 또는 재건축이 계획 중 이거나 승인된 경우

③ 시장이 에너지 복지혜택의 필요성이 있다고 인정하는 사회적배려대상자에 대하여 회사는 가스 공급에 협력하여야 한다.

경기도 도시가스 공급규정 〈2023.5.8〉
제8조 (승낙의 의무)

① 당사는 제6조 제1항에 따라 신청한 경우에는 제2항에서 규정하는 경우를 제외하고는 승낙

하여야 하며, 신청일로부터 영업일 기준 5일 이내에 공급가능여부 및 공급예정시기를 서면(당사자가 동의하는 경우에는 전자문서를 포함한다.)으로 통지합니다. 가스 공급 승낙 통지 시에는 사용계약 가능 시기 및 계약조건 등 필요 사항을 함께 안내하여야 하며, 승낙하지 아니하는 경우에는 구체적인 근거와 사유를 함께 안내하여야 합니다.

② 당사는 다음 각 호의 경우에는 **사용신청의 전부 또는 일부를 승낙하지 아니할 수 있으며**, 신청일로부터 영업일 기준 5일 이내에 그 사유를 신청자에게 서면(당사자가 동의하는 경우에는 전자문서를 포함한다.)으로 통지합니다.

  1. 법 제19조 제3항 제1호부터 제5호까지의 어느 하나에 해당하는 경우

> **법 제19조** ③ 일반도시가스사업자는 다음 각 호의 어느 하나에 해당하는 경우를 제외하고는 그 허가받은 공급권역에 있는 가스사용자에게 도시가스의 공급을 거절하거나 공급이 중단되게 하여서는 아니 된다. 〈개정 2013. 8. 13.〉
> 1. 가스공급시설의 설치가 필요한 지역으로 가스공급을 신청하는 가구 수가 시·도 고시로 정하는 수 미만인 경우
> 2. 철도·고속철도, 상·하수도, 하천, 암반 등 지형이 특수하여 가스공급시설 설치가 기술적으로 곤란하거나 시설의 안전확보가 곤란한 경우
> 3. 지리, 환경 등 지역여건을 감안할 때 가스공급이 부적절하다고 대통령령으로 정한 경우
> 4. 다른 법령에서 정하는 바에 따라 가스공급시설에 대한 공사가 제한되어 있는 경우
> 5. 그 밖의 정당한 사유가 있는 경우

  2. 가스 수급의 불균형, 공급압력 저하 등으로 가스의 안정적 공급 또는 가스안전 관리주체의 불명확 등으로 가스시설의 안전 확보가 곤란한 경우나 신규 공급관 설치를 요하는 지역으로서 제8조 제1항에 따라 가스공급 승낙 및 공급예정 시기를 통지받지 않고 공사를 시행한 경우

  3. 가스사용 계약이 해지된 고객이 미납요금을 납부하지 않고 같은 장소나 다른 장소에서 가스사용을 신청하는 경우. 다만, 미납요금 납부 시에는 가스를 다시 공급합니다.

  4. 법 제19조 제3항 제1호의 가스공급시설의 설치가 필요한 지역으로 가스공급을 신청하는 가구 수가 시·도 고시로 정하는 수 미만은 경기도의 경우는 100m당 40가구 미만을 의미합니다.

3. 수도등시설권으로 해결

가. 민법 제218조

> **제218조(수도 등 시설권)** ①토지소유자는 타인의 토지를 통과하지 아니하면 필요한 수도, 소수관, 까스관, 전선 등을 시설할 수 없거나 과다한 비용을 요하는 경우에는 타인의 토지를 통과하여 이를 시설할 수 있다. 그러나 이로 인한 손해가 가장 적은 장소와 방법을 선택하여 이를 시설할 것이며 타토지의 소유자의 요청에 의하여 손해를 보상하여야 한다.
> ②전항에 의한 시설을 한 후 사정의 변경이 있는 때에는 타토지의 소유자는 그 시설의 변경을 청구할 수 있다. 시설변경의 비용은 토지소유자가 부담한다.

이 문제에 대해서 민법 제218조 제1항 본문은 "토지 소유자는 타인의 토지를 통과하지 아니하면 필요한 수도, 소수(疏水)관, 가스관, 전선 등을 시설할 수 없거나 과다한 비용을 요하는 경우에는 타인의 토지를 통과하여 이를 시설할 수 있다."라고 규정하고 있는데, 이와 같은 수도등시설권은 법정의 요건을 갖추면 당연히 인정되는 것이고, 그 시설권에 근거하여 수도등시설공사를 시행하기 위해 따로 수도 등이 통과하는 토지 소유자의 동의나 승낙을 받아야 하는 것이 아니다. 따라서 이러한 토지 소유자의 동의나 승낙은 민법 제218조에 기초한 수도 등 시설권의 성립이나 효력 등에 어떠한 영향을 미치는 법률행위나 준법률행위라고 볼 수 없다.

그러므로 민법 제218조를 근거로 행정청과 토지 소유자를 설득하고(재판하면 비용과 시간 낭비), 그래도 설득이 되지 않으면 수도등시설권 확인소송을 제기하여 해결하면 된다.

한편 "채무자는 채권자가 수원시 00, 00, 00 234㎡에서 시행하는 관로공사를 방해하는 일체의 행위를 하여서는 아니된다."라는 방해금지가처분을 제기하여 해결하는 경우도 있다.

나. 판례 검토

대법원 2015다247325 판결의 원심에서는 <u>사용승낙 의사표시</u>를 하라는 소송을 제기하였으나, 대법원에서는 이를 배척하면서, 이 경우 <u>원고는 자신에게 피고 소유 토지 중 수도등시설공사에 필요한 부분에 관하여 민법 제218조의 수도등시설권이 있다는 확인을 구하는 소 등을 제기하여 승소판결을 받은 다음 이를 사용권한을 증명하는 자료로 제출하여 지방자치단체에 급수공사의 시행을 신청하면 된다고 하였다.</u>

<u>따라서 사용승낙 의사표시를 구하는 소송이 아니라 **수도등시설권 확인 소송**을 제기하여야 할 것이다.</u>[70]

대법원 2016. 12. 15. 선고 2015다247325 판결 [토지사용승낙]

【판시사항】

[1] 민법 제218조제1항에서 정한 수도 등 시설권에 근거하여 시설공사를 시행하는 경우, 수도 등이 통과하는 토지소유자의 동의나 승낙을 받아야 하는지 여부(소극) 및 위 동의나 승낙이 수도 등 시설권의 성립이나 효력 등에 영향을 미치는 법률행위나 준법률행위인지 여부(소극)

[2] '성남시 수도급수 조례'에서 급수공사 신청 시 필요하다고 판단될 경우 이해관계인의 동의서를 제출하게 할 수 있다고 정한 취지

[3] 갑이 자신의 토지 위에 신축한 건물의 급수공사를 위하여 관할 지방자치단체에 급수공사 시행을 신청하였는데, 지방자치단체가 수도급수 조례 등에 근거하여 급수공사 시 경유하여야 하는 을 소유 토지의 사용승낙서 제출을 요구하며 신청을 반려하자, 갑이 민법 제218조의 수도 등 시설권을 근거로 을을 상대로 '을 소유 토지 중 수도 등 시설공사에 필요한 토지 사용을 승낙한다'는 진술을 구하는 소를 제기한 사안에서, 위 소는 민법 제389조 제2항에서 정한 '채무가 법률행위를 목적으로 한 때에 채무자의 의사표시에 갈음할 재판을 청구하는 경우'에 해당한다고 볼 수 없으므로 권리보호의 이익이 없어 부적법하다고 한 사례

【판결요지】

[1] 민법 제218조제1항본문은 "토지소유자는 타인의 토지를 통과하지 아니하면 필요한 수도, 소수(疏水)관, 까스관, 전선 등을 시설할 수 없거나 과다한 비용을 요하는 경우에는 타인의 토지를 통과하여 이를 시설할 수 있다."라고 규정하고 있는데, 이와 같은 <u>수도 등 시설권은 법정</u>

---

70) <u>이때 만일 공시송달로 재판이 진행된다면 시간이 단축될 것이다.</u>

의 요건을 갖추면 당연히 인정되는 것이고, 시설권에 근거하여 수도 등 시설공사를 시행하기 위해 따로 수도 등이 통과하는 토지소유자의 동의나 승낙을 받아야 하는 것이 아니다. 따라서 토지소유자의 동의나 승낙은 민법 제218조에 기초한 수도 등 시설권의 성립이나 효력 등에 어떠한 영향을 미치는 법률행위나 준법률행위라고 볼 수 없다.

[2] '성남시 수도급수 조례'에서 급수공사 신청 시 필요하다고 판단될 경우 이해관계인의 동의서를 제출하게 할 수 있다고 한 것은, 급수공사 신청인이 아닌 타인 소유 토지에 급수공사를 시행할 경우에 발생할 수 있는 분쟁을 사전에 예방하고 성남시가 신청인의 사용권한에 근거하여 타인 소유 토지에 급수공사를 원활하게 시행하고자 하는 목적에서 신청인에게 토지에 대한 사용권한이 있는지를 확인하기 위하여 증명자료의 하나로서 토지소유자의 급수공사에 대한 동의 내지 승낙의 뜻이 표시된 서류의 제출을 요구할 수 있다는 취지이고, 급수공사 신청인이 다른 자료에 의하여 토지의 사용권한이 있음을 증명하였음에도 급수공사를 승인하기 위해서는 예외 없이 토지사용승낙서의 제출이 필요한 것이라고 볼 수는 없다.

[3] 갑이 자신 소유의 토지에 신축한 건물의 급수공사를 위하여 관할 지방자치단체에 급수공사 시행을 신청하였는데, 지방자치단체가 수도급수 조례 등에 근거하여 급수공사 시 경유하여야 하는 을 소유 토지의 사용승낙서 제출을 요구하며 신청을 반려하자, 갑이 민법 제218조의 수도 등 시설권을 근거로 을을 상대로 '을 소유 토지 중 수도 등 시설공사에 필요한 토지 사용을 승낙한다'는 진술을 구하는 소를 제기한 사안에서, 위 소는 시설공사를 하는 데 필요한 증명자료를 소로써 구하는 것에 불과하고 민법 제389조 제2항에서 정한 '채무가 법률행위를 목적으로 한 때에 채무자의 의사표시에 갈음할 재판을 청구하는 경우'에 해당한다고 볼 수 없으므로 권리보호의 이익을 인정할 수 없어 부적법하고, 이 경우 **갑은 자신에게 을 소유 토지 중 수도 등 시설공사에 필요한 부분에 관하여 민법 제218조의 수도 등 시설권이 있다**는 확인을 구하는 소 등을 제기하여 승소판결을 받은 다음 이를 갑의 사용권한을 증명하는 자료로 제출하여 지방자치단체에 급수공사의 시행을 신청하면 된다고 한 사례.

> 원심 : 서울고등법원 2015. 10. 8. 선고 2015나2025707 판결 [토지사용승낙]
>
> 수원지방법원 성남지원 2015. 4. 23. 선고 2014가합205863 판결 [토지사용승낙]
>
> [주문]
>
> 1. 피고는 원고가 성남시 분당구 C 도로 411m² 지하에 시공하고자 하는 수도, 하수 및 오수, 통신, 가스관, 전선 시설공사를 위하여 위 토지 중 별지1 도면 표시 11, 12, 13, 14, 15, 16, 27, 26, 25, 24, 23, 22, 11의 각 점을 순차로 연결한 선내 부분 64m²에 대한 사용승낙의 의사표시를 하라.
>
> 2. 소송비용은 피고가 부담한다.

[이유]

1. 기초사실

가. 원고는 성남시 분당구 (주소 1 생략) 전 317㎡, (주소 3 생략) 도로 36㎡, (주소 4 생략) 전 46㎡의 소유자이고, 피고는 (주소 2 생략) 도로 411㎡(이하 '이 사건 도로'라 한다), (주소 5 생략) 잡종지 6,313㎡의 소유자이다(이하 지번으로만 토지를 특정한다).

나. 원고는 (주소 1 생략) 토지상에 건물(이하 '이 사건 건물'이라 한다)을 신축하였는데 위 건물에 급수공사(이하 '이 사건 급수공사'라 한다)를 시행하기 위하여 2014. 7. 30. 성남시에 이 사건 급수공사 시행신청서를 제출하였으나, 성남시로부터 이 사건 급수공사를 시행하기 위해서는 이 사건 도로를 경유해야 하며 타인의 토지에 수도관 등을 설치할 경우 성남시 수도급수조례 제6조 제4항 및 같은 조례 시행규칙 제2조 제1항 규정에 따라 토지소유자의 토지사용승낙서를 첨부해야 한다는 2014. 8. 5.자 회신을 받았다.

다. 원고는 성남시의 위 2014. 8. 5.자 회신에도 불구하고 이 사건 도로 사용에 관한 피고의 승낙을 얻지 못해 토지사용승낙서를 제출하지 못했고, 결국 성남시는 2014. 8. 12. 원고의 이 사건 급수공사 신청을 반려하고, 그 무렵 원고에게 반려통보를 하였다.

나. 판단

1) 토지소유자는 타인의 토지를 통과하지 아니하면 필요한 수도, 소수관, 가스관, 전선 등을 시설할 수 없거나 과다한 비용을 요하는 경우에는 타인의 토지를 통과하여 이를 시설할 수 있고, 다만, 위와 같은 시설을 하는 경우에도 그로 인한 타인의 손해가 가장 적은 장소와 방법을 선택하여야 하는데(민법 제218조제1항), 손해가 가장 적은 장소와 방법이 선택된 것인지 여부는 구체적 사안에서 사회통념에 따라 쌍방 토지의 지형적·위치적 형상 및 이용관계, 부근의 지리 상황, 상린지 이용자의 이해득실 기타 제반 사정을 기초로 판단하여야 할 것이다(대법원 2005. 7. 14. 선고 2003다18661 판결 등 참조).

2) 이 사건에서 살피건대, 갑 제8, 13, 14호증, 을 제2, 7호증, 을 제11호증의 1, 2의 각 기재 및 영상, 제1심 법원의 현장검증결과, 제1심 법원 감정인 소외 3의 측량감정결과, 제1심 법원의 성남시, 성남시 분당구, 한국전력공사, 한국가스안전공사, 주식회사 케이티에 대한 각 사실조회결과, 당심 법원의 한국전력공사, 성남시에 대한 각 사실조회결과에 변론 전체의 취지를 종합하여 인정되는 다음과 같은 사실 및 사정을 참작하여 보면, 이 사건 건물의 소유자인 원고는 이 사건 도로를 통과하지 아니하면 이 사건 건물에 필요한 시설들을 설치할 수 없거나, 과다한 비용을 요한다고 봄이 상당하다.

> 민법 제218조는 도시생활에 필수불가결한 수도 등 시설에 대한 인접한 부동산 간의 이용의 조절을 위한 상린관계를 규정한 것으로 소유권을 제한하는 규정인 점, 민법 제218조에 기하여 토지소유자가 가지는 타토지에 대한 수도 등의 시설권은 직접적인 시설에 관한 권리분만 아니라 시설을 위한 토지사용과 이에 대한 승낙도 포함된다고 보아야 한다.

수원지방법원 2023. 11. 28. 선고 2022가단563229 판결 [수도등시설권확인] 확정

주 문

1. 원고들에게 용인시 수지구 F 도 57㎡에 관하여 수도, 하수, 오수 및 우수관을 설치할 수 있는 시설권이 있음을 확인한다.
2. 소송비용은 피고가 부담한다.

울산지방법원 2017. 12. 21. 선고 2017가합23291 수도수급권확인의소

[주문]

1. 원고들은 피고에 대하여 울산 북구 D일원 **지구토지구획정리사업지구 내 대0-00호 및 0-000호 도로부지(보도포함, 별지도면표시 시상수도 본관 연결 지점 및 같은 도면 표시 도시가스 공급관 연결 지점)에 상수도시설과 도시가스공급시설을 설치하는 방법으로 수돗물과 도시가스를 공급받을 권리가 있음을 확인한다.
2. 소송비용은 피고가 부담한다.

원고들은, 쟁점 토지를 통과하지 않으면 아파트에 수돗물과 도시가스를 공급할 수 없고, 피고의 토지구획정리사업이 거의 완료되어 쟁점 토지에 상수도시설과 도시가스공급시설을 설치하더라도 피고의 사업에 방해가 되지 않고, 쟁점 토지의 지중에 설치하는 것이어서 피고에게 특별한 손해가 생길 염려가 없는 반면, 다른 부지를 선정하여 설치하는 데에는 과도한 비용과 불편을 야기하므로, 원고들에게는 민법 제218조제1항에 따라 쟁점 토지에 상수도시설과 도시가스공급시설을 설치하는 등의 방법으로 수돗물과 도시가스를 공급받을 권리가 있고 피고는 이를 수인할 의무가 있다고 주장함.

법원은 원고가 쟁점 토지를 통과하지 아니하면 아파트에 필요한 상수도시설과 도시가스공급시설을 설치할 수 없거나 과다한 비용을 요하고, 또한 쟁점 토지를 통과하여 상수도시설과 도시가스공급시설을 설치하는 것이 피고에게 손해가 가장 적은 장소와 방법이므로, 원고들에게는 쟁점 토지를 통과하여 상수도시설과 도시가스공급시설을 설치하여 수돗물과 도시가스를 공급받을 권리가 있고, 피고가 다투고 있는 이상 확인을 구할 이익도 있다는 이유로 원고들의 청구를 모두 인용함.

민법 제218조제1항이 정한 수도등시설권은 토지소유자가 그 관을 통하여 정화조에서 배출된 오수를 소통시키려는 경우에도 허용된다(대법원 1982. 5. 25. 선고 81다1,2,3 판결 참조).

다. 민법 제218조 제2항

민법 제218조 제2항에 의한 시설변경청구는 당초에는 적법한 권원에 의하여 시설된 소수관 등을 사후에 발생한 시설통과지 소유자의 사정변경 때문에 시설통과권자의 비용으로 변경시설토록 하는 것이므로 그 같은 사정변경 유무는 시설통과지 소유자의 주관적 의사에 따라 결정할 것이 아니라 객관적으로 시설을 변경하는 것이 타당한지의 여부에 의하여 결정할 것이다(대법원 1982. 5. 25. 선고 81다1,2,3 판결).

라. 배타적 사용수익권 포기 도로와 수도등시설권 관계

수도등시설권이 인정된다고 하더라도 이로 인한 손해가 가장 적은 장소와 방법을 선택하여 이를 시설할 것이며 타토지의 소유자의 요청에 의하여 손해를 보상하여야 한다(민법 제218조제1항).

그러나 만일 수도등시설권이 인정되는 토지가 배타적 사용수익권이 포기된 토지라면 그 토지 소유자는 부당이득청구가 불가하다. 즉, 수도등시설권자는 그 도로 소유자에게 손해를 보상할 필요가 없다.

★ 수도등시설권은 민법 제218조로 인정, 그로 인한 부당이득청구는 배타적 사용수익권 포기로 배척

★ 이 사안에서 수도등시설권을 지하에도 배타적 사용수익권 포기하였으므로 인정된다고 하였으면 더 명확하였을 것으로 본다.

수원지방법원 2019. 9. 26. 선고 2018가단520218(본소), 2019가단537251(반소) 판결 [시설권확인 청구의 소, 기타(금전)]

[주문]
1. 피고(반소원고)들은 화성시 H 도로 1040㎡ 중 별지 도면 표시 1, 2, 3, 4, 5, 1의 각

점을 순차로 연결한 선내 (ㄱ) 부분 57㎡에 관하여 원고(반소피고)에게 수도, 전기, 통신 시설권이 있음을 확인한다.

2. 피고(반소원고)들의 반소청구를 기각한다.
3. 소송비용은 본소, 반소를 통틀어 피고(반소원고)들이 부담한다.

[본소청구에 대한 판단]

토지소유자는 타인의 토지를 통과하지 아니하면 필요한 수도, 소수관, 가스관, 전선 등을 시설할 수 없거나 과다한 비용을 요하는 경우에는 타인의 토지를 통과하여 이를 시설할 수 있는바(민법 제218조 제1항 본문), 위 인정사실에서 본 바와 같이 이 사건 근린생활시설에 필요한 상수도관, 전기선로, 통신관로를 설치하기 위해서는 이 사건 도로의 지하를 통과하여야 하고, 이 사건 도로 중 상수도관, 전기선로, 통신관로의 설치를 위해 필요한 부분은 이 사건 계쟁토지이므로 원고에게는 이 사건 계쟁토지에 상수도관, 전기선로, 통신관로를 설치할 수 있는 권리가 있고, 그럼에도 피고들이 이에 동의하지 않고 있으므로 원고로서는 이 사건 계쟁토지에 상수도관, 전기선로, 통신관로를 설치하기 위해 피고들을 상대로 수도, 전기, 통신 시설권이 있다는 확인을 구할 이익이 있다.

[반소청구에 대한 판단]

위와 같이 피고들의 이 사건 계쟁토지를 포함한 이 사건 도로에 대한 독점적이고 배타적인 사용·수익권을 인정할 수 없는 이상, 원고가 민법 제218조제1항본문이 규정하는 수도 등 시설권에 의하여 이 사건 계쟁토지에 상수도관, 전기선로, 통신관로를 설치한다 하더라도 그로 인하여 피고들에게 민법 제218조제1항단서가 규정하고 있는 '수도 등 시설로 인한 손해'가 발생한다고 할 수는 없다. 피고들의 위 주장은 더 나아가 살펴 볼 필요 없이 이유 없다.

마. 수도등시설 철거 요구 불가

토지소유자는 타인의 토지를 통과하지 아니하면 필요한 수도, 유수관, 가스관, 전선 등을 시설할 수 없거나 과다한 비용을 요하는 경우에는 타인의 토지를 통과하여 이를 시설할 수 있다고 할 것이므로 통행지 소유자는 위와 같은 요건이 갖추어진 수도 등 시설에 대하여 그 철거를 구할 수 없다(대법원 2003. 8. 19. 선고 2002다53469 판결).

4. 배타적 사용수익권 포기 법리로 해결

가. 배타적 사용수익권 포기 토지

배타적 사용수익권 포기 법리는 토지 소유자가 그 소유의 토지를 도로 이외의 다른 용도로 제공한 경우에도 적용된다. 또한, 토지 소유자의 독점적·배타적인 사용·수익권의 행사가 제한되는 것으로 해석되는 경우 특별한 사정이 없는 한 그 지하 부분에 대한 독점적이고 배타적인 사용·수익권의 행사 역시 제한되는 것으로 해석함이 타당하다(대법원 2019. 1. 24. 선고 2016다264556 전원합의체 판결).

토지의 소유자가 그 토지에 대한 독점적이고 배타적인 사용수익권을 포기한 것으로 의사해석을 할 경우에 특별한 사정이 없으면, 그 지하 부분에 대한 독점적이고 배타적인 사용수익권도 포기한 것으로 해석함이 상당하다(대법원 2009. 7. 23. 선고 2009다25890판결).

그렇다면 독점적·배타적인 사용·수익권의 행사가 제한되는 경우 그 지하 부분에 대한 독점적이고 배타적인 사용·수익권의 행사 역시 제한되는 것이므로, 인접 토지 소유자나 도시가스회사등은 당연히 토지 소유자의 사용승낙이 없어도 굴착할 수 있는 것이므로, 소유자의 사용승낙을 별도로 받을 필요가 없는 것이다.

그러므로 구청(도로관리청)은 건축허가를 하면서 동시에 당연히 상·하수도 인입공사가 필요한 토지에 상·하수도 등 기반시설 설치를 위한 굴착을 허용한 것으로 보아야 하는 것이다.

배타적 사용수익권 포기 도로는 묵시적으로 인정한 것으로 봐야 한다. 또한 포기된 토지 지하를 이용하여 가스관을 매설한 것은 그 토지소유자의 소유권을 침해한 것이 아니다.

서울동부지방법원 2017. 11. 1. 선고 2016가단108527 판결 [구조물철거 등 청구의 소]

★ 가스관 설치 사용을 묵시적으로 승인하였으므로 가스관 철거 및 토지 인도는 불가, 배타적 사용수익권 포기로 부당이득청구는 불인정

B은 분할전 토지를 분할하여 매각하면서 스스로 이 사건 도로를 인근 주민 내지 일반 공중의 통행로로 제공함과 아울러 그 일부를 구성하거나 이에 연접한 이 사건 계쟁부분에 분할된 토지들의 효용을 유지하는데 필요한 <u>도시가스관 등을 설치·사용하는 것을 묵시적으로 승인하였다고 봄이 상당하다.</u>

원고가 피고 토지 중 14㎡에 가스관을 시설할 권리가 있음은 앞서 인정한 바와 같고, 도시가스사업법 제12조 제2항, 제17조의 5 제1항 제1호에 의하면, 도시가스사업자는 가스공급시설 설치공사를 하는 경우 H위원회가 정한 시설별 시설기준에 따라야 하고, 위 시설기준에 의하면 가스배관을 지하에 매설하는 경우 배관의 외면으로부터 수평거리로 건축물까지 1.5m 이상을 유지하여야 한다고 정하고 있다. 그런데 제1심 법원의 검증결과, 제1심 감정인 F의 감정결과, 제1심 법원의 위 감정인에 대한 사실조회회신결과에 변론 전체의 취지를 보태어 보면, 원고가 피고 토지 중 14㎡에 가스관을 시설하는 경우 가스관의 매설위치로부터 좌우 수평거리 1.5m 범위의 토지를 측정하면 피고 토지가 전부 포함되는 사실, 원고의 가스관 시설로 인하여 피고 토지 지상 건축행위가 제한되는 사실, 피고 토지는 지목과 달리 그 현황이 도로로 이용 중인 사실, 원고가 피고 토지 중 14㎡에 가스관을 시설할 경우 지하부분에 대한 도로를 기준으로 한 임료는 월 73,574원인 사실이 각 인정된다.

울산지방법원 2014. 7. 8. 선고 2013가단25353 판결 【도시가스배관철거 등】

[청구취지]

피고들은 원고에게 울산 ○○구 ○○동E 도로 13㎡ 중 별지 감정도 표시 ㉮부분 지하에 매설된 도시가스 배관을 수거하고, 피고들은 각자 원고에게 27,130원 및 이에 대한 이 사건 소장부본 송달 다음날부터 다 갚는 날까지 연 20%의 비율로 계산한 돈과, 2014. 5. 21.부터 위 도시가스 배관을 수거할 때까지 월 2,787원의 비율로 계산한 돈을 지급하라.

[사실관계]

가. 원고는 울산 ○○구 ○○동E 도로 13㎡(이하 '이 사건 토지'라고 한다)에 관하여,2013. 7. 29. 강제경매로 인한 매각을 원인으로 소유권이전등기를 마쳤다. 이 사건 토지의 지목은 1984. 9. 20. '답'에서 '도로'로 변경되었다.

나. 피고 C은 울산 ○○구 ○○동F 대지 및 그 지상 건물의 소유자이고, 피고 D은 울산 ○○구 ○○동G 대지 및 그 지상 건물의 소유자이다.

다. 이 사건 토지는 울산 ○○구 ○○동H 도로에서 피고들의 위 건물에 이르는 유일한 통로(별지 감정도 표시와 같이, 그 통로는 울산 ○○구 ○○동I 도로 80㎡와 이 사건 토지로 구성되어 있다) 중 끝 부분에 위치하고, 별지 감정도 표시 순번 1, 2의 각 점을 연결한 선은 피고 D의 위 토지와 순번 1, 4의 각 점을 연결한 선은 피고 C의 위 토지와 닿아있다.

라. 이 사건 토지를 포함한 위 통로는 현재까지 30년 이상을 피고들의 건물의 거주자와 인근 주민, 일반 공중의 통로로 무상으로 사용되어 왔다.

마. 피고 주식회사 B(이하 '피고 가스회사'라고 한다)는 2006. 12.경 이 사건 토지의 지하를 거쳐 피고들의 위 건물에 이르는 도시가스 배관(이하 '이 사건 도시가스배관'이라고 한다)을 설치하고, 피고들의 위 건물에 도시가스를 공급하였다.

[판단]

토지의 소유자가 그 토지에 대한 독점적이고 배타적인 사용수익권을 포기한 것으로 의사해석을 할 경우에 특별한 사정이 없으면, 그 지하 부분에 대한 독점적이고 배타적인 사용수익권도 포기한 것으로 해석함이 상당하다(대법원 2009. 7. 23. 선고 2009다25890판결 참조).

앞서 든 증거와 변론 전체의 취지를 종합하여 판단되는 다음과 같은 사정, 즉 이 사건 토지는 피고들의 위 건물에 이르는 유일한 통행로로 현재까지 30년 이상 사용되고 있는 점(원고는 울산 ○○구 ○○동K를 통과하는 다른 통행로가 있다고 주장하나, 그 주장을 받아들일 수 없다), 원고는 이 사건 토지에 관한 이러한 사정을 알고 경락받은 것으로 보이는 점 등을 종합하면, 이 사건 토지는 피고 C, 피고 D을 비롯한 인근 주민 및 일방 공중에게 무상으로 통행할 수 있도록 제공됨으로써 배타적 사용수익권이 포기되었고, 원고는 이를 그대로 승계하였다고 판단된다.

따라서 피고 가스회사가 이 사건 토지에 이 사건 도시가스 배관을 매설한 것이 원고의 소유권을 침해하는 것이라 볼 수 없으므로 원고의 피고들에 대한 이 사건 도시가스 배관 수거 주장은 이유 없고, 이 사건 토지 지하에 이 사건 도시가스 배관이 설치됨으로써 원고에게 어떠한 손해가 생겼다고 볼 수 없으므로, 원고에게 손해가 발생하였다는 것을 전제로 한 원고의 주장은 모두 이유 없다.

서울지방법원 1999. 7. 8. 선고 98가합14277 판결

이 사건 토지에 대한 독점적이고 배타적인 사용수익권을 포기하고 처분한 토지의 매수인 및 주민들에게 이 사건 토지를 무상으로 통행할 수 있는 권리를 부여하였다고 봄이 상당하므로 피고의 이 사건 토지의 사용으로 원고가 어떠한 재산상의 손해를 입었다고 볼 수 없어 원고는 피고에게 부당이득반환을 청구할 수 없고, 또한, 피고가 이 사건 토지에 설치된 위 도시가스관

> 을 철거한다고 하더라도 원고가 이 사건 토지를 다른 용도에 사용하기는 어려워(실제 원고에게 이 사건 토지를 다른 용도로 이용할 계획이 있는 것으로는 보이지 아니한다) 그가 얻을 이익은 작은 반면 위 도시가스관의 철거로 인하여 피고 및 인근 주민들이 입게 될 사회 경제적 손실은 대단히 클 뿐만 아니라 원고는 이미 위와 같이 이 사건 토지에 대한 독점적이고 배타적인 사용수익권을 포기하였다고 할 것이므로 원고가 피고에게 위 도시가스관의 철거를 청구하는 것은 권리남용에 해당한다고 할 것이다.

만일 배타적 사용승낙을 포기한 도로에 대해서도 상·하수도 등 기반시설 설치를 위해 굴착이 필요할 경우 토지 소유자의 승낙을 받아야만 한다고 해석하면, 아마도 도로 대란이 일어날 것이다.

즉, 토지 소유자가 지자체를 상대로 부당이득금반환청구를 할 필요도 없을 것이고, 오히려 인접 토지가 대지로 사용되려면 반드시 도로 소유자의 사용승낙이 필요하므로, '알박기' 토지가 될 것이다. 이런 결과가 상식에도 부합하지 않음은 다언을 요하지 않는다.

나. 배타적 사용수익이 포기된 도로 외의 기타 사유지

이 경우는 민법 제218조에 근거하여 수도등시설권이 있음을 주장하면서 해당 토지의 소유자를 상대로 승소 판결을 받은 다음, 이를 사용권한을 증명하는 자료로 제출하여 급수공사의 시행을 신청하면 될 것이다.

5. 소재확인 곤란 시 도시가스사업법으로 해결

 가스관을 매설할 토지의 소유자나 점유자를 찾지 못할 경우에는 비록 시간이 소요되기는 하지만 도시가스사업법 제42조의2제2항으로 해결하면 된다.

> **도시가스사업법**
>
> [시행 2025. 3. 21.] [법률 제20440호, 2024. 9. 20., 일부개정]
>
> **제42조의2(다른 자의 토지 사용)** ① 일반도시가스사업자는 그 사업을 수행하기 위하여 필요한 경우에는 현재의 사용방법을 방해하지 아니하는 범위에서 다른 자의 토지에 가스배관시설을 설치할 수 있다. 이 경우 일반도시가스사업자는 가스배관시설의 설치방법 및 존속기간 등에 대하여 미리 그 토지의 소유자 또는 점유자와 협의하여야 한다.
>
> ② 일반도시가스사업자는 가스배관시설을 설치하려는 토지의 소유자 또는 점유자의 소재확인이 현저히 곤란한 경우에는 전국적으로 배포되는 둘 이상의 일간신문에 2회 이상 공고하여야 하며, 그 공고한 날부터 30일 이상이 지나고도 토지의 소유자 또는 점유자를 알 수 없거나 그 주소·거소·영업소 또는 사무소를 알 수 없어 협의를 할 수 없으면 제1항 후단의 규정에도 불구하고 해당 토지 소재지를 관할하는 시·도지사의 허가를 받아 그 토지를 사용할 수 있다.
>
> ③ 일반도시가스사업자는 제2항에 따라 다른 자의 토지에 가스배관시설을 설치함으로 인하여 손실이 발생한 경우에는 손실을 입은 자에게 정당한 보상을 하여야 하며, 보상액의 산정과 보상방법 등 보상에 관한 사항은 「공익사업을 위한 토지 등의 취득 및 보상에 관한 법률」을 준용한다. [본조신설 2013.8.13.]

6. 행정청이나 도시가스 회사 상대로 소송으로 해결

 만일 상수도, 가스관 인입 공사를 요청했는데, 관청에서 배타적 사용수익권이 포기된 사유지 소유자의 사용승낙을 받아오라는 요구를 하면, 위와 같은 논리를 들어 부당함을 주장하고, 즉시 공사를 해 줄 것을 촉구하여야 한다.

 상수도 인입 공사를 불허하면 결국 '거부처분 취소소송'을 제기하고, 나아가 미리 상수도 공사 지연으로 인한 손해 발생 사실(또는 발생 예정인 사실)을 구체적으로 알린 후에 부당한 거부처분에 따른 손해가 발생하면 '손해배상 청구소송'도 제기하면 될 것이다.

 이러한 경우 사유지 도로 소유자나 아니면 인접 토지 소유자로부터 소송을 당한다고 가정한다면, 아마도 관청은 배타적 사용수익권을 포기한 소유자가 제기하는 소송보다는 인접 토지소유자가 제기하는 소송에서 훨씬 패소 위험이 클 것이다. 배타적 사용수익권을 포기한 자가 소송을 제기한다면 손해배상청구권 정도밖에 없을 것인데, 배타적 사용수익권이 포기되었으므로 손해가 있을 수 없다.

 한편 도시가스사업법 제19조제3항에 의해 가스 공급의무가 있음에도 불구하고, 토지 소유자가 불명이라는 이유로 가스사업자가 공급을 거부하면, 이는 동법 제19조제3항이 정한 가스공급의무의 면제 사유에 해당하지 않으므로, 결국 공급거부는 불법행위이므로, 손해배상청구도 가능하다고 본다.

7. 건축법상도로

 건축법상도로가 되면 이는 법정도로이다. 따라서 법정도로일 경우에는 당연히 그 도로가 사유 토지라고 하더라도 사권 행사가 제한되고, 배타적 사용수익권이 없다. 따라서 건축법상 도로에 상수도나 가스관 인입을 위한 공사 시에도 도로소유자의 사용·승낙은 불필요하다고 본다.

 따라서 어떤 사유지 토지가 폭 4미터 이상이고, 1976. 2. 1. 이전부터 일반주민의 통행로로 이용되었다면, 그 토지는 도로지정이 없었어도 건축법상 도로이다.

> **대법원 1999. 2. 9. 선고 98두12802 판결**
>
> 건축법 제36조, 제37조에 따라 건축선에 의한 건축제한이 적용되는 도로는 건축법 제2조 제11호에서 정의하는 도로, 즉 관계 법령의 규정에 의하여 신설 또는 변경에 관한 고시가 된 도로나 건축허가 또는 신고 시 시장·군수·구청장이 그 위치를 지정한 도로만을 가리킨다고 할 것인 바, 도로로서의 위치 지정이 있게 되면 그 도로부지 소유자들은 건축법에 따른 토지사용상의 제한을 받게 되므로 그 위치 지정은 도로의 구간, 연장, 폭 및 위치 등을 특정하여 명시적으로 행하여져야 하고, 따라서 막다른 골목길을 유일한 통행로로 하고 있는 부지에 대한 건축허가 또는 신고나 준공검사가 있었다 하더라도 건축법 제33조제1항이 건축물의 대지는 2m 이상을 도로에 접하여야 한다고 규정하고 있음을 들어 <u>위 골목길에 대한 도로로서의 위치 지정이 있었던 것으로 추정할 수 없으며</u>(대법원 1995. 3. 14. 선고 94누11552 판결 등 참조), 또한 <u>위 골목길이 오래전부터 인근 주민들의 통행로로 사용되어 왔다고 하더라도 그것이 폭 4m 이상으로서 1975. 12. 31. 법률 제2852호 건축법중개정법률 시행일인 1976. 2. 1. 전에 이미 주민들의 통행로로 이용되고 있어서 위 개정법률 부칙 제2항에 의하여 도로로 보는 것을 제외하고는 건축법상의 도로가 되었다고 할 수 없다고 할 것이다</u>(대법원 1990. 2. 27. 선고 89누7016 판결, 1992. 7. 28. 선고 92누7337 판결, 1994. 1. 28. 선고 93누20023 판결 참조).

8. 건축허가 신청전 법무법인강산과 상담하기

골목길이 문제가 되는 것은 행정청이나 가스회사들이 골목길 소유자의 사용승낙을 요구하는 것에서 비롯된다. 그러나 배타적 사용수익권 포기 법리에 따르면 포기는 지하에도 미치므로 사용승낙을 요구할 이유가 없는 것이다. 그리고 사실 지방자치단체나 국가는 도로등 기반시설을 제공할 의무가 있는 것이다. 즉, 자신들의 의무를 다하지 않고 사용승낙을 요구하는 것이다.

그런데 문제는 누가 배타적 사용수익권 포기 토지라고 판단할 것인가이다. 사견은 도시지역 시내 한복판이거나 그 도로를 이용하여 건축허가가 난 사실이 한번이라도 있다면 이는 배타적 사용수익권 포기 토지라고 보아도 무방하다고 보고 행정처리를 하여야 한다고 본다. 그런데 아마도 공무원으로서는 자신이 괜스레 특혜시비에 말릴 것을 우려하거나 아니면 포기 법리를 모르거나 기타 여러 가지 이유로 사용승낙을 요구할 것이다. 사실 배타적 사용수익권이 포기된 토지 인지의 판단은 최종적으로는 법원이 하는 것은 맞다.

그렇다면 소송을 통하여야 하는데, 소송을 하자니 시간이 없는 경우가 많다. 법무법인강산에게도 많은 메일이 온다. 그런데 준공이 임박한 경우가 대부분이어서 소송을 하자고 권유를 할 수가 없다. 배타적 사용수익권 포기 법리를 빌리지 않더라도 수도등시설권만으로도 거의 승소를 할 것이지만, 시간이 부족한 관계로 결국 소정의 돈을 지불하고 해결하는 것이 다반사이다.

그렇다면 정녕 골목길 문제를 해결할 방법은 없는가. 결론은 있다. 제발 건축허가를 신청하기 전에 법무법인강산을 찾기를 바란다.

종전 소유자로부터 매수를 하거나 경·공매를 통해 저렴하게 낙찰받은 사람들 입장은 당연히 자신의 토지를 타인이 사용하는 것이므로 사용승낙을 받아야 한다고 생각할 것이다. 이러한 생각이 크게 잘못은 아니라고 본다.

하지만 수십년간 그 토지를 둘러싸고 이어져 온 토지이용관계를 생각해 보면 전향적으로 생각할 부분도 있는 것이다. 그래서 대법원이 배타적 사용수익권 포기 법리를 도입한 것이고, 민법은 수도등시설권을 규정하고 있는 것이다. 그래서 <u>필자는 사용승낙을 요구하여 조그마한 돈을 벌기 위해 제발 골목길을 낙찰받지 말라고 권유하는 것이다.</u> 만일 재판으로 가서 패소하면(패소할 확률이 매우 크다) 도로 소유자는 상대방 소송비용도 물어줘야 한다.

재개발·재건축 구역에 포함되거나 신도시등 공익사업에 포함될 경우등 다른 이슈가 있을 때 도로 경매에 참여하여야 한다.

제5장 전원주택 진입도로 미확보 문제 해결법

1. 진입도로 제외 전원주택 부지 낙찰

최근 이런 질문이 왔다.

"얼마 전 대지 230평을 경매로 시가보다 조금 낮게 매입하였습니다. 전원주택단지를 조성했던 전 소유주가 대지의 도로지분을 빼고 나머지 대지인 이 땅만 은행에 근저당을 설정하였다가 경매가 되었고 제가 이 땅을 경락받았습니다. 경매절차 종료 후 전 소유주는 대지 입구 다리에 흰색 페인트로 "다리와 도로는 사도이니 통행을 금지함"이라고 써놓고는 도로 지분을 매입하라고 요구합니다. 공시지가 평당 19만 원이지만 시가는 평당 100만 원이라며 시가에 매입하라고 우기고 있습니다. 그리고 전원주택단지에는 이미 여러 채의 건물이 건축되어 있는 상황입니다. 해당 도로지분을 매입하거나 통행료를 지불해야만 이 길로 다닐 수 있나요?"

2. 배타적 사용수익권 포기 법리

가. 임료 청구 불가

우리 대법원은 도로에 대해서는 매우 독특한 판례법을 형성해 왔다. 즉, 배타적 사용수익권 포기 법리이다. 이는 간단하다. 비록 소유자라도 당해 토지에 대한 독점적이고 배타적인 사용수익권(이하 '사용수익권'이라고 한다)을 포기한 적이 있다면, 비록 소유자라고 하더라도 도로 부지를 배타적으로 사용·수익하지는 못한다. 따라서 소유자가 사용수익권을 포기하였다면 지방자치단체나 다른 인접토지소유자가 이를 점유한다고 하여 토지소유자에게 어떠한 손실이 발생한다고 볼 수 없다. 따라서 손실발생을 전제로 하는 임료상당의 부당이득반환청구는 허용되지 않는다는 것이다.

특히 전원주택단지의 경우는 대법원이 아예 이러한 배타적 사용수익권 포기이론을 당연시하고 있다. 즉, 대법원은 "택지를 조성한 후 분할하여 분양하는 사업을 하는 경우에, 그 택지를 맹지로 분양하기로 약정하였다는 등의 특별한 사정이 없다면, 분양계약에 명시적인 약정이 없더라도 분양사업자로서는 수분양 택지에서의 주택 건축 및 수분양자의 통행이 가능하도록 조성·분양된 택지들의 현황에 적합하게 인접 부지에 건축법 등 관계 법령의 기준에 맞는 도로를 개설하여 제공하고 수분양자에 대하여 도로를 이용할 수 있는 권한을 부여하는 것을 전제로 하여 분양계약이 이루어졌다고 추정하는 것이 거래상 관념에 부합되고 분양계약 당사자의 의사에도 합치된다."라고 판시하고 있는 것이다(대법원 2014. 3. 27. 선고 2011다107184 판결).

따라서 이 사안에서 전소유자는 비록 도로를 소유하고 있다고 하더라도 배타적 사용수익권을 포기한 것이므로, **다른 인접토지소유자의 도로 사용에 대해 임료를 청구할 권리가 없다**.

나. 통행 제한 가능 여부

도로법 제3조에 의하면 도로는 사권행사가 제한된다. 따라서 법의 적용을 받는 토지에 대해서는 사유지라고 하더라도 **그 통행을 함부로 제한할 수 없는 것이다**. 또한 함부로 도로를 막으면 형법 제185조에 의해 일반교통방해죄로 형사처벌을 받는다 (10년 이하의 징역 또는 1천500만 원 이하의 벌금). 즉, 도로는 특별한 사정이 없는 한 막지 못하는 것이다. 특히 배타적 사용수익권을 포기한 도로를 막으면 상당한 벌금을 내야 할 것이고, 경우에 따라서는 징역형을 받을 수도 있다.

다. 건축허가에 동의를 받아야 하는지 여부

이 경우 인접토지소유자가 건축허가를 받음에 있어서 동의를 받을 필요도 없다. 왜냐하면 이 도로는 이미 건축법상 도로이기 때문이다. 건축법상도로가 아니라면 다른 사람들이 위 전원주택단지에서 건축허가를 받을 수 없기 때문이다.

3. 전원주택 부지 매수자가 꼭 알아야 할 사항

 따라서 이 사안의 경우에 낙찰자는 전소유자에게 별도로 토지를 매입할 필요가 없다. 전소유자는 임료를 청구할 수도, 통행을 제한할 수도 없다.

 또한 전원주택을 매입하려는 사람들이 꼭 알아야 법리가 있다. 전원주택을 매입하려는 사람은 진입도로 문제가 어떻게 되어 있는지를 살펴보아야 한다. 가장 좋은 것은 관청에 기부채납이 완료되어 관청소유로 도로가 등기되어 있는 부지를 매입하는 것이다. 그러나 관청이 관리문제로 기부채납을 잘 받아주지 않는 경향이 있다.

 따라서 매도자 명의로 진입도로가 되어 있다면, 매매계약서에 반드시 진입도로 문제에 대해 "수분양 택지에서의 주택 건축 및 수분양자의 통행이 가능하도록 조성·분양된 택지들의 현황에 적합하게 인접 부지에 건축법 등 관계 법령의 기준에 맞는 도로를 개설하여 제공하고 수분양자에 대하여 도로를 이용할 수 있는 권한을 부여하는 것이 조건"이라는 특약을 하고, 아울러 "매도자는 향후 배타적인 사용수익권을 포기하고, 그 어떠한 권리주장도 하지 않을 것이며, 만일 이를 어길 경우 매매대금의 2배에 해당하는 금액을 위약벌(위약금이 아니다)로 지급하기로 한다."라는 특약을 할 것을 권한다.

또한 이미 건축법상도로로 지정되어 있는지를 행정청에 확인하여야 할 것이다.

제6장 주위토지통행권, 통행지역권

1. 문제의 제기

골목길과 사안을 달리하여, 어떤 토지 이용을 위해 통행을 하던 곳을 막는 경우에는 통행지역권과 주위토지통행권으로 통행을 방해하지 말 것을 청구할 수도 있다.

을이 농사를 짓는 토지는 앞쪽에 공터를 제외하고는 모두 다른 집들로 막혀 있어서 그 공터를 유일한 통로로 이용하여 영농행위를 하여 왔다. 그런데 최근에 그 공터를 매수한 갑이 찾아와 그곳에 집을 짓기로 하였으니 통로로 내줄 수 없다고 한다. 을은 그곳을 통과하지 않으면 큰길로 나갈 수 있는 방법이 없는데, 을이 통행할 수 있는 방법은 없는가.

2. 통행지역권

 민법 제294조는 지역권은 계속되고 표현된 것에 한하여 민법 제245조의 규정을 준용한다고 규정하고 있다. 공유자의 1인이 지역권을 취득한 때에는 다른 공유자도 이를 취득한다(민법 제295조제1항). 점유로 인한 지역권취득기간의 중단은 지역권을 행사하는 모든 공유자에 대한 사유가 아니면 그 효력이 없다(민법 제295조제2항). 요역지가 수인의 공유인 경우에 그 1인에 의한 지역권소멸시효의 중단 또는 정지는 다른 공유자를 위하여 효력이 있다(민법 제296조).

 이러한 통행지역권의 시효취득에 대해 대법원은 "요역지의 소유자가 승역지에 통로를 개설하여 그 통로를 사용하는 상태가 민법 제245조에 규정된 기간(20년) 계속된 경우에 한하여 통행지역권의 시효취득을 인정할 수 있는 것이다(당원 1991. 4. 23. 선고 90다15167 판결, 1991. 10. 22. 선고 90다16283 판결, 1992. 9. 8. 선고 92다20385 판결, 1993. 5. 11. 선고 91다46861 판결 등 참조)"라고 판시하고 있다(대법원 1995. 1. 20. 선고 94다42525 판결).

 따라서 을이 20년 이상 통행로로 사용하여 왔다면 통행지역권을 취득하는 것이다.

3. 주위토지통행권

가. 의의

민법은 인접하는 부동산 상호간의 이용을 조절하기 위하여 각 소유자가 가지는 권리를 어느 정도 제한하고, 각 소유자에게 협력의무를 부담시키는 여러 규정을 두고 있다.

위 사안과 관련하여 민법 제219조(주위토지통행권)에 의하면, 어느 토지와 공로 사이에 그 토지의 용도에 필요한 통로가 없는 경우에 그 토지소유자는 주위의 토지를 통행 또는 통로로 하지 아니하면 공로에 출입할 수 없거나 과다한 비용을 요하는 때에는 그 주위의 토지를 통행할 수 있고 필요한 경우에는 통로를 개설할 수 있으며, 이 경우 통행권자는 통행지 소유자의 손해를 보상하여야 한다고 규정하고 있다.

위 사안의 경우에도 위 규정이 정한 법적 요건에 해당한다고 보여지므로 을은 주위토지인 갑 소유의 토지를 통행할 수 있고, 필요한 경우에는 통로를 개설할 수 있다고 할 것이다. 다만, 이로 인하여 갑이 입게 되는 손해를 가장 최소화하는 장소와 방법을 선택하여야 하고, 갑에게 손해가 발생하면 이를 보상하여야 한다.

따라서 만일, 갑이 일방적으로 통로를 폐쇄하거나, 지나치게 좁은 통로만을 남겨두는 경우에는 법원에 통행방해배제청구소송을 제기할 수도 있겠으며, 긴급한 경우에는 통행방해금지가처분신청을 할 수도 있을 것이다.

한편 분할로 인하여 공로에 통하지 못하는 토지가 있는 때에는 그 토지소유자는 공로에 출입하기 위하여 <u>다른 분할자의 토지를 통행할 수 있다. 이 경우에는 보상의 의무가 없다.</u> 이는 토지소유자가 그 토지의 일부를 양도한 경우에 준용한다(민법 제220조).

나. 청구의 상대방

통상 주위토지통행권에 관한 분쟁은 통행권자와 피통행지의 소유자 사이에 발생하나, 피통행지의 소유자 이외의 제3자가 일정한 지위나 이해관계에서 통행권을 부인하고 그 행사를 방해할 때에는 그 제3자를 상대로 통행권의 확인 및 방해금지 청구를 하는 것이 통행권자의 지위나 권리를 보전하는 데에 유효·적절한 수단이 될 수 있다(대법원 2005. 7. 14. 선고 2003다18661 판결).

다. 청구 방법

주위토지통행권의 확인을 구하기 위해서는 통행의 장소와 방법을 특정하여 청구취지로써 이를 명시하여야 하고, 또한 민법 제219조에 정한 요건을 주장·입증하여야 한다(대법원 2006. 6. 2. 선고 2005다70144 판결).

주위토지통행권의 본래적 기능발휘를 위해서는 그 통행에 방해가 되는 담장과 같은 축조물도 위 통행권의 행사에 의하여 철거되어야 한다(대법원 2006. 6. 2. 선고 2005다70144 판결).

따라서 주위토지통행권이 있음을 주장하여 확인을 구하는 특정의 통로 부분이 민법 제219조에 정한 요건을 충족한다고 인정되지 아니할 경우에는 다른 토지 부분에 주위토지통행권이 인정된다고 할지라도 원칙적으로 그 청구를 기각할 수밖에 없으나, 이와 달리 통행권의 확인을 구하는 특정의 통로 부분 중 일부분이 민법 제219조에 정한 요건을 충족하여 주위토지통행권이 인정된다면, 그 일부분에 대해서만 통행권의 확인을 구할 의사는 없음이 명백한 경우가 아닌 한 그 청구를 전부 기각할 것이 아니라, 그 부분에 한정하여 청구를 인용함이 상당하다(대법원 2006. 6. 2. 선고 2005다70144 판결).

라. 통행 범위

토지의 이용방법에 따라서는 자동차 등이 통과할 수 있는 통로의 개설도 허용되지만 단지 토지이용의 편의를 위해 다소 필요한 상태라고 여겨지는 정도에 그치는 경우까지 자동차의 통행을 허용할 것은 아니다(대법원 2006. 6. 2. 선고 2005다70144 판결).

주위토지통행권의 범위는 통행권을 가진 자에게 필요할 뿐 아니라 이로 인한 주위토지 소유자의 손해가 가장 적은 장소와 방법의 범위 내에서 인정되어야 하며, 그 범위는 결국 사회통념에 비추어 쌍방 토지의 지형적, 위치적 형상 및 이용관계, 부근의 지리상황, 상린지 이용자의 이해득실 기타 제반 사정을 참작한 뒤 구체적 사례에 응하여 판단하여야 하는 것인바, <u>통상적으로는 사람이 주택에 출입하여 다소의 물건을 공로로 운반하는 등의 일상생활을 영위하는 데 필요한 범위의 노폭까지 인정되고, 또 현재의 토지의 용법에 따른 이용의 범위에서 인정되는 것이지 더 나아가 장차의 이용상황까지 미리 대비하여 통행로를 정할 것은 아니다</u>(대법원 1996. 11. 29. 선고 96다33433,33440 판결).

<u>건축 관련 법령에 정한 도로 폭에 관한 규정만으로 당연히 피포위지 소유자에게 그 반사적 이익으로서 건축 관련 법령에 정하는 도로의 폭이나 면적 등과 일치하는 주위토지통행권이 생기는 것은 아니고</u>(대법원 2006. 10. 26. 선고 2005다30993 판결), 그러한 법령의 규제내용도 그 참작사유로 삼아 피포위지 소유자의 건축물 건축을 위한 통행로의 필요도와 그 주위토지 소유자가 입게 되는 손해의 정도를 비교·형량하여 주위토지통행권의 적정한 범위를 결정하여야 할 것이고(대법원 1992. 4. 24. 선고 91다32251 판결, 1994. 2. 25. 선고 93누20498 판결 등 참조), 그 범위는 <u>현재의 토지의 용법에 따른 이용의 범위에서 인정되는 것이지 더 나아가 장차의 이용상황까지 미리 대비하여 통행로를 정할 것은 아니다</u>(대법원 1996. 11. 29. 선고 96다33433, 33440 판결 참조). 즉, 주위토지통행권의 존부와 범위를 정할 때에도 현재의 용법에 따른 제한된 범위 내에서 인정해야 한다. 따라서 <u>밭으로 이용되던 토지에 주택의 신축을 위한 주위토지통행권은 인정될 수 없다</u>(서울중앙지법 2013가합11138 판결).

주위토지통행권은 통행을 위한 지역권과는 달리 그 통행로가 항상 특정한 장소로

고정되어 있는 것은 아니고, 주위토지통행권확인청구는 변론종결 시에 있어서의 민법 제219조 소정의 요건에 해당하는 토지가 어느 토지인가를 확정하는 것이므로, 주위토지소유자가 그 용법에 따라 기존 통행로로 이용되던 토지의 사용방법을 바꾸었을 때에는 대지소유자는 그 주위토지 소유자를 위하여 보다 손해가 적은 다른 장소로 옮겨 통행할 수밖에 없는 경우도 있다(대법원 2009. 6. 11. 선고 2008다75300 판결[71])).

포위된 토지가 공로에 접하게 되는 등으로 주위토지통행권을 인정할 필요성이 없어진 경우, 통행권이 소멸한다(대법원 2014. 12. 24. 선고 2013다11669 판결).

주위토지통행권자가 통행지 소유자에게 보상해야 할 손해액의 산정 방법 및 주위토지통행권이 인정되어 통행하고 있다는 사정만으로 통행지를 '도로'로 평가하여 산정한 임료 상당액을 통행지 소유자의 손해액이라고 볼 수 없다(대법원 2014. 12. 24. 선고 2013다11669 판결).

마. 주위토지통행권 판결로 건축허가를 받을 수 있는 지 여부

도시계획구역안에서 건축물 건축을 위한 건축허가를 받으려면 그 대지가 2m이상 도로에 접하도록 당해 도로에 대하여 이해관계인의 동의를 얻어야 할 것인바, 이 경우에 공로로 통하는 대지에 대하여 주위토지통행권이 있음을 확인하는 내용의 승소판결로써 위 동의에 갈음할 수 없다 할 것이다. 왜냐하면 시장, 군수가 도로를 지정하고자 할 때 당해 도로에 대하여 이해관계인의 동의를 구하는 취지는 도로로 지정될 토지소유자의 권리행사에 제한을 받게 되므로 토지소유자의 명백한 의사로서 도로로 지정되어도 무방하다는 뜻을 받아두자는 것임에 반하여, 주위토지통행권은 통행권자가 통행지 소유자의 방해를 받지 않고, 그 통행지를 통행할 수 있고, 필요하면 통로를 개설할 수 있을 뿐이고 이에 의하여 통행지 소유자의 점유권이 배제되는 것

---

71) 연립주택 단지 내 기존 통행로는 연립주택 주민들 전체의 주거공간이므로, 공로로 통할 수 있는 인접한 공지가 있는 이상 통행로 개설 비용이 들더라도 인접 토지를 통하여 공로로 나가는 것이 연립주택 단지 내의 주거의 평온과 안전에 대한 침해를 최소화한다는 이유로, 위 기존 통행로에 대한 주위토지통행권을 인정한 원심판결을 파기한 사례

은 아닐 뿐만 아니라 이는 또한 상린관계에 기하여 통행지 소유자의 손해를 무릅쓰고 포위된 토지소유자의 공로로의 통행을 위하여 특별히 인정하려는 것이므로, 그 통행로의 폭이나 위치 등을 정함에 있어서는 포위된 토지소유자가 건축법상 증, 개축을 하지 못하게 될 염려가 있다는 등의 사정보다는 오히려 피통행지 소유자에게 가장 손해가 적게 되는 방법이 더 고려되어 결정되는 점(당원 1991. 5. 28. 선고 91다9961, 9978 판결, 1991. 6. 11. 선고 90다12007 판결 각 참조)등 그 규정취지, 성질 및 이용상황이 다르기 때문이다(대법원 1993. 5. 25. 선고 91누3758 판결).

위 대법원 판결 이유를 살펴보면 "원고가 그 소유의 이 사건 대지 310m는 소외 김경○ 소유의 부산 ○○구 ○○동 266의3 대지등에 둘려 쌓여져 있는 관계로 공로에 이르는 통로가 없어 위 김경○를 상대로 통행권확인의 소를 제기한 결과 1990. 2. 13. 원고는 원심판결 첨부 별지도면표지(나)부분 11m (폭은 2m이고 길이는 약 5.5m이다)에 대하여 주위토지통행권이 있음을 확인한다는 내용의 판결이 선고, 확정되자 이 사건 대지상에 지상 2층의 단독주택을 건축하기 위하여 건축허가신청을 하면서 위 건축법시행령 제64조제1항 소정의 이해관계인의 동의에 갈음하여 위 확정판결을 첨부하였으나 피고는 위 판결로는 이해관계인인 위 김경○의 동의에 갈음할 수 없다고 하면서 건축허가를 반려한데 대하여, <u>원심은 위 (나)부분에 대한 주위토지통행확인권은 원고가 그 부분을 통행할 수 있고 필요한 경우에는 통로를 개설할 수 있다는 것이지 이로써 위 (나)부분을 피고가 도로로 지정하는데 대한 건축법 시행령 제64조제1항 소정의 이해관계인인 김경○의 동의에 갈음할 수 없다고 하면서 이 사건 건축허가신청을 반려한 이 사건 처분이 적법하다고 판단하였는 바</u>, 기록에 비추어 원심의 판단은 정당하고 거기에 소론과 같은 건축법 및 건축법 시행령의 취지를 오해하여 잘못 해석하고 증거판단을 잘못한 위법이 있다할 수 없다."라고 판시한 바 있다(대법원 1993. 5. 25. 선고 91누3758 판결).

<u>다만, 주위토지통행권확인판결로 건축허가를 받을 수 없다고 실망하지 말자. 실무에서는 주위토지통행권확인판결을 받으면 엄청난 효과가 있다</u>[72]).

---

72) 법무법인강산의 노하우가 결합되면 그렇다는 이야기이다.

제7장   아파트 진입도로 강제수용권 존재 여부

1. 문제의 제기

조상 대대로 물려온 땅인데 민간 건설회사가 갑자기 아파트를 만드는데 진입도로로서 강제로 수용하겠다고 협박하는데 사실인가.

국보 제1호인 남대문 화재사건도 바로 아파트 진입도로에 대한 보상 불만에 기인한 것이다.

2. 관련 법규

국토계획법 제86조 제5항은 "제1항부터 제4항까지의 규정에 따라 시행자가 될 수 있는 자 외의 자는 대통령령으로 정하는 바에 따라 국토교통부장관, 시·도지사, 시장 또는 군수로부터 시행자로 지정을 받아 도시·군계획시설사업을 시행할 수 있다.", "동조제7항은 ①국가 또는 지방자치단체, ②대통령령으로 정하는 공공기관, ③그 밖에 대통령령으로 정하는 자에 해당하지 아니하는 자가 제5항에 따라 도시·군계획시설사업의 시행자로 지정을 받으려면 도시·군계획시설사업의 대상인 토지(국공유지는 제외한다)의 소유 면적 및 토지 소유자의 동의 비율에 관하여 대통령령으로 정하는 요건을 갖추어야 한다.", 동법시행령 제96조제2항은 "법 제86조제7항 각 호외의 부분 중 "대통령령으로 정하는 요건"이란 <u>도시계획시설사업의 대상인 토지(국·공유지를 제외한다. 이하 이 항에서 같다)면적의 3분의 2 이상에 해당하는 토지를 소유하고, 토지소유자 총수의 2분의 1 이상에 해당하는 자의 동의를 얻는 것을 말한다</u>."라고 규정하고 있다.

동법시행령 제96조제3항은 법 제86조제7항제2호에서 "대통령령으로 정하는 공공기관"이란 한국농수산식품유통공사, 대한석탄공사, 한국토지주택공사, 한국관광공사, 한국농어촌공사, 한국도로공사, 한국석유공사, 한국수자원공사, 한국전력공사, 한국철도공사를 말한다고 규정하고, 동법시행령 제96조제4항은 법 제86조제7항제3호에서 "대통령령으로 정하는 자"란 ①지방공사 및 지방공단, ②다른 법률에 의하여 도시·군계획시설사업이 포함된 사업의 시행자로 지정된 자, <u>③법 제65조의 규정에 의하여 공공시설을 관리할 관리청에 무상으로 귀속되는 공공시설을 설치하고자 하는 자</u>, ④「국유재산법」제13조 또는 「공유재산 및 물품관리법」제7조에 따라 기부를 조건으로 시설물을 설치하려는 자를 말한다고 규정하고 있다.

3. 민간인 진입도로 수용권 존재 여부

결국 건설회사나 민간인이 도시계획도로를 설치하고자 하는 경우 사업시행자로 지정되려면(강제수용권을 행사하려면), 원칙적으로는 도시계획시설사업의 대상인 토지(국·공유지를 제외한다. 이하 이 항에서 같다) 면적의 3분의 2 이상에 해당하는 토지를 소유하고, 토지소유자 총수의 2분의 1 이상에 해당하는 자의 동의를 얻어야만 가능하나, 예외적으로 동법시행령 제96조제4항제3호 및 제4호에 의하여 ①법 제65조의 규정에 의하여 공공시설을 관리할 관리청에 무상으로 귀속되는 공공시설을 설치하고자 하는 자, ②「국유재산법」제13조 또는 「공유재산 및 물품관리법」제7조에 따라 기부를 조건으로 시설물을 설치하려는 자는 아무런 제한 없이 사업시행자로 지정될 수 있고, 따라서 강제수용권을 행사할 수 있다.

그러므로 법은 건설회사가 자기가 건설하는 아파트 진입로 부분을 아무런 제한 없이 도시계획시설시행자로 지정받아 강제수용권을 행사할 길을 열어주고 있는 것이다.

그러나 이는 건설회사의 탐욕을 채우는 도구로 전락되었고, 나아가 진입도로 소유자에게는 너무나 큰 고통을 안겨주는 법이므로 사견은 평등권에 위배되어 위헌이라고 본다.

아무리 도로가 공공시설물이라고 하지만 이처럼 아파트 진입도로를 개설하는 경우까지 수용권을 주는 것은 다른 토지소유자에 비하여 너무 평등권을 침해하고 재산권을 침해하고 있는 것이다. 이는 산업단지를 민간인이 조성하는 경우 50%의 토지소유권을 선 확보하여야만 그 다음에 수용재결 신청이 가능한 법률과 비교해보면 형평성 침해가 극명하게 드러난다.

입법론으로는 법시행령 제96조제4항 제3호와 제4호를 삭제하거나, 그대로 둔다면 최소한 50%에 대한 소유권은 확보하여야 수용재결을 신청할 수 있도록 제한하여야 재산권을 보장하는 헌법에 부합한다고 본다.

4. 결론

 ①국토계획법 제65조의 규정에 의하여 공공시설을 관리할 관리청에 무상으로 귀속되는 공공시설을 설치하고자 하는 자, ②「국유재산법」 제13조 또는 「공유재산 및 물품관리법」 제7조에 따라 기부를 조건으로 시설물을 설치하려는 자는 아무런 제한 없이 사업시행자로 지정될 수 있고, 따라서 강제수용권을 행사할 수 있다.

 따라서 아파트 진입도로 부분에 토지를 가진 자는 건설회사가 아파트 사업계획승인을 받기 위해 중앙토지수용위원회와 협의를 하는 단계에서 '협의매수'하도록 하는 조건을 부여하도록 노력하거나, 적정가격이면 매도를 고민해 보아야 한다. 물론 위법조문에 대한 위헌소송도 하여야 할 것이다.

 특히 진입도로 부분에서 영업을 하는 분이 있다면 반드시 법무법인강산과 상의하여 원하는 보상금을 수령할 수 있도록 해 보자. 건설회사는 가급적이면 협의취득을 하도록 노력하는 것이 타당하다고 본다.

도로·공원등 도시계획시설 경매 및
골목길·맹지 해결법

PART
5

공원 대응법 및 투자법

PART 5 공원 대응법 및 투자법

제1장 공원의 연혁

1. 1961. 1. 20. 도시계획법 제정으로 시작

- 고궁 등을 공원시설로 지정
- 1966. 토지구획정리사업법, 지구면적 3% 이상을 공원면적으로 확보하도록 규정

2. 공원법 제정

- 1967. 3. 3. 도시계획법에서 분리하여 법률 제1909호로 **"공원법"**이 제정
- 공원은 국립공원[73]·도립공원[74]·**도시공원** 구분
- "도시공원"이라 함은 도시계획법에 의한 도시계획의 시설로서 설치하는 공원 및 녹지를 말한다(법 제2조제4호).

---

73) 대한민국의 국립공원은 1967년 지리산을 시작으로, 3개 해상·해안(다도해해상, 한려해상, 태안해안), 1개의 반도(변산반도), 1개의 사적형(경주) 국립공원을 제외하면 대부분 산악지역으로 구성되어 있다. 2021년 기준 총 22개소가 지정되어 있으며, 국토면적의 6.7%인 6,726㎢를 차지하고 있다.

74) 2006년 환경백서에 의하면 도립공원은 특별시·광역시·도의 자연경관을 대표할 만한 수려한 자연경관지로서 1970년 6월 1일 경상북도에서 금오산을 최초의 도립공원으로 지정한 이래 1970년대에 13개소, 1980년대에 7개소가 지정되었고, 1998년에 2개소 및 2005년에 1개소가 추가 지정되어 2005년 12월 23개소, 총넓이 784㎢로서 전국토의 0.8%를 차지하고 있다. 도립공원은 남한산성과 같은 사적공원, 경포 및 낙산도립공원과 같은 해안공원, 기타 명산 등을 위주로 한 산악육지공원으로 구성되어 있다. 지역별로는 대구광역시 1개소(팔공산). 광주광역시 1개소(무등산), 경기도 2개소(남한산성, 연인산), 강원도 3개소(경포, 낙산. 태백산), 충청남도 3개소(덕산, 칠갑산, 대둔산), 전라북도 4개소(모악산, 대둔산, 마이산, 선운산), 전라남도 4개소(조계산, 두륜산, 팔영산, 천관산), 경상북도 3개소(문경새재, 금오산, 청량산), 경상남도 2개소(가지산, 연화산)가 지정되어 있다. 환경부, 『2006 환경백서』, 2006, 382 ~ 383쪽.

> **공원법 제36조 (사권의 제한)** 도시공원을 구성하는 토지 또는 물건에 관하여는 사권을 행사할 수 없다. 다만, 소유권을 이전하거나 저당권을 설정 또는 이전함은 그러하지 아니하다.

지정일 순 국립공원 목록(네이버, 나무위키 자료)

제1호 지리산국립공원

제2호 경주국립공원: 모든 국립공원 중 유일하게 사적지형 국립공원이다.

제3호 계룡산국립공원

제4호 한려해상국립공원: 해안지역에 지정된 3개의 국립공원 중 하나. '한려수도'에서 따온 이름으로 '한려'는 경상남도 통영시에 있는 한산도의 '한(閑)'과 전라남도 여수시의 '려(麗)'를 의미한다.

제5호 설악산국립공원

제6호 속리산국립공원

제7호 한라산국립공원: 국립공원공단이 직접 관리하지 않는 유일한 국립공원으로 제주특별자치도에서 직접 관리한다. 관리구역을 더 늘려 제주도 1/3 정도 면적으로 늘리고, 이름을 제주국립공원으로 확대하려는 환경부 계획이 있다.

제8호 내장산국립공원

제9호 가야산국립공원

제10호 덕유산국립공원

제11호 오대산국립공원

제12호 주왕산국립공원

제13호 태안해안국립공원: 해안지역에 지정된 3개의 국립공원 중 하나. 1990년 이전 명칭은 '서산해안국립공원'이었다. 지정 당시(1978년)에는 해당 지역이 서산군이었다가 1989년 태안군으로 분리되었기 때문

제14호 다도해해상국립공원: 해안지역에 지정된 3개의 국립공원 중 하나. 1998년에 도립공원으로 지정된 팔영산을 2011년에 편입되었다.

제15호 북한산국립공원

제16호 치악산국립공원

제17호 월악산국립공원

제18호 소백산국립공원

제19호 변산반도국립공원: 대한민국의 국립공원은 경주를 빼면 산 아니면 바다인데, 여기만 유일하게 산과 바다가 같이 국립공원으로 지정되어 있다. 그래서 변산 국립공원이 아니라 변산반도 국립공원이다.

제20호 월출산국립공원: 20세기에 마지막으로 지정된 국립공원이다.

제21호 무등산국립공원: 24년 만에 새로 지정됐다.

제22호 태백산국립공원

3. 1980. 1. 4. 도시공원법과 자연공원법으로 분리 제정

- 공원법이 1980. 1. 4. 폐지되면서 "자연공원법"(1980.1.4. 법률 제3243호)과 "도시공원법"(1980.1.4. 법률 제3256호)이 제정
 - 도시공원과 녹지로 분리
 - 도시공원은 어린이공원·근린공원·도시자연공원 및 묘지공원으로 구분함.
 - 자연공원은 국립공원·도립공원 및 군립공원으로 구분함.
 - 도시공원법 [시행 1993.11.6] [법률 제4571호, 1993.8.5, 일부개정] 개정으로 도시공원에 "체육공원" 추가

4. 도시공원법 개정 연혁

> **도시공원법**
> **[시행 1980.6.1.] [법률 제3256호, 1980.1.4., 제정]**
> [신규제정]
> ①도시공원은 어린이공원·근린공원·도시자연공원 및 묘지공원으로 구분함.
> ②도시공원안에서 공원시설 이외의 시설·건축물 또는 공작물을 설치하거나 토지의 형질변경·죽목의 벌채·재식이나 토석채취등의 행위를 하고자 하는 자는 허가를 받도록 함.
> ③일정기준이상의 시설을 갖춘 도시공원은 입장료 또는 사용료를 징수할 수 있도록 함.
>
> **도시공원법**
> **[시행 1993.11.6.] [법률 제4571호, 1993.8.5., 일부개정]**
> [일부개정]
> 생활체육시설에 대한 수요의 증대에 따라 도시공원의 종류에 체육공원을 추가하고, 행정청이 아닌 자에 대하여도 도시공원을 설치하여 소유할 수 있게 함으로써 민자에 의한 도시공원의 설치를 촉진하려는 것임.
> ①국민소득의 증대로 건강 및 여가에 대한 관심이 높아지고 생활체육시설에 대한 수요가 증가하고 있어 체육시설이 집중적으로 설치된 공원이 필요함에 따라 도시공원의 종류에 체육공원을 추가함.

②현재는 시장·군수외의 자가 도시공원 또는 공원시설을 설치하는 경우에는 도시계획법에 의하여 관리청에게 무상으로 귀속되게 되는 바, 앞으로는 행정청이 아닌 자가 설치하는 공원시설등은 그 설치자에게 소유권이 귀속될 수 있도록 하여 민간자본에 의한 공원시설의 설치를 촉진함.

③공원시설을 관리하는 자는 시설의 안전에 필요한 조치를 하도록 함.

④녹지에 건축물·공작물등을 설치하거나 토지형질변경등의 행위를 하고자 하는 자는 관리청의 점용허가를 받도록 하고, 관리청은 녹지의 점용허가를 받은 자에 대하여 점용료를 부과할 수 있도록 함.

⑤시장·군수 또는 공원관리청이 허가취소·사업정지등의 불이익처분을 하고자 하는 경우에는 미리 당사자의 의견을 듣도록 하는 청문절차규정을 신설하여 국민의 권익을 보호하도록 함.

도시공원법

[시행 1999.2.8.] [법률 제5899호, 1999.2.8., 일부개정]

[일부개정]

◇ 개정이유

도시공원법에 의한 허가·승인등으로 발생한 권리·의무에 대한 공원관리청에의 허가·신고를 자율에 맡기는 등 관련규제를 완화하려는 것임.

◇ 주요골자

가. 도시공원 입장료와 공원내 각종 시설물 사용료를 지방자치단체 조례로 정하도록 한 것을 입장료에 대하여는 공원관리청에 신고하도록 하고 사용료는 자율화함(법 제14조).

나. 도시공원안에 있는 건축물 또는 공작물의 이전명령 규정을 삭제함(법 제25조).

다. 도시공원법에 의한 허가·승인등으로 발생한 권리·의무 이전시 허가 또는 신고 규정을 삭제함(법 제27조).

도시공원법

[시행 2000.7.1.] [법률 제6246호, 2000.1.28., 일부개정]

[일부개정]

◇ 개정이유 및 주요골자

도시계획법의 개정에 따라 관계조문을 정리하려는 것임.

5. 2005. 3. 31. 「국토의 계획 및 이용에 관한 법률」

- 용도구역으로 도시자연공원구역 도입 [시행2005.7.1] [법률 제7470호, 2005.3.31, 일부개정]

> **국토의 계획 및 이용에 관한 법률** [시행 2005.7.1] [법률 제7470호, 2005.3.31, 일부개정]
> ◇ 개정이유 및 주요내용
>
> 특별시장·광역시장·시장 또는 군수는 도시기본계획을 수립하거나 변경하고자 하는 때에는 건설교통부장관의 승인을 얻도록 되어있는바, 앞으로는 시장·군수가 수립하는 도시기본계획의 경우 최초로 수립하는 것에 한하여 건설교통부장관의 승인을 얻도록 하고 그 후의 도시기본계획에 대한 승인사무는 건설교통부장관으로부터 도지사에게로 이양하고, 도시의 자연환경 및 경관을 보호함과 아울러 도시민에게 건전한 여가와 휴식공간을 제공하기 위하여 도시관리계획으로 도시자연공원구역을 지정·관리할 수 있도록 하고, 그 지정 또는 변경 등에 관하여 필요한 사항은 따로 법률로 정하려는 것임.
>
> **제2조 (정의)**
> 4. "도시관리계획"이라 함은 특별시·광역시·시 또는 군의 개발·정비 및 보전을 위하여 수립하는 토지이용·교통·환경·경관·안전·산업·정보통신·보건·후생·안보·문화 등에 관한 다음의 계획을 말한다.
> 가. 용도지역·용도지구의 지정 또는 변경에 관한 계획
> 나. 개발제한구역·도시자연공원구역·시가화조정구역·수산자원보호구역의 지정 또는 변경에 관한 계획
> 다. 기반시설의 설치·정비 또는 개량에 관한 계획
> 라. 도시개발사업 또는 정비사업에 관한 계획
> 마. 지구단위계획구역의 지정 또는 변경에 관한 계획과 지구단위계획

6. 2005. 3. 31. 도시공원법 전부개정 「도시공원 및 녹지 등에 관한 법률」 탄생

- [시행 2005.10.1] [법률 제7476호, 2005.3.31, 전부개정], '도시자연공원구역' 후속입법
- 도시공원 세분화 : 생활권공원과 주제공원으로 분류
- 우리나라 공원은 대부분 1960년대, 1970년대에 지정되었다. 당시에는 공원으로 지정하여 공원시설을 설치할 의도가 있었던 것 같다. 그러다가 장기미집행토지에 대해 위헌결정이 나서 실효 제도가 도입되고, 또한 공원에 대해서도 개발이 아닌 보전이 대세를 이루자 정부는 용도구역으로 '도시자연공원구역'을 도입한 것으로 생각된다.

도시공원 및 녹지 등에 관한 법률

[시행 2005.10.1.] [법률 제7476호, 2005.3.31., 전부개정]

[전문개정]

◇ 개정이유

　도시민의 요구수준에 맞도록 도시공원과 녹지를 확충·관리하기 위하여 계획수립 및 관리체계를 개편하고, 도시의 자연환경 및 경관을 보호함과 아울러 도시민에게 건전한 여가와 휴식공간을 제공하기 위하여 <u>도시자연공원구역을 지정·관리할 수 있도록 하는 등</u> 현행 제도의 운영과정에서 나타난 미비점을 전반적으로 개선·보완하려는 것임.

◇ 주요내용

　가. <u>공원녹지기본계획 수립 제도의 도입</u>(법 제5조 내지 제10조)

　　(1) 도시지역의 기본적인 공간구조와 장기발전방향을 제시하는 종합계획인 도시기본계획이 20년 주기로 수립되고 있는데, 도시기본계획에서는 공원녹지 분야에 대한 체계적인 계획이 없기 때문에 도시내 공원녹지에 관한 기본계획의 수립을 추진하려는 것임.

　　(2) 특별시장·광역시장 또는 대통령령으로 정하는 시의 시장은 공원녹지의 확충·관리·이용방향을 종합적으로 제시하는 <u>10년 단위의 공원녹지기본계획을 수립</u>하여 건설교통부장관 또는 도지사의 승인을 얻도록 하고, 도시공원·녹지 등에 관한 도시관리계획은 공원녹지기본계획에 부합하도록 함.

　　(3) 도시의 특성과 실정을 감안한 공원녹지에 관한 체계적인 기본계획의 수립을 통하여 도시민의 쾌적하고 양호한 생활기반이 형성될 것으로 기대됨.

나. 녹지활용계약 및 녹화계약 제도의 도입(법 제12조 및 제13조)

 (1) 도시의 개발로 이용 가능한 녹지는 점점 감소하고 도시내 녹지공간의 상당부분이 사유지로 되어 있으나 개인 소유 녹지는 이용과 관리가 어려운 실정이므로 계약에 의해 도시의 부족한 녹지를 확충하고 도시민에게 필요한 휴식공간을 확대 제공하려는 것임.

 (2) 특별시장·광역시장·시장 또는 군수는 도시민이 이용할 수 있는 공원녹지를 확충하기 위하여 필요한 경우 도시지역안의 식생 등이 양호한 토지의 소유자와 녹지활용계약을 체결할 수 있도록 하고, 도시녹화를 위하여 필요한 경우 도시지역안의 일정지역의 토지소유자 또는 거주자와 묘목 제공 등의 지원을 내용으로 하는 녹화계약을 체결할 수 있도록 함.

 (3) 지방자치단체와 도시지역 주민이 공원녹지 확충 및 도시녹화에 상호 협력하여 도시의 녹지 환경을 개선·발전시킬 수 있는 계기가 되고 도시지역 주민이 이용할 수 있는 공원녹지가 보다 확대될 것으로 기대됨.

다. 도시공원 또는 녹지의 확보기준 마련(법 제14조)

 (1) 현재 지방자치단체에서 도시개발사업계획·택지개발사업계획 등 각종 개발계획을 수립하는 경우 도시공원 및 녹지의 확보계획이 반영되고 있으나 지방자치단체별·사업별로 요구하는 기준이 달라 이에 대한 기준을 마련하려는 것임.

 (2) 일정한 규모의 개발계획을 수립하는 자는 도시공원 또는 녹지의 확보계획을 개발계획에 포함시키도록 하고, 당해 개발사업을 시행하는 자가 자기의 부담으로 개발계획에 포함된 도시공원 또는 녹지를 조성하도록 함.

 (3) 사업별로 도시공원 및 녹지의 확보 기준이 명확히 제시되어 도시개발사업의 투명성과 예측가능성이 높아지고 이와 함께 도시공원과 녹지가 안정적으로 확충될 것으로 기대됨.

라. 공원조성계획 수립절차의 간소화(법 제16조)

 (1) 도시공원의 설치에 관한 도시관리계획은 이미 지방의회 의견청취와 관계 행정기관과의 협의가 이루어진 사항임에도 그 세부 집행계획인 공원조성계획 결정시 동일한 절차를 다시 거쳐야 하고, 공원조성계획 수립시 도시계획위원회에서는 전문적이고 심도있는 논의가 이루어지지 못하는 등의 문제가 있어 이를 개선·보완하려는 것임.

 (2) <u>공원조성계획을 입안하는 때에는 지방의회 의견청취절차 등을 생략할 수 있도록 하고, 그 결정에 있어서는 도시계획위원회의 심의절차를 이 법에 의한 도시공원위원회의 심의로 갈음하도록 함.</u>

 (3) 공원조성계획 수립 절차가 간소화됨으로써 조기에 공원조성이 이루어지고, 공원조성계획이 보다 전문적이고 체계적으로 심의될 수 있을 것으로 기대됨.

마. 도시공원결정의 실효 제도 도입(법 제17조 및 부칙 제8조)

(1) 도시공원이 결정된 후 세부 집행계획인 공원조성계획이 장기간 수립되지 않아 토지의 사적이용이 제한되는 등 일반 국민의 재산피해가 발생하여 이를 방지하려는 것임.

(2) 도시공원의 설치에 관한 도시관리계획이 결정·고시된 후 10년이 되는 날까지 공원조성계획의 고시가 없는 때에는 그 도시관리계획결정은 효력을 잃도록 하고, 이 법 시행당시 이미 결정·고시된 도시공원은 그 실효기간을 이 법 시행일부터 10년으로 함.

(3) 도시공원의 조기 조성을 유도하고 도시공원내 토지 등의 소유자에 대한 재산권 침해가 최소화될 것으로 기대됨.

바. 도시자연공원구역 지정제도 신설(법 제26조 내지 제34조)

(1) 도시자연공원은 공원으로 결정된 후 지방자치단체의 재원부족 등으로 인하여 장기간 미조성된 상태로 남는 경우가 많아 사유재산권 침해의 우려가 있고, 도시자연공원내에서의 엄격한 행위제한이 수반되어 거주자 등의 민원이 다수 발생하는 문제가 있어 이를 개선하려는 것임.

(2) 「국토의 계획 및 이용에 관한 법률」에 의하여 용도구역으로 신설된 도시자연공원구역의 지정 및 변경의 기준을 정하고, 도시자연공원구역안에서는 제한된 행위에 대하여만 특별시장·광역시장·시장 또는 군수의 허가를 얻어 허용하도록 하는 한편, 도시자연공원구역안의 토지로서 종래의 용도로 사용할 수 없는 토지 등의 소유자에게 토지매수청구권을 부여함.

(3) 지방자치단체의 불필요한 도시자연공원 조성에 따른 재정적 부담을 줄이고, 도시자연공원구역내 토지소유자의 사유재산권 피해가 최소화될 것으로 기대됨.

사. 도시공원위원회 설치근거 마련(법 제50조)

(1) 현행 도시계획위원회는 토지이용·건축·교통·환경·방재 등 광범위하고 다양한 분야를 심의대상으로 하고 있기 때문에 상대적으로 공원녹지 분야에 대한 전문성의 확보가 어려워 공원녹지 분야를 전문적·종합적으로 심의하는 위원회를 별도로 설치하려는 것임.

(2) 공원녹지기본계획에 대한 자문, 공원조성계획·도시녹화계획 등의 심의를 위하여 특별시·광역시·도 또는 시·군에 공원녹지에 관한 전문적 식견이 있는 자들로 구성된 도시공원위원회를 둘 수 있도록 함.

(3) 도시의 공원녹지 확충·관리·이용과 도시녹화 등에 관하여 보다 전문적이고 효율적인 정책 방안이 강구될 것으로 기대됨.

[시행 2009.12.29.] [법률 제9860호, 2009.12.29., 일부개정]

◇ 개정이유

　도시공원 및 녹지는 도시자연경관을 보호하고 공해나 재해를 방지함으로써 도시민의 건강·휴양 및 정서생활 향상을 도모하는 등 도시민의 삶의 질 향상에 중요한 기능을 하는 공공시설이며, 주민들의 휴식공간이나, 도시공원의 대부분은 지자체의 열악한 재정여건으로 인하여 장기간 동안 미조성 상태로 방치되고 있으며, 도시공원을 설치하기 위해서는 복잡한 체계와 절차를 거치도록 하고 있는바, 공원조성체계를 탄력적으로 개선하고, 민간자본의 유인을 위한 인센티브를 제공하는 등 장기간 미조성된 공원을 조속히 해소하는 방안을 강구함으로써 도시공원을 신속하고 지속적으로 조성·확충하여 민원해소 및 도시민의 삶의 질을 향상시키려는 것임.

◇ 주요내용

　가. 이 법에서 인용하고 있는 「산림법」의 명칭을 「산림자원의 조성 및 관리에 관한 법률」로 변경함(법 제2조제2호).

　나. <u>도시자연공원구역내 토지에 대해서도 도시공원내 토지와 같이 세금이 감면될 수 있도록 도시자연공원구역을 도시공원의 범위에 포함</u>하도록 함(법 제2조제3호).

　다. 도시공원의 신속한 조성을 위하여 개발제한구역 훼손지를 도시공원으로 복구하거나 10만제곱미터 이하의 공원을 신설하는 등의 경우에는 공원녹지기본계획 수립대상에서 제외하도록 함(법 제5조제3항 신설).

　라. 특별시장·광역시장 또는 시장이 수립하는 공원녹지기본계획에 대한 국토해양부장관의 승인권한을 폐지함(법 제9조).

　마. 공원시설부지면적의 10퍼센트 미만의 범위에서의 변경 등 경미한 변경의 경우에는 도시공원위원회 심의 및 주민의견청취절차를 생략함으로써 공원조성계획 변경절차를 간소화 함(법 제16조의2 신설).

　바. 교통약자 이동편의시설을 설치 또는 개선하거나 기존 공원시설부지안에서 공원시설을 변경하는 등의 경우에는 공원조성계획을 수립하기 전이라도 도시공원위원회 심의를 거쳐 할 수 있도록 함(법 제19조제5항 신설)

　사. <u>민간공원추진자가 도시공원을 조성하여 70퍼센트 이상을 기부채납하는 경우에는 도시공원부지의 일부 또는 지하에 공원시설이 아닌 시설의 설치를 허용함(법 제21조의2 신설).</u>

　아. 특별시장·광역시장·특별자치도지사·시장 또는 군수는 도시공원의 설치에 관한 도시관리계획이 결정된 후 공원조성사업이 시행되지 아니한 때에는 도시관리계획의 결정·고시일로부터 5년이 경과된 때에 도시공원의 필요성 여부 등을 재검토하여 도시공원의 지정을 해제하거나 조속한 공원조성사업을 추진하는 등 적절한 조치를 취하도록 함(법 제48조의2 신설).

자. 기존 도시자연공원에 대하여 2009년 12월 31일까지 변경·해제 등 필요한 조치를 취하지 아니하는 경우 2010년 1월 1일에 도시자연공원구역으로 자동변경되도록 한 사항을 도시공원결정의 실효제 등에 따라 효력이 상실되기 전까지 도시계획시설 변경 등의 필요 조치를 하도록 그 기간을 연장함으로써 기존 도시자연공원에 대한 재검토가 충분히 이루어질 수 있도록 함(법률 제7476호 도시공원 및 녹지 등에 관한 법률 전부개정법률 부칙 제6조).

[시행 2010.4.15.] [법률 제10264호, 2010.4.15., 일부개정]

◇ 도시공원 및 녹지 등에 관한 법률 개정이유

도시공원 부지 내에 지목이 대(垈)인 토지의 매수청구를 받은 특별시장 등이 그 토지를 매수하지 아니하기로 결정한 경우 해당 토지 소유자는 점용허가를 받아 건축물 등을 설치할 수 있으나, 건축물 설치를 위한 점용기간이 만료된 때에는 원상회복을 하도록 하고 있어 불합리한 측면이 있으므로, 매수청구대상 토지에 건축물 등을 설치한 토지소유자에 대하여는 점용기간이 끝났다 하더라도 원상회복 의무를 배제하도록 하는 한편,

노인복지시설 중 자연환경을 훼손하지 아니하는 시설 등 도시자연공원구역의 지정목적에 부합하는 시설의 입지를 허용함으로써 자연환경을 활용한 노인여가복지시설 등의 수요 증가에 부응하려는 것임.

◇ 주요내용

가. 도시공원의 부지로 되어 있는 토지 중 매수청구대상 토지에 건축물 또는 공작물을 설치한 토지소유자에 대하여는 점용기간이 만료된 경우에도 원상회복 의무를 배제하도록 함(법 제25조제1항).

나. 「노인복지법」에 따른 노인복지시설 중 도시자연공원구역에 입지할 필요성이 큰 시설로서 자연환경을 훼손하지 아니하는 시설에 대해서는 도시자연공원구역에 설치를 허용함(법 제27조제1항제1호사목 신설).

[시행 2011.9.16.] [법률 제11060호, 2011.9.16., 일부개정]

◇ 개정이유 및 주요내용

도시자연공원구역에 국·공립 보육시설을 설치할 수 있도록 하고, 공원조성계획 등을 심의하기 위한 시·도도시공원위원회를 지방자치단체의 실정에 따라 임의적으로 설치할 수 있도록 하되, 시·도도시공원위원회를 설치하지 아니한 경우에는 「국토의 계획 및 이용에 관한 법률」에 따른 시·도도시계획위원회가 그 기능을 수행하도록 하는 한편,

법 문장을 원칙적으로 한글로 적고, 어려운 용어를 쉬운 용어로 바꾸며, 길고 복잡한 문장은 체계 등을 정비하여 간결하게 하는 등 국민이 법 문장을 이해하기 쉽게 정비하려는 것임.

[시행 2013.6.19.] [법률 제11581호, 2012.12.18., 일부개정]

◇ 개정이유 및 주요내용

인구 50만 이상 대도시의 조례로 주제공원을 정할 수 있도록 하고, 민간공원추진자가 일정 요건을 갖춘 경우 도시·군계획시설사업 시행자 지정요건을 갖춘 것으로 보도록 특례를 둠으로써 민간부문의 사업 참여 및 원활한 사업 추진을 지원하고 부족한 도시공원을 확충하려는 것임.

[시행 2013.11.23.] [법률 제11800호, 2013.5.22., 일부개정]

◇ 개정이유 및 주요내용

도시농업을 활성화하기 위하여 공원시설의 종류에 도시농업을 위한 시설을 추가하고, 주제공원의 하나로 도시농업공원을 설치할 수 있도록 하며, 도시농업을 위한 시설을 도시농업 외의 목적으로 이용하는 행위를 금지하려는 것임.

[시행 2015.1.6.] [법률 제12977호, 2015.1.6., 일부개정]

◇ 개정이유 및 주요내용

벌금액을 국민권익위원회의 권고안 및 국회사무처 법제예규의 기준인 징역 1년당 1천만원의 비율로 개정함으로써 벌금형을 현실화하고, 형벌로서의 기능을 회복시켜 일반인에 대한 범죄억지력을 확보하려는 것임.

[시행 2015.1.20.] [법률 제13051호, 2015.1.20., 일부개정]

◇ 개정이유 및 주요내용

첫째, 현행법에서는 도시공원 또는 공원시설의 관리 위탁에 대하여 별도의 규정이 없어 「지방자치단체를 당사자로 하는 계약에 관한 법률」을 적용함에 따라, 입찰을 통하여 최고가의 일반경쟁으로 낙찰자를 선정하고 있어 수탁자가 입찰 비용을 만회하기 위하여 도시공원 입장료를 과다 책정하거나 서비스 질이 저하되는 등의 문제점이 발생되고 있음.

이에 도시공원 또는 공원시설 관리 위탁의 방법·기준 등을 그 공원관리청이 속하는 지방자치단체의 조례로 따로 정할 수 있도록 함으로써, 최고가격입찰제의 부작용을 해소하고 도시공원을 이용하는 시민들에게 질 좋은 서비스를 제공할 수 있게 하려는 것임.

둘째, 도시공원은 도시계획시설로서 전국적으로 결정된 면적이 1,020제곱킬로미터이고, 이중 지방자치단체의 재정 부족으로 조성되지 못한 면적이 608제곱킬로미터에 이르는바, 이러한 미조성 공원은 2020년 7월이 되면 도시계획시설 일몰제에 따라 대부분 해제될 위기에 있음. 지방자치단체의 재정 부족으로 미조성된 도시공원을 해소하기 위하여 2009년 12월 민간자본으로 도시공원을 조성하는 특례제도가 도입되었으나, 현재까지 조성된 사례가 없는 실정임.

따라서, 민간공원 조성사업 시행자 요건인 현금예치 비율을 공원조성사업비(토지매입비 및 조성공사비)의 5분의 4에서 부지매입비의 5분의 4로 완화하는 등 민간사업자의 도시공원 조성사업 추진에 따른 부담을 완화하여 도시공원의 조성 활성화에 기여하려는 것임.

[시행 2016.9.23.] [법률 제14089호, 2016.3.22., 일부개정]

◇ 개정이유 및 주요내용

현행법은 특별시장·광역시장·특별자치시장·특별자치도지사·시장·군수 등 지방자치단체의 장에게 도시공원을 설치·관리하도록 하고 있어, 국가적 기념사업을 위한 도시공원 또는 광역적 규모의 도시공원의 조성에 한계가 있는 실정임.

이에 도시공원의 유형에 국가도시공원을 신설하고 이를 국가가 직접 설치할 수 있도록 함으로써 대규모 도시공원의 조성을 용이하게 하고 도시민에 대한 공원녹지의 제공을 원활하게 하려는 것임.

[시행 2016.5.29.] [법률 제14239호, 2016.5.29., 일부개정]

◇ 개정이유 및 주요내용

공원녹지기본계획의 수립 또는 도시공원의 결정에 관한 도시·군관리계획의 입안과 함께 공원조성계획 수립을 위한 도시·군관리계획을 입안하는 경우에는 관련 위원회 심의를 시·도도시공원위원회와 시·도도시계획위원회의 공동 심의로 갈음할 수 있도록 함.

도시공원을 위한 도시군계획시설부지의 매수청구가 거부·지연되는 경우에는 해당 부지에서 건축물 또는 시설물을 설치하기 위한 개발행위허가를 받은 것으로 의제함.

자연친화적인 장례문화의 확산을 위하여 도시자연공원구역에서 국가 등의 수목장림 설치를 허용하고, 개발제한구역 등 유사 제도와의 형평성을 위하여 도시자연공원구역에서 일정 범위의 토지분할을 허용함.

국민의 불편 해소를 위하여 도시자연공원구역에서 구역 지정 전 시행 중이던 공사 등에 대한 신고절차를 면제함.

[시행 2017. 10. 19.] [법률 제14796호, 2017. 4. 18., 일부개정]

◇ 개정이유 및 주요내용

도시공원 내 범죄와 안전사고 예방 및 사고 발생 시 신속한 대처가 가능하도록 하기 위하여, 공원관리청은 대통령령으로 정하는 바에 따라 범죄 또는 안전사고 발생 우려가 있는 도시공원 내 주요 지점에 폐쇄회로 텔레비전과 비상벨 등을 설치·관리하도록 하려는 것임.

[시행 2018. 12. 13.] [법률 제15675호, 2018. 6. 12., 일부개정]

◇ 개정이유 및 주요내용

사업시행자가 공원으로 결정된 부지에 대해 해당 토지의 소유자와 사용계약을 체결하여 공원을 조성할 수 있도록 함으로써 지자체의 재정적 부담을 완화하여 미집행 공원의 조성을 촉진하고, 도시자연공원구역 내 허가를 받아 설치할 수 있는 수목장림의 범위에 산림조합 등이 설치하는 수목장림을 포함하여 국토의 효율적인 이용을 도모하고자 하려는 것임.

[시행 2019. 6. 19.] [법률 제15998호, 2018. 12. 18., 일부개정]

◇ 개정이유 및 주요내용

어린이공원이란 어린이의 보건 및 정서생활의 향상에 이바지하기 위해 설치하는 공원으로 「도시공원 및 녹지 등에 관한 법률」상 도시공원에 포함됨.

그러나 2011년부터 2015년까지 경기도 내 어린이공원 주변에서 발생한 어린이교통사고가 전체 어린이 교통사고의 59.2%를 차지하는 등 어린이공원 주변의 교통안전이 미흡하다는 지적이 제기되었음.

이에 공원관리청은 교통사고 발생 우려가 있는 어린이공원 내 주요 지점에 방호울타리 등 안전시설을 설치·관리하도록 함으로써 어린이공원 내의 교통안전을 증진시키고 어린이들의 안전을 확보하려는 것임.

[시행 2020. 6. 11.] [법률 제16808호, 2019. 12. 10., 일부개정]

◇ 개정이유 및 주요내용

도시에서 공원녹지가 원활하게 확충될 수 있도록 국토교통부장관에게 도시공원 조성사업 등을 시범사업으로 지정·지원해 줄 것을 요청할 수 있는 주체에 특별시·광역시·특별자치시를 제외한 인구 50만 이상의 대도시의 시장을 추가하고, 도지사는 시장·군수가 시행하는 도시공원사업에 드는 비용에 대하여 그 비용의 일부를 보조할 수 있도록 하는 등 현행 제도의 운영상 나타난 일부 미비점을 개선·보완하려는 것임.

[시행 2020. 2. 4.] [법률 제16949호, 2020. 2. 4., 일부개정]

◇ 개정이유 및 주요내용

공원시설에 내진성 저수조, 발전시설, 소화 및 급수시설 등을 추가하고, 도시공원의 종류에 방재공원을 신설함으로써 기후 변화와 재난 위험으로부터 국민의 안전을 제고하는 한편,

공원조성계획을 고시한 도시공원 부지 중 국유지 또는 공유지에 해당하는 부지에 대해서는 「국토의 계획 및 이용에 관한 법률」에 따른 도시·군관리계획결정의 실효 기간(20년)에 관한

규정에도 불구하고 도시공원 결정의 고시일부터 30년이 되는 날까지 사업이 시행되지 아니한 경우에 도시공원 결정의 효력이 상실되도록 함으로써 도시공원이 최대한 확보될 수 있도록 하려는 것임.

[시행 2021. 4. 13.] [법률 제18047호, 2021. 4. 13., 일부개정]
◇ 개정이유 및 주요내용

현행법상 일부 용어(애완동물, 애완견)의 경우「동물보호법」상 반려동물의 정의가 명시되어 있음에도 여전히 애완동물이라는 표현으로 잔존해 있음.

반려동물(companion animal)이라는 용어는 1983년 10월 오스트리아 빈에서 열린 '인간과 동물의 관계에 관한 국제 심포지움'에서 "애완동물"이란 말 대신 사용하기로 제안되어, 현재 미국·유럽·일본 등 대부분의 국가에서 널리 사용 중임.

이에 반려동물 천만시대의 국민정서와 눈높이를 고려하여 반려동물에 관한 부적합한 법률용어를 정비하려는 것임.

7. 현재 우리나라 공원체계

도시공원 및 녹지 등에 관한 법률	도시공원	1. 국가도시공원(2016. 3. 22. 신설)	
		2. 생활권공원	소공원
			어린이공원
			근린공원
		3. 주제공원	역사공원
			문화공원
			수변공원
			묘지공원
			체육공원
			도시농업공원(2013. 5. 22. 신설)
			방재공원(2020. 2. 4. 신설)
			조례공원(시·도, 대도시)
	녹지[75]	1. 완충녹지	
		2. 경관녹지	
		3. 연결녹지	

법 제15조(도시공원의 세분 및 규모) ① 도시공원은 그 기능 및 주제에 따라 다음 각 호와 같이 세분한다. 〈개정 2012. 12. 18., 2013. 5. 22., 2016. 3. 22., 2020. 2. 4., 2021. 1. 12.〉

1. 국가도시공원: 제19조에 따라 설치·관리하는 도시공원 중 국가가 지정하는 공원
2. 생활권공원: 도시생활권의 기반이 되는 공원의 성격으로 설치·관리하는 공원으로서 다음 각 목의 공원

　가. 소공원: 소규모 토지를 이용하여 도시민의 휴식 및 정서 함양을 도모하기 위하여 설치하

---

75) 특별시장·광역시장·특별자치시장·특별자치도지사·시장 또는 군수가 설치·관리한다(법 제36조제1항). 녹지 세분은 법 제35조

는 공원

　나. 어린이공원: 어린이의 보건 및 정서생활의 향상에 이바지하기 위하여 설치하는 공원

　다. 근린공원: 근린거주자 또는 근린생활권으로 구성된 지역생활권 거주자의 보건·휴양 및 정서생활의 향상에 이바지하기 위하여 설치하는 공원

3. 주제공원: 생활권공원 외에 다양한 목적으로 설치하는 다음 각 목의 공원

　가. 역사공원: 도시의 역사적 장소나 시설물, 유적·유물 등을 활용하여 도시민의 휴식·교육을 목적으로 설치하는 공원

　나. 문화공원: 도시의 각종 문화적 특징을 활용하여 도시민의 휴식·교육을 목적으로 설치하는 공원

　다. 수변공원: 도시의 하천가·호숫가 등 수변공간을 활용하여 도시민의 여가·휴식을 목적으로 설치하는 공원

　라. 묘지공원: 묘지 이용자에게 휴식 등을 제공하기 위하여 일정한 구역에 「장사 등에 관한 법률」 제2조제7호에 따른 묘지와 공원시설을 혼합하여 설치하는 공원

　마. 체육공원: 주로 운동경기나 야외활동 등 체육활동을 통하여 건전한 신체와 정신을 배양함을 목적으로 설치하는 공원

　바. 도시농업공원: 도시민의 정서순화 및 공동체의식 함양을 위하여 도시농업을 주된 목적으로 설치하는 공원

　사. 방재공원: 지진 등 재난발생 시 도시민 대피 및 구호 거점으로 활용될 수 있도록 설치하는 공원

　아. 그 밖에 특별시·광역시·특별자치시·도·특별자치도(이하 "시·도"라 한다) 또는 「지방자치법」 제198조에 따른 서울특별시·광역시 및 특별자치시를 제외한 인구 50만 이상 대도시의 조례로 정하는 공원

② 제1항 각 호의 공원이 갖추어야 하는 규모는 국토교통부령으로 정한다. 〈개정 2013. 3. 23.〉

8. 도시관리계획과 공원조성계획의 관계

도시공원 및 녹지 등에 관한 법률(이하 '공원녹지법'이라고 한다)상 공원조성계획은 공원의 구체적 조성에 관한 행정계획으로서 도시공원의 설치에 관한 도시관리계획이 결정되어 있음을 전제로 한다(대법원 2015. 12. 10. 선고 2013두14221 판결 참조).

특히 도시공원의 부지(공간적 범위)는 도시관리계획 단계에서 결정되는 것이고, 공원조성계획은 이를 전제로 도시공원의 내용과 시설 배치 등을 구체적으로 정하기 위한 것이다(공원녹지법 시행규칙 제8조 참조).

> **대법원 2019. 7. 11. 선고 2018두47783 판결**
> ◇ 1. 도시공원의 설치에 관한 도시관리계획과 공원조성계획의 관계, 2. 특정 토지가 도시공원의 설치에 관한 도시관리계획결정상 공원부지에서 제외되었음에도 공원조성계획결정에 위 토지가 공원부지로 표시되어 있는 경우 그 표시된 부분의 효력(=무효) ◇
>
> 도시공원 및 녹지 등에 관한 법률(이하 '공원녹지법'이라고 한다)상 공원조성계획은 공원의 구체적 조성에 관한 행정계획으로서 도시공원의 설치에 관한 도시관리계획이 결정되어 있음을 전제로 한다(대법원 2015. 12. 10. 선고 2013두14221 판결 참조). 특히 도시공원의 부지(공간적 범위)는 도시관리계획 단계에서 결정되는 것이고, 공원조성계획은 이를 전제로 도시공원의 내용과 시설 배치 등을 구체적으로 정하기 위한 것이다(공원녹지법 시행규칙 제8조 참조).
>
> 도시관리계획결정·고시와 그 도면에 특정 토지가 도시관리계획에 포함되지 않았음이 명백한데도 도시관리계획을 집행하기 위한 후속 계획이나 처분에서 그 토지가 도시관리계획에 포함된 것처럼 표시되어 있는 경우가 있다. 이것은 실질적으로 도시관리계획결정을 변경하는 것에 해당하여 구 국토의 계획 및 이용에 관한 법률(2009. 2. 6. 법률 제9442호로 개정되기 전의 것) 제30조 제5항에서 정한 도시관리계획 변경절차를 거치지 않는 한 당연무효이다(대법원 2000. 3. 23. 선고 99두11851 판결 등 참조).
>
> ☞ 원고들이 거주하는 아파트에 접한 임야가 공원조성계획상 도시공원부지에 포함된다는 이유로 그 임야에 대한 개발행위허가 및 건축허가처분의 취소를 구한 사안에서, 공원조성계획은 공원부지에서 위 임야를 제외한 도시관리계획결정에 어긋나 그 범위에서 효력이 없어 위 임야가 공원 부지에 포함되지 않으므로 위 각 처분이 공원조성계획에 어긋난다고 볼 수 없다고 판단한 원심 판결을 수긍한 사례

9. 서울시 공원 현황

〈서울시 공원 현황(2024. 1. 1. 기준)〉

공원별	현황			
	공원수	면적(㎡)	점유비(%)	1인당 면적
합 계	2,984	173,075,968.02	100.00	17.96
도시계획시설(공원) 및 기타공원	2,915	66,337,555.02	38.33	6.88
도시자연공원구역	68	69,221,413	39.99	7.18
자연공원(국립공원)	1	37,517,000	21.68	3.89

조성				미조성	
공원수	면적(㎡)	점유비(%)	1인당 면적	공원수	면적(㎡)
2,579	64,015,576.65	96.5	6.64	336	2,321,978.37

자료출처 : "서울의 공원" 홈페이지/공원자료실

제2장 공원 소유자 대응 방안 및 신규 투자 방법 요약

1. 기존 공원 소유자 대응 방안 요약

기존에 공원을 가지고 있는 분은 제일 먼저 ①자신의 토지가 '도시자연공원구역' 지정 여부를 확인하여 구역으로 지정되었다면, 구역지정처분 취소소송(90일 내 제기, 그 이후 위헌소송)을 하여야 하고, ②공원폐지 여부(행정소송이나 지방의회 권고제도 활용), ③실효 제도 이용 여부, ④매수청구 여부, ⑤손실보상 여부, ⑥개발행위 특례가능 여부(서울시는 도시자연공원구역은 불가함) ⑦부당이득금 청구 여부, ⑧녹지활용계약 또는 녹화계약 여부, ⑨소유권 행사 여부 등을 검토하여야 한다.

특히 공원 연혁을 숙지하여 자신의 토지가 어떤 공원인지를 이해하고, 그에 맞추어 대응책을 강구하여야 한다.

2. 신규 공원 투자자 주의사항

가. 「도시자연공원구역」인지 확인

 공원부지를 경매나 공매, 매매 등으로 신규로 취득하고자 하는 자는 그 토지가 '도시자연공원구역'인지를 먼저 확인하여야 한다.

 토지이용계획확인원을 보면 비오톱 지정 여부 및 공원(저촉)토지 여부를 확인할 수 있다. '저촉'이라는 것은 일부가 공원부지에 포함되었다는 뜻이다.

나. 폐지나 실효 등이 될 것인지 확인

 공원이 폐지되거나 실효될 경우 가치 상승을 기대하고 취득하는 것이다. 따라서 취득 후에 개발이 가능한지를 검토하여야 한다. 개발이 불가능하면 투자금만 묶이고 세금만 내는 꼴이 된다. 특히 개발가능여부를 확인할 때는 공부상 확인이 불가능한 입목본수도, 경사도를 조심하여야 한다. 입목본수도, 경사도에 대해서도 행정청을 찾아가 심도 있게 질의를 하면 될 것으로 본다. 물론 유료로 전문가에게 질의하면 간단하다.

다. 손실보상이 될 것인지 확인

 폐지나 실효될 경우 개발이 불가능하다면, 보상이 될 것인지를 판단하여야 한다. 보상 여부는 행정청에 질의하면 다 알려준다. 만약 보상을 한다고 한다면, 이제는 취득가격과 보상가격을 예측하여 투자 여부를 결정하면 된다.

 특히 보상을 바라고 투자를 하는 경우에는 후술하겠지만, 공원부지(도시자연공원구역은 제외됨을 유의)의 공·경매 시 최대 매력은 매각가격이 공원으로 제한된 상태대로 평가되어 나오는 경우가 있다는 것이다. 대법원 사이트에 나와 있는 감정평가서를 잘 살펴보면 평가 방법이 나오는데, 이곳에 공원으로 제한된 상태로 평가하였는지 여부가 나온다.

그러나 후일 이 토지가 매수청구나 보상 시에는 공원으로 제한받지 않는 상태로 평가되므로, 취득가격보다는 더 많이 받을 가능성이 매우 크다는 것이 공원 경매의 매력이다. 그러나 경매 매각가격이 공원으로 제한받는 상태로 평가되었다고 하여 무턱대고 낙찰을 받을 것이 아니라 전문가와 협의를 하는 것이 최선이다.

라. 매수청구나 부당이득금청구 목적 투자는 권하지 않음

공원부지에 대해 지목이 '대'라고 매수청구를 할 목적이나, 산책로 등을 개설하였다고 하여 부당이득금 청구를 목적으로 취득하지는 말 것을 권한다. 별로 실익이 없다.

특히 일부 경매학원에서 가격이 저렴하다고 공동투자를 시키는 경우가 많으나 이는 바람직하지 않다.

3. 공원(도시계획시설)부지 물건 찾는 방법

도로는 대법원 사이트(www.courtauction.go.kr)나 경매정보사이트에서 검색조건을 "도로"로 지정하면 쉽게 찾을 수 있다.

그러나 공원 부지나 기타 공공청사, 학교 등 나머지 도시계획시설 부지는 검색조건에 해당 검색어가 없으므로 찾기가 어렵다.

그래서 결국 공원부지 등 도시계획시설부지는 경·공매 물건을 하나하나 살펴서 찾아야 한다. 다만 시간을 절약하려면 유료사이트[76]를 활용하는 것도 좋다.

---

76) 유피엠도시계획사무소(http://www.upmc.co.kr)에서 유료로 제공한다.

4. 소송 대응방안 요약

도시자연공원구역 소유자	① 소송 - 도시자연공원구역 지정 취소 또는 무효확인의 소 : 취소소송은 90일 이내에 제기하여야 함. 2020년 6월 29일 서울시고시 제2020-254호로 도시관리계획 변경을 통해 68개소, 총 69.2㎢를 신규 지정, 이 토지들은 2025년 현재는 소 제기 기간 도과로 지정 취소소송은 불가하고, 지정 무효확인의 소만 가능 - 위헌소송(서울행정법원 2020구합788**) ② 협의 매수 ③ 부지사용계약
2. 도시공원 소유자	① 공원 폐지 관련 소송
	② 매수청구 거부처분 취소소송
	③ 부당이득금(지료) 청구소송(실익이 적음)
	④ 재산세부과처분 취소소송 또는 과거 5년 치 환급소송(재산세를 100% 냈을 경우)
	⑤ 손실보상관련소송(보상 시 수용재결 취소 또는 보상금 증액소송)

★ TIP : 큰 건물 재산세 절세 요령

- 과세내역서 요청하여 확인하기
- 재산세는 구조, 용도에 따라 다르다. 예를 들어 철골콘크리트, 철근콘크리트에 따라 다르다. 철골이 높다.

제3장 비오톱(biotop)

1. 정의

'변호사님 제 땅의 토지이용계획확인원을 떼보니 갑자기 비오톱1등급으로 표시되어 있는데 비오톱이 뭐죠'. 요새 갑자기 많이 받는 질문이다.

서울시 도시계획조례 별표1에 의하면, "비오톱"이란 특정한 식물과 동물이 하나의 생활공동체를 이루어 지표상에서 다른 곳과 명확히 구분되는 생물서식지를 말한다.

헌법재판소는 "'비오톱'이란 특정한 식물과 동물이 하나의 생활공동체를 이루어 지표상에서 다른 곳과 명확히 구분되는 생물서식지를 의미하며 이에 대한 평가는 비오톱유형평가 및 개별비오톱평가로 구성되는데, '비오톱유형평가'는 서식지기능, 생물서식의 잠재성, 식물의 층위구조, 면적 및 희귀도를 종합하여 5개의 등급으로 평가되고, '개별비오톱평가'는 자연성, 생물서식지기능, 면적, 위치 등을 종합하여 3개의 등급으로 평가된다. 한편, 도시생태현황 조사결과 비오톱유형평가 1등급(대상지 전체에 대해 절대적으로 보전이 필요) 및 개별비오톱평가 1등급(특별히 보호가치가 있는 비오톱)으로 지정된 토지는 개발행위가 제한된다('국토의 계획 및 이용에 관한 법률' 제18조, 제58조, '국토의 계획 및 이용에 관한 법률 시행령' 제56조, '서울특별시 도시계획 조례' 제4조, 제24조, 별표1제1호가목(4), '서울특별시 도시계획 조례 시행규칙' 제3조 참조)."라고 판시하고 있다(헌법재판소 2015. 12. 15. 선고 2015헌마1070 결정 [서울특별시 도시계획조례 제24조 등 위헌확인]).[77]

그런데 갑자기 웬 비오톱 타령인가? 자기 땅에 비오톱이 지정되어 있다면 토지이용에 어마어마한 규제가 시작되기 때문이다. 그런데도 토지 소유자들은 그 의미를 몰라 가만히 있는 실정이다. 심지어 경매에 참가하는 사람들이 아무 생각 없이 '비오톱1등급토지'를 낙찰받아, 사용수익은 못하면서도 세금은 내고 있으니, 이는 애국자(?)라고 할 만하다.

---

77) 제소기간 미준수로 인하여 각하되었다.

2. 비오톱 연혁

서울특별시는 2000. 7. 15. 제정·시행된 「서울특별시 도시계획 조례」 제4조에 따라 서울특별시 전역의 도시생태현황을 조사하여 향후 도시계획의 수립, 각종 도시계획의 입안, 생태계 보전지역 설정·관리 등의 기초자료로 활용할 목적으로 도시생태현황도를 제작하여 왔다.

서울시는 2012. 1. 19. 서울특별시 도시생태현황도 비오톱 1등급 토지 및 지형도면 고시에서 2010년 도시생태현황도 조사 결과 비오톱유형평가 1등급 및 개별비오톱평가 1등급 대상으로 지정된 토지의 내역과 지형도면을 고시하였다(서울행정법원 2020. 7. 3. 선고 2019구합77132 판결).

서울특별시도시계획조례

[시행 2000. 7. 15.] [서울특별시조례 제3760호, 2000. 7. 15., 제정]

제4조(도시기본계획의 자문 등) ① 시장은 도시기본계획의 합리적인 수립을 위하여 관계전문가로부터 자문 등을 받을 수 있다.

② 시장은 지속가능한 도시기본계획 수립을 위해 기초조사 내용에 도시생태현황 등을 포함시킬 수 있다.

서울특별시도시계획조례시행규칙

[시행 2000. 11. 6.] [서울특별시규칙 제3147호, 2000. 11. 6., 제정]

제28조(도시생태현황조사 및 평가방법) ① 조례 제4조제2항의 규정에 의한 도시생태현황조사에는 다음 각호의 내용이 포함되어야 한다.

1. 토지이용현황
2. 토양의 불투수 포장현황
3. 현존식생현황
4. 기타 도시생태현황 조사가 필요하다고 시장이 인정하는 사항

② 시장은 제1항의 조사내용을 구체화하고 조사결과를 도시계획에 반영하기 위해 다음 각호의 사항을 따로 정할 수 있다.

1. 조사 주기

2. 조사 방법

3. 조사원증의 발급

4. 비오톱 유형화 방법

5. 비오톱 보전가치 등급 및 등급산정 방법

6. 조사자료의 GIS구축 방법

구 서울특별시 도시계획 조례 시행규칙

[시행 2010. 4. 29.] [서울특별시규칙 제3748호, 2010. 4. 29., 일부개정]

〈개정이유〉

「서울특별시 도시계획 조례」에서 규정하고 있는 비오톱유형 평가등급 기준 및 생태면적률 산정방법 등을 정하고, 지구단위계획구역 지정대상 등 현행제도의 운영상 나타난 일부 미비점을 개선·보완하려는 것임.

〈주요내용〉

가. 도시생태현황 조사결과 중 자연환경보전의 필요성에 따라 비오톱유형평가 및 개별비오톱평가의 등급별 기준을 정하고, 이를 14일 이상 공고하도록 함(안 제3조제3항 및 제4항 신설)

제3조(도시생태현황 조사 및 평가방법)

③ 조례 별표 1 제1호가목(4)의 비오톱유형평가 등급 및 개별비오톱평가 등급은 다음과 같다. 〈신설 2010.4.29〉

1. 비오톱유형평가 등급 〈신설 2010.4.29〉

  가. 1등급: 대상지 전체에 대해 절대적으로 보전이 필요한 비오톱유형

  나. 2등급: 대상지 전체에 대해 보전을 우선해야 하는 비오톱유형

  다. 3등급: 대상지 일부에 대해서는 보전을 우선하고 잔여지역은 토지이용제한이 필요한 비오톱유형

  라. 4등급: 대상지 일부 토지에 대한 토지이용제한이 필요한 비오톱유형

  마. 5등급: 부분적으로 개선이 필요한 비오톱유형

2. 개별비오톱평가 등급 〈신설 2010.4.29〉

  가. 1등급: 특별히 보호가치가 있는 비오톱(보전)

  나. 2등급: 보호할 가치가 있는 비오톱(보호 및 복원)

다. 3등급: 현재로서는 한정적인 가치를 가지는 비오톱(복원)

서울특별시 도시계획 조례 시행규칙
[시행 2024. 10. 14.] [서울특별시규칙 제4669호, 2024. 10. 14., 전부개정]
③ 조례 별표 1 제1호가목(4)의 비오톱유형평가 등급 및 개별비오톱평가 등급은 다음과 같다.

 1. 비오톱유형평가 등급
　　가. 1등급: 보전이 우선되어야 하는 비오톱유형
　　나. 2등급: 보전이 필요한 비오톱유형
　　다. 3등급: 대상지 일부에 대하여 보전을 하고 잔여지역은 생태계 현황을 고려한 토지이용이 요구되는 비오톱유형
　　라. 4등급: 생태계 현황을 고려한 토지이용이 요구되는 비오톱유형
　　마. 5등급: 도시생태 측면에서 부분적으로 개선이 필요한 비오톱유형
 2. 개별비오톱평가 등급
　　가. 1등급: 보호가치가 우선시 되는 비오톱(보전)
　　나. 2등급: 보호할 가치가 있는 비오톱(보호 및 복원)
　　다. 3등급: 현재로서는 한정적인 가치를 가지는 비오톱(복원)

3. 개발행위 불가

비오톱이라는 용어는 자연환경보전법 시행령 제45조, 도시·군기본계획수립지침, 도시·군관리계획수립지침 등에 언급이 되어 있다. 또한 서울특별시 도시계획조례에도 있다.

문제는 서울특별시 도시계획조례(이하 '서울시조례'라고만 함)이다. 서울시조례 제68조 제3호에 의하면, '비오톱1등급 토지'는 토지이용계획확인서 등재 대상으로 되어 있고, 서울시조례규칙 제3조에 의하면, 서울시장은 비오톱(도시생태현황) 유형화 방법을 정할 수 있고, 비오톱유형평가 등급은 1등급부터 5등급으로 되어 있고, 개별 비오톱평가 등급은 1등급부터 3등급으로 되어 있고, 비오톱1등급은 대상지 전체에 대해 절대적으로 보전이 필요한 비오톱유형으로서 특별히 보호가치가 있는 비오톱(보전)이라는 것이다. 다시 말하여 비오톱1등급 토지는 보전하겠다는 것이다.

즉, 개발이 불가하다는 뜻이다.

> 대법원 2014. 2. 21. 선고 2011두29052 판결 [생태자연도등급조정처분무효확인]
> 환경부장관이 생태·자연도 1등급으로 지정되었던 지역을 2등급 또는 3등급으로 변경하는 내용의 생태·자연도 수정·보완을 고시하자, 인근 주민 甲이 생태·자연도 등급변경처분의 무효 확인을 청구한 사안에서, 甲은 무효 확인을 구할 원고적격이 없다고 한 사례
> 환경부장관이 생태 · 자연도 1등급으로 지정되었던 지역을 2등급 또는 3등급으로 변경하는 내용의 생태 · 자연도 수정 · 보완을 고시하자, 인근 주민 甲이 생태 · 자연도 등급변경처분의 무효 확인을 청구한 사안에서, 생태 · 자연도의 작성 및 등급변경의 근거가 되는 구 자연환경보전법(2011. 7. 28. 법률 제10977호로 개정되기 전의 것) 제34조제1항 및 그 시행령 제27조 제1항, 제2항에 의하면, <u>생태 · 자연도는 토지이용 및 개발계획의 수립이나 시행에 활용하여 자연환경을 체계적으로 보전 · 관리하기 위한 것일 뿐, 1등급 권역의 인근 주민들이 가지는 생활상 이익을 직접이고 구체적으로 보호하기 위한 것이 아님이 명백하고</u>, 1등급 권역의 인근 주민들이 가지는 이익은 환경보호라는 공공의 이익이 달성됨에 따라 반사적으로 얻게 되는 이익에 불과하므로, 인근 주민에 불과한 甲은 생태 · 자연도 등급권역을 1등급에서 일부는 2등급으로, 일부는 3등급으로 변경한 결정의 무효 확인을 구할 원고적격이 없다고 본 원심판단을 수긍한 사례.

실제로 서울시 도봉구청장은 건설회사의 비오톱1등급 토지에 대한 주택건설사업계획승인신청에 대해서 비오톱1등급을 근거로 반려처분을 하였고, 그러자 건설회사가 행정소송을 제기하였는데, 이에 대해 대법원은 "서울특별시 도시계획조례 및 그 시행규칙에 의하여 도시계획시설 입지 심의 등 각종 도시계획 입안과 자연환경보전법에 따른 생태계 보전지역의 설정 및 관리의 기초자료로 활용할 목적으로 서울특별시 전역에 대한 생태 현황을 조사하여 만든 도시생태현황도(비오톱 맵)의 내용도 주택건설사업계획의 승인에 대한 불허가처분의 근거자료 내지 참고자료로 사용될 수 있다."라고 판시하였다(대법원 2007. 5. 10. 선고 2005두13315 판결).

따라서 비오톱을 규정한 서울시조례는 대법원에 의해 뒷받침을 받아 위력을 떨치기 시작한 것이다.

서울특별시 도시계획 조례

[시행 2025. 1. 3.] [서울특별시조례 제9439호, 2025. 1. 3., 일부개정]

제68조(토지이용계획확인서 등재 대상) 「토지이용규제 기본법 시행규칙」 제2조제2항제9호에 따른 지방자치단체가 도시계획조례로 정하는 토지이용 관련 정보란 다음 각 호와 같다. 〈개정 2016. 7. 14., 2019. 3. 28.〉

1. 제45조제2항에 따른 '학교이적지'
2. 별표 1 제1호라목(2)(마)에 따른 '사고지' (고의 또는 불법으로 임목이 훼손되었거나 지형이 변경되어 원상회복이 이루어지지 않은 토지)
3. 별표 1 제1호가목(4)에 따른 '비오톱1등급 토지' 〈제4조제4항의 도시생태현황 조사결과 비오톱유형평가 1등급이고 개별비오톱평가 1등급인 토지〉
4. 제47조제2항제1호에 따른 '서울도심'
5. 「건축법 시행령」 제31조제2항에 따라 구청장이 지정·고시한 건축선

[별표 1] 〈개정 2020.12.31.〉

개발행위허가 기준(제24조 관련)

공통분야

(4) 제4조제4항의 도시생태현황 조사결과 비오톱유형평가 1등급이고 개별비오톱평가 1등급으로 지정된 부분은 보전하여야 한다. 다만, 종전의 「도시계획법」에 따라 일단의 주택지조성사업

이 완료된 지목이 "대"인 토지로서 지구단위계획구역으로 지정되어 지구단위계획을 수립한 지역 또는 시장이 별도로 정하는 기준에 따라 비오톱의 관리 방안을 마련하는 경우는 적용하지 아니한다.

㈎ "비오톱"이란 특정한 식물과 동물이 하나의 생활공동체를 이루어 지표상에서 다른 곳과 명확히 구분되는 생물서식지를 말한다.

㈏ 비오톱유형평가는 5개의 등급으로 구분하여 서식지기능, 생물서식의 잠재성, 식물의 층위구조, 면적 및 희귀도를 종합하여 평가한다.

㈐ 개별비오톱평가는 자연형 비오톱유형과 근자연형 비오톱유형을 대상으로 평가하여 3개의 등급으로 구분하며 자연성, 생물서식지기능, 면적, 위치 등을 평가항목으로 고려한다.

서울특별시 도시계획 조례 시행규칙

[시행 2024. 10. 14.] [서울특별시규칙 제4669호, 2024. 10. 14., 전부개정]

제3조(도시생태현황 조사 및 평가방법) ③ 조례 별표 1 제1호가목⑷의 비오톱유형평가 등급 및 개별비오톱평가 등급은 다음과 같다.

1. 비오톱유형평가 등급

 가. 1등급: 보전이 우선되어야 하는 비오톱유형

 나. 2등급: 보전이 필요한 비오톱유형

 다. 3등급: 대상지 일부에 대하여 보전을 하고 잔여지역은 생태계 현황을 고려한 토지이용이 요구되는 비오톱유형

 라. 4등급: 생태계 현황을 고려한 토지이용이 요구되는 비오톱유형

 마. 5등급: 도시생태 측면에서 부분적으로 개선이 필요한 비오톱유형

2. 개별비오톱평가 등급

 가. 1등급: 보호가치가 우선시 되는 비오톱(보전)

 나. 2등급: 보호할 가치가 있는 비오톱(보호 및 복원)

 다. 3등급: 현재로서는 한정적인 가치를 가지는 비오톱(복원)

제4조(도시생태현황도의 작성 및 정비) ① 시장은 지속가능한 개발 사업을 수립·시행하고, 자연환경을 효율적으로 보전하기 위하여 조례 제4조제4항에 따른 서울특별시 도시생태현황도를 작성할 수 있다.

② 개발 및 자연재해 등으로 인한 도시환경 변화를 반영하기 위하여 도시생태현황도의 작성 및 정비는 5년 주기로 시행한다.

③ 시장은 도시생태현황도 작성 결과를 서울특별시(이하 "시"라 한다)의 공보 및 시 인터넷 홈페이지에 14일 이상 공고하여 일반이 열람할 수 있도록 하여야 한다.

④ 제3항에 따라 공고된 도시생태현황도 작성 결과에 대하여 의견이 있는 토지소유자는 열람기간 내에 시장에게 의견서를 제출할 수 있다.

⑤ 시장은 제4항에 따라 제출된 의견에 대해 비오톱 등급 재조사 등을 실시하여 도시생태현황도 작성 결과에 반영 여부를 검토하고, 그 결과를 해당 의견을 제출한 토지소유자에게 통보하여야 한다.

⑥ 시장은 도시생태현황도 정비가 완료된 후 특별한 사유가 없으면 30일 이내에 시 공보에 고시하여야 한다.

제5조(도시생태현황도 수시 정비 및 관리 등) ① 비오톱1등급 등의 토지 소유자가 이의신청하거나 비오톱등급 변경 검토가 필요한 경우 연 2회 조사 및 평가를 할 수 있다.

② 시장은 비오톱 등급 재조사 등을 통해 비오톱1등급에서 등급이 변경 결정된 필지에 대하여 연속지적도에 변경된 비오톱1등급 부분을 명시한 도면을 시의 공보에 고시하여야 한다.

4. 비오톱 지정에 대한 불복 재판

가. 비오톱 지정 취소소송

최근 토지소유자들이 비오톱1등급 지정에 대해 법상 근거가 없다면서 소송을 제기하는 경우가 많다.

이에 대해 서울행정법원은 서울시조례에 의한 비오톱 지정은 국토계획법에 의한 위임을 받은 것으로서 적법하다고 한다(서울행정법원 2014. 5. 23. 선고 2013구합 28268 판결[78]).

그리고 문제는 비오톱1등급지정일로부터 90일 내에 행정소송을 제기하여야 하는데, 이 기간을 잘 몰라 기간이 지난 후에 소송을 제기하는 것이다. 그러면 각하판결이 나온다. 그런데 이미 서울시는 웬만한 곳은 비오톱1등급으로 다 지정해 놓았다.

그러나 서울시는 개발 및 자연재해 등으로 인한 도시환경 변화를 반영하기 위하여 도시생태현황도의 작성 및 정비를 5년 주기로 시행하므로, 다시 고시되면 소 제기기간에 맞추어 비오톱지정취소소송을 제기할 수 있다.

> 서울고등법원 2021. 11. 26. 선고 2021누32240 판결 [비오톱 결정처분 취소의 소]대법원 2022. 3. 17. 선고 2021두60588 판결 : 심리불속행기각
>
> 이러한 규정에 의하면, 「서울특별시 도시계획조례」에서 비오톱 유형평가와 개별 비오톱 평가에 따라 개발행위허가제를 운영하는 것은 「국토의 계획 및 이용에 관한 법률」과 그 시행령의 위임에 따른 것으로 정당하고, 위 비오톱 유형과 개별 비오톱 평가항목 등을 고려하면 위임입법의 한계를 일탈하였다고 볼 수 없다.

나. 비오톱등급에 대한 이의신청 후 취소소송

서울시 조례 시행규칙 제5조는 토지소유자의 이의신청에 따라 검토가 필요한 경우

---

[78] 서울고등법원 2015. 06. 24. 선고 2014누54150 판결 항소기각 확정

조사 및 평가를 통하여 비오톱등급을 변경할 수 있도록 규정하고, 이의신청에 따라 토지의 현장조사 결과 등을 기초로 도시생태현황도 평가위원회에서 심의를 거치는 방법으로 비오톱1등급 지정 해제·재조정 여부를 심사한 다음 결정으로 비오톱1등급 유지 여부를 결정한다.

<u>즉, 서울시 조례 시행규칙에서 해당 토지소유자에게 그 등급변경신청을 허용함에 따라 토지소유자가 이의신청을 하고 서울시가 비오톱등급 결정의 변경을 거부하는 결정을 할 경우, 그 결정은 행정청이 행하는 구체적 사실에 관한 법집행으로서의 공권력 행사의 거부라 할 수 있으므로 항고소송의 대상인 처분에 해당한다.</u> 따라서 이때 아래 판결과 같이 취소소송을 제기하여 다툴 수 있을 것이다.

서울행정법원 2020. 9. 10. 선고 2019구합5656 판결 [비오톱 등급결정 취소] 확정

[청구취지]

<u>피고가 2018. 9. 14. 원고에게 한 비오톱 1등급 유지 결정을 취소한다.</u>

1. 기초 사실

가. 피고의 비오톱등급 지정

피고는 2015. 6. 18. 2015 서울특별시 도시생태현황도 고시(서울특별시고시 B, 이하 '이 사건 고시'라 한다)를 통하여 원고 소유인 서울 종로구 C 전 1,154㎡(다음부터는 '이 사건 토지'라 한다)를 비오톱1등급 토지(비오톱유형평가 및 개별비오톱평가 1등급)로 지정하였다.

나. 원고의 이의신청과 피고의 비오톱등급 유지 결정

1) 원고(개명 전 D)는 2018. 3.경 피고에게 '이 사건 토지는 1종 전용 주거지역으로 지목이 전 또는 나대지이고, 보존가치가 없는 잡목으로 구성되어 비오톱등급 지정해제 또는 등급 재조정을 요구한다'는 취지로 이의신청을 하였다.

2) 서울특별시 종로구가 2018. 6. 5., 전문조사원 2명이 2018. 7. 12. 각 현장조사를 실시하여 이 사건 토지의 현황을 파악하였다.

3) 피고는 <u>2018. 8. 6. 2018년 제1차 도시생태현황도 평가위원회(공무원 1명, 외부위원 8명으로 구성)를 개최하여 이 사건 토지의 비오톱등급 조정 여부를 심의하였다.</u>

4) 피고는 2018. 9. 14. 원고에게 '이 사건 토지는 지목이 전이지만 산림으로 천이가 이루어졌고, <u>원고가 고의로 도시생태현황을 변경하였다고 볼 상당한 이유가 있다</u>'는 사유로 비오톱등

급을 유지하는 결정(다음부터는 '이 사건 결정'이라 한다)을 하였다.

다. 이 사건 결정에 대한 원고의 이의신청

1) 원고는 2018. 10. 10. 피고에게 이 사건 결정에 대한 이의신청을 하였다.

2) 피고는 2018. 10. 19. 원고에게 '이 사건 결정은 서울특별시 도시생태현황도 운영지침 제10, 11조에 따라 적정하게 이루어졌다'는 취지로 검토 결과를 통지(다음부터는 '이 사건 통지'라 한다)하였다.

가. 이 사건 결정의 항고소송 대상적격

1) 피고는 이 사건 결정이 항고소송의 대상인 행정처분이 아니라고 본안전항변을 한다.

2) 그러므로 보건대,

가) 비오톱1등급으로 지정된 토지는 원칙적으로 국토의 계획 및 이용에 관한 법률(다음부터는 '국토계획법'이라 한다)에 따른 개발행위허가를 받을 수 없어{국토계획법 제58조, 같은 법 시행령 제56조제1항 [별표 1의2] 개발행위허가기준' 가목(공통분야), 서울특별시 도시계획 조례(다음부터는 '이 사건 조례'라 한다) 제24조 [별표 1] 개발행위허가 기준' 제1호(분야별 검토사항) 가목 (4)} 비오톱1등급 지정 및 이를 변경하는 행위는 해당 토지에 건축물을 건설하거나 공작물을 설치할 수 있는 개별 토지소유자의 재산권 등에 영향을 미친다.

나) 비오톱등급 결정(고시)이 항고소송의 대상인 처분임은 피고도 인정한다.

다) 이 사건 조례 시행규칙 제3조의3은 토지소유자의 이의신청에 따라 검토가 필요한 경우 조사 및 평가를 통하여 비오톱등급을 변경할 수 있도록 규정하고, 실제 피고는 원고의 이의신청에 따라 이 사건 토지의 각 현장조사 결과 등을 기초로 도시생태현황도 평가위원회에서 심의를 거치는 방법으로 이 사건 고시와 별도로 비오톱1등급 지정 해제·재조정 여부를 심사한 다음 이 사건 결정으로 비오톱1등급을 유지하기로 하였다.

라) <u>이 사건 조례 시행규칙에서 해당 토지소유자에게 그 등급변경신청을 허용함에 따라 원고가 이의신청을 하고 피고는 처분인 비오톱등급 결정의 변경을 거부하였다. 이 사건 결정은 행정청이 행하는 구체적 사실에 관한 법집행으로서의 공권력 행사의 거부라 할 수 있으므로 항고소송의 대상인 처분에 해당한다.</u>

마) 피고의 본안전항변을 받아들이지 않는다.

다. 개발행위허가 반려처분 취소소송에서 비오톱 적법 여부 판단

> **서울고등법원 2020. 11. 11. 선고 2020누41452 판결 [조례 등 무효확인의 소] 확정**
>
> 이 사건 조례 규정 (4)는 '도시생태현황 조사결과 비오톱유형평가가 1등급이고 개별비오톱평가 1등급으로 지정된 부분은 보전하여야 한다'고 규정하고, 이 사건 조례 시행규칙 제3조 제3항은 비오톱유형평가 1등급을 '보전이 우선되어야 하는 비오톱유형'으로, 개별비오톱평가 1등급을 '보호가치가 우선시되는 비오톱(보전)'으로 규정하고 있다.
>
> 원고는 위 규정이 문언상 '보전하여야 한다'고 명시하고 있어 그 자체로 비오톱 1등급으로 지정된 토지를 소유한 자들로 하여금 어떠한 개발행위도 할 수 없도록 규제하고 있으므로 이는 구체적인 행정처분에 해당한다는 취지로 주장한다. 그러나 상위 법령인 국토계획법령과 이 사건 조례 규정 (4)의 문언과 내용, 규정체계와 형식 등에 비추어 보면, <u>위 규정 또한 이 사건 조례 규정 (3)과 마찬가지로 관할 행정청이 개발행위허가 여부를 판단하는데 참작하여야 하는 기준을 정한 추상적인 규정으로서, 개발행위허가 신청에 대한 반려처분 등 집행행위의 개입 없이 위 규정 자체만으로 비오톱 1등급 지정 토지 소유자들의 구체적인 권리의무에 직접적으로 변동을 초래하는 것이라고 볼 수 없다.</u> 위 규정이 개발행위허가와 관련하여 행정청에게 재량을 부여하지 않는 형식으로 규정되어 있어 그에 따라 비오톱 1등급 토지 소유자들의 개발행위허가 신청이 거부될 개연성이 존재하기는 하나, 그러한 사정만으로 위 토지 소유자들이 위 규정에 의하여 곧바로 개별적이고 구체적인 권리의 침해를 받았다고 보기 어렵다(대법원 1998. 11. 27. 선고 98두12789 판결 참조). <u>원고가 관할 행정청에 이 사건 토지에 대하여 개발행위허가 신청을 하였다가 이 사건 조례 규정 (4)에서 정한 사유를 이유로 이를 반려하는 처분이 있게 되면, 원고는 반려처분의 적법성을 다투며 그 근거가 된 이 사건 조례 규정 (4)의 위헌·위법성을 주장할 수 있고, 법원은 반려처분의 적법 여부를 판단하기 위한 선결문제로서 이 사건 조례 규정 (4)의 위법·무효 여부를 판단하게 되는 것이다.</u>

제4장 도시자연공원구역

1. 정의

"도시자연공원구역"이라 함은 「국토의 계획 및 이용에 관한 법률」 제38조의2의 규정에 의하여 도시자연공원구역으로 결정된 구역을 말한다(법 제2조제3호).

도시자연공원구역은 도시계획시설이 아니라 용도구역이어서 실효 제도는 적용되지 않으며, 매수청구 제도가 있다고 하더라도 해당 토지의 개별공시지가가 그 토지가 소재하고 있는 읍·면·동 안에 지정된 도시자연공원구역 안의 동일한 지목의 개별공시지가의 평균치의 70퍼센트 미만이어야만 가능하므로 사실상 매수청구도 불가하다.

결국 이는 헌법재판소의 위헌결정에 역행하는 제도이다. 즉, 일몰제 도입 등 규제완화가 헌법재판소 취지인데, 매수청구도 형식적이고, 실효 제도는 없다. 오히려 행위제한이 강화되어 재산권 침해가 더 심해진 상황이다.

도시자연공원구역은 그대로 두어도 공원 기능을 하므로, 구역지정만 하고 아무런 시설도 하지 않으므로 인하여 보상도 하지 않고, 자연 그대로 공원기능을 하도록 한 제도이다.

원래 장기미집행도시계획시설은 「국토의 계획 및 이용에 관한 법률」(이하 국토법이라고만 함) 제48조의 규정에 의하여 2020. 7. 1.까지 실시계획인가를 받지 못하면 실효되는 것이다. 그러나 「도시공원 및 녹지에 관한 법률」 제17조 및 부칙 제8조에 의하면, 장기미집행도시계획시설 중 공원은 도시관리계획에 의한 공원조성계획이 없는 경우에는 2015. 10. 1. 실효되도록 규정하고 있다. 즉, 공원은 도시관리계획에 의한 공원조성계획이 없는 경우에는 2015. 10. 1. 실효되고, 공원조성계획은 수립하였지만 실시계획의 인가나 그에 상당하는 절차가 진행되지 아니한 경우는 2020. 7. 1. 실효되는 것이다.

 그런데 장기미집행도시계획시설의 대부분을 차지하는 공원에 대해 보상을 하기에는 한마디로 돈이 없다. 그래서 국가가 생각해 낸 것이 바로 '도시자연공원구역' 제도인 것이다.

2. 구역 도입 배경

도시공원 및 녹지 등에 관한 법률 : 최초 구역제도 도입 시 법
[시행 2005.10.1] [법률 제7476호, 2005.3.31, 전부개정]
◇ 개정이유
　바. 도시자연공원구역 지정제도 신설(법 제26조 내지 제34조)

　(1) **도시자연공원**은 공원으로 결정된 후 지방자치단체의 재원부족 등으로 인하여 장기간 미조성된 상태로 남는 경우가 많아 사유재산권 침해의 우려가 있고, 도시자연공원내에서의 엄격한 행위제한이 수반되어 거주자 등의 민원이 다수 발생하는 문제가 있어 이를 개선하려는 것임.

　(2) 「국토의 계획 및 이용에 관한 법률」에 의하여 **용도구역으로 신설된 도시자연공원구역**의 지정 및 변경의 기준을 정하고, 도시자연공원구역안에서는 제한된 행위에 대하여만 특별시장·광역시장·시장 또는 군수의 허가를 얻어 허용하도록 하는 한편, 도시자연공원구역안의 토지로서 종래의 용도로 사용할 수 없는 토지 등의 소유자에게 **토지매수청구권을 부여함**.

　(3) 지방자치단체의 불필요한 도시자연공원 조성에 따른 재정적 부담을 줄이고, 도시자연공원구역내 토지소유자의 사유재산권 피해가 최소화될 것으로 기대됨.

3. 구역 지정

가. 구역 지정 의제

최초 부칙 제6조는 기존 도시자연공원은 2010년 1월 1일에 무조건 도시자연공원구역으로 결정·고시된 것으로 본다는 의제규정을 두었다.

> 부칙 제6조 (기존의 도시자연공원에 관한 경과조치) ①특별시장·광역시장·시장 또는 군수는 이 법 시행당시 도시관리계획으로 결정·고시된 도시자연공원에 대하여 2009년 12월 31일까지 도시계획시설의 변경·해제 등 필요한 조치를 취하여야 한다.
>
> ②특별시장·광역시장·시장 또는 군수가 2009년 12월 31일까지 제1항의 규정에 의한 필요한 조치를 하지 아니하는 경우 당해 <u>도시자연공원은 2010년 1월 1일에 도시자연공원구역으로 결정·고시된 것으로 본다.</u>
>
> ③제2항의 규정에 의한 도시자연공원구역으로 결정되기 전까지의 도시자연공원의 관리 등에 관하여는 이 법 제19조 내지 제25조, 제39조 내지 제56조의 규정에 의한다.

나. 의제규정 효력 상실

그러나 2009. 12. 29. 법 개정으로 의제규정이 효력을 상실하였다.

따라서 2015. 10. 1. 공원조성계획 미수립으로 인하여 실효시[79]까지 종전처럼 별도로 구역으로 지정하는 절차를 밟아야 한다.

> 도시공원 및 녹지 등에 관한 법률
>
> [시행 2009.12.29] [법률 제9860호, 2009.12.29, 일부개정]
>
> 【제·개정이유】 ◇주요내용
>
> 나. 도시자연공원구역내 토지에 대해서도 도시공원내 토지와 같이 세금이 감면될 수 있도록 <u>도시자연공원구역을 도시공원의 범위에 포함하도록 함</u>(법 제2조제3호).
>
> 자. 기존 도시자연공원에 대하여 2009년 12월 31일까지 변경·해제 등 필요한 조치를 취

---

79) **[법률 제9860호, 2009.12.29, 일부개정] 부칙 제8조 (기존 도시공원의 실효에 관한 경과조치)** 이 법 시행당시 도시계획시설결정이 고시된 도시공원은 제17조의 규정에 불구하고 이 법 시행일부터 10년이 되는 날까지 제16조의 규정에 의한 공원조성계획이 결정·고시되지 아니하는 경우에는 그 10년이 되는 날의 다음 날에 도시공원에 관한 도시관리계획 결정은 그 효력을 상실한다.

하지 아니하는 경우 2010년 1월 1일에 도시자연공원구역으로 자동변경되도록 한 사항을 <u>도시공원결정의 실효제 등에 따라 효력이 상실되기 전까지 도시계획시설 변경 등의 필요 조치를 하도록 그 기간을 연장함으로써 기존 도시자연공원에 대한 재검토가 충분히 이루어질 수 있도록 함</u>(법률 제7476호 도시공원 및 녹지 등에 관한 법률 전부개정법률 부칙 제6조).

부칙 〈법률 제9860호, 2009.12.29〉

부칙 ④(기존 도시자연공원에 관한 특례) 종전의「도시공원법」(법률 제7476호로 개정되기 이전의 법률을 말한다. 이하 이 항에서 같다)에 따른 도시자연공원에 대한 공원시설의 설치 또는 변경에 관하여는 <u>종전의「도시공원법」에 따른다.</u> 다만, 도시자연공원의 개발 및 관리 등에 대하여는 제21조의2, 제48조의2, 제52조의2의 개정규정을 적용할 수 있다.

▶ 이로써 의제조항은 효력 상실

다.「도시자연공원구역의 지정·변경 등에 관한 지침」연혁

도시자연공원구역의 지정·변경 등에 관한 지침

[시행 2007. 2. 6.] [건설교통부고시 제2007-39호, 2007. 2. 6., 제정]

[시행 2011. 4. 4.] [국토해양부고시 제2011-124호, 2011. 4. 4., 일부개정]

2-2-2. (3)를 다음과 같이 한다

(3)「자연공원법」제2조의 규정에 의한 자연공원이나「습지보전법」제8조의 규정에 의한 습지보호지역,「자연환경보전법」제12조의 규정에 의한 생태·경관보전지역 및 제23조의 규정에 의한 시·도 생태·경관보전지역,「국토의 계획 및 이용에 관한 법률」제38조의 규정에 의한 개발제한구역 등 자연보전 목적을 갖는 지역 또는 구역은 가능한 한 도시자연공원구역과 중복 결정하지 아니하도록 한다.

2-4-1. (4)를 다음과 같이 신설한다.

(4) 도시자연공원구역과 개발제한구역이 중복 지정된 경우

[시행 2012. 11. 8.] [국토해양부고시 제2012-760호, 2012. 11. 8., 일부개정]

2-3-1. (3)을 다음과 같이 한다.

(3) <u>도시자연공원구역의 경계는 취락지구, 학교, 종교시설, 농경지 등의 존재 유무를 고려하여 구역에 닿아 있는 경우는 제외하고, 구역 내에 입지한 경우는 구역에 포함하여 설정하도록 한다.</u>

2-4-3. 내지 2-4-5.를 다음과 같이 한다.

2-4-3. 도시자연공원구역의 변경(해제)을 위하여 환경성 검토를 통해 국토환경성평가도 3등급~5등급, 생태자연도 3등급, 임상도 3영급~1영급, 녹지자연도 6등급~0등급을 이용등급으로 하고, 이용등급을 대상으로 변경(해제)하도록 한다.

2-4-4 이용등급은 국토환경성평가도, 생태자연도, 임상도, 녹지자연도 등을 활용하여 상위등급을 우선 적용하여 등급을 부여하도록 한다.

2-4-5. 시·도지사는 5년마다 관할 구역의 도시자연공원구역에 대하여 그 타당성 여부를 전반적으로 재검토하여 정비하여야 한다.

4-1-1. 중 "20호"를 "10호"로 한다.

[시행 2015. 5. 4.] [국토교통부고시 제2015-284호, 2015. 5. 4., 일부개정]

◇ 개정 이유

「국토의 계획 및 이용에 관한 법률」 제38조의2제1항에서 규정한 도시자연공원구역의 지정권자가 판단하여 결정할 수 있도록 기존 도시자연공원의 도시자연공원구역으로 전환 규정을 개정하고, 기존 도시자연공원이 부적절하게 지정되었거나 도시자연공원구역으로 유지할 필요가 없는 경우 공원 결정의 해제를 유도하기 위해 공원 결정 해제 규정을 개정

[시행 2022. 10. 12.] [국토교통부고시 제2022-582호, 2022. 10. 12., 일부개정]

◇ 제·개정 이유

도시자연공원구역은 지자체가 지정하는 도시공원으로서 행위제한을 통하여 소극적으로 기존의 자연환경을 보전하는 방식으로 관리하고 있으나, 행위제한만으로는 적극적인 공원 조성을 통해 국민에게 문화생활을 위한 공원·녹지 제공이 어려워 국민의 공원 이용 편의를 위해 현행 제도의 일부 미비점을 보완·정비하려는 것임

◇ 주요내용

가. 도시자연공원구역 내 매수청구 등을 통해 소유권 취득을 완료한 토지에 대해서는 관리계획 수립이 가능한 체계를 마련하도록 함(안 3-2.)

나. 도시자연공원구역 지정 전에 공원조성계획으로 설치되었던 체육시설 등을 도시자연공원구역 내 적법하게 설치된 체육시설 등으로 인정하여 공원관리청의 체계적 시설 관리 방안을 마련하도록 함(안 3-3.(1))

다. 도시자연공원구역 지정 및 해제 검토 주체를 현실화함(안 2-4-5.)

[시행 2024. 10. 23.] [국토교통부고시 제2024-563호, 2024. 10. 23., 일부개정]

◇ 제 · 개정 이유

　ㅇ 토지이용합리화를 위하여 도시자연공원구역의 해제 요건을 완화하고, 도시자연공원구역의 지정 · 변경을 위한 지표 중 더 이상 작성 · 관리되고 있지 않아 실효성이 없는 녹지자연도를 항목에서 삭제하는 등 현행 제도의 운영상 나타난 일부 미비점을 개선 · 보완하려는 것임.

◇ 주요내용

　가. 공원조성계획 지표 중 녹지자연도 삭제(안 2-2-2.(1) · (2), 2-4-3., 2-4-4.)

　나. 도시자연공원구역 해제 요건 완화(안 2-2-2.(3), 2-4-1.(4))

라. 구역 지정 기준

구역 지정 시에 토지소유자에게 개별적으로 통지하지 않는 점을 유의하여야 한다.

법 제26조 (도시자연공원구역의 지정 및 변경의 기준)
도시자연공원구역의 지정 및 변경의 기준은 대상 도시의 인구·산업·교통 및 토지이용 등 사회경제적 여건과 지형·경관 등 자연환경적 여건 등을 종합적으로 고려하여 대통령령으로 정한다.[전문개정 2011.9.16]

령 제25조 (도시자연공원구역의 지정 및 변경의 기준) ① 시 · 도지사 또는 대도시 시장은 법 제26조에 따라 도시자연공원구역을 지정하거나 변경할 때에는 다음 각 호의 구분에 따른 기준에 따라야 한다. 〈개정 2010. 6. 29., 2016. 3. 29., 2018. 1. 9., 2020. 5. 4.〉

1. 지정에 관한 기준

　가. 도시지역 안의 식생이 양호한 수림의 훼손을 유발하는 개발을 제한할 필요가 있는 지역 등 도시의 자연환경 및 경관을 보호하고 도시민에게 건전한 여가 · 휴식공간을 제공할 수 있는 지역을 대상으로 지정할 것

　나. 「환경정책기본법」에 따른 환경성평가지도, 「자연환경보전법」에 따른 생태 · 자연도, 녹지자연도, 임상도 및 「국토의 계획 및 이용에 관한 법률」에 따른 토지적성에 대한 평가결과 등을 고려하여 지정할 것

2. 경계설정에 관한 기준

　가. 보전하여야 할 가치가 있는 일정 규모의 지역 등을 포함하여 설정하되, 지형적인 특성 및 행정구역의 경계를 고려하여 경계를 설정할 것

나. 주변의 토지이용현황 및 토지소유현황 등을 종합적으로 고려하여 경계를 설정할 것

다. 도시자연공원구역의 경계선이 법 제28조제1항에 따른 취락지구(이하 "취락지구"라 한다), 학교, 종교시설, 농경지 등 기능상 일체가 되는 토지 또는 시설을 관통하지 아니할 것

3. 변경 또는 해제에 관한 기준

가. 녹지가 훼손되어 자연환경의 보전 기능이 현저하게 떨어진 지역을 대상으로 해제할 것

나. 도시민의 여가·휴식공간으로서의 기능을 상실한 지역을 대상으로 해제할 것

② 제1항에서 규정된 사항 외에 도시자연공원구역의 지정 및 변경의 구체적 기준에 관하여는 국토교통부장관이 정하여 고시한다. 〈개정 2008. 2. 29., 2010. 6. 29., 2013. 3. 23.〉

도시자연공원구역의 지정·변경 등에 관한 지침

[시행 2024. 10. 23.] [국토교통부고시 제2024-563호, 2024. 10. 23., 일부개정]

1-2-2. 개발제한구역안의 취락지구와 중복 지정된 도시자연공원구역 안의 취락지구의 경우에는 「개발제한구역의 지정 및 관리에 관한 특별조치법」에 의한 개발개발제한구역 취락지구에 관한 규정을 우선 적용한다.

제2장 도시자연공원구역의 지정 및 변경(해제)기준

제1절 지정의 일반원칙

2-1-1. 시·도지사 또는 「지방자치법」 제175조에 따른 서울특별시와 광역시 및 특별자치시를 제외한 인구 50만 이상의 대도시(이하 "대도시"라 한다) 시장은 도시의 자연환경 및 경관을 보호하고 도시민에게 건전한 여가휴식공간을 제공하기 위하여 도시지역(「국토의 계획 및 이용에 관한 법률」(이하 "국토계획법"이라 한다) 제6조제1호에 의한 지역을 말한다〉 안의 식생이 양호한 수림의 훼손을 유발하는 개발을 제한할 필요가 있는 지역을 도시자연공원구역으로 지정할 수 있다.

2-1-2. 도시자연공원구역의 지정 및 변경은 도시녹지 체계 및 도시민의 여가휴양 수요와 연계성을 갖도록 공원녹지기본계획에 부합되어야 한다.

제2절 지정 기준

2-2-1. 도시자연공원구역 지정하는 경우에는 〈표 2-1〉을 고려하여 지정한다.

〈표 2-1〉 도시자연공원구역의 지정시 고려사항

항 목	기 준
양호한 자연환경의 보전	① 동식물의 서식처 또는 생육지로서 생태적으로 보전가치가 높은 지역 ② 자연의 보호 상태가 양호하여 훼손 또는 오염이 적으며, 양호한 소생태계(비오톱)가 형성되어 있는 지역 ③ ① 또는 ②의 조건을 가진 지역의 주변지역으로 양호한 생태계 또는 식생을 보호하기 위한 완충지역
양호한 경관의 보호	① 지형의 경관미가 수려한(지형 등이 뛰어난 풍치 또는 경관을 형성하고 있는) 지역 ② 해당 도시 또는 지역에서 주요한 조망대상 또는 상징적 경관이 되는 지역 ③ 지역의 역사 등과 깊은 관계를 갖고 있는 문화재 또는 유적 및 유물이 입지한 지역으로, 주변의 자연경관과 조화되어 보전할 만한 가치가 있는 경관적 특성을 형성하고 있는 지역
도시민의 여가휴식공간의 확보	도시민의 여가공간으로 효율성을 높이기 위하여 필요한 지역 ① 주민이 일상적으로 접촉하는 빈도가 높은 산 또는 도시민이 자연과의 접촉의 장이 되는 녹지 ② 지역주민의 건전한 심신의 유지 및 증진에 관계되는 녹지로서 지역주민의 건전한 생활환경 확보를 위하여 적정하게 보전할 필요가 있는 지역 ③ 도시기본계획, 공원녹지기본계획에서 도시민의 여가휴식공간, 보전할 만한 녹지축이나 거점 등으로 계획된 지역

2-2-2. 도시자연공원구역의 지정할 때에는 국토환경성평가 결과, 생태·자연도, 임상도, 녹지자연도, 국토계획법에 의한 토지적성평가 결과 등을 활용하도록 한다.

(1) 국토환경성 평가 결과 1등급 지역, 생태·자연도 1등급 권역, 임상도 4영급 이상인 지역, 녹지자연도 8등급 이상인 지역, 토지적성평가 결과 보전적성등급의 지역은 우선적으로 구역 지정의 대상이 된다.

(2) 국토환경성 평가 결과 2등급지역, 생태·자연도 2등급 권역, 녹지자연도 7등급 지역 중 과도한 훼손이 우려되는 지역 또는 항공사진 판독 결과나 현장조사에 의하여 양호한 식생이 분포하는 것으로 판단되는 지역도 도시자연공원구역으로 지정할 수 있다.

(3) 「자연공원법」 제2조의 규정에 의한 자연공원이나 「습지보전법」 제8조의 규정에 의한 습지보호지역, 「자연환경보전법」 제12조의 규정에 의한 생태경관보전지역 및 제23조의 규정에 의한 시·도 생태·경관보전지역, 「국토의 계획 및 이용에 관한 법률」 제38조의 규정에 의한 개발제한구역 등 자연보전 목적을 갖는 지역 또는 구역은 가능한 한 도시자연공원구역과 중복 지정

하지 아니하도록 한다.

(4) 자연의 보호 상태가 양호하여 훼손 또는 오염이 적으며, 야생동식물이 서식하고 있는 지역, 희귀식물이 식생하고 있는 지역, 양호한 소생태계(「자연환경보전법」 제2조제6호를 말한다)가 형성되어 있는 지역, 또는 도시민의 여가공간으로 효율성을 높이기 위하여 필요한 지역, 양호한 식생보호를 위한 완충지역을 포함하여 지정할 수 있다.

2-2-3. 경관의 자원적 가치는 지형의 경관미가 수려하거나(지형 등이 뛰어난 풍치 또는 경관을 형성하고 있거나, 지역에서 주요한 조망대상이 되는 경우) 해당 도시 또는 지역의 상징적 경관이 되는 지역, 지역의 역사성 등을 지닌 문화재 또는 유적, 유물이 자연경관과 조화되어 보전의 가치가 있을 경우에 도시자연공원구역으로 지정할 수 있다.

2-2-4. 도시자연공원구역은 해당 도시민의 공원이용권 및 균형적인 배치를 고려하여 지정하도록 하며, 구체적으로 다음의 지역이 해당될 수 있다.

(1) 주민이 일상적으로 접촉하는 빈도가 높은 녹지 또는 도시민이 자연과의 접촉의 장이 되는 녹지

(2) 지역주민의 건전한 심신의 유지 및 증진에 관계되는 녹지로서 지역주민의 건전한 생활환경 확보를 위하여 적정하게 보전할 필요가 있는 지역

(3) 도시군기본계획, 공원녹지기본계획 등 관련계획에서 보전할 만한 녹지축이나 거점 등으로 계획된 지역 등

제6절 도시자연공원구역의 지정 및 변경(해제) 절차

2-6-1. 도시자연공원구역의 지정(변경 포함)에 관한 도시관리계획의 입안·결정절차는 국토계획법에 의한 도시·군관리계획의 수립절차에 의하되, 도시·군관리계획 결정시 그 결정권자가 필요한 경우에는 도시계획위원회 심의 전에 도시공원위원회의 자문을 거칠 수 있다.

마. 서울시 구역 지정

서울시는 2020. 6. 29. 서울특별시고시 제2020-254호(서울시보 제3592호)로, 도시관리계획(도시계획시설, 용도구역) 결정(변경) 및 지형도면을 고시하였다.

◆ 서울특별시고시 제2020-254호

도시관리계획(도시계획시설, 용도구역) 결정(변경) 및 지형도면 고시

「국토의 계획 및 이용에 관한 법률」 제30조 및 같은 법 시행령 제25조에 따라 북악산도시자연공원 등 도시계획시설 74개소에 대하여 도시계획시설을 결정(변경)하고, 「국토의 계획 및

이용에 관한 법률」제38조의2에 따라 도시자연공원구역 68개소를 새롭게 지정하며, 이에 대해 「국토의 계획 및 이용에 관한 법률」 제32조, 「토지이용규제 기본법」 제8조 및 같은 법 시행령 제7조의 규정에 따라 지형도면을 작성·고시합니다.

2020년 6월 29일

서 울 특 별 시 장

1. 결정(변경) 취지

서울의 자연환경 및 경관을 보호하고 도시민에게 건전한 여가·휴식공간을 제공하기 위하여 도시계획시설(공원, 녹지, 유원지, 체육시설, 학교)을 결정(변경)하고, 도시자연공원구역을 신규 지정하여, 시민의 건강·휴양 및 정서생활을 향상시키는 데에 이바지하고자 함.

2. 도시관리계획(도시계획시설) 결정(변경) 조서

가. 도시계획시설(공원) 결정(변경) 조서 및 사유

2020년 6월 도시관리계획 변경사항을 반영하여 공원조성계획 변경

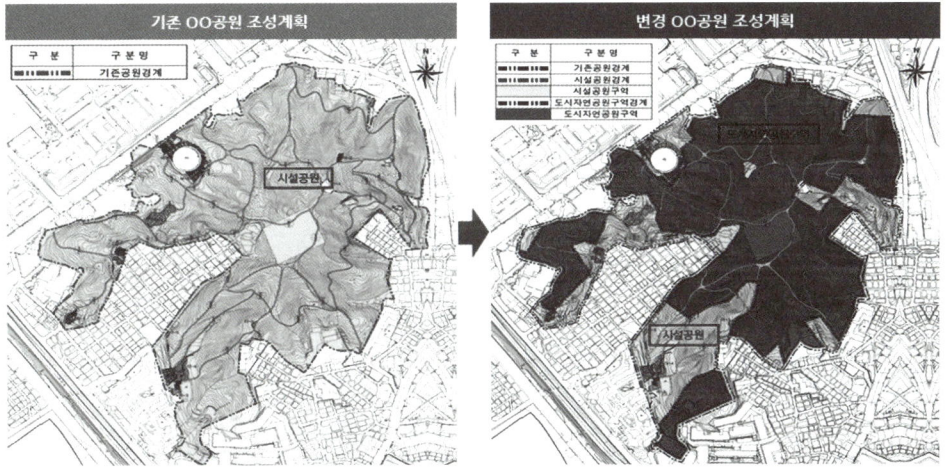

바. 도시자연공원구역 지정 현황 (2021.12월 기준)

시 도	도시자연공원구역 개소	도시자연공원구역 면적(㎡)	비 고
계	234	342,497,196	
서 울	68	69,222,532	
부 산	-	-	
대 구	7	40,673,565	
인 천	18	24,204,879	
광 주	-	-	
대 전	2	8,484,213	
울 산	3	6,861,012	
세 종	-	-	
경 기	28	26,995,055	
강 원	7	5,920,973	
충 북	16	43,736,967	
충 남	36	20,859,220	
전 북	5	1,009,172	
전 남	30	47,028,660	
경 북	4	2,178,564	
경 남	10	45,322,384	
제 주	-	-	

4. 구역 지정으로 인한 차이점

가. 도시자연공원과 구역의 비교

舊 도시자연공원	도시자연공원구역
- 도시계획시설임 - 따라서 별도 시설 설치계획 있음	- 도시계획시설 아님. - 즉, 그린벨트와 같은 용도구역임 - 그대로 공원 기능을 함, 아무런 시설도 설치하지 않아도 됨
- 매수청구 제도 있음 - **매수 시 가격은 제한받지 않는 상태로 정상평가**	- 매수청구 제도 있으나, 제한적이라서 거의 불가함 (개별공시지가가 평균치의 70% 미만일 것 등) - **매수 시 가격은 제한받는 상태로 평가** - 손실보상을 하는 경우에도 제한받는 상태로 평가, 따라서 지가 하락
실효 제도 있음	실효 제도 없음
행위 제한 : 약함	행위 제한 : 매우 강함
출입 제한 규정 없음	출입 제한 가능(법 제33조)
재산세 50% 감면(지방세특례제한법 제84조, 2027.12.31.까지)	- 행안부 유권해석에 의하면 2009. 12. 29. 세금 감면을 위해 구역을 도시공원으로 하였지만, 구역은 도시계획시설이 아니므로 감면이 불가하다고 함(행정안전부 지방세운영과-3922, 2011.8.19.) - 그러나 각 지자체별로 조례로 감면 사례 있음

나. 재산세 감면

(1) 지방세특례제한법

지방세특례제한법

[시행 2025. 1. 1.] [법률 제20632호, 2024. 12. 31., 일부개정]

제84조(사권 제한토지 등에 대한 감면) ① 「국토의 계획 및 이용에 관한 법률」 제2조제7호에 따른 도시·군계획시설로서 같은 법 제32조에 따라 지형도면이 고시된 후 10년 이상 장기간 미집행된 토지, 지상건축물, 「지방세법」 제104조제3호에 따른 주택(각각 그 해당 부분으로 한정한다)에 대해서는 2027년 12월 31일까지 재산세의 100분의 50을 경감하고, 「지방세법」

제112조에 따라 부과되는 세액을 면제한다. 〈개정 2013. 1. 1., 2014. 12. 31., 2018. 12. 24., 2021. 12. 28., 2024. 12. 31.〉

② 「국토의 계획 및 이용에 관한 법률」 제2조제13호에 따른 공공시설을 위한 토지(주택의 부속토지를 포함한다)로서 같은 법 제30조 및 제32조에 따라 도시·군관리계획의 결정 및 도시·군관리계획에 관한 지형도면의 고시가 된 후 과세기준일 현재 미집행된 토지의 경우 해당 부분에 대해서는 재산세의 100분의 50을 2027년 12월 31일까지 경감한다. 〈개정 2014. 12. 31., 2015. 12. 29., 2016. 12. 27., 2018. 12. 24., 2021. 12. 28., 2024. 12. 31.〉

③ 「철도안전법」 제45조에 따라 건축 등이 제한된 토지의 경우 해당 부분에 대해서는 재산세의 100분의 50을 2027년 12월 31일까지 경감한다. 〈개정 2014. 12. 31., 2018. 12. 24., 2021. 12. 28., 2024. 12. 31.〉

(2) 서울시

서울시 응답소 20221119900416

1. 문의 내용

- 서울시 전체 도시자연공원구역 내 모든 토지에 대해 재산세가 50% 감면되는지
- 50% 감면된다면 그 근거

2. 답변 내용

(가) 「서울특별시 시세 감면 조례」 제14조에서 '「국토의 계획 및 이용에 관한 법률」 제2조제7호 및 제5조제1항에 따른 도시계획시설로 같은 법 제32조에 따라 지형도면이 고시된 후 10년 이상 장기간 미집행된 공원이었다가 같은 법 제38조의2에 따른 도시자연공원구역으로 변경·지정된 토지·건축물·주택에 대해서는 「지방세법」 제112조제1항제2호에 따른 재산세(도시지역분)를 2024년 12월 31일까지 면제한다.'고 규정되어 있으며,

(나) 자치구세인 재산세는 부동산 소재지 관할 자치구 감면조례에서 재산세의 100분의 50을 2024년 12월 31일까지 경감한다고 규정하고 있습니다.

(다) 다만, 도시자연공원구역 해당여부는 물건지 관할 구청의 공원관리 소관부서로 확인하시고 과세의 권한이 있는 물건지 관할 구청장이 구체적인 사실관계를 확인하여 최종 판단할 사안으로 본 회신은 유권해석으로서 효력이나 기속력이 없음을 알려드립니다. 끝.

◆ **서울특별시 시세 감면 조례**

[시행 2025. 1. 1.] [서울특별시조례 제9413호, 2025. 1. 1., 일부개정]

제14조(도시자연공원구역에 대한 감면) 「국토의 계획 및 이용에 관한 법률」 제2조제7호 및 제5조제1항에 따른 도시계획시설로 같은 법 제32조에 따라 지형도면이 고시된 후 10년 이상 장기간 미집행된 공원이었다가 같은 법 제38조의2에 따른 도시자연공원구역으로 변경·지정된 토지·건축물·주택(각 용어의 뜻은 「지방세법」 제104조제1호부터 제3호까지의 정의를 따른다)에 대해서는 「지방세법」 제112조제1항제2호에 따른 재산세를 2027년 12월 31일까지 면제한다. 〈개정 2021.12.30., 2025.1.1.〉

◆ **서울특별시 서초구 구세 감면 조례**

[시행 2023. 12. 29.] [서울특별시서초구조례 제1541호, 2023. 12. 29., 전부개정]

제6조(도시자연공원구역에 대한 감면) 「국토의 계획 및 이용에 관한 법률」 제2조제7호 및 제5조제1항에 따른 도시계획시설로 같은 법 제32조에 따라 지형도면이 고시된 후 10년 이상 장기간 미집행된 공원이었다가 같은 법 제38조의2에 따른 도시자연공원구역으로 변경·지정된 토지·건축물·주택(각 용어의 뜻은 「지방세법」 제104조제1호부터 제3호까지의 정의를 따른다)에 대해서는 재산세의 100분의 50을 2026년 12월 31일까지 경감한다.

(3) 보도자료

서울 도시자연구역 사유지, 재산세 안 받고 공원으로 쓴다

머니투데이 2022.06.14.

시와 자치구 조례에 따라 현재 도시자연공원구역 내 토지 재산세가 50% 감면된다. 시와 부지 사용 계약을 체결한 토지에 대해선 재산세가 100% 감면된다.

인천시, 도시자연공원구역 내 토지·건축물 재산세 50% 감면

인천 in.com 2021.09.15.

인천시가 군·구와의 협의를 통해 지방세 감면조례를 개정하고 도시자연공원구역 내 토지·건축물 소유주의 재산세를 50% 감면한다.

시는 지난해 12월 국민권익위원회가 권고한 '장기미집행 도시공원의 합리적 관리방안 제도개선'에 따라 도시자연공원구역이 위치하고 있는 7개 군·구의 지방세 감면조례를 개정해 재산세 50%를 감면한다고 15일 밝혔다.

인천 10개 군·구 중 옹진군과 동구에는 도시자연공원구역이 없고 부평구에는 경찰종합학교 도시자연공원구역이 있지만 100% 국·공유지여서 재산세 감면 대상에 포함되지 않는다.

정부는 지난 2013년 공원(도시계획시설)의 한 종류인 도시자연공원을 폐지하고 도시자연공원구역(용도구역)으로 전환하면서 도시자연공원일 때 적용하던 재산세 50% 감면, 종합과세가 아닌 분리과세 등의 혜택도 폐지했다.

종전의 도시자연공원이 지방자치단체의 재원 부족 등으로 장기간 미조성 상태로 남아있는 경우가 많아 사유재산권을 침해하는 가운데 엄격한 행위제한에 따라 거주자 등의 민원이 빈발하자 취한 조치다.

도시자연공원구역에서는 제한적인 범위 내에서 기존 건축물 또는 공작물의 개축·재축·증축·대수선은 가능하지만 건축물의 건축 및 용도변경, 공작물의 설치, 토지의 형질변경, 물건의 적치, <u>도시계획사업의 시행(도로 개설 등)은 금지된다. 도시자연공원구역에서 공원을 조성하기 위해서는 도시계획시설(공원) 지정 절차를 다시 밟아야 한다.</u>

특히 20년 이상 장기미집행 도시계획시설 일몰제(지정 자동 해제)에서 도시자연공원구역은 도시계획시설이 아닌 용도구역이라는 이유로 빠져 역차별이라는 민원이 발생하자 국민권익위원회가 재산세 50% 감면 및 분리과세 부활을 포함한 과도한 규제 정비를 권고했고 <u>시가 도시자연공원구역이 있는 7개 군·구와의 협의를 거쳐 조례를 개정하고 군·구세인 재산세를 50% 깎아주도록 한 것이다.</u>

인천시는 지난 2013년 도시자연공원구역 도입과 함께 기존 도시자연공원 15곳(무의·왕산·계양·약사·경찰종합학교·문학·청량·백년골·운복·석화·중산·백운·금산·북산·전등)을 모두 도시자연공원구역으로 변경했다.

23.37㎢(2,337만㎡)에 이르는 15개 도시자연공원구역 내에 민간이 소유한 토지·건축물은 4,566건으로 이달 중 부과되는 토지분 재산세 50% 감면액은 5억~6억원이 될 것으로 보인다.

한편 시는 문화재보호구역과 중복된 강화 북산 도시자연공원구역 138만3,110㎡ 중 훼손지 9곳 9만8,012㎡의 해제를 추진하고 있어 공원구역 훼손과 해제 민원을 조장할 것이라는 비판을 받고 있다.

북산 도시자연공원구역 훼손지의 공원구역 해제 추진은 인천의 15개 공원구역 중 첫 사례로 한강유역환경청과의 전략환경영향평가 협의 결과 해제될 경우 공원구역에서의 고의 훼손 행위가 극성을 부리고 해제 민원도 다수 발생할 것으로 우려된다.

환경단체 관계자는 "북산 훼손지를 공원구역에서 해제할 경우 각종 부작용이 뒤따라 공원구역을 보전하기 어려워질 것"이라며 "공원구역 훼손행위에 대한 단속과 처벌을 강화하고 필요하다면 훼손지를 매입해 복구해야 한다"고 강조했다.

출처 : 인천in 시민의 손으로 만드는 인터넷신문(http://www.incheonin.com)

5. 구역 지정 토지소유자 주의사항(구역지정해제 소송방법)

가. 구역 해제 방법

공원녹지기본계획은 10년 단위로 수립(법 제5조)하고, 5년마다 타당성을 검토한다(법 제10조). 그 수립 절차는 공청회 개최, 도시공원위원회 자문, 지방의회 의견청취 등을 거친다(법 제8조 내지 제10조). 따라서 구역 지정 토지 소유자는 기본계획수립 시 및 타당성 검토 시 자신의 토지가 구역에서 빠지도록 노력하여야 한다.

또한 공원조성계획정비를 하는바, 이때에도 구역 지정 토지소유자는 구역에서 빠지도록 노력하여야 한다.

> **제18조(공원조성계획의 정비)** ① 특별시장·광역시장·특별자치시장·특별자치도지사·시장 또는 군수는 공원조성계획이 결정·고시된 후 주변의 토지이용이 현저하게 변화되거나 대통령령으로 정하는 요건에 따른 주민 요청이 있을 때에는 공원조성계획의 타당성을 전반적으로 재검토하여 필요한 경우 이를 정비하여야 한다.
>
> > **령 제15조(공원조성계획의 정비를 요청할 수 있는 주민의 요건 등)** ①법 제18조제1항에서 "대통령령으로 정하는 요건"이란 다음 각 호의 구분에 의한 주민의 요청을 말한다. 〈개정 2012. 3. 13.〉
> >
> > 1. 소공원 및 어린이공원 : 공원구역 경계로부터 250미터 이내에 거주하는 주민 500명 이상의 요청
> >
> > 2. 소공원 및 어린이공원 외의 공원 : 공원구역 경계로부터 500미터 이내에 거주하는 주민 2천명 이상의 요청
> >
> > ②특별시장 · 광역시장 · 특별자치시장 · 특별자치도지사 · 시장 또는 군수는 제1항에 따른 주민의 요청이 있는 때에는 시 · 도도시공원위원회(시 · 도도시공원위원회가 설치되지 아니한 경우에는 시 · 도도시계획위원회를 말한다) 또는 시 · 군도시공원위원회(시 · 군도시공원위원회가 설치되지 아니한 경우에는 시 · 군 · 구도시계획위원회를 말한다)의 자문을 거친 후 공원조성계획의 정비 여부를 검토하여야 한다. 〈개정 2012. 3. 13., 2016. 11. 29.〉
>
> ② 제1항에 따라 공원조성계획의 정비를 요청할 수 있는 주민의 요건은 해당 공원을 주로 이용할 것으로 예상되는 주민의 범위, 공원의 규모 등을 고려하여 제15조에 따른 공원별로 달리 정할 수 있다.[전문개정 2011.9.16]

나. 구역지정 해제소송 방법

도시자연공원구역으로 지정하는 도시관리계획에 대해 해제신청을 하고, 이를 거부할 경우 소송을 한다.

도시자연공원구역 해제신청에 대한 거부처분 취소를 구하는 사건

대법원 2023. 11. 16. 선고 2022두61816 판결 [도시계획시설결정해제신청 거부처분취소청구]

◇ 도시관리계획결정의 재량권 일탈·남용 여부 심사 방법 ◇

행정계획이라 함은 행정에 관한 전문적·기술적 판단을 기초로 하여 도시의 건설·정비·개량 등과 같은 특정한 행정목표를 달성하기 위하여 서로 관련되는 행정수단을 종합·조정함으로써 장래의 일정한 시점에 일정한 질서를 실현하기 위한 활동기준으로 설정된 것이다. 공원녹지법 등 관계 법령에는 추상적인 행정목표와 절차만이 규정되어 있을 뿐 행정계획의 내용에 대하여는 별다른 규정을 두고 있지 아니하므로 행정주체는 구체적인 행정계획을 입안·결정하면서 비교적 광범위한 형성의 자유를 가진다고 할 것이다. 하지만 행정주체가 가지는 이와 같은 형성의 자유는 무제한적인 것이 아니라 그 행정계획에 관련되는 자들의 이익을 공익과 사익 사이에서는 물론이고 공익 상호간과 사익 상호간에도 정당하게 비교교량하여야 한다는 제한이 있다. 따라서 행정주체가 행정계획을 입안·결정하면서 이익형량을 전혀 행하지 아니하거나 이익형량의 고려 대상에 마땅히 포함시켜야 할 사항을 누락한 경우 또는 이익형량을 하였으나 정당성과 객관성이 결여된 경우에는 그 행정계획결정은 형량에 하자가 있어 위법하다(대법원 2006. 9. 8. 선고 2003두5426 판결 등 참조). 공원녹지의 확충·관리·이용 등 쾌적한 도시환경의 조성 등을 목적으로 하는 도시관리계획결정과 관련하여 재량권의 일탈·남용 여부를 심사할 때에는 공원녹지법의 입법취지와 목적, 보존하고자 하는 녹지의 조성 상태 등 구체적 현황, 이해관계자들 사이의 권익 균형 등을 종합하여 신중하게 판단하여야 한다. 그리고 자연환경 보호 등을 목적으로 하는 도시관리계획결정은 식생이 양호한 수림의 훼손 등과 같이 장래 발생할 불확실한 상황과 파급효과에 대한 예측 등을 반영한 행정청의 재량적 판단으로서, 그 내용이 현저히 합리성을 결여하거나 형평이나 비례의 원칙에 뚜렷하게 반하는 등의 사정이 없는 한 폭넓게 존중하여야 한다.

* 원고가 소유한 토지('이 사건 편입토지')는 1971. 8. 7. 도시계획시설(공원)로 결정·고시되었고, 피고는 위 도시공원결정의 효력이 상실되기 전에 <u>이 사건 편입토지를 포함한 토지 일대를 고덕산도시자연공원구역(이하 '이 사건 공원구역')으로 지정하는 내용의 도시관리계획(용도구역)결정을 고시하였음. 원고는 피고에게 편입토지에 대한 도시자연공원지정처분의 취소를 구하였으나, 피고는 이를 거부하였음</u>

* 원심은 피고가 이 사건 편입토지를 이 사건 공원구역으로 지정하면서 「도시공원 및 녹지 등에 관한 법률 시행령」 및 「도시자연공원구역의 지정·변경 등에 관한 지침」(이하 '이 사건 지침')에서 정하는 도시자연공원구역 지정 기준 등을 충분히 고려하지 못함으로써 이익형량의 정당성과 객관성이 결여되었으므로 위 지정행위는 재량권을 일탈·남용하여 위법하다고 판단하였음
* 대법원은, 위와 같은 법리에 비추어 보면 피고는 공원녹지법령 및 이 사건 지침에서 정하는 도시자연공원구역 지정 기준 등에 따라 이 사건 편입토지를 이 사건 공원구역으로 지정한 것으로서 이러한 피고의 재량적 판단이 현저히 합리성을 결여하였다거나 비례의 원칙이나 형평의 원칙에 뚜렷하게 반한다고 단정하기 어렵다고 보아, 원심판결을 파기·환송함

서울시의 경우 서울시장이 도시자연공원구역 해제권자이므로, 서울시장을 피고로 삼아야 한다.

서울행정법원 2024. 7. 12. 선고 2023구합62199 판결

〈서울고등법원 2024누55459 소송중〉

1) 도시자연공원구역의 변경 및 해제에 관한 권한을 가진 자: 피고 서울특별시장

국토계획법 제38조의2 제1항에 따르면, 시·도지사는 도시자연공원구역의 지정 또는 변경을 도시·군관리계획으로 결정할 수 있고, 같은 법 제30조 제1항 및 제5항에 의하면 시·도지사는 도시·군관리계획의 변경을 결정할 권한을 가진다. 위와 같은 국토계획법의 각 규정에 의하면 이 사건 처분, 즉 도시자연공원구역의 변경 내지 해제에 관한 사무는 피고 서울특별시장에게 권한이 있다고 봄이 상당하다.

2) 피고 강서구청장이 도시자연공원구역의 해제에 관한 권한을 피고 서울특별시장으로부터 위임받았다고 볼 수 있는지 여부: 위임받았다고 볼 수 없음

원고와 피고 서울특별시장은 '피고 강서구청장은 국토계획법 제139조 제2항, 서울특별시 도시계획 조례 제68조 제1항, 별표 4 제1호 (다)목에 의하여 피고 서울특별시장으로부터 도시자연공원구역 해제에 관한 사무를 위임받았다'는 취지로 주장한다.

서울특별시 도시계획 조례 제68조 제1항, 별표 4 제1호 (다)목은 피고 서울특별시장의 사무 중 도시계획시설의 입안에 관한 사무만 구청장에게 위임한다고 정하고 있다. 그러나 도시자연공원구역은 '용도구역'에 해당함은 별론으로 하고, '도시계획시설'에 해당한다고 볼 수는 없다

(국토계획법 제2조 제7호, 제17호 참조). 따라서 피고 강서구청장이 도시자연공원구역의 해제에 관한 권한을 피고 서울특별시장으로부터 위임받았다고 볼 수 없다.

3) 소결론

가) 피고 강서구청장의 이 사건 제2 회신은 국민의 법률상 지위에 직접적인 법률적 변동을 일으키는 행위라고 볼 수 없어 항고소송의 대상이 되는 행정처분이라고 할 수 없다. 원고의 피고 강서구청장에 대한 소는 부적법하다.

나) 피고 서울특별시장이 도시·군관리계획의 입안권자 내지 결정권자로서 원고의 신청을 거부한 이 사건 제1 회신은 항고소송의 대상이 되는 행정처분에 해당한다. 피고 서울특별시장의 본안전 항변은 이유 없다.

원고는 이와 관련하여 '이 사건 각 토지에는 이미 5채의 무허가 건물이 존재하고 있고, 이미 상당 정도로 녹지가 훼손되었다'고 주장한다. 그러나 이는 일부 점유자 등에 의해 무단으로 훼손된 상태로, 이러한 현황만을 기준으로 도시자연공원구역의 해제를 검토하는 것은 오히려 토지의 불법훼손을 부추기는 결과가 되어 부당할 뿐만 아니라, 불법훼손 된 부분의 회복이 불가능한 것으로 보이지 않고, 추가적인 산림 훼손 등의 확대를 방지할 필요성도 있으므로 원고의 위 주장은 받아들일 수 없다.

6. 도시공원 및 도시자연공원구역의 행위 제한

가. 사례

도시공원은 ①「국토의 계획 및 이용에 관한 법률」 제2조제6호나목에 따른 공원으로서 같은 법 제30조에 따라 도시·군관리계획으로 결정된 공원, ②「국토의 계획 및 이용에 관한 법률」 제38조의2에 따라 도시·군관리계획으로 결정된 도시자연공원구역(이하 "도시자연공원구역"이라 한다)을 말한다(법 제2조제3호).

공원구역에 은행나무를 식재하기 위해 벌목하고, 고발당하자, 구청이 기계 사용은 불가하다는 조건을 붙여 원상복구 명령을 하여 엄청난 복구비용을 부담한 사례가 있는바, 공원이나 구역으로 지정되면 내 토지에 내 마음대로 나무 한 그루도 못 건드리게 되므로 주의하여야 한다.

나. 도시공원 행위제한

도시공원의 행위 제한 형식은 일정한 행위를 하려면 허가를 받도록 하는 형식이다.

> **법 제24조(도시공원의 점용허가)** ① 도시공원에서 다음 각 호의 어느 하나에 해당하는 행위를 하려는 자는 대통령령으로 정하는 바에 따라 그 도시공원을 관리하는 특별시장·광역시장·특별자치시장·특별자치도지사·시장 또는 군수의 <u>점용허가를 받아야 한다.</u> 다만, 산림의 솎아베기 등 <u>대통령령으로 정하는 경미한 행위의 경우에는 그러하지 아니하다.</u>
> 1. 공원시설 외의 시설·건축물 또는 공작물을 설치하는 행위
> 2. 토지의 형질변경
> 3. <u>죽목(竹木)을 베거나 심는 행위</u>
> 4. <u>흙과 돌의 채취</u>
> 5. 물건을 쌓아놓는 행위
>
> > **령 제21조(도시공원의 점용허가를 받지 아니하고 할 수 있는 경미한 행위)** 법 제24조제1항 각 호 외의 부분 단서에서 "산림의 솎아베기 등 대통령령으로 정하는 경미한 행위"란 다음 각 호의 어느 하나에 해당하는 행위를 말한다. 〈개정 2012. 3. 13., 2021. 12. 21.〉

1. 산림의 경영을 목적으로 솎아베는 행위
2. 나무를 베는 행위 없이 나무를 심는 행위
3. 농사를 짓기 위하여 자기 소유의 논·밭을 갈거나 파는 행위
4. 자기 소유 토지의 이용 용도가 과수원인 경우로서 과수목을 베거나 보충하여 심는 행위
5. 「산림보호법」에 따른 산림병해충 방제 또는 수목진료에 수반되는 다음 각 목의 행위
  가. 나무를 베는 행위
  나. 물건을 일시적으로 쌓아놓는 행위
  다. 땅을 파는 행위 [개정 2021. 12. 21.]

제49조(도시공원 등에서의 금지행위) ① 누구든지 도시공원 또는 녹지에서 다음 각 호의 어느 하나에 해당하는 행위를 하여서는 아니 된다. 〈개정 2013. 5. 22., 2021. 4. 13.〉
 1. 공원시설을 훼손하는 행위
 2. 나무를 훼손하거나 이물질을 주입하여 나무를 말라죽게 하는 행위
 3. 심한 소음 또는 악취가 나게 하는 등 다른 사람에게 혐오감을 주는 행위
 4. 동반한 반려동물의 배설물(소변의 경우에는 의자 위의 것만 해당한다)을 수거하지 아니하고 방치하는 행위
 5. 도시농업을 위한 시설을 농산물의 가공·유통·판매 등 도시농업 외의 목적으로 이용하는 행위
 6. 그 밖에 도시공원 또는 녹지의 관리에 현저한 장애가 되는 행위로서 대통령령으로 정하는 행위

령 제50조(도시공원 등에서의 금지행위) 법 제49조제1항제6호에서 "대통령령으로 정하는 행위"란 다음 각 호의 어느 하나에 해당되는 행위를 말한다.〈개정 2010. 6. 29., 2012. 3. 13., 2014. 10. 22., 2015. 8. 11., 2018. 12. 11., 2024.4.9.〉
 1. 지정된 장소 외의 장소에서의 야영행위, 취사행위 및 불을 피우는 행위
 2. 오물 또는 폐기물을 지정된 장소 외의 장소에 버리는 행위
 3. 지정된 장소 외의 장소에서의 주차행위
 4. 이륜 이상의 바퀴가 있는 동력장치를 이용하여 행하는 영업행위. 다만, 「자동차관리법」 제3조제1항제3호에 따른 화물자동차로서 이동용 음식판매 용도인 소형·경형화물자동차

또는 같은 항 제4호에 따른 특수자동차로서 이동용 음식판매 용도인 특수작업형 특수자동차를 사용하여 법 제20조제1항에 따라 공원관리청으로부터 관리를 위탁받은 공원시설에서 행하는 영업행위(「식품위생법 시행령」 제21조제8호가목의 휴게음식점영업 또는 같은 호 바목의 제과점영업을 하려는 경우만 해당한다)는 제외한다.

5. 동력장치를 이용해서 차도 외의 장소에 출입하는 행위. 다만, 다음 각 목의 어느 하나에 해당하는 행위는 제외한다.

  가. 장애인 또는 노약자가 동력장치를 이용해서 출입하는 행위

  나. 중량(동력장치를 장착한 용구 전체의 중량을 말한다)은 30킬로그램 미만이고 최고속도는 시속 25킬로미터 미만인 동력장치로서 공원관리청이 종류 및 안전기준 등을 정해서 허용하는 동력장치를 이용해서 공원관리청이 정한 통행구간으로 출입하는 행위

<u>5의2. 「지능형 로봇 개발 및 보급 촉진법」 제2조제4호의2의 실외이동로봇을 운영하는 자가 실외이동로봇을 차도 외의 장소에서 운행하는 행위. 다만, 다음 각 목의 요건을 모두 갖춘 실외이동로봇을 차도 외의 장소에서 운행하는 경우는 제외한다.</u>

  가. <u>「지능형 로봇 개발 및 보급 촉진법」 제40조의2제1항에 따른 운행안전인증을 받은 실외이동로봇일 것</u>

  나. <u>실외이동로봇의 질량(적재물의 질량을 포함한다)이 100킬로그램 이하일 것</u>

  다. <u>실외이동로봇의 운행속도가 시속 5킬로미터 이하일 것</u>

  라. <u>공원관리청이 정한 운행시간 및 운행구간을 준수할 것</u>

6. 전·답 외의 지역에서 무단으로 경작하는 행위
7. 식물의 꽃과 열매를 무단으로 채취하는 행위
8. 공원 내에 서식하는 동물을 학대하거나 허가 등을 받지 아니하고 포획하는 행위

② 누구든지 특별시·광역시·특별자치시·특별자치도·시 또는 군의 조례로 정하는 도시공원에서 다음 각 호의 어느 하나에 해당하는 행위를 하여서는 아니 된다.

1. 행상 또는 노점에 의한 상행위
2. 동반한 반려견을 통제할 수 있는 줄을 착용시키지 아니하고 도시공원에 입장하는 행위

③ 특별시장·광역시장·특별자치시장·특별자치도지사·시장 또는 군수는 제2항에 따라 금지행위가 적용되는 도시공원 입구에 안내표지를 설치하여야 한다. [전문개정 2011.9.16]

다. 도시자연공원구역에서의 행위제한

 도시자연공원구역에서의 행위 제한 형식은 전면적으로 행위제한을 먼저 하고, 일정한 행위를 하고자 할 경우에는 허가를 받도록 하고 있다. 따라서 도시공원보다도 훨씬 강하게 행위 제한을 하고 있는 것이다.

 다만 법은 주택·근린생활시설, 노인복지시설, 어린이집 등도 허가를 받으면 가능하도록 규정하고 있으나, 이는 아마도 실현되기 어려울 것이다. 즉, 이 조문은 구역 소유자의 위헌소송에 대응하기 위해서 마련한 것이라는 생각이 든다. 구역 소유자는 자신의 토지에 어린이집이나 노인복지시설 설치 허가를 내 볼 필요가 있다.

> **법 제27조(도시자연공원구역에서의 행위 제한)** ① 도시자연공원구역에서는 건축물의 건축 및 용도변경, 공작물의 설치, 토지의 형질변경, 흙과 돌의 채취, 토지의 분할, 죽목의 벌채, 물건의 적치 또는 「국토의 계획 및 이용에 관한 법률」 제2조제11호에 따른 도시·군계획사업(이하 "도시·군계획사업"이라 한다)의 시행을 할 수 없다. <U>다만, 다음 각 호의 어느 하나에 해당하는 행위는 특별시장·광역시장·특별자치시장·특별자치도지사·시장 또는 군수의 허가를 받아 할 수 있다.</U> 〈개정 2011.4.14, 2016.5.29, 2018.6.12〉
>
> 1. 다음 각 목의 어느 하나에 해당하는 건축물 또는 공작물로서 <U>대통령령으로 정하는</U> 건축물의 건축 또는 공작물의 설치와 이에 따르는 토지의 형질변경
>
> 가. 도로, 철도 등 공공용 시설
>
> 나. 임시 건축물 또는 임시 공작물
>
> 다. 휴양림, 수목원 등 도시민의 여가활용시설
>
> 라. 등산로, 철봉 등 체력단련시설
>
> 마. 전기·가스 관련 시설 등 공익시설
>
> 바. 주택·근린생활시설
>
> 사. 다음의 어느 하나에 해당하는 시설 중 도시자연공원구역에 입지할 필요성이 큰 시설로서 자연환경을 훼손하지 아니하는 시설
>
>   1) 「노인복지법」 제31조에 따른 노인복지시설
>
>   2) 「영유아보육법」 제10조에 따른 어린이집
>
>   3) 「장사 등에 관한 법률」 제2조에 따른 수목장림(국가, 지방자치단체, 「공공기관의 운영에 관한 법률」에 따른 공공기관, 「장사 등에 관한 법률」 제16조제5항제2호에 따른 공공법인 또

는 대통령령으로 정하는 종교단체가 건축 또는 설치하는 경우에 한정한다)
   아. 삭제 〈2016.5.29〉
2. 기존 건축물 또는 공작물의 개축·재축·증축 또는 대수선(大修繕)
3. 건축물의 건축을 수반하지 아니하는 토지의 형질변경

> **제26조(행위허가 대상 건축물 또는 공작물의 종류 등)** 법 제27조제1항제1호의 규정에 의하여 특별시장·광역시장·특별자치시장·특별자치도지사·시장 또는 군수의 허가를 받아 건축 또는 설치할 수 있는 건축물 또는 공작물의 종류 및 범위는 별표 2와 같다.〈개정 2012. 3. 13.〉
>
> **령 제27조(건축물의 건축을 수반하지 아니하는 토지의 형질변경)** 법 제27조제1항제3호에 따른 건축물의 건축을 수반하지 않는 토지의 형질변경은 도시자연공원구역의 경치와 미관을 해치지 않는 범위에서의 다음 각 호의 행위로 한다. 〈개정 2013. 11. 22., 2018. 1. 9., 2021. 1. 5.〉
>
> 1. 농사 및 식목용 임업을 목적으로 한 개간 또는 초지의 조성. 이 경우 개간예정지는 경사도가 21도 이하이어야 하고, 초지조성예정지는 경사도가 36도 이하이어야 한다.
> 2. 농로·임도의 설치를 위한 토지의 형질변경
> 3. 논을 밭으로 변경하기 위한 토지의 형질변경
> 4. 농업용 소류지(小溜池)와 농업용수 공급시설의 설치를 위한 토지의 형질변경
> 5. 취락지구를 정비하기 위한 사업의 시행에 필요한 토지의 형질변경
> 6. 건축물이 철거된 토지 및 그 인접토지를 녹지 등으로 조성하기 위한 토지의 형질변경
> 7. 「공익사업을 위한 토지 등의 취득 및 보상에 관한 법률」 제2조제2호에 따른 공익사업의 시행이나 재해로 인하여 인접지보다 지면이 낮아진 논밭의 영농을 위하여 50센티미터 이상 성토(흙쌓기)하는 행위
> 8. 취락지구 내에서 주택 또는 근린생활시설을 신축하려는 경우로서 진입로를 설치하기 위한 토지의 형질변경[제목개정 2021. 1. 5.]

4. 흙과 돌을 채취하거나 죽목을 베거나 물건을 쌓아놓는 행위로서 대통령령으로 정하는 행위

> **령 제28조(행위허가를 받을 수 있는 토석의 채취 등)** 법 제27조제1항제4호에서 "대통령령으로 정하는 행위"란 도시자연공원구역의 경치와 미관을 해치지 않는 범위에서의 다음 각 호의 행위를 말한다. 〈개정 2012. 3. 13., 2013. 11. 22., 2018. 12. 11., 2021. 1. 5.〉

1. 경작중인 논·밭의 흙바꾸기·새흙넣기용 흙과 돌의 채취
2. 벌채면적 500제곱미터 미만 또는 벌채수량 5세제곱미터 미만의 죽목 베기
3. 모래·자갈·토석·석재·목재·철재·폴리비닐클로라이드·컨테이너·콘크리트제품·드럼통·병 그 밖에「폐기물관리법」제2조제1호의 규정에 의한 폐기물이 아닌 물건으로서 물건의 총중량이 50톤 이하이거나 총부피가 50세제곱미터 이하인 물건 쌓아놓기

5. 다음 각 목의 어느 하나에 해당하는 범위의 토지 분할
   가. 분할된 후 각 필지의 면적이 200제곱미터 이상 [지목이 대(垈)인 토지를 주택 또는 근린생활시설을 건축하기 위하여 분할하는 경우에는 330제곱미터 〈개정 2016.5.29〉]인 경우
   나. 분할된 후 각 필지의 면적이 200제곱미터 미만인 경우로서 공익사업의 시행 및 인접 토지와의 합병 등을 위하여 대통령령으로 정하는 경우

령 제28조의2(행위허가를 받을 수 있는 토지의 분할) 법 제27조제1항제5호나목에서 "대통령령으로 정하는 경우"란 다음 각 호의 어느 하나에 해당하는 경우를 말한다.
1. 「공익사업을 위한 토지 등의 취득 및 보상에 관한 법률」제4조제1호 및 제2호에 따른 공익사업을 시행하기 위한 경우
2. 인접 토지와 합병하기 위한 경우
3. 농로·임도를 설치하기 위한 경우
4. 별표 3 제4호가목에 따른 토지의 형질변경을 위한 경우. 다만, 분할 후 형질변경을 하지 아니하는 다른 필지의 면적이 60제곱미터 미만인 경우는 제외한다.[본조신설 2016. 11. 29.]

② 제1항 단서에도 불구하고 산림의 솎아베기 등 대통령령으로 정하는 경미한 행위는 허가 없이 할 수 있다.

령 제29조(행위허가 없이 할 수 있는 경미한 행위) 법 제27조제2항에서 "산림의 솎아베기 등 대통령령으로 정하는 경미한 행위"란 별표 2의2에 따른 행위를 말한다.
[전문개정 2018. 12. 11.]

③ 제1항제1호 및 제2호에 따른 허가대상 건축물 또는 공작물의 규모·높이·건폐율·용적률과 제1항 각 호에 따른 허가대상 행위에 대한 허가기준은 대통령령으로 정한다.

④ 제1항 단서에 따른 행위허가에 관하여는 「국토의 계획 및 이용에 관한 법률」 제60조, 제64조제3항·제4항에 따른 이행 보증, 원상회복 및 같은 법 제62조에 따른 준공검사에 관한 규정을 준용한다.

⑤ 제1항 각 호에 규정된 행위에 관하여 도시자연공원구역의 지정 당시 이미 관계 법령에 따라 허가 등(관계 법령에 따라 허가 등을 받을 필요가 없는 경우를 포함한다)을 받아 공사 또는 사업에 착수한 자는 제1항 단서에 따른 허가를 받은 것으로 본다. 〈개정 2016. 5. 29.〉

| 제5장 | 공원 및 구역 소유자 "제도적" 대응방안 |

1. 대응방안 요약

공원 및 구역 소유자는 보상을 받거나 20년이 경과하여 실효될 것으로 생각하면서, 별다른 조치 없이 기다리면서 세금만 납부하는 실정이나, 그렇게 방치할 경우 보상시기 및 가격에 있어서 손해를 본다. 권리 위에 잠자는 자는 보호를 받지 못한다는 법언이 있다. 공원의 경우가 딱 들어맞는 경우이다.

- 매수청구는 모두 가능하나, 도시자연공원구역은 사실상 불가. <u>매수청구는 가격다툼이 불가능하다.</u>
- 지방의회 해제권고 제도는 도시공원만 있음
- 실효제도(일몰제, 2015. 10. 1.), 개발행위특례제도는 도시공원만 있음
- 녹지활용계약 또는 녹화계약은 자연공원에서는 불가함
- 도시계획시설 폐지 소송은 도시공원만 가능

▶소유자 대응방안

구분	도시공원	도시자연공원구역	자연공원
1. 매수청구	- 국토법 제47조, 지목이 대인 토지, 10년 미집행 - 매수 가격 다툼 불가	-지목 무관(대는 예외), 공원녹지법 제29조 -매수 가격 다툼 불가	- 지목 무관, 자연공원법 제77조 - 매수 가격 다툼 불가
2. 손실보상	- 보상 요구에 행정청이 응할 의무가 없음 - 보상 가격 다툼 가능	좌동	좌동
3. 해제권고	- 지방의회 해제 권고제도 (국토법 제48조, 령 제42조) - 도시계획시설 폐지 신청 거부처분 취소 소송	- 좌 제도 불가 - 단, 5년마다 타당성 조사 시 노력	- 좌 제도 불가 - 다만 10년마다 타당성 조사 시 노력

구분	도시공원	도시자연공원구역	자연공원
4. ①해제입안신청 ②해제신청 ③해제심사신청	①국토법 제26조 폐지 입안신청 : 거부 시 행정소송 ②국토법 제48조의2(2017.1.1. 시행) -10년 미집행, 지목 무관, 실효 시까지 집행계획이 없는 경우 -해제입안신청, 해제신청, 해제심사신청 후 반려 시 행정소송	- 좌 제도 불가	- 좌 제도 불가
5. 협의에 의한 매수	규정 없음	- 지목 불문하고 가능, 단 강제력이 없음 - 사법상 매매계약 - 매수청구보다 요건 완화 - 가격은 토지보상법	- 좌동
6. 실효 제도	①10년 내 공원조성계획 고시가 없는 경우 10년이 되는 다음날 실효 ②공원조성계획은 고시, 실시계획등이 안된 경우 ㉠사유지는 2000. 7. 1. 이전에 고시된 경우는 2020. 7. 1.에 실효, 2007. 7. 2. 이후에 고시된 경우는 20년이 되는 다음날 실효 ㉡국·공유지는 30년이 되는 다음날 실효	없음	공원계획고시일로부터 10년이 되는 다음날 공원시설계획 실효 [2016.5.29. 신설, 2017.5.30. 시행]
7. 개발행위특례 제도	- 5만㎡ 이상 도시공원(2015.1.20.개정, 법 제21조의2) - 기부채납 70% 이상 시 비공원시설 설치 가능	없음	없음

구분	도시공원	도시자연공원구역	자연공원
8. 녹지활용계약	- 도시지역의 식생 또는 임상(林床)이 양호한 토지의 소유자(법 제12조) - 300㎡이상의 면적인 단일토지소유자, 5년이상 계약	좌동	없음
9. 녹화계약	도시지역의 일정 지역의 토지 소유자 또는 거주자	좌동	없음
10. 소송방안	- 공원 폐지 소송 - 부당이득금 청구의 소 (사용시만) - 재산세 부과 취소소송 (100%부과시)	- 위헌 소송 - **구역 지정 취소의 소 (반드시 90일 내에 제기)**	부당이득금 청구의 소 (사용 시만)
11. 소유권 행사	- 일반인 출입 제한 - 행위 제한 예외 사유 행사 - 허가 신청 - 기타		

2. 매수청구 제도 요약[80]

구분	도시공원	도시자연공원구역	자연공원
적용법규	국토법 제47조	「도시공원 및 녹지 등에 관한 법률」 제29조	자연공원법 제77조
요건	지목 : 대	- 지목 무관(구역 지정 이전부터 계속하여 지목이 대(垈)인 토지는 무조건) - 읍면동 동일한 지목의 개별공시지가의 평균치의 70 퍼센트 미만일 것(조례로 다르게 정하는 것 가능) - 지정 당시부터 계속 소유한 자	- 지목 무관 - 개별공시지가 평균치의 70% 미만 규정은 삭제 - 지정 당시부터 계속 소유한 자, 사용수익 불가능 전에 취득하여 계속 소유한 자
후속조치	- 6개월 내에 매수여부 결정 - 2년 이내 매수	- 1년 이내 매수여부 통보(법 제30조) - 3년 이내 매수	- 3개월 내에 매수여부 결정 - 5년 내에 매수
매수대금	현금 또는 지방채	규정 없음	규정 없음
매수가격·매수절차	- 토지보상법 준용 - 감정평가사 추천 - 개별적 계획 제한(제한받지 않는 상태로 평가)	- 표준지공시지가를 기준으로 2인 이상이 감정평가하여 결정(령 제36조) - 제한받는 상태로 평가	- 토지보상법 준용
미 매수 결정시	- 매수청구거부처분취소소송 - 일정한 건축물 설치 가능	- 매수청구거부처분취소소송, 단 요건이 까다로움	- 매수청구거부처분취소소송

---

[80] 재산권에 대한 공용제한의 경우에는 침해의 근거를 두고 있으면서도 이에 대한 손실보상의 근거를 두고 있는 법률은 거의 없거나 단지 매수청구제도를 인정하고 있을 따름이다. 공용제한의 경우 매수청구권제도가 우리 법제상 인정된 것은, 1978. 12. 5. 국토이용관리법 제21조15에서 토지거래불허가 처분을 받은 토지소유자가 도지사에게 매수청구할 수 있도록 규정한 것에서 비롯된다. 김동욱, "공법상의 매수청구권 제도", 공법연구, 제32집 제4호(2004년), 한국공법학회

3. 도시공원, 녹지에 대한 매수청구[81]

가. 의의

매수청구권이란 계획 제한 등으로 인해 규제를 받는 토지에 대하여 손실보상의 대체적 수단으로서 권리자에게 당해 토지를 매수를 청구할 수 있도록 인정하는 제도이다.

국토법에는 도시공원만 규정이 있고, 도시자연공원구역과 자연공원은 해당 법률에 별도 규정이 있다. 구 도시계획법에 의해 2000. 7. 1.부터 시행되고 있는 제도이다.

국토법은 2002. 2. 4. 제정(시행일 2003.1.1.)되면서, 제47조에 장기미집행도시계획시설에 대한 매수청구 제도를 규정하고, 이는 현행법도 마찬가지이고, 현행법은 오히려 매수청구 결정기간을 2년 이내에서 6개월로 단축하는 등 재산권 보장에 치중하고 있다.

> **국토법 제47조(도시 · 군계획시설 부지의 매수 청구)** ① 도시·군계획시설에 대한 도시·군관리계획의 결정(이하 "도시·군계획시설결정"이라 한다)의 고시일부터 <u>10년 이내에</u> 그 도시·군계획시설의 설치에 관한 도시·군계획시설사업이 시행되지 아니하는 경우(제88조에 따른 실시계획의 인가나 그에 상당하는 절차가 진행된 경우는 제외한다. 이하 같다) 그 도시·군계획시설의 부지로 되어 있는 토지 중 <u>지목(地目)이 대(垈)인 토지</u>(그 토지에 있는 건축물 및 정착물을 포함한다. 이하 이 조에서 같다)의 소유자는 대통령령으로 정하는 바에 따라 특별시장·광역시장·특별자치시장·특별자치도지사·시장 또는 군수에게 그 토지의 매수를 청구할 수 있다. 다만, 다음 각 호의 어느 하나에 해당하는 경우에는 그에 해당하는 자(특별시장·광역시장·특별자치시장·특별자치도지사·시장 또는 군수를 포함한다. 이하 이 조에서 "매수의무자"라 한다)에게 그 토지의 매수를 청구할 수 있다. 〈개정 2011.4.14〉
> 1. 이 법에 따라 해당 도시·군계획시설사업의 시행자가 정하여진 경우에는 그 시행자
> 2. 이 법 또는 다른 법률에 따라 도시·군계획시설을 설치하거나 관리하여야 할 의무가 있는 자가 있으면 그 의무가 있는 자. 이 경우 도시·군계획시설을 설치하거나 관리하여야 할 의무가 있는 자가 서로 다른 경우에는 설치하여야 할 의무가 있는 자에게 매수 청구하여야 한다.

---

81) 상세사항은 도로편 매수청구 참고

② 매수의무자는 제1항에 따라 매수 청구를 받은 토지를 매수할 때에는 현금으로 그 대금을 지급한다. 다만, 다음 각 호의 어느 하나에 해당하는 경우로서 매수의무자가 지방자치단체인 경우에는 채권(이하 "도시·군계획시설채권"이라 한다)을 발행하여 지급할 수 있다. 〈개정 2011.4.14〉

 1. 토지 소유자가 원하는 경우

 2. 대통령령으로 정하는 부재부동산 소유자의 토지 또는 비업무용 토지로서 매수대금이 대통령령으로 정하는 금액을 초과하여 그 초과하는 금액을 지급하는 경우

③ 도시·군계획시설채권의 상환기간은 10년 이내로 하며, 그 이율은 채권 발행 당시 「은행법」에 따른 인가를 받은 은행 중 전국을 영업으로 하는 은행이 적용하는 1년 만기 정기예금금리의 평균 이상이어야 하며, 구체적인 상환기간과 이율은 특별시·광역시·특별자치시·특별자치도·시 또는 군의 조례로 정한다. 〈개정 2010.5.17, 2011.4.14〉

④ 매수 청구된 토지의 매수가격·매수절차 등에 관하여 이 법에 특별한 규정이 있는 경우 외에는 「공익사업을 위한 토지 등의 취득 및 보상에 관한 법률」을 준용한다.

⑤ 도시·군계획시설채권의 발행절차나 그 밖에 필요한 사항에 관하여 이 법에 특별한 규정이 있는 경우 외에는 「지방재정법」에서 정하는 바에 따른다. 〈개정 2011.4.14〉

⑥ 매수의무자는 제1항에 따른 매수 청구를 받은 날부터 6개월 이내에 매수 여부를 결정하여 토지 소유자와 특별시장·광역시장·특별자치시장·특별자치도지사·시장 또는 군수(매수의무자가 특별시장·광역시장·특별자치시장·특별자치도지사·시장 또는 군수인 경우는 제외한다)에게 알려야 하며, 매수하기로 결정한 토지는 매수 결정을 알린 날부터 2년 이내에 매수하여야 한다. 〈개정 2011.4.14〉

⑦ 제1항에 따라 매수 청구를 한 토지의 소유자는 다음 각 호의 어느 하나에 해당하는 경우 제56조에 따른 허가를 받아 대통령령으로 정하는 건축물 또는 공작물을 설치할 수 있다. 이 경우 제54조, 제58조와 제64조는 적용하지 아니한다. 〈개정 2015.12.29〉

 1. 제6항에 따라 매수하지 아니하기로 결정한 경우

 2. 제6항에 따라 매수 결정을 알린 날부터 2년이 지날 때까지 해당 토지를 매수하지 아니하는 경우 [전문개정 2009.2.6] [제목개정 2011.4.14] [시행일:2012.7.1] 제47조 중 특별자치시와 특별자치시장에 관한 개정규정

나. 법적 성질

토지소유자의 매수청구가 있더라도 매수의무자는 이에 구속되지 않고 매수거부결

정을 할 수 있으므로, 토지소유자의 매수청구권 행사만으로 곧바로 매매계약이 성립되는 형성권으로 보기는 어렵다.[82]

매수청구에 의한 매매계약은 손실보상을 내용으로 하는 공법상 계약으로 보게 되어, 매수 여부에 관한 매수의무자의 결정도 공행정의 주체로서 행하는 공법상의 행위로서 행정처분으로 볼 여지가 있게 된다.[83]

다. 매수청구 요건

(1) 10년 미집행

도시계획시설결정의 고시일부터 10년 이내에 그 도시계획시설의 설치에 관한 도시계획시설사업이 **시행되지 아니하는 경우**여야 한다(제88조에 따른 실시계획의 인가나 그에 상당하는 절차가 진행된 경우는 제외한다).

매수청구 기산일은 부칙에 별도 규정이 없으므로, 도시계획시설결정고시일이다.

(2) **지목(地目)이 대(垈)인 토지**의 소유자(그 토지에 있는 건축물 및 정착물을 포함한다)

도시자연공원구역과 같이 지목이 "대"가 아닌 경우에 대해서도 확대할 필요가 있다. 그렇지 않으면 나머지 지목에 대해서는 해결방안이 될 수 없는 약점이 있다.

라. 매수청구의 상대방(매수의무자)

(1) **원칙** : 특별시장·광역시장·특별자치시장·특별자치도지사·시장 또는 군수이다. 도지사는 매수의무자가 아니다.

---

82) 임호, "장기미집행도시계획시설부지의 손실보상에 관한 연구", 부산대학교 석사학위논문, 2010. 8. 26, 27면
노경필, "국토계획법상 장기 미집행된 도시계획시설에 대한 매수거부행위의 처분성 및 그 매수의무자", 대법원판례해설 72호(2007하반기), 2007. 12. 28.

83) 노경필, 주 76)

(2) 예외

① 이 법에 따라 해당 도시·군계획시설사업의 시행자가 정하여진 경우에는 그 시행자

② 이 법 또는 다른 법률에 따라 도시·군계획시설을 설치하거나 관리하여야 할 의무가 있는 자가 있으면 그 의무가 있는 자. 이 경우 도시·군계획시설을 설치하거나 관리하여야 할 의무가 있는 자가 서로 다른 경우에는 설치하여야 할 의무가 있는 자에게 매수 청구하여야 한다.

(3) 정비구역 토지의 매수의무자

어느 토지가 도시계획시설임과 동시에 정비기반시설인 경우 매수의무자가 누구인지가 문제 된다. 즉 조합이 설립되었다면 국토법 제47조제1항제2호의 예외규정이 적용되어 매수의무자가 행정청이 아닌 조합이 될 것인데, 아직 조합이 설립되지 않은 경우에도 예외규정이 적용되는지에 있다.

예를 들어 서울시 공원부지로 결정된 토지에 대해서, 도시계획시설사업의 시행자가 지정되어 있다면, 그자가 매수의무자가 될 것이고, 따로 지정된 바 없다면, 매수의무자는 국토계획법상 서울특별시장이 된다(법 제47조제1항).

그런데 국토법 제139조제2항에서는, 이 법에서 정한 시·도지사의 권한은 조례가 정하는 바에 따라 시장·군수 또는 구청장에게 위임할 수 있도록 하고 있고, 이에 따라 서울특별시 도시계획조례에서는 도시계획시설 부지에 대한 매수청구가 있는 토지의 국토계획법 제47조에 따른 매수 여부의 결정, 매수결정의 통지 및 매수절차 이행 등에 관한 권한을 구청장에게 위임한다고 되어 있다. <u>따라서 위 법상 이 사건 공원의 매수결정권자는 구청장이다.</u>

그런데 정비기반시설에 해당하는 토지인 경우 도시정비법상 정비기반시설의 설치의무자는 정비사업시행자이다(도시정비법 제64조제1항).

한편, 2005. 3. 18. 법률 제7392호로 개정된 도시정비법 제32조제1항제15호(현행 법은 법 제57조제16호)에서는, 사업시행자가 사업시행인가를 받은 때에는 국토계획법 제86조에 의한 도시계획시설사업시행자의 지정이 있는 것으로 간주된다고 규정하고 있다.

대법원은 국토계획법 제47조제1항본문 및 단서제2호 규정의 문언 내용과 그 체계, 위와 같은 매수청구제도를 두게 된 입법연혁 및 그 입법 취지 등을 종합하여 볼 때 위 단서 규정에서 말하는 '이 법 또는 다른 법률에 의하여 도시계획시설을 설치할 의무가 있는 자가 있는 경우'란 <u>단순히 설치의무자가 잠재적으로 존재하는 것만으로는 부족하고, 그러한 설치의무자가 구체적으로 확정된 경우를 의미한다고 보아야 한다</u>고 판시하고 있다(대법원 2007. 12. 28. 선고 2006두4738 판결). <u>따라서 조합이 설립되거나, 토지등소유자가 사업시행자로 지정되었을 경우에는 조합이나 사업시행자로 지정된 토지등소유자가 매수의무자이나, 그렇지 않은 경우에는 행정청이 여전히 매수의무자이다.</u>

마. 매수청구 절차

도시·군계획시설부지매수청구서(전자문서로 된 청구서를 포함한다)에 대상토지 및 건물에 대한 등기사항증명서를 첨부하여 매수의무자에게 제출한다(령 제41조). 도로에서 본 서식과 같다.

매수의무자는 매수청구를 받은 날부터 **6개월 이내에** 매수여부를 결정하여 알려야 한다(법 제47조제6항).

바. 매수 결정 토지 후속 조치

매수하기로 결정한 토지는 매수 결정을 알린 날부터 **2년 이내에 매수**하여야 한다

매수하지 아니하기로 결정한 경우나 매수 결정을 알린 날부터 2년이 지날 때까지 해당 토지를 매수하지 아니하는 경우 제56조에 따른 허가를 받아 대통령령으로 정

하는 건축물 또는 공작물을 설치할 수 있다. 이 경우 제54조, 제58조와 제64조는 적용하지 아니한다. 〈개정 2015. 12. 29.〉

> 1. 「건축법 시행령」 별표 1 제1호 가목의 단독주택으로서 3층 이하인 것
> 2. 「건축법 시행령」 별표 1 제3호의 제1종근린생활시설로서 3층 이하인 것
> 2의2. 「건축법 시행령」 별표 1 제4호의 제2종 근린생활시설(같은 호 차목·타목 및 파목은 제외한다)로서 3층 이하인 것
> 3. 공작물

사. 매수대금

현금으로 대금을 지급하고, 일정한 경우(원하는 경우 및 비업무용토지로서 3천만원 초과 시)는 지방채를 발행하는데, 지방채 상환기간은 10년 이내이고, 이율은 은행이 적용하는 1년 만기 정기예금금리의 평균 이상이어야 하며, 이러한 사항은 조례로 정한다.

아. 매수가격, 매수절차

매수 청구된 토지의 매수가격·매수절차 등에 관하여 이 법에 특별한 규정이 있는 경우 외에는 「공익사업을 위한 토지 등의 취득 및 보상에 관한 법률」을 준용한다(법 제47조제4항).

그런데, 토지보상법 제68조를 준용하면, 소유자가 감정평가업자 1명을 추천할 수 있음이 당연한데도, 현재 행정청이 이를 지키지 않고 있다. 따라서 매수가격을 결정하는 감정평가사를 추천하겠다고 집요하게 요구할 필요가 있다. 토지보상법에 의하면 감정평가사는 사업시행자가 1명을 선정하고, 시·도지사 및 토지소유자의 추천을 받아 나머지 2명을 선정한다. 추천을 하지 않으면 사업시행자가 2명을 선정하여 평가한다(제68조). 추천 요건은 토지면적과 총 사람 수의 각 2분의 1 이상 동의로 추천하는데 매수청구는 자신의 토지만 매수청구를 하는 것이므로, 이 요건은 충족된 것으로 보아야 한다고 생각한다. 추천기한은 보상계획의 열람기간 만료일부터 30일

이내 추천하여야 하는 바, 결국 매수결정을 받은 날로부터 30일 이내로 추천하면 된다고 생각한다.

 매수 가격을 결정하는 감정평가를 하는 방법은 도시공원, 녹지의 경우에는 공원, 녹지로 제한받지 않는 상태로 평가한다. 즉, 정상적으로 평가한다는 것이다. 그러나 용도구역으로 지정된 도시자연공원구역은 제한받는 상태로 평가를 하게 된다. 이렇게 되면 매수 가격이 정상 평가를 하는 것과 비교하여 상당히 떨어질 것이다. 구역으로 지정된 경우 가장 큰 손해가 바로 이것이다. 이러한 평가 방법은 행정청이 토지보상법에 의하여 스스로 보상을 하는 경우도 같다.

> **토지보상법 시행규칙**
>
> **제23조(공법상 제한을 받는 토지의 평가)** ① 공법상 제한을 받는 토지에 대하여는 제한받는 상태대로 평가한다. 다만, 그 공법상 제한이 당해 공익사업의 시행을 직접 목적으로 하여 가하여진 경우에는 제한이 없는 상태를 상정하여 평가한다.
> ②당해 공익사업의 시행을 직접 목적으로 하여 용도지역 또는 용도지구 등이 변경된 토지에 대하여는 변경되기 전의 용도지역 또는 용도지구 등을 기준으로 평가한다.

 또한 토지보상법 시행규칙 제17조에 의하면 사업시행자가 관계법령에 위반하였거나 부당하게 평가되었다고 인정하는 경우, 감정평가사간의 격차가 10% 이상 차이가 나는 경우, 평가를 한 후 1년이 경과할 때까지 계약이 체결되지 아니한 경우에는 재평가를 하도록 되어 있는데, 현재 행정청은 이 규정도 지키지 않고 있다. 이는 아마도 토지소유자가 제도를 잘 몰라 요구를 하지 않는데서 비롯된 것일 수도 있으니 철저히 요구를 하여야 할 것이다.

자. 매수가격에 불만이 있는 경우?

 토지소유자가 매수 가격에 대해서 다툴 수 있는가가 문제된다. 현행법 해석으로는 다투는 것이 불가하다고 본다. 즉, 토지소유자는 감정평가를 하여 나온 가격에 불만이 있으면 매수청구를 철회하는 길밖에 구제수단이 없는 것이다. 그리고 매수청구 철회시에는 해당토지에 대해 건축허가는 불가하다고 보아야 할 것이다.

차. 매수하지 아니하기로 결정한 경우

대법원에 의하면, 매수하지 않기로 한 결정에 대하여 매수청구거부처분 취소의 소가 가능하다고 한다.

또한 대통령령으로 정하는 건축물 또는 공작물을 설치하는 것이 가능하다. 2016. 5. 29. 법 개정으로 도시공원을 위한 도시군계획시설부지의 매수청구가 거부·지연되는 경우에는 해당 부지에서 건축물 또는 시설물을 설치하기 위한 개발행위허가를 받은 것으로 의제한다.

> **도시공원 및 녹지 등에 관한 법률 제24조(도시공원의 점용허가)**
> ⑤ 「국토의 계획 및 이용에 관한 법률」 제47조제7항에 따라 같은 법 제56조에 따른 허가를 받아 건축물 또는 공작물을 설치하는 경우에는 제1항에 따른 점용허가를 생략할 수 있다. 〈개정 2016.5.29.〉 [전문개정 2011.9.16.]

카. 소유자 주의사항

매수청구에 앞서서 가격이 높게 책정될 수 있는 방법을 미리 강구하여야 한다. 예를 들어 당해 토지가 표준지인 경우도 더욱 그렇다. 이는 최소한 매수청구 1년 전부터 준비하는 것이 좋다고 생각한다. 또한 정착물도 매수청구 대상이다.

매수청구 평가, 보상 평가, 부당이득반환소송에서 기초가격 평가 시 차이점은 용도지역과 표준지공시지가 적용시점이다. 즉, 보상평가 시는 용도지역이 당해 사업을 위하여 변경된 경우 종전 용도지역으로 평가를 하는데, 매수청구나 부당이득반환의 경우는 현 용도지역으로 평가를 하는 것이고, 또한 보상평가 시는 표준지공시지가 적용 시점에 대해 법이 규정하고 있는데, 매수청구나 부당이득반환 평가 시는 평가의뢰시점에서 가장 최근에 공시된 표준지공시지가를 적용할 것이다.

4. 도시자연공원구역에 대한 매수청구 제도

가. 연혁

「도시공원 및 녹지 등에 관한 법률」은 도시자연공원구역을 도입하면서 국토법과 별도로 매수청구 제도를 도입하였다.

> **법 제29조 (토지매수의 청구)** ①도시자연공원구역의 지정으로 인하여 도시자연공원구역의 토지를 종래의 용도로 사용할 수 없어 그 효용이 현저하게 감소된 토지 또는 해당 토지의 사용 및 수익이 사실상 불가능한 토지(이하 "매수대상토지"라 한다)의 소유자로서 다음 각호의 어느 하나에 해당하는 자는 그 도시자연공원구역을 관할하는 특별시장·광역시장·특별자치시장·특별자치도지사·시장 또는 군수에게 해당 토지의 매수를 청구할 수 있다.
> 1. 도시자연공원구역의 지정 당시부터 해당 토지를 계속 소유한 자
> 2. 토지의 사용·수익이 사실상 불가능하게 되기 전에 그 토지를 취득하여 계속 소유한 자
> 3. 제1호 또는 제2호의 자로부터 해당 토지를 상속받아 계속 소유한 자
>
> ②특별시장·광역시장·특별자치시장·특별자치도지사·시장 또는 군수는 제1항에 따라 매수청구를 받은 토지가 제3항에 따른 기준에 해당되는 경우에는 이를 매수하여야 한다.
>
> ③매수대상토지의 구체적인 판정기준은 대통령령으로 정한다. [전문개정 2011.9.16.]

즉, 매수청구 대상 토지의 소유자 요건과 매수청구 대상 토지의 적합 여부 요건 2개를 모두 갖추어야 한다.

나. 매수청구 가능자(소유자 요건)

도시자연공원구역의 지정으로 인하여 도시자연공원구역의 토지를 종래의 용도로 사용할 수 없어 그 효용이 현저하게 감소된 토지 또는 해당 토지의 사용 및 수익이 사실상 불가능한 토지(이하 "매수대상토지"라 한다)의 소유자로서 다음 각 호의 어느 하나에 해당하는 자는 그 도시자연공원구역을 관할하는 특별시장·광역시장·특별자치시장·특별자치도지사·시장 또는 군수에게 해당 토지의 매수를 청구할 수 있다(법 제29조제1항).

1. 도시자연공원구역의 지정 당시부터 해당 토지를 계속 소유한 자
2. 토지의 사용·수익이 사실상 불가능하게 되기 전에 그 토지를 취득하여 계속 소유한 자
3. 제1호 또는 제2호의 자로부터 해당 토지를 상속받아 계속 소유한 자

따라서 구역지정 이후에 매매, 공·경매 등으로 구역 토지를 취득하여도 「도시공원 및 녹지 등에 관한 법률」에 의해서는 매수청구가 불가능하다는 점을 유의하여야 한다.

다. 매수대상 토지의 판정 기준

법이 2021. 12. 21. 개정·시행되면서, 토지소유자의 재산권 보호를 강화하기 위하여 도시자연공원구역 지정으로 효용이 현저하게 감소된 토지의 소유자가 지방자치단체의 장에게 매수를 청구할 수 있는 토지의 범위에 도시자연공원구역 지정 이전부터 계속하여 지목이 대(垈)인 토지를 추가하였다.

즉, 지목과는 무관하지만, 지목이 대인 토지에 대해서는 더 두텁게 보호를 한 것이다.

> **령 제34조(매수대상토지의 판정기준)** ① 법 제29조제3항에 따른 매수대상토지(이하 "매수대상토지"라 한다)의 판정기준은 다음 각 호의 구분에 따른다. 이 경우 토지의 효용 감소, 토지의 사용 및 수익의 불가능 등에 대하여 토지소유자 본인의 귀책사유가 없어야 한다. 〈개정 2016. 8. 31., 2020. 5. 4., 2021. 12. 21.〉
>
> 1. 기존의 용도로 사용할 수 없어 그 효용이 현저히 감소된 토지: 다음 각 목의 어느 하나의 요건을 갖춘 토지
>
> 가. 매수청구 당시 매수대상토지를 도시자연공원구역 지정 이전의 지목(매수청구인이 도시자연공원구역 지정 이전에 적법하게 지적공부상의 지목과 다르게 이용하고 있었음을 공적자료로써 증명하는 경우에는 도시자연공원구역 지정 이전의 실제 용도를 지목으로 본다)대로 사용할 수 없어 매수청구일 현재 해당 토지의 개별공시지가(「부동산 가격공시에 관한 법률」 제10조에 따른 개별공시지가를 말한다. 이하 같다)가 그 토지가 소재하고 있는 읍·면·동 안에 지정된 도시자연공원구역 안의 동일한 지목의 개별공시지가의 평균치의 70퍼센트 미만일 것
>
> 나. 도시자연공원구역 지정 이전부터 계속하여 지목이 대(垈)인 토지일 것
>
> 2. 토지의 사용 및 수익이 사실상 불가능한 토지 : 법 제27조의 규정에 의한 행위제한으로

> 인하여 당해 토지의 사용·수익이 불가능할 것
>
> ② 도시자연공원구역을 관할하는 특별시장·광역시장·특별자치시장·특별자치도지사·시장 또는 군수는 해당 지역의 여건을 고려하여 해당 지방자치단체의 조례로 제1항제1호에서 정한 매수대상토지 개별공시지가의 평균치 대비 비율을 70퍼센트 이상으로 정하거나 같은 항 제2호에서 정한 토지의 사용 및 수익이 사실상 불가능한 토지의 판정기준을 다르게 정할 수 있다. 〈신설 2020. 5. 4.〉

즉, "매수청구일 현재 해당 토지의 개별공시지가가 그 토지가 소재하고 있는 읍·면·동 안에 지정된 <u>도시자연공원구역 안의 동일한 지목의 개별공시지가의 평균치의 70퍼센트 미만일 것</u>"(조례로 다르게 정하는 것 가능)에 해당하여야 한다. 아마 이 요건을 충족시키는 토지는 없을 것으로 판단한다. 가사 있다고 하더라도 중간에 지자체가 공시지가를 올리면 그만이다.

서울행정법원 2023. 6. 15. 선고 2021구합72536 판결

매수 청구대상 토지의 적합여부 판정 ⇨ 미해당

매수청구 토지 판정기준 (도시공원법 시행령 제34조)		검토결과(해당여부) 검토내용	해당토지 B	C	D
기존의 용도로 사용할 수 없어 그 효용이 현저히 감소된 토지	매수청구 당시 매수대상 토지를 도시자연공원구역 지정 이전의 지목대로 사용할 수 없을 것	공원구역 지정 전부터 지목이 임야로서, 종전과 같이 지목대로 이용중	X	X	X
	매수청구일 현재 해당 토지의 개별공시지가가 그 토지가 소재하고 있는 읍·면·동 안에 지정된 도시자연공원구역 안의 동일한 지목의 개별공시지가의 평균치의 70퍼센트 미만일 것	공원구역(Q 동)내 있는 개별 공시지가 비교 결과, 공시지가 평균치 70% 미만 해당 ※ 아래 비교표 참조	O	O	O
토지의 사용 및 수익이 사실상 불가능한 토지	도시자연공원구역내 행위제한(법 제27조)으로 인하여 당해 토지의 사용·수익이 불가능할 것	당해토지의 형상 및 본래 목적(임야)을 고려할 때, 토지의 계속 사용 불가능한 경우로 보기 어려움	X	X	X

2020. 5. 4. 법 개정 전에는 50%이었다.

> **도시공원 및 녹지 등에 관한 법률 시행령**
> [시행 2020. 6. 11.] [대통령령 제30663호, 2020. 5. 4., 일부개정]
> [주요내용]
> 나. 도시자연공원구역 지정에 따른 매수대상토지의 판정기준 완화 등(제34조)
>   1) 매수대상토지의 판정기준을 현실화하기 위하여 도시자연공원구역 지정에 따라 기존의 용도로 사용할 수 없어 그 효용이 현저히 감소된 토지로 판정할 때 종전에는 해당 토지의 개별공시지가가 동일 지역의 다른 도시자연공원구역 안에 있는 동일 지목의 개별공시지가 평균치의 <u>50퍼센트 미만인 경우로 하던 것을, 앞으로는 개별공시지가가 평균치의 70퍼센트 미만인 경우로 판정기준을 완화함.</u>
>   2) 매수대상토지의 판정기준을 지역의 여건에 맞춰 유연하게 적용할 수 있도록 하기 위하여 그 도시자연공원구역을 관할하는 특별시장·광역시장·특별자치시장 등이 해당 지역의 여건을 고려하여 해당 지방자치단체의 조례로 매수대상토지의 판정기준을 완화하거나 다르게 정할 수 있게 함.

라. 매수청구 절차

법정양식에 의한 매수청구서를 제출하면 되고, 매수청구를 받은 날부터 1년 이내에 매수대상 여부 및 매수 예상가격(매수청구 당시의 개별공시지가로 한다.) 등을 매수청구인에게 통보하여야 한다(법 제30조제1항).

매수대상토지로 통보를 한 토지에 대하여는 <u>매수청구인에게 매수대상토지로 통보를 한 날부터 3년 이내에 매수계획을 수립하여 그 매수대상 토지를 매수하여야 한다</u>(법 제30조제2항, 령 제35조).

마. 매수가격

매수대상토지의 매수가격(이하 "매수가격"이라 한다)은 「부동산 가격공시에 관한 법률」에 따른 공시지가를 기준으로 그 토지의 위치·형상·환경 및 이용 상황 등을 고려하여 평가한 금액으로 한다. 이 경우 매수가격의 산정시기 및 산정방법 등은 대통령령으로 정한다(법 제30조제3항). 〈개정 2016.1.19.〉

령 제36조(매수가격의 산정시기 및 산정방법) ①법 제30조제3항 후단의 규정에 의한 매수가격은 <u>매수청구 당시의 표준지공시지가</u>(「부동산 가격공시에 관한 법률」 제3조에 따른 표준지공시지가를 말한다. 이하 이 조에서 같다)를 기준으로 <u>그 공시기준일부터 매수청구인에게 이를 지급하고자 하는 날까지의 기간동안 다음 각 호의 변동사항을 고려하여</u> 산정한 가격으로 한다. 〈개정 2008.2.29, 2013.3.23, 2016.8.31〉

 1. 당해 토지의 위치·형상·환경 및 이용상황

 2. 「국토의 계획 및 이용에 관한 법률 시행령」 제125조제1항의 규정에 의하여 국토교통부장관이 조사한 지가변동률과 생산자물가상승률

② 제1항의 규정에 의한 매수가격은 표준지공시지가를 기준으로 「감정평가 및 감정평가사에 관한 법률」에 따른 감정평가법인등(이하 "감정평가법인등"이라 한다)이 평가한 2 이상의 감정평가액의 산술평균치로 한다. 〈개정 2016. 3. 29., 2016. 8. 31., 2022. 1. 21.〉

령 제37조(매수절차) ①토지의 매수를 청구하고자 하는 자는 법 제30조제4항의 규정에 의하여 다음 각 호의 사항을 기재한 토지매수청구서 등 국토교통부령이 정하는 서류를 특별시장·광역시장·특별자치시장·특별자치도지사·시장 또는 군수에게 제출하여야 한다. 〈개정 2008.2.29., 2012.3.13., 2013.3.23.〉

 1. 토지소유자의 성명 및 주소(법인의 경우에는 그 명칭 및 주소와 대표자의 성명 및 주소를 말한다)

 2. 토지의 지번·지목 및 이용현황

 3. 당해 토지에 소유권 외의 권리가 설정된 때에는 그 종류·내용과 권리자의 성명 및 주소(법인의 경우에는 그 명칭 및 주소와 대표자의 성명 및 주소를 말한다)

 4. 매수청구사유

②제1항의 규정에 의하여 매수청구를 받은 특별시장·광역시장·특별자치시장·특별자치도지사·시장 또는 군수는 매수대상토지가 제34조의 규정에 의한 기준에 해당되는지의 여부를 판단하여 <u>매수 대상여부 및 매수예상가격(제34조의 규정에 의한 기준에 적합한 경우에 한한다)</u>을 매수청구인에게 통보하여야 한다. 〈개정 2012.3.13〉

③제2항의 규정에 의한 <u>매수예상가격은 매수청구 당시의 개별공시지가로 한다.</u>

④ 특별시장·광역시장·특별자치시장·특별자치도지사·시장 또는 군수는 제2항의 규정에 의하여 매수예상가격을 통보한 때에는 감정평가법인등에게 대상토지에 대한 감정평가를 의뢰하여 매수가격을 결정하고, 이를 매수청구인에게 통보하여야 한다. <u>이 경우 특별시장·광역시장·특별자치시장·특별자치도지사·시장 또는 군수는 감정평가를 의뢰하기 1월 전까지 매수청구인에게 감정평가 의뢰 사실을 통보하여야 한다.</u> 〈개정 2012. 3. 13., 2022. 1. 21.〉

5. 자연공원 매수청구 제도

가. 자연공원의 정의

> **자연공원법 제2조(정의)** 이 법에서 사용하는 용어의 뜻은 다음과 같다. 〈개정 2011.7.28., 2016.5.29.〉
>
> 1. "<u>자연공원</u>"이란 국립공원·도립공원·군립공원(郡立公園) 및 지질공원을 말한다.
> 2. "국립공원"이란 우리나라의 자연생태계나 자연 및 문화경관(이하 "경관"이라 한다)을 대표할 만한 지역으로서 제4조 및 제4조의2에 따라 지정된 공원을 말한다.
> 3. "도립공원"이란 도 및 특별자치도(이하 "도"라 한다)의 자연생태계나 경관을 대표할 만한 지역으로서 제4조 및 제4조의3에 따라 지정된 공원을 말한다.
> 3의2. "<u>광역시립공원</u>"이란 특별시·광역시·특별자치시(이하 "광역시"라 한다)의 자연생태계나 경관을 대표할 만한 지역으로서 제4조 및 제4조의3에 따라 지정된 공원을 말한다.
> 4. "군립공원"이란 군의 자연생태계나 경관을 대표할 만한 지역으로서 제4조 및 제4조의4에 따라 지정된 공원을 말한다.
> 4의2. "<u>시립공원</u>"이란 시의 자연생태계나 경관을 대표할 만한 지역으로서 제4조 및 제4조의4에 따라 지정된 공원을 말한다.
> 4의3. "<u>구립공원</u>"이란 자치구의 자연생태계나 경관을 대표할 만한 지역으로서 제4조 및 제4조의4에 따라 지정된 공원을 말한다.
> 4의4. "<u>지질공원</u>"이란 지구과학적으로 중요하고 경관이 우수한 지역으로서 이를 보전하고 교육·관광 사업 등에 활용하기 위하여 제36조의3에 따라 환경부장관이 인증한 공원을 말한다.
> 5. "공원구역"이란 자연공원으로 지정된 구역을 말한다.

나. 매수청구 가능자

 자연공원의 지정으로 인하여 자연공원에 있는 토지를 종전의 용도로 사용할 수 없어 그 효용이 현저히 감소된 토지 <u>또는 해당 토지의 사용·수익이 사실상 불가능한 토지</u>(이하 "매수대상토지"라 한다)의 소유자로서 다음 각 호의 어느 하나에 해당하는 자는 공원관리청에 그 토지의 매수를 청구할 수 있다(법 제77조제1항). 〈개정 2020.6.9〉

1. 자연공원의 지정 당시부터 그 토지를 계속 소유한 자
2. 토지의 사용·수익이 사실상 불가능하게 되기 전에 해당 토지를 취득하여 계속 소유한 자
3. 제1호 또는 제2호에 해당하는 자로부터 그 토지를 상속받아 계속 소유한 자

다. 매수의무

공원관리청은 매수를 청구받은 토지가 매수대상 기준에 해당될 때에는 예산의 범위에서 이를 매수하여야 한다(법 제77조제2항). 〈개정 2020.6.9〉

라. 매수대상 토지

령이 2020. 12. 8. 개정되면서, 요건이 완화되었다.
즉, 개정 전에는 개별공시지가 평균치의 70% 미만이어야 했으나, 이를 삭제하였다.

| 자연공원법 시행령
[대통령령 제23194호, 2011. 9. 30, 일부개정]

제43조(매수대상토지의 판정기준) 법 제77조제3항에 따른 매수대상토지(이하 "매수대상토지"라 한다)의 판정기준은 토지소유자의 귀책사유가 없이 종래의 용도대로 사용할 수 없어 그 효용이 현저히 감소된 토지로서 매수청구당시 매수대상토지를 자연공원 지정 이전의 지목(매수청구인이 공원구역 지정 이전에 적법하게 지적공부상의 지목과 다르게 이용하고 있었음을 공적 자료로써 증명하는 경우에는 구역지정 이전의 실제용도를 지목으로 본다)대로 사용할 수 없음으로 인하여 매수청구일 현재 당해 토지의 개별공시지가가 그 토지가 소재하고 있는 자연공원 안의 동일한 용도지구에 있는 읍·면·동의 같은 지목의 개별공시지가 평균치의 70퍼센트 미만이어야 한다. 〈개정 2010.10.1, 2011.9.30〉 | 자연공원법 시행령
[대통령령 제31237호, 2020. 12. 8, 일부개정]

제43조(매수대상토지의 판정기준) 법 제77조제1항에 따른 매수대상토지(이하 "매수대상토지"라 한다)의 구체적인 판정기준은 다음 각 호의 구분에 따른다. 이 경우 토지의 효용 감소 또는 사용·수익의 불가능에 대하여 토지소유자의 귀책사유가 없어야 한다.
1. 자연공원에 있는 토지를 종전의 용도로 사용할 수 없어 그 효용이 현저히 감소된 토지의 경우: 매수청구 당시 매수대상토지를 자연공원 지정 전의 지목(매수청구인이 자연공원 지정 전에 적법하게 지적공부상의 지목과 다르게 이용하고 있었음을 공적자료로 증명하는 경우에는 자연공원 지정 전의 실제 용도를 지목으로 본다)대로 사용할 수 없을 것 |

	2. 자연공원에 있는 토지의 사용·수익이 사실상 불가능한 토지의 경우: 법 제28조제1항에 따른 자연공원특별보호구역으로 지정되어 사람의 출입 또는 차량의 통행이 금지·제한되는 등의 사유로 해당 토지의 사용·수익이 불가능할 것[전문개정 2020.12.8]

마. 매수청구 절차

공원관리청은 토지의 매수를 청구받은 날부터 3개월 이내에 매수대상 여부 및 매수 예상가격(개별공시지가) 등을 매수 청구인에게 통보하여야 한다. 공원관리청은 매수대상임을 통보한 경우에는 5년 내에 매수계획을 수립하여 그 매수대상토지를 매수하여야 한다(법 제78조).

바. 매수가격

매수대상토지를 매수하는 경우 가격 산정의 시기·방법 및 기준 등에 관하여는 「공익사업을 위한 토지 등의 취득 및 보상에 관한 법률」을 준용한다(법 제78조제3항).

공원관리청은 제2항에 따라 매수예상가격을 통보한 후 둘 이상의 감정평가법인등(「감정평가 및 감정평가사에 관한 법률」 제2조제4호에 따른 감정평가법인등을 말한다. 이하 이 조에서 같다)에 매수대상토지에 대한 감정평가를 의뢰해야 한다. 이 경우 공원관리청은 감정평가에 소요되는 비용을 부담하며, 감정평가를 의뢰하기 1개월 전까지 매수청구인에게 감정평가 의뢰사실을 통보해야 한다(령 제44조제4항). 〈개정 2020. 12. 8.〉

> **령 제44조(매수절차 등)** ① 법 제77조제1항의 규정에 의하여 토지의 매수를 청구하고자 하는 자는 다음 각호의 사항을 기재한 토지매수청구서 등 환경부령이 정하는 서류를 공원관리청에 제출하여야 한다.
> 1. 토지소유자의 성명(법인인 경우에는 그 명칭 및 대표자의 성명) 및 주소
> 2. 토지의 지번·지목 및 자연공원 이용현황

3. 당해 토지에 소유권 외의 권리가 설정된 때에는 그 종류·내용과 권리자의 성명(법인의 경우에는 그 명칭 및 대표자의 성명) 및 주소

  4. 매수청구사유

② 제1항의 규정에 의하여 매수청구를 받은 공원관리청은 매수대상토지가 제43조의 규정에 의한 기준(이하 "매수기준"이라 한다)에 해당되는지의 여부를 판단하여 매수대상 여부 및 매수예상가격(매수기준에 해당하는 경우에 한한다)을 매수청구인에게 통보하여야 한다.

③ 제2항에 따른 매수예상가격은 매수청구 당시의 「부동산 가격공시에 관한 법률」 제10조에 따른 개별공시지가로 한다. 〈개정 2020. 12. 8.〉

④ 공원관리청은 제2항에 따라 매수예상가격을 통보한 후 둘 이상의 감정평가법인등(「감정평가 및 감정평가사에 관한 법률」 제2조제4호에 따른 감정평가법인등을 말한다. 이하 이 조에서 같다)에 매수대상토지에 대한 감정평가를 의뢰해야 한다. 이 경우 공원관리청은 감정평가에 소요되는 비용을 부담하며, 감정평가를 의뢰하기 1개월 전까지 매수청구인에게 감정평가 의뢰 사실을 통보해야 한다. 〈개정 2020. 12. 8.〉

⑤ 공원관리청은 제4항에 따라 감정평가를 의뢰한 둘 이상의 감정평가법인등이 평가한 금액을 산술평균하여 매수가격을 결정하고, 이를 매수청구인에게 통보해야 한다. 〈신설 2020. 12. 8.〉

6. 손실보상

가. 반드시 보상을 해 주어야 할 의무는 없음

도로와 마찬가지로 공원부지 소유자가 행정청에 보상을 요구해도 행정청이 토지보상법에 따라 반드시 보상을 하여야 할 법적인 의무는 없다.

대법원은 토지보상법이 공익사업에 사용되는 토지의 소유자로 하여금 일정한 경우에 당해 사용 토지의 수용을 청구[84]할 수 있도록 하고 있는바, <u>여기에서의 '토지의 사용'이란 토지보상법이 정한 절차에 따른 적법한 사용만을 의미하고, 기업자가 토지보상법이 정한 절차에 의하지 아니하고 무단으로 토지를 사용하고 있는 경우는 이에 포함되지 않는다고 판시하여, 보상청구가 불가능하다고 한다.</u>

> **토지보상 부작위 위헌확인[전원재판부 2005헌마501, 2007.7.26]**
>
> 【판시사항】
>
> 1. 행정권력의 부작위에 대한 헌법소원의 적법요건
>
> 2. 도시계획시설사업 실시계획의 인가·고시가 없고 지목이 '임야'인 토지에 대하여 행정청이 시가에 의하여 정당한 보상을 하여야 할 헌법상 작위의무가 존재하는지 여부(소극)
>
> 【결정요지】
>
> 1. 행정권력의 부작위에 대한 헌법소원은 공권력의 주체에게 헌법에서 유래하는 작위의무가 특별히 구체적으로 규정되어 있고, 이에 의거하여 기본권의 주체가 행정행위를 청구할 수 있음에도, 공권력의 주체가 그 의무를 게을리하는 경우에 한하여 허용되고, 이러한 작위의무가 인정되지 않는 경우 그 헌법소원은 부적법한 청구가 되므로, 공권력의 부작위 때문에 피해를 입었다는 단순하고 일반적인 주장만으로 헌법소원심판을 청구하는 것은 부적법하다.
>
> 2. 도시계획시설에 편입된 토지에 대한 수용 및 사용은 당해 도시계획시설사업에 대한 실시계획의 인가·고시가 있어야 가능하므로 도시계획시설사업 실시계획의 인가·고시가 없는 토지에 대하여 행정청은 이를 수용할 수 있는 법적인 근거가 없어 행정청이 이러한 토지를 매수하여 보상하여야 할 구체적인 작위의무가 법률로 구체화되어 있다고 할 수 없다.
>
> 도시계획시설결정 이후 사업시행이 이루어지지 않은 채 장기간 개발행위를 하지 못하는 '변경금지의무'나 '현상유지의무'가 부과된다고 하더라도, 지목이 '대' 이외인 토지의 토지소유자로

---

[84] 현재 토지보상법은 제79조 임

서는 도시계획시설결정에도 불구하고 당해 토지의 협의매수나 수용 시까지 그 토지를 계속 종래의 용도대로 사용할 수 있으므로, 도시계획결정으로 말미암아 토지소유자에게 이렇다 할 재산적 손실이 발생한다고 볼 수 없다. 따라서 지목이 '대'가 아니라 '임야'인 토지는 종래의 목적으로 사용하는 등 법적으로 허용된 토지이용의 방법이 있어 토지소유자의 재산권과 관련하여 수인하여야 하는 사회적 제약의 범주 안에 있다 할 것이므로, 이러한 토지에 대하여 매수청구권을 인정하여 보상하여야 할 헌법상의 작위의무가 있다고 볼 수 없다.

나. 행정청이 스스로 보상 시 가격산정 방법

 도시공원은 공원의 제한을 받지 아니하는 상태로 평가하고, 도시자연공원구역과 자연공원은 제한을 받는 상태로 평가한다. 따라서 도시자연공원구역은 보상을 받는다고 하더라도 제한을 받지 않는 토지보다 상당히 저렴한 가격으로 평가될 것이다. 다만, 공원부지에 대한 공매나 경매를 위한 감정평가 시에는 도시공원도 공원으로 제한을 받는 상태로 평가하는 경우가 가끔 있다. 이러한 경우에 낙찰을 받아 행정청이 보상에 착수하여 준다면 행운일 것이다.

군립공원 지정은 일반적 계획제한

대법원 2019. 9. 25. 선고 2019두34982 파기환송

[토지수용에 있어 공법상 제한의 의미에 관한 사건]

◇군립공원 지정 및 군립공원 용도지구 지정 이후 군립공원 내 공원시설을 조성하는 내용의 공원시설계획이 이루어져 토지가 수용될 경우, 군립공원 지정 및 군립공원 용도지구의 지정에 따른 토지에 관한 계획제한이 공익사업을 위한 토지 등의 취득 및 보상에 관한 법률 시행규칙 제23조 제1항 단서에서 정한 '당해 공익사업의 시행을 직접 목적으로 하여 가하여진 공법상 제한', 즉 개별적 계획제한에 해당하여 제한이 없는 상태를 상정하여 손실보상금을 산정하여야 하는지, 아니면 같은 항 본문에서 정한 일반적 계획제한에 해당하여 제한받는 상태대로 손실보상금을 산정하여야 하는지 여부◇

 자연공원법은 자연공원의 지정·보전 및 관리에 관한 사항을 규정함으로써 자연생태계와 자연 및 문화경관 등을 보전하고 지속가능한 이용을 도모함을 목적으로 하며(제1조), 자연공원법에 의해 자연공원으로 지정되면 그 공원구역에서 건축행위, 경관을 해치거나 자연공원의 보전·관리에 지장을 줄 우려가 있는 건축물의 용도변경, 광물의 채굴, 개간이나 토지의 형질변경, 물건을 쌓아 두는 행위, 야생동물을 잡거나 가축을 놓아먹이는 행위, 나무를 베거나 야생식물을 채취하는 행위 등을 제한함으로써(제23조) 공원구역을 보전·관리하는 효과가 즉시 발생한다. 공원관리청은 자연공원 지정 후 공원용도지구계획과 공원시설계획이 포함된 '공원계획'을 결정·고시하여야 하고(제12조 내지 제17조), 이 공원계획에 연계하여 10년마다 공원별 공원보전·관리계획을 수립하여야 하지만(제17조의3), 공원시설을 설치·조성하는 내용의 공원사업(제2조 제9호)을 반드시 시행하여야 하는 것은 아니다. 공원관리청이 공원시설을 설치·조성하고자 하는 경우에는 자연공원 지정이나 공원용도지구 지정과는 별도로 '공원시설계획'을 수립하여 결정·고시한 다음, '공원사업 시행계획'을 결정·고시하여야 하고(제19조 제2항), 그 공원사업에 포함되는 토지와 정착물을 수용하여야 한다(제22조).

이와 같은 자연공원법의 입법목적, 관련 규정들의 내용과 체계를 종합하면, <u>자연공원법에 의한 '자연공원 지정' 및 '공원용도지구계획에 따른 용도지구 지정'은, 그와 동시에 구체적인 공원시설을 설치·조성하는 내용의 '공원시설계획'이 이루어졌다는 특별한 사정이 없는 한, 그 이후에 별도의 '공원시설계획'에 의하여 시행 여부가 결정되는 구체적인 공원사업의 시행을 직접 목적으로 한 것이 아니므로 「공익사업을 위한 토지 등의 취득 및 보상에 관한 법률 시행규칙」(이하 '토지보상법 시행규칙'이라고 한다) 제23조 제1항 본문에서 정한 '일반적 계획제한'에 해당한다고 보아야 한다.</u>

▶ 1983. 12. 2. 신불산 군립공원 지정 및 1987. 9. 7. 신불산 군립공원 용도지구 지정과 동시에 이 사건 각 토지에 구체적인 공원시설을 설치·조성하겠다는 내용의 '공원시설계획'이 수립·결정된 바 없고, 그로부터 약 28년이 경과한 2015. 5. 20.에 이르러서야 비로소 신불산 군립공원 구역 전부가 아니라 그 중 일부에 국한하여 이 사건 시설의 설치·조성을 위한 공원시설계획이 비로소 수립·결정되었으므로, 1983. 12. 2. 신불산 군립공원 지정 및 1987. 9. 7. 신불산 군립공원 용도지구 지정은 이 사건 시설 조성사업의 시행을 직접 목적으로 하는 것이 아닌 일반적 계획제한에 해당한다고 보아야 한다는 이유로, 이를 개별적 계획제한에 해당한다고 판단한 원심을 파기한 사례

7. 도시공원 지방의회 해제권고 제도

가. 개설

국토법 제48조제3항 내지 제5항, 동법시행령 제42조에 의거하여 인정된 것이다.

지목이 "대"인 토지 외에도 적용되는 장점이 있다.

> **제48조(도시·군계획시설결정의 실효 등)**
>
> ③ 특별시장·광역시장·특별자치시장·특별자치도지사·시장 또는 군수는 도시·군계획시설결정이 고시된 도시·군계획시설(국토교통부장관이 결정·고시한 도시·군계획시설 중 관계 중앙행정기관의 장이 직접 설치하기로 한 시설은 제외한다. 이하 이 조에서 같다)을 설치할 필요성이 없어진 경우 또는 <u>그 고시일부터 10년이 지날 때까지</u> 해당 시설의 설치에 관한 도시·군계획시설사업이 시행되지 아니하는 경우에는 대통령령으로 정하는 바에 따라 그 현황과 제85조에 따른 단계별 집행계획을 <u>해당 지방의회에 보고</u>하여야 한다. 〈신설 2011. 4. 14., 2013. 3. 23., 2013. 7. 16.〉
>
> ④ 제3항에 따라 보고를 받은 지방의회는 대통령령으로 정하는 바에 따라 해당 특별시장·광역시장·특별자치시장·특별자치도지사·시장 또는 군수에게 도시·군계획시설결정의 <u>해제를 권고</u>할 수 있다. 〈신설 2011. 4. 14.〉
>
> ⑤ 제4항에 따라 도시·군계획시설결정의 해제를 권고받은 특별시장·광역시장·특별자치시장·특별자치도지사·시장 또는 군수는 특별한 사유가 없으면 대통령령으로 정하는 바에 따라 그 도시·군계획시설결정의 해제를 위한 도시·군관리계획을 결정하거나 도지사에게 그 결정을 신청하여야 한다. 이 경우 신청을 받은 도지사는 특별한 사유가 없으면 그 도시·군계획시설결정의 해제를 위한 도시·군관리계획을 결정하여야 한다. 〈신설 2011. 4. 14.〉

나. 지방의회 보고

도시계획시설결정이 고시된 도시계획시설(국토교통부장관이 결정·고시한 도시·군계획시설 중 <u>관계 중앙행정기관의 장이 직접 설치하기로 한 시설은 제외한다</u>)을 ① **설치할 필요성이 없어진 경우 또는** ②**그 고시일부터 10년이 지날 때까지** <u>**시행되지 아니하는 경우**</u>에는 그 현황과 단계별 집행계획을 해당 지방의회에 보고하여야 한다.

당초에는 국토교통부 장관이 결정·고시한 모든 시설이 제외되었으나, 2013. 7. 16. 법률 제11922호 개정에 따라 국토교통부장관이 결정·고시한 도시·군계획시설 중 관계 중앙행정기관의 장이 직접 설치하기로 한 시설은 제외하는 것으로 완화되었다.

제48조(도시·군계획시설결정의 실효 등)	제48조(도시·군계획시설결정의 실효 등)
③ 특별시장·광역시장·특별자치시장·특별자치도지사·시장 또는 군수는 도시·군계획시설결정이 고시된 도시·군계획시설(<u>국토교통부장관이 결정·고시한 도시·군계획시설은 제외한다. 이하 이 조에서 같다</u>)을 설치할 필요성이 없어진 경우 또는 그 고시일부터 10년이 지날 때까지 해당 시설의 설치에 관한 도시·군계획시설사업이 시행되지 아니하는 경우에는 대통령령으로 정하는 바에 따라 그 현황과 제85조에 따른 단계별 집행계획을 해당 지방의회에 보고하여야 한다. 〈신설 2011.4.14, 2013.3.23〉	③ 특별시장·광역시장·특별자치시장·특별자치도지사·시장 또는 군수는 도시·군계획시설결정이 고시된 도시·군계획시설(<u>국토교통부장관이 결정·고시한 도시·군계획시설 **중 관계 중앙행정기관의 장이 직접 설치하기로 한 시설**은 제외한다. 이하 이 조에서 같다</u>)을 설치할 필요성이 없어진 경우 또는 그 고시일부터 10년이 지날 때까지 해당 시설의 설치에 관한 도시·군계획시설사업이 시행되지 아니하는 경우에는 대통령령으로 정하는 바에 따라 그 현황과 제85조에 따른 단계별 집행계획을 해당 지방의회에 보고하여야 한다. 〈신설 2011.4.14, **2013.7.16**〉

장기미집행 도시계획시설 해제 쉬워져

국토계획법 시행령 개정…수십년째 묶인 도로·공원·항만용지 등

매경 2012.07.16.

… 국토해양부는 "장기 미집행 도시·군 계획 시설 중 해제권고 대상에서 제외되는 시설을 대폭 축소할 예정"이라고 16일 밝혔다. <u>종전에는 국토해양부 장관이 결정·고시한 도시·군 계획 시설이던 해제 제외대상이 설치의무가 국토해양부 장관에게 있는 시설로 크게 줄어든 것이다.</u> 장기 미집행 도시계획시설은 도로와 공원 등 도시계획시설로 지정됐지만 10년 이상 계획이 추진되지 않아 온 대지를 일컫는다. 이 중 국토부 장관에게 설치의무가 있는 도시계획시설은 철도와 고속도로, 산업단지, 항만 등이 해당된다. 이들 시설을 제외한 일반도로와 항만 등은 장기 미집행 도시계획시설 해제권고 대상에 포함되면서 개발 길이 열리게 됐다.

국토계획법 개정 시행령에서는 지자체장이 해제권고 판단에 필요한 자료를 지방의회에 보고하고 지방의회는 보고가 접수된 날부터 90일 이내에 해당 지역을 해제하도록 권고할 수 있다. 국토부 관계자는 "2000년대 이전의 도시계획시설의 경우 대부분 국토해양부(옛 건설교통부)

> 장관이 결정·고시한 시설"이라며 "예외규정 폭이 너무 넓어 해제가 어려웠던 점을 대폭 개선했다"고 밝혔다.
>
> 도시계획시설 용지를 매입할 예산이 부족하다는 점도 이번 조치의 배경이다. 전국의 장기 미집행 도시계획시설은 9억7400만㎡에 이른다. 국토부는 이를 전부 매입할 경우 137조원가량이 필요할 것으로 추정하고 있다. 국토부 관계자는 "수십 년 묶인 땅을 보상을 못 할 때는 해제하는 것이 옳다는 결론을 내렸다"고 설명했다.

특별시장·광역시장·특별자치시장·특별자치도지사·시장 또는 군수(이하 이 조에서 "지방자치단체의 장"이라 한다)는 법 제48조제3항에 따라 도시·군계획시설결정이 고시된 도시·군계획시설 중 설치할 필요성이 없어진 도시·군계획시설 또는 그 고시일부터 10년이 지날 때까지 해당 시설의 설치에 관한 도시·군계획시설사업이 시행되지 아니한 도시·군계획시설(이하 이 조에서 "장기미집행 도시·군계획시설등"이라 한다)에 대하여 <u>다음 각 호의 사항을 매년 해당 지방의회의 「지방자치법」 제53조 및 제54조에 따른 정례회 또는 임시회의 기간 중에 보고하여야 한다.</u> 이 경우 지방자치단체의 장이 필요하다고 인정하는 경우에는 해당 지방자치단체에 소속된 지방도시계획위원회의 자문을 거치거나 관계 행정기관의 장과 미리 협의를 거칠 수 있다(령 제42조제2항). 〈신설 2012. 4. 10., 2014. 11. 11., 2021. 12. 16.〉

  1. 장기미집행 도시·군계획시설등의 전체 현황(시설의 종류, 면적 및 설치비용 등을 말한다)

  2. 장기미집행 도시·군계획시설등의 명칭, 고시일 또는 변경고시일, 위치, 규모, 미집행 사유, 단계별 집행계획, 개략 도면, 현황 사진 또는 항공사진 및 <u>해당 시설의 해제에 관한 의견</u>

  3. 그 밖에 지방의회의 심의·의결에 필요한 사항

소속된 지방도시계획위원회의 자문을 거치거나 관계 행정기관의 장과 미리 협의를 거쳐 보고가 가능한데, 이때 <u>설치할 필요성이 없어진 것으로 보고되는 것이 관건이다.</u> 따라서 소유자는 보고를 위해 용역을 하는 과정부터 노력하여야 할 것이다.

최근에는 국민권익위원회에 민원을 제기하여 자료를 수집하거나 해제권고를 하도록 하는 사례가 많다.

지방자치단체의 장은 지방의회에 보고한 장기미집행 도시·군계획시설등 중 도시·군계획시설결정이 해제되지 아니한 장기미집행 도시·군계획시설등에 대하여 <u>최초로 지방의회에 보고한 때부터 2년마다 지방의회에 보고하여야 한다.</u> 이 경우 지방의회의 보고에 관하여는 제2항을 준용한다(령 제42조제3항). 〈신설 2012. 4. 10., 2014. 11. 11.〉

다. 해제권고

지방의회는 도시계획시설결정의 해제를 권고할 수 있다(법 제48조제4항). 보고가 지방의회에 접수된 날부터 90일 이내에 해제를 권고하는 서면(도시계획시설의 명칭, 위치, 규모 및 해제사유 등이 포함되어야 한다)을 지방자치단체의 장에게 보내야 한다(령 제42조제4항).

라. 해제권고 시 조치사항

특별한 사유가 없으면 대통령령으로 정하는 바에 따라 그 도시계획시설결정의 <u>해제를 위한 도시관리계획을 결정</u>하거나 <u>도지사에게 그 결정을 신청</u>하여야 한다. 이 경우 신청을 받은 도지사는 특별한 사유가 없으면 그 도시계획시설결정의 해제를 위한 도시관리계획을 결정하여야 한다(법 제48조제5항).

장기미집행 도시·군계획시설등의 해제를 권고받은 지방자체단체의 장은 상위계획과의 연관성, 단계별 집행계획, 교통, 환경 및 주민 의사 등을 고려하여 해제할 수 없다고 인정하는 특별한 사유가 있는 경우를 제외하고는 법 제48조제5항에 따라 해당 장기미집행 도시·군계획시설등의 해제권고를 받은 날부터 <u>1년 이내에 해제를 위한 도시·군관리계획을 결정하여야 한다.</u> 이 경우 지방자치단체의 장은 지방의회에 해제할 수 없다고 인정하는 특별한 사유를 해제권고를 받은 날부터 6개월 이내에 소명하여야 한다(령 제42조제5항). 〈신설 2012. 4. 10.〉

시장 또는 군수는 법 제24조제6항에 따라 도지사가 결정한 도시관리계획의 해제가 필요한 경우에는 도지사에게 그 결정을 신청하여야 한다. 도시계획시설결정의 해제를 신청받은 도지사는 특별한 사유가 없으면 신청을 받은 날부터 1년 이내에 해당 도시계획시설의 해제를 위한 도시관리계획결정을 하여야 한다(령 제42조제6항, 제7항).

마. 토지소유자 유의 사항

지방의회를 통과하기 위해서는 치밀한 준비가 필요하다. 특히 지방의회에 보고하기 전에 소유자로서는 전문가와 협의하여 치밀한 준비를 하는 것이 유리할 것이다.

단, 아래 도시·군관리계획수립지침에 의하면 해제지역은 보전녹지지역으로 지정하도록 되어 있는데, "가급적" 지정하는 것이므로, 보전녹지지역으로 지정되지 않도록 노력하는 것이 좋다.

> **도시·군관리계획수립지침(훈령 제130호-130417)**
> 3-1-5-2. 보전녹지지역
> (7) 장기미집행된 도시자연공원 및 근린공원중 해제되는 공원은 가급적 보전녹지지역으로 지정한다.

8. 자연공원 타당성 검토

가. 자연공원의 폐지 또는 구역 변경

10년마다 타당성 조사를 하므로, 타당성 조사 시에 존치시킬 필요가 없다는 점을 피력하여야 할 것이다.

> **자연공원법 제8조(자연공원의 지정 해제 또는 구역 변경)** ① 자연공원은 다음 각 호의 어느 하나에 해당하는 경우를 제외하고는 지정을 해제하거나 그 구역을 축소할 수 없다. 〈개정 2016.5.29, 2020.5.26〉
>
> 1. 군사목적 또는 공익을 위하여 불가피한 경우로서 대통령령으로 정하는 경우
>
> > **령 제4조(자연공원의 지정 해제 등)** 법 제8조제1항제1호에서 "대통령령으로 정하는 경우"란 다음 각 호의 어느 하나에 해당하는 경우를 말한다.〈개정 2002. 12. 18., 2005. 9. 30., 2010. 10. 1.〉
> > 1. 군작전·군시설 또는 군기밀보호를 위하여 불가피하다고 인정되는 경우
> > 2. 하천·간척·개간·항만(어항을 포함한다)·발전·철도·통신·방송·측후·농업용수 또는 항공에 관한 사업을 위하여 불가피하다고 인정되는 경우
> > 3. 국가경제에 중대한 영향을 미치는 자원의 개발을 위하여 불가피하다고 인정되는 경우
> > 4. 「국토기본법」제9조의 규정에 의한 국토종합계획, 동법 제16조의 규정에 의한 지역계획 및 동법 제17조의 규정에 의한 부문별계획의 결정이나 변경을 위하여 불가피하다고 인정되는 경우
> > 5. 공원구역의 경계 또는 그 인접에 집단마을이 형성되어 있거나, 화장장·사격장 등 자연공원으로 사용할 수 없는 시설이 설치되어 있어 공원구역으로 존치시킬 필요가 없게 된 경우 [제목개정 2017. 5. 29.]
>
> 2. 천재지변이나 그 밖의 사유로 자연공원으로 사용할 수 없게 된 경우
> 3. <u>제15조제2항에 따라 공원구역의 타당성을 검토</u>한 결과 제7조에 따른 자연공원의 지정기준에서 현저히 벗어나서 자연공원으로 존치시킬 필요가 없다고 인정되는 경우
>
> **제15조(공원계획의 변경 등)**
> ② 공원관리청은 10년마다 지역주민, 전문가, 그 밖의 이해관계자의 의견을 수렴하여 공원계획의 타당성(공원구역의 타당성을 포함한다)을 검토하고 그 결과를 공원계획의 변경에 반영하

여야 한다. 다만, 도립·군립공원에 대하여는 시·도지사 또는 군수가 필요하다고 인정하는 경우 5년마다 공원계획의 타당성 유무를 검토할 수 있다. 〈개정 2016. 5. 29., 2020. 5. 26.〉

③ 공원계획의 타당성을 검토하기 위한 기준은 공원자원, 관리 여건, 환경영향 등을 고려하여 대통령령으로 정한다.

④ 공원관리청은 공원계획을 변경하려는 경우에는 공원별 보전·관리계획 중 필요한 사항을 반영할 수 있다. [전문개정 2008. 12. 31.]

나. 실제 사례

※2009. 1. 확정된 국립공원타당성조사 기준 검토
※공원구역 해제 여부는 생태기반평가와 타당성 평가 등을 거쳐 구역조정협의회 및 총괄협의회 조정과 국립공원위원회 심의결과에 따라 확정

□ 회신내용

가. 국립공원구역 조정은 '09. 1월에 확정된 국립공원 타당성조사 기준에 따라 시행되는 타당성조사(2009~2010년)를 통하여 검토될 것입니다.

나. 공원구역 해제 검토 대상지역은 공원지정 이전부터 주민들이 집단 거주하는 지역, 숙박·음식업소 등이 밀집된 기 개발지역으로서 자연자원으로 가치가 낮고 공원의 이용목적에 적합하지 않은 지역입니다.

다. 공원구역 해제여부는 <u>생태기반평가</u>와 <u>타당성평가</u> 등을 거쳐 구역조정 협의회 및 총괄협의회 조정과 국립공원위원회의 심의결과에 따라 확정될 예정이며, 공원구역 조정 관련 현지조사 및 구역조정협의회 운영 등의 업무는 북한산국립공원 도봉사무소 실무추진팀에서 추진되고 있으니 자세한 사항은 북한산국립공원도봉사무소 (☎031-873-2791) 담당자의 안내를 받으시기 바랍니다. 끝.

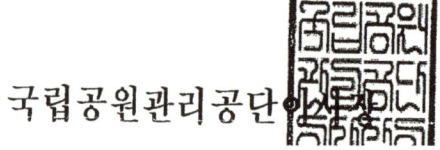

국립공원관리공단

9. 도시계획으로 결정된 공원에 대한 해제입안신청[85] 등

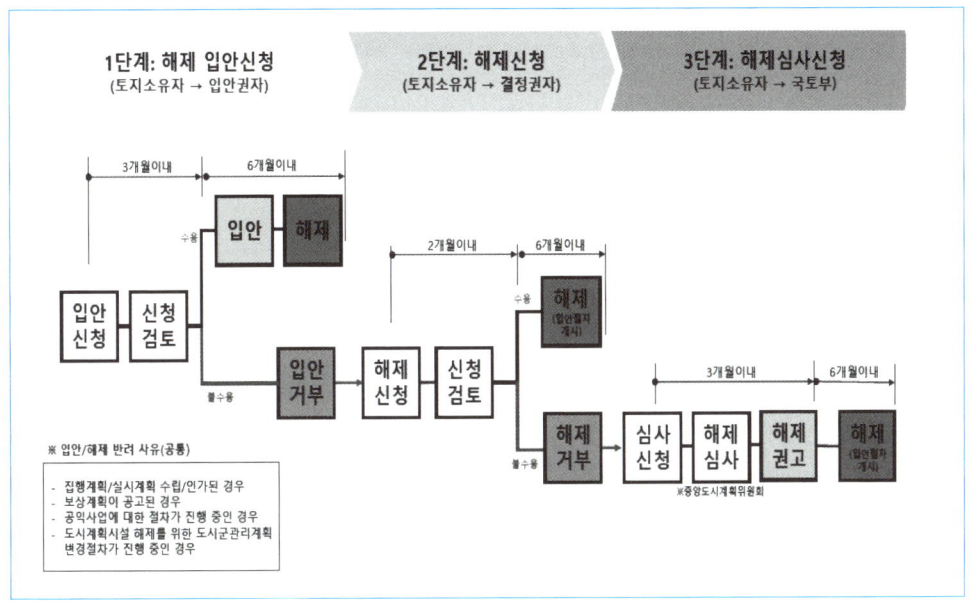

가. 해제입안신청

 도시·군계획시설결정의 고시일부터 10년 이내에 그 도시·군계획시설의 설치에 관한 도시·군계획시설사업이 시행되지 아니한 경우로서 단계별 집행계획상 해당 도시·군계획시설의 실효 시까지 집행계획이 없는 경우에는 그 도시·군계획시설 부지로 되어 있는 토지의 소유자는 도시·군관리계획 입안권자에게 그 토지의 도시·군계획시설결정 해제를 위한 도시·군관리계획 입안을 신청할 수 있다(법 제48조의2제1항).

 도시·군관리계획 입안권자는 신청을 받은 날부터 3개월 이내에 입안 여부를 결정하여 토지 소유자에게 알려야 하며, 해당 도시·군계획시설결정의 실효 시까지 설치하기로 집행계획을 수립하는 등 대통령령으로 정하는 특별한 사유가 없으면 그 도시·군계획시설결정의 해제를 위한 도시·군관리계획을 입안하여야 한다(법 제48조의2제2항).

---

85) 상세사항은 제2편. 제2장. 5. 국토법 제48조의2에 의한 폐지 부분 참고

나. 해제신청

해제입안신청을 한 토지 소유자는 해당 도시·군계획시설결정의 해제를 위한 도시·군관리계획이 입안되지 아니하는 등 대통령령으로 정하는 사항에 해당하는 경우에는 해당 도시·군계획시설에 대한 도시·군관리계획 <u>결정권자에게 그 도시·군계획시설결정의 해제를 신청</u>할 수 있다(법 제48조의2제3항).

다. 해제심사신청

해제신청을 한 토지 소유자는 해당 도시·군계획시설결정이 해제되지 아니하는 등 대통령령으로 정하는 사항에 해당하는 경우에는 <u>국토교통부장관에게 그 도시·군계획시설결정의 해제 심사를 신청</u>할 수 있다. 국토교통부장관은 대통령령으로 정하는 바에 따라 해당 도시·군계획시설에 대한 도시·군관리계획 결정권자에게 도시·군계획시설결정의 해제를 권고할 수 있다(법 제48조의2제5항, 제6항).

해제를 권고받은 도시·군관리계획 결정권자는 특별한 사유가 없으면 그 도시·군계획시설결정을 해제하여야 한다.

10. 협의에 의한 매수

가. 도시자연공원구역 토지에 대한 협의에 의한 매수

(1) 협의매수 제도

도시·군관리계획으로 결정된 공원에는 없는 제도이다. 훈시규정이라고 생각한다. 따라서 반드시 행정청이 이에 따라야 하는 것은 아니다. 협의 시는 사법상 매매계약을 체결하는 것이고, 소유자가 먼저 협의를 요청할 수도 있다.

대상자, 매매대상 요건 등 여러 면에서 매수청구보다는 완화하였다. 즉, 구역에 속하면 별다른 요건은 없다.

협의 매수하는 경우 매수가격의 산정 시기·방법 및 기준 등에 관하여는 토지보상법을 준용한다.

서울시의 경우 토지 소유자에게 감정평가법인 추천권을 주고 있다.

> 법 제32조(협의에 의한 토지의 매수) ① 특별시장·광역시장·특별자치시장·특별자치도지사·시장 또는 군수는 **도시자연공원구역**의 지정목적을 달성하기 위하여 필요한 경우에는 소유자와 협의하여 도시자연공원구역의 토지 및 그 토지의 정착물(이하 "토지등"이라 한다)을 매수할 수 있다.
> ② 제1항에 따라 도시자연공원구역의 토지 등을 협의 매수하는 경우 매수가격의 산정 시기·방법 및 기준 등에 관하여는 「공익사업을 위한 토지 등의 취득 및 보상에 관한 법률」 제67조제1항, 제70조, 제71조, 제74조, 제75조, 제75조의2, 제76조, 제77조 및 제78조제5항부터 제7항까지의 규정을 준용한다.[전문개정 2011.9.16]

(2) 서울시 2025년도 협의매수 공고문

서울특별시공고 제2024-1245호

2025년도 서울특별시 도시자연공원구역 협의매수 공고

『도시공원 및 녹지 등에 관한 법률』제32조,『행정절차법』제46조의 규정에 따라『국토의 계획 및 이용에 관한 법률』제38조의 2에 따른 도시자연공원구역 안의 사유지를 협의매수하고자 다음과 같이 공고합니다.

2024. 4. 29.

서울특별시장

1. 협의매수 대상

○「국토의 계획 및 이용에 관한 법률」제38조의 2에 따른 도시자연공원구역 중 (붙임1)에 해당하는 도시자연공원구역 내 토지

- 등산로 등 시민이 이용하는 '공원간 연결토지'를 예산범위 내 우선 매수함.

※ '공원간 연결토지' : 소재지역 자치구(공원녹지과/푸른도시과/도시녹지과/공원여가과)에서 확인

2. 매수절차 및 일정

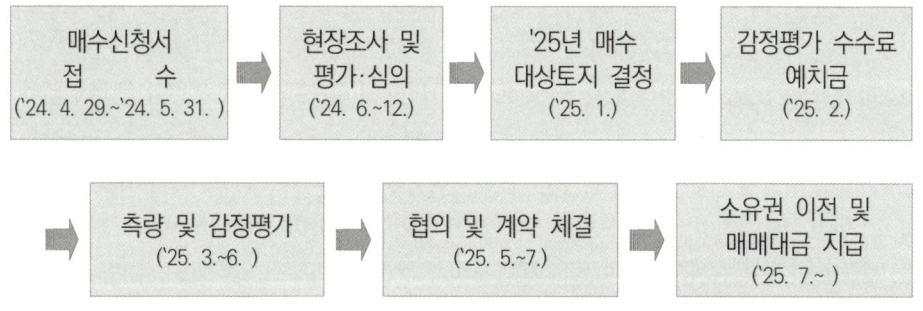

*상기 일정은 상황에 따라 변동될 수 있음

3. 공모기간 : '24. 4. 29. ~ '24. 5. 31.

4. '25년도 매수 평가·심의 대상 : 공모기간 내 접수된 토지

- 단, '24년도 공모 마감 이후 수시 접수된 토지 및 '24년도 공모에 최초 접수된 토지 중 매수 미선정 토지 포함하여 접수 반영함

5. 기타사항

○ 매수신청 토지는 평가기준*에 따라 심사 후, 해당연도 예산 범위 내에서 평가점수 순위에 따라 매수가 결정되며, 순차적으로 협의매수함에 따라 매수 대상 여부 통보 시기는 상이할 수 있음.

　* 평가기준

구분	배점	평가항목	점수
항목별 점수	110점	① 토지의 기능성	50
		② 접근성	30
		③ 토지 소유기간	30
감점사항	-30점	① 소유자 귀책(전년도 매도철회)	-20
		② 위법사항	-10
가점사항	+63점	① 토지이용의 효율성	+10
		② 토지분할 적합성	+10
		③ 건축물부지 연접 여부	+10
		④ 사유지 시민이용 제공	+20
		⑤ 토지 연계성	+3
		⑥ 도시관리계획 결정사항	+10

○ [서식2] 협의매수 면적 조정 동의서 작성 시 공원관리청에서 안내받은 연결토지 면적은 대상지 선정 이후 측량결과 및 실제현황 등 반영 시 조정될 수 있음.

○ 매수 미선정 토지에 관한 재신청은 기 신청 내용에 변경이 없는 경우에 한하여 다음연도 평가·심의까지 유효하며, 다음연도 평가기준에 따라 재평가됨.

　※ 다만, 기 신청 내용에 변경이 필요한 경우 새롭게 신청하여야 함

○ 매수가격은 2개 이상의 감정평가법인 등이 평가한 금액의 산술평균 금액으로 함.

6. 신청방법

○ **(제출서류)** 토지 등의 매수신청서(서식1), 협의매수 면적 조정 동의서(서식2), 개인정보 수집·이용 동의서(서식3), 감정평가의뢰 등 동의서(서식4), 토지 등의 매수신청서에 기재된 구비서류, 주민등록등본, 신분증(사본)

　* 신청양식은 서울의 공원(http://parks.seoul.go.kr)에서 다운로드(공원소식-일반자료) 또는 토지 소재지 관할 자치구 배부

　* 대리인 접수 시 인감증명서(본인발급분) 위임장(양식), 본인 신분증 사본, 대리인 신분증 추가 제출

○ **(제출방법)** 토지 소재지 관할 자치구 방문접수 또는 우편접수
- 방문접수 : 소재지역 자치구 (공원녹지과/푸른도시과/도시녹지과/공원여가과)
- 우편접수 : 신청접수 마감일('24. 5. 31.) 18시까지 접수 장소에 도달한 신청 건 기준

> ※ **구비서류**
>
> 〈필수〉
> 1. 토지소유자 주민등록등본, 신분증(사본) (법인인 경우 법인등기부등본) 각 1부.
> 2. 토지이용계획확인서, 지적도(임야도) 각 1부.
> 3. 토지(임야)등기부등본, 토지대장(임야대장) 각 1부.
>
> 〈해당 시〉
> 4. (녹지활용계약 또는 도시공원 부지사용계약을 체결한 경우) 계약서(사본) 1부.
> 5. (건축물이 있는 경우) 건물등기부등본, 일반건축물관리대장, 건축물현황도 각 1부.
> 6. (대리인의 경우) 그 권한을 증명하는 서면 위임장(소유자의 인감증명 첨부) 1부.
> 7. (법인 또는 단체의 경우) 정관 또는 조합규약, 이사회 의사록(법인 이외의 기타 단체인 경우 이에 준하는 회의록), 인감증명서
> 8. (기타) 공유·합유토지일 경우에는 공유자·합유자 전원의 동의서, 총유일 경우에는 사원총회 결의서, 주무관청의 처분승인을 요하는 토지일 경우에는 그 승인서 사본
> 9. (그외) 기타 당해 토지등의 임대차 상황파악 및 권리를 증명하기 위하여 필요한 서류 등

(* 우편접수 시, 토지 등 매수신청서에 본인 인감도장 날인, 인감증명서 첨부)

(3) 서울시 푸른도시국 공원조성과 보도자료(2022. 3. 7.)

> 서울시, '도시자연공원구역' 사유지 매입 본격화…등산로·쉼터 지킨다.
> - '도시자연공원구역' 내 사유지(36.7㎢) 중 등산로·둘레길 등 6.3㎢ 2030년까지 우선 매수
> - 전국 지자체 최초 공개모집 통한 협의매수 추진…2021년 공모 결과 226필지 신청
> - 올해 23개 공원구역 내 사유지 41필지(12만8천㎡) 매입… 617억 원 투입
> - 안전하고 쾌적한 도시공원 이용 위해 토지소유자 자발적 신청 받아 협의매수 적극 추진
>
> □ 서울시가 도시공원 실효제(일몰제)에 따른 공원 면적 감소를 막기 위해 지정한 '도시자연공원구역' 내 사유지 매입을 올해부터 본격화한다. 등산로, 둘레길, 쉼터 같이 시민들이 많이 이용하는 도시공원 내 공간들이 사라지지 않도록 우선적으로 매입해 시민 품에 돌려준다는 목표다.

□ 서울시는 전국 지자체 최초로 공개모집으로 토지소유자의 자발적인 신청을 받아 대상지를 선정, 협의매수[86] 방식으로 '도시자연공원구역' 내 사유지 매입을 추진한다고 밝혔다.

□ '도시자연공원구역'은 「장기미집행 도시공원 실효제」 시행(2020.7.1.)에 따라 사라질 위기에 놓인 장기미집행 도시공원 가운데 일부를 용도구역으로 지정해 공원 기능을 유지토록 한 것이다. 시는 지난 2020년 6월 도시관리계획 변경을 통해 68개소, 총 69.2㎢를 신규 지정했다.

○ 「장기미집행 도시공원 실효제」는 사유지를 '도시공원'으로 지정한 뒤 20년 간 사업이 시행되지 않으면 지정효력이 사라지는 제도다. 시는 장기미집행 도시공원(총 136㎢) 가운데 기존에 매입한 공원부지와 향후 매입할 부지를 포함한 42.4㎢(2,321개소)는 매수 의무가 있는 도시계획상 공원으로 유지하고, 69.2㎢(68개소)는 '도시자연공원구역'으로 지정했다. 나머지 24.8㎢는 북한산 국립공원으로, 환경부가 관리를 일원화한다.

○ '도시자연공원구역' 총 69.2㎢ 가운데 사유지는 36.7㎢이고, 나머지는 국공유지다.

□ 시는 '도시자연공원구역'이 법적으로 매수 의무는 없지만, 토지소유자들로부터 토지매입 요청이 이어지고 있고 코로나19 등으로 공원에 대한 수요와 공익적 가치가 커짐에 따라 작년 8월 사유지 매수를 위한 기본계획을 수립했다. 이에 따라 2030년까지 사유지 총 36.7㎢ 가운데 6.3㎢에 대해 우선 매수를 추진한다.

□ 우선 매수 대상인 6.3㎢는 등산로·둘레길 등 공원과 공원을 연결하기 위해 필요한 토지와, 시민 이용편의, 공원 관리 등을 위해 확보할 필요가 있는 토지 등이다.

기 간	'22~'30		'31년 ~
예 산	2조 2,801억원		12조6천억원
구 분	공원간 연결토지	정형화 필요토지	잔여 사유지
개념도		+ →	
규모(36.7㎢)	5.6㎢	0.7㎢	30.4㎢

· 공원간 연결토지 : 공원과 공원을 연결하기 위해 필요한 토지(등산로, 둘레길 등)
· 정형화 필요토지 : 공원관리, 시민 이용편의 증진 위해 일정범위 내 확보가 필요한 토지

□ 토지소유자들의 자발적인 참여를 이끌어내고 한정된 예산을 효율적으로 활용하기 위해 시가 작년 8월 전국 최초로 실시한 공개모집 결과 총 226필지가 신청했다. 시는 자치구·서울시 평가 및 보상심의위원회 심의를 거쳐 올해 매입대상지 23개 공원구역 내 41필지(12만8천㎡)를 선정했다. 불암산 등산로, 인왕산 쉼터 등 일반 시민들이 많이 이용하는 곳들이다.

> ※ 2022년 '도시자연공원구역' 내 사유지 매수 추진계획
> ○ 소요예산 : 617억 원
> ○ 평가기준 : 토지의 기능성, 접근성, 토지 소유 기간, 협의매수 가능성 등
> ○ 매입규모 : 23개 공원구역 내 사유지 41필지, 128천㎡(축구장 18개 크기)
> ○ 추진방법 : 사업대상지(41필지) 매수, 매수 후 잔여 예산 발생 시, 예산범위 내에서 예비대상지(39필지) 순차 매수
>
> □ 시는 매입대상지 내 시민들이 실제로 이용하고 있는 등산로, 쉼터부지 등을 분할 매수할 예정이다. 상반기 중으로 매입대상지에 대한 현장조사 및 측량을 마무리하고, 연내 매입을 완료한다.
>
> □ 시는 '도시자연공원구역' 협의매수를 지속적으로 추진하기 위해 현재 협의매수 대상지에 대한 수시 접수를 받고 있다. 매년 대상지를 선정해 단계적으로 매입을 추진할 계획이다. (※ 2023년도 협의매수와 관련한 자세한 사항은 2022년 5월 공고 예정)
>
> □ 유영봉 서울시 푸른도시국장은 "시민들이 쾌적하고 안전하게 도시공원을 이용할 수 있도록 지속해서 협의매수를 추진해 녹색 휴식처를 제공하겠다."고 말했다.

나. 자연공원 협의에 의한 매수 또는 교환

과거에는 매수하는 것만 규정하였으나, 2016. 5. 29. 개정으로 국유지·공유지와 교환하는 규정도 생겼다. 이 규정은 2017. 5. 30.부터 시행된다.

> **제76조(협의에 따른 토지 등의 매수)** ① 공원관리청은 자연공원을 보전·관리하기 위하여 필요한 경우에는 자연공원에 있는 토지 및 그에 정착된 물건을 그 소유자와 <u>협의하여 매수하거나 국유지 또는 공유지와 교환할 수 있다.</u> 〈개정 2016.5.29.〉
>
> ② 제1항에 따라 토지 및 그에 정착된 물건을 매수하는 경우 매수가격의 산정 등에 관하여는 「공익사업을 위한 토지 등의 취득 및 보상에 관한 법률」을 준용한다.
>
> ③ 제1항에 따른 국유지 또는 공유지와의 교환에 필요한 절차 등에 관하여는 「국유재산법」 또는 「공유재산 및 물품 관리법」의 규정을 준용한다. 〈신설 2016.5.29.〉

---

86) 국가, 지방자치단체 등이 공익사업 등에 사용할 토지를 토지소유자와 협의해 사들이는 것을 말한다.

11. 도시·군관리계획으로 결정된 공원 실효 제도

- 10년 내 공원조성계획고시가 없는 경우 10년이 되는 다음날 실효
- 공원조성계획은 고시, 실시계획등이 안된 경우
- 사유지는 2000. 7. 1. 이전에 고시된 경우는 2020. 7. 1.에 실효, 2000. 7. 2. 이후에 고시된 경우는 20년이 되는 다음날 실효
- 국·공유지는 30년이 되는 다음날 실효

가. 10년 내 공원조성계획 고시가 없는 경우 실효

도시자연공원구역은 실효 제도가 없다. 그러나 도시·군관리계획으로 결정된 공원은 도시관리계획이 결정·고시일부터 <u>10년이 되는 날까지</u> 공원조성계획의 고시가 없는 경우에는 「국토의 계획 및 이용에 관한 법률」 제48조에도 불구하고 그 10년이 되는 날의 다음 날에 그 효력을 상실한다(법 제17조제1항). 〈개정 2011. 4. 14., 2020. 2. 4.〉

국토법은 20년이 지나야 실효가 되나, 「도시공원 및 녹지 등에 관한 법률」에서 예외규정을 둔 것이다(법 제17조).

<u>이 법 시행 당시(2005. 10. 1.) 도시계획시설결정이 고시된 도시공원은 이 법 시행일부터 10년이 되는 날(2015. 10. 1.)까지</u> 공원조성계획이 결정·고시되지 아니하는 경우에는 그 10년이 되는 날의 다음 날에 도시공원에 관한 도시관리계획 결정은 그 효력을 상실한다(부칙 제8조).

<u>이 법 시행 후 도시계획시설결정이 고시된 도시공원은 그 고시일부터 10년이 되는 날까지</u> 공원조성계획의 고시가 없는 경우에는 「국토의 계획 및 이용에 관한 법률」 제48조에도 불구하고 그 10년이 되는 날의 다음 날에 그 효력을 상실한다.

> 도시공원 및 녹지 등에 관한 법률 : 최초 도입시 법
> [시행 2005.10.1] [법률 제7476호, 2005.3.31, 전부개정]
> **마. 도입(법 제17조 및 부칙 제8조)**
> 　(1) 도시공원이 결정된 후 세부 집행계획인 공원조성계획이 장기간 수립되지 않아 토지의 사적이용이 제한되는 등 일반 국민의 재산피해가 발생하여 이를 방지하려는 것임.
> 　(2) 도시공원의 설치에 관한 도시관리계획이 결정·고시된 후 10년이 되는 날까지 공원조성계획의 고시가 없는 때에는 그 도시관리계획결정은 효력을 잃도록 하고, 이 법 시행당시 이미 결정·고시된 도시공원은 그 실효기간을 이 법 시행일부터 10년으로 함.
> 　(3) 도시공원의 조기 조성을 유도하고 도시공원내 토지 등의 소유자에 대한 재산권 침해가 최소화될 것으로 기대됨.
> **제17조 (도시공원결정의 실효)** ① 도시공원의 설치에 관한 도시관리계획결정은 그 고시일부터 10년이 되는 날까지 공원조성계획의 고시가 없는 경우에는 「국토의 계획 및 이용에 관한 법률」 제48조의 규정에 불구하고 그 10년이 되는 날의 다음 날에 그 효력을 상실한다.
> ②특별시장·광역시장 또는 도지사는 제1항의 규정에 의하여 도시관리계획결정의 효력이 상실된 때에는 대통령령이 정하는 바에 의하여 지체 없이 그 사실을 고시하여야 한다.
> **부칙 제8조 (기존 도시공원의 실효에 관한 경과조치)** 이 법 시행당시 도시계획시설결정이 고시된 도시공원은 제17조의 규정에 불구하고 이 법 시행일부터 10년이 되는 날까지 제16조의 규정에 의한 공원조성계획이 결정·고시되지 아니하는 경우에는 그 10년이 되는 날의 다음 날에 도시공원에 관한 도시관리계획 결정은 그 효력을 상실한다.

나. 공원조성계획은 고시되었으나 실시계획인가등이 안된 경우

(1) 사유지 : 20년

도시·군계획시설결정이 고시된 도시·군계획시설에 대하여 그 고시일부터 **20년이** 지날 때까지 그 시설의 설치에 관한 도시·군계획시설사업이 시행되지 아니하는 경우 그 도시·군계획시설결정은 그 고시일부터 20년이 되는 날의 다음날에 그 효력을 잃는다(법 제48조제1항).

다만, 구 도시계획법 제41조제1항은 20년 이상 경과한 장기미집행 도시계획시설결정의 실효에 관해 규정하면서 그 실효기간의 기산일을 도시계획시설 결정의 결정·고

시일로 규정하고 있는데, 부칙 제10조제3항은 2000. 7. 1. 당시 종전의 규정에 의하여 고시된 도시계획시설결정은 그때까지 이미 경과한 기간이 얼마인지 관계없이 2000. 7. 1.부터 새로이 20년을 경과하여야 비로소 그 효력을 상실하도록 하였다.

또한, 국토법 부칙 제16조제1항제1호도 2000. 7. 1. 이전의 도시계획시설결정에 대하여는 2000. 7. 1.을 실효기산일로 규정하였다. 따라서 2000. 7. 1. 이전에 고시된 경우 그 실효일은 2020. 7. 1.이 되는 것이다.

즉, 공원은 도시관리계획에 의한 공원조성계획이 없는 경우에는 도시공원법에 의하여 2015. 10. 1.에 실효되고, 공원조성계획은 수립하였지만 실시계획의 인가나 그에 상당하는 절차가 진행되지 아니한 경우로서 2000. 7. 1. 이전에 고시된 경우에는 2020. 7. 1.에 실효되고, 2000. 7. 2. 이후에 고시된 경우에는 그 고시일부터 20년이 되는 날의 다음날에 그 효력을 잃는다(법 제48조제1항).

(2) 국·공유지 : 30년, 10년 이내에서 1회 연장

공원조성계획을 고시한 도시공원 부지 중 국유지 또는 공유지는 「국토의 계획 및 이용에 관한 법률」 제48조에도 불구하고 같은 조에 따른 도시공원 결정의 고시일부터 30년이 되는 날까지 사업이 시행되지 아니하는 경우 그 다음 날에 도시공원 결정의 효력을 상실한다. 다만, 국토교통부장관이 대통령령으로 정하는 바에 따라 도시공원의 기능을 유지할 수 없다고 공고한 국유지 또는 공유지는 「국토의 계획 및 이용에 관한 법률」 제48조를 적용한다(법 제17조제2항). 〈신설 2020. 2. 4.〉

령 제13조의2(실효 대상 국유지 또는 공유지의 공고 등) ① 국토교통부장관은 법 제17조제2항 단서에 따라 다음 각 호의 어느 하나에 해당하는 국유지 또는 공유지를 도시공원의 기능을 유지할 수 없다고 공고할 수 있다. 다만, 공고에 따른 도시공원의 설치에 관한 도시·군관리계획결정(이하 "도시공원 결정"이라 한다)의 효력 상실로 인하여 주변 경관과의 부조화, 난개발 및 공원 이용에 대한 제약이 발생할 우려가 있다고 국토교통부장관이 인정하는 국유지 또는 공유지는 공고 대상에서 제외할 수 있다.
  1. 공원시설이 아닌 건축물·공작물이 설치되어 있는 등 기존 건축물 등으로 인하여 도시공

원으로 사용할 수 없는 국유지 또는 공유지

2. 도시공원이 아닌 다른 용도로 활용하기 위한 구체적인 사업계획 등이 수립되어 있는 국유지 또는 공유지

3. 조성이 완료되었거나 조성 예정인 도시공원과 접해 있지 않고 면적이 작은 경우 등 위치, 규모 및 주변 여건 등을 고려할 때 단독으로 도시공원의 기능을 유지할 수 없는 국유지 또는 공유지

4. 그 밖에 도시공원의 기능을 유지할 수 없다고 국토교통부장관이 인정하는 국유지 또는 공유지

② 국토교통부장관은 제1항에 따라 국유지 또는 공유지를 도시공원의 기능을 유지할 수 없다고 공고하려는 경우에는 기획재정부장관 및 행정안전부장관 등 관계 중앙행정기관의 장과 협의해야 한다.

③ 국토교통부장관은 제1항에 따른 공고를 할 때에는 그 대상이 되는 국유지 또는 공유지에 대한 도시공원 결정의 효력이 상실되기 30일 전까지 다음 각 호의 사항을 관보에 고시하는 방법으로 하고, 그 공고 사실을 관계 시·도지사 또는 대도시 시장(「지방자치법」 제198조제1항에 따른 서울특별시·광역시 및 특별자치시를 제외한 인구 50만 이상의 대도시의 시장을 말한다. 이하 같다)에게 통보해야 한다. 〈개정 2021. 12. 16.〉

1. 도시공원 결정의 효력 상실일
2. 국유지 또는 공유지의 지번
3. 국유지 또는 공유지의 소유기관

④ 시·도지사 또는 대도시 시장은 제1항에 따라 공고된 사항에 변경이 필요하다고 판단되는 때에는 제3항에 따른 통보를 받은 날부터 15일 이내에 국토교통부장관에게 그 변경을 요청할 수 있다.

⑤ 국토교통부장관은 제4항에 따른 변경 요청사항에 대한 검토 결과 공고된 사항에 변경이 필요한 경우에는 기획재정부장관 및 행정안전부장관 등 관계 중앙행정기관의 장과 협의를 거쳐 제3항제1호에 따른 도시공원 결정의 효력 상실일 전까지 공고된 사항을 변경하여 관보에 다시 고시해야 한다.

⑥ 국토교통부장관은 제1항 또는 제5항에 따른 공고 또는 변경공고에 따라 도시공원 결정의 효력을 상실하는 국유지 또는 공유지의 계획적인 개발을 유도하기 위하여 특별시장·광역시장·특별자치시장·특별자치도지사·시장 또는 군수에게 해당 국유지 또는 공유지에 대한 도시·군관리계획을 수립하거나 수립된 도시·군관리계획을 변경하도록 요청할 수 있다. [본조신설 2020. 5. 4.]

제2항 본문에 따라 도시공원 결정의 효력이 상실될 것으로 예상되는 국유지 또는 공유지의 경우 대통령령으로 정하는 바에 따라 10년 이내의 기간을 정하여 1회에 한정하여 도시공원 결정의 효력을 연장할 수 있다(법 제17조제3항).〈신설 2020. 22. 4.〉

> 도시공원 및 녹지 등에 관한 법률
> [시행 2020. 2. 4.] [법률 제16949호, 2020. 2. 4., 일부개정]
> ◇ 개정이유 및 주요내용
> 공원조성계획을 고시한 도시공원 부지 중 국유지 또는 공유지에 해당하는 부지에 대해서는 「국토의 계획 및 이용에 관한 법률」에 따른 도시·군관리계획결정의 실효 기간(20년)에 관한 규정에도 불구하고 도시공원 결정의 고시일부터 30년이 되는 날까지 사업이 시행되지 아니한 경우에 도시공원 결정의 효력이 상실되도록 함으로써 도시공원이 최대한 확보될 수 있도록 하려는 것임.

다. 공원실시계획인가 사례

> ◆ 노원구공고 제2013-312호
>
> **도시계획시설사업(불암산도시농업공원조성) 실시계획인가를 위한 열람공고**
>
> 1. 건설부고시 제138호(1977.07.09)로 도시관리계획(공원) 결정되고, 서울특별시고시 제2011-269호(2011.9.15)로 공원조성계획 변경 결정된 서울시 노원구 중계동 산139번지일대 불암산 도시자연공원의 도시계획시설사업(불암산 도시농업공원조성) 실시계획인가를 위하여 「국토의 계획 및 이용에 관한 법률」 제90조 및 같은 법 시행령 제99조에 따라 다음과 같이 열람 공고합니다.
>
> 2. 편입 토지의 소유자 및 이해관계인에게는 개별적으로 통지하며 미수령자에 대하여는 본 공고로 갈음합니다.
>
> 3. 관련내용은 노원구 공원녹지과에 비치하여 공고일 다음날부터 14일간 토지 소유자 및 이해관계인에게 열람하오니 이 사업시행에 대하여 의견이 있으시면 열람공고 기한 내 열람 장소에 서면으로 제출하여 주시기 바랍니다.
>
> 2013년 5월 9일
> 노 원 구 청 장
>
> 가. 사업시행지의 위치 : 서울특별시 노원구 중계동 산139
>
> 나. 사업종류 및 명칭

    1) 종   류 : 도시계획시설(공원)사업
    2) 명   칭 : 불암산 도시농업공원 조성사업
    3) 사업내용 : 토지, 물건 보상 및 도시농업공원 조성
 다. 면   적 : 4,000㎡
 라. 사업의 내용 : 토지 및 지장물 보상, 공원조성
 마. 사업시행자 : 노원구청장
 바. 사업착수 및 준공연월일 : 2013. 5. ~ 2014. 12.
 사. 수용 또는 사용할 토지 및 소유자 등 권리명세 : 별첨
 아. 열람기간 : 공고일 다음날부터 14일간
 자. 열람장소 : 노원구청 공원녹지과(☎2116-3943)

토 지 조 서

사업명 : 불암산 도시농업공원 조성사업

연번	소재지 지번	지목	이용 상황	지적 (㎡)	편입 면적 (공유 지분)	소유자 성명	소유자 주소	관계인 성명	관계인 주소	권리의 종류와 내용	비고
1	중계동 산139	임야	임야, 경작지	17,343	4,000 (1/2)	최00	서울시 노원구 중계로8길 39 213동 000호 (중계동, 중계비지구현대아파트)				
					4,000 (1/2)	한00	서울 노원구 중계로14나길 25, 104동 000호 (중계동, 삼성아파트)				

물 건 조 서

사업명 : 불암산 도시농업공원 조성사업

번	소재지	물건의 종류 (실제이용 현황)	구조 및 규격	수량	소유자 성명	소유자 주소	비고
1	노원구 중계동 산139	울타리	철재 40m	1식 (1/2)	최00	서울시 노원구 중계로8길 39 213동 000호 (중계동, 중계비지구현대아파트)	
				1식 (1/2)	한00	서울 노원구 중계로14나길 25, 104동 000호 (중계동, 삼성아파트)	
2	노원구 중계동 산139	바닥	콘크리트포장 9m*35m	315㎡ (1/2)	최00	서울시 노원구 중계로8길 39 213동 000호 (중계동, 중계비지구현대아파트)	
				315㎡ (1/2)	한00	서울 노원구 중계로14나길 25, 104동 000호 (중계동, 삼성아파트)	
3	노원구 중계동 산139	수목	배나무	100주 (1/2)	최00	서울시 노원구 중계로8길 39 213동 000호 (중계동, 중계비지구현대아파트)	
				100주 (1/2)	한00	서울 노원구 중계로14나길 25, 104동 000호 (중계동, 삼성아파트)	

라. 공원조성계획

공원조성계획은 도시·군관리계획으로 결정하여야 한다(법 제16조의2). 이 경우「국토의 계획 및 이용에 관한 법률」제28조제5항에 따른 지방의회의 의견청취와 같은 법 제30조제1항에 따른 관계 행정기관의 장과의 협의를 생략할 수 있으며, 같은 법 제30조제3항에 따른 시·도도시계획위원회의 심의는 제50조제1항에 따른 시·도도시공원위원회가 설치된 경우 시·도도시공원위원회의 심의로 갈음한다. 〈개정 2011.4.14.〉

마. 실효될 경우

 법리적으로는 이전 용도로 전환되는 것이다. 사견은 실효가 되면 공원의 제한은 없어지는 것이므로 그 상태로 개발허용 여부를 결정하여야 한다고 생각한다. 다만 그 동안 국토이용의 변화로 사실상 개발이 불가할 수도 있고, 향후 자연녹지로 존치될 가능성도 있으므로, 소유자는 실효를 마냥 기다려서는 아니 될 것이다.

바. 도시공원 실효 사례

 시·도지사 또는 대도시 시장은 제1항부터 제3항까지의 규정에 따라 도시공원 결정의 효력이 상실되었을 때에는 대통령령으로 정하는 바에 따라 지체 없이 그 사실을 고시하여야 한다(법 제17조제4항).

도시공원 실효 및 지형도면 고시

 도시·군관리계획 결정의 효력이 상실된 도시공원에 대하여「도시공원 및 녹지 등에 관한 법률」제17조제2항 및「토지이용규제 기본법」제8조에 따라 도시공원 실효와 지형도면 등을 다음과 같이 고시합니다.

2015. 10. 5.

경 상 북 도 지 사

1. **실효일자** : 2015. 10. 1.
2. **실효사유** : 「도시공원 및 녹지 등에 관한 법률」제17조 및 같은 법 부칙 제8조에 따라 2005.10.1. 이전에 도시·군관리계획으로 결정된 도시공원에 대하여 공원조성계획의 고시가 없어 도시공원의 결정 효력이 상실됨.
3. **실효고시 내용**

시군명	구분	도면표시번호	공원명	시설의 종류	위치	면 적(㎡)			최초결정일
						기정	변경	변경후	
경주시	폐지	1	산대공원	근린공원	안강읍 산대리 1531-1 일원	15,000	감) 15,000	-	경상북도고시 제316호 (76.12.31.)
경주시	폐지	7	먹뫼산공원	근린공원	외동읍 문산리 산12 일원	362,700	감) 362,700	-	경상북도고시 제386호 (02.12.10.)

서초구고시 제2025-10호

도시계획시설(공원) 결정(실효) 및 지형도면 고시

서울특별시 고시 제2004-418호(2004.12.27.)로 결정된 도시계획시설(공원)에 대하여 『국토의 계획 및 이용에 관한 법률』 제48조 및 같은법 시행령 제42조의 규정에 따라 다음과 같이 결정(실효)하고, 『국토의 계획 및 이용에 관한 법률』 제32조 및 『토지이용규제 기본법』 제8조에 따라 지형도면을 고시합니다.

2025년 1월 16일

서초구청장

1. 도시계획시설(공원)결정 조서

구분	시설명	위치	면적(㎡)			최초결정일	비고
			기정	변경	변경후		
폐지	공원	서초동 1322-12일대	1,500	감)1,500	-	서울시 고시 제20004호-418 (2004.12.27.)	실효
변경		서초동 1386일대	7767.3	감)2300.9	5,466.4		

2. 변경(실효)사유 : 『국토의 계획 및 이용에 관한 법률』제48조제1항(도시·군계획시설결정의 실효)

3. 지형도면 : 붙임참조

12. 자연공원 공원시설계획의 실효 제도

 2016. 5. 29. 자연공원법 개정을 통하여 공원구역 주민의 재산권을 보호하고 공원시설계획 결정의 실효성을 높이기 위하여 공원시설계획의 결정은 고시일부터 10년이 되는 날까지 해당 공원시설의 설치에 관한 사업을 시작하지 아니할 경우 실효되도록 하였다(제17조의2 신설).

 즉, 법 제17조제1항에 따른 공원계획에 포함된 공원시설계획은 해당 공원계획 고시일부터 10년이 되는 날까지 공원시설 설치에 관한 사업을 시작하지 아니하면 그 고시일부터 10년이 되는 날의 다음 날부터 효력을 잃는다(법 제17조의2). 이 규정은 2017. 5. 30.부터 시행되었다.

 이 법 시행 당시 제16조에 따라 고시된 공원시설계획 결정에 대하여 제17조의2의 개정규정을 적용할 때에는 이 법 시행일을 고시일로 본다(부칙 제3조).

13. 도시공원 개발행위특례 제도(민간공원 추진)

가. 연혁

처음 법 제정 시에는 "공원관리청이 아닌 자"라고 표현하였으나, 2009. 12. 29. 법 개정 시에 법 제21조의 "공원관리청이 아닌 자"를 "민간공원추진자"로 하고, 아울러 법 제21조의2로 '도시공원부지에서 개발행위 등에 관한 특례' 제도가 도입되었다. 즉, 10만(현재는 5만) 제곱미터 이상의 도시공원으로서 70% 이상 기부채납하는 경우 도시공원부지의 일부 또는 지하에 공원시설이 아닌 시설을 설치할 수 있도록 하였다.

2012. 12. 18. 중요한 개정이 있었는바, 그 내용은 다음과 같다.

> **[시행 2013.6.19.] [법률 제11581호, 2012.12.18., 일부개정]**
>
> ◇ 개정이유 및 주요내용
>
> 민간공원추진자가 일정 요건을 갖춘 경우 도시·군계획시설사업 시행자 지정요건을 갖춘 것으로 보도록 특례를 둠으로써 민간부문의 사업 참여 및 원활한 사업 추진을 지원하고 부족한 도시공원을 확충하려는 것임.
>
> <u>제21조에 제4항을 다음과 같이 신설한다.</u>
>
> <u>④ 민간공원추진자가 제21조의2제3항에 따라 특별시장·광역시장·특별자치시장·특별자치도지사·시장 또는 군수와 공동으로 도시공원의 조성사업을 시행하는 경우로서 민간공원추진자가 해당 사업비(토지매입비를 포함한다)의 5분의 4 이상을 현금으로 예치한 경우에는 「국토의 계획 및 이용에 관한 법률」 제86조제7항에 따른 도시·군계획시설사업 시행자의 지정요건을 갖춘 것으로 본다.</u>
>
> **부칙**
> 이 법은 공포 후 6개월이 경과한 날부터 시행한다.

2015. 1. 20. 중요한 개정이 있었는바, 그 내용은 다음과 같다.

[시행 2015.1.20.] [법률 제13051호, 2015.1.20., 일부개정]

◇ 개정이유 및 주요내용

둘째, 도시공원은 도시계획시설로서 전국적으로 결정된 면적이 1,020제곱킬로미터이고, 이 중 지방자치단체의 재정 부족으로 조성되지 못한 면적이 608제곱킬로미터에 이르는바, 이러한 미조성 공원은 2020년 7월이 되면 도시계획시설 일몰제에 따라 대부분 해제될 위기에 있음. 지방자치단체의 재정 부족으로 미조성된 도시공원을 해소하기 위하여 2009년 12월 민간자본으로 도시공원을 조성하는 특례제도가 도입되었으나, 현재까지 조성된 사례가 없는 실정임.

따라서, 민간공원 조성사업 시행자 요건인 현금예치 비율을 공원조성사업비(토지매입비 및 조성공사비)의 5분의 4에서 <u>부지매입비의 5분의 4로 완화</u>하는 등 민간사업자의 도시공원 조성사업 추진에 따른 부담을 완화하여 도시공원의 조성 활성화에 기여하려는 것임.

[법률 제11581호, 2012.12.18, 일부개정]	[법률 제13051호, 2015.1.20, 일부개정]
제21조(민간공원추진자의 도시공원 및 공원시설의 설치·관리)	제21조(민간공원추진자의 도시공원 및 공원시설의 설치·관리)
④ 민간공원추진자가 제21조의2제3항에 따라 특별시장·광역시장·특별자치시장·특별자치도지사·시장 또는 군수와 공동으로 도시공원의 조성사업을 시행하는 경우로서 민간공원추진자가 해당 <u>사업비(토지매입비</u>를 포함한다)의 5분의 4 이상을 현금으로 예치한 경우에는 「국토의 계획 및 이용에 관한 법률」 제86조제7항에 따른 도시·군계획시설사업 시행자의 지정요건을 갖춘 것으로 본다. 〈신설 2012.12.18〉	④ 민간공원추진자가 제21조의2제6항에 따라 특별시장·광역시장·특별자치시장·특별자치도지사·시장 또는 군수와 공동으로 도시공원의 조성사업을 시행하는 경우로서 민간공원추진자가 해당 **도시공원 부지(지장물을 포함한다. 이하 제21조의2제6항에서 같다) 매입비**의 5분의 4 이상을 현금으로 예치한 경우에는 「국토의 계획 및 이용에 관한 법률」 제86조제7항에 따른 도시·군계획시설사업 시행자의 지정요건을 갖춘 것으로 본다. **다만, 해당 부지의 일부를 소유하고 있는 경우에는 그 토지가격에 해당하는 금액을 제외한 나머지 금액을 현금으로 예치할 수 있다.** 〈신설 2012.12.18, 2015.1.20〉

나. 대상 요건

도시공원 전체면적이 <u>5만㎡ 이상</u>의 도시계획으로 결정된 공원이어야 하고, 공원면적의 70% 이상 기부채납을 하여야 한다(법 제21조의2제1항). <u>도시자연공원구역은 불가</u>하다(법 제2조제3호본문단서).

즉, 민간공원추진자가 제21조제1항에 따라 설치하는 도시공원을 공원관리청에 기부채납(<u>공원면적의 70퍼센트 이상 기부채납하는 경우</u>를 말한다)하는 경우로서 <u>다음 각 호의 기준을 모두 충족</u>하는 경우에는 기부채납하고 남은 부지 또는 지하에 공원시설이 아닌 시설(녹지지역·주거지역·상업지역에서 설치가 허용되는 시설을 말하며, 이하 "비공원시설"이라 한다)을 설치할 수 있다(법 제21조의2제1항). 〈개정 2015. 1. 20.〉

1. 도시공원 전체 면적이 <u>5만제곱미터 이상</u>일 것
2. 해당 공원의 본질적 기능과 전체적 경관이 훼손되지 아니할 것
3. 비공원시설의 종류 및 규모는 해당 지방도시계획위원회의 심의를 거친 건축물 또는 공작물(도시공원 부지의 지하에 설치하는 경우에는 해당 용도지역에서 설치가 가능한 건축물 또는 공작물로 한정한다)일 것
4. 그 밖에 특별시·광역시·특별자치시·특별자치도·시 또는 군의 조례로 정하는 기준에 적합할 것

「서울특별시 도시공원 개발행위 특례에 관한 지침」 2-2-4(다)에 따르면, 비오톱 유형평가 및 개별 비오톱1등급지는 개발행위특례를 받을 수 없도록 하고 있다. 사견은 서울시 지침대로라면 서울시에서는 개발행위 특례가 적용될 토지는 거의 없다고 본다.

> **서울특별시 도시공원 개발행위 특례에 관한 지침**
>
> **2-2-4. 비공원시설 특례사업 적용 대상부지 선정시 고려사항**
>
> (1) 서울특별시 도시계획조례 개발행위허가 기준
> (가) 입목축적도 : 서울특별시 ha당 평균 입목축적의 30%(녹지지역에서는 20%) 미만
> (나) 평균경사도 : 18도(녹지지역에서는 12도) 미만
> ※ 일필지 내에 격자(10m×10m) 1개 이상일 경우 격자별 산출 평균경사도중 최대값 적용

> (다) 비오톱 : 비오톱 유형평가 및 개별 비오톱평가 1등급지 제외
> (라) 나머지는 서울특별시 도시계획조례 제24조 준용
> (2) 방재안정성 : 급경사지 재해위험도 평가 A~C등급지일 것
> 사방지, 자연재해위험지구 등에서는 해당법률에서 허용하는 행위허가 기준에 적합할 것
> (3) 도시계획 규제 : 개발제한구역, 군사시설보호구역 등 개발규제지 제외
> (4) 토지특성 : 특례사업 시행으로 급격한 토지특성 변화가 적은 부지

다. 시행자

(1) 민간공원추진자

「도시공원 및 녹지 등에 관한 법률」 제21조는 "민간공원추진자"라고만 규정하고 있다. 「도시공원부지에서 개발행위 특례에 관한 지침」[87]1-2-1(5)는 "민간공원추진자"란 특례사업을 위하여 「국토의 계획 및 이용에 관한 법률」 제86조제5항에 따른 도시·군계획시설사업의 시행자 지정을 받은 자를 말한다고 규정하고 있다.

(2) 비법인사단 시행자 지정 가능 여부

종중이나 마을회, 조합(비법인사단으로서의 실질을 갖춘 경우) 같은 비법인사단이 민간공원추진자(시행자)로 지정받을 수 있는지가 문제 된다. 국토법 시행령 제96조 제1항제2호는 "사업시행자의 성명 및 주소(법인인 경우에는 법인의 명칭 및 소재지와 대표자의 성명 및 주소)"라고만 규정하여, 법인격 여부에 대해서는 명확하지는 않다.

사견은 그래도 위 시행령이 괄호 안에 '법인'이라고 표현하여 간접적으로 법인격을 가져야만 하는 것으로 규정하고 있고, 시행자는 토지수용권을 가지는 점을 종합하면, 법인격을 갖춘 자가 시행자가 되어야 한다고 본다. 건축허가는 비법인사단도 가능하나, 건축허가는 자신이 소유하고 있는 부지에 건물을 짓는 것이므로 타인에 미치는 영향이 미미하지만, 도시계획시설사업은 원칙적으로는 행정청이 시행하여야 하는데도 불구하고, 예외적으로 이를 민간에게 개방한 것인데, 이 경우 법인격도 없는

---

87) [시행 2024. 10. 23.] [국토교통부훈령 제1810호, 2024. 10. 23., 일부개정]

자를 시행자로 지정하는 것은 어느 모로 보나 찬성하기 어렵다. 비법인사단이 시행자로 지정되면 '시행자 지정 취소소송'을 제기하여 다툴 수 있다고 본다.

이에 대해 국토교통부는 "국토계획법에서는 도시·군계획시설사업 시행자의 지정을 받을 수 있는 대상을 개인 또는 법인으로 한정하고 있지 아니하나, 동 민간공원추진자가 설치하고자 하는 비공원시설 관련 법령에서는 비법인사단의 사업 시행을 제한할 수 있으므로, 비법인사단이 민간공원 특례사업 시행자가 될 수 있는지 여부는 해당 비공원시설 설치 관련 법령에서 비법인사단의 사업 시행을 허용하는지 여부에 따라 다를 것으로 판단되오니, 구체적인 사항은 민간공원 특례사업 시행자 지정 권한을 갖고 있는 지자체장과 협의하시기 바랍니다."(2017. 3. 9.)라고 유권해석을 하고 있다.

> **국토법 시행령 제96조(시행자의 지정)** ②법 제86조제7항 각 호외의 부분 중 "대통령령으로 정하는 요건"이란 도시계획시설사업의 대상인 토지(국·공유지를 제외한다. 이하 이 항에서 같다)면적의 3분의 2 이상에 해당하는 토지를 소유하고, 토지소유자 총수의 2분의 1 이상에 해당하는 자의 동의를 얻는 것을 말한다. 〈개정 2008.1.8, 2009.8.5〉

(3) 공공과 공동시행
① **특별시장·광역시장·특별자치시장·특별자치도지사·시장 또는 군수와 공동 시행**
민간공원추진자는 협약으로 정하는 바에 따라 특별시장·광역시장·특별자치시장·특별자치도지사·시장 또는 군수와 공동으로 시행할 수 있다. 이 경우 토지매입비는 민간공원추진자가 부담하여야 한다(법 제21조의2제6항).

② **공동시행 시 민간 부지 매입시 예치금 활용**
공공과 공동시행을 함에 따라 민간공원추진자가 도시공원 부지를 매입하는 경우에 민간공원추진자는 제21조제4항에 따른 예치금을 활용할 수 있다(동조제7항). 〈신설 2015. 1. 20.〉

③ **공동시행시 시행자 지정 요건 의제**
본래 국토법상 민간인이 도시계획사업의 시행자로 지정받으려면 면적의 3분의 2

이상을 소유하고, 토지소유자 총수의 2분의 1 이상의 동의를 받아야 한다.

> **국토법 시행령 제96조(시행자의 지정)** ②법 제86조제7항 각 호외의 부분 중 "대통령령으로 정하는 요건"이란 도시계획시설사업의 대상인 토지(국·공유지를 제외한다. 이하 이 항에서 같다)면적의 3분의 2 이상에 해당하는 토지를 소유하고, 토지소유자 총수의 2분의 1 이상에 해당하는 자의 동의를 얻는 것을 말한다. 〈개정 2008.1.8, 2009.8.5〉

그러나 법은 민간공원추진자가 일정 요건을 갖춘 경우 도시·군계획시설사업 시행자 지정요건을 갖춘 것으로 보도록 특례를 둠으로써 민간부문의 사업 참여 및 원활한 사업추진을 지원하고 부족한 도시공원을 확충하려고 하고 있다.

즉, 공원녹지법 제21조제4항은 "민간공원추진자가 제21조의2제6항에 따라 특별시장·광역시장·특별자치시장·특별자치도지사·시장 또는 군수와 공동으로 도시공원의 조성사업을 시행하는 경우로서 민간공원추진자가 해당 도시공원 부지(지장물을 포함한다. 이하 제21조의2제6항에서 같다) 매입비의 5분의 4 이상을 현금으로 예치한 경우에는 「국토의 계획 및 이용에 관한 법률」 제86조제7항에 따른 도시·군계획시설사업 시행자의 지정요건을 갖춘 것으로 본다. 다만, 해당 부지의 일부를 소유하고 있는 경우에는 그 토지가격에 해당하는 금액을 제외한 나머지 금액을 현금으로 예치할 수 있다."라는 규정을 신설하였다. 〈신설 2012.12.18., 2015.1.20.〉

다시 말해서 부지(지장물을 포함한다) 매입비의 5분의 4 이상을 현금으로 예치한 경우에는 별도로 토지소유자들의 동의를 얻지 않고 도시·군계획시설사업 시행자의 지정요건을 갖춘 것으로 본다.

그런데, 민간공원추진자가 강제수용권을 행사하려면 부지(지장물 포함) 매입비의 5분의 4 이상을 현금으로 예치하여야 하는데, "부지매입비"를 어떻게 확정하는지에 대한 규정이 없다. 국토교통부는 전화답변으로 부지매입비에 대해서는 지방자치단체에게 일임한 것이라고 한다. 사견으로는 감정평가금액이든 개별공시지가든 명확히 법에서 규정해 주는 것이 옳다고 본다.

토지소유자로서 수용을 당하기 싫다면 '부지매입비'를 늘려 잡도록 지방자치단체에 지속적인 요구를 하여야 할 것이다. 그리고 「도시공원부지에서 개발행위 특례에 관한 지침」상 제안에 의한 특례사업과 공모에 의한 특례사업이 시행되므로, 이러한 제안과 공모절차에서 토지소유자들의 입장이 반영되도록 노력하여야 할 것이다. 어차피 도시공원위원회의 심사를 거치도록 되어 있으므로, 이곳에서 브레이크를 걸면 그만이다. 추진자는 사업의 총비용(별표 1), 사업의 총수익(별표 2), 자금조달계획(투자계획 및 재원조달방안 포함)을 제출하여야 하므로, 이것이 제대로 되어 있는지를 같이 고민하여야 한다.

한편 대법원은 "구 국토의 계획 및 이용에 관한 법률(2011. 4. 14. 법률 제10599호로 개정되기 전의 것, 이하 '구 국토계획법'이라 한다) 제86조제7항 및 그 시행령 제96조제2항은 도시계획시설사업의 시행자로 지정을 받기 위한 동의요건으로서 토지 소유자 총수의 2분의 1 이상에 해당하는 자의 동의를 얻어야 함을 규정하면서 동의요건 판단의 기준 시기나 동의율의 산정 방법에 관하여는 아무런 규정을 두고 있지 않다. 그런데 사인의 공법상 행위는 명문으로 금지되거나 성질상 불가능한 경우가 아닌 한 그에 따른 행정행위가 행하여질 때까지 자유로이 철회하거나 보정할 수 있으므로 사업시행자 지정 처분이 행하여질 때까지 토지 소유자는 새로이 동의를 하거나 동의를 철회할 수 있다고 보아야 하는 점, 사업시행자로 지정받은 민간기업이 실시계획 인가를 받으면 도시계획시설사업의 대상인 토지를 수용할 수 있게 되는데, 동의요건은 이러한 민간기업에 대한 수용권 부여를 정당화하는 근거로서 의미가 있으므로 도시계획시설결정 내지 사업시행자 지정 신청이 있은 후라도 사업시행자 지정 처분이 행하여질 때까지 권리변동이나 사정변경이 있는 경우에는 그 의사에 반하여 소유권을 상실하게 되는 해당 권리자의 의사를 존중하는 것이 구 국토계획법의 취지에 부합하는 점 등을 종합해 보면, 동의요건의 충족 여부를 판단하는 기준 시기는 사업시행자 지정 처분 시로 보아야 한다. 그리고 관련 법령에서 공유자들을 1인의 토지 소유자로 산정하여야 한다는 특별한 규정을 두고 있지 않은 데다가 수용절차의 토대가 되는 사업시행자 지정에 대한 동의권한 행사에 관하여 공유자들 각자가 독자적인 이익을 가지므로, 원칙적으로 공유자들 각각을 토지 소유자로 산정하여야 한다. 도시계획시설사업의 시행자 지정이나 실시계획의 인가처분을 한 관할청은 구 국토의 계획 및 이용에 관한 법률(2011. 4. 14. 법률 제10599호로 개정되기 전의 것) 제133조제1항제21호(라)목, (마)목의 사유가 발생하였을 때 그 조항에 따라 사업시행자 지정이나 실시계획 인가처분을 취소할 수 있을 뿐만 아니라, <u>사업시행자 지정이나 실시계획 인가처분에 하자가 있는 경우에는 별도의 법적 근거가 없다고 하더라도 스스로 이를 취소할 수 있다.</u>"라고 판시한바 있다(대법원 2014. 7. 10. 선고 2013두7025).

라. 협약의 체결

민간공원추진자가 법 제21조의2제1항에 따른 도시공원을 설치할 때에는 특별시장·광역시장·특별자치시장·특별자치도지사·시장 또는 군수와 다음 각 호 등의 사항에 대하여 협약을 체결하여야 한다(법제21조의2제12항). 〈개정 2015. 1. 20.〉
 1. 기부채납의 시기
 2. 제6항에 따라 공동으로 시행하는 경우 인·허가, 토지매수 등 업무분담을 포함한 시행방법
 3. 비공원시설의 세부 종류 및 규모
 4. 비공원시설을 설치할 부지의 위치

국토교통부장관은 제12항의 협약에 관한 표준안을 제공하는 등 필요한 지원을 할 수 있다(동조제13항). 〈개정 2013. 3. 23., 2015. 1. 20.〉

민간공원추진자는 국토계획법에 따른 사업시행자 지정과 실시계획의 인가를 받아 도시공원을 설치할 수 있다. 도시공원을 설치하는 민간공원추진자 중 기부채납을 하고 일정 요건을 충족하여 비공원시설을 설치하는 자는 시장 등과 기부채납의 시기, 비공원시설의 종류 등의 사항에 대한 협약을 체결하여야 하는데, <u>이러한 협약은 도시공원 설치를 위한 사업시행자 지정 및 실시계획인가와는 별개의 절차로서 행정처분이 아니라 공법상 계약에 불과한데다</u>, 사업시행자 지정과 실시계획인가가 민간공원추진자와 시장 등과의 협약체결 여부, 체결된 협약의 유효성을 요건으로 하고 있

지 않으므로, 위와 같은 협약의 효력이 공원녹지법령과 국토계획법령에 따라 이루어지는 도시공원 사업시행자 지정 및 실시계획인가 처분의 위법성에 영향을 미친다고 볼 수 없다(대구지방법원 2020. 11. 26. 선고 2020구합21960 판결).

협약체결에 시의회의 동의를 받아야 하는지에 대해서, 상당수의 광역·기초지방자치단체(인천, 광주, 원주시 등)에서 <u>공원녹지법에 따른 도시공원 개발행위 특례사업에 대한 협약을 체결함에 있어 시의회의 동의를 받지 아니한 것으로 보인다</u>(대구고등법원 2021. 5. 21. 선고 2020누4667 판결).

마. 기타 특례사항

(1) 공원관리청 업무대행

법 제21조제1항에 따라 도시공원 또는 공원시설을 관리하는 자는 대통령령으로 정하는 바에 따라 공원관리청의 업무를 대행할 수 있다(법 제21조제2항).

> **령 제16조(공원관리청의 업무의 대행)** ① 법 제20조제1항의 규정에 의하여 도시공원 또는 공원시설을 위탁받아 관리하는 자, 법 제21조제1항의 규정에 의하여 도시공원 또는 공원시설을 관리하는 자 및 법 제23조제1항의 규정에 의하여 하천·도로·상하수도·저류시설 그 밖의 시설·공작물 등(이하 "다른공작물"이라 한다)의 관리자로서 도시공원 또는 공원시설을 관리하는 자(이하 "공원관리자"라 한다)는 법 제20조제3항·제21조제2항 및 제23조제3항의 규정에 의하여 도시공원 또는 공원시설을 관리하는 공원관리청의 다음 각 호에 관한 업무를 대행할 수 있다. 〈개정 2012. 3. 13., 2017. 10. 17.〉
> 1. 법 제23조제1항 및 제2항의 규정에 의한 도시공원 또는 공원시설의 관리방법에 관한 협의(공원관리청과 공원관리자간의 협의사항에 대한 협의를 제외한다) 및 공고
> 2. 법 제39조제4항의 규정에 의하여 도시공원 또는 공원시설의 관리에 소요되는 비용의 부담에 관한 협의(공원관리청과 공원관리자간의 협의사항에 대한 협의를 제외한다)
> 3. 법 제51조제1항의 규정에 의한 도시공원대장의 작성 및 보관
> ② 제1항의 규정에 의한 업무의 대행은 공원관리자 1인이 당해 도시공원 전체를 관리하는 경우에 한한다.

(2) 무상양수도 규정 배제

법 제21조제1항에 따라 설치한 도시공원 또는 공원시설에 대하여는 「국토의 계획 및 이용에 관한 법률」 제99조에 따라 준용되는 같은 법 제65조를 적용하지 아니한다(법 제21조제3항).

법 제21조의2제1항에 따라 설치한 비공원시설 및 그 부지에 대하여는 제19조제5항, 제24조 및 「국토의 계획 및 이용에 관한 법률」 제99조에 따라 준용되는 같은 법 제65조를 적용하지 아니한다(법 제21조의2제11항). 〈개정 2015. 1. 20.〉

(3) 진입도로, 육교 등의 시설을 도시공원 외의 지역에 설치

공원관리청은 도시공원의 조성사업과 관련하여 필요한 경우에는 민간공원추진자와 협의하여 기부채납하는 도시공원 부지 면적의 10퍼센트에 해당하는 가액(개별공시지가로 산정한 가액을 말한다)의 범위에서 해당 도시공원 조성사업과 직접적으로 관련되는 진입도로, 육교 등의 시설을 도시공원 외의 지역에 설치하게 할 수 있다(법 제21조의2제2항). 〈신설 2015. 1. 20.〉

제2항에 따라 민간공원추진자가 시설을 설치하는 경우에는 공원관리청은 그 설치비용에 해당하는 도시공원 부지 면적을 기부채납하는 도시공원 부지 면적에서 조정하여야 한다(동조제3항). 〈신설 2015. 1. 20.〉

(4) 부당결부금지

공원관리청은 민간공원추진자에게 도시공원 조성사업과 직접적으로 관련 없는 시설의 설치를 요구하여서는 아니 된다(동조제4항). 〈신설 2015. 1. 20.〉

(5) 지하에 비공원시설 설치

도시공원 부지의 지하에 비공원시설을 설치하려면 구분지상권(區分地上權)이 설정되어야 한다(동조제5항). 〈개정 2015. 1. 20.〉

(6) 부대사업 시행

민간공원추진자가 제21조제1항에 따라 설치하는 도시공원을 공원관리청에 기부채납하는 경우에는 「사회기반시설에 대한 민간투자법」 제21조에 따라 부대사업을 시행할 수 있다(법 제21조의2제8항). 〈개정 2015. 1. 20.〉

(7) 비공원시설 부지 도시·군관리계획 변경 결정

「국토의 계획 및 이용에 관한 법률」 제29조제1항에도 불구하고 특별시장·광역시장·특별자치시장·특별자치도지사·시장 또는 군수는 제1항에 따른 도시공원 중 비공원시설의 부지에 대하여 필요하다고 인정하는 경우에는 해당 도시공원의 해제, 용도지역의 변경 등 도시·군관리계획을 변경결정할 수 있다(법 제21조의2제9항). 〈개정 2011. 4. 14., 2015. 1. 20.〉

> **서울고등법원 2024. 8. 22. 선고 2023누56790 판결 [수용재결 무효확인]**
>
> 공원녹지법 제2조 제3호의 '도시공원'에는 ① 공원녹지법 제2조 제4호 각호에 해당하는 공원시설, ② 공원시설 아닌 도시공원 부분 중에서 나무·잔디 그 밖의 지피식물 등으로 녹화한 부분(비공원시설 제외), ③ 공원시설이 아닌 도시공원 부분 중에서 일정한 요건을 갖추어 적극적으로 설치되는 시설인 비공원시설이 존재하는 것이다. 이 사건 아파트와 같은 비공원시설은 위 ③ '공원시설이 아닌 도시공원 부분 중에서 일정한 요건을 갖추어 적극적으로 설치되는 시설'에 속하는 것으로서 공원녹지법 제2조 제3호의 '도시공원'의 일부라 할 것이므로, 이 사건 아파트가 위 도시공원과 별개라고 볼 수는 없다.
>
> 민간공원추진자가 도시공원 부지 중 70% 이상의 부지에 공원시설을 조성하여 공원관리청에 기부채납 하는 것과 나머지 30% 이하의 부지에 비공원시설을 설치하는 것은 불가분의 관계에 있다고 봄이 타당하다. 나아가 이 사건 실시계획인가에 적법하게 포함된 비공원시설(이 사건 아파트)의 설치가 민간공원추진자인 이 사건 회사의 수익사업의 일환으로 이루어짐은 앞서 본 공원녹지법 제21조의2 제1항에서 예정하고 있는 것이다. 따라서 비공원시설은 이 사건 사업의 범위에 포함된다고 봄이 타당하다.
>
> 결국, 이 사건 실시계획인가는 공원녹지법 제21조 제1항, 제21조의2 제1항에 따라 도시공원에 대한 기부채납과 불가분의 관계에 있는 비공원시설을 포함하여 적법하게 이루어진 것으로 봄이 타당하고, 이 사건 실시계획인가가 공동주택을 공원의 형태로 개발하는 것을 그 내용으로 한 것이어서 국토계획법에 위반된다고 볼 수도 없다.
>
> 공원녹지법 제21조의2 제1항, 제9항에 의하면 민간공원조성 특례사업 방식의 공원조성사업에

관한 '공원조성계획'과 그 '실시계획'에는 공원시설에 관한 부분 뿐만 아니라 비공원시설에 관한 부분도 포함된다고 봄이 타당하다. 따라서 이 사건 사업 중 비공원시설(이 사건 아파트)에 관한 부분에 대하여 이 사건 실시계획인가 외에 별도의 토지보상법에 따른 사업인정 및 그 고시를 요한다고 할 수 없다.

　주택법 제15조에 따른 주택건설사업계획의 승인과 국토계획법 제88조에 따른 실시계획인가는 서로 법적 근거를 달리하는 독립한 별개의 처분에 해당하며, 관계 법령들을 살펴보더라도 도시계획시설사업에 대하여 위 두 처분이 동시에 이루어질 수 없다고 볼만한 아무런 법적 근거를 찾을 수 없다. 또한 개발행위허가가 의제되는 효과는 이 사건 주택사업계획승인에 부수하여 발생하는 효과에 불과하고, 이 사건 사업의 시행자가 개발행위허가를 별도로 받지 않기 위해 이 사건 주택사업계획승인을 받았다고 볼 수도 없다.

부산지방법원 2023. 10. 12. 선고 2022구합22553 판결 [토지수용재결무효확인의 소]

공원녹지법 제21조의2 제9항이 "특별시장·광역시장·특별자치시장·특별자치도지사·시장 또는 군수는 제1항에 따른 도시공원 중 비공원시설의 부지에 대하여 필요하다고 인정하는 경우에는 해당 도시공원의 해제, 용도지역의 변경 등 도시·군관리계획을 변경결정할 수 있다."라고 정함으로써 비공원시설도 원칙적으로 도시공원에 포함됨을 전제로 예외적으로 해제가 가능한 경우에 관하여 규정하고 있는 점 등을 종합하면, <u>민간공원조성 특례사업 방식의 공원조성사업에 관한 '공원조성계획'과 그 '실시계획'에는 공원시설에 관한 부분뿐만 아니라 비공원시설에 관한 부분도 포함된다고 봄이 타당하다.</u> 한편, 피고보조참가인은 이 사건 사업에 관하여 인가받은 '공원조성계획'과 '이 사건 실시계획'에 따라 이 사건 사업구역 내에 도시공원(K)인 J공원 등을 조성하는 사업을 진행하는 한편 이 사건 사업구역 중 부산 동래구 R 일원에 공동주택을 건설하는 사업(대지 면적: 64,629㎡, 총 1,014세대, 지하 4층, 지상 8층 내지 38층 14개동)을 계획하여 추진하고 있는데, 이에 대해서는 <u>'공원조성계획'의 인가·고시, '이 사건 실시계획'의 인가·고시에도 불구하고 공원녹지법과 국토계획법 등 관계 법령에 주택법의 인·허가를 의제하는 규정이 없는 점을 충분히 고려하여 **주택법 제15조 등에 의한 사업계획의 승인 절차를 별도로 진행·추진하였으며**, 이에 따라 2023. 5. 23. 주택건설사업계획 승인권자인 부산광역시장으로부터 적법하게 사업계획승인을 받았다.</u> 따라서 원고들의 주장 중 이 사건 사업 중 비공원시설에 관한 부분에 대하여 주택법에 따른 주택건설사업계획승인 절차가 흠결되었다는 부분도 받아들이기 어렵다.

바. 민간공원추진자 공원조성계획 입안 제안

(1) 민간공원추진자 입안 제안

특별시장·광역시장·특별자치시장·특별자치도지사·시장 또는 군수가 아닌 자(이하 "민간공원추진자"라 한다)는 도시공원의 설치에 관한 도시·군관리계획이 결정된 도시공원에 대하여 자기의 비용과 책임으로 그 공원을 조성하는 내용의 공원조성계획을 입안하여 줄 것을 특별시장·광역시장·특별자치시장·특별자치도지사·시장 또는 군수에게 제안할 수 있다(법 제16조제3항). 〈개정 2011. 4. 14.〉

(2) 60일 내 수용 여부 통보

제3항에 따라 공원조성계획의 입안을 제안받은 특별시장·광역시장·특별자치시장·특별자치도지사·시장 또는 군수는 그 제안의 수용 여부를 해당 지방자치단체에 설치된 도시공원위원회의 자문을 거쳐 대통령령으로 정하는 기간 내에 제안자에게 통보하여야 하며, 그 제안 내용을 수용하기로 한 경우에는 이를 공원조성계획의 입안에 반영하여야 한다(법 제16조제4항).

법 제16조제4항에서 "대통령령으로 정하는 기간"이란 60일(법 제16조제3항에 따른 제안이 법 제21조의2에 따른 특례를 내용으로 하는 경우에는 180일)을 말한다(령 제12조의2). 〈개정 2016. 9. 29.〉

(3) 신속히 입안할 필요가 있는 경우 공동심의

특별시장·광역시장·특별자치시장·특별자치도지사·시장 또는 군수는 공원조성계획을 신속히 입안할 필요가 있는 경우에는 공원녹지기본계획의 수립 또는 도시공원의 결정에 관한 도시·군관리계획의 입안과 함께 공원조성계획 수립을 위한 도시·군관리계획을 입안할 수 있다. 이 경우 해당 계획의 수립·승인·결정을 위한 다음 각 호의 심의는 대통령령으로 정하는 바에 따라 제50조제1항에 따른 시·도도시공원위원회와 「국토의 계획 및 이용에 관한 법률」 제113조제1항에 따른 시·도도시계획위원회의 공동 심의로 갈음할 수 있다. 〈개정 2011. 4. 14., 2016. 5. 29.〉

  1. 제9조제1항 또는 제2항에 따른 지방도시계획위원회의 심의

2. 제16조의2제1항 후단에 따른 시·도도시계획위원회 또는 시·도도시공원위원회의 심의

3. 「국토의 계획 및 이용에 관한 법률」 제30조제3항에 따른 시·도도시계획위원회의 심의

(4) 재량행위

공원조성계획 입안 제안을 받은 후 도시·군계획시설사업 시행자지정 및 협약체결 등을 위하여 순위를 정하여 그 제안을 받아들이거나 거부하는 행위 또는 특정 제안자를 우선협상자로 지정하는 행위는 재량행위로 보아야 한다.

> **대법원 2019. 1. 10. 선고 2017두43319 판결 [사업대상자선정처분취소]**
>
> 도시공원 및 녹지 등에 관한 법률(이하 '공원녹지법'이라 한다) 제16조제3항, 제4항, 제21조제1항, 제21조의2제1항, 제8항, 제12항의 내용과 취지, 공원녹지법령이 공원조성계획 입안 제안에 대한 심사기준 등에 대하여 특별한 규정을 두고 있지 않은 점, 쾌적한 도시환경을 조성하여 건전하고 문화적인 도시생활을 확보하고 공공의 복리를 증진시키는 데 이바지하기 위한 공원녹지법의 목적 등을 종합하여 볼 때, 행정청이 복수의 민간공원추진자로부터 자기의 비용과 책임으로 공원을 조성하는 내용의 <u>공원조성계획 입안 제안을 받은 후 도시·군계획시설사업 시행자지정 및 협약체결 등을 위하여 순위를 정하여 그 제안을 받아들이거나 거부하는 행위 또는 특정 제안자를 우선협상자로 지정하는 행위는 재량행위로 보아야 한다.</u>
>
> 그리고 공원조성계획 입안 제안을 받은 행정청이 제안의 수용 여부를 결정하는 데 필요한 심사기준 등을 정하고 그에 따라 우선협상자를 지정하는 것은 원칙적으로 도시공원의 설치·관리권자인 시장 등의 자율적인 정책 판단에 맡겨진 폭넓은 재량에 속하는 사항이므로, 그 설정된 기준이 객관적으로 합리적이지 않다거나 타당하지 않다고 볼 만한 특별한 사정이 없는 이상 행정청의 의사는 가능한 한 존중되어야 하고, 심사기준을 마련한 행정청의 심사기준에 대한 해석 역시 문언의 한계를 벗어나거나, 객관적 합리성을 결여하였다는 등의 특별한 사정이 없는 한 존중되어야 한다.
>
> 따라서 법원은 해당 심사기준의 해석에 관한 독자적인 결론을 도출하지 않은 채로 그 기준에 대한 행정청의 해석이 객관적인 합리성을 결여하여 재량권을 일탈·남용하였는지 여부만을 심사하여야 하고, 행정청의 심사기준에 대한 법원의 독자적인 해석을 근거로 그에 관한 행정청의 판단이 위법하다고 쉽사리 단정하여서는 아니 된다. 한편 이러한 재량권 일탈·남용에 관하여는 그 행정행위의 효력을 다투는 사람이 주장·증명책임을 부담한다.

> 대법원 2019. 1. 10. 선고 2017두43319 판결 사업대상자선정처분취소 (다)파기환송
> ▶ 천안시 서북구 노태근린공원
> ◇ 1. 민간공원조성 특례사업 제안서에 관한 행정청의 심사 및 우선협상자지정과 관련한 사법심사의 방법, 2. 심사기준 중 자금조달능력 항목(금융참여업체의 해석) 관련 재량권 일탈·남용 여부 ◇
> ☞ 피고가 마련한 평가항목표에 의하면, 자금조달능력 항목은 참여의향서, 확약서 등을 제출한 금융참여업체 수를 기준으로 평가하도록 되어 있는데, 피고가 '참가인과 협의 하에 참여 여부를 결정한다'고 한 ○○산업 주식회사, 주식회사 ○○○건설도 금융참여업체에 포함된다고 평가한 것이 재량판단의 합리적 범위를 벗어난 것이라고 보기 어렵고, 피고가 '공동제안사'인 ○○투자증권 주식회사도 금융참여업체에 포함된다고 평가한 것이 재량판단의 합리적 범위를 벗어난 것이라고 보기 어렵다고 한 사례

사. 환경영향평가

민간공원사업도 환경영향평가를 받아야 하는지 문제된다. 일부 하급심 판결은 받아야 한다고 한다. 따라서 시행자는 이 점을 간과하지 않아야 할 것이다.

만일 민간공원을 반대하는 토지소유자라면 환경영향평가 여부를 받았는지를 확인하여 받지 않았다면 실시계획인가고시 후 90일 이내에 행정소송을 제기하여야 할 것이다. 90일이 지난 사건에서 법원은 "① 환경영향평가법 시행령 [별표 3] 비고 제9호의 수치를 계산하는 방법은 여러 개일 수 있는데 그중 어떤 방법이 타당한지에 관한 법리가 처분 당시에 확립되지 않았던 점, ② 이 사건 처분을 한 행정청은 환경영향평가 주무관청과 충분한 논의를 거쳐 이 사건 사업은 환경영향평가가 필요하지 않다고 판단하였던 점, ③ 환경부 또한 이 사건 처분 당시에는 위 수치를 계산하는 방법에 관한 공적견해를 표명하지 않았던 점" 등을 근거로, 환경영향평가가 필요한 사업이기는 하지만 환경영향평가를 누락한 하자가 명백하지는 않고, 따라서 이 사건 처분은 무효가 아니라고 하고 있다.

그런데 대법원은 "환경영향평가를 거쳐야 할 대상사업에 대하여 환경영향평가를 거치지 아니하였음에도 불구하고 승인 등 처분이 이루어진다면, 사전에 환경영향평가를 함에 있어 평가대상지역 주민들의 의견을 수렴하고 그 결과를 토대로 하여 환경

부장관과의 협의내용을 사업계획에 미리 반영시키는 것 자체가 원천적으로 봉쇄되는바, 이렇게 되면 환경파괴를 미연에 방지하고 쾌적한 환경을 유지·조성하기 위하여 환경영향평가제도를 둔 입법 취지를 달성할 수 없게 되는 결과를 초래할 뿐만 아니라 환경영향평가대상지역 안의 주민들의 직접적이고 개별적인 이익을 근본적으로 침해하게 되므로, 이러한 행정처분의 하자는 법규의 중요한 부분을 위반한 중대한 것이고 객관적으로도 명백한 것이라고 하지 않을 수 없어, 이와 같은 행정처분은 당연무효이다."라고 판시하고 있다(대법원 2006. 6. 30. 선고 2005두14363 판결). 따라서 환경영향평가 자체가 누락되었다면 언제든지 행정소송을 당해 사업의 무효확인의 소송을 제기하여 사업을 무산시킬 수 있다.

그런데 토지소유자들이 꼭 알아두어야 할 판결이 있다. 대법원은 "환경영향평가법령에서 정한 환경영향평가를 거쳐야 할 대상사업에 대하여 그러한 환경영향평가를 거치지 아니하였음에도 승인 등 처분을 하였다면 그 처분은 위법하다 할 것이나, <u>그러한 절차를 거쳤다면, 비록 그 환경영향평가의 내용이 다소 부실하다 하더라도, 그 부실의 정도가 환경영향평가제도를 둔 입법 취지를 달성할 수 없을 정도이어서 환경영향평가를 하지 아니한 것과 다를 바 없는 정도의 것이 아닌 이상, 그 부실은 당해 승인 등 처분에 재량권 일탈·남용의 위법이 있는지 여부를 판단하는 하나의 요소로 됨에 그칠 뿐, 그 부실로 인하여 당연히 당해 승인 등 처분이 위법하게 되는 것이 아니다.</u>"라고 판시하고 있다(대법원 2006. 3. 16. 선고 2006두330 전원합의체 판결).

<u>따라서 토지소유자들은 환경영향평가에 하자를 발견하면, 이를 적극적으로 제시하여 환경영향평가가 반려되도록 최선의 노력을 하여야 한다. 위 대법원 판결은 비록 하자가 있지만 일단 승인 처분을 하였다면 다소 부실해도 당해 처분이 적법하다는 것이다.</u>

아. 시행 절차

민간공원 특례사업은 민간이 시장·군수에게 제안하거나 역으로 시장·군수가 민간에 제안해 공모하는 방식으로 나뉜다.

(1) 제안에 의한 특례사업의 시행 절차

사전협의 (필요시)

⬇

다수제안 공고 (우선적용)

⬇

특례사업 제안

⬇

제안심사위원회 심사 협상대상자 선정

⬇

타당성 검토 협상 도시공원위원회 자문 / 지방도시계획위원회 자문 제안 수용여부 통보

⬇

도시공원위원회·지방도시계획위원회 심의 (공원조성계획 (도시·군관리계획) 결정 절차 이행)

⬇

협약체결 시행자 지정(협약체결 후 1개월 이내)

⬇

공원조성계획 (변경) 결정 고시

⬇

실시계획 작성 실시계획 인가·고시

⬇

사업시행 (공원시설 / 비공원시설)

⬇

공원조성공사 준공검사·공사완료 공료)

⬇

기부채납 (비공원시설공사 완료 전)

(2) 공모에 의한 특례사업의 시행절차

사업대상자 (공원시설 / 비공원시설부지) 선정

↓

민간공원 조성사업 공모

↓

제안심사위원회 심사
협상대상자 선정

↓

타당성 검토
협상
도시공원위원회 자문 / 지방도시계획위원회 자문
제안 수용여부 통보

↓

도시공원위원회·지방도시계획위원회 심의
(공원조성계획 (도시·군관리계획) 결정 절차 이행)

↓

협약체결
시행자 지정(협약체결 후 1개월 이내)

↓

공원조성계획 (변경) 결정 고시

↓

실시계획 작성
실시계획 인가·고시

↓

사업시행 (공원시설 / 비공원시설)

↓

공원조성공사 준공검사·공사완료 공료)

↓

기부채납

↓

(비공원시설공사 완료 전)

14. 도시공원 부지사용계약

가. 부지사용계약 신설

도시공원 및 녹지 등에 관한 법률
[시행 2018. 12. 13.] [법률 제15675호, 2018. 6. 12., 일부개정]
◇ 개정이유 및 주요내용

사업시행자가 공원으로 결정된 부지에 대해 해당 토지의 소유자와 사용계약을 체결하여 공원을 조성할 수 있도록 함으로써 지자체의 재정적 부담을 완화하여 미집행 공원의 조성을 촉진하고, 도시자연공원구역 내 허가를 받아 설치할 수 있는 수목장림의 범위에 산림조합 등이 설치하는 수목장림을 포함하여 국토의 효율적인 이용을 도모하고자 하려는 것임.

법 제12조의2(도시공원 부지사용계약) ① 특별시장·광역시장·특별자치시장·특별자치도지사·시장 또는 군수는 도시공원의 설치에 관한 도시·군관리계획이 결정된 후 도시공원의 설치를 위하여 해당 도시공원 부지의 전부 또는 일부에 대하여 그 토지의 소유자와 부지사용에 대한 계약(이하 "공원부지사용계약"이라 한다)을 체결할 수 있다.

② 공원부지사용계약의 체결 등에 필요한 사항은 대통령령으로 정하는 기준에 따라 특별시·광역시·특별자치시·특별자치도·시 또는 군의 조례로 정한다.

③ 특별시장·광역시장·특별자치시장·특별자치도지사·시장 또는 군수가 공원부지사용계약을 체결하거나 변경한 경우에는 대통령령으로 정하는 바에 따라 지체 없이 그 사실을 공고하여야 한다.

④ 특별시장·광역시장·특별자치시장·특별자치도지사·시장 또는 군수가 공원부지사용계약을 체결한 후 「국토의 계획 및 이용에 관한 법률」 제88조에 따른 도시·군계획시설사업 실시계획을 작성하거나 인가를 받아 도시공원을 설치한 경우 그 부지에 대해서는 같은 법 제65조 및 제99조를 적용하지 아니한다.

⑤ 제1항에 따라 공원부지사용계약이 체결된 도시공원부지에 대한 도시·군계획시설결정은 「국토의 계획 및 이용에 관한 법률」 제48조제1항에도 불구하고 공원부지사용계약 종료일의 다음날에 그 효력을 잃는다. 다만, 해당 도시공원부지에 대한 공원부지사용계약 종료일이 「국토의 계획 및 이용에 관한 법률」 제48조제1항에 따른 도시·군계획시설결정의 고시일부터 20년(2000년 7월 1일 이전에 결정·고시된 도시계획시설의 기산일은 2000년 7월 1일로 한다. 이하 이 조에서 같다)이 되는 날보다 이전일 경우에는 그 고시일부터 20년이 지날 때까지 다른 도시·군계획시설사업이 시행되지 아니하면 그 고시일부터 20년이 되는 날의 다음날에 효력

을 잃는다. 〈개정 2020. 6. 9.〉

⑥ 특별시장·광역시장·특별자치시장·특별자치도지사·시장 또는 군수는 제5항에 따라 도시·군계획시설결정이 효력을 잃는 경우에는 대통령령으로 정하는 바에 따라 지체 없이 그 사실을 고시하여야 한다. [본조신설 2018. 6. 12.]

나. 서울시

도시공원 부지사용계약 안내

☐ 계약근거 : 『도시공원 및 녹지 등에 관한 법률』 제12조의 2
　　　　　　 『서울특별시 도시공원 조례』 제30조
　　　　　　 『서울특별시 도시공원 조례 시행규칙』 제13조, 제14조

☐ 제도개요

　○ 계약 당사자 : 구청장 (근거 : 서울특별시 도시공원 조례 제32조)

　○ 계약 대상 : 도시공원 (도시계획시설공원, 도시자연공원구역)

　○ 계약 기간 : 최초 계약은 3년 미만 (재계약 시 제한없음)

　○ 부지 사용료 산정 : 유상 또는 무상

　　 - 유상 계약 : 공익사업을 위한 토지등의 취득 및 보상에 관한 법률 준용하여 산정

　　 - 무상 계약 : 재산세 비과세 혜택 부여

　○ 계약 세부사항 : 조례에 따름

　　 - 부지사용계약 대상

　　 - 계약기간

　　 - 부지사용료 산정

　　 - 사용료 청구 및 지급방식

　　 - 위반시 조치사항 등

　○ (계약체결 후)계약사항 공고 : 안내표지 설치 또는 시보(구보) 게재

서울시보 제4037호 2025. 1. 16.(목)

◆ 강북구공고 제2025-57호

오동도시자연공원구역 부지사용계약을 위한 의견 청취 열람공고

1. 「도시공원 및 녹지 등에 관한 법률」 제12조의2에 의거 오동근린공원 일부에 대하여 토지소유자와 부지사용계약을 체결하기 위해 의견을 청취하고자 「서울시 도시공원 조례」 시행규칙 제14조 규정에 따라 아래와 같이 열람공고합니다.

2. 관계서류는 서울특별시 강북구청 공원녹지과에 비치하여 공고일로부터 14일간 열람하니 의견이 있으시면 열람기간 내에 서면으로 열람장소에 제출하여 주시기 바라며, 토지소유자 및 이해관계인에게 개별 통지할 것이나, 미수령자에 대해서는 행정절차법 제14조에 의거 본 공고로 갈음합니다.

2024년 1월 16일

강 북 구 청 장

○ 도시공원 부지사용계약(안)

 가. 계약위치 : 서울특별시 강북구 번동 산22-2

 나. 계약면적 : 1,966㎡

 다. 계약목적 : 토지소유자의 재산권을 보호하고, 공원·녹지 조성 등을 통하여 시민의 건강, 휴양 및 정서 생활을 향상시키는 것을 목적으로 함

 라. 계약내용 : 붙임 참조[도시공원 부지사용계약서(안)]

 마. 계약기간 : 계약일로부터 3년 미만

 바. 열람기간 : 열람공고일로부터 14일간

 사. 공고방법 : 강북구 홈페이지 및 시보게재

 아. 열람장소 및 문의처 : 강북구청 공원녹지과 공원기획팀(☎02-901-6925)

붙임 도시공원 부지사용계약서(안) 1부

도시공원 부지사용계약서(안)

토지소유자 ○○○을 "토지소유자"라 정하고, 강북구청장을 "공원관리청"으로 하여 다음과 같이 도시공원 부지사용계약을 체결한다.

제1조(목적) 이 계약은 "토지소유자"의 재산권을 보호하고, 공원·녹지 조성 등을 통하여

시민의 건강, 휴양 및 정서생활을 향상시키는 것을 목적으로 한다.

제2조(의무) "토지소유자"와 "공원관리청"은 성실하게 계약내용을 이행하여야 한다.

제3조(계약토지구역의 표시) 계약토지구역의 표시는 다음과 같으며, 그 경계 등은 붙임 도면과 같다.

토지소재지 : 서울특별시 강북구 번동 산22-2 임야 1,966

제4조(계약토지의 부지사용료 지급) 도시공원 부지사용계약에 따른 부지사용료를 무상으로 한다.

제6조(계약기간) 계약 대상인 토지의 계약기간은 2025년 ○○월 ○○일부터 2028년 ○○월 ○○일 까지로 한다(최초 계약기간은 3년 미만).

제6조(공원시설의 설치·정비) "토지소유자"와 "공원관리청"은 해당 부지에 다음 각 호와 같은 시설을 협의하여 설치·정비하는 것으로 한다.

 1. 의자·음수대·안내표지판·산책로 등 시민의 이용을 위한 최소한의 시설
 2. 토사붕괴를 방지하기 위한 시설, 사방시설, 수목보호를 위한 시설, 배수로, 무분별한 숲길(지름길)의 개설방지를 위한 펜스·로프 등과 유사한 시설, 위험방지책(울타리) 등 공원의 녹지보전에 필요하다고 판단되는 시설
 3. 녹화를 위한 수목의 식재, 녹화공간의 설치 및 개·보수 등

제7조(공원시설의 관리) "토지소유자" 및 "공원관리청"은 계약기간 중 해당 부지를 양호한 상태로 유지하기 위하여 다음 각 호의 사항을 협의하여 관리하는 것으로 한다.

 1. 해당 부지 내에 존재하는 수목의 가지치기, 풀베기, 병충해 방제 등 수목을 양호하게 가꾸기 위하여 필요한 것
 2. 해당 부지 내에 설치·정비한 시설의 유지·보수에 관한 것
 3. 해당 부지 내의 청소 등 청결한 환경을 유지하기 위한 것

제8조(토지사용의 제한) "토지소유자" 및 "공원관리청"은 제7조 및 제8조에 따라 협의된 시설의 설치·정비 및 관리를 위한 최소한의 토지형질변경 이외에 상호 협의 없이 해당 토지의 형질변경을 할 수 없다.

제9조(금지행위) "토지소유자"와 "공원관리청"은 계약기간 중 상호 협의 없이 다음 각 호의 행위를 할 수 없다.

 1. 해당 토지에 사용 또는 수익을 목적으로 하는 권리를 설정하는 행위

2. 해당 토지에 새로운 공작물을 설치하는 행위

3. 해당 토지의 형질을 변경하는 행위

4. 해당 토지의 나무를 벌채하는 행위

5. 해당 토지에 물건을 적치하는 행위

제10조(재산세 비과세 등 지원에 관한 사항) "공원관리청"은 "토지소유자"에게 다음 각 호의 사항을 지원할 수 있다.

1. 「지방세법」 제109조제2항 본문에 따라 재산세를 비과세 할 수 있다.

2. 제1호에 따라 재산세를 비과세하는 경우 해당 증빙자료와 사실관계 서류를 계약기간 동안 보관한다.

제11조(해당 토지의 개방) "토지소유자"와 "공원관리청"은 계약기간 중 해당 토지에 대하여 시민이 일상적으로 이용할 수 있도록 제공하여야 한다.

제12조(계약내용의 변경) 계약의 변경은 토지소유자 또는 공원관리청의 요청에 따라 계약의 당사자간 합의에 의한다.

제13조(계약의 갱신 및 연장)

1. 계약의 갱신 여부는 만료일 전년도 5월 31일까지 통지하여야 한다.

2. 계약기간 만료일 이전에 계약의 갱신 등에 대하여 사전협의하여야 한다.

3. 제1호에 따른 통지가 없는 경우 만료일 다음날로부터 전 계약기간과 같은 기간으로 계약기간이 연장된다.

제14조(계약위반 시 조치) "토지소유자" 또는 "공원관리청" 중 어느 한 쪽이 본 계약에서 정하여진 내용에 대하여 위반했을 경우 계약상대방은 다음 각 호의 조치를 취할 수 있다.

1. 위반상태를 안 날로부터 1개월 이내에 계약내용을 이행하도록 요청하여야 한다.

2. 제1호에 의한 적정한 이행요청을 2회 하였음에도 불구하고 그 위반상태가 지속될 경우에는 계약위반을 이유로 계약을 해지할 수 있다.

3. 제2호에 의한 조치에 소요된 비용은 본 계약을 위반한 자가 부담하는 것으로 한다.

제15조(계약해지 후 시설물에 관한 사항) 계약해지 후 해당 부지에 설치된 시설물에 대하여는 "토지소유자"와 "공원관리청"이 협의하여 그 시설물을 존치시키거나 철거한다.

제16조(계약내용의 해석 등에 관한 사항) 본 계약내용의 해석과 본 계약에 정하지 아니한 사항에 대하여 다시 정할 필요가 있을 때에는 "토지소유자"와 "공원관리청"이 협의하여

정하는 것으로 한다.

제17조(계약서의 보관 등) 본 계약체결을 증명하기 위하여 계약서 2통을 작성하여 "토지소유자"와 "공원관리청"이 각각 1부씩 보관한다.

2025년 ○○월 ○○일

　　　　　토지소유자 주소 :
　　　　　　　　　성명 :　　　　(인)
　　　　　공원관리청: 강북구청장　　(인)

15. 녹지활용계약 및 녹화계약

가. 녹지활용계약

도시지역의 식생 또는 임상(林床)이 양호한 토지의 소유자이고, 300제곱미터 이상의 면적인 단일 토지일 것이 요구된다.

도시자연공원구역 토지도 도시지역이기만 하면 해당된다(법 제2조제3호단서).

> **법 제12조(녹지활용계약)** ① 특별시장·광역시장·특별자치시장·특별자치도지사·시장 또는 군수는 도시민이 이용할 수 있는 공원녹지를 확충하기 위하여 필요한 경우에는 <u>도시지역의 식생 또는 임상(林床)이 양호한 토지의 소유자</u>와 그 토지를 일반 도시민에게 제공하는 것을 조건으로 해당 토지의 식생 또는 임상의 유지·보존 및 이용에 필요한 지원을 하는 것을 내용으로 하는 계약(이하 "녹지활용계약"이라 한다)을 체결할 수 있다.
>
> ② 특별시장·광역시장·특별자치시장·특별자치도지사·시장 또는 군수는 제1항에 따라 녹지활용계약을 체결한 토지에 대하여 녹지활용계약이 체결된 지역임을 알리는 안내표지를 설치하여야 한다.
>
> ③ 녹지활용계약의 체결 등에 필요한 사항은 대통령령으로 정하는 바에 따라 특별시·광역시·특별자치시·특별자치도·시 또는 군의 조례로 정한다.
>
> [전문개정 2011.9.16.]

> **령 제10조(녹지활용계약의 체결기준 등)** ①법 제12조제3항의 규정에 의하여 녹지활용계약의 체결 등에 관하여 필요한 사항을 특별시·광역시·특별자치시·특별자치도·시 또는 군(광역시·특별자치시·특별자치도의 관할구역 안에 있는 군을 제외한다. 이하 같다)의 조례로 정하는 때에는 다음 각 호의 사항을 종합적으로 고려하여야 한다. 〈개정 2012.3.13, 2012.4.10〉
>
> 1. 녹지활용계약의 대상이 되는 토지는 다음 각 목의 모두에 해당하는 것일 것
>
>   가. <u>300제곱미터 이상의 면적인 단일토지일 것</u>. 다만, 특별시·광역시·특별자치시·특별자치도·시 또는 군의 조례로 지역 여건에 맞게 300제곱미터 미만의 면적인 토지 또는 단일토지가 아닌 토지도 녹지활용계약의 대상으로 정할 수 있다.
>
>   나. 녹지가 부족한 도시지역(「국토의 계획 및 이용에 관한 법률」에 의한 도시지역을 말하며, 동법에 의한 관리지역에 지정된 지구단위계획구역을 포함한다. 이하 같다) 안에 임상

(林床)이 양호한 토지 및 녹지의 보존 필요성은 높으나 훼손의 우려가 큰 토지 등 녹지활용계약의 체결 효과가 높은 토지를 중심으로 선정된 토지일 것

다. 사용 또는 수익을 목적으로 하는 권리가 설정되어 있지 아니한 토지일 것

② 녹지활용계약을 체결하는 때에는 다음 각 호 중 필요한 사항을 정하여야 한다. 〈개정 2012.3.13, 2012.4.10〉

1. 녹지활용계약의 대상이 되는 토지의 구역(주소·소유자·면적 및 지목 등을 포함한다)
2. 산책로·광장 등 녹지를 이용하는 일반 도시민의 편리함을 위하여 필요한 시설의 설치 및 정비에 관한 사항
3. 녹지의 보전에 필요한 시설의 설치 및 정비에 관한 사항
4. 녹지관리의 방법에 관한 사항
5. 녹지활용계약의 변경 또는 해지에 관한 사항
6. 녹지활용계약에 위반한 경우의 조치 등에 관한 사항
7. 녹지활용계약시 재산세의 감면, 시설의 설치·유지 및 관리에 필요한 비용의 일부보조 등 지원 방안에 관한 사항
8. 도시·군계획시설 중 도시공원 및 녹지로 결정된 토지에 녹지활용계약을 10년 이상 지속하는 경우 당해 토지의 매수에 관한 사항
9. 그 밖에 특별시장·광역시장·특별자치시장·특별자치도지사·시장 또는 군수가 필요하다고 인정하는 사항

서울특별시 도시녹화 등에 관한 조례

[시행 2021. 12. 30.] [서울특별시조례 제8299호, 2021. 12. 30., 일부개정]

제3장 녹지활용계약

제12조(대상토지의 면적 등) ① 녹지활용계약의 대상토지는 주민에게 제공되는 녹지공간이므로 식재공간과 최소한의 휴식시설 등의 설치를 고려하여 최소 300제곱미터 이상의 단일토지이어야 한다. 〈개정 2015.5.14〉

② 제1항에도 불구하고 시장은 지역여건상 필요한 때에는 300제곱미터 미만의 단일토지 또는 단일토지가 아닌 300제곱미터 이상의 토지도 녹지활용계약 대상으로 할 수 있다. 〈개정 2015.5.14, 2021.12.30〉

③ 대상토지는 국가 또는 개인, 법인, 단체(지방자치단체 포함) 등이 소유하고 있는 토지로 한다. 〈개정 2015.5.14〉

④ 대상토지는 사용 또는 수익을 목적으로 하는 권리가 설정되어 있지 아니한 토지이어야 한다.

⑤ 대상토지를 선정하고자 할 때 고려하여야 할 사항은 별표 3과 같다.

제13조(계약기간) 계약기간은 5년 이상으로 한다. 다만, 시장은 최초의 계약 당시 토지의 상태에 따라 계약기간을 조정할 수 있다.

제14조(계약내용) 녹지활용계약을 체결하는 때에는 다음 각 호의 사항 중 필요한 사항을 정하여야 한다. 〈개정 2015.5.14., 2018.3.22〉

(1 내지 7. 생략)

8. 녹지활용계약시 재산세의 감면, 시설의 설치·유지 및 관리에 필요한 비용의 일부보조 등 지원 방안에 관한 사항

9. 그 밖에 시장이 필요하다고 인정하는 사항

서울시, 최초로 민간과 녹지활용계약 성사[88]
- 서울시와 천호동 성당, 국내 최초 녹지활용계약 협약체결(3.2)
- 수목이 울창한 산림 사유지 동산을 공원소외지역내 공원으로 제공
- 지역커뮤니티 공간 및 쾌적한 휴식공간으로 조성, 개방조치
- 토지보상 없이 도시녹화(공원) 조성으로 예산절감(보상비 100억원 절감)

☐ 서울시(푸른도시국)는 '11년 3월 2일 강동구 천호동 397-413번지 사유지 동산 3,300㎡에 대한 국내 최초로 제1호 녹지활용계약을 천호동 성당과 체결했다고 밝혔다.

☐ 주택 밀집지역인 강동구 천호동 일대의 공원 소외 지역에서 나무가 울창한 천호동 성당 뒷동산은 유일한 녹지공간이었다. 이곳은 성당 내부의 사유지였지만 이번 녹지활용계약을 통하여 주민들의 휴식공간으로 제공될 예정이다. 오는 6월까지 정자설치, 산책로 및 배수로 정비, 수목식재 등을 통하여 지역커뮤니티 공간으로 새롭게 개방되어 쾌적한 휴식공간이 될 것이다.

　○ 수목이 양호한 지역은 수목 보존 후 일부 산책로 정비 및 시설물 설치 최소화

　○ 미관을 저해하는 주택가 담장 등은 목재트랠리스 및 담장녹화 등을 통해 차폐조치

　○ 토사붕괴 및 유실 예상지역은 사방시설과 배수로 정비 등을 통해 안정화 조치

○ 편의시설(정자 및 의자)설치로 시민들의 쉼터 및 쾌적한 휴식 공간으로 조성

○ 지역주민들의 커뮤니티 공간으로 조성 및 개방조치

☐ 녹지활용계약은 "도시민이 이용할 수 있는 공원녹지를 확충하기 위하여 필요한 경우 도시지역 안의 식생 또는 임상(林床)이 양호한 토지의 소유자와 해당 토지를 일반 도시민에게 제공하는 것을 조건으로 해당 토지의 식생 또는 임상의 유지, 보존 및 이용에 필요한 지원"을 하는 내용을 담고있다.(도시공원 및 녹지 등에 관한 법률 제12조)

○ 녹지활용계약의 체결기준은 다음과 같다.

- 300제곱미터 이상의 면적인 단일토지
- 녹지가 부족한 도시지역안에 임상이 양호한 토지 및 녹지의 보존 필요성은 높으나 훼손의 우려가 큰 토지 등 녹지활용계약의 체결 효과가 높은 토지를 중심으로 선정
- 사용 또는 수익을 목적으로 하는 권리가 설정되어 있지 아니한 토지 일것

○ 녹지활용계약기간은 5년 이상으로, 계약기간에 해당하는 기간의 납부대상 재산세를 비과세 할 수 있다.

---

88) 서울시 보도자료 2011. 3. 3.

나. 녹화계약

도시지역의 일정 지역의 토지 소유자 또는 거주자여야 한다. 도시자연공원구역 토지도 도시지역이기만 하면 해당된다(법 제2조제3호단서).

제13조(녹화계약) ① 특별시장·광역시장·특별자치시장·특별자치도지사·시장 또는 군수는 도시녹화를 위하여 필요한 경우에는 <u>도시지역의 일정 지역의 토지 소유자 또는 거주자</u>와 다음 각 호의 어느 하나에 해당하는 조치를 하는 것을 조건으로 묘목의 제공 등 그 조치에 필요한 지원을 하는 것을 내용으로 하는 계약(이하 "녹화계약"이라 한다)을 체결할 수 있다.

1. 수림대(樹林帶) 등의 보호
2. 해당 지역의 면적 대비 식생 비율의 증가
3. 해당 지역을 대표하는 식생의 증대

② 녹화계약의 체결 등에 필요한 사항은 대통령령으로 정하는 바에 따라 특별시·광역시·특별자치시·특별자치도·시 또는 군의 조례로 정한다.

[전문개정 2011.9.16.]

령 제11조(녹화계약의 체결기준 등) ① 법 제13조제2항의 규정에 의하여 녹화계약의 체결 등에 관하여 필요한 사항을 특별시·광역시·특별자치시·특별자치도·시 또는 군의 조례로 정하는 때에는 다음 각 호의 사항을 종합적으로 고려하여야 한다. 〈개정 2012. 3. 13.〉

1. 녹화계약은 도시지역 안의 일정지역의 토지소유자 또는 거주자의 자발적 의사나 합의를 기초로 특별시장·광역시장·특별자치시장·특별자치도지사·시장 또는 군수가 도시녹화에 필요한 지원을 하는 협정 형식을 취할 것

2. 토지소유자 또는 거주자 중 일부가 협정을 위반하는 경우에는 토지소유자 또는 거주자가 자치적으로 해결할 수 있도록 하고, 협정 위반에 대한 토지소유자 또는 거주자의 자치적 해결이 불가능하거나 협정 위반의 상태가 6월을 초과하여 지속되는 경우에는 녹화계약을 해지할 수 있도록 할 것

3. <u>녹화계약구역은 구획 단위로 하는 것을 원칙으로 하고, 녹화계약기간은 5년 이상으로 할 것</u>

② 녹화계약의 대상이 되는 도시녹화의 범위는 주위 환경과의 어울림을 고려하되, 인근 주민의 재산권을 침해하여서는 아니된다.

③ 녹화계약을 체결하는 때에는 다음 각 호 중 필요한 사항을 정하여야 한다. 〈개정

2012. 3. 13.〉

1. 심어 가꾸는 수목 등의 종류 · 수(數) 및 장소에 관한 사항
2. 심어 가꾸는 수목 등의 관리에 관한 사항
3. 도시녹화의 관리기간에 관한 사항
4. 녹화계약의 변경 또는 해지에 관한 사항
5. 녹화계약에 위반한 경우의 조치 등에 관한 사항
6. 묘목 등 도시녹화재료의 제공 및 행정적 · 재정적 지원 등 도시녹화에 필요한 지원에 관한 사항
7. 녹화계약지역의 경계표시 등에 관한 사항
8. 묘목 등 도시녹화재료의 소유권 및 권리에 관한 사항
9. 그 밖에 특별시장 · 광역시장 · 특별자치시장 · 특별자치도지사 · 시장 또는 군수가 필요하다고 인정하는 사항

16. 서울특별시 장기미집행 도시공원 보상규정

서울특별시 장기미집행 도시공원 보상규정

[시행 2018. 10. 4.] [서울특별시훈령 제1015호, 2018. 10. 4., 제정]

서울특별시(공원조성과), 02-2133-2068

제1조(목적) 이 규정은 서울특별시 소재 장기미집행 도시공원의 토지 등을 취득함에 따른 손실을 보상하거나 그 보상에 필요한 비용을 보조함에 있어 공정성과 객관성을 기하기 위하여 필요한 사항을 정함을 목적으로 한다.

제2조(정의) 이 규정에서 사용하는 용어의 뜻은 다음과 같다.

1. "장기미집행 도시공원"이란 「도시공원 및 녹지 등에 관한 법률」 제2조제3호의 "도시공원" 중에서 다음 각 목의 어느 하나에 해당하는 것을 말한다.

  가. 「국토의 계획 및 이용에 관한 법률」(이하 「국토계획법」이라 한다) 제43조제1항에 따라 도시관리계획에 의하여 결정된 도시계획시설(공원)로 그 결정의 고시일로부터 10년이 지날 때까지 같은 법 제88조의 실시계획의 인가나 그에 상응하는 절차가 진행되지 아니한 공원

  나. 가목의 공원이었다가 「국토계획법」 제38조의2에 따라 지정된 도시자연공원구역

2. "토지 등"이란 「공익사업을 위한 토지 등의 취득 및 보상에 관한 법률」 제2조제1호에 따른 토지·물건 및 권리를 말한다.

3. "보상"이란 토지 등을 취득함에 따른 손실의 보상을 말한다.

4. "우선보상 대상지"란 장기미집행 도시공원의 토지 중에서 다음 각 목 어느 하나에 해당하거나 이와 유사한 것을 말한다.

  가. 소송 결과 등에 따라 취득이 불가피한 토지

  나. 「국토계획법」 제47조제1항에 따라 매수청구를 할 수 있는 토지

  다. 접근성이 양호한 주택가나 도로 연접지 중에서 도시계획시설(공원) 결정 실효 시 개발 가능성이 높은 토지

  라. 공원시설이 이미 설치된 토지로서 해당 시설에 대한 주민 이용이 많은 곳

  마. 공원시설 설치 예정지로서 공원조성 효과가 높은 곳

  바. 주민이 이용하는 주요 산책로

  사. 도시계획시설(공원) 결정 실효 시 도시계획시설(공원) 내에 생길 단절을 연결하기 위한 토지

  아. 공원 외 시설(무허가건물 등) 연접지로 훼손이 우려되는 곳

5. "공원 간 연결 토지"란 장기미집행 도시공원의 토지 중에서 분절된 도시계획시설(공원)들 간을 연결하기 위한 토지를 말한다.

6. "공원 정형화 필요 토지"란 장기미집행 도시공원의 토지 중에서 공원관리 및 이용편의 등의 측면에서 도시계획시설(공원)을 정형화하기 위하여 필요한 토지를 말한다.

7. "잔여 사유 토지"란 장기미집행 도시공원의 토지 중에서 제4호부터 제6호까지를 제외한 사유 토지를 말한다.

제3조(적용범위) 이 규정은 서울특별시장(이하 "시장"이라 한다)이 「서울특별시 도시공원 조례」 제30조제1항 관련 별표 5에 따라 서울특별시(이하 "시"라 한다) 관할에 속하는 장기미집행 도시공원의 토지 등에 대하여 보상하는 경우에 적용한다. 다만, 시장이 같은 표에 따른 자치구 관할 장기미집행 도시공원의 토지 등의 보상을 위하여 해당 자치구에 시 예산을 재배정하거나 시 지방보조금을 교부할 때에도 이 규정을 준용한다.

제4조(보상 순위) 시장은 장기미집행 도시공원의 토지에 대하여 다음 각 호의 순위에 따라 보상하며, 물건 및 권리의 보상 순위는 해당 물건 및 권리가 속하는 토지의 보상 순위를 따른다.

1. 1순위 : 우선보상 대상지
2. 2순위 : 공원 간 연결 토지
3. 3순위 : 공원 정형화 필요 토지
4. 4순위 : 잔여 사유 토지

제5조(보상예산 신청) 시 관할 장기미집행 도시공원과 관련하여 시장으로부터 「서울특별시 도시공원 조례」 제31조제1항 관련 별표 5의 사무를 위임받은 구청장 및 사업소장은 해당 공원의 토지 등 보상에 필요한 예산을 시장에게 신청한다. 다만, 시의 계획과 관련하여 필요한 경우 시장은 구청장 및 사업소장의 신청 없이도 보상에 필요한 예산을 편성할 수 있다.

제6조(보상여부 검토 및 결정) ① 시장은 제5조에 따른 보상예산 신청이 있거나 직권으로 보상예산을 편성하고자 할 때에는 보상 대상 토지 등에 대한 현장조사를 실시한 후 서울특별시 장기미집행 도시공원 보상심의위원회(이하 "위원회"라 한다)에 심의 안건을 상정한다.

② 위원회는 제1항의 현장조사 결과를 참고하여 제4조의 보상 순위에 따라 보상 대상 토지 등의 보상 적정 여부를 심의한다.

③ 시장은 제2항의 위원회 심의를 거쳐 보상 대상 토지 등의 보상여부를 결정한다.

제7조(보상여부 결정 통지) 시장은 제6조제3항에 따라 결정된 사항에 대하여 제5조에 따라 보상예산을 신청한 기관에 통보한다.

부칙 〈제1015호,2018.10.4〉
이 훈령은 발령한 날부터 시행한다.

제6장 공원 및 구역 소유자 "소송" 대응방안

1. 도시자연공원구역소유자 : 위헌소송

가. 헌법소원

(1) 권리구제형 헌법소원

헌법재판소법 제68조제1항에 의한 헌법소원심판사건이다.

공권력의 행사 또는 불행사로 '자기의' 기본권을 '직접' 침해당하고 있는 사람만이 청구할 수 있다. 다른 법률에 구제절차가 있는 경우에는 헌법소원을 청구하기 전에 그 절차를 모두 거쳐야 한다. 다만, 사전에 구제절차를 거칠 것을 기대하기 어려운 사정이 있는 경우에는 예외적으로 곧바로 헌법소원을 청구하는 것이 허용되는 경우도 있다. 그러나 법령 자체로 인하여 직접 기본권을 침해당하고 있는 때에는 그 법령을 대상으로 곧바로 헌법소원을 청구할 수 있다.

기본권의 침해가 있음을 안 날부터 90일 이내에, 기본권의 침해가 있는 날부터 1년 이내에 청구하여야 한다. 이 둘 중 어느 하나의 기간이 지났으면 헌법소원은 부적법하게 된다. 즉, 구역지정을 안 날로부터 90일 내에, 구역지정일로부터 1년 이내에 제기하여야 한다. 따라서 이미 권리구제형 헌법소원은 그 제소기간이 지났다.

사건번호는 "헌마"로 부여된다.

<헌법소원심판청구서(법령)>[89]

헌법소원심판청구서

청 구 인　　○ ○ ○
　　　　　서울 ○○구 ○○동
　　　　대리인 변호사 ○ ○ ○
　　　　　서울 ○○구 ○○동

청 구 취 지

"○○법(2001. 12. 30. 법률 제○○○호) 제○○조는 헌법에 위반된다."라는 결정을 구합니다.

침 해 된 권 리

헌법 제11조 평등권, 제15조 직업선택의 자유

침 해 의 원 인

○○법 (2001. 12. 30. 법률 제○○○호) 제○○조

청 구 이 유

1. 사건의 개요
2. 위 규정의 위헌성
3. 심판청구에 이르게 된 경위
4. 청구기간의 준수 여부 등

첨 부 서 류

1. 각종 입증서류
2. 소송위임장(소속변호사회 경유)

　　　　　　　　　　20　.　.　.

　　　　　　　　　청구인 대리인 변호사　○ ○ ○　(인)

헌법재판소　귀중

---

89) 자료출처 : 헌법재판소 홈페이지, 이하 서식도 같음.

(2) 위헌심사형 헌법소원

헌법재판소법 제68조제2항에 의한 헌법소원심판사건이다.

법원에서 소송진행 중인 당사자가 재판에 적용될 법률조항이 위헌이라고 생각되어 그 법원에 **위헌심판제청신청**을 하였으나 기각(또는 각하)당한 경우에 헌법소원을 청구할 수 있다. 만일 법원이 받아들여 위헌법률심판 제청을 하면 헌법재판소는 사건번호를 "헌바"로 분류하여 심사한다.

법률 또는 법률조항에 대해서만 헌법소원을 청구할 수 있고, 대통령령 등의 하위법령에 대하여는 이 유형의 헌법소원을 청구할 수 없다. 문제 된 법률 또는 법률조항이 당해 소송사건에 적용될 법률이어야 하고 그 위헌 여부에 따라 재판의 주문이 달라지거나 재판의 내용과 효력에 관한 법률적 의미가 달라지는 경우에만 청구할 수 있다.

법원으로부터 위헌제청신청을 기각(또는 각하)한다는 결정문을 송달받은 날부터 30일 이내에 청구하여야 한다.

도시자연공원구역에 대해서는 집단적으로 피해자들이 모여 2020. 9. 22. 서울행정법원에 구역취소소송을 제기하였고(서울행정법원 2020구합788**), 그 소송에서 위헌법률심판신청을 한 상태이다. 그러나 2024. 11. 14. 원고가 패소하였고, 현재 서울고등법원에서 항소심이 진행중이다.

〈위헌제청신청서 서식례〉

위헌법률심판제청신청

사 건 : 2002가합0000　분담금
원 고 : 교통안전공단
피 고 : ○○해운(주)

위 사건에 관하여 피고는 아래와 같이 위헌법률심판제청을 신청합니다.

신 청 취 지

교통안전공단법 제13조 제2항 제1호와 제2호, 동법 제17조, 동법 제18조, 동법 제19조와 동법 제21조는 헌법 제11조 제1항, 헌법 제15조, 헌법 제23조 제1항과 헌법 제59조 등에 위반된다.

신 청 이 유

1. 교통안전기금에 관한 교통안전공단법 관련규정의 개요
2. 재판의 전제성
   …… 따라서 위 법률의 위헌성 여부는 현재 ○○지방법원 2002가합0000호로 계속중인 분담금청구소송에서의 재판의 전제가 된다고 판단됩니다.
3. 교통안전분담금제도의 위헌성에 관하여
   가. 헌법 제11조상의 평등원칙 위반 여부
   나. 헌법 제37조 제2항의 과잉금지원칙 위반 여부
4. 결 어
   앞에서 살펴본 바와 같이 …… 위헌이라고 판단되므로, 신청인의 소송대리인 은 귀원에 위헌법률심판을 제청해주실 것을 신청하기에 이르렀습니다.

20　.　.　.

위 피고　○　○　○　(인)

○○지방법원 귀중

〈헌법소원심판청구서(법 제68조 제2항)〉

헌법소원심판청구서

청 구 인 　○ ○ ○
　　　　　서울 ○○구 ○○동
　　　　대리인 변호사 ○ ○ ○
　　　　　서울 ○○구 ○○동

청 구 취 지

"○○법(2001. 12. 30. 법률 제○○○호) 제○○조는 헌법에 위반된다."라는 결정을 구합니다.

당 해 사 건

서울고등법원 2006구000호 퇴직처분 무효확인
원고 ○○○, 피고 ○○○

위헌이라고 해석되는 법률조항

○○법 (2001. 12. 30. 법률 제○○○호) 제○○조

청 구 이 유

1. 사건의 개요
2. 재판의 전제성
3. 위헌이라고 해석되는 이유
4. 심판청구에 이르게 된 경위(청구기간의 준수 여부 등)

첨 부 서 류

1. 위헌제청신청서
2. 위헌제청신청기각 결정문 및 동 결정의 송달증명서
3. 당해 사건의 판결문 등 기타 부속서류
4. 소송위임장(소속변호사회 경유)

20 . . .

청구인 대리인 변호사 ○ ○ ○ (인)

헌법재판소 귀중

나. 구 도시계획법 제6조 위헌소원

헌법재판소는 도시계획시설의 지정으로 말미암아 당해 토지의 이용 가능성이 배제되거나 또는 토지소유자가 토지를 종래 허용된 용도대로도 사용할 수 없기 때문에 이로 말미암아 현저한 재산적 손실이 발생하는 경우에는, 원칙적으로 사회적 제약의 범위를 넘는 수용적 효과를 인정하여 국가나 지방자치단체는 이에 대한 보상을 해야 한다며, 이러한 보상규정이 없는 도시계획법은 위헌이라는 결정을 하였다.

이 결정은 당시로서는 그나마 획기적인 결정으로서 후에 매수청구권과 실효 제도를 신설하게 되는 직접 계기가 되었다.

그러나 후속입법에 의하여 신설된 매수청구나 실효 제도는 일정한 한계를 가지고 있어, 소유자들에게 크게 도움이 되지는 못하고 있는 실정이다. 즉, 매수청구는 나대지에 한정되어 있고, 형성권이 아닌 재량행위로 규정되어 있어 나대지조차도 매수청구를 거부하는 상황이 속출하고 있어 그 실효성이 떨어지고 있고, 공원의 경우는 새로이 용도구역을 만들어 도시자연공원구역으로 지정하고 있으니 실효 제도가 무력화되고 있다.

따라서 국가는 재산권보장에 가장 효율적인 수단인 수용신청권을 부여하여야 한다고 생각한다. 그나마 국토법 제48조의2가 입법이 되어 다행이기는 하다.

> **도시계획법 제6조 위헌소원 (1999. 10. 21. 97헌바26 전원재판부)**
> 1. 사인의 토지가 도로, 공원, 학교 등 도시계획시설로 지정된다는 것은, 당해 토지가 매수될 때까지 시설예정부지의 가치를 상승시키거나 계획된 사업의 시행을 어렵게 하는 변경을 해서는 안된다는 내용의 '변경금지의무'를 토지소유자에게 부과하는 것을 의미한다.
> 2. 도시계획시설의 지정으로 말미암아 당해 토지의 이용가능성이 배제되거나 또는 토지소유자가 토지를 종래 허용된 용도대로도 사용할 수 없기 때문에 이로 말미암아 현저한 재산적 손실이 발생하는 경우에는, 원칙적으로 사회적 제약의 범위를 넘는 수용적 효과를 인정하여 국가나 지방자치단체는 이에 대한 보상을 해야 한다.
> 3. 도시계획시설로 지정된 토지가 나대지인 경우, 토지소유자는 더 이상 그 토지를 종래 허용

된 용도(건축)대로 사용할 수 없게 됨으로써 토지의 매도가 사실상 거의 불가능하고 경제적으로 의미있는 이용가능성이 배제된다. 이러한 경우, 사업시행자에 의한 토지매수가 장기간 지체되어 토지소유자에게 토지를 계속 보유하도록 하는 것이 경제적인 관점에서 보아 더 이상 요구될 수 없다면, <u>입법자는 매수청구권이나 수용신청권의 부여, 지정의 해제, 금전적 보상 등 다양한 보상가능성을 통하여 재산권에 대한 가혹한 침해를 적절하게 보상하여야 한다.</u>

라. 도시계획시설의 시행지연으로 인한 보상의 문제는, 도시계획사업이 국가 및 지방자치단체에 의하여 이행되어야 할 필요적 과제이자 중요한 공익이라고 하는 관점과 다른 한편 도시계획시설의 시행이 지연됨으로 말미암아 재산적 손실을 입는 토지소유자의 이익(헌법상의 재산권)을 함께 고려하여 양 법익이 서로 조화와 균형을 이루도록 하여야 한다.

마. 입법자는 도시계획사업도 가능하게 하면서 국민의 재산권 또한 존중하는 방향으로, 재산권의 사회적 제약이 보상을 요하는 수용적 효과로 전환되는 시점, 즉 보상의무가 발생하는 시점을 확정하여 보상규정을 두어야 한다. 토지재산권의 강화된 사회적 의무와 도시계획의 필요성이란 공익에 비추어 일정한 기간까지는 토지소유자가 도시계획시설결정의 집행지연으로 인한 재산권의 제한을 수인해야 하지만, 일정 기간이 지난 뒤에는 입법자가 보상규정의 제정을 통하여 과도한 부담에 대한 보상을 하도록 함으로써 도시계획시설결정에 관한 집행계획은 비로소 헌법상의 재산권 보장과 조화될 수 있다.

바. 입법자는 토지재산권의 제한에 관한 전반적인 법체계, 외국의 입법례 등과 기타 현실적인 요소들을 종합적으로 참작하여 국민의 재산권과 도시계획사업을 통하여 달성하려는 공익 모두를 실현하기에 적정하다고 판단되는 기간을 정해야 한다. 그러나 어떠한 경우라도 토지의 사적 이용권이 배제된 상태에서 <u>토지소유자로 하여금 10년이상을 아무런 보상없이 수인하도록 하는 것은 공익실현의 관점에서도 정당화될 수 없는 과도한 제한으로서 헌법상의 재산권보장에 위배된다고 보아야 한다.</u>

사. 이 사건의 경우, 도시계획을 시행하기 위해서는 계획구역 내의 토지소유자에게 행위제한을 부과하는 법규정이 반드시 필요한데, 헌법재판소가 위헌결정을 통하여 당장 법률의 효력을 소멸시킨다면, 토지재산권의 행사를 제한하는 근거규범이 존재하지 않게 됨으로써 도시계획이라는 중요한 지방자치단체행정의 수행이 수권규범의 결여로 말미암아 불가능하게 된다. 도시계획은 국가와 지방자치단체의 중요한 행정으로서 잠시도 중단되어서는 안되기 때문에, 이 사건 법률조항을 입법개선시까지 잠정적으로 적용하는 것이 바람직하다고 판단된다.

다. 위헌 여부

국가는 용도구역으로 도시자연공원구역을 신설하면서, 위헌소송을 의식하여 여러 가지 보완책을 내놓고 있다. 매수청구제도, 협의에 의한 매수제도(법 제32조), 녹지활용계약, 녹화계약 제도를 두고 있고, 허가를 받을 경우 노인복지시설이나 영유아 보육시설 등을 설치할 수 있도록 하고 있다. 그러나 위 규정들은 실제로는 말 그대로 규정만 있는 상황이다. 매수청구제도는 청구요건이 엄격하여 그에 해당하는 토지가 거의 없는 실정이고, 협의에 의한 매수제도는 매수를 하지 않으면 그만인 상황이고, 실제로 협의 매수를 요청해도 예산문제로 한계가 있는 실정이다. 녹지활용계약이나 녹화계약은 재산권 보장 제도로는 그 내용이 너무 빈약하다. 노인복지시설 등 설치허가 신청도 이를 받아주는 경우가 거의 없다.

반대로 구역으로 지정되면, 현재로서는 손실보상이 실시될 경우 구역으로 제한된 상태로 평가될 것이므로 보상가격 하락은 불가피하고, 전면 행위제한이 실시되고, 실효제도도 유명무실한 듯 재산권 보장이라는 차원에서 보면 오히려 후퇴를 한 형국이다.

결정적으로 그동안 수십 년간 도시자연공원으로 묶여 재산권 행사에 제약을 받아오던 소유자들에게 구 도시계획법이 위헌결정이 되면서 후속입법으로 도입된 실효 제도에 따라 실효될 날을 기다리던 소유자들의 신뢰를 무너뜨리는 결과가 초래되고 있는 것이다.

라. 판결사례

> **서울서부지법 2007. 07. 13. 선고 2007가합1401 판결 : 확정 손해배상(기)**
>
> [1] 일정한 구역을 국립공원으로 지정하여 그 안에서는 일정한 행위를 금지·제한하는 자연공원법 제4조 등의 규정은 헌법 제23조 제1항, 제2항에 따라 토지재산권에 관한 권리와 의무를 일반·추상적으로 확정하는 규정으로서 재산권을 형성하는 규정인 동시에 공익적 요청에 따른 재산권의 사회적 제약을 구체화하는 규정인데, 이러한 경우 국립공원의 지정으로 인하여 토지 소유자가 그 토지를 종래의 목적으로도 사용할 수 없거나 또는 더 이상 법적으로 허용된 토지 이용방법이 없기 때문에 실질적으로 토지의 사용·수익의 길이 막힌 경우에만 이러한 제한이 토지 소유자가 수인하여야 할 사회적 제약의 한계를 넘는 것으로 보아야 할 것이나, 그러한 정도에 이르지 아니하고 국립공원의 지정으로 인한 개발가능성의 소멸과 그에 따른 지가의 하락이나 지가상승률의 상대적 감소는 토지 소유자가 감수하여야 하는 사회적 제약의 범주에 속하는 것으로 보아야 할 것이고, 자신의 토지를 장래에 건축이나 개발목적으로 사용할 수 있으

리라는 기대가능성이나 신뢰 및 이에 따른 지가상승의 기회는 원칙적으로 재산권의 보호범위에 속하지 아니하고, **토지 소유자가 국립공원구역 지정 당시의 상태대로 토지를 사용·수익·처분할 수 있는 이상 구역지정에 따른 토지이용의 제한은 원칙적으로 재산권에 내재하는 사회적 제약의 범주 내에 있다고 할 것이다.**

[2] 자연공원법 제4조에 의하여 사유지가 국립공원으로 지정되어 아무런 보상을 받지 아니한 채 그 사용·수익에 일정한 제한을 받게 되었다고 하더라도, 이러한 제한은 헌법 제23조 제2항의 규정에 따른 공공복리에 적합한 합리적인 범위 내의 제한으로서 재산권의 본질적인 내용을 침해한 것으로 볼 수 없어 토지 소유자에 대하여 불법행위를 구성하지 않는다고 한 사례.

➡ 덕유산국립공원

헌법재판소 2003. 4. 24. 선고 99헌바110, 2000헌바46(병합) 전원재판부【자연공원법제4조등위헌소원】

가. 국립공원지정에 따른 토지재산권의 제한에 대하여 손실보상규정을 두지 않은 구 자연공원법 제4조(이하 "이 사건 법률조항"이라 한다)에 대한 위헌소원청구 후 법률이 개정되어 여러 가지 '보상적 조치'를 규정하였고 이들 조항이 손실보상 또는 손해배상 청구소송인 당해사건에 적용되는 경우에도 이 사건 법률조항에 대하여 재판의 전제성을 인정할 수 있는지 여부(적극)

나. 이 사건 법률조항이 비례의 원칙에 어긋나게 토지소유자의 재산권을 과도하게 침해하는지 여부

다. 위헌결정의 정족수가 모자라 합헌결정을 선고한 사례

【결정요지】

가. 이 사건 각 헌법소원의 당해사건들은 국립공원지정처분을 원인으로 하여 국가를 상대로 제기한 손실보상청구와 부당이득반환·손해배상청구 사건인바, 청구인들의 주장은 이 사건 토지에 대한 국립공원지정처분으로 말미암은 청구인들의 손실 또는 손해는 "보상규정을 결여하여 위헌인" 이 사건 법률조항에 근거했기 때문이라는 취지로 이해할 수 있고, 그렇다면 이 사건 법률조항에 대한 위헌결정 또는 헌법불합치결정에 따른 개선입법에 의하여 당해사건에서 다른 내용의 재판을 할 여지가 있기 때문에, 재판의 전제성을 인정할 수 있다. 그분만 아니라 신법에서 공원구역의 '폐지' 또는 '구역변경'에 관한 규정(제8조), 공원사업의 시행을 위하여 공원사업에 들어가는 토지 등에 대한 소유권 등 권리의 수용·사용과 이에 대한 '손실보상' 및 '환매권' 규정(제22조), 협의에 의한 토지 등의 매수에 관한 규정(제76조)과, '매수청구권' 규정(제77조· 제78조) 등 여러 가지 "보상적 조치"를 규정하고 있다 하더라도 청구인들이 당해사건에서 구하는 바는 국립공원지정 자체에 따른 재산권제한에 대한 금전보상이 주된 핵심이고, 위와 같은 보상적 조치를 내용적으로 담고 있는 신법 제4조에 대한 헌법적 평가와 아무런

보상규정이 없는 구법 제4조에 대한 헌법적 평가는 다르다고 할 수 있으므로, 위와 같은 보상적 조치가 내용적으로 포함된 신법 제4조가 위헌인지 여부와는 관계없이 이 사건 법률조항의 위헌확인을 구하는 이 헌법소원은 심판의 이익을 인정할 수 있다.

재판관 윤영철, 재판관 하경철, 재판관 김효종, 재판관 김경일의 각하의견
청구인들이 헌법소원심판을 청구한 이후에 구법이 위헌적일 수 있다는 반성적 고려에 의하여 법이 개정되어 매수청구권 등 보상적 조치에 관한 규정이 신설되었고, 이들 조항은 이 사건 토지들에 대하여도 적용된다. 그러므로 이로 인하여 심판대상인 구법 즉 매수청구권 등 보상적 조치가 없는 상태에서의 국립공원지정에 관한 근거규정인 이 사건 법률조항은 더 이상 적용되지 않게 되었다. 한편, 청구인들이 주장하는 바와 같이 금전적 보상조치가 없는 국립공원지정처분이 재산권에 대한 지나친 제한이라고 판단되어 국회에서 현행법상의 보상적 조치 외에 금전보상과 같은 추가적인 보상조치를 입법한다고 하더라도 이는 전문개정되기 전의 법률인 구법의 개정을 통해서가 아니라 개정된 현행법률의 개정을 통해서 이루어질 수밖에 없는 것이니 이 또한 개정전의 법률인 이 사건 법률조항의 재판의 전제성을 인정할 근거가 되지 아니하며, 이 사건 법률조항에 대하여 헌법불합치결정을 한다고 하더라도 이미 개정되어 더 이상 적용되지 않는 법률을 다시 개정할 수는 없는 것이니 개선입법을 할 방법도 없다. 그렇다면 결국 구법 제4조에 대한 이 사건 헌법소원심판은 재판의 전제성이 없어 각하되어야 마땅하다.

재판관 한대현, 재판관 김영일, 재판관 송인준, 재판관 주선회의 헌법불합치의견
나. (1) 자연생태계와 자연풍경지의 보호 등을 목적으로 국립공원을 지정하도록 하는 이 사건 법률조항과 이를 근거로 토지사용을 제한하는 구법조항들(제16조· 제23조· 제36조)은 입법자가 토지재산권에 관한 권리와 의무를 일반·추상적으로 확정하는, 재산권의 내용과 한계에 관한 규정이면서 동시에 재산권의 사회적 제약을 구체화하는 규정이다. 모든 토지에는 그의 위치, 성질 및 자연과 풍경과의 관계, 즉 토지의 고유상황에서 나오는 재산권의 내재적 한계가 있는데, 토지소유자는 재산권의 행사에 있어서 토지의 이러한 고유한 상황을 고려하여 모든 토지를 그의 위치 및 상황에 적합하도록 사용해야 한다는 사회적 제약을 받으며, 한편 입법자는 토지소유자로 하여금 토지의 상황에 상응하게 재산권을 행사하도록 규율할 수 있다. 따라서 지역의 풍경을 대표하는 수려한 풍경지이기 때문에 공원구역 지정의 요건을 충족시키는 토지에 대하여 자연보존을 목적으로 부과되는 자연공원법상의 현상유지의무나 사용제한은 토지의 위치와 주변환경에 비추어 토지재산권에 내재하는 제한을 구체화한 것으로서 사회적 제약의 한 표현이라고 볼 수 있다.

(2) 토지재산권에 대하여는 강한 사회성·공공성으로 인하여 다른 재산권에 비하여 보다 강한 제한과 의무가 부과될 수 있으나, <u>토지재산권에 대한 제한입법 역시 다른 기본권에 대한 제한</u>

입법과 마찬가지로 과잉금지의 원칙을 준수해야 하고 재산권의 본질적 내용인 사적유용성(私的有用性)과 원칙적인 처분권(處分權)을 부인해서는 안된다. 국립공원구역지정 후 토지를 종래의 목적으로 사용할 수 있는 원칙적인 경우의 토지소유자에게 부과하는 현상태의 유지의무나 변경금지의무는, 토지재산권의 제한을 통하여 실현하고자 하는 공익의 비중과 토지재산권의 침해의 정도를 비교해 볼 때, 토지소유자가 자신의 토지를 원칙적으로 종래 용도대로 사용할 수 있는 한 재산권의 내용과 한계를 비례의 원칙에 부합하게 합헌적으로 규율한 규정이라고 보아야 한다. 그러나 입법자가, 국립공원구역지정 후 토지를 종래의 목적으로도 사용할 수 없거나 토지를 사적으로 사용할 수 있는 방법이 없이 공원구역내 일부 토지소유자에 대하여 가혹한 부담을 부과하면서 아무런 보상규정을 두지 않은 경우에는 비례의 원칙에 위반되어 당해 토지소유자의 재산권을 과도하게 침해하는 것이라고 할 수 있다. 구체적으로 예를 들면 첫째, '자연보존지구'는 자연경관과 생태계를 그대로 보존하는 것을 주된 목적으로 삼고 있으므로, 토지소유자가 산림을 경제적으로 활용할 수 있는 일체의 행위가 금지된다. 따라서, 토지소유자에게 그의 토지가 단지 명목상으로만 귀속되었을 뿐 실제로 사익을 위해서는 전혀 사용할 수 없고 오로지 공익만을 위해서 존재해야 한다면, 사실상 토지와 소유자와의 귀속관계가 단절되어 토지의 사적 효용성이 폐지되었고 이는 곧 국민이 수인해야 하는 사회적 제약의 범위를 넘었다고 할 것이다. 이러한 경우 자연경관을 해치지 않는 범위내에서 야생식물의 채취 등 부분적으로나마 사적 효용을 가능하게 하는 허가규정을 삽입하고 국가가 허가를 거부하는 경우에는 손실을 보상하는 규정을 마련함으로써 토지소유자의 가혹한 부담을 완화하거나, 아니면 원시적 자연상태대로 보존할 필요성이 있다면 입법자는 토지소유자의 사적 효용성을 배제하는 대신 그에 대한 보상규정을 두어야 한다. 둘째, 토지소유자가 공원구역으로 지정되기 전에 영림(營林)을 목적으로 그 당시의 법질서에 따라 조림·육림을 통하여 토지상황을 적극적으로 형성한 경우에는 입법자가 보상없이는 박탈할 수 없는 재산권적 지위를 획득한 것으로 보아야 할 것이다. 마찬가지로 자연보존지구 안의 토지를 이미 농지나 대지로 합법적으로 이용한 경우에도 구역지정으로 인하여 종래의 용도대로 더 이상 사용할 수 없다면 사회적 제약의 한계를 넘는 특별한 재산적 손해가 발생했다고 보아야 한다. 셋째, '자연환경지구' 안에 위치하는 '나대지'의 경우에도 기존 건축물의 증축·개축만 허용될 뿐 신축을 할 수 없으므로, 토지관련 공부에 지목이 대지로 되어 있고 지정 당시 이미 나대지로 형성되어 토지의 현상도 지목과 일치한다면, 나대지의 소유자에게는 구역지정으로 인하여 토지의 이용이 사실상 폐지되는 효과가 발생하기 때문에, 보상없이는 박탈할 수 없는 재산권적 지위를 토지소유자에게 인정해야 한다. 결론적으로, 이 사건 법률조항은 자연공원구역으로 지정된 토지에 대하여 원칙적으로 지정 당시에 행사된 용도대로 사용할 수 있는 한 이른바 재산권에 내재하는 사회적 제약을 비례의 원칙에 합치하게 합헌적으로 구체화한 규정이라고 할 것이나, 예외적으로 종래의 용도대로 토지를 사용할 수 없거나 사적 효용의 가능성이 완전히 배제되는 경우에도 아무런 보상없이 이를 감수하도록 규정하고 있는 한 이러한 부담은 법이 실현하려는 중대한 공익으로도 정당화될 수 없는 과도한 부담이므로, 이러한 한도내에서 이 사건 법률조항은 비례의 원칙을 위배하여 당해 토지소유자의 재산권을 과도하게 침해하는 위헌적인 규정이다.

재판관 권성의 위헌의견

나. 자연공원법이 전문개정되어 구법은 폐지되고 신법이 시행되고 있고 한편 자연공원제도 및 그 지정제도는 동일하게 신법에서도 존속하고 있으므로, 구법 제4조는 폐지되어 더 이상 적용되지 않지만 그에 근거한 자연공원지정처분의 효력은 여전히 신법하에서도 유지되고 있고, 이 지정처분의 근거법률은 신법 제4조이며 이 지정처분에 관계된 법률관계에 대하여는 신법만이 적용된다. 따라서 이 사건 및 당해사건에서 적용되는 법은 구법 제4조가 아니라 신법 제4조임이 분명하다. 또한, 이 사건에서처럼 헌법소원의 계속중에 법률이 개정되었고 그 개정의 전후를 비교할 때 조문의 내용이 동일하여 신·구의 조문간에 동일성이 인정되는 때에는 당사자의 명시적인 반대의사가 없는 한 심판대상조문은 당연히 신법조문으로 변경되는 것이라고 보아야 한다. 신법은 매수청구권 등 보상적 조치에 관한 일부규정을 신설하였지만 금전적 보상의 길을 열어놓지 않은 점은 구법과 마찬가지이고, 비록 매수청구권 등 보상적 조치에 관한 일부규정이 신설되어 위헌성이 다소 완화되긴 하였지만, 금전적 보상의 길을 막아놓은 채 자연공원을 지정하는 것은 여전히 비례의 원칙에 어긋나므로 청구인들의 재산권을 과도하게 침해하여 위헌이다.

다. 이와 같이 재판관 한대현, 재판관 김영일, 재판관 권 성, 재판관 송인준, 재판관 주선회의 의견은 청구인들의 심판청구는 적법하므로 본안에 들어가 심판해야 하고, 그 중 재판관 한대현, 재판관 김영일, 재판관 송인준, 재판관 주선회의 의견은 이 사건 법률조항은 헌법에 합치하지 아니한다는 것이고, 재판관 권성의 의견은 이 사건의 심판대상은 신법 제4조가 되어야 하고 동 조항은 위헌이라는 것이며, 재판관 윤영철, 재판관 하경철, 재판관 김효종, 재판관 김경일의 의견은 이 사건 심판청구는 재판의 전제성이 없어 부적법하므로 각하하여야 한다는 것이어서, 헌법재판소법 제23조 제2항 제1호에 규정된 법률의 위헌결정에 필요한 정족수 **6인에 미달**하여 합헌결정을 선고하는 것이다.

따라서 소유자들은 위헌소송에 앞서서 철저한 준비를 해야 한다. 위헌소송이 제기될 경우에 국가는 완화 조치들(일정한 시설 설치 등)을 제시하며 핑계를 댈 것이므로 이에 대해 실효성이 없다는 점을 적극적으로 입증하여야 하며, 위헌이라는 견해가 피력된 논문과 외국 사례 등의 관련 정보도 수집하여야 한다. 그러한 후에 최종적으로 위헌소송을 제기하는 것이 타당하다고 생각한다.

2. 도시자연공원구역지정 취소의 소

자신의 토지가 도시자연공원구역으로 지정이 되면, 그 지정고시일후 5일이 경과한 날부터 90일 내에 제기하여야 한다.[90] 이 기간이 지나 구역지정에 대해서 다투기 위해서는 '구역지정 무효 확인의 소'를 제기하여야 하나, 이 '무효 확인의 소'는 거의 승소하기가 어렵다. 구역 지정 행위에 중대하고 명백한 하자가 있다고 보기 어렵기 때문이다. 물론 이 기간이 지나면 위헌심사형 헌법소원으로 다툴 수는 있다. 다만, 위헌심사형으로 다툴 경우에는 자신의 토지에 고유한 하자 예를 들어 구역지정기준에 부합하지 않아 취소되어야 한다는 주장을 하지 못하는 엄청난 아픔이 따른다. 따라서 소 제기 기간은 지키는 것이 좋다.

따라서 소유자는 항상 자신의 토지에 대해 관심을 기울여 도시자연공원구역지정여부를 확인하고, 소 제기 기간에 '구역지정 취소의 소'를 제기하여야 그나마 법원의 판단을 받아 볼 기회를 가지게 된다.

그런데 서울시를 비롯한 각 지방자치단체는 필요한 토지들에 대해 이미 도시자연공원구역을 모두 지정하였다. 따라서 기존에 구역으로 지정된 토지들에 대한 구역지정 취소소송은 이미 소를 제기한 경우를 제외하고는 제소기간이 다 지났다.

도시자연공원구역에 대해서는 집단적으로 피해자들이 모여 2020. 9. 22. 서울행정법원에 구역취소소송을 제기하였고(서울행정법원 2020구합788**), 그러나 2024. 11. 14. 원고가 패소하였고, 현재 서울고등법원에서 항소심이 진행중이다.

---

90) 구역지정 시에 토지소유자에게 개별통지를 하지는 않는다는 점을 유의하여야 한다. 즉, 자신이 관심을 가져야 구역지정 여부를 알 수가 있다. 무관심하게 가만히 있다가 90일이 지난 후에 알게 되면 답이 없다. 도시·군관리계획수립지침 8-1-3-1. "도시 · 군기본계획의 타당성 검토, 기초조사, 계획안의 작성, 계획안의 공고 및 열람, 주민의 의견청취 등의 과정을 거친 후 최종 계획안을 작성한다." 그 후 지방의회 의견청취, 도시계획위원회 자문을 거쳐 지정한다. 도시자연공원구역의 지정·변경에 관한 지침 2-6-1. "도시자연공원구역의 지정(변경 포함)에 관한 도시관리계획의 입안결정절차는 국토계획법에 의한 도시관리계획의 수립절차에 의하되, 도시관리계획 결정시 그 결정권자가 필요한 경우에는 도시계획위원회 심의 전에 도시공원위원회의 자문을 거칠 수 있다."

'도시자연공원구역 지정 취소의 소'에서는 위헌주장은 당연히 하여야 하고, 또한 구역지정 요건에 맞지 않다는 점을 주장하여야 할 것이다. 실례를 보면 서울시 토지 중 비오톱1등급지로 지정되어 있으나, 현실은 보호가치가 매우 적은 땅도 있다. 이런 토지에 대해서 소유자가 구역지정 취소를 하려는 노력을 하지 않는다면 그 재산권은 속수무책으로 침해받게 될 것이다. 소유자가 자신의 권리를 스스로 찾지 않으면 안 되는 이유가 여기에 있는 것이다.

물론 구역 지정 취소의 소를 제기하여 승소하는 것이 쉽지는 않을 것으로 예측한다. 식생이 양호한 지역 등은 당연히 그렇다. 다만 경우에 따라서는 승소할 가능성도 배제할 수는 없다.

서울고등법원 2024. 10. 17. 선고 2023누36765 판결 [도시자연공원구역 지정 취소]

다) 재량권 일탈·남용 여부

앞서 본 바와 같이 이 사건 각 토지는 공원녹지법과 그 시행령 및 이 사건 지침에서 정하는 지정기준에 부합하고, 앞서 인정한 사실, 앞서 든 증거와 을 제9, 10, 14, 30호증의 각 기재 및 변론 전체의 취지를 종합하여 인정되는 다음과 같은 사정을 위 법리에 비추어 보면, 피고가 이 사건 처분을 하면서 이익형량을 하지 않았다거나 그 내용이 비례의 원칙, 평등의 원칙, 행정의 자기구속 원칙에 위반되어 정당성과 객관성이 결여되었다고 보기 어려우므로, 이 사건 처분에 재량권을 일탈·남용한 위법이 있다고 할 수 없다. 따라서 원고의 이 부분 주장은 이유 없다.

(1) 피고는 도시지역의 식생이 양호한 수림의 훼손을 유발하는 개발을 제한하기 위하여 도시자연공원구역을 지정함에 있어서 비교적 광범위한 형성의 자유를 가지고 있다.

(2) 피고는 장기미집행 공원 중 도시계획시설(공원)로 유지하는 지역에 대하여는 도시계획시설사업 실시계획을 인가·고시하고, 그 외의 지역에 대해 도시자연공원구역이 될 수 있는지 판단하여 도시관리계획 변경의 내용을 담은 이 사건 처분을 하였다. 피고는 공원녹지법 시행령 제25조 및 이 사건 지침에서 정한 도시자연공원구역 지정기준과 경계설정기준 등에 따라 경사도 및 표고 등 자연지형 현황을 분석하고, 행정구역경계와 입지 현황, 주변의 지구단위계획 및 정비구역, 도시관리계획 및 도시계획시설현황, 개발제한구역 및 문화재보호구역 현황 등을 파악하였으며, 생태자연도, 국토환경성 평가도, 개별비오톱 평가도 및 비오톱유형 평가도, 임상도 등을 통해 도시생태현황을 조사하여 이를 바탕으로 이 사건 각 토지에 대해 도시자연공원구역으로 지정될 필요성이 있는지를 검토하였다. 피고는 위와 같은 검토 결과 이 사건 각 토지

의 현황 및 위치, 지역적 특성, 도시자연공원구역 지정 시 제한 정도 등을 두루 고려하여 이 사건 각 토지를 도시자연공원구역 지정대상에 포함시킨 것으로 이 사건 처분 시 적절한 이익형량을 하였다고 봄이 상당하다.

(3) <u>장기미집행 도시계획시설결정에 대한 실효제도를 규정한 국토계획법 제48조 제1항은 도시계획시설사업이 그 결정 고시일로부터 20년이 지날 때까지 시행되지 아니한 경우 그 결정이 자동적으로 실효된다고 정하고 있을 뿐, 도시계획시설결정에 따라 공원으로 지정된 토지에 대하여 도시자연공원구역의 지정 등 여타의 공법적 규제가 이루어질 수 없음을 의미하지 않는다. 따라서 피고가 이 사건 각 토지를 도시계획시설부지에서 제외한 뒤 도시자연공원구역으로 지정하는 이 사건 처분을 하였다는 사정만으로 국토계획법 제48조에서 정한 장기미집행 도시계획시설결정 실효제도의 취지를 잠탈한 것으로 평가할 수 없다.</u>

(4) 관련 헌법불합치결정의 취지는 입법자가 매수청구권이나 수용신청권의 부여, 지정의 해제, 금전적 보상 등 다양한 보상가능성을 통하여 재산권에 대한 가혹한 침해를 적절하게 보상하여야 함에도 토지의 사적 이용권이 배제된 상태에서 토지소유자로 하여금 10년 이상 아무런 보상 없이 수인하도록 하는 것은 공익실현의 관점에서도 정당화될 수 없는 과도한 제한으로서 헌법상의 재산권보장에 위배된다는 것이다.

국토계획법에 의하면, 건축물의 건축 또는 공작물의 설치, 토지의 형질변경, 토석의 채취, 토지분할, 녹지지역·관리지역 또는 자연환경보전지역에 물건을 1개월 이상 쌓아놓는 행위 등 개발행위를 하고자 하는 사람은 원칙적으로 특별시장 등의 개발행위허가를 받아야 하는데(제56조 제1항), 이러한 개발행위허가에 있어서도 특별시장 등은 개발행위허가의 신청 내용이 도시관리계획의 내용에 어긋나거나 도시계획사업의 시행에 지장이 있을 경우 등에는 허가를 할 수 없고(제58조 제1항), 도시계획시설 부지에서는 원칙적으로 그 도시계획시설이 아닌 건축물의 건축이나 공작물의 설치를 허가하여서는 아니 되므로(제64조 제1항), 도시계획시설결정이 있으면 도시계획시설 부지는 도시관리계획의 내용에 배치되거나 도시계획사업의 시행에 지장이 있는 개발행위 또는 도시계획시설이 아닌 건축물의 건축이나 공작물의 설치를 할 수 없는 등의 이용제한을 받게 된다. 그런데 공원녹지법에 의하면, 도시자연공원구역에서는 원칙적으로 건축물의 건축 및 용도변경, 공작물의 설치, 토지의 형질변경, 흙과 돌의 채취, 토지의 분할, 죽목의 벌채, 물건의 적치 등을 할 수 없으나, 여가활용시설, 주택·근린생활시설 등 중 대통령령으로 정하는 건축물의 건축과 이에 따르는 토지의 형질변경, 기존 건축물 또는 공작물의 개축·재축·증축 또는 대수선, 건축물의 건축을 수반하지 아니하는 토지의 형질변경, 일정한 범위의 흙과 돌의 채취나 죽목의 벌채, 물건의 적치, 토지의 분할 등에 대해 특별시장 등의 허가를 받아 할 수 있고(제27조 제1항), <u>도시자연공원구역의 지정으로 인하여 도시자연공원구역의 토지를 종래의 용도로 사용할 수 없어 그 효용이 현저하게 감소된 토지 또는 해당 토지의</u>

사용 및 수익이 사실상 불가능한 토지의 경우에는 일정한 요건 하에 매수청구권을 행사할 수도 있다(제29조 제1항). 이러한 국토계획법과 공원녹지법의 각 규정을 비교하여 보면, 원고가 이 사건 각 토지에서 건축 등 개발행위를 위해 피고의 허가를 받아야 하는 제한이 있기는 하지만, 도시계획시설 부지로 지정되어 있을 때와 비교하여 규제가 일부 완화되고, 원고의 소유권이 상실되거나 처분권이 제한되는 것이라고 보기 어려우며, 설령 종래의 용도로 사용할 수 없어 효용이 현저히 감소되거나 사용·수익이 사실상 불가능한 예외적인 경우에는 매수청구권을 행사할 수도 있다. 따라서 도시자연공원구역 지정으로 인한 건축 등의 행위 제한이나 변경금지 의무 등은 토지소유자가 감수해야 하는 사회적 제약의 범주에 속하는 것으로서 이 사건 처분이 수인한도를 넘어 원고의 재산권을 침해하였다고 단정하기 어렵다.

(5) 피고는 이 사건 보상규정에 따라 공원시설이 이미 설치된 토지로서 해당 시설에 대한 주민 이용이 많은 곳, 공원시설 설치 예정지로서 공원조성 효과가 높은 곳 등을 우선적으로 보상하여 도시계획시설(공원)로 존치하기로 정하였고, 공원시설(산책로)로 이용되고 있음을 이유로 이 사건 각 토지 중 J, K 토지에서 분할 된 V, W 토지를 도시계획시설(공원)로 유지한 사실은 인정되나, 위와 같은 사례만으로 이 사건 보상규정에서 정한 우선보상대상지 요건을 갖춘 경우에 반드시 도시계획시설(공원)로 존치하기로 하는 행정관행이 성립하였다고 보기 어렵고, 달리 그러한 행정관행의 존재를 인정할 만한 증거가 없다. 또한, 피고는 서울특별시 소재 장기미집행 도시공원의 토지를 일괄적으로 취득할 수 없는 현실적인 한계 상황에서 공정하고 객관적인 업무처리를 위해 이 사건 보상규정을 마련하였고, 이 사건 보상규정의 충족 여부 및 정도, 위치, 훼손 여부, 보상의 필요성 여부, 재정적 여건 등에 따라 우선순위를 달리하여 도시계획시설(공원)로 유지하는 토지를 선정하는 한편, 그 밖에 임상이 양호한 산지 및 완충지역 등에 대해서는 도시자연공원구역으로 지정한 것으로 보이는바, 이를 합리적인 이유 없는 차별적 조치라고 평가하기도 어렵다.

(6) 이 사건 고시의 취지는 '서울의 자연환경 및 경관을 보호하고 도시민에게 건전한 여가·휴식공간을 제공하기 위하여 도시계획시설(공원)을 결정(변경)하고, 도시자연공원구역을 지정하여 시민의 건강·휴양 및 정서생활을 향상시키는데 이바지하고자 함'에 있는데(서울특별시 고시 B), 이는 국토계획법 제38조의2 제1항 및 공원녹지법 제2조 제3호에 규정된 도시자연공원구역의 지정 목적과 동일하다. 도시자연공원구역을 지정함으로써, 공원녹지를 보존하고 확충하여 도시의 자연환경 및 경관을 보호하고, 도시민에게 건전한 여가·휴식공간을 제공하여 공공의 복리를 증진시키는 공익을 얻을 수 있을 것으로 예상된다. 이러한 공익은 이로써 원고가 입게 될 불이익에 비해 결코 작다고 볼 수 없다. 나아가 피고는 공원 경계에 해당하여 양호한 식생 보호 및 산림훼손의 확대를 방지하기 위해 필요한 부분만을 도시자연공원구역으로 지정하였고(P, Q 토지), 2018. 12. 31. 서울특별시 시세 감면 조례를 전면개정하면서 제14조를 신설하여 장기미집행 공원이었다가 국토계획법 제38조의2에 따른 도시자연공원구역으로 변경

·지정된 토지에 대해서는 지방세법에 따른 재산세를 2021. 12. 31.까지 면제하여 주고 있고, 2002년 이후 현재까지 지속적으로 장기미집행 도시계획시설(공원)에 대한 보상절차를 진행하여 왔으며, 최근에도 공원녹지법 제32조에 따라 '2022년도 서울특별시 도시자연공원구역 협의매수 공고'를 하는 등 도시자연공원구역 지정으로 인한 사익의 제한을 최소화하기 위하여 노력하고 있다.

서울행정법원 2021. 7. 16. 선고 2020구합794 판결**

서울고등법원 2021누545 진행중**

피고 서울특별시장

[주문]

1. 피고가 2020. 6. 29. 서울특별시고시 제2020-254호로 고시한 도시관리계획(도시계획시설, 용도구역) 결정(변경) 처분 중 서울 D 임야 21,090㎡에 관한 부분을 취소한다.

2. 소송비용은 피고가 부담한다.

해당 토지의 사정을 제대로 고려하지 않은 채 일률적으로 토지 전체를 도시자연공원구역으로 지정한 도시관리계획이 재량을 일탈 남용하였다고 본 판결

서울행정법원 2021. 11. 25. 선고 2020구합783 판결**

현재 대법원 2022두618 진행중**

[주문]

1. 피고가 2020. 6. 29. 한 도시관리계획 결정 중 서울 ○○ 1,171㎡ 중 270㎡에 관한 부분을 취소한다.

2. 소송비용은 피고가 부담한다.

도시계획시설결정이 장기간 미집행 되어 재산권이 제한되었던 도시계획시설(공원)에 관하여, 이른바 일몰제에 따라 그 결정의 효력이 상실되기 전 도시자연공원구역으로 지정하면서, 공원구역으로 편입되는 토지의 구체적인 사정과 법령에서 정하는 지정 기준을 충분히 고려하지 못함으로써 재량권을 일탈·남용한 위법이 있다고 본 판결

3. 공원 폐지 소송

가. 의의

도시계획시설인 공원, 녹지에 대해서만 가능한 소송이다. 도시자연공원구역은 불가능한 소송이다.

국토법 제26조에 의하여 폐지(해제)입안신청을 하고, 이에 대해 거부를 하면, 거부처분 취소의 소송을 제기하거나, 신설된 국토법 제48조의2에 의하여 해제입안신청이나 해제신청, 해제심사신청을 하고, 이에 대해 거부를 하면 거부처분 취소의 소송을 제기하면 된다. 제48조의2는 2017. 1. 1.부터 시행된다.

이 소송은 매우 전문분야이고, 어려운 사전준비과정이 선행되지 않으면 승소가 어렵다. 이 소송의 장점은 행정소송이므로 인지대 등 소송비용이 매우 저렴하다는데 있다. 소송에 앞서서 국민권익위원회에 먼저 제소를 하는 경우도 많다.

나. 국민권익위원회 구제 절차

담당조사관 통지, 접수일로부터 60일 내 처리, 관계행정청 자료제출 약 20일, 민원내용 검토 및 필요시 현지조사 약 10일, 위원회 조사결과 보고 및 위원회 심의의결 약 10일, 부득이한 경우 연기하나, 반드시 통보한다.

다. 울화통 터지는 공원, 공원 폐지 소송 승소 사례

현재 도시공원은 도시계획시설로서 전국적으로 결정된 면적이 1,020㎢이고, 이 중 지방자치단체의 재정 부족으로 조성되지 못한 면적이 608㎢에 이른다.

이러한 미조성 공원들이 일몰제에 따라 실효되는 것을 막기 위해 정부나 지방자치단체는 ①"도시자연공원구역"(그린벨트보다 10배쯤 강한 것으로 제2의 그린벨트)으로 대체 지정하거나 ②해제되는 공원은 가급적 보전녹지지역으로 지정하도록 하고 있다(도시·군관리계획 3-1-5-2).

이에 공원부지 소유자들은 그동안 공원폐지 소송을 제기하여 왔었으나, 승소사례가 거의 없었다.

그러나 법무법인 강산(담당변호사 김태원)은 2016. 9. 30. 공원폐지 소송에서 승소를 하였다.

판결 주문은 "피고 서울특별시장이 2015. ○. ○○. 한 도시계획시설(공원)변경(폐지)신청에 대한 거부처분을 취소한다."라는 것이다.

판결 이유를 보면, 도시계획구역 내 토지소유자는 도시시설계획의 입안권자 내지 결정권자에게 도시시설계획의 입안 내지 변경을 요구할 수 있는 법규상 또는 조리상의 신청권이 있고, 이러한 신청에 대한 거부 행위는 항고소송의 대상이 되는 행정처분에 해당하는데(대법원 2015. 3. 26. 선고 2014두42742 판결 참조), 이 사건 토지의 제반사정을 살펴보면, 피고의 거부처분과 이 사건 토지를 도시계획시설(공원)로 유지함에 따라 달성되는 공익보다 원고들의 재산권 침해가 더 크다. 그런데도 이 사건 토지에 대한 도시계획시설(공원) 결정의 변경(폐지) 입안과 그 결정의 변경(폐지) 신청을 거부하는 피고의 거부처분은 행정계획을 함에 필요한 이익형량을 하지 아니하였거나 이익형량에 하자가 있어 위법하다는 것이다.

따라서 울화통 터지는 공원 부지 소유자들은 이제는 공원 폐지 소송을 적극 검토하여야 할 것이다. 공원 폐지 소송은 사전에 치밀한 준비가 필요하다. 덜컥 소송부터 제기하면 패소할 위험이 매우 크다. 따라서 반드시 전문 변호사에게 맡겨야 할 것이다.

라. 관련 판례

> **대법원 2016. 2. 18. 선고 2015두53640 공원용지해제거부처분취소**
> [도시계획시설결정 변경 입안제안 거부처분에 대한 취소청구 사건]
> ◇ 도시계획시설(도시자연공원) 해제 입안제안 신청에 대한 거부처분에 이익형량의 하자가 있는지 여부(소극) ◇

행정계획은 특정한 행정목표를 달성하기 위하여 행정에 관한 전문적·기술적 판단을 기초로 관련 행정수단을 종합·조정함으로써 장래의 일정한 시점에 일정한 질서를 실현하기 위하여 설정한 활동기준이나 그 설정행위를 말하는 것으로서, 행정주체는 구체적인 행정계획을 입안·결정함에 있어서 비교적 광범위한 형성의 자유를 가진다. 다만 행정주체의 위와 같은 형성의 자유가 무제한적이라고 할 수는 없고, 행정계획에서는 그에 관련되는 당사자들의 이익을 공익과 사익 사이에서는 물론이고 공익 사이에서나 사익 사이에서도 정당하게 비교·교량하여야 한다는 제한이 있으므로, 행정주체가 행정계획을 입안·결정할 때 이익형량을 전혀 행하지 않거나 이익형량의 고려 대상에 마땅히 포함시켜야 할 사항을 누락한 경우 또는 이익형량을 하였으나 정당성과 객관성이 결여된 경우에는 그 행정계획결정은 이익형량에 하자가 있어 위법하게 될 수 있다.

도시계획시설인 도시자연공원으로 결정·고시된 이 사건 토지의 일부를 매입하여 그 위에 테니스장을 운영하다 폐업한 원고가 피고에게 이 사건 토지에 대한 도시계획시설결정을 해제해 달라는 입안제안을 하였다가 거부된 사건에서, ① 원고가 이 사건 토지에 관한 소유권을 취득할 당시 이미 위 토지는 도시계획시설(공원)로 지정되어 있었으므로, 원고로서는 그 소유권 행사에 어느 정도 제약이 있으리라는 사정을 알면서 그 소유권을 취득한 점, ② 원고 스스로 수립하여 인가받은 실시계획에 따라 1986년경 이 사건 토지에 공원시설인 테니스장이 설치되어 2011년경까지 테니스장이 운영되었으므로, 이 사건 토지가 위 계획에서 정한 용도대로 사용되지 않은 기간은 이 사건 처분이 있기 전까지의 2년 7개월 정도에 불과하고, 원고가 위와 같이 테니스장을 운영한 것이 이 사건 토지가 도시자연공원 부지로 편입되어 있음으로 인한 부득이한 선택이라는 점을 감안하더라도, 원고가 장기간 재산권 행사를 현저히 제한받아 왔다고 보기는 어려운 점, ③ 이처럼 최근까지 공원시설이 설치·운영되어 왔던 이 사건 토지에 관하여, 현재 피고가 직접 또는 다른 사업시행자를 통해 테니스장을 운영할 계획을 마련하거나 새로운 공원조성계획을 입안하지 못하고 있다고 하여, 이 사건 토지를 공원으로 이용해야 할 공익적 필요성을 피고 스스로도 낮게 판단한 것이라고 볼 것은 아닌 점, ④ 피고가 인근 토지 중 일부를 도시자연공원에서 제외한 것은 도로나 학교 등 다른 도시계획시설을 설치하기 위한 새로운 공익적 필요에 따른 것이지, 토지소유자의 이익을 위하여 도시계획시설에서 해제해 준 것은 아니라고 할 것인 점 등에 비추어, 이 사건 토지를 도시자연공원으로 유지할 공익상 필요가 사라졌다거나 원고의 재산권 행사를 과도하게 제한해 왔다고 보기 어렵다는 이유로, 이 사건 처분에 이익형량에 하자가 있지 않다고 한 사례

대법원 2004. 4. 28. 선고 2003두1806 판결【도시계획시설변경입안의제안거부처분취소】

[1] 구 도시계획법(2002. 2. 4. 법률 제6655호 국토의계획및이용에관한법률 부칙 제2조로 폐지)은 도시계획의 수립 및 집행에 관하여 필요한 사항을 규정함으로써 공공의 안녕질서를

보장하고 공공복리를 증진하며 주민의 삶의 질을 향상하게 함을 목적으로 하면서도 도시계획시설결정으로 인한 개인의 재산권행사의 제한을 줄이기 위하여, 도시계획시설부지의 매수청구권, 도시계획시설결정의 실효에 관한 규정과 아울러 도시계획 입안권자인 특별시장·광역시장·시장 또는 군수로 하여금 5년마다 관할 도시계획구역 안의 도시계획에 대하여 그 타당성 여부를 전반적으로 재검토하여 정비하여야 할 의무를 지우고, 도시계획입안제안과 관련하여서는 주민이 입안권자에게 '1. 도시계획시설의 설치·정비 또는 개량에 관한 사항 2. 지구단위계획구역의 지정 및 변경과 지구단위계획의 수립 및 변경에 관한 사항'에 관하여 '도시계획도서와 계획설명서를 첨부'하여 도시계획의 입안을 제안할 수 있고, 위 입안제안을 받은 입안권자는 그 처리결과를 제안자에게 통보하도록 규정하고 있는 점 등과 헌법상 개인의 재산권 보장의 취지에 비추어 보면, 도시계획구역 내 토지 등을 소유하고 있는 주민으로서는 입안권자에게 도시계획입안을 요구할 수 있는 법규상 또는 조리상의 신청권이 있다고 할 것이고, 이러한 신청에 대한 거부행위는 항고소송의 대상이 되는 행정처분에 해당한다.

대법원 2012. 1. 12. 선고 2010두5806 판결 【완충녹지지정의해제신청거부처분의취소】

[1] 행정주체가 구체적인 행정계획을 입안·결정할 때에 가지는 비교적 광범위한 형성의 자유는 무제한적인 것이 아니라 행정계획에 관련되는 자들의 이익을 공익과 사익 사이에서는 물론이고 공익 상호 간과 사익 상호 간에도 정당하게 비교교량하여야 한다는 제한이 있는 것이므로, 행정주체가 행정계획을 입안·결정하면서 이익형량을 전혀 행하지 않거나 이익형량의 고려 대상에 마땅히 포함시켜야 할 사항을 빠뜨린 경우 또는 이익형량을 하였으나 정당성과 객관성이 결여된 경우에는 행정계획결정은 형량에 하자가 있어 위법하게 된다. 이러한 법리는 행정주체가 구 국토의 계획 및 이용에 관한 법률(2009. 2. 6. 법률 제9442호로 개정되기 전의 것) 제26조에 의한 <u>주민의 도시관리계획 입안 제안을 받아들여 도시관리계획결정을 할 것인지를 결정할 때에도 마찬가지이고, 나아가 도시계획시설구역 내 토지 등을 소유하고 있는 주민이 장기간 집행되지 아니한 도시계획시설의 결정권자에게 도시계획시설의 변경을 신청하고, 결정권자가 이러한 신청을 받아들여 도시계획시설을 변경할 것인지를 결정하는 경우에도 동일하게 적용된다고 보아야 한다.</u>

[2] 갑 등이 자신들의 토지를 도시계획시설인 완충녹지에서 해제하여 달라는 신청을 하였으나 관할 구청장이 이를 거부하는 처분을 한 사안에서, 위 토지를 완충녹지로 유지해야 할 공익상 필요성이 소멸되었다고 볼 수 있다는 이유로, 위 처분은 갑 등의 재산권 행사를 과도하게 제한한 것으로서 행정계획을 입안·결정하면서 이익형량을 전혀 하지 않았거나 이익형량의 정당성·객관성이 결여된 경우에 해당한다고 본 원심판단을 정당하다고 한 사례.

4. 매수청구 거부처분 취소소송

 매수청구를 하고, 행정청이 이를 거부할 경우 제기하는 소송이다. 매수청구는 청구권이지만, 공법상의 권리이고, 따라서 매수 여부 결정에 대한 통지는 행정처분이며, 이에 대해서는 행정소송이 가능하다.

 매수 여부 결정은 비록 재량행위이지만, 대부분 재량권이 0으로 수축되어, 매수 불허 결정은 위법하다고 생각한다. 즉, 요건이 맞는다면 매수를 해 주는 것이 맞다. 실무상은 승소사례가 많지 않다.

> **대법원 2009. 9. 10. 선고 2007두20638 판결 토지매수신청거부처분취소 (차) 파기환송**
> ◇ 상수원 수질보전을 위하여 필요한 지역 내 토지의 매수신청에 대한 거부가 처분인지 여부(적극) ◇
> 금강수계 물관리 및 주민지원 등에 관한 법률(2007. 12. 27. 법률 제8806호로 개정되기 전의 것, 이하 '법'이라 한다) 제8조 제1항, 제2항, 법 시행령(2008. 12. 24. 대통령령 제21187호로 개정되기 전의 것) 제9조 제1항 내지 제3항은, 금강수계 중 상수원 수질보전을 위하여 필요한 지역의 토지 등을 국가에 매도하고자 하는 자는 유역환경청장 등에게 일정한 서류를 제출하여 매수신청을 하고 유역환경청장 등은 매수우선순위에 따라 그 매수 여부를 결정하여 토지 등의 소유자에게 이를 통보하여야 하며, 그 매수가격은 공익사업을 위한 토지 등의 취득 및 보상에 관한 법률의 예에 의하여 산정하여야 한다고 규정하고 있는바, 위와 같은 관계규정의 내용 및 법 제8조의 토지 등의 매수제도는 환경침해적인 토지이용을 예방하여 상수원의 수질개선을 도모함과 아울러 상수원지역의 토지이용규제로 인한 토지 등의 소유자의 재산권 침해에 대해 보상하려는 것을 목적으로 하는 것으로서 손실보상을 대체하는 성격도 있는 점, <u>위 규정에 따른 매수신청에 대하여 유역환경청장 등이 매수거절의 결정을 할 경우 토지 등의 소유자로서는 재산권에 대한 제한을 피할 수 없게 되는데, 위 매수거절을 항고소송의 대상이 되는 행정처분으로 보지 않는다면 달리 이에 대하여는 다툴 방법이 없게 되는 점 등에 비추어 보면, 유역환경청장 등의 매수 거부행위는 공권력의 행사 또는 이에 준하는 행정작용으로서 항고소송의 대상이 되는 행정처분에 해당한다고 봄이 상당하고, 구체적으로 원고의 매수신청 인용 여부에 대하여는 본안에서 심리 후 판단하여야 할 사항이다.</u>
>
> **서울행정법원 2012. 2. 16. 선고 2011구합15244 [매수거부처분취소]**
> 1. 원고의 주장
> 어떤 토지가 법 제47조 제1항에서 정한 매수청구의 요건을 갖추었다면, 매수의무자는 그 토

지를 매수하여야 하고, 재정상의 이유로 매수청구를 거부할 수는 없다. 즉, 매수 여부의 결정은 기속행위이다. 설령 매수 여부의 결정이 재량행위라고 하더라도 법 제56조에 따른 건축물 등의 설치허가가 날지 여부는 불분명한 점, 피고가 이 사건 토지를 도로로 사용할 것이 분명하여 이 사건 토지 위에 건축물 등을 설치하더라도 곧 철거될 수밖에 없는 점, 이 사건 토지의 현황상 사실상 건축이 불가능한 점 등을 고려하면 이 사건 처분은 그 재량권을 일탈하거나 남용한 것이다.

2. 판단

(1) 재정상의 이유로 매수청구를 거부할 수 있는지 여부

토지소유자의 매수청구가 있더라도 매수의무자는 이에 구속되지 않고 매수거부결정을 할 수 있다고 볼 것이고, 매수의무자로부터 매수하지 아니하기로 결정한 통지를 받은 매수청구자는 법 제56조의 규정에 의한 허가를 받아 대통령령이 정하는 건축물 또는 공작물을 설치할 수 있을 뿐이다.

이 사건으로 돌아와 보건대, 피고가 원고에게 이 사건 처분을 통하여 이 사건 토지를 매수하지 아니하기로 하는 의사를 명백히 표시한 이상, 원고는 더 이상 피고에게 이 사건 토지에 대한 매수청구를 할 수 없고, 다만 법이 정하는 바에 따라 이 사건 토지 위에 건축물 등을 설치할 수 있게 되었을 뿐이다. 따라서 원고의 이 부분 주장은 이유 없다(원고는 대법원 2007. 12. 28. 선고 2006두4738 판결을 들면서 매수 여부의 결정은 기속행위라고 주장하기도 하나, 위 대법원 판결은 이 사건과는 그 사안을 달리할 뿐만 아니라 명시적으로 매수 여부의 결정이 기속행위라고 판시한 것도 아니어서, 원고의 위 주장은 받아들일 수 없다).

(2) 재량권을 일탈하거나 남용하였는지 여부

이 사건 토지는 원고가 점유·사용중이거나 나대지 상태로 서울특별시 구로구에서 점유한 부지가 아닌 토지로서 상대적으로 재산권의 제약이 적다고 보아 매수불가로 결정하였다.

위 인정사실에 의하여 드러난 이 사건 토지로의 분할 경위, 원고의 이 사건 토지의 소유권 취득시기에 비추어 볼 때, 이 사건 토지의 현황상 또는 관계법령상의 이유로 건축물 등의 설치가 어렵다고 하더라도 원고는 그와 같은 사정을 이미 알면서도 이 사건 토지를 매수한 것으로 보이는 점, 위에서 본 피고의 매수불가결정 경위에 어떤 잘못이 있다고 볼 수 없는바, 결국 이 사건 처분이 재량권을 일탈하거나 남용하였다고 보기 어렵다. 원고의 이 부분 주장도 이유 없다.

5. 부당이득금 청구 소송

가. 부당이득금 청구란?

지자체가 공원 부지에 등산로나 체육시설을 설치하는 방법 또는 일반인에 제공하는 방법으로 점유·사용 시 제기하는 소송으로서, 토지사용에 따른 지료를 청구하는 소송이다.

이 소송은 민사소송이고, 따라서 청구금액에 비례하여 인지대가 많아진다는 단점이 있다. 일부 토지 소유자는 소를 제기할 때 지료를 과다 산정하여 청구하는데, 이는 바람직하지 않다.

법원은 재판 중에 점유 면적을 특정하고 통상 그에 대해 측량 감정을 실시한다. 법원이 정한 감정평가사에게 의뢰하여 감정가가 결정되면 그 결정을 토대로 지료를 정하게 되는 것이다. 따라서 감정가보다 많은 금액을 청구했을 때 토지소유자는 많은 금액에 대하여 일부 패소를 하게 되고, 그렇게 되면, 인지대와 감정비, 상대방 변호사 보수를 더 많이 물어주는 결과가 된다. 게다가 항소를 할 경우에는 인지대 부담이 1.5배로 높아진다. 그렇다고 감정가대로 청구를 하는 것이 좋은 것도 아니다. 감정가대로 청구를 했을 때는 전부 승소를 하게 되어 더 다투고 싶어도 항소를 하지 못하게 될 수 있으므로, 항소를 하여 금액을 다투고 싶다면 감정될 금액보다 약간 상회하는 금액을 청구하여 일부 패소를 해야 한다. 적은 금액에 대하여 일부 패소가 되었을 때 소송비용은 대부분 토지소유자인 원고가 아니라 피고의 부담이 된다.

이 재판의 핵심 쟁점은 <u>지자체가 점유를 하는지 여부와 점유 시 그 액수가 쟁점이다</u>. 또한 일부 소송에서 전소유자가 돈을 받지 않고 사용승낙을 한 경우도 문제가 된다. 사용승낙을 한 사실이 있다면 사용대차 계약을 해지하여야 할 것이다. 만일 지자체가 사용승낙을 받은 면적보다 더 넓은 면적을 사용하고 있다면 채무불이행에 의하여 사용대차 계약을 해지할 수도 있다.

또한 경우에 따라서는 <u>설치물을 철거하고 토지인도를 구하는 경우도</u> 있으나, 이 경우 권리남용으로 패소하는 사례가 있으므로 주의를 요한다. 철거 및 인도를 구하기 위해서는 철저한 준비와 재판진행이 필요하다. 원고가 스스로 권리남용이라는 결과를 만들어 나가다가 결국 패소를 한 안타까운 경우도 보았다. 이는 경험 부족에 기인하는 것이다. 이외에도 도로·공원 관련 소송은 고도의 전문성을 요하므로 전문변호사를 찾아 맡겨야 할 것이다.

나. 점유 여부

과거에 지방자치단체는 임야 내 일부 장소에 수도시설, 안내판 등을 설치하고 도로, 다리를 유지, 보수하였다고 하더라도, 이는 인근 주민들의 복지증진, 재해 및 범죄예방, 자연보호 등 지방자치단체 본연의 임무수행 과정에서 부수적으로 발생한 현상일 뿐, 이를 두고 지자체가 임야를 사실상 지배의 주체로서 점유, 관리하여 온 것이라고 할 수 없고, 달리 지자체가 소유자의 임야에 대한 점유, 사용을 배제하고 배타적으로 이를 점유하여 이익을 얻어 왔음을 인정할 증거가 없다는 항변을 많이 하였고, 그것이 받아들여진 경우도 있었다.

그러나 위와 같은 항변은 지금은 대법원에 의해 받아들여지지 않으므로 지자체도 그러한 항변은 하지 않는 편이 낫다. 지자체가 점유를 하는지 여부는 더 이상 큰 문제가 되지 않는다.

대법원은 "특히 임야에 대한 점유의 이전이나 점유의 계속은 반드시 물리적이고 현실적인 지배를 요한다고 볼 것은 아니고, 관리나 이용의 이전이 있으면 점유의 이전이 있었다고 보아야 한다. 그러므로 사인이 소유하는 어떠한 토지에 도로나 공원 등 도시계획시설을 설치하는 내용의 도시계획이 결정·고시되었다고 하더라도, 아직 그 도시계획에 따른 사업이 시행되지 않은 상태에서는 곧바로 국가나 지방자치단체가 이를 점유한다고 볼 수 없다. <u>그러나 정식의 도시계획사업이 시행되기 전이라도 국가나 지방자치단체가 해당 토지에 도시계획시설을 구성하는 여러 시설을 설치·관리하여 일반 공중의 이용에 제공하는 등으로 이를 사실상 지배하는 것으로 평가될 수 있는 경우에는, 그 범위 내에서 국가나 지방자치단체의 점유가 인정될 수 있다.</u>"라고 명확히 판시하고 있다(대법원 2018. 3. 29. 선고 2013다2559, 2566 판결).

오히려 점유 문제와 관련하여 다른 쟁점이 있다. 즉, 등산로와 배수로를 설치하고, 일부 체육시설을 설치한 경우 당해 설치 장소만 점유하는 것인지가 그 쟁점이다. 지금까지의 판결례를 보면 원고는 지자체가 당해 설치 장소만 점유하는 것으로 생각한 나머지 아예 그곳에 대해서만 측량감정을 신청하였기에 점유면적은 별다른 쟁점이 되지 못하고 말았다[91]. <u>그러나 생각해보자. 등산로를 설치하고 배수로를 설치하였다면 등산이나 산책 목적으로 이용되는 토지 전체를 점유하는 것이 아닌가. 점유는 간접점유도 인정된다.</u> 즉, 등산로나 산책로, 체육시설을 설치함으로서 당해 토지 전체를 간접점유하고 있다고 보는 것이 상식에 맞는다. 등산을 오는 사람이 등산로만 이용한다고 할 수 없으며, 오히려 등산객은 산 전체를 이용한다고 보는 것이 관념에 부합한다. 등산로 외의 토지가 없다면 등산을 오지 않았을 것이다. 그러므로 등산객은 주변 풍광이나 나무, 꽃들을 보기 위해서, 좋은 공기를 마시기 위해서 산 전체를 이용한다고 보아야 한다. 따라서 소유자가 입산통제를 하지 않는 한 지자체는 산 전체를 직접 또는 간접 점유하는 것이다[92].

다만, 이러한 주장이 재판부에 의해 받아들여지지 않으면 원고인 토지 소유자는 일부 패소를 하게 될 것이다. 그렇게 되면 지금까지 필자의 주장처럼 원고는 감정가보다 많은 금액에 대하여 일부 패소를 하게 되어 소송비의 부담이 커질 수 있으나, 사견은, 지자체가 산 전체를 점유하는 것이므로 재판에서 원고가 그리 주장해야 한다는 것이다. 그렇게 하여야만 지자체도 보상에 적극적으로 응할 것이다. <u>가사 산 전체를 점유하는 것으로 주장하지 않는다고 하더라도 측량감정 시 어디까지를 점유하는 것으로 보아야 할지는 반드시 꼼꼼히 따져야 한다.</u> 만일 지자체가 수목을 식재한 것이 있다면 그 수목의 가지 밑 부분까지는 점유한다고 주장해보자.

---

91) 다만 서울고등법원 1998. 11. 11. 선고 97나17638 판결(피고 서울시 및 강남구)에서는 "도시공원법 제5조제4항 및 같은 법 시행규칙 제8조는 도시공원안에 설치할 수 있는 공원시설의 부지면적에 관하여 도시자연공원의 경우에는 20% 이하로 설치할 수 있도록 규정하고" 있으므로, 실제 설치면적에 5배에 대해서 부당이득금을 청구하였으나, 실제 점유면적이 시설물이 설치된 부분의 5배에 해당한다고 볼 수 없다는 이유로 기각되었다.

92) 대법원 2012. 12. 26. 선고 2011다73144 판결도 같은 취지이다.

대법원 2009. 11. 26. 선고 2009다35903 판결 【부당이득금반환】

지방자치단체가 타인 소유 임야 중 일부 토지 위에 자신의 계획과 비용으로 수도시설, 안내판, 관리소 등을 설치하여 유지·관리해 온 데 대하여 임야소유자가 그 차임 상당액을 부당이득으로 반환청구한 사안에서, 지방자치단체는 위 시설의 부지가 되는 부분을 점유한다고 보아야 하고 설사 점유하지 않는다고 하더라도 그 부분을 위 시설물들의 부지로 사용하는 이익을 얻고 있으므로 임야소유자에게 그 이익을 부당이득으로 반환할 의무가 있고, 그러한 토지의 사용이 복지증진 등 지방자치단체 본연의 임무를 수행하는 과정에서 부수적으로 발생한 것이라고 하여 달라지지 않는다고 한 사례.(아래 원심 판결 파기 환송)

원심판결 서울중앙지방법원 2009. 04. 17. 선고 2008나41931 판결 부당이득금반환

피고가 위와 같은 의미에서 이 사건 임야를 점유하고 있다고 볼 수 있는지 여부에 관하여 살피건대, 위 증거들에 의하면 피고가 이 사건 임야에 수도시설, 각종 안내판 등을 설치한 사실은 인정되나, 배드민턴장, 주차장 및 운동시설 설치, 다리축조, 도로개설 포장을 하였다는 점을 인정할 증거가 없고, 한편 위 증거들에 의하면 피고가 이 사건 임야에 위와 같은 안내판 등을 설치하고, 도로·다리를 정비하기 이전에 이미 이 사건 임야의 인근 주민들은 1981년 초부터 관호배드민턴클럽을 결성하여 배드민턴장을 설치하고, 그 부근을 배드민턴장 진입로로 사용하였고, 관음사는 1973년 이전부터 이미 토석채취를 위해 도로를 설치하였고, 1980년경 신도들의 편의를 위해 도로를 포장하고, 1987년경 아스콘으로 포장, 보수한 사실, 피고는 주민의 편익 도모 및 안전사고 방지, 재해예방을 위하여 이 사건 임야에 안내판, 수도시설, 관리소 등을 설치하고 기존에 설치되어 있던 도로, 다리를 유지, 보수하게 된 사실, 피고는 2005. 5월부터 수차례 관호배드민턴클럽에 대하여 배드민턴장의 철거를 계고하였으나 위 클럽이 이에 응하지 아니하자 2007. 12. 12. 대집행계고서를 발부한 사실이 인정된다.

그렇다면 배드민턴장, 진입로 등 도로, 다리는 공원지정 전 또는 지정 무렵부터 이미 설치되어 있었던 것이고, 비록 피고가 앞서 본 바와 같이 이 사건 임야 내 일부 장소에 수도시설, 안내판 등을 설치하고 도로, 다리를 유지, 보수하였다고 하더라도, 이는 원고를 비롯한 인근 주민들의 복지증진, 재해 및 범죄예방, 자연보호 등 지방자치단체 본연의 임무수행과정에서 부수적으로 발생한 현상일 뿐, 이를 두고 피고가 이 사건 임야를 사실상 지배의 주체로서 점유, 관리하여 온 것이라고 할 수 없고, 달리 피고가 소유자인 원고의 이 사건 임야에 대한 점유, 사용을 배제하고 배타적으로 이를 점유하여 이익을 얻어 왔음을 인정할 증거가 없으므로, 원고의 주장은 나머지 점에 관하여 더 나아가 살필 필요 없이 이유없다.

대법원 2012. 12. 26. 선고 2011다73144 판결 [손해배상(기)]

특정 토지가 통제보호구역으로 지정되어 토지소유자의 토지에 대한 출입과 사용·수익이 제한될 수 있다는 사정만으로 국가가 그 토지를 계속적으로 점유·사용하는 것이 허용되는지 여부(소극) 및 국가가 통제보호구역으로 지정된 토지를 군사시설 부지 등으로 계속적, 배타적으로 점유·사용하는 경우, 토지소유자에게 차임 상당을 부당이득으로 반환하여야 하는지 여부(원칙적 적극)

구 군사시설보호법(2007. 12. 21. 법률 제8733호 군사기지 및 군사시설 보호법 부칙 제2조로 폐지)과 군사기지 및 군사시설 보호법의 입법 취지와 규정 내용, 통제보호구역의 지정 목적과 그 범위 및 통제보호구역 내에서의 행위의 제한 등에 관한 규정 등을 종합하여 보면, 특정 토지가 통제보호구역으로 지정됨으로써 토지소유자의 출입 및 토지의 용도에 따른 사용·수익이 제한될 수 있다는 사정만으로는 국가가 계속적으로 그 토지를 점유·사용하는 것이 허용된다고 할 수 없고, 또한 국가가 그 토지를 점유·사용하면서 실질적인 이익을 얻고 있다고 보기 어려울 것이다. 한편 국가가 그 토지 위에 군사시설 등을 설치하여 그 부지 등으로 계속적, 배타적으로 점유·사용하는 경우에는, 국가가 그 토지를 점유·사용할 수 있는 정당한 권원이 있음을 주장·증명하지 아니하는 이상, 그 토지에 관하여 차임 상당의 이익을 얻고 이로 인하여 원고에게 동액 상당의 손해를 주고 있다고 봄이 타당하므로, 국가는 토지소유자에게 차임 상당의 이득을 부당이득금으로 반환할 의무가 있다.

– 이 사건 토지(민간인통제선 이북지역에 위치하고 있는 통제보호구역)에 GOP철책, 경계초소, 제방, 순찰로, 군사용도로, 콘크리트 옹벽 등의 군사시설을 설치하여 이 사건 토지를 전방 경계작전용으로 사용하면서 <u>이를 전부 점유하고 있는 사실</u> 인정

<u>서울고등법원은 아래 판시와 같이 피고들(행정청)이 설치하거나 정비하여 관리한 산책로, 운동시설 등의 시설물 부지를 넘어 자연녹지지역까지도 점유한 것으로 볼 수 있다고 판시하였다</u>(서울고등법원 2012. 11. 28. 선고 2011나29668, 2011나29675(병합) 판결).

서울고등법원 2012. 11. 28. 선고 2011나29668, 2011나29675(병합) 판결

나. 부당이득반환 대상 점유부지의 범위

1) 원고들이 피고들에 대하여, 이 사건 (지번 1 생략) 임야, 이 사건 (지번 2 생략) 임야 중 주도로 위쪽의 무허가 건축물이 산재하여 있는 공간을 제외한 나머지 부분(별지5 감정도 ⑤

부분) 111,745㎡ 및 이 사건 (지번 3 생략) 내지 (지번 5 생략) 임야에 대한 점유·사용으로 인한 부당이득의 반환을 구함에 대하여, 피고들은 설령 피고들이 이 사건 각 임야를 공원으로서 점유·사용한 사실이 인정된다고 하더라도 그 점유 부분은 피고들이 설치한 것으로 인정되는 시설물의 부지 면적에 한정되어야 한다고 주장한다.

2) 살피건대, 건설부장관이 1985. 9. 28. 월곡제1공원에 대한 공원조성계획을 결정하고, 서울특별시장이 2002. 4. 23. 월곡제1공원(오동근린공원)의 공원조성계획에 이르기까지 이 사건 각 임야 일대의 오동근린공원은 하나의 단일한 공원지역으로서 계획되고 설치와 관리가 이루어진 점, 오동근린공원에 설치된 체력단련장, 배드민턴장 및 산책로의 지주목 등 인공 시설물과 위 공원의 대부분을 차지하고 있는 자연녹지지역은 서로 독립하여 존재하는 것이 아니라 서로 결합하여 하나의 공원구역을 구성하고 있다고 봄이 상당한 점(대부분이 녹지인 이 사건 각 임야 전부가 공원인 도시계획시설을 설치할 부지로 선정된 것도 위와 같은 이유일 것이다), 위 공원을 이용하는 주민들은 위 공원에 설치된 시설물만을 사용하는 것이 아니라 그 공원을 이루는 자연경관의 녹지지역도 함께 사용한다고 보아야 하는 점, 강북구청의 공원녹지과 직원들이 산림 보호를 위하여 산림 내 무단경작지 및 무단시설물을 철거하고 지속적으로 감시 활동을 하여 온 점, 강북구청장은 오동근린공원 내에서 녹지를 활용한 '숲 속 여행 프로그램'을 운영한 점, 비록 인근 주민들이 오동근린공원 내에 1977.경 배드민턴장을 개설하기는 하였으나 강북구청장은 그 배드민턴장의 시설물이 당시 시행되던 도시공원법 및 도시계획법에 저촉되는지 지속적으로 감시하면서 관리하였고, 한편 생활체육시설의 제공도 도시공원이 제공하는 기능 일부분인 점 등을 종합적으로 고려하면, 피고들은 강북구청장이 설치한 시설물의 면적에 한정하여 이 사건 각 임야를 공원 부지로서 점유한다고 할 수 없고, 배드민턴장 및 자연녹지공간을 포함하여 이 사건 각 임야를 전체적으로 공원 부지로서 점유한다고 할 것이다. 다만, 이 사건 (지번 2 생략) 임야 중 주도로 위쪽의 무허가 건축물이 산재하여 있는 공간(별지5 감정도 ④ 부분) 51,972㎡는 공원 지역에는 포함되어 있으나 산재하고 있는 무허가 건축물로 인하여 사실상 휴식을 위한 공원으로서 활용되지는 못하고 있으므로, 이 사건 (지번 2 생략) 임야 중 위 공간을 제외한 나머지 부분(별지5 감정도 ⑤ 부분) 111,745㎡만이 공원 부지로서 사용되고 있다고 봄이 상당하다.

3) 따라서 이 사건 (지번 1 생략) 임야, 이 사건 (지번 2 생략) 임야 중 별지5 감정도 ⑤ 부분 111,745㎡[이하 별도의 언급이 없는 한 이 사건 (지번 2 생략) 임야로 지칭되는 부분은 별지5 감정도 ⑤ 부분에 한정된다. 이 사건 각 임야로 포괄하여 약칭할 때도 이와 같다], 이 사건 (지번 3 생략) 내지 (지번 5 생략) 임야 전부가 부당이득반환 대상 점유부지의 범위에 포함된다고 할 것이다.

이에 대해 대법원은 "원심이 인정한 사정들만으로는 피고들이 설치하거나 정비하여 관리한 산책로, 운동시설 등의 시설물 부지를 넘어 자연녹지지역까지도 점유한 것으로 볼 수 있는지 의문이다. 자연녹지지역에 대한 피고들의 점유를 인정하기 위해서는, 피고들이 전체적으로 새로 조림을 하여 관리하거나 울타리와 출입구를 설치하여 출입을 통제하거나 안내문을 설치하여 관리자와 이용방법을 표시하는 등으로 사회관념상 피고들이 자연녹지지역의 토지까지도 계속적으로 지배하는 것으로 인식될 만한 특별한 사정이 있는지에 관하여 충분한 심리를 한 다음, 피고들이 자연녹지지역까지도 점유한 것인지를 판단하였어야 한다. 나아가 공원시설의 범위 안에서만 피고들의 점유가 인정되는 경우라면, 그 시설의 설치 경위 및 시점, 위치, 면적 등을 구체적으로 심리하여 특정한 후 그 점유 여부 및 부당이득의 액수를 판단하였어야 한다."라고 판시하여, 원심을 파기 환송하였다(대법원 2018. 3. 29. 선고 2013다2559, 2566 판결).

매우 아쉬운 판결이다. 대법원 판결대로라면 시설물 설치 이외의 토지부분까지 부당이득을 청구하기가 매우 어려워졌다. 그러나 이러한 판결에는 수긍하기가 어렵다.

다. 피고

도시공원은 시·도지사(간접점유자)와 구청 모두 가능하고, 자연공원은 1987. 7. 1.부터 국립공원관리공단 또는 시·도지사이다.

다만, 간접점유자와 직접점유자의 각 부당이득반환의무의 상호관계가 문제되는데, **數人**이 공동으로 법률상 원인 없이 타인의 물건을 사용한 경우에 각각의 부당이득반환의무는 불가분채무의 관계에 있다는 것이 확립된 판례의 입장이지만, 위 법리가 간접점유-직접점유의 관계에도 적용되는지에 관하여 판시하고 있는 판례는 존재하지 않는 것으로 보인다. 1심 법원이 **'연대채무'**로 보았으나, 대법원에서 이에 관해 직접적으로 판단하지 않은 것은 있다.[93]

---

93) 강지웅, "공물관리와 부당이득", 재판실무연구(2010년 II), 서울남부지방법원

대법원 2010. 3. 25. 선고 2007다22897 판결

1. 구 도시공원법(1997. 12. 13. 법률 제5453호로 개정되기 전의 것) 제5조 제1항, 제6조 제1항, 제2항에 의하면, 시장 또는 군수가 직접 도시공원을 설치한 경우뿐만 아니라 시장 또는 군수 외의 자가 도시공원을 설치하거나 위탁받아 관리하는 경우에도 당해 공원의 관리청은 원칙적으로 그 공원이 위치한 행정구역을 관할하는 시장 또는 군수이다. 그러나 공원 관리에 관한 상위 지방자치단체장의 행정권한이 행정권한 위임조례에 의하여 하위 지방자치단체장 등에게 위임되었다면 권한을 위임받은 하위 지방자치단체장 등이 그 공원의 관리청이 된다.

2. 국가 또는 상위 지방자치단체 등 위임관청이 위임조례 등에 의하여 그 권한의 일부를 하위 지방자치단체의 장 등 수임관청에게 기관위임을 하여 수임관청이 그 사무처리를 위하여 공원 등의 부지가 된 토지를 점유하는 경우, 간접점유의 요건이 되는 점유매개관계는 법률행위뿐만 아니라 법률의 규정, 국가행위 등에도 설정될 수 있으므로 이러한 위임조례 등을 점유매개관계로 볼 수 있는 점, 사무귀속의 주체인 위임관청은 위임조례의 개정 등에 의한 기관위임의 종결로 법령상의 관리청으로 복귀하며 수임관청에게 그 점유의 반환을 요구할 수 있는 지위에 있는 점 등에 비추어 보면, 위임관청은 위임조례 등을 점유매개관계로 하여 법령상 관리청인 수임관청 또는 그가 속하는 지방자치단체가 직접점유하는 공원 등의 부지가 된 토지를 간접점유한다고 보아야 하므로, 위임관청은 공원 부지의 소유자에게 그 점유·사용으로 인한 부당이득을 반환할 의무가 있다(대법원 2018. 3. 29. 선고 2013다2559, 2566 판결).

대법원 1998. 2. 24. 선고 96다8888 판결

1987. 7. 1.부터 국립공원관리공단 또는 시·도지사

이 사건 임야에 대한 국립공원 지정이 있을 때 시행되던 구 자연공원법 제17조는 국립공원은 건설부 장관이 관리하되 다만 공원의 보호 및 공원시설의 유지 관리에 관한 공원관리청의 직무는 도지사(서울특별시장 포함, 이하 같다)로 하여금 행하게 할 수 있고 이 경우 도지사를 당해 국립공원의 공원관리청으로 본다고 규정하였으나, 1987. 7. 1.부터 시행된 개정법률은 건설부 장관의 위탁을 받아 국립공원 구역 안의 산림 기타 자연자원을 보호하고 국립공원시설을 유지 관리하기 위하여 독립한 법인체인 국립공원관리공단을 설립하고(개정법률 제49조의2), 종전에 국립공원을 관리하던 지방자치단체는 국립공원의 관리업무를 건설부 장관에게 인계하며(개정법률 부칙 제2조), 건설부 장관은 국립공원을 관리함에 있어서 공원의 보호 및 공원시설의 유지 관리에 관한 공원관리청의 직무를 국립공원관리공단으로 하여금 행하게 할 수 있고 이 경우 국립공원관리공단을 당해 공원의 공원관리청으로 본다(개정법률 제17조)고 규정하였다.

즉, 위 개정법률에 따라 이 사건 임야가 포함된 북한산국립공원에 대한 보호 및 시설의 유지 관리에 관한 직무가 1987. 7. 1.부터 서울특별시장에서 국립공원관리공단으로 옮겨가게 되고

> 국립공원관리공단이 북한산 국립공원의 공원관리청으로 간주되게 되었다. 피고 서울특별시는 이 사건 임야에 관하여 국립공원관리공단에게 반환을 청구할 수 있는 지위에 있다고 할 것이고 따라서 1987. 7. 1. 이후에는 이 사건 임야에 대하여 간접점유를 취득하였다고 할 것이다."라고 판단하였다.

라. 부당이득금

(1) 입증책임

대법원에 의하면, 부당이득반환책임이 인정되는 경우에 법원은 그 손해액에 관한 당사자의 주장과 증명이 미흡하더라도 적극적으로 석명권을 행사하여 증명을 촉구하여야 하고 경우에 따라서는 직권으로라도 손해액을 심리·판단하여야 한다고 한다.

실무적으로는 원고가 임료 감정을 신청하고, 재판부는 그 결과에 따른다.

(2) 기초가격

공원이나 도로 등으로 편입된 사정은 고려하지 않고 **그 편입될 당시의 현실적 이용 상황에 따라 적절한 감정평가를 한다.** 사견은 토지보상평가지침 제49조에 의하면 결국 미불용지규정을 준용한다. 그런데 이용상황이 나아지면 이는 나아진 이용상황으로 평가하여야 한다고 사료한다. 공원이나 도로 등으로 편입된 이후에 행정청이 토지를 잡종지 내지 대지로 만들었다면 이는 불법형질변경토지가 아니므로, 나아진 이용상황으로 기초가격을 산정하는 것이 타당하다.

> **대법원 1993. 4. 27. 선고 92누15857 판결 【공원사용료부과처분취소】**
> 공원부지의 사용료 산정을 위한 공원부지가액의 평가는 점용자의 비용으로 대지가 조성된 현 상태를 기준으로 할 것이 아니라 부과시점에서 대지조성 이전의 임야상태를 상정하여 이를 기준으로 하여야 한다.
>
> **서울고등법원 2012. 11. 28. 선고 2011나29668, 2011나29675(병합) 판결**
> 이 사건 각 임야에 대한 임료 상당의 부당이득액을 산정하기 위한 기초가격은 도시공원으로서의 공법상 제한을 받지 않는 상태로 평가함이 상당하다.

서울중앙지방법원 2006. 03. 21. 선고 2004가합95462 판결 [사용료]
대법원에서 그대로 확정

국가 또는 지방자치단체가 공원이나 도로 등으로 점유·사용하고 있는 토지에 대한 임료 상당의 손해배상액 내지 부당이득액을 산정하기 위한 토지의 기초가격은, 국가 또는 지방자치단체가 공원이나 도로 등 관리청으로 점유를 개시하거나 사실상 지배주체로서 점유를 개시할 당시 공법상 제한이 없었다면 공원이나 도로 등으로 편입된 사정은 고려하지 않고 그 편입될 당시의 현실적 이용상황에 따라 적절한 감정평가를 하면 되고(대법원 1999. 4. 27. 선고 98다56232 판결 등 참조), 반드시 지방자치단체 등이 공공사업에 필요한 토지 등을 협의에 의하여 취득하거나 사용할 경우에 적용되는 '공공용지의 취득 및 손실보상에 관한 특례법 시행규칙' 소정의 평가방법에 의할 것은 아니다(1996. 8. 23. 선고 96다20918 판결 등 참조).

--- 이 사건 토지가 애초 1973. 12. 1. 건설부 고시 제470호로 이 사건 재개발구역에 포함되었다가 상도근린공원으로 지정된 직후 1978. 11. 11. 건설부 고시 제343호로 사업계획을 변경할 당시에도 무허가 건물이 들어차 있었던 점, 그 후 1982. 4. 26. 건설부 고시 제155호로 재개발구역에서 이 사건 토지가 제외되었다가 무허가 건물 소유자들로부터 민원이 제기되자 무허가건물을 철거하고 공원기능을 회복시킬 목적으로 1990. 5. 9. 건설부 고시 제247호로 재개발구역에 재편입된 점, 이 사건 재개발사업이 시행되면서 실시된 감정평가에서도 1994. 10. 18. 가격시점을 기준으로 이 사건 토지를 포함한 이 사건 종전 임야에 대한 가액이 사실상 대지로 이용되고 있는 점 등을 감안하여 ㎡당 650,000원 내지 700,000원으로 평가된 점 등에 비추어 보면, 피고들이 점유를 개시할 당시 이 사건 토지는 이미 현황이 사실상 대지로 활용되었거나 활용될 수 있던 것으로 추단된다.

나아가 감정인 권욱일의 감정결과에 의하면, 이 사건 토지가 대지로 활용될 수 있다는 전제에서 토지가격(㎡당 2003. 9. 9.에는 902,000원, 2004. 9. 9.에는 1,010,000원, 2005. 9. 9.에는 1,101,000원)을 산출하고 여기에 실제 이용상황과 국유재산 등의 관련 법령에 정한 기대이율 등을 참작하여 3%의 기대이율을 적용한 결과, 이 사건 토지의 연 임료는 이 사건 재개발사업 준공인가 및 공사완료 고시가 이루어진 2003. 9. 9.부터 2004. 9. 8.까지는 47,084,000원, 2004. 9. 9.부터 2005. 9. 8.까지는 52,722,000원이고, 2005. 9. 9.부터 2005. 12. 22.까지 이 사건 토지의 월 임료는 4,789,000원인 사실을 인정할 수 있고, 한편 2005. 12. 22. 이후의 이 사건 토지의 월 임료 또한 반증이 없는 한 4,789,000원일 것으로 추인되므로, 피고들의 이 사건 토지의 점유·사용으로 인한 손해배상액 내지 부당이득액은 원고 1의 경우는 2003. 9. 9.부터 2005. 9. 8.까지 17,759,709원{= 99,806,000원(2003. 9. 9.부터 2004. 9. 8.까지 47,084,000원 + 2004. 9. 9.부터 2005. 9. 8.까지 52,722,000원) × 4.6265/26, 계산의 편의상 원 미만 버림, 이하 같다}과 2005. 9. 9.부터 위 원고의 이 사건 토지의 지분 소유권상실일 또는 피고들의 이 사건 토지의 점유종료일까지

> 월 852,165원(= 4,789,000원 × 4.6265/26)의 비율에 의한 금원이 되고, 원고 2의 경우는 2003. 9. 9.부터 2005. 9. 8.까지 7,103,500원{= 99,806,000원(2003. 9. 9.부터 2004. 9. 8.까지 47,084,000원 + 2004. 9. 9.부터 2005. 9. 8.까지 52,722,000원) × 1.8505/26}과 2005. 9. 9.부터 위 원고의 이 사건 토지의 지분 소유권상실일 또는 피고들의 이 사건 토지의 점유종료일까지 월 340,847원(= 4,789,000원 × 1.8505/26)의 비율에 의한 금원이 된다.

(3) 기대이율

토지보상평가지침 별표 7의2 기대이율적용기준율표에 의하면, 임지 중 조림지·유실수단지·죽림지는 1.5% 이내, 자연림지는 1% 이내이다.

그러나 사견에 의하면 최소한 은행이율은 보장되어야 한다. 부당이득금을 미리 받았을 경우 기회비용을 고려하면 은행이율 정도 보장해주는 것은 당연한 것이라고 생각한다.

마. 보상평가 규정을 부당이득의 산정에 적용할 수 있는지의 여부

토지보상법은 부당이득금 산정에 적용되지 않는다. 도로에서 본 바와 같다.

6. 손실보상금 증액 소송

거듭 강조하지만, 현재 대한민국에서 그 어느 토지이든 내 토지를 보상하라고 요구할 경우 행정청이 이에 응할 의무는 없다.

그러나 공원 부지로 지정되면 보상을 하는 것이 타당하다. 또한 실효 제도가 있으므로, 실효를 막기 위해서는 보상에 착수하여야 하는 것이다. 이처럼 행정청이 스스로 보상에 나서는 경우에는 보상금 증액 소송이나 수용재결취소소송이 가능하다. 그러나 실무적으로 수용재결취소를 구하는 사람은 없을 것이다.

다만 공원 부지 소유자의 경우는 자신의 토지에 대한 용도지역 변천과정을 철저히 확인하여야 한다. 공원조성사업의 시행을 직접 목적으로 <u>일반주거지역에서 자연녹지지역으로 변경된 토지</u>에 대한 수용보상액을 산정하는 경우, 변경 전의 용도지역을 기준으로 평가하여야 한다고 하여, 무려 2배를 증액시킨 사례가 있다. 꺼진 불도 다시 보자는 심정으로 변천과정을 추적해 보기를 권고한다.

7. 재산세부과처분 취소 소송

가. 법률

지방세특례제한법 제84조(사권 제한토지 등에 대한 감면) ① 「국토의 계획 및 이용에 관한 법률」제2조제7호에 따른 도시·군계획시설로서 같은 법 제32조에 따라 지형도면이 고시된 후 10년 이상 장기간 미집행된 토지, 지상건축물, 「지방세법」제104조제3호에 따른 주택(각각 그 해당 부분으로 한정한다)에 대해서는 2027년 12월 31일까지 재산세의 100분의 50을 경감하고, 「지방세법」제112조에 따라 부과되는 세액을 면제한다. 〈개정 2013. 1. 1., 2014. 12. 31., 2018. 12. 24., 2021. 12. 28., 2024. 12. 31.〉

② 「국토의 계획 및 이용에 관한 법률」제2조제13호에 따른 공공시설을 위한 토지(주택의 부속토지를 포함한다)로서 같은 법 제30조 및 제32조에 따라 도시·군관리계획의 결정 및 도시·군관리계획에 관한 지형도면의 고시가 된 후 과세기준일 현재 미집행된 토지의 경우 해당 부분에 대해서는 재산세의 100분의 50을 2027년 12월 31일까지 경감한다. 〈개정 2014. 12. 31., 2015. 12. 29., 2016. 12. 27., 2018. 12. 24., 2021. 12. 28., 2024. 12. 31.〉

③ 「철도안전법」제45조에 따라 건축 등이 제한된 토지의 경우 해당 부분에 대해서는 재산세의 100분의 50을 2027년 12월 31일까지 경감한다. 〈개정 2014. 12. 31., 2018. 12. 24., 2021. 12. 28., 2024. 12. 31.〉

지방세법 제109조(비과세) ② 국가, 지방자치단체 또는 지방자치단체조합이 1년 이상 공용 또는 공공용으로 사용(1년 이상 사용할 것이 계약서 등에 의하여 입증되는 경우를 포함한다)하는 재산에 대하여는 재산세를 부과하지 아니한다. 다만, 다음 각 호의 어느 하나에 해당하는 경우에는 재산세를 부과한다. 〈개정 2018. 12. 31.〉

 1. 유료로 사용하는 경우
 2. 소유권의 유상이전을 약정한 경우로서 그 재산을 취득하기 전에 미리 사용하는 경우

③ 다음 각 호에 따른 재산(제13조제5항에 따른 과세대상은 제외한다)에 대하여는 재산세를 부과하지 아니한다. 다만, 대통령령으로 정하는 수익사업에 사용하는 경우와 해당 재산이 유료로 사용되는 경우의 그 재산(제3호 및 제5호의 재산은 제외한다) 및 해당 재산의 일부가 그 목적에 직접 사용되지 아니하는 경우의 그 일부 재산에 대하여는 재산세를 부과한다. 〈개정 2010. 12. 27.〉

1. 대통령령으로 정하는 도로·하천·제방·구거·유지 및 묘지
2. 「산림보호법」 제7조에 따른 산림보호구역, 그 밖에 공익상 재산세를 부과하지 아니할 타당한 이유가 있는 것으로서 대통령령으로 정하는 토지
3. 임시로 사용하기 위하여 건축된 건축물로서 재산세 과세기준일 현재 1년 미만의 것
4. 비상재해구조용, 무료도선용, 선교(船橋) 구성용 및 본선에 속하는 전마용(傳馬用) 등으로 사용하는 선박
5. 행정기관으로부터 철거명령을 받은 건축물 등 재산세를 부과하는 것이 적절하지 아니한 건축물 또는 주택(「건축법」 제2조제1항제2호에 따른 건축물 부분으로 한정한다)으로서 대통령령으로 정하는 것

나. 해설

결국 공원은 도시관리계획의 결정 및 도시관리계획에 관한 지형도면의 고시가 되면 재산세의 50%, 지방세는 100% 감면된다.

이미 납부한 세금이 있다면, 행정처분의 무효를 전제로 이행소송을 제기하는 것이 가장 타당하나, 행정소송으로 지방세부과처분 무효확인의 소, 또는 취소의 소를 제기하는 것도 가능하다.

한편 대법원에 의하면, 지상을 공원으로 사용하면 비록 지하를 수익사업에 사용하여도 비과세하여야 한다고 한다.

대법원 2021. 11. 25. 선고 2019다277270 판결 [부당이득금]
[공원부지로 사용되는 토지에 관하여 재산세를 납부한 원고가 재산세 부과처분이 당연무효라고 주장하면서 그 반환을 구하는 사건]
◇ 공원부지로 사용되는 토지에 대하여 원고가 임료 상당 부당이득금을 지급받거나 그 지급받을 권리가 있다는 판결이 확정되기 전 반환청구권을 보유하고 있는 때에도 구 지방세법(2018. 12. 31. 법률 제16494호로 개정되기 전의 것) 제109조제2항단서에 정한 '유료로 사용하는 경우'에 해당하여 재산세 과세대상이 되는지 여부(적극) ◇
구 지방세법(2018. 12. 31. 법률 제16494호로 개정되기 전의 것) 제109조제2항은 국가,

지방자치단체 또는 지방자치단체조합이 1년 이상 공용 또는 공공용으로 사용하는 재산에 대하여는 재산세를 부과하지 아니하되, 유료로 사용하는 경우에는 재산세를 부과하도록 정하고 있다. 위 규정의 취지와 법문에서 유료의 개념에 아무런 제한을 가하지 아니한 점 등에 비추어 보면, 여기서 '유료로 사용하는 경우'라 함은 어떤 명목으로든 해당 토지의 사용에 대하여 대가가 지급되는 경우를 말하고, 그 사용이 대가적 의미를 갖는다면 그 사용기간의 장단이나, 그 대가의 지급이 1회적인지 또는 정기적이거나 반복적인 것인지를 묻지 아니한다(대법원 1993. 9. 14. 선고 92누15505 판결, 대법원 2012. 12. 13. 선고 2010두4964 판결 등 참조). 따라서 <u>토지의 소유자가 국가 등으로부터 토지의 점유·사용에 따른 부당이득금을 지급받았다면 위 규정에서 정한 '유료로 사용하는 경우'에 해당한다고 보아야 한다.</u> 나아가 토지의 소유자가 국가 등에 대하여 토지의 점유·사용에 따른 부당이득반환청구권을 가지고 있다면, 그 부당이득반환청구권을 행사하거나 부당이득금을 지급받지 않았더라도 이와 마찬가지로 보아야 한다. 그 이유는 다음과 같다.

 1) 토지를 소유하고 있다면 재산세가 부과되는 것이 원칙이고, 예외적으로 토지가 공용 또는 공공용에 무상으로 제공되는 경우 재산세가 비과세되는 것이다. 토지의 소유자가 사용대가 상당을 지급받을 권리를 보유하는 경우까지 예외적인 비과세 혜택을 부여할 이유가 없다.

 2) 효율적인 과세행정을 위해서는 재산세 과세대상이 명확해야 한다. 토지의 소유자가 국가 등에 대하여 토지의 점유·사용에 따른 부당이득반환청구권을 행사하였는지, 나아가 부당이득금을 지급받았는지 여부 등에 따라 재산세 과세대상인지 여부가 달라진다고 볼 수는 없다.

 3) 토지의 소유자가 국가 등에 대하여 토지의 점유·사용에 따른 부당이득반환청구권을 가지고 있다는 이유로 재산세가 부과된 이후 그 부당이득금의 반환을 구하는 소송에서 패소한다면, 토지의 소유자로서는 후발적 경정청구 등을 통하여 구제를 받을 수 있다.

- 피고(지방자치단체)가 공원부지로 사용하는 이 사건 토지에 관하여 원고가 사용수익권을 포기하거나 무상사용을 허락하였다는 등의 사정이 기록상 나타나지 않는 이상 원고는 피고에 대하여 위 토지의 점유·사용으로 인한 임료 상당의 부당이득반환청구권을 보유하고 있다 할 것이므로 구 지방세법 제109조제2항단서에 정한 '유료로 사용하는 경우'에 해당한다고 판단하여, 이와 달리 본 원심판결을 일부 파기환송한 사안임

제7장 공원 및 구역 소유자 "기타" 대응방안

1. 소유권 행사

가. 경계 표시 및 출입 금지, CCTV 설치 사례

> **백련산 근린공원 보상 지연, 등산로 폐쇄**
> 〈서대문사람들 2012년 07월 31일〉
>
> 백련산근린공원의 등산로 중 홍은동 산 11-17번지 일대의 토지 보상이 지연되면서 토지 소유주들이 반발, 등산로를 폐쇄하는 등 물리적 대응에 나서고 있다.
>
> 문제의 지역은 힐튼호텔 뒤쪽 백련산 윗 부분으로 많은 등산객들이 백련산을 지나는 통행로였다. 그러나 현재 팬스와 함께 길이 끊기고 인부들이 통행을 제한하고 있어 주민들이 정상 팔각정 능선으로 우회해야 하는 등 어려움을 겪고 있다.

나. 정부가 단행한 관악산 등산로 폐쇄 사례

중앙공무원연수원 소속 중앙인사위원회 국가고시센터 모습이다.

과천 공무원연수원, 개방 조건 건축허가 불구 불이행

경기일보 2007.2.6.

중앙공무원연수원(이하 연수원)이 국가 소유의 토지라는 이유로 국가고시센터 정문에 위치한 과천시 관악산 등산로 입구를 철조망으로 폐쇄하자 주민들이 반발하고 나섰다.

더구나 이곳 등산로는 시가 지난 2004년 국가고시센터 건축허가 당시 등산로를 개방하는 조건으로 허가를 내 줬으나 연수원이 이를 무시하고 시에 토지를 매입하라고 요구, 기관간에 심한 갈등까지 빚고 있다.

5일 시와 연수원, 등산객 등에 따르면 연수원은 지난 2005년 국가고시센터를 준공한 뒤 1년이 지난 지난해 12월부터 보안문제 등의 이유로 폭 2m, 길이 150m의 관악산 등산로 입구를 철조망으로 봉쇄했다.(중략)

시 관계자는 "중앙공무원연수원이 건축허가 당시는 등산로를 개방하겠다고 해 놓고 이제와서 이 토지를 매입하던지, 점용료를 내라고 요구하고 있다"고 말했다.

이에 대해 연수원 관계자는 "이 등산로는 국가고시센터의 보안문제 등으로 지난해 12월 폐쇄했다"며 "건축허가 당시 시로부터 조건부로 허가를 받았지만 국가 소유의 땅을 등산로로 사용할 수 없어 점용료를 내던지, 아니면 토지를 매입해 달라고 요구했다"고 밝혔다.

다. 가야산 폐쇄 사례

국립공원 등산로에 웬 철조망?

MBC 2007-05-26

[뉴스데스크]김주하 앵커 : 국립공원 등산로에 갑자기 철조망이 설치돼 등산객들과 마찰을 빚고 있습니다. 경남 합천의 가야산 국립공원인데 인근 사찰인 해인사에서 설치한 것이라고 합니다.

김세진 기자가 취재했습니다.(중략)

상당수 등산객들은 입장료가 폐지된 국립공원 입구를 선택하는 경우가 많습니다. 해인사 입구로 올라가면 2천원의 문화재 관람료를 내야 하기 때문입니다

하지만 철조망 때문에 결국 관람료를 내야하는 등산로를 택할 수밖에 없게 됐습니다.

(하략) MBC 뉴스

2. 행위 제한 예외 사유

공원 부지라도 허가를 받으면 일정 행위가 가능하거나 허가가 없더라도 설치가 가능한 시설이 있는데, 이를 적극적으로 활용하는 방법이다.

> **대법원 2005. 03. 10. 선고 2004도8311 판결 자연공원법위반**
>
> 구 자연공원법(1999. 2. 8. 법률 제5874호로 개정되기 전의 것) 제23조 제1항 각 호의 행위에 대한 허가는 특별한 사정이 없는 한 <u>각 행위에 대하여 별도의 허가를 받아야</u> 하고, 건축법상 허가를 요하지 아니하는 건축행위라 하더라도 자연공원구역에서의 건축행위는 자연공원의 특수성을 살려 자연생태계와 자연 및 문화경관 등을 보존하고 지속가능한 이용을 도모하고자 하는 자연공원법의 입법목적에 비추어 같은 법 제23조 제1항 단서에서 규정하는 <u>경미한 사항에 해당하지 아니하는 한</u> 같은 조 제1항 제1호 소정의 <u>공원관리청의 허가를 받아야 하는 사항</u>이라고 보아야 한다.

3. 권리 위에 잠자는 자는 보호받지 못한다.

 지자체는 돈이 없다. 그래서 장기미집행 매수청구제도 운용실태만 보더라도 매수청구 순서에 의해서 예산 범위 내에서 순차적으로 매수를 하여 준다.[94] 손실보상순서도 마찬가지로 먼저 요구하는 자에게 우선하는 경향이 있다. 권리를 찾는 자가 먼저 얻는 것이다.

〈국민권익위원회 보도자료 2011. 1. 4.〉

○ 도시계획시설로 결정된 후 20년이 지나도록 집행되지 않은 공원용지 보상시 보상규정이 모호해 부패소지가 있음

　※ ○○구청의 경우 심의도 없이 '08년~'09년 동안 장기미집행 공원용지에 대해 78억원을 보상해줌(권익위 실태조사 '10.9월)

　※ ○○군의 경우 장기미집행 보상을 빌미로 전임 군수의 토지에 '08년 전체 보상 예산 18억 중 6억을 보상하는 등 불공정 집행함(권익위 실태조사 '10.9월)

　※ ○○시의 경우 '06년 공시지가 기준으로 약 4.7조원을 장기미집행 용지에 대해 보상 예정이며, 실제 보상액은 2016년까지 10조원을 예상함

　※ ○○구청은 주거환경개선사업 관련 공원용지 수용에 공무원 청탁 명목으로 3억원을 받은 7급 직원 구속(서울중앙지검 '09.5월)

---

94) 아산시 등 여러 지자체에서 시행 중이다.

4. 대안

일본 임대공원제도는 20년 이상 임대 시 해당 토지 상속세를 40% 감면하고, 임대기간 중 고정재산세, 도시계획세를 면세한다. 일본은 입체도시공원제도를 도입하여 주택, 공원, 상점, 주차장이 합체되어 있고, 상점, 주차장은 지하에 시설한다.

기타로 민간 추진 활성화 방안을 적극적으로 모색하여야 하고, 농업공원을 조성하거나[95], 국가공원제도(국가도시공원은 도입함)를 도입하여야 한다.[96]

특히 사실상 일반인에게 제공되어져 있는 공원 부지에 대해서는 모든 세금을 감면하고, 나아가 임대료를 지급하여야 한다고 본다. 물론 세금감면분은 임대료에서 공제되어야 할 것이다.

---

[95] 최연철, 재단법인 경기농림진흥재단, 녹화사업부 부장
[96] 권전오, 인천발전연구원

5. 국가에 매수청구

국가에 매수청구를 하여 보자. 권리는 아니다.
매수가격이 통상 ㎡당 1,200원 이하이다.

□ **매수대상 산림**

1. 산림경영임지
  o 국유림의 확대 및 집단화 권역에 있는 산림경영관리에 필요한 산림
    - 국유림에 접해 있거나, 둘러싸여있는 산림
    - 입지여건 상 집약적인 국유림 경영관리에 적합한 산림
2. 산림보호법 등 산림관련 법률에 의하여 법정 제한되는 산림
  o 「산림보호법」, 「백두대간 보호에 관한 법률」, 「산지관리법」, 「산림문화·휴양에 관한 법률」 등 산림관련 법률에 따른 매수 청구한 사유림 매수
3. 그 밖에 국유림 확대 및 임도부지 확보 등 국유림의 경영·관리 또는 국가 시책 상 필요하다고 인정되는 산림 또는 토지

□ **매수하지 않는 산림**

- 저당권 및 지상권 등 사권이 설정되어 있는 산림
- 「입목에 관한 법률」에 따른 입목등록 또는 입목등기가 되어 있는 산림
- 지적공부와 등기부 상의 면적이 서로 다르거나 지적공부에 표시된 위치와 실제 위치가 서로 다른 산림
- 두 사람 이상 공유의 토지 또는 산림으로서 공유자 모두의 매도승낙이 없는 산림
- 소유권 및 저당권 등을 대상으로 소송 절차가 진행 중인 산림
- 다른 법률에 따라 개발 절차가 진행 중이거나 진행될 것으로 예상되는 산림
- 최근 1년 이내에 소유권이전 등 변동이 있는 산림(단, 상속이나 증여에 따라 소유권이 변경된 경우 예외)
- 국유림 집단화를 할 수 없는 산림 등
- 공시지가가 기준단가를 초과하는 산림(단, 산림경영을 위하여 반드시 필요하다고 판단되어 국유림경영관리자문위원회 자문을 받은 경우 예외)

제8장 공원 공·경매 투자법

1. 돈 되는 공원, 위험한 공원

가. 돈 되는 공원

 공원이라는 공법상의 제한 때문에 법률관계를 모르는 사람은 낙찰을 받지 못하므로, 통상 2~3회 이상 유찰되어 저렴하게 낙찰을 받을 수 있는 것이 공원 경매의 장점이다.

 나아가 조기에 매수청구를 하여 받아들여지거나 손실보상을 받을 수만 있다면 금상첨화인 것이다. 필자가 아는 분도 강남구 근린공원을 낙찰받아 20억원 이상을 2년 만에 번 적도 있다.

 도시공원의 경우 공원으로 제한받지 아니한 상태로 평가하여야 함에도 불구하고 경매 평가에서는 가끔 공원으로 제한받는 사정을 고려하여 평가하는 경우가 있다. 그러한 물건을 잡아서 보상을 받는다면 최소 300%의 수익률도 바라볼 수 있는 것이다.

 또한 공원 부지에 행정청이 도시계획시설로서 골프장을 설치하는 것으로 계획된 토지를 경매로 취득한 후에 토지 소유자가 골프장을 설치한 경우를 보았다. 토지소유자가 해당 토지에 골프장을 설치하려고 허가를 신청하였다가 거부당하였으나 추후 행정소송에서 승소하였다. 경우에 따라 지료를 청구하거나 공원이 폐지되거나 또는 실효되어 대박이 나는 경우도 있다.

 <u>결론적으로 공원 부지를 취득하려면, ①보상이 임박한 토지</u>(도시공원은 공원으로 제한받지 않는 상태로 평가하고, 도시자연공원구역, 자연공원은 제한받는 상태로 평가한다. 그런데 경매 평가에서는 가끔 도시계획시설공원의 경우 공원으로 제한받는 상태대로 평가하여 감정가가 낮은 경우가 있다. 이러한 것을 낙찰 받아 보상을 받을

수 있다면 큰 수익을 낼 것이다.), ②실효나 폐지, 해제될 경우 개발이 가능한 토지를 취득하여야 한다.

나. 위험한 공원

도시자연공원구역으로 변경 지정되면 말 그대로 그린벨트보다 더한 고통이 따른다. 토지가치는 뚝 떨어지고 그야말로 애국(?)하는 것이다. 그런데 구역의 의미를 몰라서 구역을 낙찰받는 애국자(?)도 있다.

또한 매수청구도 거절되는 경우가 태반이고, 손실보상을 요구하여도 응하지 않으면 그만이며, 공원이므로 지료 청구가 가능하여도 그 액수가 미미하다.

공원 부지가 경매에 나왔다면 그 지목은 공원이 아니라 임야, 전, 답 등이 대부분이다. 공원 부지는 공원이 되기로 예정된 토지이니 지목을 공원으로 표시하지 않는 것이 당연하다.

매각 물건이 공원 부지인지를 확인하려면 매각물건명세서, 감정평가서 등을 참고해야 한다. 따라서 공원 부지를 취득하는 경우 권리분석이 철저하지 않으면 낭패를 보기가 쉬운 것이다.

2. 보상 경매

최근 경매시장은 포화상태이다. 즉 이제는 경매로 수익을 내기가 점점 어려워지고 있다. 그래서 이제는 소위 '보상 경매'를 권한다.

'보상 경매'는 필자가 처음 사용하는 용어로서 공익사업시행이 예정된 토지 등을 경매로 낙찰받고, 낙찰받은 물건에 대해 '손실보상'을 받아 수익을 내는 것을 말한다.

경매로 나온 토지에 대해 공익사업이 시행될지 여부는 누구나 알 수 있다. 따라서 경매에 나온 토지에 대해 후일 손실보상금을 예측할 수 있고, 보상 시기를 안다면, 수익률을 예측하면서 투자를 할 수 있는 것이다. 특히 공법상 제한이 있는 토지, 예를 들어 도로·공원 등 도시계획시설 부지로 묶여 있는 토지는 권리분석만 잘 한다면 금상첨화이다. 이런 경매가 진짜 고수익을 내는 것이다. 최근에는 학교부지를 눈여겨볼만하다.

보상 경매의 가장 큰 장점은 바로 국가 등 사업시행자에게 수용을 당하므로, 투자금이 묶이지 않는다는 점이다. 또한 보상금과 보상 시기는 조금만 노력하면 예측이 가능하다는 점이다. 그런데 일반인들은 오히려 이런 물건을 기피하므로, 고수에게는 좋은 기회가 되는 것이다.

우리가 왜 경매에 참여하는가. 싸게 사기 위해서 일 것이다. 그런데 손실보상의 대원칙은 완전보상이다. 따라서 '보상 경매'를 한다면 위험은 적고, 수익은 높게 낼 수가 있는 것이다. 안전한 '보상 경매'로 고수익을 내보자. 다만, 보상금과 보상 시기에 대해서는 철저한 분석이 있어야만 할 것이다.

3. 표로 보는 공원 공·경매 시 고려사항

구분	도시공원	도시자연공원구역	자연공원
1. 매수청구	- 국토법 제47조, 지목이 대인 토지, 10년 미집행 - 매수 가격 다툼 불가	- 지목 무관(대는 예외), 공원녹지법 제29조 - 매수 가격 다툼 불가	- 지목 무관, 자연공원법 제77조 - 매수 가격 다툼 불가
2. 손실보상	- 보상 요구에 행정청이 응할 의무가 없음 - 보상 가격 다툼 가능	좌동	좌동
3. 해제권고	- 지방의회 해제 권고제도(국토법 제48조, 령 제42조) - 도시계획시설 폐지 신청 거부처분 취소 소송	- 좌 제도 불가 - 단, 5년마다 타당성 조사 시 노력	- 좌 제도 불가 - 다만 10년마다 타당성조사 시 노력
4. ①해제입안신청 ②해제신청 ③해제심사신청	① 국토법 제26조 폐지입안신청 : 거부 시 행정소송 ② 국토법 제48조의2(2017.1.1. 시행) - 10년 미집행, 지목 무관, 실효 시까지 집행계획이 없는 경우 - 해제입안신청, 해제신청, 해제심사신청 후 반려 시 행정소송	- 좌 제도 불가	- 좌 제도 불가
5. 협의에 의한 매수	규정 없음	- 지목 불문하고 가능, 단 강제력이 없음 - 사법상 매매계약 - 매수청구보다 요건 완화 - 가격은 토지보상법	좌동
6. 실효 제도	① 10년 내 공원조성계획고시가 없는 경우 10년이 되는 다음날 실효 ② 공원조성계획은 고시, 실시계획 등이 안된 경우 ㉠ 사유지는 2000. 7. 1. 이전에 고시된 경우는 2020. 7. 1.에 실효, 2007. 7. 2. 이후에 고시된 경우는 20년이 되는 다음날 실효 ㉡ 국·공유지는 30년이 되는 다음날 실효	없음	공원계획고시일로부터 10년이 되는 다음날 공원시설계획실효 [2016.5.29. 신설, 2017.5.30. 시행]

구분	도시공원	도시자연공원구역	자연공원
7. 개발행위특례제도	- 5만㎡ 이상 도시공원(2015.1.20. 개정, 법 제21조의2) - 기부채납 70% 이상 시 비공원시설 설치 가능	없음	없음
8. 녹지활용계약	- 도시지역의 식생 또는 임상(林床)이 양호한 토지의 소유자 (법 제12조) - 300㎡ 이상의 면적인 단일토지소유자, 5년 이상 계약	좌동	없음
9. 녹화계약	도시지역의 일정 지역의 토지 소유자 또는 거주자	좌동	없음
10. 소송방안	- 공원 폐지 소송 - 부당이득반환청구의 소(사용시만) - 재산세 부과 취소소송 (100%부과시)	- 위헌 소송 - **구역 지정 취소의 소 (반드시 90일 내에 제기)**	부당이득반환청구의 소(사용 시만)
11. 소유권 행사	- 일반인 출입 제한 - 행위 제한 예외 사유 행사 - 허가 신청 - 기타		

〈법무법인강산〉

○ 소개

법무법인강산은 1995년 김은유 변호사 개인사무실로 출발하였고, 2004. 2. 16. 법무법인 강산으로 조직전환을 하여, 현재에 이르고 있다.

법무법인강산(이하 '강산'이라고만 함)은 국내 최초로 손실보상 전문서적인 「실무 토지수용보상」, 재개발·재건축 전문서적인 「재건축·재개발 총회진행, 임원 선임·해임, 시공자 선정 실무」, 도시개발법에 의한 도시개발사업 전문서적인 「환지수용보상 도시개발법 해설」 등 총 15권의 책을 펴내, 해당 분야를 리드하고 있다.

강산은 『토지보상』, 『주택재개발·재건축』, 『도시개발사업』에 관한 한 전문지식과 네트워크 및 경험을 갖추어 동료 변호사나 사단법인 한국전문기자협회로부터 그 전문성을 인정받고 있다.

위 분야에 대해서는 현직 변호사 및 지자체의 담당 공무원들을 대상으로 특별 교육 프로그램을 제공하고 있으며, 주택재개발·재건축에 대한 자문 등 공로를 인정받아 국토교통부(2010.12.31.), 서울시(2022.12.31.)로부터 표창장을 받기도 하였다.

강산은 현재 한국경제신문에 토지보상, 재개발·재건축 분야 칼럼을 쓰고 있다.

강산은 고객을 현혹하지 않는다. 정직이 사훈이다. <u>일단 수임하고 보자는 행동은 절대로 하지 않는다.</u> 처음 상담과정에서부터 추후 재판결과에 대해 솔직하게 변호사의 생각을 고객에게 이야기한다. 그래야만 고객의 대응전략이 달라질 수 있기 때문이다.

강산은 다음과 같은 전문분야에서 활약하고 있다.
공공기관으로, 수원시, SH서울주택도시공사, GH경기도시공사, 강원개발공사, 수원도시공사, 하나은행 「하나 WM 법률자문단」 등을,
토지보상으로는 세종시, 탕정지방산업단지 주민대책위 등을,
재개발·재건축으로는 개포2지구재건축조합, 한남4구역·성수3구역·신용산북측제2구역·노량진6구역재개발조합 등을,
도시개발사업으로는 한들구역·대전대성지구도시개발사업조합, 평택신흥지구도시개발조합 등을,
아파트리모델링으로는 사단법인 한국리모델링협회, 서강GS아파트·상록타워아파트리모델링조합 등의 고문변호사를 맡고 있다.

법무법인 강산의 대표변호사인 임승택 변호사는 사법연수원을 34기로 수료하였고, 부산대학교 법과대학, 홍익대학교 문화예술경영대학원 석사과정을 졸업하였다.

김태원 변호사는 서울대학교 경제학부를 졸업하고, 사법연수원을 40기로 수료하였고, 한국토지주택공사 정비사업지원기구 전문가 자문위원을 맡고 있다.

김은유 변호사는 성균관대학교 법학과를 졸업하고, 1989년 제31회 사법시험에 합격하였고 (만22세 합격), 사법연수원을 21기로 수료하였고, 2012년 한양사이버대학원 부동산학과 석사학위를 취득하였고, 서울시 정비사업아카데미 강사를 맡고 있다.

최고의 전문성을 가지면서도 고객에게 정직한 곳!
동료변호사가 소개하는 곳!
그곳이 강산이다.

○ 법무법인강산 저서

- 재개발·재건축·가로주택·노후계획도시 지정개발자 신탁방식 해설(2025년)
- 재개발재건축 현금청산금 아는 만큼 더 받는다(2023년 파워에셋)
- 가로주택 소규모재건축재개발, 자율주택 정비사업 실무(2022년 파워에셋)
- 실무 토지수용보상(2022년 파워에셋)
- 진짜경매 명도소송·법정지상권·유치권(2018년, 파워에셋)
- 공익사업 토지수용보상금 아는 만큼 더 받는다(2022년, 파워에셋)
- 재개발·재건축 총회진행, 임원선임·해임, 시공자선정 실무(2019년, 파워에셋)
- 부동산계약과 중개사고예방노하우(2022년, 파워에셋)
- 도로인가? 맹지인가?(2021년 파워에셋)
- 지역주택조합 탈퇴·해산·파산·사기예방비법(2024년)
- 집합건물 경매·재건축·관리 실무(2017년, 파워에셋)
- 환지 수용보상 도시개발법(2022년, 파워에셋)
- 우리 아파트는 재건축 대신 리모델링 한다(2023년, 파워에셋)
- 집 한 채 짓고 10년 늙지 않는 비법(2017, 파워에셋)

동료변호사가 추천하는 법무법인 강산 저서

법무법인 강산

- E-mail : 114gs@naver.com
- 주소 : 서울시 서초구 서초중앙로 119, 3층(서초동 1574-14 세연타워)
- TEL : 02) 592-6390 / FAX : 02) 592-6309 [우06644]

도로·공원등 도시계획시설 경매 및 골목길·맹지 해결법

저　　자 :	법무법인 강산(임승택, 김태원, 김은유 변호사)
출 판 사 :	주식회사 파워에셋
전　　화 :	02-592-6390
이 메 일 :	114gs@naver.com
기획 및 마케팅 :	박종우
홈페이지 :	www.114gs.kr
가　　격 :	4만원
출간일 :	2025. 6. 30.

※ 파본은 구입처나 출판사에서 교환 가능합니다.